法学特色专业系列教材

海上保险实务与法律

MARINE INSURANCE PRACTICE AND LAW

初北平　王　欣　编著

大连海事大学出版社

图书在版编目(CIP)数据

海上保险实务与法律 / 初北平,王欣编著. — 大连 :
大连海事大学出版社, 2019. 12(2025. 7 重印)
法学特色专业系列教材
ISBN 978-7-5632-3892-7

Ⅰ. ①海…　Ⅱ. ①初…②王…　Ⅲ. ①海上运输保险—高等学校—教材②海上运输保险—保险法—中国—高等学校—教材　Ⅳ. ①F840. 63②D922. 284

中国版本图书馆 CIP 数据核字(2019)第 266888 号

大连海事大学出版社出版

地址:大连市黄浦路523号　邮编:116026　电话:0411-84729665(营销部)　84729480(总编室)
http://press. dlmu. edu. cn　E-mail:dmupress@ dlmu. edu. cn

大连金华光彩色印刷有限公司印装　　大连海事大学出版社发行

2019 年 12 月第 1 版　　2025 年 7 月第 2 次印刷
幅面尺寸:170 mm×230 mm　　印张:28
字数:525 千　　印数:1001 ~ 1500 册

出版人:余锡荣

责任编辑:王桂云　　责任校对:刘若实
封面设计:解瑶瑶　　版式设计:解瑶瑶

ISBN 978-7-5632-3892-7　　定价:62.00 元

大连海事大学法学特色专业系列教材建设委员会

序

海商法专业是大连海事大学重点建设的本科专业，是大连海事大学的重要支撑性专业之一。该专业建设历史悠久，早在1957年，大连海运学院（今大连海事大学）就为船舶驾驶专业开设了“海商法”课程；1972年至1976年招收“工农兵学员”，为船舶驾驶专业开设了“远洋运输业务与海商法”课程。1978年改革开放以后，我国国际贸易和海上运输业得到快速发展，对海事法律人才的需要越显迫切。在此情况下，大连海运学院于1984年成立了航管系，大连海事大学原校长司玉琢教授作为该系的创始人担任系主任。1985年开始招收国际海事专业本科生和研究生班。1998年成立法学院后，国际海事专业改为现在的海商法专业。在学校的大力支持与学科创始人司玉琢教授的带领下，海商法学科从无到有发展迅速，1993年获国际经济法学（海商法）专业硕士学位授予权，1998年获得博士学位授予权，2010年获得法学博士后流动站。目前大连海事大学成为亚太地区唯一具有海商法本科、硕士和博士授予权的学校。

在人才培养上，大连海事大学法学院一直坚持以本科教育为立院之本的办学宗旨。2010年法学专业成为国家特色专业建设点，2013年获批教育部卓越法律人才培养基地以及辽宁省普通高等学校本科综合改革试点专业建设单位。在前述建设项目的支持下，大连海事大学法学院成立了法学特色专业系列教材建设委员会，组织具有多年海商法本科教学经验的任课教师以及外聘教授、司法实务界专家，撰写海商法特色专业系列教材，共计19本。

这套特色专业系列教材在内容上是任课教师多年教学内容的总结，不仅体现了对海商法理论的阐释，也注重对航运实务的反映。在系统上，力求完整；在时效上，吸收、反映国内外最新海商立法与实践；在适用对象上，不仅能够满足本校海商法本科生教学、人才培养之需，也能够为其他航海类院校和法学院系解决特色教材之需。

大连海事大学法学特色专业系列教材建设委员会

2014年8月

前　言

本书是大连海事大学为国家级法学特色专业建设而出版的法学系列特色教材之一。

海上保险法是规范海上财产与责任保险合同及相关保险业务监管的法律制度，是海商法的重要组成部分，与之相关的海上保险法、国际保险法、外贸运输保险等课程一直是海商法、国际经济法以及交通运输管理等专业方向的核心专业课程。通过本教材的学习，读者应当可以全面、准确地了解航运业务及相关海上经营活动中所面临的典型风险及相关保险合同关系下的权利义务，掌握妥善规避海上运输及其他风险和责任的技能和方法，具备为港航物流企业、保险机构及其他相关单位提供保险法律保障的知识与能力。

全书共由九章组成，除第一章绪论外，其他各章基本是循着《海商法》的章节顺序，分别对海上保险合同的基本概念，海上保险合同的形式，海上保险合同的订立、解除与转让，海上保险合同的解释，海上保险合同下的赔偿，船舶保险合同条款，海洋运输货物保险条款以及再保险合同，对海上保险法律制度进行了全面系统论述。

本教材的编写力图突出如下特点：(一)突出海商法专业特色，侧重基本知识；(二)在兼顾基本理论和实务应用的前提下，强化理解应用方面的分析；(三)尽量准确全面反映法律和实务的最新发展；(四)结合案例，培养应对和解决实际法律问题的能力。

在本教材编写过程中，作者得到国内外保险机构、司法机关以及港航物流企业相关人士的大力支持；大连海事大学海商法专业的许多博士、硕士研究生也为本书的资料收集整理做了大量工作，在此一并致谢。同时，还要衷心感谢为本书出版而付出辛勤劳动的大连海事大学出版社编辑等工作人员，没有他们的努力，也就不会有本教材的最终完善和出版。

由于水平、时间和资料所限，本书的不足之处以至谬误恐在所难免，作者欢迎和感谢业内人士不吝赐教，以便将来不断修改、完善。

作　者

2019 年 12 月

目　　录

第一章 绪论

第一节 海上保险及海上保险立法的历史发展

一、海上保险的起源

(一)海上保险的起源

目前学界关于海上保险起源的认识主要有两种:一种观点认为海上保险起源于共同海损(General Average),而另一种观点则认为海上保险起源于船货抵押借款(Maritime Loans)。

共同海损是指在同一海上航程中,船舶、货物和其他财产遭遇共同危险,为了共同安全,有意地、合理地采取措施所直接造成的特殊牺牲、支付的特殊费用。共同海损是海商法中最具特色的制度,也是海商法中最成熟的制度,它的历史非常悠久,早在公元前 8 世纪左右的《罗得海法》中就有关于共同海损的规定:“为减轻船的重量而抛弃货物,是为了大家的利益进行的,所遭受的损失必须由全体分摊”。① 共同海损实质上体现的是一种分摊原则,即将一个人或者一部分人的损失由所有受益方分摊,使损失在一定程度上得到转移。由于共同海损体现的分摊原则与保险所倡导的多数人共同分摊损失、互助共济精神(One for All, All for One)相一致,

① 参见王小波著:《〈罗得海商法〉研究》,中国政法大学出版社,2011 年版,第 109 页。

因此有学者认为共同海损是海上保险的萌芽或起源。

而船货抵押借款早在公元前 7 世纪的希腊法律中或者甚至更早的腓尼基人(Phoenecians)时代的商事活动中就已存在,[①]其又可称为"海上冒险借贷",在意大利语中称为"Commenda",在法语中称为"Contrat de prêt a la grosse avanture"。[②]船货抵押借款包括两个方面:以船舶和运费作为抵押物时称为船舶抵押借款(Bottomry);以货物作为抵押物时则称为货物抵押借款(Respondentia)。与普通的借款一样,船货抵押借款制度作为一种筹措资金的方式,其产生的动因主要是由于船东或者货主在出海航行之前缺乏资金,需要通过借款为船舶的建造、修理、供给以及货物的采购提供资金;但与普通的借款不同的是,船货抵押借款的操作方式使得海上贸易的风险很大程度上由放款人承担:船东和货主对借款本金的偿还建立在船货安全到达目的地的基础之上——如果船货在途中不幸由于风暴、海盗、战争、瘟疫以及其他灾难事故而沉没、灭失,则放款人的本金债权即告消灭。由于船货抵押借款制度很大程度上将船货灭失的风险从船东和货主的身上转移到了放款人身上,因此,也有很多学者认为船货抵押借款制度具备了海上保险的核心内容,是海上保险的起源。

虽然共同海损制度在一定程度上体现了损失分摊、互助共济的精神,但是将其认定为海上保险的起源却略显牵强。首先,从制度的设立目的来看,共同海损的设立本质上是为了维护船货的共同安全,平衡共同海损各方当事人的利益,这与海上保险为船东和货主在出现保险事故时提供经济补偿的目的相去甚远。其次,共同海损制度尚不具备海上保险的核心内容——海上风险承担的转移。共同海损制度只是各当事方对将要发生或者已经发生的为各方共同安全或共同利益之目的而产生的损失或者费用的分摊,而并没有将各当事方所各自单独面临的风险加以分摊或转移。事实上,在共同海损制度下,船货双方的海上风险仍是由船东和货主各自承担的。最后,从补偿的效果来看,共同海损制度下的损失方不仅仍需自行承担一部分的损失,而且其能否追偿回损失因依赖于获益财产的价值而颇具偶然性,[③]这与通常海上保险只要损失是由于承保风险且非除外风险造成的,则保险人必须按保险合同的约定足额、及时赔偿的赔付规则完全不同。因此,从本质上来说,共同海损与海上保险是两个截然不同的制度,共同海损制度不是海上保险的起源。

而与共同海损制度不同,船货抵押借款制度虽然起因于融资需求,但是其操作

---

① J. P. VAN Niekerk, *The Development of the Principles of Insurance Law in the Netherlands from* 1500 *to* 1800, *Uitgeverij Verloren*, 1998, p. 16.

② Samuel Marshall, Jonathan Williams Condy, *A Treatise on the Law of Insurance*: *of bottomry and respondentia*, W. P. Farrand, 1810, p. 734.

③ Howard Bennett, *The law of marine insurance*, Oxford University Press, 2006, p. 2.

方式实际上已经构成了将风险从船东和货主的身上转移到其他人身上的最初形态,具备了海上保险的实际效果。船货抵押借款制度与海上保险制度有着很大的相似之处:船东或货主通过这种借款协议的安排,将海上风险转移给贷款人,相当于海上保险中被保险人通过保险合同将海上风险转移给保险人,而相对应的,放款人通过借款协议的安排实际上承担了类似于保险人的角色,负担了船货在海上的风险;船东或货主支付的利息(英文被称为 Marine Interest)相当于保险费;被抵押的船舶和货物则可以认为是保险合同中对应的保险标的;发生事故时放款人不再收回借款的本金则相当于保险下保险人对船东和货主的保险赔偿。因此,可以认为船货抵押借款已经构成现代海上保险的逆形态,①即放款人预付保险赔偿金(船货抵押借款的本金),借款人事后支付保险费(船货抵押借款的利息)。

综上,相比于共同海损,船货抵押借款不仅符合风险转移的保险本质,而且在具体的操作方式上也大体包含了现代海上保险的基本要素,具备现代海上保险的雏形,其甚至还与现代海上保险中的全损险有异曲同工之妙。因此,船货抵押借款才应当是现代海上保险的真正起源。

(二)海上保险的早期发展

虽然船货抵押借款制度蕴含着海上保险的萌芽,但是由于其首要功能仍是借贷与融资,因此尚无法称为真正意义上的海上保险。船货抵押借款向海上保险的转变,需要将其风险转移的功能从借贷融资中独立出来。而这一过程发生在 14 世纪的意大利。②

在十字军东征的刺激下,在城市商业贸易和经济早期的发展基础上,约自 1300 年起,意大利的城市国家经济开始繁荣。③ 这种经济的繁荣在海上贸易中体现得尤为明显。在这种背景下,海上保险也应运而生。当前关于现代意义上的海上保险的最早记载出现在 14 世纪初期的意大利北部城市——佛罗伦萨。④ 在佛罗伦萨商会保存的一些记录于 1318 年商事交易的书中,可以经常发现保险这一支出项目,这表明至少在 1318 年,为货物保险已经成为一个习惯做法。⑤

而事实上,这一时期的海上保险合同本质上是从船货抵押借款演变而来的

---

① William D. Winter, *Marine Insurance: Its principles and Practice*, Nabu Press, 2010, p. 3.

② J. P. VAN Niekerk, *Fragments from the History of Insurance Law*, South Africa Mercantile Law Journal, 2001(13).

③ 参见于民、欧阳翠梅:“论中世纪和近代早期的意大利城市国家经济”,载于《潍坊学院学报》,2007 年第 3 期。

④ 也有学者认为保险一词在现代意义上的首次使用是在“Chronyk van Vlaendern”这一历史著作中,根据其记载,在 1310 年,弗兰德(Flander)法院批准设立了一家保险协会(Chamber of Assurance)。但是该书内容的真实性受到质疑,也没有任何其他的证据证明其记载的内容是真实的。

⑤ William Reynolds Vance, *The Early History of Insurance Law*, *Select Essays in Anglo-American Legal History*, Association of American Law Schools, 1909, pp. 104-105.

"假借贷"合同(Mutuum Gratiset Amore)。[1] 所谓"假借贷"合同,以船舶保险为例,其操作方式可概括为:在航行开始之前,船东和资本所有者签订借贷合同,船东以放款人的名义出现,资本所有者则以借款人的名义出现。但事实上,这笔借款并未真正交付(故实为"假借款"),相反,船东在出海之前需向资本所有者支付一笔风险负担费。如果船舶平安无事地完成航海任务,安全抵达目的港,那么原先签订的借贷合同即告无效,资本所有者就无须履行偿还这笔"借款"的义务;但如果船舶中途遇难受损,则原先的借贷合同成立,船东可找名义上的借款人(即资本所有者)要求归还这笔"借款"。

从"假借贷"制度的操作方式中我们可以看出,相比于船货抵押借款制度,其更符合现代保险先支付保险费,再在保险事故发生后支付保险赔偿的做法。也正是基于这个原因,1347 年 10 月 23 日意大利热那亚商人乔治·勒克维伦与即将出海驶向马乔卡的"圣·克勒拉"号商船船东签订为期六个月的"假借贷"合同,被普遍认为是至今世界上发现的第一张保险单。[2] 该合同的措辞可以概括为:"乔治·勒克维伦向"圣·克勒拉"号船东借了一笔钱,船舶在安全抵达马乔卡前,他必须承担风险并负责还款;如果船舶在 6 个月内安全抵达马乔卡,借款合同即告失效。"[3]至于利息,实际上在出海前,船主就付给了乔治·勒克维伦,但在借款单中没有出现。显然,这是一份由船货抵押借款转变而来的"假借款"协议,虽然并没有明确约定保险人的承保范围,尚不完全具备现代保险单的基本形式,但是这并不影响其被认定为具有保险合同的本质。

到 14 世纪下半叶,现代意义上的保险合同开始在意大利被广泛地使用。而今天的术语"保险单"即来自意大利语"Polizza",表达承诺及许诺之意。[4] 在一张日期为 1385 年的意大利佛罗伦萨和比萨格式保险单中,清楚地列明其所承保的风险:天灾、海难、人祸、火灾、弃货,王子、城邦或其他人的没收、报复性劫掠、意外事故或其他任何的妨碍。[5] 该保单已经基本具备了现代意义上保险单的承保内容。而到了公元 14 世纪末,意大利的海上保险业已很发达。莎士比亚的名著《威尼斯商人》中就描写了当时的海上保险及其种类。而历史上第一家保险公司也出现在

---

① 之所以产生这种转变,一方面是由于海上贸易发展对于风险转移的需求,而另一方面则是由于中世纪教会立法对高利贷的普遍限制导致船货抵押借款的借贷融资功能受到限制而逐渐被淡化。

② Gerard J. Mangone, *United States Admiralty Law*, Kluwer Law International, Alphen aan den Rijn, 1997, p. 240. 但是根据学者 Humbert O. Nelli 在 The Earliest Insurance Contract-A New Discovery 一文中的考查,已经发现了一张于 1343 年 2 月 13 日签发的保险单。

③ Humbert O. Nelli, *The Earliest Insurance Contract-A New Discovery*, The Journal of Risk and Insurance Vol. 39, 1972(2), pp. 217-218.

④ Donald O'may, edited by Julian Hill, *Marine Insurance: Law and Policy*, Sweet & Maxwell, London, 1993, p. 1.

⑤ G. Clayton, *British Insurance*, Elek books Limited, 1971, p. 27.

1424 年的意大利。①

此后,随着资本主义在西欧各国的发展以及新航线的开辟,贸易中心逐渐从地中海一带转移到大西洋沿岸,海上保险制度也从意大利经葡萄牙、西班牙的各大城市传入荷兰、英国、法国以及北欧的一些城市,英国逐渐在海上保险领域崭露头角。② 而将海上保险由意大利传向英国的是意大利的伦巴第商人。他们说服当时的英国国王亨利四世同意他们在伦敦城建立自己的家园以方便开展贸易,这个区域后来被称为“伦巴第街”(Lombard Street)而闻名于世。③ 1574 年,伊丽莎白女王批准设立保险商会,专门办理保险单的登记事宜,并颁布经营海上保险的法案,制定标准保险单,极大地促进了英国海上保险的发展。可以说,直至英国伊丽莎白时代,伦巴第商人控制英国保险业的局面才开始得到改观,英国的保险业开始由英国的专业保险商控制,英国的海上保险业务由伦巴第街一带转移到了专门办理保险单登记并代为解决保险纠纷的伦敦皇家交易所下属的保险商会。之后,随着劳埃德保险人(Lloyd' s underwriters)的兴起以及举世闻名的劳氏保单(Lloyd' s form)的制定,英国在海上保险领域的中心地位得以确立。

二、海上保险立法的起源

(一)海上保险立法的萌芽

海上保险起源于船货抵押借款,因此对于海上保险立法起源的完整考查也应当从船货抵押借款制度的立法开始,其被称为海上保险法的萌芽。

早期有关船货抵押借款的立法,最集中地体现于罗马法的集大成者——东罗马帝国皇帝查士丁尼一世下令编纂的国法大全(Corpus Iuris Civilis)。其中,《查士丁尼法典》(The Code of Justinian)第四卷第三十二章就是关于船货抵押借款的规定。在该章中,其不仅规定船货抵押借款在船进港前不受一般契约共同利率的制约,而且明确指出只有在实际承担海上风险的前提下,债权人才有权获得该种借款下的高利息。④ 而《查士丁尼学说汇纂》(The Digest of Justinian)第二十二卷第二部分则汇编了公元前 100 年至公元 300 年间有关法学家对船货抵押借款的论述。从这些论述中,我们可以看出当时对船货抵押借款制度的认识已经相当深入,其甚至还涉及船货抵押借款合同与货物质权的关系。⑤

---

① Jan Berting, *Europe: A Heritage, a Challenge, a Promise*, Eburon Publishers, 2007, p. 128.

② 16 世纪以前英国的对外贸易和保险业均被意大利和汉萨同盟的商人所控制。

③ Frederick Martin, *The History of Lloyd' s and of Marine Insurance in Great Britain: With An Appendix Containing Statistics Relating to Marine Insurance*, Nabu Press, 2010, p. 20.

④ S. P. Scott, *The Civil Law*, Vols. 12-14, Lawbook Exchange, 2001(Book Ⅳ), p. 84.

⑤ Alan Watson, *The Digest of Justinian* (Volume 2), University of Pennsylvania Press, 1998, pp. 185-186.

随着时间推移,在汉萨联盟(Hanseatic League)早期颁布的一些条例(Recessus Hanse)中,也包含着对船舶抵押借款制度的规定。其中,在吕贝克(Lübeck)颁布的一个条例中就对有关船长签订船货抵押借款合同的限制和例外做出了详细的规定。[①] 综上,自公元前100年至14世纪有关船货抵押借款制度的法律规定可被视为海上保险立法的萌芽。

(二)海上保险立法的产生与早期发展

伴随着船货抵押借款制度向现代海上保险的逐渐转型,海上保险的立法也在此过程中孕育而生。根据学者 William Reynolds Vance 的考证,早在1411年和1424年,意大利的威尼斯就已经分别颁布了两个关于禁止威尼斯保险人承保国外船舶和货物的条例。[②] 不过由于这些立法只是当地政府对当时习惯做法的一些规制,因此并未形成大的影响。而第一部真正具有历史影响的海上保险立法是1435年的巴塞罗那商业条例。该立法针对当时实践中出现的保险欺诈现象,规定了特定类型船舶的承保数额(防止超额承保)并禁止对外国人拥有或营运的船舶进行承保。同时,该条例还规定了海上保险的承保规则和损害赔偿手续,例如"保险合同必须由被保险人或其代理人签字""保险合同只有在被保险人支付保险费并在保险合同中加以确认后才能生效"等。[③] 该法作为当时最为全面的海上保险立法对其他地区产生了深刻的影响,例如威尼斯于1468年7月2号颁布的关于法院如何处理保单纠纷中的程序问题及防止欺诈的法令就是以其为蓝本制定的。此后,该法分别在1436年、1458年以及1461年进行了修订和扩展,并最终形成了1484年[④]的巴塞罗那海上保险条例。[⑤]

到了16世纪,海上保险立法有了进一步的发展。1523年,佛罗伦萨在总结以往海上保险立法的基础上制定了一个比较完整的条例。值得注意的是,该条例附有当时普遍使用的标准保单,成为世界上最早的标准保险条款。[⑥] 1556年,法国鲁昂(Rouen)出现了对法国海上保险具有深远影响的《海上指导》(Le Guidon de la

---

① Frederick Martin, *The History of Lloyd's and of Marine Insurance in Great Britain: With An Appendix Containing Statistics Relating to Marine Insurance*, Nabu Press, 2010, p. 5.

② 参见于民、欧阳翠梅:"论中世纪和近代早期的意大利城市国家经济",载于《潍坊学院学报》,2007年第3期,第108页。

③ William D. Winter, *Marine Insurance: Its principles and Practice*, Nabu Press, 2010, p. 8.

④ 1484年的巴塞罗那海上保险条例共25条,其英文译本可在 Stanley S. Jados 所编译的 Consulate of the Sea and related documents 一书中找到。网址:http://libro.uca.edu/consulate/consulate.htm,最后访问日期:2017年11月20日。

⑤ James Reddie, *An Historical View of the Law of Maritime Commerce*, Adamant Media Corporation, 2005, pp. 169-170.

⑥ Frederick Martin, *The History of Lloyd's and of Marine Insurance in Great Britain: With An Appendix Containing Statistics Relating to Marine Insurance*, Nabu Press, 2010, p. 27-28.

Mer)。值得注意的是,《海上指导》①本质上不是国家制定的立法,而是私人对当时海上惯例加以整理形成的著作。由于当时法国并无关于海上保险的立法且调整当时法国海上活动的《奥列隆法典》(Rôles d'Oléron,Rolls of Oléron)并没有对海上保险加以规定,因此《海上指导》实质上是对《奥列隆法典》的一个补充,并在实践中起到了显著的指导作用。② 同年,西班牙国王菲利普二世(King Philip Ⅱ)颁布法令,对往来于印度的船舶和货物保险进行了规定。③ 1563 年比利时通过安特卫普法令,该法令明确规定保险应按照安特卫普交易所的习惯做法来进行,并设有防止欺诈和赌博的条款。这一法令对欧洲产生了广泛的影响,英国的皇家交易所保险公司就是按照此法经营的。④

进入 17 世纪后,各国的海上保险立法开始走向完善。1601 年,伊丽莎白女王制定了英国第一部有关海上保险的法律——伊丽莎白法案(An Act Concerning Matters of Assurances used among Merchants)。该法阐明了海上保险比其他补偿方法的优越性并规定在保险商会内设立仲裁庭解决海上保险的纠纷案件。1681 年,法国国王路易十四颁布了当时最为先进的海上立法——《海事敕令》(Marine Ordinances of Louis XIV)。其第六章为海上保险的法律制度,被认为是欧洲大陆最早的具有现代意义的保险法。⑤ 该敕令有关海上保险的规定为 1807 年法国商法典第二编有关海上保险的规定奠定了基础,甚至两者的许多规定除了一些语言及小的改动外基本相同。⑥ 1687 年,丹麦—挪威王国国王克里斯蒂安五世(Christian V)颁布实施了挪威法典(Norwegian Code),专设一章对保险进行调整。

纵观早期海上保险的立法,即可发现早期各地区或国家有关海上保险的立法规定具有很大的相似性。该种相似性主要源于两点:一是这些早期立法大多具有相同的起源,即中世纪的商人法(Medieval Law Merchant);二是海上保险属于国际或者跨地区海上贸易的风险保障机制,由于多数情况下被保险人与保险人不在同一国家或地区,因此有关海上保险的立法很容易借助贸易的国际性在不同的地区或国家得到传播并相互借鉴。

另外,与目前海上保险争议大多由海事法院或普通法院审理不同,早期有关海

---

① 该指南的作者已无从考证,参见 James Reddie, *Historical view of the Law of Maritime Commerce*, W. Blackwood and sons, p. 342.

② Jan Berting, *Europe, A Heritage, a Challenge, a Promise*, Eburon Publishers, 2007, pp. 341-348.

③ Jan Berting, *Europe, A Heritage, a Challenge, a Promise*, Eburon Publishers, 2007, p. 314.

④ 参见李玉泉:《保险法》,法律出版社,2004 年版,第 27 页。

⑤ James Reddie, *An Historical View of the Law of Maritime Commerce*, Adamant Media Corporation, 2005, p. 29.

⑥ John Duer, *The Law and Practice of Marine Insurance Deduced from a Critical Examination of the Adjudged Cases*, The Lawbook Exchange, 2007, pp. 43-44.

上保险的争议多由特别法庭(Special Tribunal)审理。在早期的佛罗伦萨、伦敦、鹿特丹、阿姆斯特丹等大多数海上保险发达的城市都存在这种特别法庭。这些特别法庭主要由港口的商人法庭的审理人员或者保险委员会的委员组成,并讲求审理的迅捷性。

三、中国海上保险及其立法发展

我国的保险最早是伴随着帝国主义的经济侵略而兴起的,而此种经济侵略又是从海上开始的,因此,保险进入中国的历史就是中国海上保险在中国起源的历史。

(一)新中国成立前的海上保险及立法

1685年,清政府开放海禁,在广州设立粤海关,广州作为当时唯一的对外贸易通商口岸开展对外贸易,海上贸易在中国沿海逐步开展。在1801年仅有一些外国商人临时组织的会社,承保船只及其运载的货物。随着国际贸易的发展,有些印度加尔各答的保险机构,在广州设置了代理处。1805年英商在广州成立了谏当保安行(Canton Insurance Society),[①]这是外商在广州,也是在中国开设的第一家保险机构。

1840年鸦片战争后,保险也紧随贸易从沿海进入了内地。上海在五个口岸中发展最快,外国侵略者最早在那里划定租界,到40年代末,逐渐代替广州成为全国对外贸易的中心,保险的中心也逐渐随之转移至上海。然而,残酷的现实是,至十九世纪中叶,我国的海上保险业务几乎全部由外商保险公司垄断,而且其对中国企业的承保条件非常苛刻。以当时中国最大的海商贸易企业——洋务派创建的轮船招商局为例,它的船舶和货物由英商的怡和及保安两家保险公司承保,其承保的条件是:(1)不是外国制造或购自外国的船舶不予承保;(2)保额只能保实际价值的六成;(3)保险费率为10%。[②] 中国的民族保险业亟待兴起。

中国民族保险业的发展,首先在于对西方现代保险思想的引入。1841年魏源撰写的《海国图志》,第一次介绍了英国的现代保险制度,编者把海上保险译为“船担保”;人寿保险译为“命担保”,然后对“担保会”的集资规模、盈亏分摊、互保险种等,分别做了介绍,使中国人对现代保险有了第一次的认识。1865年5月25日,中国第一家民族保险公司——上海义和公司保险行成立,标志着中国民族保险业的开始。此后,洋务派在屡受外商保险公司的欺压之后,也逐渐认识到“须华商自立公司,自建行栈,自筹保险”。在这种思想的推动下,保险招商局在1875年12月

① 参见《中国保险史》编审委员会编:《中国保险史》,中国金融出版社,1998年版,第16页。
② 参见初北平著:《船舶保险条款研究》,法律出版社,2009年版,第10页。

28日正式成立。

辛亥革命之后至国民政府期间，中国的民族保险业经历了一个曲折的发展期。其间，从1912年到1937年，银行业相继投资于保险业，大大促进了保险业的发展。1929年到1934年，民族保险业在发展的基础上，采取了多种多样的组合形式，根据业务经营上的特殊需要和共同目标，进行了联合管理，先后组成了太平保险公司集团、太安丰天总经理处、华商联合保险公司、中国船舶保险联合会等联合营业组织，大大加强了华商保险公司对巨额保险的承保能力，减少了对外商保险公司的依赖。① 抗日战争胜利后，国民政府迁回旧都南京，金融市场重心重回上海。但此时的官僚资本逐渐发展成为国家金融垄断势力，新中国成立前夕，国民经济濒临崩溃，通货膨胀率居高不下，保险市场陷入了巨大的混乱之中，许多保险公司不得不宣告破产。②

中国近代保险史上的第一部保险法规是光绪三十三年(1907年)拟具的《保险业章程草案》，共有七章105条，但是在上报清廷后就被搁置，并未批准付诸实施。1911年的《大清商律草案》也涉及了保险的规定，其第二编"商行为"中对损害保险和生命保险做出明确规定，但该法最终还是未及实施就遭夭折。此后，民国政府于1929年通过并颁布了《保险法》，并于1937年1月同时公布了经修正后的《保险法》《保险业法》《保险业法施行法》，③但这些法律都未及实施。而关于海上保险的明文立法则最早可追溯到宣统元年(1909年)完成的《海船法草案》，该法从第三编开始都是直接或间接与保险有关的法律条文。这部《海船法草案》并未颁行，因而没有法律上的效力，但在"中华民国"建立后的北洋政府时期颁行的《海船法案》和《海商法》，都是以该法案为基础。④ 另外，在抗战时期民国政府还颁发了水、火、人寿三种保险单基本条款，对水险保单应载明事项、责任范围和保险契约的有效条件均有所明确，使海上保险契约的内容更趋于标准化。因此，总体来看，旧中国关于海上保险的立法虽然跨出了从无到有的第一步，但大多都停留在纸面上而没有得到真正的应用。

总之，新中国成立前，中国民族保险业道路曲折，深受当时动荡的社会环境和外商保险机构排挤的影响。海上保险也同样未能幸免；虽然在这过程中民族海上保险企业的数量在不断增加，相关法律制度也开始陆续出台，但由于民族保险业的力量薄弱、经验不足，我国民族海上保险公司根本无法与外商保险公司相抗衡。这一点从当时签发的保单中也可以得到印证：当时所有的华商保险公司出具的海上

① 参见《中国保险史》编审委员会编：《中国保险史》，中国金融出版社，1998年版，第83页。
② 参见张洪涛、郑功成主编：《保险学》，中国人民大学出版社，2002年版，第47页。
③ 参见《中国保险史》编审委员会编：《中国保险史》，中国金融出版社，1998年版，第100页。
④ 参见《中国保险史》编审委员会编：《中国保险史》，中国金融出版社，1998年版，第58~59页。

保险单基本都是劳合社的标准保险单格式。即使从1934年起,有些华商保险公司的保险单开始采取中英文对照的方式,但其仍注明"中文条款仅系译文"。中国的海上保险在当时仍无法做到独立经营、自我发展。

(二)新中国成立后的海上保险及立法

解放战争的胜利和新中国的成立为我国的保险业翻开了新的篇章。为整顿当时混乱的保险业,人民政府授权地方军管会接管官僚资本的保险机构,至1949年10月,除批准中国产物保险公司和专营船舶保险和船员意外保险的中国航联意外责任保险公司恢复营业外,其他被接管的保险公司对未到期火灾保险单一律办理退保手续,终了保险责任。到1952年底,外国在华保险公司都陆续申请停业,自动退出中国保险市场。

而新中国保险业的真正起步则从1949年10月20日中国人民保险公司(简称人保公司)在北京正式成立之日起开始,海上保险亦是如此。对于海上保险业在新中国的发展,我们大致可以以改革开放为界限,分为两个阶段。

改革开放前,中国海上保险业的发展属于起步和填补空白阶段,主要以人保公司为主线。1951年,为适应我国对外贸易不断发展的需要,人保公司以英国协会货物保险条款为蓝本,首次制定了我国自己的海洋运输货物保险条款。而为进一步适应市场的需要,1956年起,人保公司又根据我国保险工作实际情况,在参照国际保险市场的习惯做法的基础上陆续制定了各种附加险条款,至此,我国的海洋运输货物保险终于有了一套自己的比较完整的保险条款。1958年以后,社会主义保险事业受到极"左"思潮的严重干扰,认为城乡的任何风险都可由国家和集体承担,保险事业已完成历史使命。1958年12月,除上海等个别地区外,停办了国内保险业务。① 不过万幸的是,国内保险的停办并没有完全阻挡海上保险的发展,虽然1969年1月交通部的远洋船舶保险曾被停办,但由于进口白金丢失事件的发生,在周总理的指示下,涉外保险与再保险得以继续办理。② 1960年人保公司承保第一艘国内船舶"光华"船,③但当时适用的仍是外国的船舶保险条款。

纵观这一时期海上保险业的发展,虽然有许多历史性的跨越,但是受制于当时对外贸易水平较低和社会主义改造完成及农村人民公社建立后国内保险被停办的历史背景,海上保险在短暂的起步发展之后开始处于停滞不前的状态。

1979年2月,在"文化大革命"结束和执政党将工作重心转移到经济建设的大背景下,中国人民银行全国分行行长会议做出了恢复国内保险业务的决定。④ 海

---

① 参见李玉泉著:《保险法》,法律出版社,2003年版,第45页。
② 参见《中国保险史》编审委员会编:《中国保险史》,中国金融出版社,1998年版,第416、419页。
③ 参见初北平著:《船舶保险条款研究》,法律出版社,2009年版,第10页。
④ 参见张洪涛、郑功成主编:《保险学》,中国人民大学出版社,2002年版,第49页。

上保险业也随之迎来了新的发展契机。随着对外经济贸易的迅速发展，海上保险的需求也日益增加。为适应这种需求，1980 年，人保公司参照联合国贸发会及 77 国集团关于海运货物保险条款的建议以及英国、德国、美国及其他能够搜集的条款、法规、公约、协定等修改成了 1981 年海洋运输货物保险条款，该条款适用至 2009 年后，更名为 2009 年海洋运输货物保险条款，其内容变化甚微。1986 年，人保公司在参考 1983 年协会船舶定期保险条款的基础上制定了新的船舶保险条款。上述两套保险条款设计基本合理，符合我国改革开放的需要，获得了国际上的认可并一直沿用至今。1988 年和 1991 年，中国人民银行分别批准成立了太平洋保险公司和平安保险公司，从而打破了海上保险一直由人保公司一家垄断经营的局面。此后，随着市场经济的深入，华泰、永安、华安、大众等中资财产保险公司和其他外国保险公司也开始进入海上保险领域，海上保险市场多层次、多元化的竞争体系逐渐形成。目前，随着我国对外贸易和船舶吨位在全球的崛起，海上保险领域已经成为各家财产保险公司竞争的重点领域。

在海上保险立法发展方面，改革开放前，我国关于保险的规制大多以条例、决定、办法的形式颁发，而无专门的保险立法，海上保险也是如此。改革开放后，法治得到了前所未有的重视，保险立法的起草也逐渐提上日程。1981 年全国人大第四次会议公布了《经济合同法》，对财产保险合同做了原则性的规定，标志着我国保险立法的开端。1983 年，国务院颁发了《财产保险合同条例》，海上保险合同作为财产保险合同的一种也同样适用。此外，“三资企业法”的陆续出台也为外国保险机构进入中国海上保险市场提供了法律依据。1992 年，《海商法》第一次以法律的形式对海上保险做出了明确的规定。在其第十二章中，分六节对海上保险合同、保险人和被保险人的权利义务、保险标的的损失和委付、保险赔偿的支付等都做出了明确的规定，使海上保险有了专属的法律调整。1995 年，《保险法》的出台为海上保险提供了保险合同领域的一般规定。此后，《保险公司管理规定》《外资保险公司管理条例》等保险业法律规范的出台也为海上保险业的发展提供了更为细致的法律监管。1999 年通过的《海事诉讼特别程序法》则对海上保险人行使代位请求赔偿权利进行了专门的规定。2007 年最高人民法院开始施行《最高人民法院关于审理海上保险纠纷案件若干问题的规定》，解决了海上保险诉讼中许多的实际困惑。2009 年《保险法》进行大修，海上保险的法律规范也进一步得到完善。2013 年 5 月 6 日，最高人民法院颁布了《最高人民法院关于适用〈中华人民共和国保险法〉若干问题的解释（二）》，就《保险法》中关于保险合同一般规定部分的有关法律适用问题进行了解释。2015 年 11 月 25 日，最高人民法院颁布了《关于适用〈中华人民共和国保险法〉若干问题的解释（三）》，就《保险法》中关于保险合同一章人身保险部分有关法律适用问题进行了解释。2018 年 5 月 14 日，最高人民法院又颁布了《关于适用〈中华人民共和国保险法〉若干问题的解释(四)》,就《保险法》中包括责任保险在内的财产保险合同部分有关法律适用问题进行了解释。总体来看,目前我国关于海上保险的立法虽然还存在一些问题,但已经相对比较健全,基本形成了一套有层次的法律体系。

第二节 海上风险的分类

风险与保险有着密切的联系,故有保险法谚"无风险(危险)则无保险"。海上保险就是集合众多可能发生损失的风险单位,收取保险费建立保险基金,对遭受损失的被保险人予以补偿或给付的一种机制。① 航运业从诞生之初就面临着极高的风险,海上保险则具有分散风险、分摊损失、履行经济补偿的功能,从而将从事航运相关业务个体所承担的风险降低到可以承受的最低限度,保障了航运业的发展。

近年来,"航运保险"这一提法逐渐兴起,从风险的角度审视,海上保险所集合的风险都是因海上航行而发生或者与海上航行有关的风险,即与航运相关的风险。② 从业务范围上,航运保险比传统的海上保险更为宽泛,与航运相关的传统船舶货物保险、保赔保险和综合物流保险都包括在内。实际上,随着海上保险业的发展,现代海上保险的业务范围不应局限于传统的船舶货物保险、保赔保险、海事责任保险,还应包括海洋工程、海上渔业设施、海洋能源、海上航空器的保险及其再保险。当前保险市场所指的"海上保险"仍为传统的海上保险。

一、风险与可保风险

对风险的正确认识,脱离不了所研究的具体语境。风险没有唯一的定义,经济学家、行为学家、风险理论家、统计学家和保险精算师,每一个人都有他们自己对于风险的定义。例如,对保险人来说,风险意味着保险标的发生损失的概率,这里的损失既包括字面意义上的财产丧失(如被抢劫),也包括财务上的损失(如风暴作为承保事件对保险购买者经济状况的影响)。保险人所关心的损失,既包括可能发生的损失(如火灾损失),也包括应当会发生的损失。对于后者,风险表现为损失何时发生(如死亡)或者发生的具体程度(如在保险期间内某类财产损失的具体数字)。③ 常见的关于'风险'的定义有:(1)未来产出的可能性;(2)损失的可能

① 参见樊启荣著:《保险法》,北京大学出版社,2011 年版,第 7 页。

② 参见曾立新著:《海上保险学》,对外经济贸易出版社,2001 年版,第 114 页。

③ Malcolm Clarke, *Policies and Perceptions of Insurance Law in 21 Century*, Oxford University Press, 2005, p. 2.

性;(3)预期或希望的产出发生反向偏离的可能;(4)给定情况下存在的可能产出的变化;(5)实体遭受损失的可能性。但是,风险在传统上被定义为不确定性。① 广义上的风险表现为盈利或损失的不确定性。② 而在保险法语境下,风险则只与损失相联系。之所以排除盈利,是因为保险业从诞生之初就以补偿被保险人损失为目的,而并不是保障其获利。因此,保险法语境下的风险只能表现为一种发生不确定性损失的状态。

风险应当具有三个特性:客观性、损失性和不确定性。③ 客观性是指"风险"是一种客观存在的状态,无论是否意识到,都是客观存在的。风险不以人的意志为转移,与当事人的期望和认识无关。人们只能降低风险发生的概率,无法从根本上消灭风险。风险具有损失性是指尽管从过程中看,风险所产生的不仅仅是损失,也可能伴随着利益,但从结果上看,获取的利益无法弥补遭受的损失,风险一定会造成损失。风险具有不确定性是指风险事故发生与否、事故发生时间、事故发生所致后果不能确定,且对被保险人事故发生属于意外,而非其故意行为所造成的。④

上述特征揭示了保险语境下风险的基本特点,不具有上述特点,则不能称之为风险,自然也不能为保险所承保。例如,博彩中的风险实质是一种对巨大盈利的高度不确定性,博彩方有获利可能而并无损失的可能,因为博彩方遭到的损失只有赌资的丧失,但赌资是一种确定性的支出,并不符合风险不确定性的要求,因此不具有损失性。所以即使不考虑公共秩序等原因,单纯从风险本身角度考虑,保险所承保的风险也与博彩"风险"不同,这是两者本质性的区别。当然,并非所有具有上述特征的风险保险人都能够承保,对于符合一定条件、保险人同意承保的风险,称之为"可保风险"。一般认为,一种风险构成可保风险,还需在客观上具备以下条件:

1. 纯粹性

纯粹性与投机性相对,纯粹性风险是指仅有损失机会而无获利可能,而投机性风险则既有损失的可能,又有获利的可能。由于保险语境下的风险必须与损失相联系,因此可保风险必须是纯粹的。如果对投机性风险予以承保,那么保险对于被保险人则成了"稳赚不赔"的手段,保险人难以维系经营。因此,诸如股市风险等投机性风险是难以成为可保风险的。

2. 同质性

从经济学角度,商业保险能够运作的理论依据是大数法则:大量标的面临同质

① 参见[美]乔治. E. 瑞达著:《风险管理与保险原理》,刘春江、王欢译,中国人民大学出版社,2010 年版,第 4 页。

② 参见江生忠著:《风险管理与保险》,南开大学出版社,2008 年版,第 3 页。

③ 参见孙祁祥著:《保险学》,北京大学出版社,2013 年版,第 3 页。

④ 参见曹兴权著:《保险法学》,元照出版社,2015 年版,第 17 页。

性风险,可能遭受损失,但实际出险标的仅有少数。唯有如此,保险人才能够精确的估计出风险单位发生损失的期望值,制定出合理而可靠的保险费率,从而成功设立保险基金。① 因此,仅仅具有纯粹风险,但是如果这种风险只由少数几个标的所承担,那么便失去了大数法则运作的基础,该风险便难以被承保。许多商业风险正是因为风险承受单位太少,所以难以成为可保风险。

3. 符合法律法规要求

法律对可保风险有一系列要求,例如英国《1906 年海上保险法》第 4 条第 1 款明确规定用于赌博的海上保险合同无效。再如,一些国家法律对不同性质的保险公司规定了不同的业务范围,因此对特定的保险公司来说,超出了其经营范围的可保风险,仍然是不可保风险。②

可保风险并不是一个静态概念,一些风险可能从本质上是符合"可保风险"要求的,只是因为缺乏数据等原因暂时不具有"可保性",并会随着实践中事故数据资料的积累和保险技术手段的提高成为可保风险。③ 特别目前保险业竞争不断加剧,激励各保险公司不断推出涵盖新风险的保险创新产品,开始出现了所谓"可保风险条件弱化"现象:保险人承保的风险不再局限于传统保险理论中所认为的理想化的风险。特别是对于可保风险同质性的要求,对于过去许多不符合大数法则的风险,例如众多商业风险,随着再保险制度的完善以及风险证券化趋势,保险人得以进行有效风险分散,从而使之满足大数法则要求,成为可保风险。因此,可保风险的外延是随着保险业发展而不断扩展的。

二、海上风险分类

海上保险仅仅承保一部分可保的海上风险,又被称为承保风险。可保风险,是保险人能够进行承保的风险,而承保风险,则是保险人实际予以承保的海上风险。海上保险的承保风险主要包括普通海上风险、外来风险以及海事责任风险。

(一)普通海上风险

普通海上风险几乎是海上航行过程中最为常见的风险,承保历史悠久。这些风险首先包括在海上所遭遇的自然风险,如人保 2009 年船舶保险条款中所列明的地震、火山爆发、闪电或其他自然灾害。除此之外,还包括:

---

① 参见胡柄志、徐荣坤:"可保风险与不可保风险的经济学分析",载于《中国保险管理干部学院学报》,2002 年第 6 期。

② 参见胡柄志、徐荣坤:"可保风险与不可保风险的经济学分析",载于《中国保险管理干部学院学报》,2002 年第 6 期。

③ 参见孙祁祥:"'可保风险':保险业务发展之'根基'",载于《中国保险报》,2009 年 12 月 16 日,第 002 版。

1. 海上灾害(Perils of the sea)

海上灾害,又称海难,是海上保险承保的最主要的风险之一,在海上保险中具有其独特的法律含义。但是《海商法》等相关立法中都没有对“海上灾害”给予明确的界定或解释。人保 2009 年船舶保险条款将其作为“搁浅、碰撞、触碰任何固定或浮动物体或其他物体”风险的补充性表述。根据英国《1906 年海上保险法》附件一,保险单解释规则第 7 项规定,“海上灾害(Perils of the Seas)仅指海上的意外事故或灾害,不包括风浪的通常作用。”可见,构成“海上灾害”至少应当满足以下两个条件:第一,损害发生的原因必须是“意外事故或灾害”(Fortuitous Accident or Casualties);第二,引起损失的灾害必须是与“海”有关的。

首先,损害发生的原因必须是“意外事故”(Fortuitous Accident)。“意外”一词明确地将被保险人的故意行为以及由于风浪的通常作用造成的不可避免的损失排除在外。即损失发生的原因不能是故意的或必然发生的。判断某一事件是否是“意外”的关键在于判断该事件是“经常的、正常的、自然渐进的结果”还是“异常的,不能避免、不可预测的”。在 Magnus v. Buttemer① 一案中,保险船舶在港口进行卸载作业,由于潮水的自然涨落而搁浅受损。法院判决认为损失发生的原因并非异常的,也不是灾害或事故,该损失被归于正常磨损。被保险人对“损害发生的原因是意外事件”承担举证责任。

但是,尽管都要求损害发生的原因必须是意外的,但在如何认定“意外”这一问题上,中英的司法实践、学者观点却存在差异。以恶劣天气为例,我国在司法实践中倾向将“恶劣天气”本身认定为海上灾害,因此要求引起海上事故的“恶劣天气”须是意外的、异常的,其程度必须能够构成灾与害,并以风险是否超过保险标的原本的抗灾能力作为判断标准。

在 2008 年天津海事法院审理的怡信有限公司与中国平安财产保险股份有限公司北京分公司等船舶保险合同纠纷上诉案②中,怡信公司依据保险条款中的“其他自然灾害”作为理由之一,主张保险船舶发生了保险事故,要求保险公司予以赔付。根据海事事故调查报告,施救时,海上的风速为 14 米/秒、风力为 5 级;之后至 10 月 3 日天气逐渐变坏,至沉船事故发生时,风速达到 20~22 米/秒,风力 7-8 级,浪高 5~5.5 米。一审和二审法院均认为,沉船事故发生时虽为恶劣天气,但此种天气状况未达到海上灾害的程度,不构成自然灾害,仍属于一般海上风险,故并非保险的承保范围。怡信公司以自然灾害为由主张保险赔偿的依据不足,不能得到支持。

---

① Magnus v. Buttemer, 11 C. B. 876 (1852).

② [2007]津海法商初字第 269 号;[2008]津高民四终字第 58 号。

与此不同，英国最高法院通过2011年The Cendor Mopu① 一案明确了"海上灾害"并不要求恶劣天气或海上状况本身出乎意料、不可预见，而是指由于恶劣天气、海上状况而引发的事件或灾害属于意外，该损害超出自然磨损的损失，即损失的发生并非是航程中必然的。Mance勋爵指出，将海上天气情况进行等级划分，从而判断哪一程度等级可以构成海上灾害没有意义，法院在判决时没有必要考虑天气或海上状况本身的恶劣程度，问题的关键是判断该等天气和海上状况对船舶的作用是否是异常的、不可预见的，进而引发了船舶的事故和灾害。

在Marina Offshore Pte Ltd. v. China Insurance Co. (Singapore) Pte Ltd. ②一案中，保险船舶于2003年12月26日下午2点由日本神户驶往新加坡，其间遭遇恶劣天气，并在27日沉没。从12月25日晚到28日凌晨，神户气象台定期发布该地区的大风预报，谨慎合理的船东应当可以预测其面临的恶劣海上天气情况。然而，法院认为此时仍构成海上灾害，"恶劣天气虽然在损失发生前已经预测到，但并不能以此否定损失意外事件，船舶进水本身仍然是意外事件造成的。"

另一则有关海上货物保险的案例确定了同样的规则。在N. E. Neter & Co., Ltd. v. Licenses & General Insurance Co. ③一案中，Tucker法官认为："因为天气情况可能被合理的预见就说不存在海上灾害这种观点是错误的。导致损失发生的原因的确应当存在某些意外或不可预见的因素，但在我看来，当你发现适当装载的木桶，在装船时状况良好，但由于在恶劣天气中船舶的颠簸而发生破损时，就出现了意外或不可预见的因素。"

其次，引起船舶损失的灾害必须是由"海"造成的。海上灾害中的"海"是区别于其他灾害的最大特点。如果没有海水在其中起作用，或者如果说某种灾害脱离"海"之外仍可能发生，这种灾害就不是海上灾害，因为这种灾害已经失去了海上灾害最主要的特点。

船舶上的牲畜（货物）受损是由于船舶摇摆不定或前后倾斜所致，那么这应当被认作是海上灾害；但船长采取了错误的航行路线并因此而延长了航程，以致饲料短缺、牲畜因饥饿而死亡，则并非海上灾害。海水通过老鼠咬的洞进入货舱，导致大米受损，这是海上灾害；但奶酪（货物）由于船上的老鼠偷食而受损，则不能认为是海上灾害。由上述两组情形的对比，很容易发现海上灾害与非海上灾害的区别，关键就是要弄清楚某种损害究竟是不是海上所特有的。如果某种损害并不是只有在海上才可能发生，那么它就不是海上灾害，换句话说，并不是所有发生在海上的

① Global Process Systems Inc v. Berhad, The Cendor Mopu [2011] UKSC 5.
② [2006] 4 SLR 689; [2006] SGCA 28.
③ [1944] 1 All E. R. 341. (1943) 77 Ll L Rep 202, at 202.

灾害都能被称为海上灾害，主要还是要看灾害的发生是否与“海”有特定关系。

“海上灾害应当与‘海’有关”，但并不意味着任何被认为是海上灾害引起的损失都必须由“海”直接导致的。如果保险标的的损害并不是由于海上灾害直接引起的，而是由于为防止海上灾害的发生而采取的行动或措施所引起的，那么由此给保险标的带来的损害仍然视为海上灾害所引起的后果，同样应当是海上灾害所造成的。

如在 Canada Rice Mills Ltd. v. Union Marine and General Insurance Co. , Ltd. ①案中，被保险人与保险人签订了一份有关运送大米的浮动保险单(预约保险单)，承保由海上灾害所引起的损失。大米从仰光运至弗雷泽河。到达目的地之后发现大米受热致损，这是为防止海上的大浪进入货舱而将通风口以及货舱关闭所导致的。之后被保险人向保险人索赔大米的损失。英国枢密院司法委员会(Judicial Committee of the Privy Council)判定该索赔成立，他们认为，虽然货物的损失不是由于海水的进入而造成的，但却是因为采取防止海水进入货舱的措施而造成的，因此该损失同样被视为由海上灾害引起的，应当得到保险赔偿。Wright 法官认为：根据实际天气状况的要求，关闭通风口不能被认为是在海上灾害以及货物损害之间介入了一个单独的、独立的原因，而应当被认作是根据良好船艺而在遭遇海上灾害时所采取的常规操作，因此损害应当被视为海上灾害的直接后果。

事实上，上述判断结果可以与火灾保险相类比。在承保火灾风险的情况下，如果保险标的的灭失或损害是由于为灭火而采取的必要而合理的措施所引起的，那么该灭失或损害仍然被视为是由火灾引起的，仍然在火灾险的承保范围内。判断火灾风险的这种原理同样可以适用到判断海上灾害中，即也不能认为，直接导致损害发生的与“海”有关的事故本身必然单独构成海上灾害。正如上文所述，海上灾害必须要有某些偶然的或意外的因素参与其中，否则，即使保险标的是由于海水而造成了损失，其仍然不能被视为由海上灾害所致。如“风浪的通常作用”造成的损失，虽然表面看来也是由海水引起的损失，但其仍然不是海上灾害。

2. 发生在海上的其他风险

其他一些普通海上风险尽管不是海上所固有的风险类型，也不属于海上灾害，但由于这些意外事故在航海过程中经常发生，且容易导致被保险人的损失，因此将其作为承保风险承保。“火灾和爆炸”风险就是典型的一种。火灾和爆炸一般起因于意外事故，但是意外性并不是二者的构成要件，例如即使是故意纵火也可以属于火灾险的承保范围。火灾和爆炸风险也不是海上所特有的，因此不能属于海上灾害。同陆地相比，航行中的船舶一旦发生火灾和爆炸，其后果往往十分严重，

① [1941] A. C. 55.

2002 年在日本名古屋一船厂发生的 M/V“Diamond Princess”船火灾案中，损失金额高达 4 亿美元。此外，岸上火灾对船舶的威胁也很大，如果港口码头仓库起火，加上风力的作用，很可能使在港口装卸的船舶遭受严重损失。由于在实践中很难判断损害发生的原因究竟是“火灾”还是“爆炸”，英国协会保险条款与我国人保《船舶保险条款(2009 版)》①(以下简称“人保 2009 年条款”)中都将爆炸与火灾风险合并于一个条款，降低了被保险人的举证难度。

除“火灾和爆炸”风险外，常见的其他海上风险还包括暴力盗窃(Violent Theft)、海盗行为(Piracy)、船长或者船员的过失或者恶意行为(Negligence or Barratry of the Master and Mariners)、投弃(Jettison)等。

(二)外来风险(Extraneous Risks)

外来风险，是指除普通海上风险以外的与外来因素有关的风险。外来风险可分为造成保险标的损失的一般外来风险以及战争风险和罢工风险等特殊外来风险。

1. 一般外来风险

一般外来风险并不是一种严格的逻辑划分产物，而是根据航运业实践，将一些常见的外来风险归入一类，以便于作为附加险承保。例如，货物保险中的一般外来风险包括偷窃(Theft, Pilferage)、提货不着(Non-Delivery)、淡水雨淋(Fresh And Rain Water Damage)、短量(Shortage in Weight)、沾污(Contamination)、渗漏(Leakage)、碰损(Clashing And Breakage)、破碎(Clashing And Breakage)、串味(Taint of Odour)、受潮受热(Sweating And Heating)、锈损(Rusting)、钩损(Hook Damage)等。

2. 特殊外来风险

特殊外来风险是指在海上航行或运输过程中一些特殊外来原因所带来的风险。战争风险和罢工风险是最为典型的特殊外来风险。

战争风险在海上保险早期与普通海上风险一起由同一份保单承保。如果被保险人不希望投保战争险，就在保险单中加入一个明示条款排除，这一条款逐渐发展为著名的“捕获扣押不保条款”(Free of Capture and Seizure Warranty, F. C. & S.)。随着武装冲突对航行影响的不断加深，F. C. & S. 成为海上保险保单的标准条款，对战争风险不再承保。到 20 世纪 80 年代，F. C. & S. 被英国新的协会保险条款中战争除外条款取代，同时另行制定战争险保单条款。

罢工风险出现在工业革命后。在英国保险人协会旧的水渍险(W. A.)和平安险(F. P. A)条款中，明确约定有“罢工、暴动和民变不保条款”(Free of Strikes, Riots and Civil Commotion Clause, F. S. R. & C. C.)。如今，罢工风险在英国协会保险

① 人保(备案)〔2009〕N3 号。

条款中被视为除外责任,由专门的罢工险条款进行承保。在船舶保险中,通常将战争风险和罢工风险合并由同一条款承保,而在货物保险中,则通常分别承保。

(三)海事责任风险(Marine Liability Risks)

随着航运业发展,航运业业务主体类型增加,业务范围扩展,导致了相关法律责任风险因此也不断增加,这就为海事责任险的发展创造了契机,各类海事责任险成了我国航运保险创新最为活跃的领域。鉴于海事责任风险的特殊性,这里将其作为与普通海上保险、外来风险并列的第三类海上风险。

海事责任风险,主要指海上运输相关业务经营者在经营过程中因为依法对第三人承担海事赔偿责任而面临的风险。海事法律责任的产生原因复杂多样,可能源自一次碰撞事故,可能来自一次错误扣船,等等。海事责任风险虽然也属于海上风险,但与前述海上风险存在一定不同:在前述风险中,风险事故是造成损失的直接原因,而在责任风险中,赔偿责任并不因风险事故而必然发生。除了责任本身的合法性之外,赔偿责任的产生还需要两个前提:一是保险人应对受害人承担赔偿责任;二是受害人需行使索赔权。下文将介绍几种较为常见的海事责任风险。

1. 碰撞责任风险

碰撞责任风险是最为常见的一种海事责任风险,有着悠久的历史。但是,碰撞责任始终未能发展为一个独立的险种,而是始终以船舶保险条款的组成之一存在。在 De Vaux v. Salvador① 案中,法院认为船东的碰撞责任不由通常的船舶 S. G. 保险单承保。该判决导致此后船舶保险单中普遍加入了保险人附加承保保险船舶的碰撞损害赔偿责任的"碰撞责任条款"。碰撞责任成为当时英国船舶保单所承保的唯一责任风险。

2. 海事诉讼保全责任风险

海事诉讼保全责任风险,是指海事请求人在向法院申请财产保全强制措施过程中,请求人对被申请人因错误保全遭受损害的赔偿责任。关于财产保全责任风险是否是可保风险,在理论界曾经引发争议。有学者认为,这种责任并不具有风险特征的客观性和不确定性,因为申请人的恶意诉讼或恶意保全系故意为之,且在错误保全申请一刻责任已经确定。实际上,是否存在错误保全需要由法院通过审理来确定,同时错误保全的情况也不限于申请人故意错误保全的情况。以扣船为例,扣船申请人向被申请人要求了过高数额的担保,也需要进行赔偿。而扣船申请人要求担保的数额过高,并不一定具有主观故意,可能仅仅是出现了估算错误。因此在法院对错误保全做出确定裁判之前,是否存在错误保全的情形一直处于不确定的状态,海事诉讼保全责任仍具有客观性、损失性和不确定性,符合风险的基本

① [1836] 5 L. J. K. B. 134.

特征。

3. 物流责任风险

物流责任风险是指航运物流活动从业者对第三人依法应负的赔偿责任。其中,航运物流活动从业者是指为物品从供应地向接收地的实体流动提供服务的民事主体,包括承运人、仓储人等。而第三人则是指保险合同当事人之外的其他民事主体,包括航运物流合同的相对方以及运输货物义务人之外的其他民事主体。当然,被保险人及其雇员、代理人和独立合同人均不属于第三人之列。现代化的新型物流方式(主要是多式联运)所体现的覆盖面广、涉及环节多等特点使得以第三方物流(Third Party Logistics, TPL)为主的航运物流业经营人承受着超过以往的风险。根据物流过程的主要环节,航运物流经营人的风险主要来自运输、仓储、装卸、搬运、加工、包装、配送以及信息服务等物流各个环节,因此相应的,物流经营人的风险也覆盖了航运物流的全过程。按照赔偿的类型划分,物流经营人在新型物流方式下的风险主要包括:对货主的赔偿责任、向物流履行方追偿的费用损失、对第三人的侵权责任、因自身疏忽需承担的费用等。

第三节　海上保险法概述

一、海上保险法的概念

通常认为,海上保险法是保险法的特别法。对于保险法的概念,当前通说认为其"是以保险关系为调整对象的一切法律规范的总称",而"保险关系即是指当事人之间依保险合同发生的权利义务关系和国家对保险业进行监督管理过程中发生的各种关系"。① 也就是说,通常我们所说的保险法包括两大组成部分,一是保险合同法,即狭义上的保险法,主要调整平等民事主体之间因保险合同而产生的权利义务关系,属于私法的范畴;二是保险业法,主要涉及国家对保险公司在设立、组织、运营等方面的监督和管理,属于公法的范畴。我国当前施行的《保险法》就是按照这种架构制定的:第二章"保险合同"是有关保险合同法的内容,第三至六章(保险公司、保险经营规则、保险代理人和保险经纪人、保险业监督管理)是有关保险业法的内容。

基于海上保险以及海上保险法的特殊性,海上保险法相对于一般保险法具有相对独立性,故多数国家均对海上保险法通过不同形式加以专门规定。现有的关

① 参见李玉泉:《保险法》,法律出版社,2004 年版,第 15 页。

于海上保险法的理论研究亦基本只涉及海上保险合同法方面。海上保险法通常是在狭义上使用的,其概念可表述为:以围绕海上保险合同而产生的关系为调整对象的法律规范的总称。

二、海上保险法的立法模式

由于海上保险作为保险制度起源的历史地位以及其承保的海上风险的特殊性,各国一般都对海上保险进行特别立法。然而由于法律传统和法律体系的不同,各国关于海上保险的立法亦采取了不同的模式。目前,世界各国有关海上保险的立法模式可概括为以下两种:

(一)单行立法

这种立法模式由英国首创,并对世界海上保险法的发展产生了深远的影响。据统计,目前世界约有 2/3 的国家,包括约 3/4 的发展中国家采用该模式,①很多国家的海上保险法甚至照搬了英国《1906 年海上保险法》。② 值得注意的是,采取该种立法模式的国家在对待海上保险法和一般保险法之间的关系上并不一致。例如英国直至《2015 年保险法》(Insurance Act 2015)通过前并未制定对一般商业保险活动进行调整的成文法,英国《1906 年海上保险法》除适用于海上保险外,还可适用于一般保险:法官在审理一般保险案件时,如遇到和海上保险共享的规定或原则,可以援引英国《1906 年海上保险法》的相关规定作为判案依据;而在澳大利亚,一般保险亦有单独的立法加以调整,如 1973 年《保险法》及 1984 年《保险合同法》,而且根据 1984 年《保险合同法》第 9 条(d)项的规定,其不适用于澳大利亚《1909 年海上保险法》调整的海上保险合同。

(二)海商法典或民商法典

采取这种立法模式的以大陆法系国家为主,例如法国《商法典》、德国《商法典》、日本《商法典》、希腊《海事私法典》(The Code of Private Maritime Law)、荷兰《海商法典》、俄罗斯联邦《商船航运法典》、意大利《航海法典》以及台湾地区“海商法”等中都有专门针对海上保险合同的具体规定。③ 采取该种立法模式的国家或地区在对待海上保险法和一般保险法之间的关系上又有两种不同的做法:一种以德国、挪威为代表,规定一般保险法不适用于海上保险。例如德国于 2008 年颁布的《保险合同法》第 209 条即明确规定其不适用于海上保险;挪威 1989 年《保险合同法》也明确其并不适用于根据其 1994 年《海商法》登记的船舶的保险以及国

① 参见郭瑜:《海商法教程》,北京大学出版社,2002 年版,第 281 页。

② 例如澳大利亚《1909 年海上保险法》几乎照搬了英国《1906 年海上保险法》,而加拿大《1993 年海上保险法》则被称为是英国《1906 年海上保险法》的现代版本。

③ 参见王海波:“论中国海上保险法与一般保险法之协调”,复旦大学 2010 年博士学位论文,第 14 页。

际货物运输保险。而另一种则以法国、日本和我国台湾地区为代表，规定一般保险法亦可适用于海上保险。例如，日本于2008年颁布的新《保险法》第36条规定该法的第7条、第12条、第26条、第33条不适用于海上保险契约，其他内容在《商法典》海上保险部分未规定时，可适用于海上保险（参见第1条）。我国台湾地区“海商法”第126条也规定：关于海上保险，本章无规定者，适用保险法之规定。

我国海上保险立法采取的是前述第二种模式，即在《海商法》中通过单独一章的形式（第十二章“海上保险合同”）对海上保险进行特别规定。

三、海上保险的法律适用

（一）涉外海上保险合同纠纷的法律适用

根据《最高人民法院关于适用〈中华人民共和国涉外民事关系法律适用法〉若干问题的解释（一）》第1条①的规定，如果海上保险合同当事人一方或双方为外国公民、法人，保险标的在中华人民共和国领域外或者保险事故发生在中华人民共和国领域外，则基于该海上保险合同产生的纠纷就具有涉外性，并产生法律适用问题。

根据《最高人民法院关于适用〈中华人民共和国涉外民事关系法律适用法〉若干问题的解释（一）》第3条的规定，涉外海上保险合同的法律适用应优先适用《海商法》的相关规定。我国《海商法》第269条规定：合同当事人可以选择合同适用的法律，法律另有规定的除外。合同当事人没有选择的，适用与合同有最密切联系的国家的法律。海上保险合同作为《海商法》所调整的合同的一种，应适用该条规定，即对于涉外海上保险合同来说，其法律适用应依次遵循以下两个原则：一是意思自治原则；二是最密切联系原则。

1. 意思自治原则

意思自治原则作为确定合同准据法的首要原则得到了各国学者和立法实践的肯定。对于海上保险合同而言，当事人亦有权就合同所适用的法律做出约定。约定的方式一般有两种：一种是明示选择，通常表现为当事人在海上保险合同中特别约定管辖权和法律适用条款。② 另一种是默示选择，即当事人虽然没有在合同中明确选择适用的法律，但从合同及与合同有关的情况中可以判断当事人实际上已

---

① 《最高人民法院关于适用〈中华人民共和国涉外民事关系法律适用法〉若干问题的解释（一）》第1条规定：民事关系具有下列情形之一的，人民法院可以认定为涉外民事关系：（一）当事人一方或双方是外国公民、外国法人或者其他组织、无国籍人；（二）当事人一方或双方的经常居所地在中华人民共和国领域外；（三）标的物在中华人民共和国领域外；（四）产生、变更或者消灭民事关系的法律事实发生在中华人民共和国领域外；（五）可以认定为涉外民事关系的其他情形。

② 例如英国的协会货物保险条款中都明确规定其受英国法律和惯例的调整。

经对合同的准据法做出了选择。第一种约定方式通常争议较少。如下案例即涉及对并入条款中的法律适用条款是否构成整个海上保险合同的法律适用条款的问题,争议涉及一份海上货物运输保险合同。保险合同本身并无法律适用条款,但在承保条件中声明并入了2009年协会货物保险A条款,具体措辞为:The conditions for cover are stated as being: covering loading risks(all risks), transportation risks as pre institute cargo clauses(A), war risks and SRCC。2009年协会货物保险A条款中的法律适用条款明确规定:本保险受英国法和惯例调整(This insurance is subject to English law and practice)。由此产生的问题便是该并入的法律适用条款是否适用于整个海上保险合同。考虑到2009年协会货物保险A条款只是作为承保条件并入到保险合同中,故合理的解释应是有关承保条件的争议应适用英国法和惯例,但有关整个保险合同的争议,例如合同是否有效订立等,仍应根据冲突规范另行确定适用的法律。当然,如果2009年协会货物保险A条款不仅仅是作为承保条件并入到合同中,则又另当别论。而对于默示选择这种方式,我国法律不予承认,因为《涉外民事关系法律适用法》第3条仅规定:当事人依照法律规定可以明示选择涉外民事关系适用的法律。欧洲的学者对此列举了一些可能被认为存在默示的情形,如:(1)合同采用的标准格式条款通常受某特定法律体系支配,如海上保险合同使用劳合社标准船货保单格式,可以默示表明受英国法支配;(2)合同中含有选择特定的管辖法院或选择特定的仲裁地的条款;(3)合同中涉及某个特定法律体系的条款;(4)在关联合同的部分合同中或在双方当事人的前续合同中约定了法律选择条款。①

2. 最密切联系原则

我国《海商法》作为特别法,其第269条仅规定合同当事人没有选择的情况下,适用与合同有最密切联系的国家的法律,但未规定最密切联系原则的含义及其确定标准。

最密切联系原则是指法院在审理某一涉外民事案件时,通过一定的方法和依据对与案件有关的各种主客观因素进行权衡,从而确定与该案中的涉外法律关系有最密切联系地(如最强联系地、最重要联系地、最真实联系地、最实际地或重力中心地)法律作为审理该案件最应当适用的法律。② 根据《涉外民事关系法律适用法》第41条的规定,在确定最密切联系地法律时,应适用履行义务最能体现该合同特征的一方当事人经常居所地或者其他与该合同有最密切联系的法律。考虑到“海上保险合同的本质在于其是一个补偿合同,海上保险合同的唯一和专门的目

① 参见尚清、高广飞:“论欧盟海上保险合同的法律适用”,载于《河北学刊》,2008年第5期。
② 参见赵相林著:《国际私法》,中国政法大学出版社,2011年版,第215页。

的即是向被保险人提供补偿以弥补(按最严格的意义而言)其可能因某些危险所承受的损失,而这些危险的后果正是保险人基于保险条款承诺向被保险人提供保护来加以避免。”则最能体现海上保险合同特征的义务履行方应是承担保险赔偿责任的保险人。因此,在一般情形下,海上保险人主营业地所在国或其他营业地所在国的法律应被推定为与海上保险合同有最密切联系的法律。

(二)海上保险国内法的适用

根据我国《保险法》第 184 条的规定:海上保险适用《中华人民共和国海商法》的有关规定;《中华人民共和国海商法》未规定的,适用本法的有关规定。最高人民法院《关于审理海上保险纠纷案件若干问题的规定》第 1 条规定:审理海上保险合同纠纷案件,适用海商法的规定;海商法没有规定的,适用保险法的有关规定;海商法、保险法均没有规定的,适用合同法等其他相关法律的规定。在适用中国法解决海上保险合同纠纷时,其法律适用的顺序一般应依次是《海商法》《保险法》《合同法》《民法通则》或《民法总则》[①]。另外值得注意的是,根据《海商法》第 268 条第 2 款的规定,对于涉外海上保险合同,在我国法律和我国缔结或者参加的国际条约没有规定时,可以适用国际海上保险惯例。

① 自 2017 年 10 月 1 日起,《民法总则》与《民法通则》将并行实施。依照新法优于旧法的原则,条文存在冲突的应当以《民法总则》为准。

第二章 海上保险合同的基本概念

第一节 海上保险合同的概述

一、海上保险合同的概念

我国《海商法》第216条规定:海上保险合同,是指保险人按照约定,对被保险人遭受保险事故造成保险标的的损失和产生的责任负责赔偿,而由被保险人支付保险费的合同。前款所称保险事故,是指保险人与被保险人约定的任何海上事故,包括与海上航行有关的发生于内河或者陆上的事故。

关于海上保险合同的概念,英国《1906年海上保险法》第1条规定:海上保险合同,是一种保险人按照约定的方式和范围,对与海上冒险有关的海上损失,向被保险人承担赔偿责任的合同。①

从内容上看,我国《海商法》第216条的内容,既规定了保险合同的性质,也规定了保险合同的承保范围。而英国《1906年海上保险法》将保险合同的性质与保险合同的范围相分离,在"海上保险合同"的概念中,仅规定了保险合同的性质,而将保险合同的承保范围放在第2条中,其规定:(1)海上保险合同,得用明示条款

① 英国《1906年海上保险法》原文:Section 1: A contract of marine insurance is a contract whereby the insurer undertakes to indemnify the assured, in manner and to the extent thereby agreed, against marine losses, that is to say, the losses incident to marine adventure.

或经由某种贸易习惯,扩展保障被保险人在与海上航程有关的内河或任何陆地风险中的损失。(2)如果用海上保险单格式的保险单,承保建造中的船舶,或者船舶下水,或类似海上冒险的任何冒险,本法中的各项规定,只要是可适用者,均得适用之;但除本条规定者外,本法的任何规定,都不能改变或影响任何适用于本法规定的海上保险合同以外的保险合同的法律规定。①

从范围上看,我国海上保险合同的承保范围与英国基本相同,都是承保海上风险,可扩展适用于与海上航行或冒险有关的发生于内河或者内陆上的事故。英国《1906 年海上保险法》第 2 条第 2 款提到的建造中船舶相关的保险,虽然在我国《海商法》第十二章中并没有对其做出明确的规定,但在实践中通常认为其也属于海上保险的范畴。②

二、海上保险合同的性质

海上保险合同的效力、当事人权利义务的确定,应与海上保险合同的性质息息相关,也是海上保险合同或其他财产保险合同区别于一般合同的特点。

(一)海上保险合同是补偿合同

保险在诞生之初,即“冒险借贷”(bottomry and respondentia)时期就已被打上了“补偿性”(indemnity)的烙印。③ 海上冒险从业者通过这种方式达到分散风险、补偿损失的目的。④ 保险合同的补偿性,Brett 勋爵在 Castellain v. Preston 一案的判决书中有非常精辟的阐述:“在我看来,适用于保险法的每一条规则的真正基础在于保险合同的补偿性。补偿性意味着被保险人因保险事故的发生而遭受损失时,应获得充分补偿,但也仅限于充分补偿。补偿原则是保险法的根本原则,如果有某种主张与该原则背离,使得被保险人无法获得充分补偿,或使其获得超额补偿,则该主张无疑是错误的。”⑤英国对于海上保险合同具有补偿性的认识由来已久,早在英国《1906 年海上保险法》制定前,就已经通过判例的形式确定了海上保

---

① 英国《1906 年海上保险法》原文:Section 2:(1) A contract of marine insurance may, by its express terms, or by a usage of trade, be extended so as to protect the assured against losses on inland water or on any land risk which may be incidental to any sea voyage. (2) Where a ship in course of building, or the launch of a ship, or any adventure analogous to a marine adventure, is covered by a policy in the form of a marine policy, the provisions of this Act, in so far as applicable, shall apply thereto; but, except by this section provided, nothing in this Act shall alter or affect any rule of law applicable to any contract of insurance other than a contract of marine insurance as by this Act defined.

② [2011]沪海法商初字第 1308 号。该案中虽然案例主要判决内容为建造中的船舶不适用海事赔偿责任限制,但就保险有关内容,适用的法律是《海商法》第十二章。

③ “bottomry”是以船舶为抵押的借贷方式,“respondentia”是以货物为抵押的借贷方式。

④ 此种借贷方式存在于古巴比伦,为腓尼基人、古希腊人、罗马人所使用,并在中世纪时期的意大利得以复兴。

⑤ Castellain v. Preston, [1883] 11 QBD 380, CA, p. 401.

险合同具有补偿性。[①] 在英国《1906 年海上保险法》颁布后，英国上议院（House of Lords）在 Richards v. Forestal Land, Timber and Railways Co., Ltd. [②]案中指出："对于普通法下的一般性原则和必要性或禁止性规定，双方当事人可以依据合同自由地选择或排除法定的条款，而立法机关和法院的本意是确立补偿性作为保险法的基本原则，并使其在不同的事实和法律中更具操作性。因此，商法已经去寻求或解决在一些海上保险实践中所产生的问题。"《1906 年海上保险法》将补偿原则作为其中的基本原则，同时认定海上保险合同具有补偿性。

海上保险合同作为财产保险合同的一种，其补偿性是以保险标的所遭受的实际损失为补偿依据，在合同订立时，可以对保险标的进行价值计算，当实际发生损失时，对其遭受的损失进行弥补，被保险人不能从中获利。同时，海上保险只能补偿承保范围内的损失，被保险人的损失未必能得到全部补偿，如定值保险合同，其约定的价值与实际损失之间会存在一定的差别。另外，保险法中的"损害补偿"应区别于民法上的"损失赔偿"。民法上的"损失赔偿"是因违约或侵权而承担的一种责任，有一种非难及制裁的意思。而保险法上的损害补偿，是保险中的弥补损失，不因为被保险人有过失或者保险人的侵权行为而赔付，这是一种给付行为，是一种履行合同义务的方式，其并没有制裁的意思。

保险合同的补偿特性与作为保险合同客体的保险利益保持了理论上的一致性，同时也是代位求偿、委付、重复保险等在内的一系列具体的海上保险制度的理论基础。此外，保险合同的补偿性揭示了保险对于赌博的排斥性，从而有效地规避道德风险的发生。

（二）海上保险合同是射幸合同

射幸合同（aleatory contract）是指"以机会利益为标的的合同，当事人义务的履行取决于机会或不确定事件的发生或者不发生"。[③] 在海上保险合同中，被保险人交纳保险费，并不一定能够获得保险人的赔偿，保险人赔偿与否取决于保险事故是否发生。保险事故的发生具有一定的概率，这意味着必然发生的事或者在承保期间内永远不可能发生的事不能被称为风险。保险的目的在于分散风险，而风险的发生本身具有一定的概率，这种不确定的损失是保险建立的基础。基于大数法则，通过多数人承保来分散少部分人所遭受的损失。因此，保险事故发生与否、发生的时间或者发生程度必须具有一定的偶然性和随机性，所以被保险人能否得到赔付也应当是具有偶然性与随机性。

---

① Castellain v. Preston, [1883] 11 QBD 380, CA, p. 386.

② Richards v. Forestal Land, Timber and Railways Co. Ltd., [1941] 3 ALL ER 62, p. 76.

③ 参见王利明著：《合同法研究》（第四卷），中国人民大学出版社，2017 年版，第 347 页。

基于海上保险人合同射幸合同特性的确立,被保险人所缴纳的小额的保费与保险人可能做出的高额赔偿仍可确认为一种对价平衡,同时,当被保险人违约时,赋予保险人的救济方式以及程度方能从更为公平合理的基准进行考量;此外,对于保险人是否已经承担相应责任的判断,亦不应简单地以承保时间的长短或者保险标的是否发生损失为依据。

三、海上保险合同的当事人及相关辅助人

海上保险合同的当事人,是在海上保险合同中参与海上保险活动并享有权利和承担义务的人。根据我国《海商法》,海上保险合同的当事人为保险人和被保险人。而在《保险法》下,保险合同的当事人则为保险人和投保人。另外,保险经纪人、保险代理人和保险公估人虽然不是海上保险合同的当事人,但是他们对海上保险合同的订立和履行起了重要的辅助和参与作用。

(一)保险人

保险人是在海上保险合同中,按照合同约定收取保险费、承担赔偿责任的一方当事人。根据各国保险业的实际情况,保险人是经营保险业务的经济组织或个人,其组织形式各有不同。

我国《保险法》第 10 条第 3 款规定:保险人是指与投保人订立保险合同,并按照合同约定承担赔偿或者给付保险金责任的保险公司。由此说明,在我国保险市场中,保险公司作为保险人经营《保险法》所规定的商业保险业务是没有争议的。同时,根据《保险法》第 6 条,保险业务由依照本法设立的保险公司以及法律、行政法规规定的其他保险组织经营,其他保险组织也可以经营商业保险业务。① 但是,此类组织能否以保险人的身份订立保险合同,在立法上仍不够明确。

在英国海上保险市场中,保险人既可以为保险公司,也可以为个人。自然人作为海上保险保险人主要存在于劳合社市场。英国 1720 年 6 月通过的《反投机法》(The Bubble Act,又称《泡沫法案》)曾批准“皇家交易保险公司”(The Royal Exchange Assurance Corporation)及“伦敦保险公司”(London Assurance Corporation)两家公司享有海上保险的独占经营权,其他公司或合伙组织均不得经营海上保险业务。从此以后,这两家特许保险公司垄断经营伦敦海上保险业务长达近 100 年。但该法案并没有限制个人经营者办理海上保险业务。这就为劳合社作为一家以个人名义办理海上保险业务的社团组织的发展提供了有利条件,也促进了劳合社个人保险组织在英国海上保险市场中的发展,并一直延续至今。

---

① 《保险法》第 181 条规定:“保险公司以外的其他依法设立的保险组织经营的商业保险业务,适用本法。”

在我国,《保险法》第三章就我国保险公司的设立、经营范围等做了专门的规定。中国保险监督管理委员会(以下简称保监会)[①]作为国务院保险监督管理机构,根据《保险法》和《公司法》于 2009 年 10 月 1 日颁布实施了《保险公司管理规定》,对保险机构的设立、保险经营、保险条款和保险费率、保险公司的资金管理、保险公司的偿付能力、再保险等方面做了详细的规定。

根据上述法律法规,在我国成为海上保险合同的保险人必须具备以下条件:一是经过政府机构的批准,取得保险人资格;二是应当具有经营海上保险业务的资格。获准经营海上保险业务的财产保险公司,均可以成为海上保险合同的保险人。

现阶段,争议主要是互保协会(也称为保赔协会)[②]等互助保险组织是否为《保险法》规定的保险公司及其监管主体的问题。对于互保协会的法律地位,英国与我国存在不同的认识。英国法下的互保协会享有保险人的法律地位,根据英国 1862 年《公司法》和 1876 年 In re Arthur Average Association (De Winter and Co's Case)一案[③]判决,"保险合同中必须有一个经合法登记的公司作为保险人才是有效的保险合同。"[④]而互保协会也被认定具有独立的法人资格。在英国,根据《2006 年公司法》第 5 条,互保协会一般登记为无股份资本的担保有限公司(a company limited by guarantee,LBG)。[⑤]

在我国,关于互助保险组织的法律地位及其监管经历了一个改革发展的过程。

第一阶段,根据《民法通则》的精神,互保协会的主体性质被认定为社会团体法人。[⑥] 在这一阶段中互助保险已经存在,且并不受保监会监管,但其相应的保险条款的效力在司法实践中得到承认。互保协会的保险条款不受《保险法》调整,[⑦]仅受《合同法》和《民法通则》等基本的民事法律规制,保险条款的效力依照《合同法》等法律确定。实践中,中国船东互保协会是经国务院批准,于 1984 年 1 月 1 日在北京成立的非营利性的船东互相保险的组织。根据国务院《社会团体登记管理条例》,协会依法享有社团法人资格,接受其业务主管单位交通运输部和登记管理机关民政部的监督管理。《最高人民法院关于中国船东互保协会与南京宏油船务

---

① 2018 年 4 月,中国保险监督管理委员会与中国银行业监督管理委员会合并,成立中国银行保险监督管理委员会。

② 在海上保险中,可能涉及的互保协会主要是船东互保协会(包括国际互保协会集团,The International Group of P&I Clubs)和特殊责任互保协会,后者包括租船人互保协会(如 The Charterer's P&I Club)、抗辩险互保协会(如 The UK Defence Club)、罢工险互保协会(如 The Strike Club)、战争险互保协会(如 UK War Risks Club)、联运保赔协会(TT Club)等。

③ In re Arthur Average Association (De Winter and Co's Case), [1876] 34 LT 942, 3 Asp MLC 245.

④ 参见王晓怡:"保赔协会法律地位研究",载于《中国海商法年刊》,2008 年。

⑤ David Semark, *P&I Clubs: Law and Practice*, London, Informa Law at Routledge, 2013, p. 8.

⑥ 参见《民法通则》第 50 条。

⑦ 在我国,《保险法》仅规范保险公司或其他保险组织经营的商业保险业务。

有限公司海上保险合同纠纷上诉一案有关适用法律问题的请示的复函》①指出："中国船东互保协会不属于我国《保险法》规定的商业保险公司。中国船东互保协会与会员之间签订的保险合同不属于商业保险，不适用我国《保险法》规定，应当适用我国《合同法》等有关法律的规定。中国船东互保协会2000保险条款第七条通则第一款第（六）项约定的保证义务，是承保范围的前提条件，不属于免责条款。上述约定符合我国《合同法》的规定，属于协会会员必须遵守的我国法律规定的关于船舶和船员安全管理方面的强制性义务，应当认定其效力。"针对本案，《中国保险监督管理委员会关于船东互保协会问题的复函》②亦指出："根据《中华人民共和国保险法》第二条、第九条，以及《国务院关于成立中国保险监督管理委员会的通知》的规定，中国保险监督管理委员会负责对全国商业保险进行监督管理。船东互保协会从事的活动不属于《中华人民共和国保险法》第二条规定的商业保险行为，因此，不属于中国保险监督管理委员会的监管范围。"

第二阶段，中国保监会印发《相互保险组织监管试行办法》③，该办法第二条、第三条、第五条将互助保险纳入监管。其第七条严格地规定了互助保险组织的设立条件。同时，《国务院关于取消和调整一批行政审批项目等事项的决定》规定专属自保组织和相互保险组织设立的前置审批由保监会负责。④ 中办、国办《行业协会商会与行政机关脱钩总体方案》⑤以及《关于公布2015年全国性行业协会商会脱钩试点名单的通知》⑥进一步明确了中国船东互保协会和中国邮轮船东互保协会的作为社会团体法人相对于交通运输部的独立地位。2017年3月15日，第十二届全国人民代表大会第五次会议通过的《民法总则》第九十条进一步明确了社会团体法人的定义，"具备法人条件，基于会员共同意愿，为公益目的或者会员共同利益等非营利目的设立的社会团体，经依法登记成立，取得社会团体法人资格；依法不需要办理法人登记的，从成立之日起，具有社会团体法人资格。"据此来看，在中国法下中国船东互保协会和其他互保协会是保险公司以外的保险组织，属于民事主体中的社会团体法人，受保监会监管。

关于保险人的种类，国际海上保险实践中还存在着首席保险人（lead insurer）的概念。在包括英国在内的一些国家，考虑到海上保险相对较大的风险性，一份保

---

① 〔2003〕民四他字第34号，2004年5月26日发布。

② 保监办函〔2003〕78号，2003年5月15日发布。

③ 保监发〔2015〕11号，2015年1月23日发布。

④ 国发〔2015〕11号，附件5《国务院决定保留的工商登记前置审批事项目录》第31条，2015年2月24日发布。

⑤ 参见《中共中央办公厅、国务院办公厅关于印发〈行业协会商会与行政机关脱钩总体方案〉的通知》，中办发〔2015〕39号，2015年7月8日发布。

⑥ 由民政部、行业协会商会与行政机关脱钩联合工作组下发，2015年11月3日发布。

险合同下可能存在多个共同保险人,这些保险人依据不同的份额共同承保一份保险,英国的劳合社就是如此。在此类保险合同下,通常由一个相对权威的保险人作为首席保险人,其代表其他保险人与被保险人一方洽谈保险合同的相关内容。需要注意的是,存在多个保险人的情况下,每一个保险人都视为与被保险人之间存在一个独立的保险合同,必要时还可以设定不同的费率及具体条款。另外,首席保险人从其他保险人处取得的授权是依据一份单独的协议或惯例,而非源于保险合同本身。首席保险人又分为首席承保人和首席保险理赔人。首席承保人与保险经纪人一样负责核定费率,安排保险;而首席保险理赔人则以全部共同保险人的名义行事,其行为对所有共同保险人具有约束力。在保险安排规模较大或者参与方较多的情况下,还可能会出现首席经纪人(lead agent)和承保条首席(slip leader)的概念。

与英国的首席保险理赔人相比,挪威市场中船东(被保险人)与互保协会的渊源使得首席保险理赔人(hovedassurandør, claims leader,通常是互保协会)更加正式,主要体现在三个方面:一是在订立保险合同时由船东在保单中指定,并在保险单中加以明确;二是首席保险理赔人依据《2013年北欧海上保险方案》(The Nordic Marine Insurance Plan of 2013, NMIP2013)的规定取得权利;三是NMIP的专章规定使得首席保险理赔人的指定明确,授权清晰,除另有约定或者与被保险人恶意串通外,首席保险理赔人的行为对共保人有约束力。① 依据NMIP的规定,首席保险理赔人有权采取下列措施②:第一,决定船舶的"闲置计划";第二,决定采取必要的救助措施;第三,决定与船舶修理有关的事项;第四,以自己及共保人的名义为船舶碰撞、触碰或救助责任提供担保;第五,有权与第三方通过谈判解决争议,并决定相应的法律程序和上诉问题;第六,可以为被保险人或者共保人垫付相应费用,并收取利息。首席保险理赔人应当在尽量考虑所有共保人利益的前提下恪尽职守,在保险事故发生时应当将包括索赔概要和预估费用等信息的风险通知转达给共保人。③ 此外,首席保险理赔人无权代表共保人就保险支付进行谈判,如果首席保险理赔人违反与共保人之间的协议,应承担相应责任。

(二)投保人

投保人,又称要保人,根据我国《保险法》第10条第2款的规定,投保人是指与保险人订立保险合同,并按照合同约定负有支付保险费义务的人。投保人可以是为自己的利益,也可以是为他人的利益或两者兼有而订立海上保险合同。

---

① Trine-Lise Wilhelmsen, Hans Jacob Bull, *Handbook in Hull Insurance*, 1st *ed.*, Oslo, Gyldendal Akademisk, 2007, pp. 40-43.

② 相关内容请参见 Clause 9-3 至 Clause 9-9, NMIP 2013.

③ 相关内容请参见 Clause 9-4, NMIP 2013.

需要指出，我国《海商法》并没有规定投保人的概念，因此，本书认为投保人不是海上保险合同的当事人。对于在海上保险合同中约定的投保人，其法律地位依据具体案情参照代理的法律关系予以确定。

（三）被保险人

如上所述，根据《海商法》，被保险人应当是海上保险合同的当事人。尽管《海商法》并没有规定的被保险人的定义，根据该法中海上保险合同的定义（第 216 条）以及保险人赔偿义务（第 237 条）等规定，被保险人应当是依据海上保险合同享有保险赔偿请求权并承担保险费支付义务的合同当事人。

另外，我国《保险法》也规定了被保险人的定义。根据该法第 12 条第 4 款，被保险人是指其财产或者人身受保险合同保障，享有保险金请求权的人。投保人可以为被保险人。可见，《保险法》所规定的被保险人与《海商法》所规定的被保险人的含义并不相同，不能不加区别地依据《保险法》的这一规定认定海上保险合同的被保险人或者确定其权利和义务。

（四）保险经纪人

海上保险经纪是起源于英国的最早的保险经纪活动。今天的保险经纪业务早已不再局限于海上保险。在英美等保险业发达的国家，保险经纪人在保险中介市场中扮演着重要角色，比如在著名的劳合社保险市场上，辛迪加 90%以上的保险业务是由劳合社保险经纪人带来的。

关于保险经纪人的概念和法律责任，我国《保险法》第 118 条规定：保险经纪人是基于投保人的利益，为投保人与保险人订立保险合同提供中介服务，并依法收取佣金的机构。第 128 条规定：保险经纪人因过错给投保人、被保险人造成损失的，依法承担赔偿责任。根据以上规定，海上保险中的保险经纪人的法律地位应当是投标人或被保险人的代理人。

中国保险监督管理委员会 2015 年修订版《保险经纪机构监管规定》第 6 条对保险经纪机构的组织形式做出规定，保险经纪机构可以采取下列组织形式：(1) 有限责任公司；(2) 股份有限公司。第 27 条对其业务范围做出规定，保险经纪机构及其分支机构可以经营下列保险经纪业务：(1) 为投保人拟定投保方案、选择保险公司以及办理投保手续；(2) 协助被保险人或者受益人进行索赔；(3) 再保险经纪业务；(4) 为委托人提供防灾、防损或者风险评估、风险管理咨询服务；(5) 中国保监会规定的其他业务。

从国际上来看，保险经纪人的收入来源主要有两个，一个是通过为被保险人提供保险咨询服务而收取的咨询费，另一个是为被保险人签订保险合同而向保险人收取的佣金。① 一旦被保险人不支付保费,保险经纪人则对保单具有留置权。但是随着时代的发展,保险经纪人也在发生一些改变,部分保险经纪人现在也直接向被保险人收取佣金,以简化交易流程。而在挪威市场上,许多船东已经不通过保险经纪人来安排保险。

(五)保险代理人

我国《保险法》第117条第1款规定,保险代理人是根据保险人的委托,向保险人收取佣金,并在保险人授权的范围内代为办理保险业务的机构或者个人。根据该规定,保险代理人既可以是机构,也可以是个人,这一点与只能以机构形式经营的保险经纪人不同。以机构形式经营的保险代理人是独立于保险人的保险市场主体,也是保险监管部门的主要监管对象。在保监会发布的《保险专业代理机构监管规定》中,这类代理人被称为保险专业代理机构,是指根据保险公司的委托,向保险公司收取佣金,在保险公司授权的范围内专门代为办理保险业务的机构,包括保险专业代理公司及其分支机构。除此以外,很多保险公司的从业人员,虽然是保险公司的雇员,但也有可能从事代理行为,这种代理行为属于职务代理,从事此种代理行为的人为个人保险代理人。职务代理属于意定代理的一种,意定代理关系可能通过订立委托合同建立,也可能通过工作中的授权建立。保险代理人的权限通常在代理合同或授权书内予以规定,一般包括招揽与接收保险业务、代收保险费、出立暂保单或保险单、勘察理赔等。

根据代理合同内容的不同,保险代理人的权限通常分为一般代理和特殊代理。一般代理是指在保险人的授权范围内,从事招揽与接收保险业务、代收保险费、出具暂保单或保险单等业务;特殊代理是指经过保险人的特别授权,从事勘验定损、核查理赔等业务。需要注意的是,在我国自我代理和双方代理是民法所禁止的情况,属于代理权的滥用。

保险代理人存在的主要问题表现在两个方面:一方面是保险代理人骗取保费,另一方面是表见代理现象经常发生。因此,加强对保险代理人的监管、提高行业自律能力显得尤为重要。如 Elmer Tallant Agency, Inc. v. Bailey Wood Products, Inc. ②案中,即便保险人明确拒绝代理公司的投保申请,但是保险代理人依旧告知被保险人合同成立且只有一个保险人。在另一案例中,保险代理人的代理行为是基于保险人授权的委托代理合同,所以保险代理人的行为构成表见代理行为。保险人与保险人代理人之间未披露的限制性协议并不影响正常缔约的被保险人的正

① 习惯上,保险公司会将保险经纪人客户首次支付的保险费的一定比例(如10%)作为保险经纪人的佣金。

② Elmer Tallant Agency, Inc. v. Bailey Wood Products, Inc., 374 So. 2d 1312 (Ala. 1979).

当合同权利。① 因此法院判定由保险人及其代理人共同在其责任范围之内承担对被保险人的赔偿责任。

我国《保险法》第 127 条第 2 款也规定,保险代理人没有代理权、超越代理权或者代理权终止后以保险人名义订立合同,使投保人有理由相信其有代理权的,该代理行为有效。保险人可以依法追究越权的保险代理人的责任。

我国保险实务中也常发生保险代理人代投保人签章的情况,根据我国《最高人民法院关于适用〈中华人民共和国保险法〉若干问题的解释(二)》第 3 条规定,投保人或者投保人的代理人订立保险合同时没有亲自签字或者盖章,而由保险人或者保险人的代理人代为签字或者盖章的,对投保人不生效。但投保人已经交纳保险费的,视为其对代签字或者盖章行为的追认。但此处的签章仅意味着保险合同的成立,并不能取代投保人在保险合同"声明栏"处的签章,不能据此推断保险人及其代理人已经履行了说明义务。

在我国,保险代理制度以前主要用于国内拓展保险业务,现在为了开展国外业务,财产保险公司在世界各地主要港口和城市聘请了货物检验理赔代理、船舶检验代理,同时我国保险公司也作为外国保险公司在中国的货物、船舶保险的检验代理人。尽管这些从事检验或类似工作的机构或人员名义上被称为代理人,但其应当更加符合保险公估人的法律地位,而不属于严格意义上的保险代理人。

(六)保险公估人

《保险法》第 129 条规定:保险活动当事人可以委托保险公估机构等依法设立的独立评估机构或者具有相关专业知识的人员,对保险事故进行评估和鉴定。接受委托对保险事故进行评估和鉴定的机构和人员,应当依法、独立、客观、公正地进行评估和鉴定,任何单位和个人不得干涉。保监会发布的《保险公估机构监管规定》②第 2 条规定:本规定所称保险公估机构是指接受委托,专门从事保险标的或者保险事故评估、勘验、鉴定、估损理算等业务,并按约定收取报酬的机构。在中华人民共和国境内设立保险公估机构,应当符合保监会规定的资格条件,取得经营保险公估业务许可证(本节以下简称许可证)。也就是说,保险公估人是接受委托,为保险标的或受损标的提供公估服务并出具公估报告的保险中介服务机构。

保险公估人一般可以分为两类:一类是承保公估人,另一类是理赔公估人。承

---

① Mayo v. American Fire and Casualty Company, 282 N. C. 346, 196 S. E. 2d 828 (1972). 类似的表述可以参见 British General Insurance Co., Ltd. v. Simpson Sales Co., Inc., 265 Ala. 683, 93 So. 2d 763 (1957).

② 2009 年 9 月 25 日中国保险监督管理委员会令 2009 年第 7 号发布。根据 2013 年 9 月 29 日中国保险监督管理委员会令 2013 年第 10 号《关于修改〈保险公估机构监管规定〉的决定》第一次修订。根据 2015 年 10 月 19 日中国保险监督管理委员会令 2015 年第 3 号《关于修改〈保险公司设立境外保险类机构管理办法〉等八部规章的决定》第二次修订。

保公估人，主要是从事保险标的的承保公估，即对保险标的进行现时价值评估和承保风险评估。由承保公估人提供的查勘报告是保险人评估保险标的风险，审核其自身承保能力的重要参考。理赔公估人，是在保险合同约定的保险事故发生后，受托处理保险标的的检验、估损及理算的专业公估人。

保险理赔公估人包括损失理算师、损失鉴定人和损失评估人。损失理算师，是指在保险事故发生后，计算损失赔偿金额，确定分担赔偿责任的理算师，他们主要确定保险财产的损失程度，确认是否全损或是否可以修复，修复费用是否超过财产的实际价值。损失鉴定人，是在保险事故发生后，判断事故发生原因和责任归属的保险公估人，具体地说，他们负责查明事故发生的原因，判断是否有除外责任因素的介入，是否有第三者责任的发生，进行损失定量等。损失评估人，是指接受被保险人的委托，办理保险标的的损失查勘、计算的人。他们通常只接受被保险人单方面的委托，为被保险人的利益而从事保险公估业务。

第二节 海上保险的保险标的与保险利益

一、保险标的

财产保险的保险标的是指作为保险对象的财产及其有关利益，①是保险合同双方当事人要求提供保险保障的目标或对象，②也是保险人承担保险责任的各类危险的载体，即是保险事故发生的本体。③ 明确保险标的，有利于确定保险人应当对哪些财产或者人身发生保险事故造成的损失承担保险责任、投保人或者被保险人能够将哪些财产或者人身所发生的损失转嫁给保险人。④ 对保险标的的确定，有利于确认投保人或者被保险人是否符合保险利益原则，对保险金额和保险价值的确定也具有重要影响。

任何可能遭受海上风险的对象都可以作为海上保险的标的。英国《1906 年海

---

① 根据 2002 年 10 月 28 日第九届全国人民代表大会常务委员会第三十次会议《关于修改〈中华人民共和国保险法〉的决定》修正的《保险法》第 12 条第 4 款曾经规定，“保险标的是指作为保险对象的财产及其有关利益或者人的寿命和身体”。但根据 2015 年 4 月 24 日第十二届全国人民代表大会常务委员会第十四次会议第三次修正的现行《保险法》第 12 条已将该款删除，仅在第 3 款规定“人身保险是以人的寿命和身体为保险标的的保险”，第 4 款规定“财产保险是以财产及其有关利益为保险标的的保险”。

② 参见司玉琢著：《海商法专论》，中国人民大学出版社，2017 年版，第 409 页。

③ 参见郑玉波著：《保险法论》，台湾三民书局，1998 年版，第 25 页。

④ 参见英国《1906 年海上保险法》第 26 条关于保险标的的确定（Designation of subject-matter）的规定。

上保险法》第3条第1款规定：每一合法的海上冒险得为海上保险合同的标的。①海上保险的标的与海上保险合同的标的是不同的，任何合法的海上冒险行为都可以作为海上保险合同的标的，而且海上保险合同的承保范围可以不限于狭义的海上风险，也可以包括部分陆上的风险，但是海上保险的标的必须要有面临海上风险的可能。我国《海商法》和相关保险条款中最主要的保险标的是船舶和货物，此外，海上保险标的还包括但不限于船舶营运收入、货物预期利润、船员工资和其他报酬以及对第三人的责任等。

保险标的不同于保险合同的客体（subject matter of insurance contract）。民法中的客体是权利义务共同指向的对象，所以，保险合同的客体应当是保险利益。有关保险利益请参见本节"保险利益"部分。

（一）船舶（ship，vessel）

我国各船舶保险条款对所承保"船舶"的范围皆有规定：人保1986年②与2009年远洋船舶条款都规定，船舶作为其承保的标的，包括船壳、救生艇、机器、设备、仪器、索具、燃料和物料，不包括《海商法》第219条所规定的船员给养和淡水；中国人民银行1996年《沿海、内河船舶保险条款及费率》③及中国人民银行《沿海内河船舶保险条款解释》④和人保《沿海内河船舶保险条款及其附加险条款（2009年版）》⑤则规定，船舶作为保险标的，包括船体、机器、设备、仪器和索具，并明确规定船上燃料、物料、给养、淡水等财产和渔船不属于船舶保险标的的范围。

广义的船舶是指能够漂浮和航行于海洋、江河及其他可航水域且有船的形状的运载工具，主要船舶类型包括杂货船、干散货船、集装箱船、油槽船等。从保险条款的措辞上来看，船舶备件似乎并不属于船舶的范畴。⑥ 但是我国司法实践倾向于认为船舶保险标的包括船舶备件。在2013年宁波海事法院审理的一起沿海船舶保险合同纠纷案⑦中涉及了该问题。该案虽是沿海保险合同纠纷，但是沿海船舶一切险条款在关于船舶是否包括备件的问题上与人保2009年条款相同，均未明确。因此本案的判决对于理解人保2009年条款具有借鉴意义。该案中，原告投保

---

① 英国《1906年海上保险法》原文：Section 3（1）：Subject to the provisions of this Act，every lawful marine adventure may be the subject of a contract of marine insurance.

② 人保《船舶保险条款》（1986年1月1日）。

③ 银发［1996］253号。虽然《中国人民银行关于下发〈沿海、内河船舶保险条款及费率〉的通知》已失效，但《沿海、内河船舶保险条款》（1996年7月25日中国人民银行发布，自1996年11月1日起执行）仍现行有效。

④ 银发［1996］459号。《中国人民银行关于印发〈沿海内河船舶保险条款解释〉的通知》现已失效。

⑤ 人保（备案）〔2009〕N6号。

⑥ 船舶备件是指为船舶的主机、副机、辅助机械、电气设备、通导设备等船舶设备维修与确保船舶航行安全所需备用的部件、配件和零件。

⑦ ［2013］甬海法商初字第383号。

的船舶与他船碰撞沉没，对方船舶对事故承担全部责任。依据侵权法律关系，原告向肇事船舶主张船舶价值损失 2992660 元，船舶燃料、物料备件、供应品损失 310395 元，以及其他损失。同时，原告向被告报告了保险事故，并要求被告根据船舶保险合同先行赔付。对于物料、备件、供应品的损失，被告不予认可，法院认为备件及船上工具等虽系营运船舶所必备的物品，但该部分物品价值应包含在船舶价值之内，不应单独计算，故对于原告这一部分损失主张，法院未予确认。可见，法院认为根据保险合同，船舶备件的价值不应单独计算，而应包含在船舶的保险价值中。该案从另一层面上，承认了在沿海船舶一切险条款中备件为船舶保险标的的组成部分。

在英国海上保险中，根据英国《1906 年海上保险法》附件 1 第 15 条规定，船舶这一术语包括船壳、材料和设备、高级船员和船员的给养，且若船舶从事特别运输，包括该运输所需的通常要求的装置，如果是汽船，包括被保险人所有的机器、锅炉、煤和机舱贮备。① 此外，根据英国《1906 年海上保险法》第 16 条第 1 款以及第 30 条第 2 款规定，船舶的保险价值还包括了预付给船员的工资（money advanced for seaman's wages）。上述附件 1 是针对 SG 保险单的术语解释规则，并不强制适用于新格式的海上保险单，法官在判断新格式保险单所欲承保的船舶范围时，可以以此为指导。② 因此，如果保险标的填写为"vessel"，③则并非仅承保船体本身，而应理解为承保船体、设备、给养以及其他运输所需的全部设备，④若船东不准备投保船舶整体，应在对保险标的的描述中表明。如果险标的填写为"hull and machinery"则应理解为仅承保船壳和机器，上述其他各项不在承保之列。⑤

海上保险标的的确定应该建立在海上保险合同双方当事人合意的基础之上。在中科院海洋研究所诉中财保青岛市北区第二支公司⑥案中，海上保险合同标的的认定成为案件争议的焦点。原告中科院海洋研究所于 1998 年 4 月 6 日向被告提出投保要求，欲对"科学一号"船上的包括温度、盐度、深度探头（conductance temperature depth，CTD）和 ROSSETE 探水器在内的船舶仪器进行投保，由于被告

---

① 原文：The term "ship" includes the hull, materials and outfit, stores and provisions for the officers and crew, and, in the case of vessels engaged in a special trade, the ordinary fittings requisite for the trade, and also, in the case of a steamship, the machinery, boilers, and coals and engine stores, if owned by the assured.

② Jonathan Gilman, et al., *Arnould's Law of Marine Insurance and Average*, London, Sweet & Maxwell, 2013, p. 325.

③ 新的保险单格式中留有空白处用于填写船舶名称和保险标的。

④ Jonathan Gilman, et al., *Arnould's Law of Marine Insurance and Average*, London, Sweet & Maxwell, 2013, p. 324.

⑤ Roddick v. Indemnity Mutual Marine Insurance Co., [1895] 1 Q. B. 836, affirmed [1895] 2 Q. B. 380, CA.

⑥ 参见最高人民法院中国应用法学研究所编，《人民法院案例选》（2002 年第 3 辑 总第 41 辑），人民法院出版社，2003 年版，第 377~384 页。

当时只有"沿海、内河船舶保险"的保险项目，于是在明知原告欲投保船舶仪器的情况下，填写了以"科学一号"船为保险标的的沿海、内河船舶保险保险单。随后"科学一号"船因触碰水下不明物所致超负荷使钢丝绳断裂，导致 CTD 和 ROSSETE 两套船舶测量仪器丢失，被告以承保标的为船舶，仪器丢失不构成保险事故为由，拒绝赔偿。青岛海事法院认为，关于沿海、内河船舶保险单"被告接受原告投保要求时已知原告所投保的标的是'科学一号'船的随船仪器，却出具一份将'科学一号'船作为保险标的的沿海内河船舶保险单。该保险单虽由原告收到，但该保险单载明的内容与原告和被告之间的真实意思表示相差甚远……因此，该保险单载明的内容未能表达原告和被告之间的真实意思，不具备保险合同凭证的功能。关于对随船仪器的保险，被告作为保险人接受原告提出的保险要求时意思表示一致，保险合同成立的主要内容和条件已具备，原、被告之间就仪器加保保险合同成立"。因此，保险合同双方对船舶仪器的承保达成合意，该保险合同的标的物应该是船上的仪器，而非"科学一号"船。由此案件可知，保险标的并非总是保险单上规定的承保对象，在某些情况下还应考虑合同双方合意所指向的客体，只有合同双方对客体的承保达成了合意，客体才能成为保险合同的标的。

对设备(outfit)的理解有时会引起争议，例如在 New Liverpool-Eastham Ferry & Hotel Co. v. Ocean Accident & Guarantee Co., Ltd.①上诉案中，保险标的为一艘为渡轮提供煤的驳船，为实现其供煤的目的，该驳船被系泊设备所固定，仅在重新装载或者维修等情况下才离开该位置，该案存在的争议是该驳船的系泊设备能否作为保险标的纳入承保范围。承办该案的地方法院法官认为，除非习惯上如此，否则驳船的锚并不附着于地面，系泊设备是该船为了实现其作为供煤船的用途所通常应具有的设备，应属于船舶设备的范围。该观点得到上诉法院多数法官的支持。因此在判断某物是否属于船舶设备时，不能仅仅从设备的物理形态或者空间位置上进行判断，还应从船舶的用途以及使用目的的角度判断该物是否是船舶操作所必须的装置。

对于船舶的"燃油"(bunkers)、"润滑油"(lubricating oils)和"机舱物料"(engine stores)，如果其是被保险人的财产，也能够作为船舶保险的保险标的，只是对其能够投保的数量有所限制，在航次保险的情况下，保险人所承认的燃油数量是履行该航次的合理数量，在定期保险的情况下，则为该船的通常存油量。船舶的燃料和物料是否是保险标的的争议体现在 Roddick v. Indemnity Mutual Marine Insurance Co.②案中，案件的争议点在于一份承保汽船的船壳与机器设备(hull and ma-

① New Liverpool-Eastham Ferry & Hotel Co. v. Ocean Accident & Guarantee Co., Ltd.,[1929] 34 Ll. L Rep. 421.

② Roddick v. Indemnity Mutual Marine Insurance Co., [1895] 1 Q. B. 836.

chinery)的定期保险,其保险标的是否包括了船用煤和物料(bunker coals and stores),如果包括,则原告将被认为违反了保证;如果不包括,则原告没有违反保证,被告的抗辩不成立。被告提出证据并认为,在实践操作中,船壳航次保险的保险标的也包括了保单中写明的航程所需的煤和物料。但主审法官 Kennedy 认为以船壳和机器设备作为保险标的的定期保险,其保险范围无论如何也不可能包括煤和物料。该判决得到了上诉法院的支持,[①]并认为即使在航次保险中也不能将作为保险标的的“船壳”扩充理解为煤和物料。本案的判决说明,承保船壳和机器设备的保险单其保险范围就仅仅是船壳和机器设备,不能做扩大解释,如果被保险人还想对其他的标的投保,应在保险标的中明确写明,否则事故一旦发生,风险只能自己承担。

(二)货物(goods, merchandise)

海上保险中的货物是指海上运输过程中的货物,即以运送到目的地为目的的物品,包括商品和其他动产,还包括贸易货物和非贸易物品(如捐赠物资、救援物资和展览品等)。《海牙规则》对海上运输过程中货物的范围排除了活动物和甲板货,将货物定义为:“货物,包括各种货物、制品、商品和任何各类的物件。活动物和运载合同中载明装于甲板并实际上装于甲板的货物除外。”[②]《汉堡规则》在《海牙规则》的基础上将货物的范围扩大至活动物和货物的装运器具,[③]我国《海商法》第 42 条第(五)项参照《汉堡规则》的定义,规定“货物,包括活动物和由托运人提供的用于集装货物的集装箱、货盘或者类似的装运器具”。

在海上集装箱货物运输中,经常存在一票货物多套提单的问题,因此导致了海上货物保险保险标的识别上的争议。例如在 PRETTY LAKE 船集装箱箱号一致但提单号不一致保险标的争议案中,[④]原告向湖南国合公司以 CIF 价格购买了 20 吨锌粉,后者按人保保险条款向被告保险公司投保一切险及战争险,货物经由香港运往高雄,到达目的港时发现集装箱破损,锌粉水湿。保险人认为检验公司鉴定的货物提单号、集装箱号与保险合同承保货物的提单号和集装箱号不一致,发生货损的货物并非保险单中所指的保险标的,因此原告无权索赔。广州海事法院认为,装港签发的提单与宝岛检定公司出具的“公证报告书”中所载的集装箱编号都是采用国际统一标识,足以认定同一。集装箱号一致说明货物一致,因此货损货物是被告签发的保险单中的保险标的,被告应该对货损进行赔偿。因此,在一票货物多套提单的情况下,即使发生保险事故的提单号与保险合同规定的不符,只要集装箱号前

① Roddick v. Indemnity Mutual Marine Insurance Co., [1895] 2 Q. B. 380.
② 参见《海牙规则》Art1(c)。
③ 参见《海牙规则》Art1(5)。
④ 〔2000〕广海法事字第 013 号。

后一致就能证明其仍然是保险合同的标的。

英国《1906 年海上保险法》附件 1 第 17 条规定“货物”这一术语指的是:具有商品性质的货品,不包括个人财产或供船上使用的物料和给养。[①] 因此作为海上保险标的的货物应具有商品性质(nature of merchandise)、以贸易为目的,旅客和船员的个人物品以及船舶给养不包括在货物之列。[②] 我国《海商法》第十二章和有关保险条款并没有对货物的定义,也没有规定当货物作为海上保险标的时所应具有的性质,但在海上保险实践中个人物品一般不作为货物承保。

英国《1906 年海上保险法》附件 1 第 17 条同时规定:除另有相反的惯例外,甲板货和活动物不属于通常的货物种类,而应另行办理专门的保险。[③] 因此,英国海上保险中对甲板货和活动物的保险不包括在普通货物保险之内。之所以做出此种规定,是由于运输甲板货和活动物所面临的风险要远远大于以通常方式运输的货物。在 British and Foreign Maritime Insurance Co. v. Gaunt[④] 案中,争议的问题是对第 17 条中的“惯例”(usage)应做何理解。英国上议院判决认为“惯例”应理解为某种行业的惯例,而非保险业务的惯例,因此原告根据当地羊毛行业的惯例将羊毛装于甲板之上,应该被看作普通货物,无须另行投保,保险人应对该批羊毛因海水受到湿损承担赔偿责任。由此可见,作为货物保险人,还应该熟悉有关承保货物的行业习惯和惯例,不知道该行业的习惯和惯例,不足以成为拒绝承担赔偿责任的理由。[⑤]

我国《海商法》第四章“海上货物运输合同”仅规定货物“包括活动物和由托运人提供的用于集装货物的集装箱、货盘或者类似的装运器具”,但第十二章海上保险合同未将甲板货和活牲畜规定为必须进行特殊保险的货物。人保《海洋运输货物保险条款(2009 版)》(以下简称“海洋运输货物保险条款”)[⑥]也没有对甲板货和活牲畜能否作为普通货物进行保险做出规定,尽管如此,由于活牲畜和甲板货的特别风险,除非被保险人对货物装于甲板这一情况并不知情,保险人有权以被保险人违反告知义务而解除保险合同,[⑦]因此,根据海洋运输货物保险条款订立海上保险合同时,被保险人仍应将甲板货的情况如实告知保险人,并额外投保舱面险,否则保险人可能对因货物装于甲板而造成的损失不承担赔偿责任。现代集装箱制作

① 原文:The term “goods” means goods in the nature of merchandise, and does not include personal effects or provisions and stores for use on board.

② Duff v. Mackenzie, [1857] 3 CBNS 16.

③ 原文:In the absence of any usage to the contrary, deck cargo and living animals must be insured specifically, and not under the general denomination of goods.

④ British and Foreign Maritime Insurance Co. v. Gaunt, [1921] 2 A. C. 41 (HL).

⑤ Susan Hodges, *Law of Marine Insurance*, London, Routledge-Cavendish, 1996, p. 25.

⑥ 人保(备案)〔2009〕N106 号。

⑦ 参见汪鹏南著:《海上保险合同法详论》,大连海事大学出版社,2011 年版,第 35 页。

精良、抗风险能力强,所以装运集装箱的货物装于舱面上可以被视为航运惯例,无须另行投保舱面险。此外,人保《国内水路、陆路货物运输保险条款(2009 版)》[①]对活牲畜作为保险标的做出了限制,规定:“下列货物不在保险标的范围以内:蔬菜、水果、活牲畜、禽鱼类和其他。”

由于装运货物的集装箱不是货物的一部分,除非集装箱是由被保险人或货方提供的,且在保险单中明确表明集装箱属于保险人的承保范围,否则货运险保单一般不予承保。另外,对于集装箱也有专门的标准保险条款予以承保,如协会定期集装箱保险条款(CL388-87,Institute Container Clauses-Time,11/187)和我国人保《进口集装箱货物运输特别条款(2009 版)》[②]。

对于货物的包装是否属于货运险保险人的承保范围也常常引起争议。如果保险单中明确写明承保货物包装材料的损失(如保单中加保包装破裂险),那当然没有任何问题。但如果保险单中没有写明,保险人是否要就包装的损坏承担赔偿责任呢?在英国海上保险中,这通常要看货物的包装是否是承保货物在通常运送中所要求的。如果是,保险人就应当要赔偿包装材料的损失,如果不是,保险人就无须赔偿。如在 J. Lysaght Ltd. v. Coleman[③] 案中,保险标的为镀锌铁,在此次保险航程中,保险货物被装载于容器中运输,但通常情况下类似货物的运输一般不加任何包装。因此 Esher 法官认为:“保险单非常清楚地写明将铁作为保险标的,被保险人不能因包装的损坏而向保险人要求任何赔偿。”在 Brown v. Fleming[④] 案中,保单保险标的为 228 瓶威士忌。Bigham 法官说:“包装酒瓶的稻草和酒瓶上的标签都是保险标的的一部分,就像是酒的酒瓶和瓶塞一样。”因此该案中保险人不仅要赔偿酒的损失,有关的包装材料的损失也需要赔偿。同样在 Berk v. Style[⑤] 案中,保险单载明的保险标的为 100 吨硅藻土,这些硅藻土装运于纸袋中进行运输。证据表明,在通常情况下,硅藻土必须装于纸袋中进行托运。所以法院判决保险人像赔偿硅藻土本身的损失一样,赔偿包装纸袋的损失。

根据起源于英国海上保险的航程损失原则(doctrine of loss of the voyage),海上货运保险不仅承保货物物质损失的风险,而且也承保货物能否顺利抵达目的地的风险。[⑥] 该原则在英国《1906 年海上保险法》颁布之前被认为是“已确定的法律”(settled law),但由于航程损失原则在英国《1906 年海上保险法》中没有得到体

---

① 人保(备案)〔2009〕N104 号,该条款的保险标的可为国内江、河、湖泊和沿海水路运输的货物。

② 人保(备案)〔2009〕N139 号。

③ J. Lysaght Ltd. v. Coleman, [1895] 1 Q. B. 49.

④ Brown v. Fleming, [1902] 7 Com. Cas. 245, p. 246.

⑤ Berk v. Style, [1956] 1 Q. B. 180, [1955] 3 W. L. R. 935.

⑥ Susan Hodges, *Law of Marine Insurance*, London, Routledge-Cavendish, 1996, p. 26.

现,因此其能否在海上保险中继续适用存有疑问,直至1915年The Sanday Case[①]案,重新确立了该原则在海上保险中的适用。该案中被保险人为其运往德国的货物运输航程进行投保,随后第一次世界大战的爆发使完成该航程属于非法,船舶因此驶回英国港口,货物无损并由被保险人储存在了英国仓库。围绕被保险人能否获得保险赔偿,上诉法院法官Reading指出,货运险的保险标的不仅包括货物,还包括保险航程的顺利完成,Bray法官也认为货物运输保险只承保货物是不正确的,最终被保险人成功宣告推定全损,将货物委付给保险人,并获得了航程终止的损失赔偿。Lord Wright在后来的审判中也认为,货运险所承保的是复合利益,包括货物安全以及因货物抵达目的地而获得的预期利益。[②] 由于The Sanday Case案的判决重新确立了航程损失原则在英国保险市场的适用,"the frustration clause"[③]作为除外责任被引入协会货物战争险保险条款的除外责任部分[Institute War Clauses (cargo),IWC(C)],规定基于航程或冒险的损失或受阻的任何索赔本保险概不承保。

航程损失原则也可以在我国《海商法》第246条有关推定全损的规定、人保海洋运输货物保险条款对货物推定全损及转运费用的规定、海洋运输货物战争险条款对航程丧失或挫折的除外责任的规定中得到体现。

(三)货物的"预期利润"(expected profit)

由于货方能获得海运货物的预期利润的前提是货物能够安全的到达目的港,所以海运货物的预期利润与货物本身所面临的风险是一样的。正因如此,海上保险中货物的预期利润也可以作为保险标的。我国《海商法》第218条第1款第4项明确将海运货物的预期利润作为一项海上保险标的。货物的预期利润(expected profit on cargo)与预期利益损失(expectation loss)中的预期利益并不相同,货物预期利润损失是海上保险中的概念,是指由于遭遇承保风险导致的货物预期利益的丧失,而预期利益损失是合同法中的概念,一般是指若没有违约受害方本可以在合同下期望获取利益的丧失,[④]是由于商业风险导致的损失。

正常的预期利润是经常包含在货物的保险价值中承保的。但英国海上保险实务中有可以让货方分开投保额外利润损失或货物增值的保险条款,如协会货物保险条款(ICC)的第14条规定的"增加价值保险"(increased value insurance)。在该

---

① British and Foreign Marine Insurance Co., Ltd. v. Samuel Sanday and Co., [1915] 2 KB 781, [1916] 1 AC 650.

② 原文:One covering a composite interest, the physical things or chattels, and also the expected benefit from their arrival. Rickards v. Forest Land Timber & Rys et al., [1942] A. C. 50.

③ 协会货物战争险保险条款原文:IWC (C) Clause 3.7: Any claim based upon loss of frustration of the adventure is not covered.

④ 参见杨良宜:"预期利益损失与信赖利益损失",载于《中国海商法年刊》,2011年第1期。

保险出现之前,货物的增加价值保险通过"荣誉保单"(policy proof of interest, PPI)①承保。由于 PPI 保单在英国法下被认为无效,所以不能被强制执行。另一方面,也是因为货物在运输途中到底会增加多少价值不好计算,所以协会货物保险条款规定"增加价值保险"。"增加价值保险"与"原始保险"(original insurance)是共同保险,总的保险价值是保险金额之和,保险人之间按承保金额比例分担责任,分享追偿所得。

由于货物的预期利润具有无形性,所以在判断某一预期利润损失是否属于利润损失保险的保险标的时,应根据作为其实体的货物是否因海上风险遭受损失。在 M'Swiney v. Royal Exchange Assurance Co. ②一案中,原告购买了 6000 袋大米,准备用船将其从 Madras 运送给 London 的买家,原告对从 Madras 到 London 的航程中装载或将要装载于船舶上的货物之预期利润向保险人投保,合同承保海上货物运输通常之风险。在货物装载过程中,船舶遭遇了海上风险,使得船舶装货无法继续、航程受阻无法完成,已经装载于船上的 1200 袋货物也遭受了损害,使原告买卖合同的目的无法实现。保险人赔偿了已经装船的 1200 袋大米的预期利润,但对是否赔偿未装船的 4800 袋大米的预期利润双方存在争议。英国王座法庭认为,6000 袋大米的预期利润属于预期利润保险的保险标的,因而剩下的 4800 袋大米的损失应该赔偿,但当时的英国上诉法院(Court of Exchequer Chamber)持相反的态度,并推翻了原判决。认为虽然 6000 袋货物都具有保险利益,但未装船货物的损失并非由海上风险造成,而是由海上风险造成的其他损失之后果,由于本保险只承保通常的海上风险,因此未装船货物预期利润的损失并非由承保风险造成,保险人无须赔偿未装船货物的损失。

(四)船舶营运收入(income from the operation of ship)

与货物的预期利润相对应,在船舶保险下,船舶的营运收入也可以作为保险标的。在英国海上保险实践中,以船舶营运收入为标的的保险被称为运费保险。

根据我国《海商法》第 218 条第 3 款规定,船舶营运收入,包括运费、租金、旅客票款。实践中,在船舶保险中大多采用定值保险,在其保险价值和保险金额中,双方除考虑船价外,还可能已考虑了"预期运费"以及"船舶营运费用"。在发生船舶全损时,保险赔偿中就包括了对预期运费的赔偿,也就是说,船舶保险可能包含了运费保险。同样,在货方承担运费风险的情况下,会将运费金额列入货价,使其通过投保货运险的方式获得承保。

---

① 参见英国 The Marine Insurance Act 1745, The Gambling Act 1845, The Marine Insurance Act 1906, The Marine Insurance (Gambling Policies) Act 1909, The Gambling Act 2005 等立法的相关规定,详见下文"保险利益"部分。

② M'Swiney v. Royal Exchange Assurance Co., [1849] 14 Q. B. 634, p. 646.

在英国海上保险中,由于其抽象、无形的特点,以及种类繁多、在英国《1906 年海上保险法》中鲜有规定等原因,“运费”被认为是一种非常难掌握的保险标的。[①]在严格意义上,运费是指承运人完成货物运输而对托运人或收货人有权请求的报酬。[②] 但在英国海上保险中,运费还包括一些通常不以运费来指代的项目。根据英国《1906 年海上保险法》第 90 条的规定(附件 1 第 16 条有相同的规定),“运费”包括船东使用其船舶运载自己的货物或动产获得的利润,及由第三者支付的运费,但不包括乘客票款。[③] 其中,“船东使用其船舶运载自己的货物或动产获得的利润”是指,船东运用自己的船舶载运自己所有的货物或者动产,在卸货港出售所获得的利润,即通过运输增加的货物价值(increased by their carriage in his own ship)。[④] “由第三者支付的运费”包括承租人因承租整艘船或船舶部分舱位而支付的租金,[⑤]以及船东作为承运人为他人运输货物所获得的收益。Tenterden 法官也认为,运费是船东运用自己的船舶获取的利益(the benefit derived by the shipowner from the employment of his ship)。[⑥]

因此,尽管英国《1906 年海上保险法》中将上述各项统称为“运费”,但在英国海上保险实务中被保险人的运费主要包括两类,第一类是通过货物运输取得的运费,也称作提单运费(bill of lading freight),第二类是通过船舶出租获得的运费,又称作租约运费(chartered freight)。如果承租人意图对所获租金进行保险,应将其作为“利益”(profit)进行保险。

租约运费根据租船合同的不同,可以分为航次租约运费和定期租约运费。在英国保险市场上有两套有关海上风险中运费的保险条款,分别是协会定期运费保险条款(CL287-95,Institute Time Clauses Freight,01/11/95)和协会航次运费保险条款(CL288-95,Institute Voyage Clauses Freight,01/11/95),两套条款中的主要条款大致相同。

(五)船长、船员工资和其他报酬(master's and crew's wages and other remuneration)

我国《海商法》明确规定了船员工资和其他报酬能够作为海上保险的保险标

---

① Susan Hodges, *Law of Marine Insurance*, London, Routledge-Cavendish, 1996, p. 28.

② 参见司玉琢主编:《海商法》,法律出版社,2018 年版,第 88 页。

③ 英国《1906 年海上保险法》原文:Section 90: “Freight” includes the profit derivable by a shipowner from the employment of his ship to carry his own goods or moveables, as well as freight payable by a third party, but does not include passage money.

④ Flint v. Flemyng, [1830] 1 B. & Ad. 45, p. 48.

⑤ Per Lord Tenterden in Winter v. Haldimand, [1831] 2B. & Ad. 649; per Lord Ellenborough in Forbes v. Aspinall, [1811] 13 East 323, p. 325.

⑥ Flint v. Flemyng, [1830] 1 B. & Ad. 45, p. 48.

的，其中其他报酬包括了加班费、航行津贴、资深津贴、奖金和社会保险费用等。在英国法下，曾经不允许船长、船员为自己的工资投保。因为当时船员的工资是和运费挂钩的，甚至有说法称“运费是船员工资之母”。由于担心船员有了工资保险以后，若船舶发生海损事故就不再尽力营救船舶，因此法律不允许船员为自己的工资投保。但是1854年英国《商船航运法》(Merchant Shipping Act 1854)改变了船员获取工资的制度，规定船员的工资不再以运费为基础。随后在英国《1906年海上保险法》第11条明确肯定了船长、船员对其工资具有保险利益。① 对于船员利用工资购买并放置在船上的物品，即使是在船员工资不允许投保的年代，也允许对其进行保险，因此在美国允许对船员携带的一定数量物品进行投保。②

(六)对第三人的责任(liabilities to third parties)

对第三人的责任也可以作为海上保险的标的。在海上航程中，发生海难事故除了会给船舶和货物造成损坏以外，也可能产生人身伤亡、环境破坏或者在发生船舶碰撞事故时产生对另一方的赔偿责任等。海上保险中常见的可以作为保险标的的责任有，船东对船员、旅客、装卸工人、引航员的人身伤亡责任，船舶碰撞责任，油污及其他环境污损责任，沉船清除的责任，承运人对货损货差的责任以及期租承租人对船舶损害的责任等。

英国《1906年海上保险法》第3条明确规定了由于海上风险的原因对第三方产生的任何责任得为海上保险的标的，③《1995年商船航运法》将油污责任保险纳入了强制保险的范畴，规定如果船舶载运超过2000吨法律特别规定的油类货物而缺少证书证明该船投保油污责任保险，该船的船东或者船长将面临罚款；船舶在上述情况下试图离港将被扣押。④

协会船舶保险条款中包括四分之三碰撞责任条款，又称碰撞条款(running down clause, RDC)。根据该条款，保险人承担被保险人对第三人四分之三的赔偿金额。除碰撞责任外，第三人责任保险通常是由船东互保协会承保，责任保险通常不属于标准船舶保险条款的承保范围。在我国，除中国船东互保协会承保责任保险外，我国各主要商业保险公司也提供与船舶有关的对第三人责任的保险保障。

(七)其他海上保险标的

上文论述的是我国海上保险中常见的保险标的，在英国海上保险中，常见的保

① 英国《1906年海上保险法》原文：Section 11: The master or any member of the crew of a ship has an insurable interest in respect of his wages.

② Galloway v. Morris, 3 Yeates R445 (1802).

③ Merchant Shipping Act 1894中也有类似规定。

④ 参见Section 162, Merchant Shipping Act 1995。本条规定是对《国际油污损害民事责任公约的1992年议定书》相应内容的回应。

险标的还包括动产(moveables)、利益(profit)、费用(disbursement)等。

对于动产,英国《1906年海上保险法》第90条定义为:除船舶以外任何可移动的有形财产,包括货币、有价证券及其他单证。① 根据第2款的规定,如果该动产受到海上危险的影响,即可以成为海上保险的标的。

对于利益,英国《1906年海上保险法》第3条规定可以作为海上保险的标的,由于利益是无形的,它依附在有形的船舶、货物以及动产之上,因此要使利益成为海上保险的标的,作为其本体的船舶、货物及动产应该受海上风险的影响。利益主要包括货物的预期利润和船舶承租人的利益,货物的预期利润已在上文讨论。船舶承租人的利益是指船舶承租人将船舶转租或者与他人订立货物运输合同所获取的利益。

费用,指的是有关航程的营运开支,但必须是为可保财产支出的款项,如燃料费、给养费、港口使费、入坞费、油漆费等。协会保险中存在营运费用保证条款(disbursements warranty clause),允许保险人在一定百分比之内在原保险的基础上对营运费用办理附加保险。

除了上述常见的海上保险标的外,其他与海运相关环节可能面临海上风险的物品、责任或费用也可以作为海上保险的标的,如海运“集装箱”、船舶经纪人的“佣金”、船舶代理人的“代理费”和船舶抵押权人的“船舶抵押权”等。

二、保险利益

(一)保险利益的起源与学说

1. 保险利益的起源

(1)保险利益产生的背景

保险利益(insurable interest)在各国有不同称谓:德国称之为“被保险的利害关系”;日本商法称之为“被保险利益”;英国人寿保险法和海上保险法称之为“可保利益”;我国则称之为“保险利益”。

关于保险利益的起源,因年代久远及相关记载文献的匮乏,无从准确考证。但目前有三种流传的说法,分别是共同海损起源说、船舶抵押借款起源说和货物抵押借款起源说三种。其中,船舶抵押借款说为通说。② 关于这三种说法请详见本书第一章第一节“海上保险及海上保险立法的历史发展”。

---

① 英国《1906年海上保险法》原文:Section 90:“Moveables” means any moveable tangible property, other than the ship, and includes money, valuable securities, and other documents.

② 参见覃有土主编:《保险法概论》,北京大学出版社,2001年版,第45页。

(2)保险利益的提出及立法发展

保险利益的产生深刻体现了补偿原则这一保险的基本原则。在16世纪末期,学者Strccha第一次在理论上提出了保险利益的概念,即被保险人只有证明他对被保险财产具有保险利益——所有权,才能向保险人请求支付保险金,而保险人只需对被保险人具有所有权部分的金额进行赔付。"这个时期,只是产生了保险利益的概念,真正意义上的保险利益的系统理论尚未产生,但这一概念的产生为以后理论的发展奠定了基础。"①

尽管保险利益的概念已经出现,缺乏保险利益所引发的道德风险也开始受到关注,但在18世纪之前保险利益并未受到重视。② 当时的普通法判例承认了与英国公共政策不冲突的赌博合同的有效性。③ 具体到保险合同中,法院逐步认可了赌博性质的保险,只要保险人在保单中明示放弃保险利益要求。④ 实践中双方常会以"interest or not interest""policy proof of interest""without benefit of salvage"之类的措辞来满足明示的要求。⑤

普遍认为,英国《1745年海上保险法》(Marine Insurance Act 1745)首次以法律条文的形式规定了保险利益。⑥ 该法的公布标志着赌博性质的保险合同开始受到保险利益原则的限制。该法规定:任何个人或者公司均不得对英国船舶及其装载的货物以有或没有利益,或者保单即证明利益,或者以赌博的方式,或者对保险无任何残值利益的方式进行投保,这种保险无效并对各方不具有法律约束力。但是英国《1745年海上保险法》并未完全否定不具有保险利益的保险合同的有效性。

随后的英国《1788年海上保险法》(Marine Insurance Act 1788)一改英国《1745年海上保险法》允许出具无被保险人姓名的保单的做法,改为船舶或货物保险单至少要列明一个具有保险利益的被保险人。英国《1845年禁止赌博法》(Gambling Act 1845)规定,各种形式的赌博合同一律无效。

英国《1906年海上保险法》第5条第2款规定,当一个人与某项海上冒险有利益关系,即因与在冒险中面临风险的保险财产有着某种法律上或者衡平法上的关系,并因可保财产完好无损如期达到而受益,或因这些财产的灭失、损坏、被扣押而

---

① 参见江朝国著:《保险法基础理论》,中国政法大学出版社,2002年版,第48页。

② 参见杨良宜著:《海上货物保险》,法律出版社,2010年版,第107页。

③ Jones v. Randall, [1774] 1 Cowp. 37; Mickle field v. Hepgin, [1793] 1 Anst 133.

④ Lucena v. Craufurd, [1802] 3 Bos. & Pul. 75, p. 101.

⑤ "interest or not interest",系指双方约定无论被保险人有无保险利益保险合同均有效。"policy proof of interest",系指双方约定被保险人持有保险单即证明了自身具有保险利益。"without benefit of salvage"系指双方约定保险人在支付了全部保险金额(保险金额等于保险价值)后放弃对保险标的剩余利益的权利。

⑥ 参见任以顺、陈夏:"论新保险法对保险利益范围的界定",载《金融与经济》2010年第9期。

受到损失,或因之而负有责任,则此人对此项海上冒险就具有保险利益。①

该规定是基于 100 年前 Lucena v. Crauford② 案中所谓双重要件的观点。"保险利益主要就是针对被保险人会因为海上航程或受保财产的安全到达而受益,或者也因为他们的灭失、损坏、被滞留而受损,也或因为受保财产而招致责任。但是仅这一个定义就会令保险利益变得太广泛,所以 1906 年的立法还加上了另一个要求,即被保险人需要对受保财产有'法律上或衡平法上的关系'(legal or equitable relation)"。③ 对于保险标的,被保险人不仅要具有经济上的利益,而且要具有法律上或衡平法上的权利。仅具有经济上的利益不能构成保险利益,理由是单纯经济上的利益太难于限制。④ 当然,该法不仅规定了没有保险利益的海上保险合同和保险单证明保险利益的保险合同无效,而且规定了保险利益的含义、具有保险利益的时间和保险利益的种类。

保险利益从诞生之初就与禁止赌博这一公共政策有着密切的关系,但随着经济社会的发展,这一政策也逐渐受到质疑。耐人寻味的是,尽管英国曾用各种法律来限制禁止赌博合同,但英国一直是世界上博彩业最为发达的国家之一。在这一背景下,是否还有必要在保险合同中过分强调保险利益?英国的态度也在发生改变,除了对保险利益范围的界定不断宽松,英国《2005 年赌博法》(The Gambling Act 2005)也不再概括性规定各种形式的赌博合同一律无效,而是交由各特别法进行调整。

人身保险领域大致经历了类似的过程。最初,英国普通法对投保人以他人的生命投保没有任何限制,这种法律政策使得不法之徒有机可乘。到了 18 世纪,利用人身保险进行赌博活动,以至为谋取保险金而危害被保险人生命的事件不断发生。为了遏止这种道德风险的发生,英国制定了《1774 年人寿保险法》(Life Insurance Act),规定任何人或团体不得以无任何利益关系之他人之生命或其他危险投保,也不得以赌博目的加入,否则,违反本法规定订立的保险契约一律无效。在美国法下,保险人对投保人是否具有保险利益和取得被保险人同意具有恪尽职守的

---

① 英国《1906 年海上保险法》原文:Section 5 (2): In particular a person is interested in a marine adventure where he stands in any legal or equitable relation to the adventure or to any insurable property at risk therein, in consequence of which he may benefit by the safety or due arrival of insurable property, or may be prejudiced by its loss, or by damage thereto, or by the detention thereof, or may incur liability in respect thereof.

② Lucena v. Craufurd, [1802] 3 Bos. & Pul. 75, p. 101.

③ 参见杨良宜著:《海上货物保险》,法律出版社,2010 年版,第 110 页。

④ 参见汪鹏南著:《现代海上保险法的理论研究》,大连海事大学出版社,2004 年版,第 92 页。

法律义务，否则便有可能承担侵权责任。① 投保人或保险合同受益人对被保险人的生命是否具有保险利益，便被看作是人身保险能否有效成立的要件之一，后来又有法律将此原则的作用范围推广到其他保险领域，从此奠定了保险利益原则在整个保险法中的地位。英美法在保险利益领域成文立法的最新发展为英国《2016 年保险利益法草案》（Draft Insurable Interest Bill 2016）。

至此我们可以清晰地看出，保险利益之所以被提出，主要是基于明确财产保险合同之功能在于填补损失（补偿原则）、避免赌博以及防范道德风险等三个方面的原因。

2. 保险利益的学说

（1）大陆法系保险利益学说

a. 一般性保险利益学说

一般性保险利益学说的产生源于一个在德国引起争论的案例：某商人为某物投保，但他对该物只有部分所有权，保险事故发生后，该商人要求全额受偿约定之保险金额。由此产生的问题是：保险人能否以该商人并非所有权人，或只是部分所有权人为抗辩理由。一般性保险利益首先区分了保险行为和赌博行为，认为如果前述之例是赌博行为，则保险人可以被保险人无所有权为由拒绝理赔，反之，若为保险行为，则保险人可以被保险人没有所有权或只有部分所有权进行抗辩。决定是否赔偿以及赔偿金额的标准是保险利益，只有被保险人能证明有保险利益（当时认为保险利益即为物的所有权）的情况下，他对保险人才具有请求权。②

一般性保险利益学说最大功能是正确地区分了保险行为与赌博行为，确定了保险只应填补受害人的真正损害，遏制不当得利的产生，有利于人们认识到保险的价值，促进了现代意义上保险业的健康发展。但是，该学说将保险利益简单地等同于所有权，忽略了所有权包含的占有、使用、收益与处分的权能，随着经济的发展，这一理论阻碍了保险业向纵深发展的弊病日益显现。③ 一般性保险利益学说盛行期间，人身保险制度尚未出现，因此该学说并不适用于人身保险。

b. 技术性保险利益学说

一般性保险利益学说认为一个物上只能有一个保险利益，这在很大程度上制约了保险业的发展。随着保险扩展到了日常生活的方方面面，保险关系趋向多样

---

① Liberty National Life Insurance Co. v. Weldon, 267 Ala. 171 (1957), 100 So. 2d. 696 (1957). 本案基本案情为：投保人为两岁的外甥女投保了人寿保险，并指定自己为受益人，后投保人杀害了被保险人。孩子的父母起诉保险人，理由是保险人没有履行审查义务，将保单不适当的出具给对被保险人不具有保险利益的投保人，结果导致孩子被谋杀死亡。法庭认为，该保单无效，保险人不承担给付保险金的义务。但是，出具保单是导致谋杀孩子的近因，保险人应承担侵权责任赔偿受害人父母相关损失。

② 参见李玉泉主编：《保险法学理论与实务》，高等教育出版社，2010 年版，第 69 页。

③ 参见江生忠主编：《保险学理论研究》，中国金融出版社，2007 年版，第 134 页。

化,保险种类也越来越多,出现了保证保险、信用保险、责任保险、婚姻保险等一批新险种。为了克服一般性保险利益学说的局限性,技术性保险利益学说应运而生。

技术性保险利益不再局限于所有权,还包括间接保险利益,如抵押权人、质押权人等与物形成法定关系之人也应同所有权人一样对物的完好无损具有相当的保险利益;在一个物上可以建立多种法定关系从而存在多种不同的保险利益,此种保险利益不是直接的所有权保险利益而是间接的保险利益。保险可分为定额保险和损害保险:在定额保险中只要所承担的危险事故发生,则保险人即须付所保之金额,一般用于人身保险;损害保险,则必须先确定所发生的事故是否真的造成损害,然后还须确定损害的价值。① 而损害保险又具体分为积极保险和消极保险,前者防止财产价值的丧失或减少,后者防止赔偿义务的产生。损害保险的标的是一种人对客体的关系,由于这种关系的存在,被保险人因保险合同约定的特定事故的发生而蒙受损失。即保险合同的标的不是损害事故发生所依附的物,而是被保险人因所担心发生的事故不发生而具有的利益。

技术性保险利益学说确定了保险利益是人对于某一客体的特定关系,财产保险合同的保险标的是保险利益而非物本身。但不足之处是未能深入探讨每一类保险利益的性质,未能区分不同保险利益的不同衔接对象,从而使各种保险利益容易发生混淆。

c. 经济性保险利益学说

经济性保险利益源于对技术性保险利益的批判。在一德国案例中,原告以其房屋向被告投保,保险期间内原告将房屋卖给他人,买方已经支付价款并占有房屋但并未办理登记。此时发生保险事故,原告向保险人请求赔偿。德国法院认为,根据本国民法不动产登记制度,原告仍旧是房屋的所有权人,是保险利益的主体,因此有权向保险人索赔,而买方只能根据卖方不能交付房屋而要求原告将保险金请求权转让给自己。

上述案例是在技术性保险利益学说影响下做出的判决,备受经济性保险利益学者们的反对。后者认为,本案法官太过于拘泥民法上权利的归属,而忽视了经济上真正遭受损失的人。他们主张,对于保险利益进行判断,不应以其他法为依据,因为保险利益概念是经济性概念而非以其他法为依据的概念。② 如果某人对某物具有事实上的经济关系,即使没有法律上的权利依据,在不违反公序良俗的前提下,只要某人因为某物的损失而遭受损害,即可认定该人对此物具有保险利益。

经济性保险利益学说相较于技术性保险利益学说,是保险利益从形式到本质

---

① 参见江朝国著:《保险法基础理论》,中国政法大学出版社,2002 年版,第 52 页。

② 参见江朝国著:《保险法论文集(一)》,台湾瑞兴图书公司,1993 年版,第 61 页。

的一次飞跃,体现了保险利益学说从形式正义向实质正义的过渡。其不但充分体现了保险制度的经济补偿功能,而且有利于强化对被保险人的保护,便于公共政策的落实,因而长期以来为较开化的美国所推崇。但是由于经济型保险利益学说完全是从经济学的角度出发,其对经济利益的判断较为随意和混乱,因而也容易被滥用。①

(2)英美法系保险利益的学说

根据早期英国的保险判例,对于什么是保险利益的法理基础存在着不同的看法。归纳起来大致有三种理论:①法定关系理论(legal interest theory);②实际利益理论(factual expectancy theory);③存在合法关系的实际利益理论(factual expectancy with legal basis theory)。

较早说明保险利益法理基础的案例是 1782 年 Le Cras v. Hughes② 一案。Mansfield 勋爵认为,该案中支持船长和船员是否具有保险利益取决于两个方面:一方面是“战利品奖励法”。该法所赋予了船舶和货物的合法权利构成了法定保险利益要求的“法定关系”。他认为这是本案中“最强有力的理由,它产生诉的利益”。另一方面,Mansfield 发现本案中存在着对实际利益的期望,这是支持被保险人诉讼请求的另一个理由。因为即使没有“战利品奖励法”,根据当时的惯例船长和船员也会获得皇家的奖励。在这个案例中,既有“法定关系”可以作保险利益的基础,又有“实际利益”可以作保险利益的基础。

第二个在保险利益原则的发展过程中有重要影响的案例是上议院于 1806 年处理的 Lucena v. Craufurd 一案。③ 本案形成了“法定利益理论”和“实际期待利益理论”两种对立的观点。后来经常被无数学者和法官在论及保险利益原则时所引用,并对英国保险法的立法产生了深远的影响。

该案中,Eldon 法官认为保险利益取决于法定权利的存在,他担心由于预期经济利益无法准确把握,一旦承认实际预期经济利益关系可以构成保险利益,则具有保险利益的人群会漫无边界的扩大,导致任何人都可以对一项财产投保。他将保险利益限定为一项财产权利、一项关于财产的合同所产生的权利之下,也就是说,保险利益取决于某种具有约束力的法定权利的存在,被保险人与保险标的之间必

---

① 参见李玉泉主编:《保险法学理论与实务》,高等教育出版社,2010 年版,第 70 页。

② Le Cras v. Hughes, [1782] 3 Doug. 81, [1782] 99 E. R. 549. 本案案情为,在英国与西班牙的战争中,英国人缴获一艘船只和船上的货物。根据当时英国《战利品奖励法》的规定缴获战利品的人有权获得战利品,为了保护这些战利品能平安的返回英国,缴获船只的英国船长和船员为船货投保了到英国的航程保险。在返回的途中,船货因遭遇海上风险灭失。保险人以缺乏保险利益为由拒绝赔偿,被保险人提起诉讼。

③ Lucena v. Craufurd, [1806] 2 Bos. & Pul. (N. R.) 269. 本案大意为几艘荷兰船舶在南大西洋 St. Helena 港被俘获。当时一批英国皇家专员根据英国政府的授权控制这些船舶和所载货物,并负责将船货押送回英国港口。这些皇家专员为这批船货投保了到达英国港口的海上保险。在航行过程中,船货遭遇海上风暴,其中一些灭失,另一些严重受损。同时,在这期间英国和荷兰宣战,船货成为皇家战利品。

须存在着法定关系,保险利益严格限制在法律关系之下,该观点后来被称为“法定关系理论”。根据 Eldon 法官的观点,严格的法定关系方能产生保险利益。

而本案的另一位 Lawrence 法官却做出了针锋相对的论述,也被称为“劳伦斯准则”,也可称为“接近必然的可能性准则”(moral certainty test)[①]或者“宽松灵活准则”,后来,也被称为“经济利益准则”(economic interest test)。Lawrence 法官先从保险合同的本质说起展开论证认为:“将保险利益限定为财产性权利是违背保险合同原理的。利益并不必然意味着对事物的全部或部分的财产权利,也不必然地或专门地指私有关系的标的,而是指与保险标的之间存在的某种联系或关系,这种联系或关系会使投保人因为保险事故的发生而受到损失、伤害、侵害……如果不发生保险事故他就会受益;而发生保险事故,他就会受到损害,当一个人处在这种情境下,即对投保标的享有保险利益。”[②]Lawrence 法官关于保险利益的观点本质是建立在一种对实际利益的预期理论之上。他认为保险利益不必然等同于对投保标的享有所有权等私法上赋予的权利。当被保险人因为投保标的保存完好而受益,因为其遭遇保险事故而遭受损失,在这种情况下,被保险人即对该保险标的具有保险利益。

该案件最后结果是,上议院接受了 Eldon 法官的观点,裁决被保险人因为没有保险利益而败诉。该案件所确立的准则,就是“艾尔登准则”,也称为“严格限制准则”。

此外针对该案还有一种观点,认为保险利益的存在既需要有对经济利益的预期,也需要有合法的利益关系。这种观点最终被英国《1906 年海上保险法》所采纳。[③] 这种理论看起来像是前两种理论的折中,吸纳了前两种观点的合理内核。因为保险利益应该是“法定关系”和“实际利益”的统一,两者缺一不可。如果一个人对标的具有法定关系,但这种法定关系却不具有价值,得出的结论仍是对该标的无保险利益,因为缺乏实际利益。同样,倘若缺乏法定关系,实际利益得不到法律的保护,投保人对标的亦不存在保险利益。

以上各种学说,均因其产生的不同历史阶段而有其合理性,各种保险利益学说的产生适应了保险业发展的要求。通过以上关于保险利益的各种学说和理论的对比,可以得出如下结论:保险利益并非是一成不变的,它的内涵随着保险产品的多样化、保险技术的成熟化和保险业发展而不断演变;其概念的变化也是一种保险合同的内在要求。英国学者所创造的保险利益概念,对保险关系进行了高度的抽象

① 也常常翻译为“道德上的必然性”。参见邢海宝:“从法律上的可保利益到经济可保利益”,载于《法学家》,2005 第 3 期。

② Lucena v. Craufurd, [1806] 2 Bos. & Pul. (N. R.) 269, p. 302.

③ 下文对此另有详述。

概括,并且在此概念的基础上构建了保险利益原则,在保险法上具有里程碑的意义。早期的保险利益学说只关注所有权人的利益,置其他物权人及债权人的利益于不顾,限制了保险业的拓展,随着时间发展无法满足社会风险分散的需要,因此技术性经济利益说取代一般性保险利益说,符合了保险业发展的需求;经济性利益学说因其保障范围的扩大,解决了技术性保险利益所不能解释的所有权未转移而经济利益和风险转移情况下的保险利益归属问题,对保险标的的快速流转起到了保障作用,促进了流通,虽然其也存在一定的缺陷,目前却受到广泛承认。沿着保险利益原则发展的路径,保险保障的主体从一元化向多元化发展,从法律上的利益延伸到经济上的利益。保险利益也从一般要求演化成为保险法的基本原则,然究其不变的宗旨,保险利益原则始终是追求分散风险,使各种损失得到实质补偿并防止不当得利产生的重要法律工具。①

保险利益作为保险补偿原则的必然要求,被保险人必须证明其遭受了损失才有可能获得保险人的赔偿。如果被保险人对保险标的没有保险利益,被保险人便无法证明他因为保险标的之损坏或灭失而遭受了损失,没有损失自然就无补偿。除此以外,各国保险法将保险利益作为一项重要的原则,其意义还在于:

第一,将保险合同与赌博行为区分,防止保险沦为赌博的工具。从前文论述可见,保险利益原则的发展始终与防止赌博这一社会公共政策要求有着密切关系。保险行为与赌博行为都具有机会性、偶然性的特点,但两者存在本质的区别,这点可以参见本书第一章第二节。对保险利益的要求,正是为了保持保险合同的合法性,防止其沦为赌博合同。

第二,防止道德危险的发生。所谓道德危险,是指投保人或被保险人为谋取保险金而违反道德,人为故意地促使保险事故的发生或扩大损失程度的行为。对保险标的不具有保险利益的人若与保险人订立了保险合同,很容易发生道德危险。由此引发的悲剧在 Liberty National Life Insurance Co. v. Weldon (1957)②等案件中一再上演。对保险利益的要求,可以一定程度上减少道德危险的发生,维护社会秩序。

(二)现代保险利益含义的扩张

是否具有保险利益的判断,当前各国立法大致体现出两种倾向:一是以美国、加拿大和澳大利亚等为代表的国家仅要求被保险人对保险标的具有经济利益(economic interest)考量;二是英国、中国等为代表的,不仅要求被保险人对保险标的经济利益,还要求被保险人于保险标的具有法律关系考量。但法国、德国等大陆

① 参见孙积禄:"保险利益原则及其应用",载于《法律科学(西北政法学院学报)》,2005年第1期。
② Liberty National Life Insurance Co. v. Weldon, 267 Ala. 171 (1957), 100 So. 2d. 696 (1957).

法系国家的商法及保险契约法没有任何关于保险利益的明文规定,甚至有学者认为日本立法亦不知保险利益为何物。①

尽管我国多数学者认为,英国《1906年海上保险法》第5条第2款是对保险利益的定义,事实上,英国保险法学者及法官普遍认为,对保险利益下一个定义是极其困难的,该法并非意图给保险利益下一个穷尽式的定义。② 准确地说,该法第5条第2款只是规定什么人应当被认定为具有保险利益,因此我们只能从中间接地推导出保险利益的定义。然而,对于其具体内涵,英格兰法律委员会(Law Commission)与苏格兰法律委员会(Scottish Law Commission)2008年1月14日联合发布的《保险合同法问题报告4:保险利益》(Insurance Contract Law Issues Paper 4:Insurance Interest)里指出:保险利益的定义依保险标的物的不同而不断变化。有时投保人不得不去证明其对于作为保险标的的生命或其他事物具有严格的法律或经济利益,有时候却又完全不必这样。以上有关保险利益的案例都是一些比较古老的案例,但是最近十几年的新案例显示出,英美法下法官对于保险利益的判断标准越发宽松,开始由"艾尔登准则"向"劳伦斯准则"靠拢。

这种改变首先可以参考1992年The Moonacre③一案,该案适用了"劳伦斯准则"。在该案中,被保险人Sharp先生拥有游艇"Moonacre"号并居住在游艇上。出于减少税收的目的,他把游艇注册在自己的一家直布罗陀公司名下,该公司又赋予Sharp先生广泛的管理和使用游艇的权利。其后他以自己的名义进行投保,游艇发生火灾而推定全损。保险人因为Sharp先生不具有法律或衡平法上的关系而拒赔。Colman法官判决认定,Sharp先生被赋予了广泛的管理和使用游艇的权利,游艇的损失会给他带来损失,而游艇的完好会使他受益,被保险人对游艇有保险利益;自英国《1845年禁止赌博法》颁布以来并没有过这么一类保险合同,既不是赌博合同,却又因为没有保险利益而不能强制执行,只要一个被保险人对保险标的有相当的利益关系,足以令他的保险合同不至于沦为一个赌博合同,他就有权利强制执行这个合同。

在后来的Deepak Fertilisers & Petrochemicals Ltd. v. Davy McKee (London) Ltd. and another案④中,上诉法院认为虽然被保险人Davy与建造中的工厂没有直

① 参见陈俊郎:《保险法规》,台湾三民书局,1992年版,第50页。

② 参见[英]唐纳德·奥马、朱利安·希尔著:《OMAY〈海上保险法律与保险单〉》,郭国汀等译,法律出版社,2002年版,第56页;Jonathan Gilman, et al., *Arnould's Law of Marine Insurance and Average*, London, Sweet & Maxwell, 2013, p.365.

③ The Moonacre, [1992] 2 Lloyd's Rep. 501.

④ Deepak Fertilisers & Petrochemicals Ltd. v. Davy McKee (London) Ltd. and another, [1999] 1 Lloyd's Rep. 387. 本案基本案情为,原告Deepak在印度建造一个甲醇厂,由于被告ICI的技术协助,所以双方达成了协议。但实际做出协助的是ICI授权许可使用该技术的Davy,后来工厂发生事故,保险人认为Davy不具备保险利益拒绝赔偿。

接关系，但是如果工厂在建造中受到损坏或灭失，其也会因此而失去他的工作与相关的收入。在后来的 The Martin P 案①中，法院同样认可了船舶经纪人对自己代理的船舶具有保险利益，因为船舶的灭失会导致他失去工作机会与赚取佣金的机会。

通过这些案例可以发现，英国对保险利益的判断标准越来越宽松，即使是没有明确的“法律上或者衡平法的关系”也可能被认定为是有保险利益的。但是这样宽松的标准对确定保险利益也带来了困难，一如当年艾尔登法官所担心的那样。因此，整体来看，尽管存在不同的判例，在英国保险利益还是必须涉及被保险人对保险标的具有一定的法律或者衡平法上的关系或利益。在英国法律委员会公布的《2016 年保险利益法草案》(Draft Insurable Interest Bill 2016)中，非人身保险合同的被保险人对保险标的具有保险利益的情况包括：(1)对保险标的具有财产权；(2)对保险标的具有基于合同产生的权利；(3)占有或掌管保险标的(基于运输和托管)；(4)经济利益的合理期望或遭受经济损失的可能性。Siberry 法官曾做出以下总结：(1)保险利益并不要求对保险标的必须有所有权或占有权；(2)商业上的便利做法也可能构成判断保险利益的一个因素；(3)托管或者负责管理保险标的并因此会产生责任的人对保险标的有保险利益，即使他不需要对保险标的的灭失或损坏负有责任；(4)有权使用保险标的的人对保险标的的灭失或损坏具有保险利益；(5)由于保险标的的灭失或损坏而导致工作或赚钱机会丧失的人具有保险利益。

美国没有统一的保险法典，各州的保险法律对保险利益都有规定。加利福尼亚州《保险法典》第 281 条关于保险利益概念内涵的规定为：保险利益是指任何在财产中的利益，或任何与其发生的联系，或因其产生的责任，其具有令被保险人受到一个预期的风险直接侵害的可能性。② 第 282 条关于保险利益概念外延的规定为：一项保险利益的构成可以是(1)一项现存的利益；(2)一项基于现存利益而产生的未成熟的(inchoate)利益；或(3)一项伴随着现存利益，并因现存利益而产生的期待。③

纽约州《保险法》第 3401 条规定：财产中的保险利益——任何在本州签发的，或针对位于本州之内的财产签发的保险合同或保险单，除非是由那些对保险财产具有保险利益的人受益，否则不具备强制执行性。“保险利益”包括任何合法并且

---

① The Martin P, [2004] 1 Lloyd's Rep. 389.

② 加利福尼亚州《保险法典》原文：281. Every interest in property, or any relation thereto, or liability in respect thereof, of such a nature that a contemplated peril might directly indemnify the insured, is an insurable interest.

③ 加利福尼亚州《保险法典》原文：282. An insurable interest in property may consist in: 1. An existing interest; 2. An inchoate interest founded on an existing interest; or, 3. An expectancy, coupled with an existing interest in that out of which the expectancy arises.

真实的,系于财产的安全或完好保存,免于灭失、毁坏或价值损失的经济利益。①

路易斯安那州《保险法典》第614条规定:本节保险利益指任何合法并且真实的,系于保险标的的安全或完好保存,免于灭失、毁坏或价值损失的经济利益。②《犹他州法典》第31A-21-104(1)(c)段规定:在财产险或责任险中"保险利益"是指系于保险事故的不发生的任何合法的并且真实的经济利益。③ 而且根据该法典第31A-21-104(5)段规定:保险合同并不因为保险单持有人没有保险利益,或者在人身保险情况下,未征得被保险人的同意而无效。但是,在此情况下,法院可以判令保险赔偿支付给真正具有保险利益的人,而不是支付给保险单指定的受益人。法院也可以判令设立信托基金,对依判决应由保险人支付的赔款进行信托。④

以上各州的法律反映了美国大多数州关于保险利益原则的立场,概括起来有如下几个特点:保险利益范围很广,包括一切合法、真实的,系于保险财产的安全或完好保全的经济利益,不限于财产所有权或对财产的合同权利并在一定条件下,期待利益可以成为保险利益;即使被保险人没有保险利益,保险合同仍然有效,唯保险赔偿不能支付给被保险人或保险合同约定的受益人,而应当支付给保险合同外的真正具有保险利益的人。美国保险法学者 John F. Dobbyn 也认为,美国法下财产保险的保险利益可以划分为财产权利、合同权利,以及法律责任三类,他还将之具体细分为普通法上的权利(利益)、衡平法上的权利(利益)、占有利益、债权人之利益、财产上的期待利益、代表人利益、股东对公司财产的利益以及责任利益。⑤当然此种观点是以法定财产利益观点为基础,而自20世纪80年代以来,美国法院更加倾向于对保险利益做扩大解释,即被保险人因为保险事故发生而事实上可以

---

① 纽约州《保险法》原文:3401. Insurable interest in property: No contract or policy of insurance on property made or issued in this state, or made or issued upon any property in this state, shall be enforceable except for the benefit of some person having an insurable interest in the property insured. In this article, "insurable interest" shall include any lawful and substantial economic interest in the safety or preservation of property from loss, destruction or pecuniary damage.

② 路易斯安那州《保险法典》原文:614 (B):"Insurable interest" as used in this Section means any lawful and substantial economic interest in the safety or preservation of the subject of the insurance free from loss, destruction, or pecuniary damage.

③ 《犹他州法典》原文:31A-21-104(1)(c):"Insurable interest" in property or liability means any lawful and substantial economic interest in the nonoccurrence of the event insured against.

④ 《犹他州法典》原文:31A-21-104(5):(a) An insurance policy is not invalid because: (i) the insurance policy is issued or procured in violation of Subsection (2); or (ii) consent has not been given. (b) Notwithstanding Subsection (6)(a), a court with appropriate jurisdiction may: (i) order the proceeds to be paid to some person who is equitably entitled to the proceeds, other than the one to whom the policy is designated to be payable; or (ii) create a constructive trust in the proceeds or a part of the proceeds on behalf of a person who is equitably entitled to the proceeds, subject to all the valid terms and conditions of the policy other than those relating to insurable interest or consent.

⑤ 参见[美]约翰·F·道宾著:《保险法》,梁鹏译,法律出版社,2001年版,第87~90页。

预料到的(factual expectation)一切损失均可以作为财产保险的保险利益。

大陆法学者则依据不同的维度将财产保险的保险利益分为积极利益与消极利益和现有利益与期待利益。其中积极利益包括物权、债权、合伙人对合伙财产的权利关系、股权关系;消极的保险利益主要针对责任保险。现有的利益是合同订立时已经存在的利益,而期待的利益包括基于现有利益而生的期待利益、基于有效合同而生的期待利益。①

(三)我国保险立法对于保险利益原则的适用

1. 保险利益概念的发展

我国《保险法》第 12 条规定:保险利益是指投保人或者被保险人对保险标的具有的法律上承认的利益。台湾地区“保险法”第 14 条规定:要保人对于财产上之现有利益,或因财产上之现有利益而生之期待利益,有保险利益。

通常认为,财产保险中保险利益的构成需满足下列三个条件:(1)必须为合法利益。保险是一种法律制度,具有合法的经济功能,作为保险利益的利益必须为法律规定的利益或合法约定的利益,或为法律承认的、不违反社会公共利益和公序良俗的其他利益。(2)须为经济利益。保险的本质目的在于补偿被保险人的损失,因此,保险利益必须为经济上的利益,且可以货币化,否则保险赔偿就没有办法进行,保险的目的就无法达到。(3)必须为确定的利益。即能够成为保险利益的经济利益必须是已经确定的或者可以确定,可以是现有利益,也可以是基于现有利益而可以确定的期待利益。

应如何理解我国《保险法》第 12 条规定的“法律上承认”利益?对此,理论界中存在法律联系说和经济联系说两种观点。持法律联系说观点的学者认为,“法律上承认的利益”在解释上应做严格的限制,保险利益是指法律明确规定或依据有效合同取得的财产权。换言之,保险利益就是通过保险标的表现出来的被保险人的所有权、他物权、请求权。② 经济联系说的学者则认为,“法律上承认”其含义即为“合法”。某种利益只需受到法律保护即可,不必然要求存在法律明文规定的某种联系形式(如合同关系、所有权关系或受托关系)。

从国内司法实践的现状看,《保险法》颁布之初,法院倾向于采用法律联系说。当前司法实践更多认为经济联系说优于法律联系说。例如,在天安保险股份有限公司浙江省分公司与泉州鸿圣轻工有限公司国际海上运输货物保险合同纠纷上诉案③中,二审法院福建省高院在判决中表示:“保险利益系投保人对保险标的具有

① 参见李玉泉主编:《保险法学理论与实务》,高等教育出版社,2010 年版,第 74~75 页。

② 参见杨芳著:《可保利益效力研究——兼论对我国相关立法的反思与重构》,法律出版社,2007 年版,第 113 页。

③ [2010]闽民终字第 551 号。

的法律上承认的利益,只要保险标的在保险事故发生时受损,导致投保人或被保险人的经济利益随之受损,即表明其具有保险利益。"保险的本质功能在于分散风险、填补损失,这种损失并不限于法律明文规定的利益之损失。除了法律明确承认以及禁止的利益,还存在大量法律上没有涉及的利益,此种利益的取得不违反法律之规定,不违反公序良俗原则。同时,法律往往难以对新的利益形态及时做出回应,具有滞后性,不能满足被保险人迅速分散风险的商业需求。只要被保险人事实上对某一关系具有经济上的利益,法律即应当允许其通过保险制度将危险分散于其他投保人。① 这一理解更接近保险利益的本质,也符合国际上对保险利益从宽解释的潮流。

2. 保险利益范围的界定

"保险利益的范围,可以从客体范围和主体范围两方面进行考量。就客体范围而言,即投保人或被保险人对哪些财产及其相关利益具有保险利益,或投保人对哪些人员具有保险利益的问题。就主体范围而言,是一种反向思维,即在保险标的这一载体上,哪些主体可能具有保险利益。反向思维的意义在于:可以揭示不同主体对同一保险标的具有不同性质保险利益的问题。"②对于财产保险一般涉及的是客体范围的界定,对于人身保险而主要涉及哪些主体具有保险利益。

无论是客体范围还是主体范围,在审视投保人或被保险人是否具有保险利益时,都具有决定性意义,因为我国现行《保险法》仅仅规定"保险利益是指投保人或者被保险人对保险标的具有的法律上承认的利益",仅就人身保险的客体范围做出了界定,而对财产保险利益的范围缺乏进一步明确的规定。

在财产保险中,哪些经济利益是可以构成保险利益的,学者们有从理论上对保险利益进行分类以明确保险利益的含义。其实早在 2003 年 12 月 8 日最高人民法院《关于审理保险案件若干问题的解释(征求意见稿)》中已有所考虑。该意见的第 1 条规定:保险法第 12 条所称保险利益,应当是可以确定的经济利益。除保险法第 53 条规定外,投保人对因下列事由产生的经济利益具有保险利益:(一)物权;(二)合同;(三)依法应当承担的民事赔偿责任。不同投保人对同一保险标的具有保险利益的,可以在各自保险利益范围内投保。但最高人民法院最终放弃了该方案。在 2009 年修订的保险法中也没有做出进一步的规定,究其原因,主要是财产保险的客体范围极其广泛和复杂,并非保险立法所能涵盖,需要依据相关的民商事法律来界定。

---

① 参见梁鹏:"保险利益概念立法之检讨——以我国《保险法》第 12 条为中心的研究",载于《中国青年政治学院学报》,2006 第 5 期。

② 参见方乐华:"《保险法》司法解释热点问题解析——关于保险利益的范围问题",载于《上海法治报》,2012 年 8 月 29 日第 B07 版。

总结两个法系的划分标准，并遵循经济利益标准，保险利益的范围一方面可以依据民商法规定来界定，《物权法》所规定的所有权、用益物权、担保物权、占有等；《合同法》下物权型利益和责任利益；《侵权责任法》下的民事责任以及民事权益，包括生命权、健康权、姓名权、名誉权、荣誉权、肖像权、隐私权、婚姻自主权、监护权、所有权、用益物权、担保物权、著作权、专利权、商标专用权、发现权、股权、继承权等人身、财产权益。保险利益范围的另一方面可以依据可期待的经济利益或是预期的损失来确定。尽管法律条文没有明确规定，只要被保险人存在获得经济利益的可能性，或是产生损失的可能性，就可以认定被保险人有保险利益。

3. 保险利益与保险合同效力

保险利益与保险合同的效力密切相关。保险利益的立法理由，除了基于补偿原则以及防止赌博的考虑以外，另一方面是为了防范因缺乏保险利益而引发的道德风险，即不具有保险利益的被保险人图谋保险赔款，在订立保险合同后希望或促成保险事故的发生，或者在保险事故发生时人为扩大损失程度的行为，从而损害被保险人的人身或财产安全。

保险合同当事人必须对于保险标的具有保险利益方可订立有效的保险合同，否则将会导致保险合同的无效。例如英国《1906 年海上保险法》第 4 条第(1)款规定缺乏保险利益的赌博合同无效。我国台湾地区“保险法”第 17 条规定：要保人或被保险人，对于保险标的物无保险利益者，保险契约失其效力。我国也曾采纳这种观点，1995 年《保险法》第 12 条第 2 款就曾经规定：投保人对保险标的不具有保险利益的，保险合同无效。

但保险合同毕竟属于当事人意思自治的范畴，法律不宜做出过多干涉。特别是针对财产保险，可以通过约定除外责任甚至承担刑事责任来规避道德风险。另外实践中还出现了保险人的取巧行为：出于经济利益的考量，很多保险人在订立保险合同时故意不检查被保险人是否具备保险利益就收取保险费，在事故发生后再以被保险人不具有保险利益为理由拒赔。为了兼顾保护被保险人人身财产安全与维护当事人意思自治两个目标，我国《保险法》对人身保险和财产保险进行了区分：针对人身保险合同，第 31 条第 3 款规定为：订立合同时，投保人对被保险人不具有保险利益的，合同无效。针对财产保险合同，第 48 条规定为：保险事故发生时，被保险人对保险标的不具有保险利益的，不得向保险人请求赔偿保险金。财产保险中保险合同的效力与保险利益脱钩，体现了对当事人意思自治的尊重，而人身保险中为了避免道德风险仍规定缺乏保险利益的保险合同无效。

要正确理解《保险法》区分对人身保险和财产保险的规定，还必须结合《保险法》对人身保险和财产保险保险利益时间效力的不同要求。《保险法》第 12 条要求财产保险的被保险人在保险事故发生时对保险标的享有保险利益，这一规定与海上保险的要求实现了一致。我国《海商法》尽管未对保险利益存在的时间做具体规定，但根据最高人民法院《第二次全国涉外商事海事审判工作会议纪要》第123条的内容，订立保险合同时被保险人对保险标的不具有保险利益但发生保险事故时被保险人对保险标的具有保险利益的，保险人应当对被保险人承担保险赔偿责任；订立保险合同时被保险人对保险标的具有保险利益但保险事故发生时不具有保险利益的，保险人对被保险人不承担保险赔偿责任。这与英国《1906年海上保险法》的做法基本一致，是海上保险的补偿原则在保险利益时间要求方面的体现。不过，英国海上保险法对此的要求更为细致，根据《1906年海上保险法》第4条第2款第2项规定，被保险人必须在保险合同订立时存在保险利益或获得保险利益的可能性，否则即使被保险人在事故发生时获得了保险利益，保险合同也因属于赌博合同而无效。①

对于人身保险，保险法要求投保人应在保险合同订立时对被保险人须享有保险利益。根据2015年12月1日施行的《最高人民法院关于适用〈中华人民共和国保险法〉若干问题的解释（三）》第3条规定，各级人民法院在审理人身保险合同纠纷案件时应主动审查投保人订立保险合同时是否具有保险利益。

第三节　保险价值与保险金额

我国《保险法》和《海商法》都未对保险价值做出明确的定义，虽然许多国内的保险学教科书从经济学或法学的角度对保险价值和保险金额做了不同程度的界定，但在解释时仍不免有语义重复或相互释义之嫌。概括来讲，保险价值有以下三种含义：一、保险价值是指投保人与保险人订立保险合同时，作为确定保险金额基础的保险标的的价值，也即投保人对保险标的所享有的保险利益在经济上用货币估计的价值额；②二、保险价值是被保险人与保险人之间议定的保险标的的价值；③三、保险价值是保险标的在某一特定时期内的实际经济价值。④ 但在实践中，尤其是在保险理赔时，“保险价值”的含义引发很多争议。

《保险法》第18条对保险金额所做的定义是：保险人承担赔偿或者给付保险金责任的最高限额。这是从保险责任限制角度对保险金额的定义。从投保人角度，保险金额是投保人就保险标的意欲移转的风险在经济数额上的体现，即实际投

---

① Howard Bennett, *The Law of Marine Insurance*, Oxford, Oxford University Press, 2006, p.69.
② 参见李玉泉：《保险法》，法律出版社，2004年版，第147页。
③ 参见傅廷中：《海商法论》，法律出版社，2007年版，第510页。
④ 参见胡援成：《财产保险》，东北财经大学出版社，1999年版，第51~52页。

保金额。① 由于保险价值和保险金额在保险金的计算中是否构成超额保险或重复保险等问题上共同发挥作用,所以本节将二者放在一起进行介绍。

一、保险价值的界定与意义

尽管各种定义在对保险价值进行界定时,总是与保险标的的经济价值相联系,但从学理上分析,保险价值本质上应当是保险利益的价值(The Insurable Valuation of the Interest at Risk)。② 抛开保险利益谈论保险价值是没有意义的,因为在财产保险中,保险人承担的是被保险人遭受的损失,而未必是因保险事故招致损毁的保险标的的价值。③ 以失窃为例,保险标的本身可能并无损伤,其价值没有变化,但是对于被保险人来说,其保险利益遭受了损失。因此,保险价值是投保人(被保险人)对保险标的所享有的保险利益在经济上的价值体现。

在保险法中,保险价值的法律意义在于:第一,决定被保险人投保金额的限度。我国法律禁止投保金额超过保险价值,超过保险价值的保险金额部分无效;④第二,通过制定保险价值来确定保险人的赔偿限度。

二、保险价值的确定方式

在保险实务中,保险价值由保险合同的双方当事人在订立合同时约定,或者在保险事故发生时,依据保险标的的实际价值予以确定,根据保险价值确定方式的不同,保险合同可以分为定值保险合同和非定值保险合同。

(一)定值保险合同

定值保险合同是指在保险合同订立时就已经在保险合同或者保险单中载明了保险标的的保险价值的合同。采用定值保险合同,是为了在发生保险事故时,保险人与被保险人不需要对保险标的进行估价。尤其是在海上货物运输保险中,运输货物的价值随时间、地点而变动,为避免出险时对计算保险标的的价值产生争议,合同的当事人往往采用定值保险的形式。

由于定值保险的保险价值是事先约定的,保险理赔时,难免会出现定值保险中约定的保险价值高于保险标的实际价值的情况。为防止和避免被保险人利用保险额外获利,抑制道德风险的增加,保险法中很多制度的设计都受到"补偿原则"的

---

① 参见刘学生:"保险价值与保险金额——不定值保险合同若干问题辨析",载于《保险法前沿》,2012年第1期,第56页。

② See Jonathan Gilman et al., *Arnould's Law of Marine Insurance and Average*, Sweet & Maxwell, 2013, p. 422.

③ 参见樊启荣、康雷闪:"保险价值之法本质及功能解释",载于《法学》,2013年第4期,第105页。

④ 《保险法》第55条;《海商法》第220条。

影响，即保险的目的应当是使被保险人恢复到“未发生损失时的经济状况”，但是对定值保险的立法却并未完全遵循上述原则。在 Lewis v. Rucker① 案中，Mansfield 勋爵明确了定值保险保单不能被看作是赌博保单，约定价值的效力只是为了固定保险的主要成本，同时要求被保险人获得赔偿的标准是确实发生了损失，即将确定的保险价值视为约定的违约赔偿金，以此来肯定其有效性和合法性。在定值保险中，之所以没有完全按照补偿原则要求，给被保险人获得额外利益留下制度上的可能性，最主要的还是商业选择的结果，保险人和被保险人为了索赔时的便利，尽量避免因为保险价值的确定而发生争议，减少发生保险事故时核定保险价值的烦琐程序，节约核保时间，提高核保效率，选择“以容忍某种程度上之不当得利，避免保险事故发生时计算保险价值之麻烦”。② 在此问题上，保险法体现出追求效率的价值选择。

我国《保险法》第 55 条规定：投保人和保险人约定保险标的的保险价值并在合同中载明的，保险标的发生损失时，以约定的保险价值为赔偿计算标准。《海商法》第 219 条第 1 款规定：保险价值由保险人和被保险人约定。据此理解，在定值保险情况下，无论是定期保险还是航次保险，无论是全部损失还是部分损失，保险事故的损失赔偿金额的确定，均以双方当事人约定的保险价值为计算依据，被保险人无须再证明保险标的在事故发生时的实际价值。英国《1906 年海上保险法》第 27 条“定值保险单”第 3 款也规定：除本法另有规定外，在没有欺骗行为的前提下，不论损失是全损还是部分损失，保险单约定的价值就是在保险人与被保险人之间确定保险标的可保价值的最终依据。与《海商法》规定不同的是，英国法特别强调了“欲要投保”(intended to be insured)的标的，目的是将确定保险价值的时间定在“保险合同成立时”而非保单责任开始时。通常情况下，二者之间有一段时间差，在这两个时间点的保险标的价值可能会发生很大的变化。③ 需要注意的是，虽然上述法律条文中并未再进一步规定双方约定的保险价值存在欺诈时如何处理，但是英国 Wright 法官认为一旦保单中有欺诈的事实，不仅仅是保险价值，整个保单也会被认定为无效。④

在学理上，超额定值保险是指约定的保险价值高于出险时标的物的实际价值。⑤ 一般而言，在定值保险中，保险人是以约定的保险价值为基础确定保险金额的，在订立保险合同时就可以确定是足额保险还是不足额保险。但是，由于定值保

---

① Lewis v. Rucker, 97 E. R. 769.

② 参见江朝国：《保险法基础理论》，中国政法大学出版社，2002 年版，第 387 页。

③ See Susan Hudges, *Cases and Materials on Marine Insurance Law*, Routledge-Cavendish, 1999, p. 187.

④ Loders & Nucoline, Ltd. v. The Bank of New Zealand (1929) 33 Ll. L. Rep. 70.

⑤ 参见何小锐：“定值保险中保险价值的认定及法律规制—以一则保险纠纷案的分析为起点”，载于《当代经济》，2014 年第 9 期，第 123 页。

险的明显缺陷,一些投保人不顾诚信,利用定值保险的特点,投保时故意过高地约定保险价值,以期在发生保险事故时谋取不当利益。我国《保险法》第 55 条对定值保险及其效力做出了规定,但是,在定值保险中约定价值的效力认定及"超额定值"的法律规制方面仍存在空白。

关于"超额定值"的问题,国外已经有相关的立法。德国《2008 年保险合同法》(Insurance Contract Act 2008)第 76 条规定,在保险事故发生时,约定的保险价值不应当显著超过实际价值的限制。根据英国《2015 年保险法》①第 3 条公平陈述义务(the duty of fair presentation)和附件 1,如果被保险人知道保险标的实际价值远远低于约定价值,而没有向保险人如实告知,即使其行为不构成欺诈,也可能因违反该义务而导致合同被撤销或变更。在 Ionides v. Pender② 案件中,原告的保险货物的价值远超其实际价值,并且没有向保险人披露,法院认同了陪审团的观点,认为约定价值过高,但不构成欺诈,认定被保险人对保险人有隐瞒过分超值的事实,违反了告知义务,保险合同自始无效。但是,在 General Shipping and Forwarding Co. v. British General Insurance Co., Ltd. 案③中,定值保险单中约定的船舶价值是 5000 英镑,而当时的实际价值仅为 1500 英镑,保险人拒绝赔付。法院认为,在订立保险合同时,保险人在对船舶市价的评估问题上,与被保险人处于相同的地位,被保险人并不存在告知义务。但如果是货物保险,情况就不尽相同,如果被保险人没有如实申报,保险人是无法得知货物的真实价值的,无法约定合理的保险价值。所以,依据英国普通法,船舶和货物的定值超额保险存在区别。

目前,由于"超额定值"的立法空白,使该问题在我国司法实务界存在较大争议。2005 年 9 月 1 日,重庆市某旅游船有限公司所有的一艘轮船在追越另一轮船的过程中不慎触礁,造成全损,产生纠纷。从 2003 年开始此旅游船有限公司向某保险公司对该轮进行投保,约定保险价值和保险金额均为 2200 万,旅游船公司要求保险公司支付 2200 万元保险金,法院委托会计师事务所进行评估,该轮出险当时市场实际价值的评估值为 1305.08 万元。被告辩称,该轮的实际价值远不足 2200 万元,保险单中约定的保险价值超过其实际价值,该合同是一份超额保险合同,其超额保险的部分无效,保险金额应以实际价值 1305.08 万元为限。一审法院判决支持原告诉讼请求。判决理由为该保险合同属于定值保险合同,保险事故发生后,被告保险公司应该按照之前约定的保险金额进行理赔。但是二审法院则认为,保单中载明的保险金额远远超出了保险船舶的实际价值,该合同是一份超额保

① 该法于 2016 年 8 月 12 日生效,在最大诚信义务方面,该法修订了《1906 年海上保险法》第 17 条的规定。

② [1874] LR 9 QB 53.

③ [1923]15 L1 L Rep. 175, KBD.

险合同,超过保险实际价值的部分应该认定无效,保险人应该在保险标的的实际价值范围内予以赔偿。在上述案件中,一、二审法院做出不同判决的原因在于对保险价值的理解不同。一审法院根据我国《保险法》第 55 条,认为在定值保险中,保险价值应为约定价值,而二审法院则认为,保险价值是保险标的物在出险时的实际市场价值,此项合同为"超额保险合同"。本书认为,上述案件中,二审法院将"超额保险合同"和"超额定值保险合同"两个概念混淆了。本案中提到的"数额超过"实际上指的是约定的保险价值高于出险时标的物的实际价值,这种情况属于"超额定值保险"。本案是关于船舶的超额定值保险,旅游船有限公司是在事故发生的两年前就已经开始投保,保险人有能力对船舶的实际价值进行评估,保险人仍然连续三年与被保险人约定保险价值为 2200 万元,并且按此收取保险费,被保险人并没有违反告知义务,上述保险合同约定的保险价值应当有效,保险人应该按照合同约定的保险金额进行赔偿。

(二)非定值保险合同

非定值保险合同是指在保险合同订立时当事人未在保险合同或者保险单中载明保险标的的保险价值,而只载明双方同意的保险金额,将保险标的的保险价值留到保险事故发生时再做确定的合同。① 我国《保险法》和《海商法》中都未规定非定值保险的定义,而只是规定了如何确定非定值保险中的保险价值。非定值保险与定值保险的最大不同在于非定值保险下被保险人负有证明保险标的实际价值的义务,而在定值保险下被保险人不负此种义务。②

1. 非定值保险下确定保险价值的时间标准

《保险法》第 55 条第 2 款规定:投保人和保险人未约定保险标的的保险价值的,保险标的发生损失时,以保险事故发生时保险标的的实际价值为赔偿计算标准。依此规定,双方当事人在订立保险合同时只约定保险金额,保险价值乃是待到保险标的发生保险事故时才做计算。那么,就可能发生这样一个情况:当双方订立保险合同时,约定保险金额为 1000 万元,而在出现保险事故之后依照第 55 条第 2 款规定,确定保险标的的实际价值,就要依照保险标的发生事故当时的市场价格进行判断。若最后确定保险价值的实际价值为 800 万元,依照第 55 条第 3 款的规定,此次保险就成为超额保险,则保险金额无效。只能依据 800 万元作为赔偿最高限额进行赔偿。

在这一问题上,《海商法》做出了不同的规定,根据第 219 条,若双方未约定保

---

① 英国《1906 年海上保险法》第 28 条。

② See Jonathan Gilman et al., *Arnould's Law of Marine Insurance and Average*, Sweet & Maxwell, 2013, p. 428.

险标的的保险价值,那么保险标的的保险价值(实际价值)都是在保险责任开始时计算,而不是依据发生保险事故时的价值进行计算。当事人双方对保险金额的约定也是建立在对保险责任开始当时保险标的市场价格的合理估价基础之上的。如此,以保险责任开始时的实际价值作为保险价值,可以有效地避免保险金额超过保险价值的情形。

2. 确定保险价值的具体标准

《保险法》并未对如何计算保险价值做出具体规定,只是做出一般规定。但是在海上保险中,《海商法》第219条对保险价值的计算在参考英国《1906年海上保险法》第16条的基础上做出了具体规定。但需注意如下两个问题:

(1)船舶的保险价值,不仅指船体本身的价值,还包括了机器、设备、物料、船员给养、燃料、索具、淡水的价值,但不包含应当支付的船员工资。这与英国《1906年海上保险法》中的规定是不同的。[①]

(2)在航次保险中,船舶的保险价值是指保险责任开始时的保险价值,而不是航程开始时的保险价值。

三、保险金额及其与保险价值的关系

保险金额是保险人与被保险人约定的投保和承保的金额,保险金额的作用首先是保险人承担赔偿或者给付保险金责任的最高限额,然后才是保险人计算保费的依据。[②] 因此,保险金额是保险人按照保险合同的约定,对保险标的遭受损失时所负赔偿责任的最高限额,不是保险人认定的标的实际价值,也不是发生损失时,保险人的应赔数额。根据《海商法》第220条和《保险法》第55条第3款,保险金额不得超过保险价值,这既是符合保险补偿原则的体现,也表明了二者之间的关系是,"保险价值为保险人依法规定赔偿之最高额,保险金额为保险人依约定赔偿之最高额"[③]。

(一)足额保险、不足额保险和超额保险

根据保险金额和保险价值的关系,可以将保险合同分为三类:足额保险、不足额保险、超额保险。足额保险,是指保险金额等于保险价值的情形,这在定值保险中比较普遍。不足额保险,是指保险金额低于保险价值的情形。不足额保险既可能出现在定值保险中,也可能出现在不定值保险中。超额保险,是指保险金额超过

① 英国《1906年海上保险法》第16条第1款将支付给船员的工资以及为使船舶适合于保险单规定的航程或风险而发生的其他支出也纳入保险价值。

② Continental Illinois National Bank & Trust Co. of Chicago v. Bathurst (The Captain Panagos DP) [1985] 1 Lloyd's Rep. 625, per Mustill J. p. 630.

③ 参见江朝国:《保险法基础理论》,瑞兴图书公司,2009年版,第384页。

保险价值的情形。

定值保险中,由于保险金额和保险价值在双方订立保险合同时都是确定的,双方为了避免约定的保险金额超过保险价值而导致超出部分无效,所以通常不会出现保险金额高于保险价值的情形。而在不定值保险中,因为保险标的市场价格的涨跌及双方对保险金额约定等问题,极有可能出现超额保险的问题。英国《1906年海上保险法》第84条第3款第5项规定:被保险人在不定值保单下超额保险的,保险费按比例退还。我国《海商法》第220条规定:超过保险价值的,超过部分无效。但是,《保险法》第55条第3款规定,(保险金额)超过保险价值的,超过部分无效,保险人应当退还相应的保险费。

(二)重复保险

重复保险是有可能产生超额保险的又一情形。根据《海商法》第225条规定,被保险人对同一保险标的就同一保险事故向几个保险人重复订立合同,从而使该保险标的的保险金额总和超过保险标的的价值的,应当构成重复保险。该条规定措辞并没有揭示出重复保险最重要的特征,例如被保险人一个是保险标的的所有人,另一个是保险标的的抵押权人,则即使针对同一保险标的就同一保险事故向不同的保险人订立了合同,也不应当认定为重复保险。[①] 英国《1906年海上保险法》第32条第1款规定:当被保险人或其代理人,就同一风险或者利益或其中的一部分订立了两张或两张以上的保险单,且保险金额超过本法所允许的索赔额时,被保险人即被视为因重复保险而超额保险。从此条可以看出,重复保险被认定的依据除了同一保险标的同一风险外,更重要的是同一保险利益。《保险法》第56条第4款关于重复保险的定义也明确了这一要件,即重复保险是指投保人对同一保险标的、同一保险利益、同一保险事故分别与两个以上保险人订立保险合同,且保险金额总和超过保险价值的保险。

在重复保险的情况下,重复保险的投保人应当将重复保险的有关情况通知各保险人。我国《保险法》和《海商法》对通知义务的履行时间均未做规定,也没有对通知义务的具体内容进行规定。按其他国家的立法例来看,通知义务的具体内容一般为各保险人的名称与住所、保险标的、保险价值、保险金额、保险费、承保的保险责任范围、保险期间以及保险金赔付等情况。

在重复保险的各个保险人的责任分摊方面,我国《保险法》采用的是比例责任分摊方式,当保险合同中没有约定分摊方式时,就统一采用比例责任分摊方式来进行责任分摊。《海商法》采用的是连带比例赔偿方式,在保险合同中没有特别约定分摊方式时,各保险人一律采用连带责任比例分摊方式分摊保险责任。根据我国

① Godin v. London Ass Co. (1758) 1 Burr 489, 495.

《海商法》第 225 条规定:出现重复保险的情况,除合同有约定外,被保险人可以向任何保险人提出赔偿请求。被保险人获得的赔偿金额总和不得超过保险标的的受损价值。各保险人按照其承保的保险金额同保险金额总和的比例承担赔偿责任。任何一个保险人支付的赔偿金额超过其应当承担的赔偿责任的,有权向未按照其应当承担的赔偿责任支付赔偿金额的保险人追偿。在海商法的规定中,即使是重复保险,被保险人也有权向任何一个保险人索赔全部损失,但是须受以下两个条件限制:第一,被保险人获得的赔偿总额不得超过保险标的的受损价值;第二,在责任保险时,保险人承担赔偿责任的限度以被保险人对第三人承担责任的范围为限。

第四节 保险期间

保险期间,也称保险责任期间(Duration of Underwriter's Liability)或保险期限,是指保险人对由于承保风险造成的保险标的之损坏或灭失承担责任的期间。依保险法理论,保险期间是保险合同的有效期间,所以也叫保险责任的起讫期限。[①] 我国《保险法》并未对保险期间的定义做出具体规定,只是在《保险法》第 14 条中规定:保险人按照约定的时间开始承担保险责任,并在第 18 条中规定:保险合同中应当约定保险期间和保险责任开始期间,一般将其认为是法律对定期保险和不定期保险的规定。虽然我国《海商法》第 216 条对海上保险合同的定义并未提及"保险期间",但根据第 217 条,保险期间是当事人须在保险合同中约定的主要内容之一。

对于保险期间的意义,理论上存在两种不同认识。一种观点认为:保险期间是对保险事故发生时间的限制;另一种观点则认为:保险期间是对损失发生时间的限制。

就此争议,我国法律和保险条款中尚无明确的规定。英国判例法则认为,保险事故和保险事故造成的损失都必须发生在保险期间内,保险人才有义务赔偿损失。但也有例外情形,如在保险期间内虽然危险已经存在,但损害只在孕育阶段,保险期间过后才明显化,该损害被认为是发生于保险期间的危险所带来的必然后续后果,保险人即应当负赔偿责任,即所谓的"致命打击"(the Doctrine of Death Blow)。

如果保险事故发生在保险期间尚未开始之时,但所造成的损失或部分损失是在保险期间产生的,按照英国法的一般规则,保险人不负责赔偿。当然,基于"合同自由"原则,双方当事人可以在合同中另作约定,但是正如 Croom Johnson 大法官

① 参见李玉泉:《保险法》,法律出版社,2004 年版,第 149 页。

在 Kelly v. Norwich Union Fire Ins Sy Ltd. 案[①]中所言，虽然一切最终取决于保险单上的约定，但只有当保险单上的措辞足够令人信服时（Compelling Language），才能推翻一般的规则而得出相反的结论（contrary to common understanding）。例如，被保险人可以在保险单中额外约定“保险人需对保险期间内发现的任何损失负责，无论该保险损失是在何时实际发生的”。[②]

保险合同的保险期限，通常有三种确定方式：(1)用日历年、月计算。如财产保险一般为一年，期限届满后可以再续订合同。(2)以某一事件的始末为保险期限。如运输货物保险、运输工具保险都以航程为保险期限。(3)以空间与时间的混合为保险期限，如人保海洋运输货物保险条款第 3 条第 2 款的规定。

一、定期保险

通常，船舶保险多采用定期保险，而货物保险采用航次保险。定期保险的保险期限的开始和终止以保险单上注明的日期为准，一般精确到分钟，同时应明确约定适用的是格林尼治时间，还是订立合同地的当地时间。如，2016 年 1 月 1 日 0000 时至 2016 年 12 月 31 日 2359 时，指北京时间（GMT+0800）。未做规定的，通常理解为从保险开始当天的零时起算，到保险终止日的 24 时为止，即包括起止日期当天在内。保险期限最长一年，一般习惯上也约定为 12 个月。[③] 参考人保 2009 年条款第 5 条第 1 款之规定，“定期保险期限最长一年，起止时间以保险单上注明的日期为准”，但该条款并未对保险中的具体时间做出规定。值得注意的是，保赔协会的保险期间的起止时间与船舶保险并不相同。保赔保险的保险期间则是从每年的格林尼治（GMT）时间 2 月 20 日午时到来年的 2 月 20 日午时为止。其原因是，传统上认为 2 月 20 日是波罗的海冰雪融化之日，船舶在闲置一个冬日之后终于可以航行。

在 Scottish Metropolitan Assurance Co., Ltd. v. Stewart 案[④]中，定期保单上规定，保险期间从 9 月 20 日到 2 月 20 日，争议的问题是起止日期本身是否包括在保险期间中，Rowlatt 法官认为，解释保单措辞时并没有什么技术性的规则，而是从案件中探求当事人的真意，保单中明确约定保险期间从 9 月 20 日开始，应当包括 9 月 20 日整天。

(一)保险期间的延续

保险期间的延续（Continuation）是指在合同中约定或载明的保险终止日到来

---

① [1989] 2 All E. R. 888, 894-895.

② See E. R. Hardy Ivamy, *General Principles of Insurance*, Butterworths, 1979, p. 403.

③ 参见汪鹏南：《海上保险合同法详论》，大连海事大学出版社，2011 年版，第 217 页。

④ [1923] 15 Ll. L. Rep. 55.

之后,保险人仍继续承担保险责任的情况。

虽然我国法律中并没有对保险期间延续的相关规定,但是根据合同自由原则,当事人可以在合同中自由约定保险期间的续展。例如,人保 2009 年条款第 5 条第 1 款规定:保险到期时,如保险船舶尚在航行中或处于危险中或在避难港或中途港停靠,经被保险人事先通知保险人并按日比例加付保险费后,本保险继续负责到船舶抵达目的港为止。保险船舶在延长时间内发生全损,需加交 6 个月保险费。该部分是对于保险合同续期的规定。根据该条款,在被保险人按比例支付增加的保险费后,保险合同自动延展。适用本条款延长保险期限时应注意的问题:一是保险到期,保险船舶只有处于四种情形下才可以适用,即船舶尚处于航行中,或处于危险中,或在避难港,或者在中途港停靠,否则本条不予适用;二是在上述四种情形下,保险船舶的保险期限并非自动延续,而需要被保险人事先将续期的意愿通知给保险人;三是保险人必须接受保险延续,其可以对延续的天数按日加收保险费,但不能提高保险费率。应付延期保险费的计算方法为:(保险金额×保险费率)÷365 天×超期天数。四是这种保险期限的延期只能延期至船舶抵达目的港为止。根据这一条款,超期承保的条件和额外保险费的增收在保险合同中已经事先进行了明确的约定,被保险人在满足上述条件时,选择延长保险期限只是行使其在保险合同中的既有权利。

上述规定的必要性在于,当船舶正遭遇海难时,保险人不愿意接受承保或保险费率特别高;在通信不发达的时代,保险人对正在海上航行的船舶也不愿意承保。本条规定对被保险人提供了很大的保障。1983 年协会定期船舶保险条款与人保 2009 年条款规定的内容基本一致,但是考虑到现代通信便利和商业做法,1995 年协会定期船舶保险条款对保险期限的延续加以限制,只有在保险期满船舶处于危险之时,保险人才同意按原保险条件延续保险,而且仅顺延至安全抵达实际驶往的下一个港口(若在海上遇难)或脱离危险(若在港内遇难)。

(二)保险期间的自动解除

在正常情况下,保险期间将在保险期间届满后自动终止,但是,如果发生合同约定的事项时,保险期间也会自动解除。

我国仅有《海商法》在第 230 条关于“船舶转让”之相关条款对船舶保险合同的自动解除做出了规定。根据该条,若在保险期间内转让保险船舶,未经保险人同意,保险合同会在转让之日起或航次保险中航次终了之日起解除。在“平安财保与浙江鸿霖船舶工程公司海上保险纠纷”案①中,宁波海事法院在判决中明确表示“被保险人虽未履行通知义务,但保险人对保险合同自船舶转让之时起无论如何

① [2014]甬海法商初字第 361 号。

均不再承担赔偿责任,未通知保险人并未造成保险人的义务负担”且被保险人“对船舶所有权注销登记后的保险费不负支付义务”。除我国《海商法》规定以外,人保 2009 年条款第 6 条规定了定期保险中保险解除的三种情形:

1. 一旦保险船舶按全损赔付后,本保险自动解除。

2. 当船舶的船级社变更、船舶等级变动、注销或撤回、船舶所有权或船期改变、转让给新的管理部门、光船出租或被征购或被征用,除非事先书面征得保险人的同意,本保险自动解除。但船舶有货载或正在海上时,经要求,可延迟到船舶抵达下一个港口或最后卸货港或目的港。

3. 当货物、航程、航行区域、拖带、救助工作或开航日期方面有违背保险单特款规定时,被保险人在接到消息后,应立即通知保险人并同意接受修改后的承保条件及所需加付的保险费,本保险仍继续有效,否则,本保险自动解除。

英国船舶保险条款中的“终止条款”(Termination Clause)也规定了类似的内容,以英国《2003 年国际船舶保险条款》第 14 条(船舶管理)第 1 款为例,发生下列情况之时,除非保险人书面同意,保险责任期间将自动终止:(1)船舶的所有权或船旗改变,不论是否出于自愿;(2)船舶转移给新的管理人;(3)光船出租;(4)被征收或被征用。第 14 条第 2 款又特别约定:除非保险人书面同意,本保险自动终止于船舶(不管是否载有货物)为被拆解的意图而航行,或已被出售用作拆解。《2003 年国际船舶保险条款》与《1995 年协会船舶定期保险条款》相比做了较大的改动,取消了关于船级社、船级变动等情形下的合同自动解除。

此外,对于国际船舶保险条款第 1 款的理解,有两点需要注意:一是在船舶所有权或船旗变更之时,不论被保险人是否自愿,均会导致保险自动终止,但是若船上载有货物且已经从装货港开航或者在海上空载航行的,保险合同可自动延伸至船舶抵达最后卸货港或者空载船舶抵达目的港时为止。而在被征用或被征收情况下,若被保险人没有事先签署协议,保险合同会在征用 15 天后终止。

二、航次保险

与定期保险相比,具有更多的不易确定性。我国人保《2009 年海洋运输货物保险①条款》中用保险责任的起讫时间代替了定期保险中的保险期间,但是均没有对航次保险做出定义。

(一)船舶航次保险

人保 2009 年条款第 5 条航程规定,航程保险按保单订明的航程为准。起止时间按下列规定办理:

① 海洋运输货物保险属于航次保险。

(1)不载货船舶,自起运港解缆或起锚时开始至目的港抛锚或系缆完毕时终止。

(2)载货船舶,自起运港装货时开始至目的港卸货完毕时终止。但自船舶抵达目的港当日午夜零点起最多不超过30天。

应当注意的是,航次保险的航程应在合理的期限内开始。英国《1906年海上保险法》第42条对此予以明确规定,在合理内开始是航次保险合同的默示。

我国立法并没有类似的规定,但是在司法实践中,法院在判决中也有类似的意见。如在美国陈氏公司诉中国太平洋保险公司①一案中,双方于1995年2月27日订立了船舶航次拖航保险合同,适用人保1986年船舶保险条款,保险期限或航程另写明1995年4月20日(未写终止日期),保险船舶于5月30日首次起拖,后遭遇事故全损。原告认为船舶航次保险的责任期间是从起拖港解缆起锚时开始至目的港抛锚或系缆时终止,只要在本航次航行范围内发生的海上灾害致船舶遭受损失的,保险人应当赔偿。被告则以原告延误起拖时间作为抗辩理由之一,认为其违反了保险单的特别约定和保证条款导致保险责任自动终止失效。上海海事法院经审理认为:涉案保险单保险期限或航程载明的1995年4月20日开始,并非是指1995年4月20日涉案船舶必须在该日开始起拖,但也并非表明涉案船舶在该日后的任何时间起拖均符合合同的约定……合理解释应为保险船舶应在该日或该日后的一段合理期间内起拖。超过合理时间起拖,可能会使预定航程出现双方在订约当时所不能预见的保险风险,使双方的订约基础发生质的变化。因此,在合理时间内开航构成保险合同的保证条款。按照涉案保险单约定,涉案航程应自1995年4月20日开始,但保险船舶的首次起拖时间为同年的5月30日,间隔长达四十天之久,已不能认为是在合理时间内开始航程。

此外,船舶投保航次保险时,保险期间的起始与装卸港口密切相关,因此明确"港口"的定义非常重要,一般应以"商业常识"进行解释。港口本质上就是货物习惯上被装载和卸载的地点。

在Cockey v. Atkinson案②中,船舶保险的保险期限规定为"4个月,在从某一特定的地点到任何无论哪一个港口"。船舶航行到达某一岛屿时,该船舶在该岛通常用来装卸作业的开放锚地灭失。保险人拒绝承担赔偿责任,理由是开放锚地并非保单中"港口"的含义。但是保险人的主张最终并未被采纳,港口的通常特征是供船舶安全停靠的自然形态的陆地或人工建筑并不仅仅限于是法律或经济意义上的港口。

---

① [1997]沪海法商字第486号。

② [1819] 2 B & Ald 460. 另见Brawn v. Tayleur (1835) 4 A & E 241.

(二)货物航次保险

货物保险多以航次保险为主,几乎所有国家对货物航次保险保险期间的规定都没有采取普通财产保险中规定一个具体的时间段的做法,而是采用"仓至仓"这样的空间概念代替时间的概念,将货物的运输过程作为保险人的责任期间。这样更有利于保护保险和被保险人的利益,同时简化了合同中关于保险期间的规定。但是在货物航次保险中,计算保险责任开始时间也可能采用时间、空间混合的办法。

1. 保险期间的开始

当前货物保险通常采用"仓至仓"条款。这是因为货物的运输包含了从仓库到船边,又从船边到仓库的整个过程,导致货物保险实际上是对海陆混合风险的承保。关于风险的界定,我国《海商法》在第 216 条中将其限定为:与海上航行有关的发生于内河或者陆上的事故。

人保 2009 年海洋运输货物保险条款第 3 条第 1 款规定:本保险负"仓至仓"责任,自被保险货物运离保险单所载明的起运地仓库或储存处所开始运输时生效。这一规定与 1982 年协会货物保险条款 1982 中"运输条款"的规定是相一致的。其所谓"运离",已经开始运输过程,通常理解为货物已经离开仓库或储存处所并开始运送。对于"离开"仓库的解释,不应严格理解为运输工具(如汽车、船舶等)启动后,保险责任方才开始;而应该结合所适用法律下的仓储责任的终止和"运输责任"开始的时间点来确认。如果承运人的运输责任已经开始,即使货物尚未离开仓库或储存处所,或者货物已经离开仓库或储存处所但未开始运送,都应属于货物"离开"起运地的情况,也应当属于在保险期间之内。另外,"运离起运地仓库或储存处所"必须是为了"开始运输",因此,运离起运地仓库前往包装处所、进行为安全运输目的而包装的途中或包装过程,都不属于保险期间。"起运地仓库或储存处所"必须是被保险人或发货人将起运的被保险货物装上运输工具并直接运往港口码头装船之前的最后一个仓库或储存处所。因此,货物在运离发货人的仓库或储存场所后,存放在承运人仓库、港区码头的仓库或发货人在港区码头自设的专用仓库待运时,由于已经是为了装上运往目的地的船舶而暂时存放,所以仍处于"正常运输过程中"。同样,保险人应当对被保险货物从起运地运往集装箱装卸站的过程及货物存放在上述待运储存处所期间发生的损失承担责任。具体而言,在我国的司法实践中,有关保险期间的开始,在以下几个方面存在较为典型的案例:

(1)为装箱所进行的运输

在亿利进出口公司诉美国美亚保险公司广州分公司海上货物运输保险合同纠

纷案①中,亿利公司向潮州雄集公司购买花瓶,后者又向黄德耀购买花瓶。亿利公司为此向广州美亚投保了协会货物保险 A 条款承保一切风险,从中国潮州经香港转运至德国西根,保证在整个运输过程用集装箱装载。货物先从黄德耀仓库运至潮州枫溪东田雄集陶瓷厂,然后由潮州雄集公司负责装入集装箱,再运往深圳盐田港。后发生货物受损,查明是因为货物在集装箱内的不当堆放造成的。被保险人认为保险事故发生时保险期间已经开始,遂向保险人索赔。而保险人则以保险期间尚未开始拒赔。

一审广州海事法院认为,装货的集装箱是货物的运输工具,潮州雄集公司将货物装入集装箱完毕之前,货物还不具备集装箱运输的条件,运输实际并未开始进行。因此,潮州雄集公司将本案货物装入集装箱和在集装箱中积载的过程,并不属于运输过程,而是属于货物运输前装货的过程。可见,货物在集装箱中的积载是在协会货物保险 A 条款第 8.1 条和第 8.1.1 条所规定的保险责任开始前进行的。二审广东高级人民法院进一步认定:关于保单中的“载明的仓库或储存处所”,应当是指保险单上所载明的装货地的仓库或储存处所,而不是泛指与货物有关的所有仓库。关于“运送”,应当理解为与海上航程起始直接紧密相连的内陆运输,而不能无限向前延伸至与货物有关的一切运输。从黄德耀至潮州枫溪东田雄集陶瓷厂的运送仅为装箱目的,并不是为装运港装船而发生的内陆运输,其与保险单中的海上航程起始之间没有紧密相连的关系,该段运输尚未构成协会货物保险 A 条款所指的“开始运送”。

在北京欣维尔玻璃仪器有限公司、中国人民财产保险股份有限公司北京市分公司海上、通海水域保险合同纠纷再审案②,当事人对“仓至仓”条款下保险期间的起算产生争议。被保险人认为根据“仓至仓”条款的约定,保险期间自被保险货物运离保险单所载明的起运地仓库或储存处所开始运输时生效。该条款中的“起运地仓库或储存处所”是指运输开始前储存货物的仓库或处所,即运输责任开始之前货物的储存地点。运输一旦开始,基于运输衔接的存放,均在保险责任期间。本案为集装箱运输,承运人已经接收货物,运输已经开始。涉案保险事故发生在运输开始之后,在保险责任期间之内。而保险人则抗辩称:涉案保险单系海上货物运输保险单,承保的运输区段是天津至美国费城的海上货物运输航程。该保险单中的“仓至仓”责任起讫条款中“保险单所载明的起运地仓库或储存处所”应是环发讯通公司的仓库而非承运人接收货物的仓库。涉案货物为拼箱货,“8.12”天津大爆炸事故发生时暂存于环发讯通公司仓库,并未出库进行集装箱装箱,尚未运离该仓

① [2003]广海法初字第 178 号;[2006]粤高法民四终字第 58 号。

② [2018]最高法民申 3513 号。

库或储存处所。根据保险责任条款的约定,涉案保险责任期间尚未开始。涉案保险单承保的运输区段是天津至美国费城,不包括北京到天津的公路运输。

最高人民法院在再审判决中认为涉案保险单载明自天津至美国费城,货物的起运地为天津。故保险公司的责任期间应自涉案货物运离天津的仓库或者储存处所开始。涉案事故发生时,涉案货物储存于环发讯通公司位于天津的仓库,尚无证据证明货物已经或正在运离。根据保险责任期间起讫条款的约定,因涉案货物储存在承运人仓库中未运离,财保北京分公司的保险责任尚不满足"仓至仓"责任的开始条件,保险责任未开始。

(2)集装箱或非集装箱货物

在适履意贸易(上海)有限公司诉华泰财产保险股份有限公司、华泰财产保险股份有限公司上海分公司海上货物运输保险合同货损赔偿纠纷案①中,适履意贸易公司根据1982年协会货物保险A条款向华泰保险公司投保,货物起运地为香港,目的地为上海。该批货物自香港运抵上海后,原告开箱发现部分货物发生严重湿损,原因是在上海港拆箱之前的运输过程中有水进入集装箱所致。原告索赔,但被告主张应结合集装箱运输的特征,保险期间应自涉案集装箱货物从码头堆场装船开始。

上海海事法院判决认为,本案中保险合同双方协议选择1982年协会货物保险A条款作为承保条件,该条款实际上就是一个"仓至仓"条款,其保险责任期间并不因集装箱或非集装箱而有所区别。而被告主张应结合集装箱运输的特征,保险责任自涉案集装箱货物自码头堆场装船开始,与协会A条款规定明显不符。因此,根据协会货物保险A条款,集装箱货物在从起运地运往集装箱装卸站以及在装箱过程中发生的损失,属于保险责任范围内,保险人应该负责。

(3)货物从未装上保险单载明的船舶

在蔡桂木诉中国太平洋保险公司贵港办事处水路运输货物保险合同纠纷案②中,原告电话委托糖厂装运赤砂糖,并委托其办理国内水路、陆路货物运输保险,后糖厂找到自称是水运公司"014号"船的"女船主",双方口头约定了由该船装运赤砂糖。后货物被装上"女船主"提供的"三无"黑船,原告一直未能收到货,即向公安机关报案。同时原告向被告保险人提出索赔,被告以货损系诈骗所致、不属保险责任为由拒赔。原告遂诉至法院。

北海海事法院认为,作为水路货物运输保险,其货物运载工具即特定船舶是保险合同及保险关系要素的重要内容和保险人承保水路运输货物险的承保条件。而

① [2005]沪海法商初字第630号。
② [2000]海商初字第022号。

本案的关键问题是,原告保险标的赤砂糖并未装上保险凭证所载明的“014 号”船,而是装上了“014 号”船以外的一条“三无”船舶。正是这条“三无”船舶即假冒的“014 号”船,才致原告所交货物失踪全损。由此可见,原告保险标的并未装上保险凭证所载明的“014 号”船,因而被告的保险责任从未开始。被告不需要对原告货物未装上“014 号”船而货损承担保险责任。二审法院支持了一审判决。

(4)责任开始时间、合同成立时间或保险签发时间不同

在江苏外企公司诉上海丰泰保险公司海上货物运输保险合同纠纷案①中,原告向法国 S 公司购买了木材。9 月 12 日货物在国外装船启运后,原告于 10 月 14 日填写了 3 份货物运输投保书向被告投保。10 月 18 日,被告制作出日期为 9 月 12 日的 3 份倒签保险单,保险单上记载的保险条件为协会货物 C 条款。同年 10 月 21 日,S 公司传真通知原告,承运投保货物的船舶因遇风暴沉没,货物全损。原告投保时,没有人向原告报告过此次海损事故,因此此次海损事故属于被告承保的责任范围。原告遂向被告报案并要求理赔。被告以保险事故发生时其保险责任尚未开始为由拒绝。对此,原告主张将保险单倒签的日期作为保险责任开始时间。

上海海事法院判决认为,保险责任的开始时间与保险合同的成立时间或者保险单的签发时间是有区别的,并非保险合同一旦成立或者保险单一经签发,保险责任就开始。保险合同的成立时间取决于保险承诺到达要约人的时间;保险责任的开始时间取决于当事人在保险合同中的约定,包括在保险单上的约定或者当事人之间的特别约定。依照当事人在保险合同中的约定,保险责任开始时间既可以早于,也可以等于或者晚于保险合同成立时间;而保险单只是反映保险合同磋商过程,或者经磋商成立的保险合同具体内容的一个工具,因此其是否签发以及何时签发,与保险合同的成立以及保险责任的开始没有直接的、必然的联系。本案保险合同成立于 10 月 18 日,双方当事人均承认,保险单上的签发日期 9 月 12 日是倒签。能否将此倒签日期作为保险责任的开始时间,保险合同中没有明文约定,必须结合对保险合同的具体分析做出判断。原告主张将保险单倒签的日期作为保险责任开始时间,该主张缺乏法律依据,不予采信。

对于 2009 年协会货物保险条款和人保 2009 年海洋运输货物保险条款的保险期间开始的理解,2009 年协会货物保险条款第 8.1 条规定:保险期间开始于为了立即装运到装载车辆或者其他运输工具以开始运输为目的,而在仓库或者合同规定的储藏地开始被搬动那一刻起。其中,“为了立即装运”的概念意在表明货物首次被搬动与货物运输的紧密联系,排除了保险人对货物在等待区发生损坏或灭失

① 参见《中华人民共和国最高人民法院公报》2005 年第 11 期,第 40~45 页。

的保险责任。[①] “以开始运输为目的”应该指货物被装载车辆或者其他运输工具所接收而准备开始运输,而不是指货物被承运人或者仓库保管人接收后等待将来再运输。可以看出,2009 年协会货物保险条款承保在起运地仓库内装上运输工具的过程中发生的损害,而人保 2009 年海洋运输货物保险条款规定保险责任开始于“从货物离开列明的仓库或储存处所开始运送之时”,要求“离开”启运地,通常是指货物通过仓库大门的那一刻,[②]因此在起运地仓库内装上运输工具过程中发生的损害不属于其保险责任范围。

另外需要注意的是,英国《1906 年海上保险法》和伦敦协会条款中还特别规定了保险责任开始可以早于合同订立的时间,即“无论损失与否条款”(Lost or Not Lost Clause)。[③] 例如,2009 年协会货物保险条款第 11 条第 2 款规定:被保险人有权取得本保险承保期间发生的承保损失的赔偿,尽管该损失产生在本保险合同订立之前,除非当时被保险人知道该损失而保险人不知道。但是人保 2009 年海洋运输货物保险条款中并无此规定,甚至在实践中,保险人和被保险人会在保险中特别约定对投保之前的损失保险人不负责任。

2. 保险责任期间的持续

人保 2009 年海洋运输货物保险条款第 3 条第 1 款规定的“包括正常运输过程中的海上、陆上、内河和驳船运输在内”属于保险责任的持续。“正常运送过程”是指以习惯方式运输,沿着通常的运输路线,合理快速地将货物运抵目的地。如果正常运输过程中断,保险的责任期间也自然中断。对于如何判断某一货物是否处于正常运输过程中,英国法下通常采用“附带目的”标准(Collateral Purpose Test)。在“附带目的”标准下,需要客观地考虑货物运输过程的中断或迟延在当时的情境下是否是必须或者合理的。如果延迟或者中断不符合这些标准,那么就说明被保险人对偏离正常的运输过程是有其他附带目的的,而在这种偏离过程中发生的损失就不能被认定为是在“正常运输过程中”。[④] 在司法实践中,通过是否具有“附带目的”来判断是否属于“正常运输过程”的方法在以下两个案例中得到了体现:

在 SCA (Freight) Limited v. Gibson[⑤] 案中,承运人用两辆大卡车将货物(书籍)运送到罗马,当一辆卡车已经装满而另外一辆已经装了一半的时候,一位司机驾驶已经装满书籍的卡车出发但是顺道在罗马夜游了一趟。而卡车就在这期间发生翻车导致书籍损毁。承运人根据保单向保险人索赔,保险人认为事故发生时,货

---

① 参见郑睿:《英国海上保险法律与实务》,上海交通大学出版社,2014 年版,第 104 页。
② See John Dunt, Marine Cargo Insurance, Informa Law from Routledge, 2009, p. 230.
③ 英国《1906 年海上保险法》Section 6。
④ See John Dunt, Marine Cargo Insurance, Informa Law from Routledge, 2009, p. 238.
⑤ [1974] 2 Lloyd's Rep. 533.

物不在“正常运输过程中”,因而拒赔。法院判决认为,当运输货物的过程已经不能被认为是为了将货物运送到最终目的地的过程的合理延续或扩展,货物就不能被认为是处于“正常运输过程中”。如果司机偏离正常运输的行为是为了购买补给或者休息以避免疲劳驾驶从而更安全地把货物运送到最终目的地,那么这样的行为可以被认为是发生在正常运输过程中。而本案中司机的夜游行为是对正常运输路途不相干的偏离,不能认定为“正常运输过程中”。

在香港高等法院审理的 ELAZ International Co. v. Hongkong & Shanghai Insurance Co. , Ltd. 案①中,原告从东莞购买了一批针织毛衣,转卖给墨西哥的买方。货物从东莞通过海运运到洛杉矶,然后再通过铁路和公路运输到达美国拉雷多市。货物将在拉雷多市停留,等到进口墨西哥的清关手续办妥。货物抵达拉雷多市后由海运承运人的代理人照管,后来又被转移到拉雷多市的另外一个集装箱货场。货物在集装箱堆场从集装箱中卸下,然后装上一辆拖车。后来拖车丢失,一个月后找到拖车但是货物已经全部丢失。原告遂向被告索赔,被告以货物丢失时已不在“正常运输过程中”为由拒赔,因为货物在拉雷多滞留过长时间而原告没有进行任何解释。法院最后没有接受保险人的拒赔理由,判决认为,尽管货物滞留时间不明,但是货物在拉雷多停留的唯一原因就是等待运往目的地墨西哥,而没有其他附带的商业目的。法院进一步认为被保险人已经尽力安排使货物能够尽快运抵目的地。因此,保险合同的保险期间并没有中断,在货物被盗之时保险人仍需承担责任。

人保 2009 年海洋运输货物保险条款第 3 条第 2 款将“非正常运输”的结果直接规定为“致使被保险货物运到非保险单所载明目的地”,并且要求必须在被保险人“及时将获知的情况通知保险人,并在必要时加交保险费”的情况下,保险合同才可以继续有效。

3. 保险期间的终止

保险期间的终止可分为正常情况下的终止和非正常情况下的终止。

(1)正常情况下的终止

保险责任期间的终止同时受到了空间上和时间上的限制。在空间限制上,货物由船舶运送至最后卸货港后,可能有三种流向:一是正常运抵保险单所载明的目的地收货人的最后仓库或储存处所。二是运抵被保险人用作分配、分派或非正常运输的其他储存处所。三是开始转运至其他目的地。为了敦促被保险人或收货人及时提货,避免意外情况下货物卸离船舶后长时间不能继续运输以致保险人的保险责任无限期延长,“仓至仓”条款对保险期间还进行了时间上的限制。如果货物

① [2006] HKCFI 406.

未抵达上述仓库或储存处所，则以被保险货物在最后卸载港全部卸离海轮后满 60 天为止。卸载是一个连续的过程，这里的 60 天，应按一张保单所承保货物的最后一件卸下船舶的当日午夜零时起算。① 该款为保险期间的兜底条款，60 天时间是绝对的，不包含任何阻断事由。上述三种情况的保险期间的终止都要受到货物卸离船舶后 60 天的时间限制，以先发生的为准。

对于第一种情况，货物运至目的地收货人的最后仓库或存储处。一般来说，如果投保时明确告知具体地点的，则该地点应为“最后仓库或存储处”；如果仅载明目的港，那么货物实际运至收货人在港区内的任一仓库均可视为“最后仓库或存储处”；如果仅载明目的地，比如某一城市，那么收货人在该地区的行政区划范围的任一仓库均为“最后仓库或存储处”；如果记载的港口名称不明确，且当事人理解存在争议的，可做出有利于被保险人和受益人的解释。“收货人的最后仓库或储存处所”包括收货人自己设在卸货港的仓库、收货人的代理人或受托人设在卸货港的仓库或收货人在卸货港没有仓库，为储存货物而租用的港口、码头、海关等临时性运输仓库。② 在保险实务中，往往由于目的港最后仓库堆放不下，因此被保险人在其他仓库存放，如果不是为了进行下一程正常运输的目的，而是为了被保险人自身利益，例如，为了更节省时间和费用开支或者为了转售货物等等，此时的“暂时性储存”就不在“正常运输过程中”，不属于保险期间。

对于第二种情况，判断是否属正常运输很难有具体界定，通常需要结合被保险人的具体行为和目的。一般来说，为了分拣、重新包装、分销等目的或者其他与货物运输无直接关联且属于收货人可控的原因，应当视为“非正常运输”；若为了货物继续运输而入仓，如货物在转运港入仓、目的港临时入仓等待货车等，后在合理的时间内继续货物运输的，应视为在途的“正常运输”。

对于第三种情况，保险期间在货物开始转运时终止。保险合同是合同双方的合意，对保险合同涉及的保险标的、责任承担等均建立在双方明确约定基础之上。货物在运至目的港后转运至约定之外的目的地，属于人单方行为，对保险人而言该行为造成的风险不可预见，因此不能要求其对此承担责任。即使当时货物尚未离开保单载明的目的地范围，只要货物一开始转运，保险期间终止。实践中这样的情况经常发生，例如，香港的货仓紧张，货物就会在运抵香港后拉到蛇口堆放，则货物一开始运往蛇口，保险人便保险责任。但是在这种情况下，可以通过及时通知保险人并在必要时增加保费“续保”（renewal）使原保险合同继续有效。

司法实践中，有关保险期间的终止，如下典型案例可供参考：

---

① 参见应世昌：“谈海上货运险的‘仓至仓’责任起讫时点”，载于《上海保险》，2005 年第 6 期，第 23 页。

② 参见应世昌：《新编海上保险学》，同济大学出版社，2010 年版，第 215 页。

第一,货物临时性储存于港口仓库,尚未构成保险期间终止。在中国轻工业品进出口总公司诉中国平安保险公司海运货物保险合同纠纷案①中,轻工业品公司为外贸合同项下货物磷酸二氨投保了货物运输保险,承保条件为海洋货物运输保险条款,一切险附加短重险,包括“仓至仓”条款。货到目的港后,被保险人提取部分货物并对此进行分配、分派运往河北等地。其余货物后因天津港仓库遇特大海潮灾害而受损。保险人拒赔,称其所承保的该批货物的保险责任已在出险前终止。天津海事法院认为轻工业品公司未提取的货物在出险时正处于港口仓库和库场内,该批货物所处地点属港口作业区,因而原告无法实施对货物的分配、分派。只有在取得对货物的控制权,即提货后,原告才能对该批货物实施分配、分派或转运。因此,被告对原告未提取的处于港口仓库和库场的未提取货物仍负有保险责任。

第二,货物临时性储存于码头仓库,尚未构成保险期间终止。在江西赣南卷烟厂诉中国人民保险公司南康县支公司、中国平安保险公司“佛克”货物运输保险理赔纠纷案②中,江西赣南卷烟厂从德国进口设备,向中国平安保险总公司投保了一切险及战争险。原告的进口设备运抵到岸口岸广州黄埔港,9 月 17 日卸离海轮后存放于黄埔港码头,原告随后向中国人民保险公司南康县支行办理了国内陆上货物运输保险。11 月 4 日原告前往黄埔提货,装载进口设备的 6 辆大货车行驶在广东新丰路段上发生事故,进口设备受损。事后,赣南卷烟厂向南康人保公司报告并要求赔偿,但遭拒绝。最高人民法院判决,货物卸离海轮后存放于黄埔港码头,该码头的仓库只是属于正常运输过程中的用于临时储存货物的场所,赣南卷烟厂仓库才是保险单所载明的最终目的地,因此平安保险公司的保险期间应延展至最后目的地赣南卷烟厂仓库。并且江西赣南卷烟厂的进口设备于 9 月 17 日全部卸离海轮,11 月 4 日在陆上运输出险,期限并未超出 60 天之限,因此该货物仍然处于保险人的期间。平安保险公司不能推卸责任,赣南卷烟厂有权从平安保险公司获得赔偿。

第三,保险责任应终止于货物到达保险单所载明目的地,被保险人在某一处所实际分配、分派货物之时,而非终止于货物到达该处所之时。在广东恒兴集团有限公司诉被告华泰财产保险股份有限公司广东省分公司海上货物运输保险合同纠纷案③中,恒兴公司为运输货物鱼粉向被告购买了海洋货物运输一切险,该货物运抵卸货港上海。恒兴公司准备提货时发现货物颜色变红,有异味及焦灼味。经质检人员化验,货物发热、自燃现象严重,已失去了原有的使用价值。恒兴公司向保险人提出了保险索赔,保险公司拒赔。被保险人认为,货物以何种方式到达保险单所

① [1992]津海法商字第 110 号。
② [1996]交提字第 2 号。
③ [2007]广海法初字第 426 号。

载明目的地收货人最后仓库，并不是保险责任终止所需要考虑的因素，因而无论是国际货物运输合同的承运人将货物运进仓库，抑或是收货人提货后自行将货物运进仓库，都不影响以货物进入仓库的时刻作为保险责任终止的规定。亦即收货人从承运人处提货后自行运进仓库前的一段时间仍属于保险期间。广州海事法院判决，被告对鱼粉的保险责任终止于在上海龙吴码头分配或分派鱼粉之时，而非终止于货物从集装箱内拆出完毕之时。涉案鱼粉在起运港装运时质量符合要求，货损不可能在原告分配或分派货物的一瞬间发生，而显然是一个由量变到质变的渐变的损坏过程。即货损是在被告的保险期间发生，目前没有证据证实货损是由于保险人的除外责任引起，因而被告理应承担相应的赔付责任。显然，只有当货物实际被分配、分派时，才能确定某一处所为分配、分派货物的处所；倘若货物在该处没有被分配、分派而是被运进了仓库，则该处所就不是用作分配、分派货物的处所。保险责任之所以应该终止于货物于某一处所被实际分配、分派之时，是因为只有在此时才确定了该处所是用作分配、分派货物的处所的属性。

第四，保险责任在货物开始转运终止。在尤迪特包装私人有限公司等诉大众保险股份有限公司海上保险合同纠纷案①中，原告向被告进行了投保，货物自中国上海港运至印度那瓦什瓦港（Nhava Sheva，亦称孟买新港），投保险别为一切险、海运战争险、罢工险、骚乱和民变险，保险期间为“仓至仓”。涉案货物运抵目的港后，原告于同月 27 日办理了进口报关。同年 8 月 1 日，集装箱从印度那瓦什瓦集装箱集散站提出，装上集装箱卡车，经陆路运往原告在印度浦那（Pune，Poona）的场所。次日，该卡车在离印度潘维尔市（Panvel）约 3 千米的高速公路上驶向浦那的一侧发生翻车事故。原告向被告索赔，被告以货损不在保险期间之内为由拒赔。上海海事法院判决认为，保险单责任起讫条款约定了“仓至仓”责任，保险责任的终止是被保险货物到达保险单所载明目的地收货人的最后仓库或储存处所或被保险人用作分配、分派或非正常运输的其他储存处所为止。由此可见，被保险货物运抵卸货港卸货后，保险责任并没有当然终止，如果该货物通过陆路运往保险单载明的卸货港所在地区的收货人的仓库，则保险责任直至该仓库为止。本案保险单载明自中国上海港至印度那瓦什瓦港，结合保险单背面条款，被告的保险责任应从中国上海至印度那瓦什瓦收货人的仓库。涉案货物从目的港提离后，在运往印度的浦那途中发生事故，已经离开了印度的那瓦什瓦，而浦那和那瓦什瓦并非同一城市。因此，根据上述条款，被告的保险责任自涉案货物提离目的港开始运输时终止。本案中，保险单载明自中国上海港至印度那瓦什瓦港，因此印度那瓦什瓦港是保险合同关系中载明的目的地，如果收货人在那瓦什瓦港区域范围内有仓库，那么

① ［2011］沪海法商初字第 101 号。

满足“货物运至目的地收货人的最后仓库或存储处”情形，涉案货物的保险责任期间止于货物运抵该仓库时。但涉案货物运抵目的港之后并未存放于那瓦什瓦港范围内的仓库，而是通过陆路运输直接运至印度浦那，而浦那并非保险单载明的目的地，货物发生转运，符合“货物开始转运”的情形，即涉案货物在运抵那瓦什瓦港装上卡车时，涉案海上保险合同保险责任期间即终止。因此，货物在运往浦那的陆路运输过程中发生的事故不在保险责任期间内，保险人不应对此承担保险赔付责任。

第五，保险期间终止后，如发现货物在保险期间受损，保险人仍应承担责任。在莫斯科考兰特有限公司（Trading Company Korat）诉中国平安保险股份有限公司绍兴支公司、中国平安保险股份有限公司海上货物保险合同纠纷案①中，保险单载明的目的港为芬兰南部科特卡港（Kotka），保险责任期间为自宁波港至科特卡港的海上运输区间，承保条件为一切险。货到科特卡港后，没有拆箱检验。由于货物最终目的地为莫斯科，货物运抵科特卡港后，马上用 7 至 10 天时间转运至莫斯科。货物运抵莫斯科后，被保险人申请检验，结论是所有鞋子在过分潮湿的空气及相应温度所形成霉菌的情况下作用了一到一个半月，由此可以推断，货损发生在海运期间，属于保险人的期间。但保险人主张货物在运抵科特卡港时完好无损，其保险责任已经终止，从而拒绝赔偿。宁波海事法院采纳检验机构的结论，认为事故发生于保险期间且该风险属于一切险中一般附加险的受潮受热险，是保险人所承保的责任范围，保险人应负赔付责任。即使保险期间终止，只要货损“发生”在保险期间之内，保险人就需要承担保险责任，而不要求被保险人在保险期间内“发现”货损。

《2009 年协会货物保险条款》第 8.1.1 条到第 8.1.4 条规定了保险责任期间终止的四种情形：(1) 当全部货物在保险合同列明的目的地从运输车辆或其他运载工具卸载到最后仓库或储存场所之时；(2) 当全部货物在保险合同列明的目的地或之前就从运输车辆或其他运载工具卸到任意其他仓库或存储场所之时，而被保险人或其雇员选择将该仓库或储存场所用作运输的正常过程之外的储存或用于分配或分发；(3) 当被保险人或其雇员选择使用运输车辆、其他运载工具或集装箱用作运输的正常过程之外的存储之时；(4) 当保险标的在最后卸货港全部卸离运载船舶满 60 天之时。

对于第一种情况，“卸载”是指整个卸载过程的完成之后，保险人的责任才终止。具体而言，卸载过程的完成应当以货物被叉车等运输工具在仓库内放下那一刻为标准。因此，保险人对货物被叉车等运输工具从运载车辆搬下之后，在运往仓库这段期间内发生的损失应当承担保险责任。但是对于货物被叉车在仓库内放下

① 〔1999〕甬海商初字 209 号。

后又再一次被搬动而发生的损失,就不在保险期间之内。[①] 对于最后仓库或储存场所,Pearson 大法官在 John Martin of London Ltd. v. Russell 案[②]中说道:“货栈,根据港口实务操作,是将货物从船上卸下之后一个立即可有的储藏地,这些货物显然在等待被送往别处,所以,货栈不是最后仓库。”对于第二种和第三种情况,判断保险期间是否终止的关键在于确定被保险人或其雇员在何时主动做出了导致保险责任期间终止的“选择”。而且,只有在被保险人或其雇员这样的“选择”明确化之后,保险责任期间才告终止。如果被保险人或其雇员先前做出了这样的“选择”,但是却从来没有落实以明确化该“选择”,那么保险人不能以此拒赔。[③]

比较而言,人保《2009 年海洋运输货物保险条款》并没有将保险责任扩展到货物卸货过程。另外,该条款规定保险单载明目的地的必须是“收货人的最后仓库或储存处所”,而 2009 年协会货物条款则规定为保险单载明目的地的“收货人的或其他最后仓库或储存处所”,并没有要求该仓库一定是收货人的最后仓库。收货人的仓库解释为收货人所有或可以控制的仓库更具合理性。最后,《2009 年协会货物保险条款》新增的 8. 1. 3 条还规定:如果被保险人或其雇员选择将运输工具、其他运输工具或集装箱用作通常运送过程以外的储存,保险期间自动终止。而《2009 年海洋运输货物保险条款》并没有相关的规定。

(2)非正常情况下的终止

“非正常运输”是指在运输过程中出现的被保险人无法控制运输延迟、船舶绕道、航线变更、运输合同终止等异常情况以及由此引起的货物在途中被迫卸货、重装或转运,致使货物运到非保险单所载明的目的地的非正常情况。[④] 出现非正常运输的情形时,被保险人需要“续保”,即及时将获知的情况通知保险人并在必要时加缴保费,保险合同才得以继续有效。本款与第 4 条第 3 款“被保险人的义务”相类似,该款规定:“如遇航程变更或发现保险单所载明的货物,船名或航程有遗漏或错误时,被保险人应在获悉后立即通知保险人并在必要时加缴保费,本保险才继续有效。”但本款中货物运到非保单载明的目的地是由于被保险人无法控制的原因而被迫改变目的地,而第 4 条第 3 款中的航程变更是被保险人主动变更保险单载明的目的地。

“无法控制的运输延迟”是指运输过程中的被保险人无法控制的原因致使货物未能在明确约定的或合理的时间内交付。“绕道”,也称为“绕航”(Deviation),在本条款中是指没有合法理由情况下,有意地临时偏离正常航线,并且有意地恢复

① See John Dunt, Marine Cargo Insurance, *Informa Law from Routledge*, 2009, p. 241.
② [1960] 1 Lloyd's Rep. 554 at 565.
③ See John Dunt, Marine Cargo Insurance, *Informa Law from Routledge*, 2009, p. 250.
④ 顾寒梅主编:《涉外保险理论与实务》,复旦大学出版社,2013 年版,第 167 页。

正常航线,最终到达保险单载明的目的地。① “绕航”与“航程改变”的区别就在于是否改变了目的地。② “被迫卸货”是指承运人不能完成航程,而在目的地前卸下货物。如船舶遇难后为了续航的安全,可能被迫需要把货卸到岸上使船舶进入避难港进行修理。“重新装载”“转载”仅指非预定的和非正常的在装港或中途港卸下、重装或转运货物。在海上货物运输中,货方无法控制船舶的航行与操作,如果货物保险合同因上述情况而失效则对被保险人是不公平的,也不利于国际贸易的发展。因此,在出现上述情况后,被保险人通过“续保”可以延续保险期间。但需要注意的是,由于运输迟延造成的损失或费用属于除外责任范围,因此,虽然运输延迟的期间可以续保,但保险人对直接由运输迟延造成的损失是不负赔偿责任的。对于“被迫卸货”“重新装载”“转载”所发生的损失在“续保”后可以在“吊索损失”项下进行索赔。对于“承运人运用运输契约赋予的权限所做的任何航海上的变更或终止运输契约”,如提单或租约下的转运条款允许承运人转运,航程受阻时承运人可以终止运输合同,被保险人对此也不能控制,因此也可以通过“续保”延续保险期间。

非正常运输情形下保险期间开始的时间点与上款正常运输下的情况一致,仅在保险期间的终止上不相同。非正常运输下,货物可能有三个流向:一是在非保险单所载明的目的地出售,二是继续运往保险单所载原定目的地,三是继续运往其他目的地。对于第一种情况,若货物能够在 60 天内转卖掉,就不用续保,保险期间在交货时终止;若货物不能在 60 天内转卖,则保险期间在货物卸离海船后满 60 天终止。对于后两种情况,实际上是被保险人自行安排转运,若货物在卸离海船起 60 天内开始转运,则不用续保,保险期间得以延续,按照前述正常运输情况终止。若超过 60 天,被保险人需要及时续保,保险才能继续有效。

2009 年协会货物保险条款将非正常运输分为三种情形,即 8.3 条规定的“被保险人不能控制的迟延、任何绕航、强制卸货、重装或转载,以及船东或承租人行使根据运输合同赋予的自由权产生的任何航海上的变更”,第 9 条规定的“运输合同终止”和第 10 条规定的“航程改变”。

在 8.3 条规定的情形下,被保险人无须采取任何行动,保险合同效力不受影响,自动有效。在理解第 8.3 条时必须结合第 18 条“避免损失条款”和英国《1906 年海上保险法》第 48 条,在货物发生迟延是由于为了被保险人自己的便利或是被保险人可以控制的情况下,8.3 条不适用,保险合同并不会自动有效。另

① See Howard Bennett, *The Law of Marine Insurance*, Oxford University Press, 2006, p. 527.

② Thames & Mersey Marine Insurance Co., Ltd. v. Van Laun(1905) (1917) 23 Com Cas104, 110-11 per Lord Davey: “It is often a nice question on the facts whether an interruption of the voyage amounts to a deviation only or is a change of voyage, The usual test is whether the ultimate terminus ad quem remains the same.”

外,8.3 条的“绕航”要与第 10 条“航程改变”相区别。“航程改变”是指风险开始后,船舶的目的港自愿地变为非保险单所规定的目的港。而“绕航”是临时偏离正常航线,最终还是要回到原定目的地。另外,如果被保险人为船东或承租人时,“绕航”就构成了对“避免损失条款”的违反。对于“强制卸货、重装或转载”期间,保险合同自动有效,但并不意味着因此所产生的损失都可以获得承保,因为 C 条款对“吊索损失”是不予承保的。对于“船东或承租人行使根据运输合同赋予的自由权产生的任何航海上的变更”,判断运输合同是否赋予船东或承租人变更的权利是确定保险合同是否自动有效的关键。只要承运人有权做出变更,被保险人就无须通知保险人,也无须增加保费,保险合同自动延续。

但在第 9 条“运输合同终止”的情况下,被保险人必须采取积极行动“续保”,即及时通知保险人并根据需要增加保费,保险合同才能继续有效。“运输合同终止”的原因并不要求为承保风险,可能是航程受阻,也可能是船东违约,船舶中途被扣押等等。运输合同终止后,如果被保险人没有续保,保险合同并不是马上终止,而是以 9.1 条和 9.2 条为限。在第 9.1 条下,即使不续保,保险也会延续到货物到港后的 60 天。一过 60 天,被保险人就应该马上“续保”。9.2 条是针对货方自己安排转运的情况,只要在货物到港后 60 天内进行转运,保险仍然有效,不用续保。其中,“及时通知保险人”是第 18 条“避免迟延条款”的要求。

在第 10 条“航程改变”的情况下,被保险人也必须积极“续保”,才能延续保险合同。根据英国《1906 年海上保险法》第 45 条:除保险单另有规定,保险人得自航程改变决定明白表示时起得解除责任。针对该条,协会货物保险条款规定,在航程改变时,保险合同并不是自动终止,而是在被保险人续保的前提下继续有效。对于保险人与被保险人在协商续保条件期间的损失,保险人也需负责赔付,只要有关的续保可以以合理的保费与合理的保险条件在市场上获得。①

相对于 1982 年协会货物保险条款,2009 年协会货物条款还针对“鬼船”的情况增加了 10.2 条,只要被保险人或其雇员不知道船舶一开始运送航程就计划驶往另一目的港,还是“视为”承保风险已经开始。“鬼船”(Phantom Ship)是国际海事局(IMB,International Maritime Bureau)描述无有效船级、无任何有效船舶登记,通常用来进行海运欺诈的船舶,其犯罪手法通常是假装开往合同载明的目的地,但是预谋使船舶连带货物一起在离开启运港不久就消失。② “鬼船”通常是一些低价的老旧船,悬挂方便旗,然后就去租船市场揽货,而装了货后根本不是开往签发提单的目的地,而是开去另一个可以非法把该批货物脱手的地方,卸完货后再将船舶改

① 参见杨良宜、汪鹏南:《英国海上保险条款详论》,大连海事大学出版社,2009 年版,第 623 页。

② See Jonathan Gilman et al., *Arnould's Law of Marine Insurance and Average*, Sweet & Maxwell, 2013, p. 475.

名并更换方便旗,因此船舶就像“幽灵”(Phantom)一样消失掉了。这种船东或承运人通过“鬼船”盗取货物的情况在20世纪70年代后期和80年代初期的中东非常猖獗。根据英国《1906年海上保险法》第44条以及先例“The Prestrioka”①的判决结果,受“鬼船”现象下欺诈的无辜被保险人将不能受到保险的保障。而且由于不能通过市场商业费率得到承保,“续保”条款不能适用于“鬼船”。② 因此,受“鬼船”欺诈的无辜被保险人往往要自行承担损失。为了保护无辜被保险人的利益,2009年协会货物保险条款对“鬼船”欺诈进行了有限的承保,由于仅排除了被保险人或其雇员不知情情况下英国《1906年海上保险法》第44条的适用,因此并不会纵容“鬼船”欺诈。根据2009年协会货物保险条款第10.2条,保险人承保“鬼船”现象下的货损需要满足两个条件:一是根据8.1条,货物已经开始了保险合同项下的航程;二是被保险人或其雇员不知道船舶驶往另一目的港。

英国《1906年海上保险法》第44条规定:保单载明了目的地,但船舶不驶往该目的地而驶往其他地点的,保险人的责任并不开始。而1982年协会货物条款规定保险责任在货物为了运输而离开仓库之时开始(2009年协会货物保险条款规定货物保险责任在“为了把保险合同的标的货物马上装上运输工具,而在仓库或者储藏的地方首次移动货物”之时开始)。因此,在“鬼船”情况下,被保险人经常抗辩认为“运送条款”取代了第44条,保险责任已经在货物离开仓库(首次移动)之时开始,保险人应当承担保险责任,然而这样的主张一直不被法院认可。③ 因为海上风险才是海上保险合同承保风险的主要特征,与之相关联的陆上风险仅是辅助性作用。④ 协会货物保险条款中的“运送条款”并不能改变保单的基本性质,应当在承保航程已经开始的前提下来讨论承保风险的开始和终止问题。换言之,保险责任的开始与终止是在已经开始海上航程的基础上进行讨论。⑤ 在指定了起运港的货物保险单下,直到船舶离开指定的起运港,才算开始了海上航程。因此,在“鬼船”情况下,承保的海上航程根本没有开始,也不会出现承保风险。所以,对于从仓库运送到起运港过程中发生了货物部分损失,但剩余部分货物装上“鬼船”的情况,保险人不承担赔偿责任。但是对于开航前将货物从仓库运送到起运港过程中发生的货物全损,因为事实上没有装上“鬼船”,所以保险人是否进行赔付需要根

---

① Nima SARL v. Deves Insurance Public Co., Ltd. [2003] 2 Lloyd's Rep. 327.

② LiberianIns Agency v. Mosse [1977] 2 Lloyd's Rep. 560.

③ Simon Israel [1893] 1 Q. B. 303; George Kallis [1985] 2 Lloyd's Rep. 8; The Prestrioka [2003] 2 Lloyd's Rep. 327; The Pacifica [2002] 2 Lloyd's Rep. 591.

④ See Jonathan Gilman et al., *Arnould's Law of Marine Insurance and Average*, Sweet & Maxwell, 2013, p.476.

⑤ Nam Kwong Medicines & Health Products Co., Ltd. v. China Insurance Co., Ltd.. [2002] 2 Lloyd's Rep 591 (Hong Kong High Court).

据被保险人的意图进行确定。Potter 大法官说道:“当保险人援引英国《1906 年海上保险法》第 44 条,法院会通过对船长和船东在船舶开航时的行为、意图来认定开航时船舶真实的而非合同载明的目的地。如果法院认定船舶和货物在开航时是去往其真正想去的目的地而不是保单载明的目的地,则此时适用第 44 条,保险风险没有在货物离开仓库之时开始。”①

2009 年海洋运输货物保险条款并没有对非正常运输的情况进行区别对待,而是采取同一法律后果,即如果被保险人没有“续保”,保险合同便自动终止。不论运输合同是否终止,只要发生被保险人无法控制的非正常运输情况,被保险人就要办理续保手续,这对被保险人是不利的,尤其是海上货物运输合同明确规定承运人有权进行习惯性转运时,被保险人在无法控制的转运事件发生后,每次都要立即通知保险人并办理续保手续,不仅程序复杂,而且会使运营费用大幅增加。协会货物保险条款则规定只有在运输合同终止才涉及续保问题,更符合商业实践的需要。另外,中英条款在“运输合同终止”情况下,保险期间终止的“60 天”时间限制的起算点上也有很大区别。2009 年协会货物保险条款规定“保险标的到达此种港口或地点满 60 天”,而 2009 年海洋运输货物保险条款规定“被保险货物在卸载港全部卸离海轮后满 60 天”,比较而言,2009 年海洋运输货物保险条款的“60 天”排除了船舶在卸货港等待和实际卸货的期间,对被保险人更有利。

4. 保险利益对保险期间的限制

值得注意的是,保险期间还应当受到保险利益原则的限制。《保险法》第 12 条第 2 款规定:财产保险的被保险人在保险事故发生时,对保险标的应当具有保险利益。如果损失发生时被保险人没有保险利益,就不会因为所保风险遭受损失,也就不能得到保险赔付。对货物是否具有保险利益,取决于货物所有权或风险的转移。在货物所有权没有转移给买方之前,如果依据贸易术语解释规则货物风险也并未转移给买方,则买方也很难享有对货物的保险利益。在 FOB 和 CFR 条件下,风险在货物在装运港装船(或货物在装运港越过船舷)之后发生转移,如果卖方此前未投保仓库至船边的货运风险,则买方对此阶段的损失风险将没有保险利益。所以,对于那些并不享有完整的或连续的保险利益的当事人而言,在 FOB 和 CFR 贸易术语下的承保责任期间并非严格的“仓至仓”,从起运地发货人仓库至装运港码头这一段期间的风险并不属于保险人承保的责任期间。

司法实践中,有关“仓至仓”条款受到保险利益原则的限制,如下典型的案例可供参考:

---

① [2002] EWCA Civ 1132, [2003] 2 Lloyd's Rep 327, paras 53-54.

(1)CFR 价格条件下,原告只有在货物装船之后才享有保险利益。

在 Fuerst Day Lawson Ltd. v. Orion Insurance Co., Ltd. 案①中,原告 Lawson 公司为 CFR 价格条件下购买的精油投保了包含"仓至仓"条款的伦敦保险协会"一切险"。货物到港后,卸货时买方发现,桶里装的是水,只是在表面漂了一层精油,由于此时卖方已通过信用证取得货款,买方遭受重大损失。Lawson 公司向保险人索赔,保险人拒赔。Lawson 公司认为,在装船之前,桶里装的是其所购买的精油。到港卸货时,桶里是水,依据双方的保险合同,保险人应承担保险责任。保险人则认为,桶里一直装的是水而不是精油。如果说曾经装过精油,但后来被替换成水,那也只可能是发生在装船之前,而在 CFR 价格条件下,原告(买方)只有在货物装船之后才享有保险利益,被告不应承担保险责任。

判决中,法官分四个阶段来分析本案中究竟桶内装的是水是油的问题或说究竟是在什么时候被换成水的问题,从而确定是否属于保险责任的范围:(1)货物从供应商到公司的仓库阶段;(2)从公司仓库到装货港阶段;(3)在装货港等待装船阶段;(4)装船之后的阶段。而在哪一段时间里发生了这一变化,直接关系到该事件是否属于保险事故的问题,进而涉及责任问题,即是被骗还是被盗直接影响到原告是否拥有保险利益。如果是卖方欺诈买方,桶里就没装过油一直是水,那明显保险公司就不具保险责任。如果是卖方的供应商提供的确实是油,而在从卖方仓库到等待装船之前发生被换货的事件,根据惯例,在 CFR 条件下,买方只有在货物装船之后才享有保险利益,因此,即便在此阶段发生被换的事情,买方因不享有保险利益,保险人也不需承担保险责任,而在货物装船之后,买方享有保险利益,但此阶段发生被换事件是不可能的。最后,法官认为,原告没能证明其所购买的货物是装上指定的船舶之后被盗,故保险人不需承担保险责任。

(2)即使风险已经转移,若买方明确拒绝履行货物买卖合同,买方不具有保险利益

在福州闽胜砂石有限公司诉中国人民保险公司福建省分公司营业管理部、中国人民保险公司福建省分公司海上货物运输保险合同纠纷案②中,福州闽胜砂石公司与买方(某日本公司)签订砂石买卖合同,价格条件为 CIF,货物于 2002 年 9 月 6 日装上"PIA FRONTIER"船,承运人签发的提单载明福州闽胜砂石有限公司为托运人。福州闽胜砂石有限公司为此向保险人投保了平安险。9 月 7 日,该船离开福州港,在驶往日本途中,遭遇台风沉没,船上货物全部灭失。事后,福州闽胜砂石有限公司向保险人报案,并向保险人提交了提单等相关单据要求理赔。福州

① [1980] 1 Lloyd's Rep. 656.

② [2003]厦海法商初字第 080 号;[2003]闽经终字第 232 号。

闽胜砂石有限公司仍持有全套三份正本提单中剩下的两份，并且原告自愿将该两份正本提单提交法院保存，以证明其是发生保险事故时唯一对涉案货物具有所有权的人。保险人预赔了部分损失，其余没有赔付。福州闽胜砂石有限公司诉至法院请求判令保险人全额赔付。保险人辩称，在CIF价格条件下，货物灭失和损坏的风险自货物装上“PIA FRONTIER”船后，涉案货物的所有权和风险已经全部转移给了买方。所以，原告不具有涉案货物的保险利益，不是适格的原告。

一审厦门海事法院认为，原告是否对涉案货物具有保险利益，取决于发生保险事故时案涉货物的所有权及风险是否已转移给买方。本案中，在发生保险事故时，原告并未背书转让提单，且至今仍持有全套的正本提单，因此原告在发生保险事故时，对案涉货物具有所有权，当然也就具有保险利益；而且，即使原告在发生保险事故后，有权根据贸易合同的约定将风险转移给买方承担，而向买方要求支付货款，但这是原告（卖方）的一种权利，原告有权予以放弃，由自己承担风险，选择根据未背书转让的全套正本提单及其作为被保险人的保单直接向保险人索赔。究其原因，INCOTERMS贸易术语中，对货物的风险转移的约定与货物所有权无关。本案中，原告在发生保险事故时，对案涉货物具有所有权，自然也就具有保险利益。保险公司应当赔偿。二审福建省高级人民法院维持了一审法院的判决。

第五节　保险费

我国《海商法》第216条规定：海上保险合同，是指保险人按照约定，对被保险人遭受保险事故造成保险标的的损失和产生的责任负责赔偿，而由被保险人支付保险费的合同。对于其保险费的具体含义，我国《海商法》和《保险法》均未做出明确说明。英美法系将保险费定义为“针对保险人在保险合同下所承担的义务，而要求被保险人所支付的对价”。[①] 结合英美法系对保险费的定义和《海商法》《保险法》的有关规定，可以将保险费定义为，被保险人为了在发生约定的保险事故时能够获得保险人的保险赔偿，而按照约定应当向保险人支付的费用。也就是说，保险费是保险人依据保险合同承担约定风险而应当获得的报酬。

一、保险费的数额

每一笔投保的保险费数额都是以保险费率为基础计算得来的。一般来说，保

① See Jonathan Gilman et al., *Arnould's Law of Marine Insurance and Average*, Sweet & Maxwell, 2013, p. 152. 对价是英美法系合同法中的重要概念，其内涵是合同一方为换取另一方做某事的承诺而向另一方支付的金钱代价或得到该种承诺的承诺，即必须给予对方的相应代价。

险费率都是由专业人员（通常是保险精算师）经过计算后确定的，在报保监会备案或审批①后，就可以由各分公司在订立保险合同时适用。我国保险市场中有的保险公司为了规避同行竞争而产生的费率泄密并不在保单上打印保费，而是由核保人在报价的时候报出保险费的数额或相关的计算方法。在出具保单的情况下，保险费会体现在给投保人开具的发票里，保险人的系统里也需要做账统计，只不过在保单里不出现。

但在极少数情况下，会出现保险合同因为疏忽未约定保险费数额或者合同双方对于约定的数额或者计算方式不明的情况，此时，就涉及未约定保险费数额的保险合同是否成立及生效的问题：如果保险合同成立并生效的话，应依据何种标准确定保险费数额？

保险合同不属于我国《合同法》中十五种有名合同之列，因此应适用《合同法》总则规定。《合同法》总则规定"承诺通知到达要约人时生效"，"承诺生效时合同成立"，"当事人采用合同书形式订立合同的，自双方当事人签字或盖章时合同成立"，"依法成立的合同，自成立时生效"。② 我国《保险法》也有类似规定"投保人提出保险要求，经保险人同意承保，保险合同成立"，"依法成立的保险合同，自成立时生效"。③ 由以上法律规定来看，似乎只要存在一个有效的要约及承诺，合同即可成立，保险费数额约定不明，并不影响保险合同的成立及生效。但事实上，除了要约和承诺，合同的成立尚需满足一些其他的条件：第一，存在有缔约能力的适格当事人；第二，就合同条款达成合意。对于保险费的数额的确定，则可以参照双方交易习惯、市场通常价格等因素来确定。

英国保险法中也同样存在这一问题，针对海上保险合同未约定保险费数额这一问题，英国《1906 年海上保险法》第 31 条做出了明确规定：如果保险合同成立时，保险费有待双方磋商决定而没有商定，则被保险人必须支付合理的保险费。适用这一规定的前提是：双方当事人有明确的意愿去接受这一未明确保险费的保险合同的约束，且存在一些客观可行的方法可以对保险费的数额加以确定。

---

① 在财产保险中，依据保监会《财产保险公司保险条款和保险费率管理办法》（保监会令 2010 年第 3 号）第 5 条、第 7 条的规定和保监会《关于实施〈财产保险公司保险条款和保险费率管理办法〉有关问题的通知》（保监发[2010] 43 号）第 1 条的规定，对关系社会公共利益的险种、依法实施强制保险的险种、机动车辆保险、非寿险投资型保险、保险期间超过 1 年期的保证保险和信用保险，以及保监会认定的其他应审批的险种的保险条款和保险费率实行审批制，其他保险险种的保险条款和保险费率实行备案制。

② 《合同法》第 25、26、32、44 条。

③ 《保险法》第 13 条。

二、保险费支付的义务主体

(一)《海商法》与《保险法》的不一致

依据我国《海商法》第216条,海上保险中负有保险费支付义务的是被保险人。实践中,被保险人通常会被记录在保险合同或保险单证之上,并不难识别。但关于保险费应由谁支付的问题,《海商法》和《保险法》的规定并不一致。《保险法》第10条则规定负有保险费支付义务的是投保人。但投保人并非当然是被保险人,只有当投保人为自己的财产或人身在保险人处投保时,投保人才兼具了被保险人的双重身份。之所以会出现这样的差异性规定,主要是因为我国的《海商法》海上保险合同一章中没有投保人的概念。但事实上,由于海上保险在实务操作上的复杂性,很多时候,负有支付保险费义务的主体也并非仅局限于被保险人。以CIF下的货物险为例,CIF的货物保险是由货物买卖合同中的卖方负责订立的,在多数情况下,卖方会以自己为被保险人,在需要时再将保险单转让给买方,此时卖方作为被保险人,依据《海商法》有关规定负有法定的支付保险费的义务。但在一些特别的情况下,买方会通过买卖合同或信用证等方式要求卖方在订立保险合同时直接将被保险人记载为买方,此时依据《海商法》买方作为被保险人应当具有法定的支付保险费的义务,而同时卖方作为订立保险合同的人,是事实上的投保人(虽然《海商法》下无此概念),其依据合同的相对性,应当也是负有保险费的支付义务的,这也是符合《保险法》下有关规定的。投保人与保险人是订约行为的参与人,被保险人虽是具有保险利益的主体,但具有保险利益的主体并非都是被保险人。保险合同中的被保险人是由投保人在与保险人订立保险合同时,从具有保险利益的主体里选择一个适格主体。实务操作中,对保险费负有支付义务的主体也是投保人而非被保险人,发票的抬头如不做特殊要求,保险公司的系统内默认的一般是投保人。而投保人也不一定要具有保险利益,即投保人与被保险人可以是同一个主体,也可以是不同主体。因此从某种程度上讲,《海商法》没有规定投保人的概念及其在保险合同下的义务是存在一定问题的。但应该看到的是,我国《海商法》第216条的主旨是针对海上保险合同做出的定义,而并不是要明确保险费支付的义务主体,因此不应刻板地理解为仅有被保险人才是支付保险费的义务主体。

(二)保险中介人参与合同订立

我国参与保险订立的中介人通常有两类,即受保险人委托的保险代理人和基于投保人利益的保险经纪人。虽然过去很长一段时间内我国保险中介人参与的保险成交量较低,但近年来,我国保险中介市场发展迅速,并开始呈现规模化趋势。实践中,有保险中介人参与订立的保险合同,通常由投保人或被保险人将保险费交予保险中介人，即保险经纪人或保险代理人，再由保险中介人交与保险公司。我国的保险中介人，不管是保险经纪人还是保险代理人，都只是保险合同当事人的代理人，并不承担支付保险费的义务。因为依据我国民法代理制度，作为保险中介人的代理人的行为后果均由被代理人承担，因此负有保险费支付义务的仍是保险合同下的投保人或被保险人，这也与我国《保险法》和《海商法》投保人或被保险人才是负有保险费支付义务主体的规定相一致。

与我国不同，英国绝大部分的海上保险合同都是通过保险经纪人订立的，此种情况下，保险费支付的有关规定也会较为特别。英国《1906 年海上保险法》第 53 条第 1 款规定：除另有约定外，通过保险经纪人订立的保险合同，保险经纪人负有向保险人支付保险费的直接义务。也就是说，如果保险经纪人未按照约定支付保险费，保险人仅能向保险经纪人追讨，被保险人没有向保险人支付保险费的义务。英国之所以采取此种保险费支付办法，主要还与其发达的保险市场和订约习惯有关。

我国的保险费交纳规则，虽与英美国家保险行业习惯有差异，但却既符合我国民法代理制度，也适应于我国现行的保险市场投保的实践做法。当然，如果保险合同中约定保险经纪人负有直接或连带的保险费支付义务，此种约定也应当是有效的。另外，实践中出现的保险中介人代为收取和缴付保费的情形，对于保险代理人或保险经纪人在费用收支与存管方面的权利和义务，我国法律的规定仍有待完善。

三、保险费支付的时间及方式

对于保险费支付的时间及方式，同样应当优先适用当事人约定，在当事人无约定的情况下，适用法律规定。

我国目前的实践中，保险费支付的时间及方式越来越灵活，可以一次性支付，也可以分期支付，可以要求在保险单签发之前支付，也允许在保险期间结束甚至出险后再支付，当然也可以说明在保险费未支付的情况下发生保险事故，保险人不负赔偿责任。总之，不管支付的时间及方式如何多样，只要当事人在合同中做出了明确约定，此种约定就应被遵守。同样，英国法下保险费支付的时间和方式也主要是依据合同约定来确定，比如依据协会船舶保险条款第 35 条第 6 款规定：如果保险合同是通过经纪人订立的，则当经纪人把证明保险费支付的通知提交保险人时即视为保险费已经支付。实践中为方便起见，经纪人通常不会频繁的为每一笔保单去特意交纳保险费，而是通过一个特殊的账户记录应当交纳给保险人的保险费和保险人应当支付给被保险人的保险赔偿金，然后以一定时间段，通常是季度为单位，对二者合并结算一次。

对于逾期未支付保险费的后果，在合同没有约定的情形下，适用法律规定。但是我国《保险法》和《海商法》均未对逾期未支付保险费的后果做出规定。实践中，在被保险人未按约定时间支付保险费而保险合同也未约定相应后果时，不应轻易赋予保险人合同解除权。就这一问题，我国最高人民法院《关于审理海上保险纠纷案件若干问题的规定》（法释〔2006〕10 号）第 5 条规定，被保险人未按照海商法第二百三十四条的规定向保险人支付约定的保险费的，保险责任开始前，保险人有权解除保险合同，但保险人已经签发保险单证的除外；保险责任开始后，保险人以被保险人未支付保险费请求解除合同的，人民法院不予支持。

但这并不意味着在保险责任开始后，面对被保险人逾期不支付保险费的情形，保险人没有任何救济措施。保险人可以在保险合同中约定被保险人未按约定支付保险费的，保险人有权解除合同。在此种情况下，保险人可以依据《合同法》第 93 条和第 96 条行使合同解除权。在保险人未依法行使解除权前，保险合同仍是有效的，因此在合同解除前发生的保险事故，即使被保险人未支付保险费，保险人仍需对保险事故造成的损失负赔偿责任，但是有权收取保险费。当然，如果在保险人的保险责任期间未发生保险事故，被保险人仍应缴清保险费。在中华联合财产保险股份有限公司温岭支公司诉浙江长鑫海运有限公司船舶保险合同保费欠款纠纷案①中，长鑫公司与保险公司约定分三期支付保险费，但是在其支付了第一期保费之后就没有继续履行支付义务，并以在保险责任期间未发生任何保险事故为由拒绝支付剩余保险费。最终，法院认定长鑫公司违约，其仍负有支付未缴付保险费的义务。英国法下，当被保险人未按约定时间支付保险费时，保险人同样不能轻易获得从合同中脱身的权利。只有在被保险人以明确的语言或实际行动表示不会再履行保险合同或构成根本性违约时，才赋予保险人解除合同的权利。这一点，我国和英国采用了同样的态度，即使被保险人未按约定时间支付保险费，保险合同也不得轻易解除。②

---

① ［2010］甬海法台商初字第 20 号。

② 参见中国人民财产保险股份有限公司广东省分公司诉晨洲船业集团有限公司等海上保险合同纠纷案，［2016］最高法民申 2724 号；中国人民财产保险股份有限公司广东省分公司与晨洲船业集团有限公司等海上保险合同纠纷上诉案，［2015］浙海终字第 240 号；晨洲船业集团有限公司等诉中国人民财产保险股份有限公司广东省分公司海上保险合同纠纷案，［2014］甬海法商初字第 318 号。另参见云南福运物流有限公司与中国人寿财产保险股份公司曲靖中心支公司财产损失保险合同纠纷案，［2013］民申字第 1567 号，《最高人民法院公报》，2016 年第 7 期（总第 237 期）。

第三章
海上保险合同的形式

第一节　海上保险合同的法定形式与内容

根据我国《海商法》第216条的规定,海上保险合同是指保险人按照约定,对被保险人遭受保险事故造成保险标的的损失和产生的责任负责赔偿,而由被保险人支付保险费的合同。海上保险合同的形式,是指保险当事人双方合意的外在表现形式,是保险合同内容的载体。海上保险合同的内容则是指以双方权利义务为核心的保险合同的约定事项。

一、海上保险合同的法定形式

合同的法定形式,是指依据法律规定合同所必须采取的表现方式,一旦该要求未被遵守,将有可能导致合同不成立或无效。

在海上保险领域,证明海上保险合同的单证称为海上保险单证或海上保险凭证。其主要有以下几种形式:(1)投保单;(2)保险单;(3)保险凭证;(4)承保条。英国《1906年海上保险法》第22条规定,除任何成文法另有约定外,海上保险合同不能作为诉讼的证据。保险单可在保险合同成立当时或以后签发。根据这一规定,只有以保险单形式出现的海上保险合同才可以作为证据在法庭上使用,保险单是海上保险合同的法定形式,其他任何形式的海上保险合同是不能作为证据得到法院承认的。

需要说明的是，英国《1906 年海上保险法》第 22 条有其独特的历史背景：在 18 世纪，英国政府对每一张签发出去的海上保险单都要征收印花税，而商人们为了避税常常签订完保险合同后就不再另行签发保险单，此种做法导致英国政府印花税收入大幅减少，最后政府为了遏制商人们的这种逃税行为，规定海上保险合同必须记载于保险单，否则不得作为证据在诉讼中使用。现在英国早已取消对海上保险合同印花税的征收，但该条款却一直没有被废除，成了一条不合时宜的规定。实际上，在如今的英国海上保险市场，一旦保险人在承保条上签字，海上保险合同即告成立，这已经成为一种公认的惯例，实践中没有任何人会因没有签发保险单而对保险合同的成立提出质疑。在诉讼领域，也有案例表明并非只有正式的保险单才能被法院接受，只要满足了海上保险合同的实质要件，其他海上保险合同的凭证同样可以作为诉讼上的证据使用。①

相反，因发展历史和交易习惯等原因，在我国保险实务中承保条、保险凭证、联合保单、暂保条很少使用，基本上仅使用海上保险单作为海上保险合同内容的载体，保险单也成为保险合同的正式凭证。② 但是我国《海商法》第 221 条明确规定，保险人应当及时向被保险人签发保险单或者其他保险单证，并在保险单或者其他单证中载明当事人双方约定的合同内容。《保险法》的第 13 条也规定，保险人应当及时向投保人签发保险单或者其他保险凭证。保险单或者其他保险凭证应当载明当事人双方约定的合同内容。当事人也可以约定采用其他书面形式载明合同内容。由此可见，在我国，虽然实务中一般都把保险单作为保险合同的正式凭证，但是法律并未限定海上保险合同的法定形式，除保险单外，也可以选择其他的书面形式。在缺少保险单的情况下，只要当事人有其他证据，如投保单、保费收据等一系列在海上保险实务中所的单证，依然可以证明保险合同的成立。在宁波市粮油食品进出口公司诉中保财产保险有限公司上海分公司海上货物保险合同纠纷案③中，原告宁波市粮油食品进出口公司就一批海上运输的鱼粉向被告中保财产保险有限公司上海分公司投保了“一切险”，被告在审查投保内容后在投保单上盖章确认、接受投保，但事后并未签发保险单。庭审中，被告以并未签发保险单作为抗辩理由之一，但一审及二审法院都认定经被告签章的投保单即为一份有效的海上货物保险合同，保险人应当依约支付保险赔偿金。

① Eide UK Ltd. v. Lowndes Lambert Group Ltd. (The Sun Tender) [1998] 1 Lloyd's Rep. 389.
② 参见汪鹏南著：《海上保险法合同详论》，大连海事大学出版社，2003 年版，第 72 页。
③ 〔1998〕沪海法商初字第 539 号；〔1999〕沪高经终字第 612 号。

二、海上保险合同的内容

(一)海上保险合同的必要条款与非必要条款

海上保险合同的条款是合同内容的具体表现形式,它约定了海上保险合同保险责任的范围、合同当事人的具体权利义务和其他有关事项。其中,法律规定的海上保险合同必须具备的条款是海上保险合同的必要条款,缺失必要条款的保险合同依法不能成立。必要条款也可称为基本条款。

海上保险合同中除了必要条款以外的条款称为非必要条款,这类条款可分为两类:一类以格式条款的形式出现,这种格式条款在合同中一般作为附加条款出现,又称为个性化保险条款。例如,在机动车交通事故责任强制保险中,除了在全国范围实行统一条款、统一基础费率、统一标识、统一限额和统一单证外,各保险公司还制定了一些很有特色的特加条款,例如不计免赔额条款等。另一类是双方约定的非格式条款,通常出现在保险单的正面,由保险人和被保险人单独约定,被称为特别约定(Special Agreement)。

1. 海上保险合同的必要条款

我国《海商法》第217条仅对海上保险合同"主要"包括的内容做出规定,并未规定"应当"包括的内容。但《保险法》第18条对保险合同"应当"包括的内容做了规定:保险人名称和住所;投保人、被保险人名称和住所以及人身保险的受益人的名称和住所;保险标的;保险责任和责任免除;保险期间和保险责任开始时间;保险金额;保险费以及支付办法;保险金赔偿或者给付办法;违约责任和争议处理;订立合同的年、月、日等十项内容。依据"特别法有规定适用特别法,特别法无规定适用一般法"的原理,海上保险合同的必要条款应当依据《保险法》第18条确定。从《保险法》第18条规定中的"应当"一词来看,上述十项内容应当均为海上保险合同的必要条款。

但应该看到的是,上述十项内容所包含的范围十分广泛,如果将其全部认定为海上保险合同的必要条款,无疑是不合理的,实践中也极有可能导致为数不少的海上保险合同因缺乏了其中的某项内容而被判定尚未成立。事实上,为了贯彻鼓励交易原则,法律对合同必要条款的规定不应过于宽泛。我国司法实践也认同这一见解。例如,《最高人民法院关于适用〈中华人民共和国合同法〉若干问题的解释(二)》①第1条规定,当事人对合同是否成立存在争议,人民法院能够确定当事人名称或者姓名、标的和数量的,一般应当认定合同成立但法律另有规定或者当事人另有约定的除外。根据这一解释,海上保险合同的必要条款应仅限于当事人名称、

① 法释〔2009〕5号。

标的、数量三种类型。上海海事法院在宁波市粮油食品进出口公司诉中保财产保险有限公司上海分公司海上货物保险合同纠纷案①中，在《保险法》第 18 条规定的必要条款之保险费数额缺失的情况下，判决双方当事人之间的保险合同依法有效成立，保险人应当赔偿被保险人因保险事故所遭受的损失。这一观点也得到了上诉法院上海市高级人民法院的支持。②

2. 英国海上保险合同的必要条款

在英国，海上保险合同的必要条款主要规定于英国《1906 年海上保险法》，其第 23 条第 1 款规定，海上保险单必须载明被保险人或代被保险人投保的人的名称；第 24 条第 1 款规定，海上保险单必须由保险人或其代表签署，假如是（保险）公司出具保险单，则加盖公司印章即可；第 26 条第 1 款规定，保险标的必须在海上保险单中以合理确定的方式加以标明。由此可知，英国海上保险合同的必要条款仅包括保险人、被保险人及保险标的。另外，根据《1906 年海上保险法》第 31 条，在保险合同订立时当事人约定保险费依据安排，而实际上并未对保险费数额做出约定，则保险费应按照合理金额确定。由此可见，在英国法上，保险费条款并非海上保险合同的必要条款。

（二）海上保险合同条款的效力

1. 强制性规定与任意性规定

法律规定依据权利、义务的刚性程度，可分为强制性规定和任意性规定。所谓强制性规定是指其适用不以当事人意志为转移，不能通过约定予以排除或变更的规定。③ 任意性规定则允许主体变更，选择适用或者排除该规范的适用。关于海上保险合同强制性规定与任意性规定的判断，在实践中可以参考如下标准：

首先，通过语义进行初步判断。任意性规定最常使用的是“可以”一词，而强制性规定则大多使用“应当”“必须”“不得”“禁止”等词。但需要注意的是，包含“可以”一词的一定是任意性条款，但使用“应当”“必须”“不得”“禁止”等词的却不一定就是强制性条款。比如我国《保险法》第 17 条第 1 款规定，订立保险合同，采用保险人提供的格式条款的，保险人向投保人提供的投保单应当附格式条款，保险人应当向投保人说明合同的内容。但事实上如果实践中保险人没有在提供投保单时附上格式合同，而是在稍后正式签订保险合同时才出示的格式合同，很难说该种做法会对合同效力产生影响。因此，语义的分析至多可以帮我们识别出任意性

---

① 〔1998〕沪海法商初字第 539 号。

② 〔1999〕沪高经终字第 612 号。

③ 参见孙鹏：“论违反强制性规定行为之效力——兼析《中华人民共和国合同法》第 52 条第 5 项的理解与适用”，载于《法商研究》，2006 年第 5 期，第 122 页。

规范,但却无法让我们精确地判断出强制规范。①

其次,通过规范的目的进行判断。大凡关系到国家利益、社会秩序、市场交易安全及善意第三人利益保护等重大事项的规定为强制性规定,其他则为任意性规定。② 例如,我国《保险法》第57条规定保险人负担"被保险人为防止或者减少保险标的的损失所支付的必要的、合理的费用",因该规定既不界定私法自治范围,又不涉及国家利益、社会秩序及第三人利益,且不影响交易安全及交易公平,就属任意性规定,保险人可以合同约定排除。

2. 违反法律强制性规定的后果

根据合同自由原则,在任意性规定下,当事人可以在其合同中对法律不做限制的事项进行自由约定,其效力当然是高于法律规定的,如保险人的除外责任(我国《保险法》第18条规定为责任免除)就是典型的情形。

对于强制性规定,习惯上我国学者一般将强制性规定区分为基于公共利益的强制性规定和基于私人利益的强制性规定。对于保护私人利益的强制性规定,一般不应简单地认定违反该规定的法律行为无效,应由被保护人来决定是否使合同的效力归于消灭。③ 但根据我国《保险法》第19条的规定,在约定条款为格式条款的情况下,如果其内容明显免除了保险人的义务或者加重了投保人、被保险人的责任,或者排除了保险人、被保险人或者受益人的权利的,则应认定该条款为无效条款,此类条款的效力不能由被保险人来决定。

当约定条款的内容违反基于公共利益的强制性规定时,判断其效力时应对违反强制性规定和公序良俗做一体化的把握,结合个案对行为的效力做具体评价,以最大限度地实现法的正义与衡平。在我国《海商法》和《保险法》中,有关"保险金额不得超过保险价值;超过保险价值的,超过部分无效"和"财产保险的被保险人在保险事故发生时,对保险标的应当具有保险利益"等强制性规定,是国家为了避免保险沦为赌博并避免道德风险而进行的干预。④ 因此,当约定条款与法律当中的这些强制性规定相冲突时,这些约定的内容是当然无效的。

---

① 参见黄忠:"违法合同的效力判定路径之识别",载于《法学家》,2010年第5期,第8页。

② 参见韩世远著:《合同法总论》,法律出版社,2011年版,第76页。

③ 参见初北平著:《船舶保险条款研究》,法律出版社,2009年版,第23页。

④ 参见初北平著:《船舶保险条款研究》,法律出版社,2009年版,第24页。

第二节　海上保险单证

在海上保险领域，证明海上保险合同的单证称为海上保险单证或海上保险凭证。[①] 其主要有以下几种形式：(1)保险单；(2)保险凭证；(3)联合保单；(4)承保条；(5)暂保条。[②] 海上保险单证是海上保险合同的现实载体。其中，投保单、承保条和保险单是最为重要也最具代表性的海上保险单证。

一、投保单

实务中，海上保险合同的订立过程通常都是从投保人[③]向保险人提出订立保险合同的要求，与保险人就具体内容进行商洽，投保人向保险人如实告知意欲投保的标的及标的可能面临的具体风险，以期达成海上保险合同的行为开始的。虽然目前我国法律上并没有规定海上保险的投保须以书面的形式做出，但在海上保险的承保实务中，投保人一般以填写保险人提供的格式化的书面投保单(亦称投保申请书，application form)的方式提出保险要求。此外，也有为简化程序而在出口公司填制的出口货物明细单或发票副本中加填与投保有关的必要事项的做法。[④]

(一)投保单的法律性质

投保单与海上保险单等其他海上保险单证有着密切联系，具有海上保险合同要约的性质。本书认为，要约有四个构成要件：第一，特定人所为的意思表示；第二，具有受其内容约束的意思；第三，内容的确定性；第四，向相对人发出。[⑤] 仔细分析四要件，首先投保单通常是由特定的向意向中的保险人一对一发出的，因此上述要约的第一及第四个要件是满足的。投保单是海上保险合同订立的正式开端，而在填写投保单之前，投保人通常已经与保险人进行过一段时间的接洽和谈判，投保人对保险人提出的保险费率、保险条件表示满意后才会填写投保单，海上保险投保单中通常有类似于“兹有下列物品拟向某某公司投保”的条款，以此表明投保人一经保险人承诺即受其投保单中意思表示的约束，符合要约的第二个构成要件。

---

① 根据《海商法》第221条，海上保险合同成立后，保险人应当向被保险人签发保险单或者其他保险单证。根据《保险法》第13条，保险合同成立后，保险人应当及时向投保人签发保险单或者其他保险凭证。

② 参见汪鹏南著：《海上保险合同法详论》(第3版)，大连海事大学出版社，2011年，第49页。

③ 根据《海商法》第221条，向保险人提出订立保险合同要求的人为被保险人。但本书认为，在保险合同成立之前，法律意义上的被保险人并不存在，故而在合同订立阶段，将提出订立合同要求的人称为“投保人”，应当更加准确，也与《保险法》规定相衔接。

④ 参见王海明著：《船舶保险理论实务与经营人管理》，大连海事大学出版社，2006年版，第269页。

⑤ 参见韩世远著：《合同法总论》，法律出版社，2011年版，第77~81页。

最后,海上保险投保单与海上保险合同的主要内容基本相一致,包括保险人名称(提供投保单的保险公司会在题头上注明其名称)、被保险人名称、保险标的及其状况描述、保险金额、保险价值、保险期间、保险责任和除外责任(投保险别及条件)、保险费和保险赔偿金支付方式等重要事项,投保人只需将保险标的相关情况按投保单各栏逐项如实填写即可,即投保单的内容具有确定性。综上所述,投保单通常满足要约的四项构成要件,属于要约。

(二)投保单与海上保险合同

海上保险合同的成立同其他合同一样需要经过要约承诺的过程来实现。我国《海商法》第 221 条规定,被保险人提出保险要求,经保险人同意承保,并就海上保险合同的条款达成协议后,合同成立。保险人应当及时向被保险人签发保险单或者其他保险单证,并在保险单或者其他保险单证中载明当事人双方约定的合同内容。由此可见,海上保险合同是在保险人同意承保的意思表示到达投保人时即成立的,而不是保险人签发保险单或其他保险单证时,或被保险人缴纳保险费时成立,除非因交易习惯或当事人间另有约定。至于保险人同意承保的方式,《保险法》及《海商法》皆没有特别严格的要求,保险人可以通过口头或书面的方式做出承诺,也可以根据交易习惯或之前的约定以行为的方式做出,如在海上保险投保单上签章,接受保险费等。关于海上保险合同的成立时间,根据双方约定、法律规定或交易习惯,以保险人的承诺通知到达时或承诺行为做出时为准。当然,若保险人做出的承保表示对投保人的投保单内容做出了实质性变更,则应视为其提出了新的要约,有待投保人承诺的生效才能成立海上保险合同。海上保险合同成立时间的确定对被保险人的告知义务、保险人的责任期间、双方的义务内容以及违反后果(违约责任还是缔约过失责任)等方面都有重要意义。

如前所述,海上保险合同仅以保险人同意承保即承诺为条件,而不以签发保险单为条件。若保险人接受投保单记载事项而未做出实质性变更,则在保险人同意按投保单的约定承保时,海上保险合同成立,此时的投保单和日后签发的保险单等保险凭证不仅是保险合同的证明,也是保险合同的组成部分。投保单和保险单都是海上保险合同的表现形式,当投保单与保险单的内容存在不一致甚至冲突时,保险合同内容应如何确定? 对此,我国《海商法》和《保险法》均没有明确规定。2013 年《最高人民法院关于适用〈中华人民共和国保险法〉若干问题的解释(二)》①做出了解释,其中第 14 条规定,保险合同中记载的内容不一致的,按照下列规则认定:(一)投保单与保险单或者其他保险凭证不一致的,以投保单为准。但不一致的情形系经保险人说明并经投保人同意的,以投保人签收的保险单或者

① 法释〔2013〕14 号。

其他保险凭证载明的内容为准。

二、承保条

在英国海上保险实务中，承保条（slip）被广泛应用于保险合同的订立。所谓“承保条”，是一页或几页的纸质文件，其上载有被保险人的投保意愿和要求，并使用专业术语和缩写来表明被保险人的意图要点，英国海上保险市场（如劳合社）有专门的承保条标准格式。尽管我国海上保险市场本身并不使用承保条这一保险单证，但外国保险机构在我国经营保险业务涉及的承保条（我国称之为“保险合同简要文本”）须受到主管机关的监管。①

（一）承保条的运作流程

在英国保险市场上，保险合同的订立通常都是在保险经纪人的参与下完成的。保险经纪人作为被保险人的代理人，在收到被保险人或其委托人的指示后制作承保条，先由被保险人填写承保条记载事项，如船名、投保航次、责任期间、保险标的、保险价值、保险金额、保险条件和特别约定条款等，而后由保险经纪人分送给其选定的海上保险人，有承保意愿的保险人对承保条进行认购，在承保条上签署其公司名称或所属辛迪加的名称（劳合社保险人）和所承保的份额，这就是英国海上保险法下极具特色的“承保条认购制度”。当承保条上所有的保险金额都被认购完毕时，保险经纪人即可到保险出单机构或保险人处办理签发保险单。

关于“承保条认购制度”的详细介绍，请参见本书第四章第一节的相关内容。

（二）承保条的法律属性

传统观点认为，承保条本身构成要约，而不是简单的要约邀请，保险人在承保条上签字认购的行为属于承诺，②保险人在承保条上签字盖章时，在保险人与被保险人之间成立了数个具有约束力的合同。但是，承保条本身却并不属于海上保险单。③ 英国《1906 年海上保险法》第 21 条规定，保险人接受被保险人的投保方案后，无论当时是否出具保险单，海上保险合同即被认为已经成立；为表明保险人何时接受投保申请，得参考承保条或暂保单或其他签订合同时惯有的备忘录。可见，若海上保险单未签发，则承保条只具有信用层面的证据效力。换言之，虽然认购行为表征着合同的成立，但是保险人未签发保险单情况下，根据英国《1906 年海上保

---

① 例如，中国保险监督管理委员会 2015 年修订的《再保险业务管理规定》第 23 条规定：“外资保险公司应当定期向中国保监会提交下列材料：（一）外资保险公司与关联企业签订合约再保险合同后，应当在合同生效后一个月，将再保险合同简要文本（Slip）上报中国保监会；同时，在每季度结束后一个月内，将上季度与关联企业签订的生效的临分再保险合同简要文本（Slip）上报中国保监会。”

② Jaglom v. Excess Insurance Co. Ltd. [1972] 2 Lloyd's Rep. 116.

③ Home Marine Insurance Co. v. Smith [1898] 1 Q. B. 829.

险法》第22条关于海上保险合同应当体现于保险单的规定,以承保条证明保险合同的订立在证据上可能受到会产生争议。① 但是在实践当中,由于保险人担心其商业信誉受到影响,因此一般不会发生冒险从事认购承保条而不签发保险单以拒绝承担赔偿责任的行为。另外,英国完善的保险经纪人制度也使得承保条争议大大减少。

(三)投保单与承保条

由以上分析可知,英国保险实践中所采用的承保条与我国保险实践中经常使用的投保单在海上保险合同订立过程中有着相近的作用和地位,但其在具体操作和相关规定方面仍存在显著区别,主要表现为以下几点:

第一,从制作主体上看,投保单由我国各个保险人根据各自情况自行制定,而承保条有其标准格式,即 the London Market Principals' Slip,该格式由国际保险人协会(the International Underwriting Association, IUA)与伦敦保险经纪人委员会(the London Market Insurance Brokers' Committee, LMBC)制定,于2002年在伦敦保险市场开始运用。②

第二,从参与主体上看,投保单的签发与签署,主要由被保险人与保险人介入进行操作,而在承保条的使用中,保险经纪人发挥着重要作用,即倾向于利用保险经纪人在保险领域内的丰富经验,尽量避免日后在保险人与被保险人之间就海上保险合同的订立及内容发生争议。

三、保险单

根据我国法律,签发海上保险单是保险人的法定义务。③ 应投保人或其代理人要求,保险人单方签署保险单,交由被保险人收执,这是海上保险中不可或缺的一环。

(一)海上保险单的法律性质

海上保险单的法律性质,涉及保险合同的法定形式问题,已在前文第三章第一节中进行了论述。

(二)海上保险单的分类

从不同的角度,可以对海上保险单进行不同的分类。

---

① 参见张金蕾、沙晓岑、郭兴亮:"中英海上保险合同缔约单证之比较",载于《学术交流》,2014年第3期,第80~84页。

② The LPM 2001 Slip Creation Guidelines, the LPM Slip.

③ 《海商法》第221条:"……保险人应当及时向被保险人签发保险单或其他保险单证,并在保险单或者其他保险单证中载明当事人双方约定的合同内容。"《保险法》第13条:"……保险人应当及时向投保人签发保险单或者其他保险凭证。保险单或者其他保险凭证应当载明当事人双方约定的合同内容。"

1. 依据承保方式的不同:逐笔保险单、总括保险单和预约保险单

逐笔保险单(Single Policy),适合经常性的、零散的货物保险,由被保险人就单个标的逐笔投保。

总括保险单(Blanket Policy),是保险人在约定的保险期间内对指定保险标的所做的承保,它规定了总的保险金额,每批次运输保额需从总保额中扣除,用完为止。另外,一旦发生货损,保险人做出赔付,所付赔付款额从总保险金额中扣除,如申请恢复这部分保额,需要补交该部分的保费。它适用于一些品种单一,价值较小、运输时间和距离偏短的货物运输。与预约保单相比,它规定了总的保险金额,但不同的是被保险人不必对货物逐笔申报(投保),一旦发生货损,保险人即做出赔付,并将所赔付款额从总保险金额中扣除。

预约保险单(Open Policy)是海上货物运输保险的常见形式之一,不同于一般的逐笔海上保险单,预约保险单在订立时对于保险标的的具体情况尚不能确定,因而只能就一般保险事项做出笼统约定,如保险期间、保险费率、承保险别、保险标的范围、每一保险或地点的最高保险金额及保险费结算办法等,其他保险标的具体情况如装运货物的船名、航线、货物价值和保险金额等,依据被保险人的事后申报(declaration)确定。

2. 依据保险价值确定方式的不同:定值保险单和不定值保险单

对于定值保险单,英国《1906 年海上保险法》第 27 条第 3 款规定,除本法另有规定外,在没有欺诈的情况下,不论损失是全损还是部分损失,保险单约定的价值就是在保险人与被保险人之间确定保险标的保险价值的最终依据。因此,只要不存在欺诈,海上保险当事人就保险价值的约定在双方之间具有约束力。对于不定值保险单,根据英国《1906 年海上保险法》第 16 条规定的原则,在保险单未对保险价值另做约定的情况下,保险标的保险价值为保险责任开始时保险标的的价值与保险费之和。

在这一方面,根据我国《海商法》第 219 条,海上保险合同的保险标的的保险价值,可以由保险人和被保险人约定。双方未约定的,保险价值为保险责任开始时保险标的的价值与保险费之和。

3. 依据保险期间的不同:航次保险单、定期保险单和混合保险单

航次保险单是双方约定按照从始发港到目的港之间的一个单航次、往返航次或多航次为保险期间的保险单。这种保险单多被海洋运输货物保险或不定期营运船舶保险所采用。定期保险单则是以一段具体时间为保险期间的保险单,多被船舶保险所采用,一般约定为半年或一年,通常不会少于三个月。混合保险单是指既以航次又以时间作为保险期间,以航次为主,同时避免航次时间过长而约定一定期间加以限制,兼具航次保险和定期保险性质的保险单。实践中,海洋运输货物保险

与船舶保险均可使用此种形式的保险单。

此外，依据保险标的的不同，还可以将海上保险单分为海上货物保险单、船舶保险单、运费保险单、责任保险单、保障与赔偿保险单以及海上石油开发保险单等。

第三节 保险条款

一、概述

（一）英国海上保险条款概述

1. 劳氏保险单与条款

劳氏保险单与条款被称为 S. G. 保险单，全称为“劳氏 S. G. 保险单格式”（The Lloyd's S. G. Form of Policy），是由劳合社社员大会批准印刷的一种仅由劳氏保险人使用的标准保单格式。① 1765 年英国《印花税法案》中规定对“海上保险”征收印花税，同时确定保单的标准形式包括单独承保船舶的 S 格式保险单、单独承保货物的 G 格式保险单以及将两者结合的 S. G. 格式保险单。S 格式保险单和 G 格式保险单很少被使用。在 1779 年 1 月 12 日 Royal Exchange 公司的股东大会上，劳氏保险人同意使用 S. G. 格式保险单。不久，当时被授权承办海上保险业务的两家保险公司②也迅速采用了 S. G. 保险单。

该保险单由保单和条款构成。自 1779 年开始采用至 1983 年停止使用，其作为海上保险的指导性合同（governing contract）长达 200 余年，对国际保险业的发展产生了巨大影响。英国《1906 年海上保险法》也将 S. G. 保险单列为“附件一”，附在法律条文之后作为标准的保险单格式，供当事方选择使用，由此可见 S. G. 保险单影响力之大。

1972 年，由劳氏保险人协会（Lloyd's Underwriters' Association）与伦敦保险人协会联合组成了联合船壳委员会（Joint Hull Committee）、联合货物委员会（Joint Cargo Committee），承担海上保险条款和保单的修订工作，但该工作实际上由技术与条款委员会执行。从 1983 年 4 月起，伦敦市场之海上货物运输保险不再使用 S. G. 保单，同年 9 月 30 日船舶保险条款也摒弃了该保单。1983 年 10 月 1 日，古老的 S. G 保单退出了历史舞台，取而代之的是新的劳氏保单和新的保单条款。伦敦保险人协会也制定了“伦敦保险人协会保单”，后改称为“公司水险保单”（corpo-

① 参见王海明编著：《船舶保险》，首都经济贸易大学出版社，2012 年版，第 8 页。

② 两家公司分别是 The Royal Exchange Assurance 和 The London Assurance。

rate marine policy)格式,并于1982年和1983年分别出台了协会货物保险条款和协会船舶保险条款。

新的劳氏保单仍然可以承保船舶和货物,但比S. G. 保单更为简洁,只规定了关于约束劳氏内部辛迪加的条款,而保险标的、保险价值、保险费、批注更改等均记载在保险单第2页的附表上,并将保单与条款分离。保险单使用的保险条款可以印刷或贴附在保险单上,新保险单条款基本采用了1982年和1983年颁布的协会保险条款。①

2. 伦敦保险人协会条款

英国伦敦保险人协会(Institute of London Underwriting)制定的海上保险条款习惯上称为"协会条款"。最早的"协会条款"可追溯至1888年。起初,协会条款用于对S. G. 保险单加以修改和补充,以加贴条款的形式附于S. G. 保险单的背面,作为其组成部分。

如上文所述,鉴于新的海上保险单格式本身并不包括承保风险条款和其他有关保险条件的条款,1982年协会货物保险条款和1983年协会定期船舶保险条款应运而生。② 到20世纪,协会保险条款的应用已非常广泛。在伦敦,劳氏及其合作保险人所签发的保险单一般都采用协会保险条款。1998年伦敦保险人协会与伦敦保险和再保险市场协会(London Insurance and Reinsurance Market Association, LIRMA)合并,成立了伦敦国际保险人协会(International Underwriting Association of London,IUA)。合并之后该协会重新设计了新的保险单格式,但以前使用的保险条款却没有改变。这些条款统称为协会保险条款,主要有四类:协会船舶保险条款、协会货物运输保险条款、协会运费保险条款和协会附加险条款。协会保险条款几乎可以满足被保险人的所有海上风险投保需求。

2002年,在伦敦国际保险人协会的支持下,新的国际船壳保险条款(International Hull Clauses)出台,并于2003年11月发布经修订的条款。2005年年末,联合货物委员会决定修订协会货物保险条款,最终在2009年1月1日将修订的货物保险条款投入市场,与1982年协会货物保险条款一起,供当事人选择使用。③ 协会运费保险与船舶保险类似,可以分为定期保险条款和航次保险条款。协会附加险条款是根据保险市场情况的客观变化和保险人的要求而制定的,作为主要条款的补充。

除了伦敦协会条款和后来的国际船舶保险条款,国外著名的海上保险条款还有美国保险条款、北欧海上保险方案,德国保险条款(DTV)以及法国保险条款等。

---

① 参见王海明编著:《船舶保险》,首都经济贸易大学出版社,2012年版,第8页。

② 参见顾寒梅主编:《涉外保险理论与实务》,复旦大学出版社,2005年版,第161页。

③ See John Dunt, Marine Cargo Insurance, Informa Publishing, 2009, para 1.13.

这些条款以格式条款为特征，为保险人、船东、经纪人、律师以及法官所熟知。格式条款的选用为业界了解该国保险条款乃至促进国际海上保险法的协调和统一发挥了重要作用。

(二)国内海上保险条款概述

1. 船舶保险条款

1949年10月20日，中国人民保险公司(简称"人保公司")在北京正式成立，中国的保险业揭开了新的一页。自1960年开始承保第一艘国内船舶"光华"船始，至1972年，人保公司一直使用冠以人保公司名义的英国协会保险条款。1972年人保公司制定了自己的远洋船舶保险条款，该条款的条文过于简单，同时受政治思想的影响，该条款中的战争险和罢工险条款删除了国际上广泛认可的"五大国"交战自动终止条款，使得该条款受到国际再保险市场的抵触，但是该条款也不同于国际船险市场的特色——承保"4/4碰撞责任"和"碰固定物"引起的赔偿责任，这一点得到国际市场的普遍认可。该条款实行了14年，最初每几年条款会印刷一次并以该年份命名，因此出现了人保《1974年远洋船舶保险条款》和人保《1976年远洋船舶保险条款》，但事实上并未对人保《1972年远洋船舶保险条款》做出任何修订。1986年1月1日，参照联合国贸易和发展委员会制定的国际船舶保险条款以及英国1983年协会定期船舶保险条款，挪威海上保险方案以及美国船舶保险条款，人保公司修订了人保《1972年远洋船舶保险条款》，形成了国内保险公司普遍采用的人保《1986年远洋船舶保险条款》。①

人保《1986年远洋船舶保险条款》在险别的称谓上，将原来的"综合险"改为"一切险"，同时保留了承保"4/4碰撞责任"和承保"碰固定物"赔偿责任这两大特色。将战争险自动终止的"五大国"定义修改为"联合国安理会常任理事国"，从而实现了与国际市场的对接。②中国保险市场现行的远洋船舶保险条款一般以人保《2009年远洋船舶保险条款》为蓝本。人保《2009年远洋船舶保险条款》与人保《1986年远洋船舶保险条款》差别不大，在承保风险上未做变动，仅就保险人的除外责任、保险人的义务、索赔与赔偿以及争议的处理条款做了部分修订与改动，与英国1995年修订的协会条款更趋一致。除了人保公司以外，其他各家保险公司所报备的船舶保险条款在内容上均与人保《2009年远洋船舶保险条款》类似。

我国国内的船舶保险业务在1979年得以恢复。人保公司于1981年颁布了国内船舶保险条款，适用范围既包括国营、集体企业的船舶，也包括个人所有的船舶。1983年，人保公司制定颁布了农民个人、联户船舶保险暂行条款及"费率规章"。

---

① 参见王海明编著:《船舶保险》，首都经济贸易大学出版社，2012年版，第15页。

② 同上注。

1988 年，人保公司将人保 1981 年国内船舶保险条款与人保《1983 年国内船舶保险条款》合二为一并进行了修订，使用了新的国内船舶保险条款及“费率规章”。

1996 年，人保公司再次调整了费率、修订了条款，经人民银行组织人保、太平洋、平安三家保险公司两次论证，发布了人保 1996 年沿海、内河船舶保险条款、“费率规章”和“条款解释”，明确在全国范围内统一实施。

2008 年，人保公司再次对人保《1996 年沿海、内河船舶保险条款》进行修订，形成人保《2009 年沿海、内河船舶保险条款》，并将沿海和内河分拆开来，分别制定了人保《2009 年沿海船舶保险条款》和人保《2009 年内河船舶保险条款》。新条款对与保险法律规定相冲突的部分进行了修正，供承保双方选择使用。

2. 货物运输保险条款

货物运输保险条款产生的历史背景与船舶保险条款相同，人保公司为适应我国对外贸易不断发展的需要，于 1951 年参照英国协会货物保险条款，首次制定了我国的海洋运输货物保险条款。1956 年起，根据我国保险工作实际情况，结合国际保险市场的习惯做法，人保公司又制定了包括海洋、陆地、航空、邮政包裹等不同运输方式的货运保险条款和各种附加保险条款，总称为“中国保险条款”（China Insurance Clauses, CIC）。

1963 年 9 月 1 日，人保公司公布了经修订后的海洋运输货物保险条款。1970 年，人保公司开始对其进行再次修订，新条款于 1972 年 4 月 1 日起正式实施，主险包括全损险、基本险和综合险三种。这一条款吸收借鉴了英国协会保险条款的优点，同时也考虑了我国的实际情况，颇具中国特色。1976 年，针对人保《1972 年海洋运输货物保险条款》中的某些措辞，人保公司进行了再次修改，使其在文字上更加严谨和准确。之后，参照《1963 年协会货物保险条款》，人保公司对海洋货物运输保险条款进行了第三次修订，即 1981 年 1 月 1 日发布实施的海洋运输货物保险条款。该条款的使用长达 26 年之久，实践证明，人保 1981 年海洋运输货物保险条款是一个较为成功的条款，它在一定程度上打破了国际货物运输保险市场中伦敦协会货运保险条款的主导格局，确立了人保公司海洋运输货物条款的地位。随着 2009 年修订的《保险法》的施行，人保公司结合修订后的《保险法》对条款再度进行了修订，形成了我国目前使用的人保 2009 年海洋运输货物保险条款。

3. 中国海上保险条款的发展趋势

不同于英国，我国在传统上没有保险行业协会制定的统一保险条款，国内通用的保险条款是人保公司所制定的，其他保险公司以此为蓝本，制定自己的保险条款。根据保监会 2010 年颁布的《财产保险公司保险条款和保险费率管理办法》，①

① 中国保险监督管理委员会令 2010 年第 3 号，自 2010 年 4 月 1 日起施行。

各家保险公司需要将其保险条款向保监会申报审批或者备案(第4条)。各家保险公司的海上保险条款大同小异,存在着保险产品重复开发、重复报备的问题,这是对社会资源的浪费,增加了社会成本。

2013年8月,国务院正式批准设立中国(上海)自由贸易试验区,为推动保险业更好参与和服务中国(上海)自由贸易实验区建设,保监会下发《中国保监会办公厅关于进一步简化行政审批支持中国(上海)自由贸易试验区发展的通知》,①允许上海航运保险协会试点开发航运保险协会条款,备案后会员公司可以自主使用。这是中国保险监管领域首次允许行业协会作为条款报备主体。另外,根据2016年3月保监会发布的《关于开展财产保险公司备案产品自主注册改革的通知》②,保险公司备案类财产保险产品将由向保监会备案逐步转变为各公司在备案产品自主注册平台上进行。这些举措将有利于发挥行业组织优势,激发保险产品创新活力,有效降低保险机构报备成本,借鉴和引进国外成熟航运市场的保险产品,提升国内航运保险的国际化水平。

二、保险条款的法律地位

(一)保险条款的"准立法性"

海上保险是一种商事交易,应尽量遵循合同自由原则,因此海上保险的立法应该体现出相应的灵活性。海上保险法,例如英国《1906年海上保险法》和我国《海商法》第十二章,其很多条文都是非强制性规定,供当事人选择适用,当事人也可另行约定不同于法律规定的合同条款,这就为保险条款发挥其"规范作用"提供了空间。然而,海上保险理论复杂,保险合同双方从业人员又都期望保险合同条款的周延性和稳定性,标准保险条款的"准立法"的属性有助于实现这一目的,即以"准立法"形式来调整、厘清以及规范海上保险合同相关主体间的权利、义务关系,进而为业务操作提供具体的指引和评价。就英国海上保险条款而言,其"准立法"的作用已被实践所验证。在英国协会保险条款被世界上很多国家所采用或借鉴的情况下,英国海上保险的制度、理念被广泛地传播和接受,既缓和了各国海上保险制度的差异,又为国际航运保险实务提供了较为一致的操作规范。正如美国海商法协会前主席斯达林先生在其关于保证制度的报告中所认为的,伦敦保险市场对海上保险标准条款的修订工作已经证明了海上保险业的自我调整是海上保险法变

---

① 保监厅发〔2014〕36号,参见中国保险监督管理委员会网站:http://www.circ.gov.cn/web/site0/tab5168/info3915906.htm。

② 参见中国保险监督管理委员会网站:http://www.circ.gov.cn/web/site0/tab5207/info4021961.htm。

革和协调更为有效的途径。① 挪威海上保险方案在挪威保险市场所具有的地位更能佐证保险条款的准立法性。挪威海上保险方案是挪威海运保险中心联会(CEFOR)牵头,由保险人、被保险人和其他利益方共同制定的标准条款。其时间可追溯到1871年,后来每隔10~30年进行一次修订。尽管挪威于1989年颁布新的《保险合同法》,但其并不适用于海上保险。②《保险合同法》仅在有关受损害的第三人的责任险(直接诉讼)的规定上是强制性的。③ 挪威海商法也不调整海上保险。因此,挪威海上保险方案事实上私法典。

保险条款的国际统一性使其"准立法"地位得以进一步凸显。保险条款能够较快地适应贸易、航运的变化情况,及时做出符合实务要求的修改,新保单或条款能够及时去除某些陈旧的、晦涩难懂的条款,并及时调整保险人与被保险人利益的不平衡之处,因此保险条款更有可能在全球范围内实现统一。此时,即使各国的海上保险立法仍有差异,但其对保险条款的理解与适用有可能在一定范围内达到相对的统一或稳定。

(二)海上保险保险条款的监管

海上保险条款,如英国协会保险条款、中国人保公司2009年海洋运输货物保险条款等,一般是由保险公司或保险行业组织事先印制的,具有固定的内容和格式,且在投保时未与被保险人或其代理人协商的条款。此种条款属于格式条款。

海上保险合同作为格式合同意味着被保险人一般处于较弱的谈判地位,双方当事人并非古典契约理论中忽略个体差异性的"抽象的一般之人",法律对合同的干预随之产生。在我国,相较于一般的格式条款,海上保险条款不仅受到一般格式条款意义上的法律规制,而且受到特定机构的监督和管理。目前,保监会负责对全国商业保险和商业保险机构实施监管,以维护保险市场的健康发展。毋庸置疑,海上保险条款作为一种重要的商业保险条款,不能游离于保险监管之外。根据我国《保险法》第136条,海上保险领域的"保险条款和保险费率"通常需要报送保险监督管理机构备案,旨在保证保险条款和费率制定的合法性与合规性。并且我国《保险法》第137条对于保险公司使用保险条款和保险费率违反法律法规的行为规定了相应的行政处罚措施。

---

① See Graydon S. Staring, "Harmonization of Warranties and Conditions: Study and Proposals", CMI Yearbook 2003, p. 533.

② See Thor Falkanger, Hans Jacob Bull, Lasse Brautaset, Scandinavian Maritime Law: the Norwegian Perspective, Uniersitetsforlaget, 2004, p. 476-477.

③ See Commentary to Norwegian Marine Insurance Plan 1996 version 2007, § 1-4. Reference to Norwegian jurisdiction and choice of law and § 4-17 Determination of the liability of the assured, 网址: http://www.docin.com/p-617536599.html, 最后访问日期: 2016年12月15日。

第四节 保赔保险合同

在海上保险领域,船东互保协会所经营的保赔保险是特殊的保险合同形式。船东将其全部或部分吨位的船舶在某一船东互保协会投保保赔保险,该船东互保协会接受后签发该船的"入会证书"(Certificate of Entry),船东即成为协会"会员"(Member),船舶则被称为"入会船"(Entered Vessel)。一般而言,互保协会对入会船并不会签发类似商业保险的保险单,入会证书即起到了保险合同证明的作用。另一方面,入会证书又是船东会员资格的证明。换言之,入会证书同时证明了"保险合同"(Contract of Insurance)和"会员合同"(Contract of Membership),具有双重法律性质。①

船舶入会证书通常会并入互保协会章程(Statutes)和协会规则(Rules)等内容。协会章程记载了诸如会员大会、董事会、经理机构等协会组织运作的重要事项,而协会规则则参照协会章程制定,主要向会员阐明保赔保险合同的内容、承保风险、入会须知等事项,在内容上与一般保险中的保险条款类似。协会章程是保赔保险的特色之处,在保赔保险中起到重要作用,会员加入协会就是与协会缔结了保险合同,应当受协会章程的约束。在我国法律背景下,互保协会及其章程的性质值得研究。

一、船东互保协会概述

通常来讲,保赔保险中的"保"(protection)指的是承保船舶保险人责任范围之外的碰撞责任及人身伤亡赔偿责任的保障保险,"赔"(indemnity)则是指承保货损责任的赔偿保险,保赔保险就是保障与赔偿险的综合。保赔保险和船舶保险互相配合,互为补充,共同构筑起船东的风险保障体系。作为船东分摊共同性质风险的结果,船东互保协会在风险同质的这一互助基础上运作;协会每年度保险费的溢价将汇入根据风险严重程度所确定的共同基金,而当承保风险或者其导致的损失发生时,这样的损失将从该共同基金中对外补偿。

(一)船东互保协会历史沿革

互助保险(mutual insurance)的思想最早可追溯到公元前450年。当时,在古代埃及,从事金字塔修建工作的石匠中盛行一种互助基金组织,用参与者在平时缴

① 参见汪鹏南:"论保赔保险合同的法律性质",载于《中国海商法年刊》,2000年,第160页。

付的会费来支付成员因意外事故死亡而产生的丧葬费用。① 与之相对应，商业契约式的保险理念一直到 14 世纪末才出现。而海上保险领域的互助保险诞生于 18 世纪。当时英国海上保险业已远远不能满足蓬勃发展的航运业需求，英国船东尝试在互助共益的基础上（on a mutual basis）承保各自船舶的风险，每一位会员既是被保险人又是其他会员的保险人，由此慢慢形成船舶（船壳）保险协会（the Hull Clubs）。至 18 世纪末旧的船舶保险协会逐步被发展成为"保障"（Protecting）或"保护"（Protection）协会，旨在减轻船东风险。协会主要帮助船东抵御两种风险：一种是人员死亡和身体伤害责任，另一种是常规船舶保险单不予承保的碰撞责任。② 协会不以营利为目的，是当时保险市场上一个独立的保险保障服务体系。

在 1870 年 Western Hope 轮案中，船舶绕航到伊丽莎白港另行装载货物，然后在驶往原定目的港南非开普敦的途中沉没。英国上诉法院判决船东因绕航对船上货物的灭失负有责任。③ 该案开创了海商法律认定船东对货物负有责任的先例，使得货主开始向船东提出大量的货损索赔，船东对保险的需求明显增加。1874 年，英国成立了一家新的承保船东对货物责任的互保协会——汽船船东互保和赔偿协会（Steamship Owners' Mutual Protection and Indemnity Association，又称船东互助赔偿协会，Ship Owners Mutual Indemnity Club），它标志着海上保险业界第一家保障和赔偿协会的诞生。之后各家互保协会纷纷效仿，将船东货损责任的风险（船舶所运载货物的灭失、短少或损坏的责任风险）也列入了承保范围。随着保赔保险的发展，将保障与赔偿一分为二的承保分类不复存在，各家协会都将其合并在一起承保。同时，为了区分协会之间的风险承保差异，凡承保货损风险的船舶保障协会均改名为我们现在所熟知的"保障与赔偿协会"（简称互保协会或保赔协会，P&I Clubs）。如今，英国尚存的大多数的互保协会都已发展为保赔保险组织，向船东提供各种责任的风险保障，保障协会在海上保险中已不复存在。

互保协会很快发展为船东责任保险的最主要提供者。1899 年，为了加强船东互保协会的赔偿能力，英国的六家互保协会在伦敦签订分摊协议，成为国际互保协会集团的雏形。后来其他互保协会陆续签约加入，组成了国际互保协会集团（又称国际船东互保协会集团，International Group of P&I Clubs, IG）。该集团是出于分保目的和解决大多数成员关系问题而组成的联营体，作为非法人的团体由某一成员协会作为代表进行管理。集团内部协会各自独立经营，按照集团的内部规则公

---

① 参见周颖、朱丽萍："互助保险公司的引入和监管"，载于《中国保险管理干部学院学报》，2003 年第 6 期，第 55 页。

② 早期的普通海上保险对船舶碰撞责任不予承保，最初的保赔保险对碰撞责任完全承保，这与目前常见的 1/4 碰撞责任不甚相同。

③ Steven J. Hazelwood, David Semark, P&I Clubs: Law and Practice, Informa, 2010, p. 7.

平竞争。目前国际互保协会集团主要的 13 位成员为世界大约 90%的远洋船舶提供责任险。

国际保赔集团是“协会的协会”，集团内各协会分摊一定数额以上的索赔，并以集团的名义在国际保险市场上安排再保险，使集团内各协会能够以最优惠的费率获得最广泛的保险保障，将保赔保险的风险最大限度地降低和分散。目前国际保赔集团各成员的赔偿自留额为 1000 万美元。对于超过自留额以上的索赔，才通过国际保赔集团的风险保障机制进行补偿。国际保赔集团的保障机制分为集团自留、超额损失再保险以及巨灾分摊等三个层次：集团自留的额度为 1000 万美元到 8000 万美元；超额损失再保险的范围为 8000 万美元到 20.8 亿美元；巨灾分摊是针对超过 20.8 亿美元再保限额的索赔，通过向船东征收巨灾会费来解决。但对会员征收的巨灾会费最高不能超过入会船按《1976 年海事赔偿责任限制公约》计算出来的非人身的海事赔偿责任限额的 2.5%。通过三个层次的安排，国际保赔集团最高能为船东提供约 77.5 亿美元的保障。但是，对于油污风险，国际保赔集团规定的保险限额为 10 亿美元，对于旅客责任的保险限额为 20 亿美元，对于旅客与船员责任的保险限额为 30 亿美元。

（二）船东互保协会保赔保险承保范围

互保协会所承保的保险，主要为保障与赔偿保险或保赔保险。保赔保险是最基本的一种船东相互保险，其经营范围尽管都严格遵守各自的章程，但各协会章程的内容往往大同小异。总结起来，保赔保险承保的风险大致包括以下几种：

1. 人身伤亡

保赔保险所承保的人身伤亡包括：入会船舶船员的人身伤亡、旅客人身伤亡、在船上工作的装卸工人的人身伤亡和碰撞事故中对方船上的人身伤亡。

2. 对船员负有的法定义务所发生的费用

按照有关法律规定，船东对船员负有一定费用义务。互保协会对入会船东因其下列原因支付的费用予以补偿：（1）船员生病或受伤后需要留在岸上治疗的医疗护理费；（2）船员生病受伤或沉船后返回居住地的费用，包括途中派人护理费；（3）死亡船员的安葬费、遗留行李运送费用。另外，根据 2006 年《海事劳工公约》①的规定，当船舶发生灭失或沉没事故而造成船员失业时，船东应当向船员支付以两个月工资为限的失业赔偿。如果船旗国已经加入该公约，那么支付船员工资的费用则由互保协会承担。

3. 碰撞责任

互保协会承保的碰撞责任包括下列三个方面：

① 2015 年 11 月 12 日，我国向国际劳工组织递交了批准《2006 年海事劳工公约》的批准书，该公约自 2016 年 11 月 12 日起对我国生效。

(1)船舶保险合同不予承保的1/4碰撞责任

许多船舶保险合同格式条款规定船舶的3/4碰撞责任由船舶保险承担,剩下的1/4碰撞责任由船东互保协会承担。然而,也有的船舶保险格式条款规定船舶保险人承担船舶的4/4碰撞责任,在这种情况下,互保协会的保险费将作适当比例的扣减。

(2)超额碰撞责任

船舶保险人承保的船舶碰撞责任赔偿通常以保险金额为限,则对于保险船舶对他船承担的碰撞责任超过保险金额的部分(即超额碰撞责任),船舶保险人不予赔偿。在一艘保险金额相对较小的入会船舶与另一艘价值相对较大的船舶发生碰撞的情况下,就可能产生超额碰撞责任。互保协会承保船舶保险人不予承保的超额碰撞责任。

(3)船舶保险列为碰撞的除外责任

在海上发生船舶碰撞以后,入会船舶所有人可能对碰撞引起的诸多费用承担赔偿责任,如对方船舶上人员的死亡费用、码头损坏费用、航道清除费用、油污费用等。如果这些费用在船舶保险中属于除外责任,则需由互保协会予以承担。

4. 合同责任

互保协会承保各项合同规定的船东责任。例如,根据国际通行的港口拖带格式合同规定,船东应当对由拖船造成的或拖船受到的损失承担赔偿责任。因此,在拖船与码头相撞的情况下,即使被拖带船舶对于碰撞没有过失,船东对码头损失和拖船损失也负赔偿责任,诸如此类的合同责任需要互保协会予以承保。

5. 清除残骸费用

世界上大多数国家法律都规定,如果船舶沉没在本国港口或航道中,沉船船东必须清除其沉船或者支付清除沉船所需要的费用。入会船舶的船东根据类似法律应当支付的清除残骸费用由互保协会予以承担。

6. 货物索赔责任

在海上运输货物过程中,有许多因素可以导致船东对所承运货物的损失承担责任,例如装载不当、偷盗、装卸工人的疏忽等都可能引起货物的短少或灭失。按照《海牙规则》及相关国际公约或国内立法,承运人对此负有赔偿责任。而且,随着立法的发展,这种赔偿责任还有加重的趋势。对于此类货物索赔责任,一般互保协会也予以承担。

7. 罚款

一般互保协会都承保由于船东的雇佣人员或代理人员没有遵守当地关于海关、移民、防污以及其他类似规定而应由船东支付的罚款。

8. 货物的共同海损、救助费用及特殊费用的分摊金额

如果船东违反了运输合同，例如在开航时，船东未能谨慎处理使船舶适航，那么在发生共同海损、救助费用和特殊费用时，货方有理由拒绝支付其应当承担的分摊金额。对于这种损失，如果不能从船舶保险人那里得到赔偿，船东可以从互保协会获得补偿。

9. 船舶的共同海损、救助费用和特殊费用的分摊金额

在船舶的共同海损或救助等费用的分摊价值高于船舶的保险价值的情况下，船舶的共同海损、救助费用和特殊费用的分摊金额无法从船舶保险人处得到全部补偿，①其差额部分损失可以通过保赔保险得到补偿。

（三）船东互保协会的补充服务功能

互保协会除了为会员提供保险保障的功能之外，还具有专业服务的补充功能：

1. 提供全球服务网络

互保协会一般在全球各主要港口组建自己的通信代理网络，并拥有律师、验船师和顾问等通信代理团队，以便快捷地提供事故处理咨询。

2. 提供信誉担保

基于全球的行业惯例以及互保协会多年来积累的良好信誉，互保协会签发的信誉担保函被普遍接受。一般情况下，互保协会在接到船东的此种请求时会出具信誉担保以释放船舶或者避免船舶被扣，减少或避免船东的船期损失。

3. 提供保险证书

当前许多国家强制要求进入该国港口的船舶必须对特定的责任风险提供保险证明，否则将禁止其进港。这些特定的责任风险主要针对油污责任和船舶残骸清除责任等严重威胁公共利益的风险。船东互保协会是提供此类保险的主要来源。此外，在租船实务中，承租人通常也要求船舶投保保赔保险。

4. 维护船东利益

作为船东代表的互保协会及国际互保协会集团，经常积极参加国际会议或者国际组织，代表船东发声，以维护船东的合法利益。有时互保协会还会协助船东与其他组织协调签订互保协会特别补偿条款（SCOPIC）等涉及船东利益的专业协议。

5. 提供防损信息

互保协会获取全球政治、军事、自然灾害、事故信息的渠道广泛，并具有专业队伍提供专家意见、研究海上事故风险的特点和规律，提供防损信息或者制定措施来指导船东加强管理，防范风险，以避免事故的发生。船东互保协会的防损服务已经显示出比事故后补偿更为重要的意义。

---

① 参见《海商法》第 241 条。

(四)船东互保协会的法律地位

保赔保险除拥有一般保险合同所具有补偿性和射幸性特点外,还具有该保险所独有的特性。船东互保协会是船东自己建立来承保巨大的责任保险的保险组织,对船东运营船舶中可能面临的责任风险几乎全部覆盖,但对于补偿原则以及保险利益的执行却相对宽松。为应对航运市场发展以及船舶管理营运的多元化局面,给重要会员提供最大程度的保障,保赔协会可能在具体案件中对非承保的风险进行"通融赔付"。

作为一种海上保险中常见的商业组织模式,互保协会从最初的亲缘地缘关系发展到距离和空间不断扩大直至国际化的组织模式,互保协会的性质界定与相应法律的制定对其发展壮大起到了重要的作用。但是我国现行立法对于保赔保险协会以及保赔保险合同均未做明确规定,无论是《保险法》还是《海商法》都没有明确界定"互保协会"这一概念。很长时间以来,船东互保协会在中国法下的法律性质并不明确。由于《保险法》兼具保险业法和保险合同法的双重性质,判断船东互保协会的性质,仍需依据《保险法》中的保险业法内容来判断。《保险法》第 2 条规定:"本法所称保险,是指投保人根据合同约定,向保险人支付保险费,保险人对于合同约定的可能发生的事故因其发生所造成的财产损失承担赔偿保险金责任,或者当被保险人死亡、伤残、疾病或者达到合同约定的年龄、期限等条件时承担给付保险金责任的商业保险行为。"该条文的含义为,《保险法》所调整的保险属于商业保险。该法第 6 条进一步规定:"保险业务由依照本法设立的保险公司以及法律、行政法规规定的其他保险组织经营,其他单位和个人不得经营保险业务。"也就是说,《保险法》也承认其他法律或行政法规规定的保险组织从事的保险业务,尽管此类保险不是该法所调整的保险,如《海商法》中即有海上保险的内容。① 此外该法第 184 条还规定,农业保险和强制保险,都由其他法律、行政法规另行规定。中国船东互保协会是经国务院批准的船东互相保险组织,向船东提供不以营利为目的的保赔保险。对其管理将适用 1989 年 10 月 25 日国务院颁布的《社会团体登记管理条例》。中国船东互保协会在行政上归属民政部管理监督,业务上则由交通部指导。② 正因为协会是一个在民政部登记的社团法人,而非企业法人,因此协会将其宗旨确定为会员服务,性质上属于非营利性的互助行业组织,没有明确规定为相互保险组织,导致司法实践中关于船东互保协会的法律地位争议较大。例如,2003 年 5 月 15 日中国保险监督管理委员会在《关于船东互保协会问题的复函》③

① 《保险法》第 182 条对于海上保险的法律适用有专门规定:"海上保险适用《中华人民共和国海商法》的有关规定;《中华人民共和国海商法》未规定的,适用本法的有关规定。"

② 参见中国船东互保协会章程(2016 版)第二部分第 26 条。

③ 保监办函[2003]78 号。

中对湖北省高院答复："根据《中华人民共和国保险法》第二条、第九条，以及《国务院关于成立中国保险监督管理委员会的通知》的规定，中国保险监督管理委员会负责对全国商业保险进行监督管理。船东互保协会从事的活动不属于《中华人民共和国保险法》第二条规定的商业保险行为，因此，不属于中国保险监督管理委员会的监管范围。"2004 年 5 月 26 日，最高人民法院在《关于中国船东互保协会与南京宏油船务有限公司海上保险合同纠纷上诉一案有关适用法律问题的请示的复函》对湖北高院的请示答复为："中国船东互保协会不属于我国《保险法》规定的商业保险公司。中国船东互保协会与会员之间签订的保险合同不属于商业保险，不适用我国《保险法》规定，应当适用我国《合同法》等有关法律的规定。"①

但中国船东互保协会章程(2016)第 2 部分第 23 条"本协会的性质"规定："本协会由被接受为会员的所有自愿将船舶加入本协会保险的船东(不论是以船东的名义还是通过再保险的方式)和在本协会再保险的保险人组成，是非营利性的船东互相保险的组织。"也就是说，尽管中国船东互保协会在章程中将其组织结构定性为相互保险组织，但我国尚无行政法规对此予以规定。然而中华人民共和国海事局公布的中国籍船舶油污损害民事责任保险人名单中，中国船东互保协会位列保险认定名单当中，而且名单也征求保险监督部门的意见。② 此外，最高人民法院《关于认可中国船东互保协会担保的通知》③以及《关于认可中国船东互保协会之担保事》④，海事法院接受中国船东互保协会为其会员船舶和与之建立通信代理关系的外国互保协会入会船舶提供的担保。中国船东互保协会的担保函与其他商业保险公司具有同等的担保信誉；《海事诉讼特别程序法》第 21 条第 17 款也规定，因船舶所有人或者光船承租人应当支付或者他人为其支付的船舶保险费(包括互保会费)的海事请求，可以申请扣押船舶。可见，在程序意义上，《海事诉讼特别程序法》并未对保赔保险作商业与非商业的区分，船东互保协会所经营的保赔保险完全可以适用。因此，我国相关行政法规将中国船东互保协会纳入保险组织进行管理已经具备充足的条件。

二、船东互保协会的章程

船东互保协会的章程规定了协会的管理模式和组织机构，无论其属于社团法人还是公司法人，作为法人的互保协会有权组织自己的内部管理结构。例如，中国船东互保协会章程分别有"名词解释""总纲""会员""会员大会""董事会""经理

---

① [2003]民四他字第 34 号。
② 海船舶[2009]30 号；海船舶[2012]828 号。
③ 法交[1989]4 号。
④ 法交[1989]5 号。

机构”“补偿与豁免”等内容。由于船舶的入会过程同时涉及互保协会会员法律关系和保赔保险合同法律关系，一方面，协会章程直接规定了会员合同中会员的权利义务，另一方面，协会章程也会影响到会员在保赔保险合同中的权利义务。①

(一)协会章程对协会会员合同的作用

公司章程被誉为公司“宪章”，其订立的目的在于确立公司成立的制度基础，使其获得权利能力与行为能力，并规范公司的组织与行为；公司章程是公司对外的资信参照物，也是对内进行公司治理的直接依据。② 英美法下公司章程主要包括两部分文件：组织大纲(Memorandum of Association)，主要用以指导公司的外部关系，被称为公司的“外部宪章”(External Constitution)，其内容受强制性法律规范限制；章程细则(Articles of Association)，主要用以指导公司的内部关系，被称为公司的“内部宪章”(Internal Constitution)，其内容带有自治性，但不得与组织大纲抵触。英国传统上将公司章程的性质界定为契约，认为章程是股东之间、股东与公司之间依法订立的合同。船舶互保协会章程正是迎合这一学说而产生的，船东加入协会便成为会员，须受协会章程的约束。

对于船东互保协会，由于会员的保险合同及承保范围应当服从于协会章程，而协会章程可以通过会员大会的特别决议做出变动或者更改，这些修改有可能不利于会员的权益。为了消除变动可能导致的不公正，一些协会往往规定，虽然协会的规则和协会的章程可以自由更改并以更改后的形式约束会员，但是变动期间的任何新规定不得影响实际已经处于航次之中或者承租期间的船舶，这些船舶将免于执行更改的章程或规则直至完成该航次或者租期终止。③ 但是也有另一种观点认为，会员一旦加入了互保协会，就意味着它同意受制于协会的现行的章程与规则，以及随后章程或规则的修订，但是该种同意应受一个合理性标准的检验。④

与英国相关的互保协会章程相比，中国船东互保协会虽然在性质上属于社团法人，但在章程内容的规定上与英国注册为公司法人的协会基本一致。但是，大陆法系国家通常只有公司章程这个统一概念，既包含对外条款内容，又包含内部管理规则，不做组织大纲与章程细则的区分。因此，我国的互保协会章程在结构上也将组织大纲与章程细则进行了合并处理，规定了会员的入会资格、会员资格的终止和撤出、支付会费的办法、会员大会的召开以及表决权等内容。

---

① 参见汪鹏南：“论保赔保险合同的法律性质”，载于《中国海商法年刊》，2000年，第164页。

② 参见常健：“论公司章程的功能及其发展趋势”，载于《法学家》，2010年第2期，第77~78页。

③ 参见安丰明：“船东保赔协会法律制度研究——以英国法为中心”，西南政法大学博士学位论文，2004年，第28页。

④ Hawkinson v. Order of United Communicable Travelers of America (Texas 1929), 20 S. W. (2d.) 101.5.

(二)协会章程对保赔保险合同的作用

英国的传统理论认为,保赔保险合同的组成部分应当包括但不限于入会证书、协会的章程与章程细则、特别约定、协会规则、协会规则的准据法,它们共同组成了保赔保险合同的整体。① 大多数协会签发的入会证书仅有非常基本的入会内容,包括船舶名称、吨位、保险期间等,并没有囊括一切必要的合同条件。因此,判断协会与会员之间保赔保险合同的内容还应当根据协会章程、协会规则等。尽管协会章程规定事项较少涉及具体保险合同问题,但是保赔保险合同的另一重要组成部分——协会规则是参照互保协会章程制定的,在对协会规则产生异议时,应当根据协会章程进行解释。

中国船东互保协会并无相应的协会规则,而是制定有明确的保险条款。最初,中国船东互保协会将章程和保险条款并称为"章程与保险条款",自 2010 年,中国船东互保协会将保险条款与协会章程分开。从某种程度上,可以认为该保险条款就是中国船东互保协会规则。在最新修订的《2014 年中国船东互保协会保险条款》于前言部分明确载明"本保险条款受本协会章程的制约"。因此,协会章程和相关的保险条款将共同构成保赔保险合同。我国司法实践中,不同于前述最高人民法院关于中国船东互保协会与南京宏油船务有限公司之间保赔合同对湖北高院的请示答复,②一审武汉海事法院在判决中认为"中国船东互保协会向入会会员颁发的入会证书及附件,是二者之间签订的一种特殊形式的保险合同,证书上载明的船东协会的章程和保险条款,是该种保险合同的组成部分。"③此种合同虽然不是《保险法》下的"保险合同",但将其归类于特殊的海上保险合同更符合保险合同的本质特性以及国际保赔保险的习惯做法。

第五节 航运自保公司

近年来我国逐渐发展起另外一种特殊的保险公司,被称为自营保险公司或自保公司(Captive Insurance Company)。此类公司是由非保险企业拥有或控制的,其主要目的是为母公司及其子公司的某些风险提供保险保障。自保公司最初出现于 19 世纪中期,如 19 世纪 40 年代美国船东创办 Atlantic Mutual,为自己提供劳合社承保人所无法提供的海上保险服务。在 20 世纪 60 年代至 80 年代期间,全世界的

---

① Compania Maritima San Basilio S. A. v. The Oceanus Mutual Underwriting Association (Bermuda) Ltd. (The "Eurysthenes"), [1976] 2 Lloyd's Rep. 171, p. 174.

② 〔2003〕民四他字第 34 号。

③ 〔2002〕武海法商初字第 16 号。

自保公司得到迅速发展。自保最初是作为企业内部的风险管理机制,但在后续的发展过程中逐渐对外开放,也为与母公司无隶属关系的企业提供保险。今天自保已被世界各地的商业机构广泛使用,成为国际上一种流行的风险管理的内部筹资方式,甚至发展为利润中心。自保公司这一特殊的保险组织以其特有的优势为保险市场体系的完善与发展做出了不可替代的贡献。① 我国在20世纪60年代也曾短期出现海运企业停止向保险公司投保以节省保费的情形,但没有成立专业的自保公司。

一、自保公司的法律性质

当前自保公司主要分为纯粹自保公司、主要自保公司、联合自保或集团自保公司、风险自留集团或租借式自保公司等形式,②各公司经营的侧重点各有不同。如美国的自保公司主要经营意外险业务,尤其是产品责任和职业责任保险,而欧洲的自保公司通常为财产及物质损失提供保障;有的自保公司从事直接保险业务,有的从事再保险业务。相比于向商业保险公司投保,成立自保公司具有以下优势:

第一是经营成本低。与商业保险公司收取的保费标准相比,就相同保障范围的保险而言,自保公司的费用更低。其原因是自保公司不需要承担商业保险公司通常需要发生的市场推广、宣传、运营开支等行政费用。同时由于不必支付佣金,可以减少承保成本;另外,自保公司在与商业保险公司或再保险公司进行业务往来时,具有较强的谈判优势,可以就承保范围、费率等方面讨价还价,而不是像一般企业只能被动地接受对方提出的保险条件。同时,设立自保公司还可以节约保费、税费,并通过提取准备金进行资金运作,为母公司增加投资收益。此外,自保公司对保险资金的投资收益完全为投资者所有,而不是被与投资者无关的保险公司获得;自保公司能够使资金在母公司停留较长的时间,并且在赔款上有较大的变通空间,因而可以有效地降低集团现金流量的不稳定因素。

第二是具有防灾防损优势。保险的最高社会价值目标并非是赔偿,而是防损。

---

① 参见李明秋:“发展专业自保,完善保险市场体系”,载于《中国保险管理干部学报》,2001年第1期,第32页。

② 纯粹自保(pure captive)公司,是指完全为母公司所拥有和控制并仅以母公司拥有的主要业务为保险对象的公司;主要自保(senior captive)公司,是指完全为母公司拥有和控制,但其承保的风险除了来自母公司,还来自外部其他公司;联合自保(association captive)或集团自保(group captive)公司,是指由两个或两个以上母公司合作承保这些母公司风险的公司。这些母公司共出保费,同担风险;风险自留(risk retention captive)集团。这是一种特殊形式的联合自保公司,主要是专门承保某种特定责任风险。这种类型的自保公司产生于美国,是依据1981年的产品责任风险自留法案和1986年的责任风险自留法案批准成立的;租借式自保(rent-a-captive)公司,是指那些提供自保服务设施的保险公司,该公司向与之并不相关的组织提供自保的服务设施,主要目的是向缺乏资金或不愿出资创办专业自保公司的企业或组织租借资本或执照,使其能够通过该平台开展自保业务并获得承保收益和投资收益。

自保公司基本由大型公司设立，具有本行业专业化的风险管理经验，可通过损失控制和安全指引来有效实现防灾防损的目标。

第三是保险方案针对性强。在保险市场中，商业保险公司对于某些特别风险可能并不提供保险保障，或者是即使提供也要支付较高的保险费。因此，自保公司可以针对特别风险设置专门险种。同时基于自保公司对风险分布的掌握和专业管理，可以使保险、再保险的安排更加契合其整体需要，有利于进行全球保险统筹安排。

从国内外自保公司的发展趋势看，其作为企业新型风险转移的工具越来越得到大型企业的青睐。随着我国航运保险市场竞争激烈程度的加剧以及市场的完善和体系化形成，航运自保公司必然成为我国大型航运企业或集团在选择风险管理方式时的重要选择，航运自保公司在我国的发展也必然受到关注。

二、自保合同的法律适用

从《保险法》第 2 条关于保险的定义看，自保公司从事的保险是否属于《保险法》所调整的范围，除了考察其收取保险费并就承保损失做出赔偿的行为特征外，还需要判断其性质上是否属于商业保险。尽管自保公司的商业行为与常规的商业保险存在差异，其不是依据大数法则和行业经验获得项目风险定价，而是依据专业经验确定更为合理的承保费率以平衡自保公司的盈亏，但其盈亏理念与常规的商业保险公司并无根本性差异，而且从自保公司的经营目标看，其旨在为母公司制定和优化保险管理策略，提供有力的风险管理服务，有效降低风险成本，在性质上具有明显的商业特征。同时，自保公司的母公司以专业技术力量向自保公司提供支持为条件获得费率优惠，该行为仍可归类为商业行为，而且自保公司通常利用此种专业的风险设计优势来控制或影响自保或再保险市场，而与自保公司交易的再保险人更多是常规的商业保险公司，因此将自保公司归类为商业保险更具合理性。

尽管自保公司属于《保险法》下所称的保险，保险合同也将受《保险法》的规制，但是，对于自保公司的设立与监管，应以《保险法》中保险业法的内容为基础做相应的政策调整。2013 年 12 月，中国保监会发布《关于自保公司监管有关问题的通知》①对自保公司的设立条件、筹建和开业、保险经营和监督管理进行了规定，从内容上看监管部门目前对自保公司参照常规商业保险公司管理，但在注册资本、股东、业务对象以及监督管理等方面做了一些差异化要求，如将自保公司的业务范围确定为母公司及其控股子公司的财产保险和员工的短期健康保险、短期意外伤害保险业务。考虑自保公司分散风险的需要，允许自保公司业务分出，但应符合再保

① 保监发〔2013〕95 号。

险监管相关规定。分入业务仅限于标的所有人为其母公司及其控股子公司的财产保险业务,以防止商业保险市场的风险传递到自保公司。不过值得注意的是,在我国保险法律法规对保险市场经营主体的界定中,尚未针对自保公司这一范畴。

此外,自保公司以及航运自保公司的保险条款审批或备案要求与常规商业保险条款也无差异。航运自保公司所订立的海上保险合同纠纷的法律适用与常规海上保险合同完全一致。

第四章 海上保险合同的订立、解除与转让

第一节 海上保险合同的订立与变更

一、海上保险合同的订立流程

海上保险合同作为合同的一种,其订立要受一般合同法调整,需要满足要约、承诺等合同订立的基本要求。同时,海上保险合同的订立,还会因在不同地点订立而受到不同的市场惯例的影响。例如,同样一份海上保险合同,在中国市场上订立就不同于在英国市场上订立,即使同样是在英国,伦敦市场与伦敦外市场对订立的理解和惯例又有不同。相比于我国,英国海上保险合同的订立更具特色,且在国际海上保险市场中具有举足轻重的地位,因此本部分将以英国海上保险合同订立的相关法律问题为重点进行。

(一)英国市场海上保险合同的订立

英国的海上保险市场分为两大部分:伦敦市场和本土其他市场。二者在订约习惯、操作流程上均存在较大差异。另外,由于历史传统等各方面原因,二者实务中的业务范围也略有不同,伦敦市场既承保船舶保险也承保货物保险,其他市场一般仅承保货物保险业务。伦敦市场一般包括保险公司市场(companines' market)

和劳合社(Lloyd's of London)两个部分。

1. 伦敦市场(London market)

(1)概述

伦敦市场是以"认购"(subscription)为基础运作的,该传统已有上百年历史,被认为是伦敦市场最鲜明的特色之一,因此也有人将伦敦市场形象地称为认购市场。所谓"认购市场"(subscription market),不是指某一个市场实体,而是一种市场运作方式。其特征如下:

第一,风险分割。认购市场机制下,同一承保风险被不同保险人以认购一定风险百分比的方式加以分割,每个保险人仅对自己认购的部分承担责任。

第二,文件、资金的集中化处理。各保险人仅负责签名认购一定百分比的风险,与该保险合同有关的后期工作,包括确认各保险人认购额、核对文件和签名、代保险人签发保险单、核算保险费等,均交由集中化处理机构——伦敦市场保单签发办公室(即人们通常所说的 XIS)统一进行。①

(2)伦敦市场订约流程

在伦敦市场订立一份保险合同,通常需要经历如下几个步骤:

第一,保险经纪人根据被保险人的要求准备承保条(slip)。当被保险人有投保需求时,通常会首先选择一位在特定险种领域内有丰富经验的经纪人,将其保险需求详细告知经纪人,并根据经纪人的询问针对有关保险标的的情况提供准确信息。保险经纪人利用其专业知识对被保险人的需求和保险标的的具体情况进行评估,整合信息,制作承保条。② 传统的伦敦市场的承保条通常由四部分组成:第一部分主要是对风险的描述,其中包括以标准合同条款的形式进行的描述或者可能附加非标准条款。第二部分标题为"认购协议",这部分主要是阐述了在认购市场中如何处理合同的修订以及对合同发生的争议。第三部分标题为"告知信息"(information),这些信息有助于保险人准确评估风险,同时,当双方就被保险人是否在合同订立前履行告知义务发生争议时,这一部分的记载内容常常被作为法官裁判案件时的辅助证据。第四部分记载了国家有关税收和保险监管的规定。这四部分都有明确的标题,除第一部分的标题未被强制性确定外,其他三部分的标题不能更改、删除或增添其他内容。不过,2007 年 7 月的《市场改革合同》(the Market Reform Contract,MRC)对承保条进行了变革,新的 MRC 作为标准合同格式和与之相配套的《合同确定性操作准则》(Contract Certainty Code of Practice)于同年 11 月正

---

① 伦敦市场上,第一家集中化处理机构是 Lloyd's Underwriters' Signing Bureau,成立于 1915 年。Xchanging Ins-sure Services (XIS)成立于 2002 年,由多方共同出资成立,其中 Lloyd's 拥有 25%股权,International Underwriting Association of London 拥有 25%的股权,Xchanging BV 拥有 50%的股权。

② 有关承保条的具体内容请参见本书第三章第二节。

式投入使用。相比于传统的承保条，MRC 从结构和内容上更加清晰地表现了保险合同双方的合意，它包括六个部分的内容，分别是风险描述（risk details）、告知信息（information）、安全信息（security details）、认购协议（subscription agreement）、税收与监管（fiscal and regulatory）、经纪人薪酬及扣除额（broker remuneration and deductions）。

第二，寻找首席保险人（leading underwriter，也称 slip leader）。保险经纪人在对市场进行综合考察后，会选中在此类保险领域具有较高声望的一个或多个保险人作为其意向的首席保险人，向其发出订立保险合同的要约（offer）。保险经纪人对首席保险人的选择至关重要，该承保风险能否得到其他保险人的认购，很大程度上取决于业内其他保险人对首席保险人专业权威性的认可。

第三，首席保险人认购。意向首席保险人可以就承保条记载的保险条款与保险经纪人协商并做出修改，直到双方达成一致。随后意向首席保险人就会在承保条上签字表示同意承保，该签字行为在伦敦市场被称为“认购”（scratch/initial）。一旦首席保险人在承保条上签字，就构成了法律意义上的承诺（acceptance），保险合同在被保险人与首席保险人之间即告成立。首席保险人在签字的同时，会明确其认购的风险百分比。

第四，其他保险人加入认购。在获得首席保险人认购后，保险经纪人会持该承保条向其他保险人发出认购要约。对该承保风险有兴趣或对首席保险人的专业权威有信心的其他保险人，会以在承保条上签字并声明认购百分比的方式做出法律意义上的承诺，从而成为该保险合同的保险人。除首席保险人以外，其他在承保条上签字认购风险的保险人，被称为从共保险人（subscribing underwriters）。

第五，签发保险单。当达到被保险人预期的承保额度时，保险经纪人就会结束承保条的认购。重新准备一份被称为“signing slip”的文件，其上有保险条款、包括首席保险人在内的所有认购保险人名单及各保险人最终的风险认购百分比。“signing slip”交由首席保险人检查与原始承保条一致后，通常保险经纪人还会协助起草保险单（policy），随后有关文件全部会交由 XIS 核实。核实无误后，XIS 会代各保险人签发保险单。

至此，一份意向中的承保风险就通过伦敦市场完成了其承保的全过程，“承保条认购制度”的基本流程即告完成。可以看出，保险经纪人在保险合同的订立过程中发挥着重要的作用，从准备承保条、寻找首席保险人、发出认购邀请到提交签发保险单有关文件等均由保险经纪人参与完成。可见，保险经纪人在伦敦市场的保险合同订立过程中扮演着不可或缺的重要角色。

依照伦敦市场惯例，保险经纪人向某个保险人出示承保条寻求认购即为一个有效的要约，该保险人在承保条上签字认购即为一个有效的承诺，此时一个有效的保险合同在该保险人与被保险人之间成立，与保险单是否签发无关。事实上，由于保险经纪人需要在风险认购到一定程度时才会结束承保条认购，统一向 XIS 办理包括签发保险单在内的后续手续，因此保险合同的成立与保险单的签发间隔数月的情况，在伦敦市场是很常见的。虽然英国《1906 年海上保险法》第 22 条明确规定仅有保险单才是可接受的证明保险合同存在的证据，但这丝毫不影响整个伦敦市场对于承保条一经签字保险合同即告成立的认定，而且一旦发生保险事故，某个或部分保险人选择支付赔偿，不会妨碍其他保险人的抗辩。

长久以来，伦敦市场一直按照“承保条认购制度”进行操作，这种做法益处颇多。一方面避免了因全部风险交由一个保险人承保，单个保险人无法承保的情况；另一方面各个保险人均有机会进入认购市场，共同承保，相互分摊风险。许多保险人可以共同参与对同一风险的评估、承保，有利于保险市场综合业务能力的整体提升。

2. 其他市场

其他市场（Outside the London Market），指伦敦市场以外的英国海上保险市场。其他市场有自己的运转规则，却也并非与伦敦市场完全割裂，二者既有相同之处，也存在一定差别。

相同之处主要有：

（1）伦敦市场广泛使用的承保条，其他市场也同样会使用。（2）除了合同另有约定外，两市场保险合同成立时间相同，都是自保险人在承保条上签字之时成立。（3）保险经纪人同样在订约过程中发挥着重要的作用。（4）保险单的签发与否均不影响保险合同的成立。

不同之处主要有：

（1）其他市场保险合同的订立，主要受一般合同法原则的调整；伦敦市场除受一般合同法调整外，认购的市场惯例对保险合同的订立有重要影响。（2）较之伦敦市场以认购为基础的风险分割承保，其他市场保险合同的订立不以认购为基础，其风险分割方式和交易习惯不同于伦敦市场。（3）由于不存在多个保险人的认购，故无文件及资本集中化处理的必要，因此其他市场不存在像伦敦市场中 XIS 性质的集中化处理机构。（4）在伦敦市场中，首席保险人是其他保险人的代理人，一般情况下，保险经纪人只需要与首席保险人协商投保事宜；而在其他保险市场，保险经纪人则与各个保险人分别协商。（5）伦敦市场的多数制度与再保险制度有直接衔接。参考下文论述，再保险业务也是伦敦市场的主要业务之一，但在其他市场不存在这种情况。

3. 几类特殊的合同

下述几类合同由于其自身性质或实务操作中存在特殊性，需要特别讨论：

(1)再保险合同(reinsurance contract)

再保险是指保险人将其承保的风险和责任向其他保险人再投保的行为,通过再保险合同来实现。再保险合同于18世纪中期在英国首次出现。当时由于保险人承保的一些风险过于巨大,即使在伦敦市场上进行了风险分割,分割后的风险对于保险人来说仍然难以承受,因此出现了再保险。有些情况下,保险人会要求保险经纪人先办理好再保险事宜,自己才愿意在承保条上签字认购。面对此种情况,保险经纪人会先准备好再保险的承保条,向意向中的再保险人寻求再保险下的风险认购,愿意承保的再保险人会在再保险承保条上签字认购。由于此时作为再保险合同另一方当事人的保险人尚未确定,因此不能认为再保险合同已经成立,再保险人的签字认购仅能被视为一个要约。不过,在其他条件具备时,再保险人的签字认购有可能会被认定为一个存在于再保险人与保险经纪人之间的有约束力的合同,但不属于再保险合同。当保险经纪人将再保险人签过字的再保险承保条交给保险人并得到保险人认可接受后,一个有效的再保险合同才成立。

(2)预约保险(open cover)

预约保险单是海上货物运输保险的常见形式之一,但无论在我国还是国际保险业界都没有对其做出权威的定义。[①] 不同于一般的逐笔海上保险,预约保险合同在订立时对于保险标的的具体情况尚不能确定,因而只能就意见已经达成一致的事项做出粗略的记录,如承保期间、保险费率、承保险别、保险标的范围、每一保险或地点的最高保险金额及保险费结算办法等。其他具体详细内容如装运货物的船名、航线、货物价值和保险金额等,在每批货物发运前,据被保险人的申报(declaration)再确认。预约保险合同涉及的单证包括预约保险单和保险凭证。我国《海商法》第231条和232条第1款分别规定,预约保险合同应当由保险人签发预约保险单证加以确认。应被保险人要求,保险人应当对依预约保险合同分批装运的货物签发保险单证。在实务中,一般由保险人将空白的保险凭证交给被保险人,当每批货物承运后被保险人将其详细信息填写完整,并提交给保险人,保险人经审核在保险凭证上签字盖章或另外签发航次保险单。保险凭证的内容应与预约保险单内容完全相符,若不相符,则应以特殊的保险凭证记载为准。这也符合《海商法》第232条第2款的规定,保险人分别签发的保险单证的内容与预约保险单证的内容不一致的,以分别签发的保险单证为准。

至于在预约保险合同下被保险人是否有义务将未来一段期间所有符合投保条件的全部货物均向保险人处申报,以及保险人是否必须全部接受,这关系到保险人

---

① 浮动保单(Floating Policy)被认为是预约保险保单的前身,其在很多方面与预约保险存在一定相似之处,但不完全相同。英国《1906年海上保险法》第29条有关floating policy的规定,实务中有时会酌情适用于预约保险。

的保险责任是否自货物装上船时自动开始，是国内保险实务中的争论点。《最高人民法院关于长春大成玉米开发公司与中国人民保险公司吉林省分公司海上保险合同纠纷一案的请示的复函》中，认为“投保人长春大成玉米开发有限公司（以下简称大成公司）依据该协议向中国人民保险公司吉林省分公司（以下简称人保公司）投保，人保公司在协议约定的期限内不得拒绝投保人大成公司的投保，投保人大成公司也要在协议约定的期限内将其出运的货物全部在人保公司投保，这应是预约保险合同的对等义务”①。最高人民法院复函对实务具有一定的指导作用，但国内有保险人认为该复函仅针对个案，并非针对国内预约保险条款的所有情形。

1998 年 4 月 10 日，长春大成玉米开发有限公司（以下简称“大成公司”）与中国人民保险公司吉林省分公司（以下简称“人保公司”）签订了国内货物预约保险合同。合同约定，人保公司对大成公司在合同签订后一年内（自 1988 年 4 月 13 日至 1999 年 4 月 13 日），从长春经铁路、海运发运的玉米淀粉、饲料和蛋白粉货物承保，保险费按照约定，保险期限为一年。签发保险单的同时，人保公司在大成公司处预留了大量盖有人保公司法定代表人印章的空白保险单，供大成公司在发运货物时填写和向人保公司申报用。此后，大成公司将其从铁路、海运发运的大部分货物向人保公司进行了申报，并按申报数量向人保公司交纳了保险费。大成公司将 1998 年 5 月份的一票货物和 6 月份的三票货物在长春保险公司进行了投保，将 1998 年 12 月下旬的六票货物在通化保险公司进行了投保，相应的保费也由大成公司通过银行直接汇给了上述两家保险公司。但大成公司未将这一情况告诉人保公司国际业务部。1998 年 12 月初，大成公司在鲅鱼圈将 3640 吨玉米淀粉装入“嘉裕”船。当月 5 日 0615 时，该船因稳性原因在装货港内倾覆，大成公司的 3640 吨玉米淀粉随船沉没。当日上午 9 时许，大成公司将保险标的为该批货物的保险单送给了人保公司，并于日后向人保公司交纳了该批货物的保险费。该保险单上显示的填写日期为 1998 年 12 月 5 日。1999 年 1 月 4 日，大成公司在大连海事法院对“嘉裕”船的所有人提起诉讼，大连海事法院受理了此案。1999 年 4 月 5 日，大成公司又撤回起诉。1999 年 5 月 24 日，大成公司在长春市中级人民法院对人保公司提起了诉讼，要求人保公司赔偿货物损失 8109000 元并支付滞纳金。人保公司对长春市中级人民法院的管辖权提出了异议，长春市中级人民法院于 1999 年 12 月 13 日将该案移送至大连海事法院。

一审大连海事法院认为，大成公司与人保公司签订的预约保险协议具有法律效力，双方应依照诚实信用原则履行该协议。大成公司须对预约保险协议中约定的货物向人保公司投保，人保公司不得拒绝大成公司的投保，是大成公司、人保公

① 民四他字[2001]第 25 号，2001 年 11 月 7 日。

司双方在该协议中设立的对价义务。只有原告履行了如实申报并将全部货物向人保公司投保的义务,人保公司才能在出险后承担赔偿责任。原告未将其发运的全部货物如实向保险人申报,而向其他两个保险公司申报,违背了保险合同当事人应遵循的诚实信用原则,构成了严重违约。被告在知悉原告未如实申报货物并将部分货物向其他公司投保情况时,有权拒绝接受原告在事故发生后所进行的申报和赔偿请求。因此,人保公司拒绝大成公司就涉案货物提出的赔偿请求,并无不当。根据《中华人民共和国保险法》第 4 条和《中华人民共和国海商法》第 224 条判决驳回大成公司诉讼请求。①

二审法院认为,原审法院认定双方当事人所签订预约保险协议成立并具有法律效力正确,但预约合同并不能直接产生合同义务。大成公司与人保公司签订了预约保险协议,依据该协议投保,人保公司在协议约定的期限内不得拒绝大成公司的投保,投保人大成公司也要在协议约定的期限内将运输的全部货物在保险公司投保,这是预约保险合同的对等义务,但预约合同不具备我国《中华人民共和国海商法》第 217 条规定的海上保险合同的全部内容,故其不能直接产生保险合同义务,保险人义务的产生依据是有效的保险合同而非预约合同。上诉人不能据此向保险公司主张保险权益。而且大成公司向人保公司投保时,已经知道四份保险单项下的货物全部随船沉没,货损事故已经发生。保险合同的标的应当是未来可能发生的事故,已经发生的事故不能成为保险合同的标的。《中华人民共和国保险法》第 2 条和《中华人民共和国海商法》第 224 条对此都做了明确规定。因此,保险公司不应承担保险赔偿责任。二审辽宁省高级人民法院判决驳回上诉,维持原判。②

当前,实务中存在预约保单(covers)、"选择/义务接受的预约保单"(facultative/obligatory covers)、"选择性预约保单"(facultative covers)三种。在"选择/义务接受的预约保单"下,被保险人可以通过申报有选择地将满足要求的货物向保险人处投保,保险人必须接受;在"选择性预约保单"下,被保险人可以有选择地将满足要求的货物向保险人处投保,保险人也可以有选择地接受。三者虽然都是关于批量货物的保险合同(或框架协议),但在保险合同成立时间方面存在根本性的不同。预约保险合同本身就是一个有效的保险合同,只要该合同成立,保险合同即告成立,与货物是否装上船、被保险人是否履行申报义务无关。货物装上船的时间,是保险责任开始的时间,并不是保险合同成立的时间。至于被保险人是否履行申报义务,既不影响保险合同的成立,也不会影响保险责任的开始,只要被保险人是

① 〔1999〕大海法商初字第 484 号。
② 〔2001〕辽经终字第 13 号。

善意的，申报的作用更多地体现在保险费的计算上，如美国、挪威等协会或公司的预约保险单。① 选择/义务接受的预约保单下，对于投保货物，被保险人有权利选择性投保，保险人却没有权利拒绝，因此选择/义务接受的预约保单订立之时，并不能认为已经存在了一个有效的保险合同，因为被保险人并无必须投保的义务。一般认为，选择/义务接受的预约保单仅是保险人发出的一个持续性要约，当被保险人选择将某批货物通过申报向保险人处投保时，一个有约束力的保险合同才刚刚成立。也就是说，选择/义务接受的预约保单本身并不是一个保险合同，被保险人的每一次申报都成立一个单独的保险合同，每一个批次货物的保险合同之间不发生关系。选择性预约保单下，由于合同双方都具有选择权，无义务性，所以本质上来讲，选择性预约保单并不是一个合同，而仅是一个未来订约的意向。因此选择性预约保单下，只有当被保险人向保险人做出了投保的申报，保险人接受了申报，二者之间才刚刚成立了一个保险合同。

当前我国很多保险人基于对部分被保险人诚信的担忧，更倾向于主张预约保险属于类似于"选择/义务接受的预约保单"的预约保险模式。因此，如果被保险人期待"保险责任自货物装上船时自动开始"的法律效果，需在预约保险保险合同中予以明确。

(3)授权协议

首席保险人协议(leading underwriters agreements)、核保授权协议(binding authorities)与线承保条(line slips)是伦敦市场经常出现的合同形式，但三者都不是保险合同，从性质上说更接近于授权协议。

首席保险人协议，赋予了首席保险人代表同一承保条下其他认购保险人为一定行为的权利，包括代为同意、修改保险条款、接受预约保险下被保险人的申报、处理包括和解在内的索赔事宜等权利。当前伦敦市场正在推行一项新的首席保险人协议标准格式 GUA(general underwriters agreement)，有六个不同版本以适应不同种类保险的需要，其中有三个版本针对海上保险。

授权协议，是保险人授权某一主体代替自己签订保险合同的业务授权书，被授权人被称为承保代理人(cover holder)。之所以会有此授权，是因为在某些情况下，承保代理人比保险人更容易进入某些保险市场。根据授权协议，承保代理人被视为保险人的代理人，其行为完全是为了被代理的保险人的利益，因此保险合同下的一切利益均归属于保险人，保险人也因此有权查看保险合同订立过程中的一切往来文件，这是授权协议与首席保险人协议的一个明显区别。

---

① 《美国海上保险人协会的预约保险条款》;《挪威 1995 年海上货物保险条款》(Norwegian Cargo Clauses: Conditions relating to Insurance for the Carriage of Goods of 1995)。

线承保条，是保险人授权首席保险人或其他人代为订立符合本授权要求的保险合同的书面授权协议。表面看来，分保条似乎与首席保险人协议非常相似，其实二者之间有很大区别。首先，分保条的授权通常仅局限于保险合同的订立；首席保险人协议的授权则要广泛得多，通常包括合同的订立、条款的修改甚至后期索赔的处理；其次，line slips 通常是由管理人（managing agent）代表辛迪加所做出的给予其他管理人①或保险人的授权，首席保险人协议则是存在于同一承保条下的保险人间的相互授权，与管理人无关。

（二）中国市场海上保险合同的订立

1. 订约习惯和流程

与伦敦市场不同，我国的海上保险市场没有将风险拆分承保的习惯，保险公司通常独立完成对一个风险的承保。由于这种区别于伦敦保险市场拆保、认购的实践做法，保险经纪人在中国市场并未发挥巨大作用，更多的只是充当保险人与被保险人中介或者提供相关辅助服务的角色。

我国海上保险合同订立同样遵从一般合同“要约—承诺”的方式，只是在信息披露、保险利益等特殊问题上对保险人和被保险人提出了特殊的要求。具体来看，一份海上保险合同在我国市场中的订立通常分为如下几个阶段：(1)被保险人向保险人表达投保意愿（提出保险要求）。(2)双方就有关保险事项进行洽谈。(3)当双方对有关投保事宜达成一个初步的共识后，保险人会要求被保险人填写一份格式化的投保单（application）。投保单的内容大致包括被保险人信息、保险标的、险种、保险期限、保险费等，具体的内容和样式则因保险公司不同而有所差别。(4)保险人对投保单的内容核实无误后，在投保单上签字和/或盖章。(5)被保险人交纳保险费，保险人签发保险单。

随着电子信息的发展及现代社会对于经济效率要求的不断提高，传统的海上保险合同订立流程趋于简化，尤其是在货物险领域。除大宗散货及精密仪器外，大多数的货物险都属于标的小、保费低、技术含量不高的零散业务，保险人更多依赖保险代理人、保险经纪人的参与以提高效率、节省成本。因此，保险人会与一些代理网点（通常是掌握大量客户资源的保险代理人公司）签订长期协议，通过协议授予代理网点在约定费率、免赔额、运输方式等限制条件的范围内，直接签发以该保险公司为保险人的保险单，无须提供投保单也无须保险人核保。此时代理网点的法律地位要视相关保险合同或单证确定，必要时需要审查保险公司与代理网点的授权协议。很多情况下，与保险人订立合同人的身份可能是投保人，也可能是保险

① 劳合社保险市场上，多个保险人或辛迪加组织有时会委托一个共同的管理人代为管理日常事务，该管理人即为 managing agent。

经纪人,法律地位的不同会关系其在保险合同下的权利与义务,比如是否负有支付保险费的义务。①

较之货物保险,船舶保险通常标的额更大,风险也更为集中,出险的概率也要高于货物险,对船舶的承保要求保险人拥有一定的包括船舶结构、航海技术、法律在内的专业知识。船舶保险通常需要逐笔核保,且对于一些老龄船的核保有时不仅要进行书面文件的审核,必要时还要现场登船查验,因此保险公司通常要自行核保或外请专家,而不会像货物险一样为追求效率而简化投保流程。此时如涉及保险经纪人,其作用也会由简单的代为办理保险业务转化为提供专业知识咨询与中介服务。

2. 合同成立的时间及方式

我国《保险法》第 13 条规定:投保人提出保险要求,经保险人同意承保,保险合同成立。保险人应当及时向投保人签发保险单或者其他保险凭证。我国《海商法》第 221 条规定:被保险人提出保险要求,经保险人同意承保,并就海上保险合同的条款达成协议后,合同成立。保险人应当及时向被保险人签发保险单或者其他保险单证,并在保险单或者其他单证中载明当事人双方约定的合同内容。由此可见,不管是依据我国《保险法》还是《海商法》,保险单的签发都不是保险合同成立的必要条件,而只是合同存在的凭证。在使用投保单的情况下,权利与义务内容较为明确的投保单就可以认定是一个有效的要约,保险人对投保单的确认,即为一个有效的承诺,此时一个有约束力的保险合同已经订立。

二、告知义务与最大诚信

(一)被保险人的告知义务

在海上保险实务中,保险人通常对保险标的无法进行实地核查,对于是否承保以及承保条件的确定只能依靠被保险人的申报,因而在保险合同订立之前,被保险人必须将有关保险标的的一切重要事实据实告知保险人。这种对被保险人的严格要求逐渐发展成为最大诚信义务,并从海上保险法延伸至普通保险法。世界各国的保险法多对投保人或者被保险人的告知义务有明确规定,我国《保险法》第 16 条和《海商法》第 222 条分别规定了投保人的告知义务和被保险人的告知义务。

根据告知的履行方式,告知义务分为主动告知与询问告知两种。主动告知模式下,投保人除了如实回答保险人的询问(即"如实陈述")外,还必须主动告知与保险标的有关的"重要情况"。基于海上保险中海上风险的复杂性,传统海上保险

① 根据《保险法》保险法的规定,投保人属于保险合同当事人之一,负有支付保险费的义务;保险经纪人仅靠提供服务赚取佣金,不享有保险合同下的权利也不承担保险合同下的义务,保险费仍由投保人支付。

多采用主动告知，但近年来随着科技的进步和保险合同双方信息不对称情况的缓解，海上保险法的主动告知标准有弱化的倾向，要求缓解被保险人过重的告知义务，同时改变过去保险人单纯消极等待信息的状况，督促保险人在信息获取过程中扮演更为积极的角色。

《海商法》第 222 条第 1 款规定：合同订立前，被保险人应当将其知道的或者在通常业务中应当知道的有关影响保险人据以确定保险费率或者确定是否同意承保的重要情况，如实告知保险人。通说认为，该条款确立的海上保险合同订立前被保险人的如实告知义务，沿袭了英国《1906 年海上保险法》第 18 条的规定，属于主动告知，相比于我国《保险法》第 16 条规定的询问告知义务——"订立保险合同，保险人就保险标的或者被保险人的有关情况提出询问的，投保人应当如实告知"——有本质的区别。需要注意的是，海上保险中的主动告知并非要求被保险人进行事无巨细的告知，被保险人只需告知其"知道或在通常业务中应当知道的有关影响保险人据以确定保险费率或者确定是否同意承保的重要情况"。此外，"保险人知道或者在通常业务中应当知道的情况，保险人没有询问的，被保险人无须告知。"

告知义务（duty of disclosure）是海上保险合同的订立过程中的重要义务，一直以来被归入最大诚信义务的范畴。最大诚信（utmost good faith）作为英国海上保险法的标志性内容之一，百年来对普通法系和大陆法系国家都有深远的影响。

（二）英国保险立法中的最大诚信

1. 最大诚信的来源

最大诚信似乎是专属于保险法领域的概念。英国海上保险是解读最大诚信之含义的源点。在成文法之前的判例法阶段，通常认为 1766 年的 Carter v. Boehm 案①是最大诚信的起源。该案当时的大背景是保险业非常稚嫩，保险单的签发只在劳氏咖啡馆通过协商进行，所以曼斯菲尔德勋爵认为，保险的诸多风险大多数只有被保险人知道，保险人既无从获知，也不知道该询问何种问题，只能简单地依据被保险人的告知，因此应该要求被保险人承担告知的义务。该义务被后人总结为 utmost good faith，并被翻译为"最大诚信"。但实际上，该案判决本身并没有使用"最大诚信"一语。依据现有的资料，从字面上看，"最大诚信"的表述最早出现在 1789 年与保险利益有关的 Wolff v. Horncastle 案中，②但仅是一句话简单地提及"保险合同是最大诚信合同"（contract uberrimae fidei），主审法官并未进一步说明

① Carter v. Boehm, (1766) 3 Burr. 1905.

② See John Birds, Ben Lynch & Simon Milnes, MacGillivray on Insurance Law, Sweet & Maxwell, 2012, para. 17-002.

什么是最大诚信或者这一概念的渊源,甚至在本案中也并未引用前述 Carter v. Boehm 案。

英国《1906 年海上保险法》使用了"最大诚信"这一表述,但其含义从该法律术语本身无法找到肯定的答案,还需要从具体法律条文和相关判例中解读。

2. 最大诚信义务的含义

从英国《1906 年海上保险法》的条文本身看,其第 17 条并未尝试对"最大诚信"给出定义。① 如果结合案例法揭示最大诚信义务的含义,则首先应包括被保险人的合同前告知义务。但最大诚信义务在英国法下显然并不局限于合同前的告知义务。

(1)最大诚信与欺诈索赔

英国《1906 年海上保险法》出台后,欺诈性索赔似乎也可归类于违反最大诚信将导致"合同被另一方宣告无效"。在之后的英国判例法中,隆摩尔法官在 Mercandian Continent 案②中具体列举了合同订立后最大诚信义务适用的情形,其中一项便是"欺诈性索赔"。但在英国著名的 The Star Sea 案③中,英国上议院在两个方面限制了《1906 年海上保险法》第 17 条的适用范围:(1)一旦法律程序开始,最大诚信义务就不再适用,而应该适用法院程序。(2)合同前诚信义务与合同后诚信义务有所不同,合同前义务相对比较严格。其结果是,欺诈性索赔中的诉请及证据采信标准就不再适用"违反则对方有权宣告无效"的最大诚信义务规则。总结来看,近几年英国的主流观点在发生转变:欺诈性索赔不再受《1906 年海上保险法》第 17 条中的"一方宣告合同无效规则"的调整。

(2)最大诚信对保险人的适用

保险合同的订立是一个保险人和投保人进行双向选择的过程。现代保险人作为保险专业从业者,掌握有大量风险信息,并将其运用到保费厘定、条款制定过程中,对此投保人、被保险人难以与之抗衡。保险人的说明义务,作为合同前义务之一,同样对于海上保险合同的订立起到重要作用。特别是在保险人实力愈发雄厚,海上某些风险随着科技进步逐渐具有更强可预见性的背景下,忽视保险人的说明义务,将会严重破坏缔约双方的利益平衡,降低被保险人投保的积极性,最终影响整个海上保险业的发展。英国《1906 年海上保险法》第 17 条显然包含一层含义:

---

① 该条规定:"海上保险合同建立在最大诚信的基础上,如果合同任何一方不遵守最大诚信,另一方即可宣告合同无效。"

② K/S Merc-Scandia v. Certain Lloyd's Underwriters and Others, [2001] 2 Lloyd's Rep. 563. 在该案中,隆摩尔(Longmore)法官对保险合同成立后诚信义务的产生限定了条件,包括风险变动、续保、续期、保险期间保险人要求提供信息、欺诈索赔及可默示诚信的其他情形。

③ Manifest Shipping Company Limited v. Uni-Polaris Shipping Company Limited and La Reunion Europeene, [2001] 1 Lloyd's Rep. 389, 401, 402, 407.

最大诚信义务不仅由被保险人承担，也应由保险人承担。保险人的最大诚信义务主要表现为：（1）对承保风险的告知义务，即如果保险人得知保险标的已经不可能因发生保险事故而遭受损失的，应将该情况告知被保险人；如果保险人知道被保险人所期待投保的风险其实并不在保险单的承保范围之内，则也应如实告知被保险人；（2）对保险合同条款的释明义务，即保险人应当向被保险人说明合同的内容；（3）及时支付保险赔偿金的义务。

最大诚信适用于保险人是明确的，但是保险人违反最大诚信义务后，对于被保险人的救济措施如果是根据《1906 年海上保险法》第 17 条的规定宣告合同无效将很不合理。

在 Banque Keyser Ullman SA v. Skandia（UK）Insurance Co. Ltd. 案中，①保险人明知被保险人的代理人故意向被保险人隐瞒保险合同的部分条款，却未将上述情况告知被保险人，一审法院认为保险人违反最大诚信义务且被保险人有权向其主张损害赔偿。上诉法院维持了一审法院关于保险人违反最大诚信义务的判决，但推翻了被保险人有权获得损害赔偿的裁定，这一判决也得到了枢密院的支持。由此，保险人违反最大诚信的后果却是被保险人得不到保险赔偿。在前述 Star Sea 案中，霍布豪斯勋爵同样认为，一方违反最大诚信义务时，另一方可以溯及既往地宣告合同无效。如果因此需要对双方的经济地位进行调整，依据的是返还法（restitution law），而不是合同法。② 很显然，宣告合同无效仅在保险事故尚未发生时才对被保险人有意义，其本身并不能满足保险事故发生后被保险人的救济诉求。但被保险人往往要等到保险事故发生时才能发现保险人未尽最大诚信义务，在此情况下，即使被保险人得知保险人违反最大诚信义务，也几乎不会因此宣告合同自始无效，故宣告合同无效的救济方式在多数情况下对被保险人并无实际意义。此外，保险人违反有关风险告知与条款解释说明的义务时，英国的司法实践对被保险人的救济也很少见到基于合同被一方宣告无效而否认被保险人的赔偿请求权的情况。③ 这说明，最大诚信义务虽然包含订约前对保险条款的说明义务，但在保险人违反有关风险告知与条款解释说明的义务时的救济措施，应该予以特别考虑。

除外责任条款是对被保险人极其不利的条款，其严厉性要求保险人在订约前明确告知被保险人，否则由于格式条款及被保险人知识水平的限制，很容易对被保

---

① ［1990］1 QB 665，［1991］2 AC 249.

② ［2001］1 Lloyd's Rep. 389，400.

③ 当前，英国保险市场中的保险人需要按照《金融服务管理局保险业务守则》（Financial Services Authority's Insurance：Conduct of Business Rules）来执行良好行业操作（good industrial practice）。该规则具体规定了保险人应向保单持有人主动介绍和说明的条款内容，保险人的诚信义务（缔约前和缔约后）由此已被该规则标准化。值得注意的是，该规则虽然定位于“良好行业操作”，属于行业标准而非法律，却对保险人起到了很严格的约束作用。

险人的利益造成极大的损害。我国《海商法》对保险人除外责任条款的说明义务没有明确规定,但《保险法》第 17 条规定:保险合同中规定有关保险人责任免除条款的,保险人在订立保险合同时应当向投保人明确说明,未明确说明的,该条款不产生效力。实务中关于除外责任条款的争议仍然较多,一方面是由于保险人疏忽履行此义务,另一方面来源于对某一保险条款是列明承保风险还是列明除外责任存在争议。

在广州海上救助打捞局诉中国人民保险公司广东省公司德跃轮船舶保险案中,承保条件为人保《1986 年远洋船舶保险条款》的一切险,后来补充删除了人保《1986 年远洋船舶保险条款海运条款》除外责任条款项下第(一)、(二)项,即(一)保险船舶从事拖带或救助服务;(二)保险船舶与他船(非港口或沿海使用的小船)在海上直接装卸货物,包括驶近、靠拢和离开。"德跃"船拖带"滨海 308"驳船过程中,因风浪影响,"滨海 308"船与另一锚泊船"澜沧江"船发生碰撞,造成"澜沧江"船受损,该轮船东向保险人书面提出索赔。但保险人仍以"'海运'条款的删除,并不意味本保险承担一切风险,整个条款规定的除外风险并不因为'海运'条款的删除而被列入承保范围"为由拒赔。一审判决被保险人败诉,二审维持原判。因此,人保《1986 年远洋船舶保险条款》为列明承保风险,未在保险条款责任范围内列明的风险都不属于保险责任的范围,包括但不限于除外责任条款中的风险。①

关于保险人对格式条款下除外责任、免责条款的说明义务,《最高人民法院关于适用〈中华人民共和国保险法〉若干问题的解释二》第 9 条规定:保险人提供的格式合同文本中的责任免除条款、免赔额、免赔率、比例赔付或者给付等免除或者减轻保险人责任的条款,可以认定为保险法第 17 条第 2 款规定的"免除保险人责任的条款"。保险人因投保人、被保险人违反法定或者约定义务,享有解除合同权利的条款,不属于保险法第 17 条第 2 款规定的"免除保险人责任的条款"。第 11 条第 1 款规定:保险合同订立时,保险人在投保单或者保险单等其他保险凭证上,对保险合同中免除保险人责任的条款,以足以引起投保人注意的文字、字体、符号或者其他明显标志做出提示的,人民法院应当认定其履行了保险法第 17 条第 2 款规定的提示义务。实践中,由于保险人在是否履行了明确的说明义务方面处于不利的举证地位,在国内水路运输货物保险及渔船保险中,某些保险人会在保单上印就"特约约定"或"特别声明",大意为:被保险人在该声明栏中签字便视为对保险条款免责事项完全知悉。针对此类声明或约定的效力,判断保险人是否履行该义务,不应以保单中是否存在此类声明为绝对标准,而应该看保险人对被保险人进行

① 人保《2009 年船舶保险条款》与《1986 年船舶保险条款》一样,所谓的"一切险"本质上仍属列明风险。

明确告知的实际行为。如果仅是在保单背后印上保险条款，对相关的除外责任或免责条款既未使用特殊字体标识也未做书面、口头说明，那么即使存在所谓的“特约约定”或“特别声明”，也应当认定没有正确履行保险人的说明义务。

在涂奎才与中国大地财产保险股份有限公司柳州中心支公司通海水域保险合同纠纷上诉案中，保险人在保险单上统一印制“投保人声明”，内容为被保险人本人已经仔细阅读《沿海内河船舶保险》条款，特别是黑体字部分，并对条款内容完全理解无异议，又在投保单的背面附上全文黑体的保险条款。二审法院广西壮族自治区高级人民法院认为，尽管本案中存在“投保人声明”，但所附保险条款的免责条款字体与其他条款字体统一、大小一致、颜色无异，与其他条款没有明显的区别，因而保险人没有尽到《保险法》第 17 条所规定的足以引起投保人注意的说明义务。①

为避免被保险人以保险人未“告知”某免责条款为由作技巧性抗辩，同时考虑到被保险人的不利举证地位，应当对保险人所负的此项义务作合理的限制。针对“说明”的含义是对免责条款主动进行详细解释直至对方理解还是仅仅告知免责条款的存在，即提请被保险人注意。保险人所负义务应是提示义务，理由有三：第一，在海上保险领域，很多被保险人是长期从业者，并非第一次投保，应当知道免责条款的存在；第二，即使是首次使用某一保险条款，被保险人也有义务仔细阅读该条款；第三，由于专业知识水平所限而不理解的事项，被保险人完全可以要求保险人予以说明。但为减少争议并增强可操作性，我国《海商法》仍需增加条文来明确保险人的此项先合同义务：海上保险合同中规定有关于保险人责任免除条款的，除非在通常业务中被保险人已知道或应当知道该条款，保险人在订立合同时，应当采取合理的方式提请被保险人注意此种条款，并按被保险人的要求，对此条款予以说明，否则此种条款不约束被保险人。

(3)英国《2015 年保险法》改革

在《2015 年保险法》之前，英国《1906 年海上保险法》除了一些特殊制度规则(如默示条款、推定全损)外，总体上适用于普通商业保险；而非商业保险(即消费者保险)适用英国《消费者保险(告知与陈述)法》[Consumer Insurance (Disclosure and Representations) Act 2012, CIDRA]。另外，汽车保险中的强制责任保险、普通责任保险、雇主责任保险和人身意外险等特定保险领域也有相应的法律调整。在此情况下，尽管英国判例法已经对《1906 年海上保险法》有所发展，英国法律委员会仍决心通过新的保险立法对最大诚信进行改革。《2015 年保险法》出台之后，《1906 年海上保险法》的部分条文已经被替代，其他部分因不存在明显的适用冲突

① [2013]桂民四终字第 31 号。

将继续有效。

首先,英国《2015 年保险法》在第五部分“诚信”中,对违反诚信义务的法律后果进行了修改。该部分标题使用“诚信”(good faith),但内容却是围绕最大诚信展开。其第 1 条规定,违反最大诚信义务的后果不再是宣告合同无效。其第 2 条进一步规定,任何有关规定保险合同为最大诚信合同的法律规则,应该修改为以该法以及消费者保险法所要求的程度为限。其法律效果是:消费者保险合同中被保险人的告知义务和陈述义务为“不做误述的合理注意义务”;针对具有海上保险属性的消费者保险合同(如私人游艇保险合同)下的最大诚信义务,《消费者保险(告知与陈述)法》将优先于《1906 年海上保险法》第 17 条适用。[①] 因此,最大诚信义务的具体边界在英国《2015 年保险法》第五部分中没有涉及,而是要参照该法其他部分的规定以及消费者保险法的相关规定。至此,最大诚信在英国保险法下依然存在,但成为一项具有指导功能的解释性原则(interpretative principle)。[②]

其次,该法在第二部分引入了“公平陈述”(fair presentation)的新模式来代替英国《1906 年海上保险法》第 18 条、第 19 条和第 20 条中的告知和陈述义务模式,这实际上融合了传统的告知义务及陈述两项内容。该部分将告知义务的标准修改为“有限的主动告知义务”(limited disclosure):如果被保险人不能达到“无限主动告知”的要求“被保险人也应告知保险人充分的信息,以使谨慎的保险人能注意到其需要进一步询问被保险人以揭示这些重要情况”。[③] 同时,该法将投保人(proposer)违反告知义务或陈述义务的特定违约(qualifying breach)区分为故意、重大过失和其他违反两种情形来详细规定。[④] 对于前者,其救济是保险人有权解除合同;对于后者,救济则要视假如保险人知悉被保险人公平陈述的信息的反应而定:(1)宣告合同无效:如果保险人会拒绝承保,则保险人有权解除合同,但须归还保费;(2)选择赔付:如果保险人会选择某些事项承保,则保险人仅承担其可能承保事项的赔付义务;(3)比例赔付:如果保险人会增加保费,则保险人按照实际收取的保费和可能收取的较高数额保费的比例进行赔付。

综上所述,在《2015 年保险法》之后,英国法下最大诚信义务的特征变得非常具有典型性:第一,在普通合同法的陈述义务之外加设有限的主动告知义务。第

---

① 参见英国《2012 年消费者保险(告知与陈述)法》第 2 条第 2、4、5 款。

② The Treasury, Explanatory Notes to the Insurance Bill [HL], HL Bill 39, the Authority of the House of Lords, London: The Stationery Office Limited, 17 July 2014, para. 109。

③ 参见英国《2015 年保险法》第二部分第 3 条第 4 款。该条第 5 款进一步规定了被保险人未被询问,不要求被保险人告知的情况:(a)使风险降低的情况;(b)保险人知道的情况;(c)保险人应当知道的情况;(d)推定保险人知道的情况;(e)保险人放弃获悉的情况。

④ 参见英国《2015 年保险法》第 8 条第 3 款:本法所称的特定违约,是指能够使保险人有权获得救济的被保险人的违约。第 8 条第 4 款:特定违约包括被保险人故意或重大过失的行为,或被保险人既非故意又非重大过失的行为。

二，即使是有限的主动告知义务，主动告知的本质并未改变，仍是对传统的合同法下“买者后果自负”(caveat emptor)原则的颠覆。也就是说，在保险法下，被保险人在谈判合同时应谨慎地选择哪些信息应向保险人披露，保险合同谈判阶段的诚信义务标准仍然高于普通合同。第三，在合同履行阶段，合同方履行义务要诚实、公开和坦白(candid)，当然诚信的具体要求因时代的不同其内容也有不同的解释。第四，抽象的最大诚信被具体化，违反诚信的救济方式也由单一的规则演变为各种个性化的救济途径。

(三)诚信与最大诚信的关系

可以观察到的是，2015 年之前英国保险法的案例主要是围绕某项义务的违反是否适用《1906 年海上保险法》第 17 条的规定而展开争论，并没有回答最大诚信与合同法下的诚信有何区别。2015 年之后英国保险法将最大诚信义务修订为一项解释性的“原则”，实际上是对保险法诚信理念的较大改变。自此，英国保险法下的最大诚信与合同法下的诚信原则也将不可避免地产生纠缠。就我国而言，我国保险法已秉承大陆法系传统确立了诚信原则，而且根据一般法与特别法的适用规则，该原则同样适用于海上保险。我国《海商法》的修订是否以及如何借鉴英国保险法下的最大诚信，也必须以厘清诚信原则和最大诚信的关系为前提。

1. 大陆法与普通法的不同

大陆法系的合同法中总体上承认并执行一条至上的原则——诚信订约和履约。其含义远远超出“互不欺骗”的标准，而是类似于“公平交易”，旨在通过诚信原则对合同订立以及履行中的不公平情形进行矫正。部分国家如法国、德国、瑞士和奥地利等国的合同法或保险合同法对谈判阶段的义务要求设定较高，要求每一方谈判时尽量考虑对方的利益，并根据当时的情况提供适当的信息和建议。① 但是，这些国家的保险法中并未直接使用“最大诚信”的概念。

英国没有一个普遍适用的诚信原则。② 其原因主要有三：第一，英国法用碎片化的个案来解决问题，而不是采用广泛使用的大原则。第二，英国法代表了自由主义的社会思潮，合同方有权利在合同中追求自己的利益。第三，鉴于诚信内容的模糊性与主观性，承认诚信原则令人担心会产生太多的不确定性，而是否破坏合同确定性的目标恰恰是英国法所看重的。③ 英国法下，如果合同方欲以诚信来约束双方的订约谈判或是合作，必须以明示条文来表明此种意愿，否则法院会拒绝执行。整体来说，英国法院更尊重订约自由、当事人自治和严格履约，诚信并不是足以改

---

① 参见[德]海因·克茨:《欧洲合同法》，周忠海等译，法律出版社，2001 年版，第 294 页。

② See J. Chitty & H. G Beale, Chitty on Contracts, 31st ed., London: Sweet & Maxwell, 2012, para. 001 - 041.

③ Yam Seng Pte. Ltd. v. International Trade Corp. Ltd., [2013] EWHC 111 (QB).

变合同的理由。例如,航运市场高涨时,租船合同下的船东趁租方未能按照合同及时支付租金行使选择权撤船、终止租约的做法,在英国法下并不会被认为有违诚信。同时,英国法认为,诚信与承认每一方有权合法地为自己谋取合约下的利益以及谈判双方处于对手的地位,在法理上有根本的矛盾。① 此外,诚信往往与"不占对方便宜""不投机取巧"等道德标准相关,但道德标准难以界定,而且合同一方主观上如何考虑也很难判断。②

所以,英国法下仅将部分特殊类型的合同归类为"诚信的合同",如合伙合同,因为这种合同必须由双方紧密合作才能履行;③又如雇佣合同,因为普通法中要求雇主如果没有合理的理由不能破坏合同双方之间的信任。④ 这些具有显著诚信要求的合同被称为"诚信的合同"。与普通合同相比,英国法下"诚信的合同"要求合同双方在订约阶段即负有主动告知义务,而普通合同并不设有此项义务。⑤ 而在合同的履行阶段,二者并无显著的差异。

美国《第二次合同法重述》和《统一商法典》总体上将诚信义务的适用范围限于对已成立合同的履行和执行。⑥ 但《第二次合同法重述》在个别合同的订约阶段也要求依诚信履行义务。⑦ 在澳大利亚法律中,法院很普遍地援引诚信认定"诚信地协商合同"(negotiate contract by good faith)在合同法下的可执行性,并很愿意认可普通合同双方应该在履约时密切配合的默示条款。⑧ 但澳大利亚《1909 年海上保险法》几乎是英国《1906 年海上保险法》的翻版,该法中的最大诚信义务规定与英国法完全一致。

总体来看,受英国法的影响,普通法下的合同法中虽然有诚信义务的要求,但订约阶段的诚信义务却并不普遍。最大诚信义务则为保险法体系所独有。

---

① Walford v. Miles, [1992] 2 AC 128.

② Petromec Inc. v. Petroleo Brasileiro SA Petrobras (No. 3), [2006] 1 Lloyd's Rep. 121.

③ O'Neill v. Phillips, [1999] 1 WLR 1092.

④ Malik v. Bank of Credit and Commerce International SA, [1998] AC 20.

⑤ 保险合同与其他"诚信的合同"相比,虽然同属于主动告知的类型,但因为保险法中"最大"的措辞的存在,使得司法实践中法官对于保险合同中告知的程度要求更高。

⑥ 参见[德]齐默曼、[英]惠特克主编:《欧洲合同法中的诚信原则》,丁广宇等译,法律出版社,2005 年版,第 109 页。但就海上保险法而言,美国最高法院霍姆斯大法官曾主张"在海上保险领域,有必要与英国保险法保持一致"。See Queen Ins. Co. of American v. Globe & Rotgers Fire Ins. Co., 263 U. S. 487, 44 S. Ct. 175, 1924 AMC 107.

⑦ 参见 E. Allan Farnsworth, Comment on Michael Bridge's: Does Anglo-Canadian Contract Law Need a Doctrine of Good Faith? 9 Canadian Business Law Journal 426 ff. (1984)。Farnsworth 列举了关于"缄口协商者"的例子:想要购买一块土地的买受人了解到该土地中蕴含着有价值的矿藏,这一情况尚不为土地所有者所知。在订立合同购买该土地之前的磋商阶段,该买受人闭口不提此事。Farnsworth 认为,至少根据《第二次合同法重述》第 161 条,不披露信息可能等于虚假陈述,除非保持沉默符合诚信与公平交易的合理标准。

⑧ See J. Chitty & H. G Beale, Chitty on Contracts, 31st ed., London: Sweet & Maxwell, 2012, para. 001 - 041.

2. 最大诚信与诚信原则的差异

英国法与大陆法系国家的诚信要求既非完全割裂,又存在差异。首先,在英国法下,一旦商业合同被归类为诚信的合同,则表示这些合同与大陆法系下的合同一样,订约和履约过程都受到道德的约束,只不过在订约阶段要披露于己不利的信息。这对商人而言是更高的道德标准,因为诚信意味着须为合同相对方的利益着想,与为己方谋利的商业合同目的相背离。而大陆法系下的诚信原则相对宽松得多,诚信原则并不反对商业合同的当事方谋利,其更多地强调公平、守约与守法的意识,但在订约阶段告知义务的标准并不要求主动告知。其次,对于普通的商业合同,英国法认为在合同履行阶段双方需要进行密切配合和沟通,这与大陆法系下所有合同履行阶段的诚信义务有所趋同。但英国法认为,虽然有的合同应该设定诚信义务,但不宜设立宽泛、不确定的大原则,而是应该设定具体而确定的义务规则。所以,英国法下的诚信义务标准更为明确和严格。大陆法系的诚信原则看似对双方当事人设定了没有上限的诚信要求,甚至可以推断,轻微违反诚信原则的行为也将受到制裁,但司法实践并没有给出充分的例证,反而更看重原则对于法律规则模糊或遗漏之处的补充功能。最后,英国法下的合同解释原则中并不存在诚信原则,一是因为英国普通法没有诚信原则的要求,而是用具体的合同法概念来解决问题(比如误述或禁反言等);二是英国法尊重合同意思自治,权利义务由合同约定,不附加诚信义务。① 在大陆法系,诚信原则是合同解释的重要原则之一。

特别就保险合同而言,英国法下的保险合同不仅满足上述“诚信的合同”标准,而且在此基础之上使用了“最大诚信”的用语,并设置了违反最大诚信的救济规则以及与最大诚信义务相一致的主动告知义务。而大陆法系下当前并无权威的论著认为保险合同对诚信的要求与其他合同有明显的差异,大陆法系的现有立法一般将对诚信的要求在总则中设为基本原则,然后在分则中设定标准不同的具体诚信义务。虽然这些诚信义务中设定主动告知义务的情形并不多见,但传统航运国家的海上保险法规范中也有不少范例,②只不过大陆法系的保险法中难以找到“最大诚信”的提法。在此基础上,弄清英国法体系的保险法与大陆法系的保险法关于诚信的差异,关键在于最大诚信中的“最大”是否有实质的法律含义,以及最大诚信是法律原则还是规则。

英国法下对于最大诚信与诚信是否具有同等含义,确实有过争论。对此,英国

---

① In Emirates Trading Agency LLC v. Prime Mineral Exports Private Limitecd, [2014] EW, HC 2104 (Comm), 1 July 2014; In Bristol Groundschool Ltd. v. Intelligent Data Capture Ltd. & ors, [2014] EWHC 2145 (Ch), 2 July 2014.

② 参见德国 DTV-ADS 2009 条款第 22.1 条;法国《保险法》第七部分(海上、航空、内河、湖区保险)第 172-19 条(3)(4)。

有学者对于“最大”用词的必要性也产生质疑，认为“最大”一词并没有增加新的含义，甚至是多余的，最大诚信实际就是诚实信用。[①] 更有学者认为，“最大”是19世纪立法增加的用词，并非曼斯菲尔德勋爵在1766年Carter v. Boehm案判决中的措辞。[②] 可以肯定的是，英国《1906年海上保险法》中所使用的最大诚信一词，并非经历了从一般诚信到最大诚信的演变过程，没有依据说明最大诚信是诚信的特殊形式，也没有证据支持最大诚信是诚信的更高位阶形态。但另一方面，也不能就此断定“最大”就是多余的，至少法官在判断合同一方是否违反诚信时，“最大”的要求依然会有鲜明的提示效果：因为此处诚信的要求较高，就不允许合同方轻易违反。因此，最大诚信与诚信在实质的法律含义层面并无差异。

英国法律委员会在起草保险法草案时，也曾经慎重地考虑过，在保险立法中是否还需要将诚信义务表述为最大诚信义务，简单表述为诚信是否足以表达其含义。但调查结果显示分歧很大：有人认为这两个概念可以互换，也有人认为“最大”二字至少承担着区别保险合同与普通商业合同的功能。最终，英国《2015年保险法》依然保持了“最大诚信”的概念，但将本部分的标题确定为“诚信”而非“最大诚信”。从某种程度上来说，最大诚信与诚信的差异不在于诚信是否“最大”，而在于诚信本身在不同法系和国家中因其缘起与历史演变的差异而形成的被业界普遍接受的不同含义。

至于英国《1906年海上保险法》下的最大诚信在法律适用上属于规则还是原则，按照当前有关规则与原则的区分标准，最大诚信应该是法律规则。首先，法律规则所具有的“全有或全无”的适用结果，与最大诚信义务存在的依据——《1906年海上保险法》第17条所规定的“违反则对方有权宣告合同无效”的单一适用结果——完全一致，其不具备法律原则适用时的伸缩性或灵活性。其次“违反则对方有权宣告合同无效”的条文，同时具备假定条件、行为模式、法律后果三项法律规则的要素，因此具有明确的规范性，而法律原则并不直接包含任何具体的决定，它本身并不一定直接解决问题。基于此，英国《1906年海上保险法》第17条关于“最大诚信义务”的条文当属于法律规则而非法律原则，而英国《2015年保险法》之后最大诚信更应归入原则的范畴。

（四）我国海商法中与诚信原则有关的告知义务

英国法的改革值得我国借鉴的地方在于：第一，诚信解释性原则与具体化义务

---

① See S. Henchcliffe, Insurance Claims: Fraud and Duty of Good Faith, 8 Insurance Law Journal 210 (1997). See also F. Hawke, Utmost Good Faith: What Does It Really Mean? 6 (2) Insurance Law Journal 91 (1994).

② See Howard Bennett, Mapping the Doctrine of Utmost Good Faith in Insurance Contract Law, Lloyd's Maritime & Commercial Law Quarterly, Issue 2, 1999, p. 165.

和多元化违约救济方式相结合的立法模式缓和了传统上违反最大诚信义务后果的严厉性；第二，最大诚信义务得以尽可能地明确；第三，以诚信解释性原则为未来法律规则可能存在的模糊之处提供指导。在我国保险法已秉承大陆法系传统确立了诚信原则的情况下，我国《海商法》的修改已经没有必要再拘泥于“最大诚信”这个本身极具模糊性的概念，况且就我国《海商法》或《保险法》的立法特点而言，也不可能在成文法精炼的法律条文中将“最大诚信”的含义阐释清楚。

未来我国《海商法》可以充分发挥《海商法》在我国法律体系中作为特别法的优势，针对关涉诚信的保险合同双方的合同前及合同后义务，在该法中做出与社会形态及科技发展趋势相适应的、对保险合同双方的具体诚信义务进行合理再平衡的明确规定。同时，通过修法和未来的司法解释，将我国理论界与实务界所通常引用的“最大诚信”概念的内涵逐步统一于通俗易懂的“高标准的诚信要求”的理念之上。

英国保险法在诚信原则之外，规定有关告知义务、欺诈性索赔等具体的诚信义务，并对违反诚信义务的救济用具体的法律规则进行限定。其中，订约阶段告知义务的安排是诚信制度最重要的表征。我国《海商法》和《保险法》下的具体告知义务将对我国诚信原则的解释与适用产生最为直接的影响。从比较法的视角来看，出于对消费者保险的考虑，一些国家对告知义务的设定更多是采用“询问告知”模式，①而多数的海上保险法或准立法中，则以“主动告知”居多。② 我国《海商法》第222条第1款采取的也是“主动告知”模式。然而当前发生三个方面的变化：一是，被保险人可能不比保险人更专业。二是，在数据信息飞速发展的时代，保险人比以前易于获得保险标的的信息，英国《1906年海上保险法》立法之初保险标的的重要信息均由被保险人单方掌握的假设并不成立。三是，被保险人可能并不知道应当告知哪些内容，或应当告知到何种程度，从而导致违反告知义务的“无心之过”。因此，被保险人可能会通过向保险人提供大量未经整理的信息的方式来履行告知义务。例如，将所有相关的信息都刻录到一张光盘上，让保险人自己整理和决定哪些是和风险相关的重要情况。英国法律委员会将上述情形定义为“信息倾倒”。相比之下，保险人显然比被保险人更清楚用以评估风险级别及费率高低的信息类别，但保险人却可能滥用其承保人的地位，在承保时缺乏足够的动机主动提出其关心的与风险有关的问题。

英国《2015年保险法》最终对告知义务进行了改变，在第二部分使用7个条文详尽规定了被保险人的“公平陈述义务”(duty of fair presentation)。保险人在被保

① 如法国《1996年保险法》第L113-2条。

② 德国DTV-ADS 2009条款以及《北欧海上保险方案》(Nordic Marine Insurance Plan, NMIP)皆采取主动告知模式，二者被普遍认为具有“类似于”立法或“准立法”的效力。

险人的告知义务的履行方面必须紧密配合:被保险人仍应该将其知道或者应当知道的重要情况如实告知保险人;或者,如果未尽到上述要求,被保险人应告知保险人充分的信息,以使谨慎的保险人能注意到其需要进一步询问被保险人,以揭示这些重要情况,①即采用了"有限度的主动告知义务"的模式。

英国《2015年保险法》所采模式的实质是增加了保险人一定限度的询问义务,并以被保险人的"合理查询"义务相平衡。② 这可以视为"主动告知"和"被动告知"之间的折中。英国保险改革法案的理念是要全面提升保险市场参与人的专业化;③修法目的是使这些领域(告知和陈述、保证及其他术语以及欺诈性索赔)的成文法框架实现现代化,并使之与现代英国保险市场最好的实务操作相一致。④ 尽管英国法律委员会关于告知义务立法的改革可能是成功的,但不一定适于我国保险市场的实务操作现状。

从我国保险公司的实践操作环节看,三个层面值得关注:

(1)保险人并非完全等待被保险人的主动告知,也采用询问、沟通和填写问题单的方式来表达对于投保标的信息的关注,形成了保险人和被保险人之间的诚信合作。在实务的订约流程中,投保人通常会将投保标的和投保意向等信息通过各种方式发给保险人(核保部门)询价(如招标文件或询价邮件),甚至一些简单的业务仅经口头沟通后便直接投保。保险人接到询价后,在报价之前需审查对其告知的信息是否满意。如果对其中的信息有疑问或需进一步澄清,保险人会询问关于标的风险状况的相关问题。

(2)保险人对于告知的要求及标准与被保险人的业务规模以及可信任度存在关联。核保人不仅要管控风险,还要兼顾险种的市场经营,并定期根据盈亏报表调整经营思路。因此,在市场压力下,核保人针对小规模的零担客户报价会比较严格,表现为约定特别条款和比较全面的询问,但是针对平台客户或物流园项目等则仅仅询问年保费规模、出单货物种类等,核保系统会留给保险代理人或相关平台一定的自动核保权限,或采取预约保险协议的形式,不需要被保险人在订约阶段告知较多的信息。

(3)调查问卷的使用缘于保险人对于关键风险因素的重点关注。海上保险中

---

① 参见英国《2015年保险法》第4条第3款。

② 英国《2015年保险法》第4条第6款规定了推定被保险人"应当知道"的"合理查询"情形:"不论是否是个人,经过合理查询就能合理揭示的信息(不论查询是通过询问或其他任何方式进行),视为被保险人应当知道的情况。"

③ The Special Public Bill Committee, House of Lords, Insurance bill [HL], the Authority of the House of Lords, London: The Stationery Office Limited, 24 December 2014, p. 7.

④ The Treasury, Explanatory Notes to the Insurance Bill [HL], HL Bill 39, the Authority of the House of Lords, London: The Stationery Office Limited, 17 July 2014, para. 10.

的船舶险、物流责任险、码头责任险以及为适应市场而开发的新险种，通常被列为高风险的险种，其核保程序采取传统的、严格的“一船一单一报价”《客户调查问卷》或《标的风险调查表》的方式，由被保险人申报，再根据申报内容报价，进行相关特别约定。而对于一般的货物保险，其订约阶段的告知或询问程序则相对简化。虽然主观上并非为了减轻被保险人的告知义务，但客观上有助于被保险人履行其告知义务。

从以上对实务操作可知，尽管《海商法》第 222 条第 1 款通常被解读为“无限而主动的告知”，但是保险的实务操作并不存在一个始终由被保险人（投保人）主动进行无限告知的程序，保险人的询问已经构成投保程序不可或缺的部分。此种主动告知与辅助询问相结合的模式，一方面避免了保险人承保地位的滥用，另一方面也在标的本身的特殊性导致保险人询问不足时，将被保险人的充分告知设置为兜底义务。当前，我国保险人对于被保险人诚信水平参差不齐的现状表示严重关切。而我国《海商法》所规定的兜底性义务，实际发挥了安全阀的功能——违反告知义务的严重后果将起到对不够诚信的被保险人的阻吓作用。

虽然我国《海商法》要求被保险人承担“主动告知义务”，但对告知的范围和标准设定了限制条件。《海商法》第 222 条第 2 款规定，保险人在通常业务中知道或者应当知道的情形不需要告知，[①]而根据该条第 1 款规定，被保险人虽然掌握该信息，但主观上不知道该信息会影响保险人是否愿意接受投保的情形也无须告知。即使被保险人对于重要情况的判断有失误而未能告知，《海商法》第 223 条仅就被保险人故意不告知重要信息的情形设定了较为严厉的后果：保险人有权解除合同，不退还保险费，且不赔偿合同解除前发生的保险事故造成的损失。对于非故意造成的未告知，保险人虽然有权解除合同或者要求相应增加保险费，但要免除合同解除前发生的保险事故的损失赔偿责任，保险人要承担较重的举证责任：一是该事项属于被保险人“知道”或“应当知道”的“重要情况”；二是未告知或者错误告知的重要情况对保险事故的发生有因果关系。值得注意的是，《海商法》第 222 条第 1 款规定的“重要情况”，在保险立法中也并非很明确，即使英国 1906 年海上保险法及英国判例法对于“重要情形”也没有给出明确的指导。在 Pan Atlantic Insurance Co. Ltd. v. Pine Top Insurance Co. Ltd. [②]案中，上诉法院确认重要情形属于对谨慎的保险人在评估风险时对其思考有影响的那种情形，该情形不要求对接受风险和确定保险费有决定性影响。在适用该检验标准时，也不需要假定一个谨慎的保险人，而是依案件中真实的保险人而定。

---

① 英国《1906 年海上保险法》第 18 条(3)(b)项规定的除外情况可以分为三种：(1)保险人知情；(2)保险人应当知情；(3)推定保险人知情。

② [1995] 1 AC 501。

从我国保险市场的实务操作看，我国并未出现“信息倾倒”或者“保险人滥用合同地位”的突出现象，《海商法》中关于告知义务的规定尚能解决实践中的争议。尽管近年来我国海上保险实务操作与英国海上保险市场有更多的相通之处，但依然存在巨大的差异。我国《海商法》修改所要针对的应该是立法与我国保险市场实务操作相脱节的情况。既然保险实务调研的结果显示《海商法》中的告知义务规定尚未对实践形成明显的制约，那么告知义务制度在当前阶段尚不需要立即进行根本性的变革。为避免对“主动告知”做出等同于“保险人可以坐等被保险人无限告知”的字面化曲解，我国《海商法》可以对被保险人“无须告知”的事项做出进一步补充：“如果被保险人已向保险人告知的信息足以令一个谨慎的保险人意识到有必要进一步询问相关情况，则保险人应该负有相应的询问义务”。

三、保险经纪人和代理人的法律地位

（一）保险经纪人

1. 保险经纪人的法律地位

在英国的海上保险业务中，保险经纪人的地位是明确的：保险经纪人是被保险人的代理人，受被保险人的委托，基于被保险人的利益，为被保险人与保险人订立海上保险合同提供中介服务，并向保险人收取佣金。虽然在一些例外情形下，保险经纪人也可能代表被保险人以外的人行事，如为保险人委托公估人出具勘查报告、为保险人向其他分摊保险金额的保险人传递信息等，但英国法同时也规定该类行为不得与被保险人发生利益冲突，并且在行事前应征得被保险人的明确同意，以此保护被保险人的利益。

与英国不同，我国保险经纪人的法律地位不甚明确。对此，学界有三种观点：第一种观点认为保险经纪人是居间人；第二种观点认为保险经纪人是投保人或被保险人的代理人；第三种观点认为保险经纪人是投保人或被保险人的受委托人。而根据《保险法》第 118 条①的规定及《保险经纪机构监管规定》第 2 条②的规定，我国现行法律下似乎仅第一种观点有法律依据。然而，实践中保险经纪人在保险业务中的活动范围远超过“为投保人与保险人订立保险合同提供中介服务”，它不仅活跃于保险合同订立过程中，而且在保险合同的履行以及保险理赔等阶段也发挥重要作用。因此，我国《保险法》对于保险经纪人业务范围的界定并不全面，基于此种界定而将保险经纪人认定为“居间人”，也是有待商榷的。

---

① 《保险法》第 118 条：保险经纪人是基于投保人的利益，为投保人与保险人订立保险合同提供中介服务，并依法收取佣金的机构。

② 《保险经纪机构监管规定》第 2 条：本规定所称保险经纪机构是指基于投保人的利益，为投保人与保险公司订立合同提供中介服务，并按约定收取佣金的机构，包括保险经纪公司及其分支机构。

2. 保险经纪人的权利义务

(1)英国法下保险经纪人的权利义务

在英国的海上保险业务中,作为被保险人的代理人,保险经纪人的业务活动全面而具体,贯穿保险合同订立到索赔的方方面面,主要包括根据被保险人的指示促成合适的保险合同,对保险人做出适当的陈述与告知,合理谨慎地订立保险合同,协助被保险人索赔等。

在保险合同订立过程中,保险经纪人运用自身的专业知识与所了解的市场信息为投保人或被保险人服务,他们以保险咨询专家的身份向其提供投保方案与建议,寻找符合其特殊需求的保险人,并促成保险合同的订立。在保险合同成立以后,保险经纪人的基础义务是为被保险人保管好相关文件,以备将来被保险人启动保险索赔时所需。在保险期间内将从保险人处了解到的防灾防损通告等信息及时传达给被保险人,并且将保险标的的重大风险变化等重要信息及时代被保险人履行通知义务。保险事故发生后,保险经纪人应在被保险人同意后通知保险人,取得初步处理意见并及时反馈被保险人。

同时,保险经纪人也应向被保险人提供专业性意见,协助减少损失,全面及时地向保险人提供理赔材料,积极与保险人沟通协调,帮助被保险人获得保险赔偿。此外,根据英国《1906 年海上保险法》第 53 条第 1 款的规定,除另有约定外,在经纪人代被保险人投保的情况下,经纪人直接承担向保险人支付保险费的义务。

保险经纪人享有的权利主要有两项。第一,代表被保险人行事并有权获取佣金。保险经纪人获得的佣金一般从该项海上保险的保险费中扣除,佣金率则一般由保险交易协会或者劳合社规定,且保险合同的成功订立是保险经纪人获得佣金的前提。第二,保险经纪人对保险单具有留置权。由于保险费的支付由保险经纪人对保险人直接负责,为了防止被保险人不缴纳保险费,赋予保险经纪人在收到保险费之前,对保险单予以留置的权利。①

(2)中国法下保险经纪人的权利义务

在义务方面,现行法律主要规定了诚信义务和禁止欺诈方面的义务。比如保险经纪人不得欺骗保险合同当事人,不得隐瞒与保险合同有关的重要情况,不得伪造、擅自变更保险合同或者为保险合同当事人提供虚假证明材料等。② 然而,我国法律关于保险经纪人义务的规定也存在一些空白。比如,现行法律没有对经纪人遵从被保险人的指示、协助被保险人索赔等义务做出规定。在权利方面,我国法律对保险经纪人获取佣金的权利和保单留置权的规定也不够明确。根据《保险法》

① 英国《1906 年海上保险法》Section 53 (2).

② 《保险法》第 131 条。

第118条,保险经纪人有权收取佣金,但向谁收取佣金,却没有明确的规定。《保险经纪机构监管规定》第33条第2款虽然规定:保险经纪机构应当按照与保险合同当事人的约定收取佣金。但没有明确"保险合同当事人"是哪一方。至于保险经纪人的保单留置权,虽然《物权法》第30条①对一般留置权进行了规定,但该留置权与保险经纪人享有的保单留置权有很大差别,一般留置权的规定难以适用于保险单留置的情形。

(二)保险代理人

1. 中国保险代理人的业务运作

我国《保险法》第117条规定:保险代理人是根据保险人的委托,向保险人收取代理手续费,并在保险人授权的范围内代为办理保险业务的机构或者个人。在我国,保险代理人主要分为签单代理人、检验代理人和理赔代理人三部分。在保险合同订立过程中起主要作用的是签单代理人。签单代理人根据保险人提供的"业务指南"上的要求,代理保险人与被保险人或其经纪人洽谈投保事宜,持有投保单,对被保险人详细解释投保单条款、着重提示影响被保险人权利义务的重要事项,对于符合要求的被保险人签发保险单并代收保费。检验代理人负责运用专业知识或聘任专业机构在保险标的发生损失时勘验定损。② 理赔代理人负责处理出险后的工作,例如共同海损理算、接受或拒绝委付等相关事项。保险人与保险代理人之间存在代理协议,保险代理属于委托代理的一种,由于我国立法中未区分民事代理和商事代理,关于保险人与代理人之间的权利义务关系,按照一般民事代理规则处理。

2. 英国保险代理人的业务运作

在英国,保险代理人既可以作为单个保险人的代理人,又可以作为保险集团、组织的代理人。英国市场上的保险代理人类型众多,以下主要对常见的劳合社代理人和签单代理人加以介绍。

---

① 《物权法》第230条:债务人不履行到期债务,债权人可以留置已经合法占有的债务人的动产,并有权就该动产优先受偿。

② 在检验代理人或其委托的专业机构对保险标的进行勘验定损的情况下,此种检验代理人或专业机构在法律地位上应当属于保险公估机构或公证检验人,而非严格意义上的保险代理人,二者的不同在于:公证检验人行为的后果由其自身负责,而保险代理人行为的后果则由保险人承担并负责。例如,中国保险监督管理委员会发布的2015年第二次修订的《保险公估机构监管规定》第3条规定"保险公估机构应当遵守法律、行政法规和中国保监会有关规定,遵循独立、客观、公平、公正的原则";第4条规定"保险公估机构依法从事保险公估业务受法律保护,任何单位和个人不得干涉";第34条规定"保险公估机构、保险公估分支机构及其从业人员与保险公估活动当事人一方有利害关系的,应当告知其他当事人。公估活动当事人有权要求与自身或者其他评估当事人有利害关系的保险公估机构或者保险公估从业人员回避"以及第35条规定"保险公估从业人员开展保险公估业务的行为,由所属保险公估机构承担责任"。

(1)劳合社代理人

劳合社代理人并不是单独保险人的代理人,[①]他们受聘于劳合社,散布于世界各个港口,负责收集当地船舶到港离港信息以及有关航运和保险资讯。[②] 在某些情况下,若劳合社需要劳合社代理人代为认购或签订保险合同,需要明确就该事项进行特别授权。当发生保险事故时,劳合社代理人需将损失情况立即通知劳合社,但是,他们无权代为签发海损理算书,也无权代表保险人接受船舶、货物的委付。在 Drake v. Marryatt 案中,劳合社代理人签发一份证明材料证明货物损失占货物总量的5%,法院认为劳合社保险人从事的行为属于越权行为,应属无效。[③] 换句话说,劳合社代理人在赔付方面作用并不大,而只是接受劳合社委派为到港船舶提供服务,当被保险人在某港口发生损失时,由劳合社代理人将相关情况通知劳合社,由劳合社最终做出处理决定。

(2)签单代理人

随着国际贸易的不断发展,英国的保险人不再满足于仅承保英国本国的保险标的,而是想将业务向世界范围内扩展,因此,他们委托授权签单代理人在世界其他国家代为签发保险单,即签订合同。签单代理人本身也是资深的保险人或保险经纪人。视情况需要,签单代理人的授权包括厘定风险、签发保险单、收取保险费、支付损失赔偿金、代为参加诉讼或仲裁。除此之外,签单代理人还可以视情况根据当地法律的要求处理有关税收、注册登记等行政问题。

实践中,多个保险人或再保险人可以组成一个保险集团,这一保险集团整体任命一名签单代理人,由其代为承保风险。在这一保险集团成员之间内部划分承保比例,保险集团中独立的保险人或再保险人对超过其比例的责任不予承担。同时,签单代理人还负责代表这一保险集团寻求再保险以承保保险集团内成员所可能面临的风险。

四、海上保险合同的变更

(一)概述

海上保险合同的变更有广义和狭义之分。广义的变更包括合同主体的变更和合同内容的变更,其中合同主体的变更又称合同的转让。狭义的变更仅指合同内容的变更,即在合同成立后,尚未履行或尚未完全履行以前,基于法律规定、法院或

---

① Wilson v. Salamandra Ins Co (1903) 8 Com. Cas. 129.

② See Jonathan Gilman, Robert M Merkin, Claire Blanchard, Mark Templeman, Arnould's Law of Marine Insurance and Average, Sweet & Maxwell, 2013, p. 113.

③ Drake v. Marryatt (1823) 1 B & Cr. 473.

仲裁机构的裁判行为或者当事人的法律行为等,使合同内容发生变化的现象。[①]本部分内容的讨论仅限于狭义的海上保险合同变更,即合同内容的变更,海上保险合同的转让请参见本章第三节内容。

(二)变更的种类

海上保险合同的变更分为两种,一种是法定变更,另一种是约定变更。

1. 法定变更

所谓法定变更,是指在合同成立后,为了保障当事人的权利,在发生特定的情况时依据法律规定或法院判决、仲裁裁决对合同内容进行变更。

我国有关海上保险合同法定变更的内容主要见于《海商法》《保险法》及《合同法》中。其中,《海商法》第 223 条规定:不是由于被保险人的故意,未将本法第 222 条第 1 款规定的重要情况如实告知保险人,保险人有权解除合同或者要求相应增加保险费;第 235 条规定:被保险人违反合同约定的保证条款时,应当立即书面通知保险人。保险人收到通知后,可以解除合同,也可以要求修改承保条件、增加保险费。《保险法》第 49 条、第 51 条及第 52 条分别规定:因保险标的转让导致危险程度显著增加的,保险人自收到前款规定的通知之日起三十日内,可以按照合同约定增加保险费或者解除合同;投保人、被保险人未按照约定履行其对保险标的的安全应尽责任的,保险人有权要求增加保险费或者解除合同;在合同有效期内,保险标的的危险程度显著增加的,被保险人应当按照合同约定及时通知保险人,保险人可以按照合同约定增加保险费或者解除合同。除此以外,依据我国《合同法》第 54 条,当订立时存在重大误解、显失公平或一方以欺诈、胁迫手段或乘人之危使对方在违背真实意思的情况下订立的合同,当事人可以请求法院或仲裁机构对合同进行变更或撤销。[②]

在洪都拉斯奥萨航运公司诉中国人民保险公司湖北省分公司船舶保险纠纷案[③]中,船舶保险业务通过香港的保险经纪人来安排,在保险单有效期间内船舶所有人和船名进行过变更,但被保险人的名称在保险单中仍然被错误地记载为原船舶所有人。现船舶所有人奥萨航运公司虽然曾通过保险经纪人要求保险人变更保险单上的被保险人,但是证据显示保险经纪人并未向被保险人提供由保险人签发的更正"批单"正本,被保险人甚至在诉讼时也未取得正本的保险单。船舶出险后,保险人以奥萨航运公司不是保险单上记载的被保险人为由拒赔。法院认为被

---

① 参见韩世远:《合同法总论》,法律出版社,2011 年版,第 451 页。

② 《中华人民共和国民法总则》第 147 条至第 150 条删除了《民法通则》第 59 条中关于行为人对民事行为内容有重大误解或民事行为显失公平的,一方有权请求人民法院或者仲裁机关予以变更的规定。这一立法的变化对于《合同法》第 54 条变更权规定的影响尚不明确,有待于在司法实践中加以解决。

③ 〔2000〕武海法商字第 4 号。

保险人提供的“批单”等证据为复印件,无法证明被保险人关于保险人同意保险合同主体变更的主张,裁定驳回被保险人的起诉。

英国法中也有一种类似的法定变更,即合同修正(rectification)。所谓修正,是指当书面合同没有真正反映出缔约双方的真实合意时,应其中一方的申请,法院或仲裁庭可以对书面合同的内容进行变更,以使其能够体现出缔约双方在缔约之时的真实意思。在海上保险领域,此种修正常见于当承保条与保险单记载事项不一致时,一方当事人主张承保条上记载的内容才是缔约时的真实意愿从而推翻保险单上的不同记载,由法院或仲裁庭决定对保险单不一致的内容进行变更。在 Wilson Holgate & Co Ltd. v. Lancashire & Cheshire Insurance Corp Ltd 一案①中,保险单上记载的保险标的是棕榈油(palm oil),实际运输的货物为棕榈树种子油(palm kernel oil),二者完全不同,保险人以运输货物与保险单描述不符为由拒赔,后来被保险人依据承保条上“保险标的是棕榈树种子油”(palm kernel oil)的记载请求对保险合同进行修正,成功获赔。除此以外,英国另一种较常见的合同法定变更存在于当合同内容存在模糊或非必要条款缺失时,由法院或仲裁庭依据法律、惯例(包括行业惯例和缔约方以往的交易习惯)等对模糊之处予以明确或对缺失条款进行补充。比如,当合同中没有对保险费进行约定或加保的保险费数额是“依据安排”(to be arranged)但一直没有达成最后合意时,可以由法院或仲裁庭依据惯例确定合理的保险费数额从而完成对合同的补充。

从以上规定可以看出,我国海上保险合同的法定变更,存在较强的法律干预性,在满足特定条件(通常是法律认为合同的订立存在不公平的情形)时,对合同内容进行变更。比较之下,英国海上保险合同的变更则更多地体现出对当事人合意的尊重。即使合同变更是在法院或仲裁庭的干预下完成的,其主要目的也是在于进一步探寻或明确缔约方在缔约之时的真实意思。

2. 约定变更

所谓约定变更,是指经当事人协商一致,对合同内容进行变更。实践中,海上保险合同的变更绝大部分都是约定变更。最具代表性的约定变更是“继续承保条款”(held covered),在这方面,中国和英国的做法并无太大差别。所谓继续承保条款,通常约定如果在合同履行过程中出现一方(通常是被保险人)违反合同某些约定的情形时,本该终止或解除的合同在满足一定条件(通常是违反方及时向另一方递交通知并经另一方同意)并对合同条款(通常是保险费数额或承保条款)进行变更后,保险合同继续有效。例如,英国《1983 年协会定期船舶保险条款》第 3 条规定,在有关货物、航线、船位、拖带、救助服务或开航日期的保证被违反时,若被保

① (1922) 13 Ll. L. Rep. 486.

险人知悉后迅速通知保险人并同意修改承保条件和加付所需的保险费，则本保险仍然有效。我国人保《2009年远洋船舶保险条款》第6条第3款的规定与之基本类似。

(三)变更的条件

保险合同订立以后，在保险期间内，如果被保险人发现投保时提供的情况有错误或者遗漏，或者出现了新的意外情况，或者其他情形，为了维持保险合同继续有效，便有必要对其进行约定变更或者请求法定变更。我国《保险法》第20条规定：投保人和保险人可以协商变更合同内容。变更保险合同的，应当由保险人在保险单或者其他保险凭证上批注或者附贴批单，或者由投保人和保险人订立变更的书面协议。该规定表明了我国《保险法》对于保险合同约定变更的形式要求，有关海上保险合同内容的变更亦应适用此规定，即海上保险合同的变更需有书面的形式予以证明，可以是批注或者批单，也可单独签订书面变更协议。如果这一要求未得到满足，参照《合同法》第78条，①变更后的内容将难以得到法院采信。

第二节　海上保险合同的解除及救济

海上保险合同的解除，是指合同有效成立后，因一方或双方当事人的意思表示，使海上保险合同的效力提前终止。海上保险合同解除之后，合同的法律效力消灭，一般情况下，保险人应返还合同未履行部分的保险费，合同解除前的部分仍继续有效。

一、海上保险合同的解除

(一)法定解除

法定解除，是指在海上保险合同的履行过程中，合同当事人一方或双方行使法律规定的解除权解除合同。我国《保险法》第184条规定，海上保险适用《海商法》的有关规定；《海商法》未规定的，适用本法的有关规定。因此，海上保险合同双方当事人依据《海商法》和《保险法》都有可能享有解除权。

1. 被保险人有权解除的情形

(1)保险责任开始之前

《海商法》第226条规定，保险责任开始前，被保险人可以要求解除合同。因此，保险责任开始前，被保险人有权解除合同。

---

① 《合同法》第78条，当事人对合同变更的内容约定不明确的，推定未变更。

(2)保险责任开始之后

《保险法》第58条规定,保险标的发生部分损失的,自保险人赔偿之日起三十日内,投保人可以解除合同。故保险标的发生部分损失的情况下,投保人依据《保险法》有权解除合同。但是,《海商法》并没有规定被保险人在保险责任开始之后有解除合同的法定权利;相反,《海商法》第227条规定保险责任开始后,除合同另有约定外,双方均不得解除海上保险合同。但是,货物运输和船舶的航次保险除外。① 基于此种规定,《保险法》第58条在海上保险中几乎没有适用的余地。

2. 保险人有权解除的情形

(1)被保险人违反告知义务

根据被保险人未履行告知义务的主观状态是出于故意还是非故意,法律对于不同主观状态下未履行如实告知义务设置了不同的法律后果。《海商法》第223条第1款规定:由于被保险人的故意,未将本法第222条第1款规定的重要情况如实告知保险人的,保险人有权解除合同,并不退还保险费。合同解除前发生保险事故造成损失的,保险人不负赔偿责任。第2款规定:不是由于被保险人的故意,未将本法第222条第1款规定的重要情况如实告知保险人的,保险人有权解除合同或者要求相应增加保险费。保险人解除合同的,对于合同解除前发生保险事故造成的损失,保险人应当负赔偿责任;但是,未告知或者错误告知的重要情况对保险事故的发生有影响的除外。

根据上述规定,无论被保险人出于疏忽还是故意而未尽如实告知义务,保险人均有权解除合同,但是主观状态不同将使合同解除后的法律后果有别。对于证明被保险人违反告知义务时主观状态的举证责任,我国司法实践认为应当由保险人承担,在保险人无法证明被保险人故意违反告知义务时,应认定被保险人仅存在过失。例如在上海汉虹精密机械有限公司与太阳联合保险(中国)有限公司海上保险合同纠纷案②中,涉案货物在运抵目的港后,收货人发现货物的包装有破损,经过检验,保险人(即被告)获悉涉案货物在出运前就存在锈损,随后将两次将涉案保险费退还被保险人(即原告),但之后原告向被告再次支付了上述保险费。被告抗辩理由之一是,原告没有如实申报涉案货物为退运货物,被告已经通过退还保费的方式解除了涉案保险合同。上海海事法院认为:涉案货物在出运前就已存在锈损,而锈损对涉案货物的价值将产生影响,会间接影响被告对于保险费率的确定;被保险人未告知该情况,根据我国法律规定,被告有权解除合同,且被告的首次退

---

① 《海商法》第227条:除合同另有约定外,保险责任开始后,被保险人和保险人均不得解除合同;第228条:虽有本法第227条规定,货物运输和船舶的航次保险,保险责任开始后,被保险人不得要求解除合同。

② [2010]沪海法商初字第714号。

还保费就行使了合同解除权。但是,法院进一步认为:根据法律规定,被保险人因过失未履行如实告知义务的,保险人对于保险合同解除前发生的与未告知情况没有因果关系的保险事故造成的损失,应当负赔偿责任;而本案中,在被告未提供证据证明原告存在故意隐瞒的情形下,原告未告知被告涉案货物存在锈损情况应被认定为过失行为。法院还认定,该货损事故发生在被告行使合同解除权之前,货损是由于包装不当造成,且原告并未对货物锈损提出保险理赔,因此原告未告知的货物锈损情况对保险事故的发生没有影响。最后,法院判决认为保险人有权解除合同,但合同的解除并不影响其应当承担的保险责任。

(2)被保险人违反合同约定的保证条款

《海商法》第 235 条规定:被保险人违反合同约定的保证条款时,应当立即书面通知保险人。保险人收到通知后,可以解除合同,也可以要求修改承保条件、增加保险费。另根据《最高人民法院关于审理海上保险纠纷案件若干问题的规定》① 第 6 条规定,被保险人违反合同约定的保证条款未立即书面通知保险人,保险人可以要求从违反保证条款之日起解除保险合同;第 8 条规定,保险人收到书面通知后,就修改承保条件、增加保险费等事项与被保险人协商未能达成一致的,保险合同于违反保证条款之日解除。

(3)保险责任开始前,被保险人未按时缴纳保险费

《最高人民法院关于审理海上保险纠纷案件若干问题的规定》第 5 条规定:被保险人未按照《海商法》第 234 条的规定向保险人支付约定的保险费的,保险责任开始前,保险人有权解除保险合同,但保险人已经签发保险单证的除外;保险责任开始后,保险人以被保险人未支付保险费请求解除合同的,人民法院不予支持。

(4)保险人选择全额支付合同约定的保险赔偿

《海商法》第 255 条规定:发生保险事故后,保险人有权放弃对保险标的的权利,全额支付合同约定的保险赔偿,以解除对保险标的的义务。

保险人行使该项解除权的,应当自收到被保险人有关赔偿损失的通知之日起的七日内通知被保险人;被保险人在收到通知前,为避免或者减少损失而支付的必要的合理费用,仍然应当由保险人偿还。

(5)被保险人虚构保险事故或故意制造保险事故

《保险法》第 27 条第 1 款规定了保险人在被保险人虚构保险事故时的解除权:未发生保险事故,被保险人或者受益人谎称发生了保险事故,向保险人提出赔偿或者给付保险金请求的,保险人有权解除合同,并不退还保险费。该条第 2 款规

① 法释[2006]10 号。2006 年 11 月 13 日最高人民法院审判委员会第 1405 次会议通过,自 2007 年 1 月 1 日起施行。

定:投保人、被保险人故意制造保险事故的,保险人有权解除合同,不承担赔偿或者给付保险金的责任;除本法第 43 条规定外,不退还保险费。

在江苏银行与锡山支公司保证保险合同纠纷上诉案①中,原审原被告之间签订了保证保险业务合作协议,原审原告为购车人蔡某提供贷款,原审被告为借款的偿还提供履约保险,保证保险的投保人为贷款人,银行为被保险人。后投保人蔡某犯贷款诈骗罪,被法院定罪。银行要求保险公司支付贷款,但保险人辩称蔡某采取恶意欺诈手段骗取贷款及保险,其依法不应承担保险责任。二审法院认为投保人、被保险人故意制造保险事故的,保险公司有权解除合同,不承担赔偿或者给付保险金的责任。根据查明的事实,蔡某在办理借款时即具有骗贷的故意,蔡某借款行为发生后必然会发生保险事故,现原审被告已依据《保险法》第 27 条第 2 款的规定解除其与蔡某签订的保证保险合同,并已将解除合同的情况书面告知了原审原告,故原审被告对蔡某欠款行为不承担保险责任。

(6)保险标的的危险程度显著增加

《保险法》第 52 条第 1 款规定:在合同有效期内,保险标的的危险程度显著增加的,被保险人应当按照合同约定及时通知保险人,保险人可以按照合同约定增加保险费或者解除合同。保险人解除合同的,应当将已收取的保险费,按照合同约定扣除自保险责任开始之日起至合同解除之日止应收的部分后,退还投保人。

(7)被保险人违反防灾减损义务

《保险法》第 51 条规定:被保险人应当遵守国家有关消防、安全、生产操作、劳动保护等方面的规定,维护保险标的的安全。被保险人未按照约定履行其对保险标的的安全应尽责任的,保险人有权要求增加保险费或者解除合同。

3. 海上保险合同自动解除的情形

《海商法》第 230 条规定了因船舶转让而导致的合同自动解除的情况,即因船舶转让而转让船舶保险合同的,应当取得保险人同意。未经保险人同意,船舶保险合同从船舶转让时起解除;船舶转让发生在航次之中的,船舶保险合同至航次终了时解除。根据本条规定,当满足上述情形时,该保险合同自动解除,而不以保险合同当事人主动行使合同解除权为条件。这一规定的立法意图是为了保护船舶保险人的利益。在实践中,船舶作为保险标的,其安全状态较多依赖于船舶所有权人对于船舶的维护和保养以及在船船员的良好船艺。因此,船舶所有权人是决定船舶保险人是否承保该船的重要情况,船舶所有权人的变更将改变保险合同赖以存在的基础,故法律规定只有在取得保险人同意的前提下,船舶保险合同才可随同船舶转让而一并转让;否则,船舶保险合同自动解除。在中国平安财产保险股份有限公

---

① [2013]锡商终字第 0265 号。

司宁波分公司诉浙江鸿霖船舶工程有限公司通海水域保险合同纠纷案①中，被告为其所有的船舶在原告（保险公司）投保沿海内河船舶保险一切险，但被告欠缴了部分保费。后被告将该保险船舶出卖，于 2014 年 2 月 21 日注销了船舶所有权登记，原告认为该事实不影响原被告合同的履行及被告支付保险费的义务，原保险合同仍然有效，被告辩称其仅需支付保险费至船舶注销登记之时。法院认为没有证据证明被告针对船舶买卖通知了原告，若船舶保险合同系转让于船舶买受人，则由于未经保险人同意船舶保险合同依法从船舶转让时起解除，保险人对其后发生的保险事故不负赔偿责任；另一方面，船舶出卖人由于丧失了保险利益，也不得向保险人请求赔偿保险金，在原、被告之间，保险合同不再具有能实现的合同目的，合同权利和义务自然终止。因此法院根据《海商法》第 230 条规定，认为被告对于船舶所有权注销登记之后的保险费不负支付义务，判决被告仅需支付注销登记之前未支付的保险费。

（二）约定解除

约定解除是指在海上保险合同履行过程中，出现了当事人双方在合同中约定的允许一方当事人行使解除权的事由，而该当事人行使这一权利来解除合同。②通过约定解除保险合同是合同法合同自由原则的体现，是法律对当事人意志的尊重。但是，当事人的意志不能与国家的强行性法律规范相冲突，如果当事人的合意违反了强行性规范或社会公共利益，该合意无效。因此，海上保险合同的约定解除应当在不违反法律强行性规定、社会公共利益前提下，由双方合意约定。

《合同法》第 93 条规定：当事人可以约定一方解除合同的条件。解除合同的条件成就时，解除权人可以解除合同。《海商法》第 227 条也规定保险责任开始后，被保险人和保险人均不得解除合同，但“除合同另有约定外”。在中国平安财产保险股份有限公司大连分公司诉 STX（大连）造船有限公司海上、通海水域保险纠纷案③中，2011 年、2012 年、2013 年度，被告分别在原告处为其建造的船舶投保船舶建造险，签订了三份保险合同。保单保费支付条款约定，被保险人有义务在本合同生效之日起的 30 天内（或者在分期支付保费到期时），支付全额保费给保险人；如果被保险人没有按照合同约定支付保费，保险人有权利以书面形式告知被保险人的经纪人取消（终止）保险合同，在取消保险合同的情况下，到期保费按比例收取；双方同意保险人应当不少于前 15 天通过经纪人通知取消保险。本案中，被告到期未付第一期保费，经催收仍未支付，原告于 2013 年 5 月 1 日书面告知被告

① [2014]甬海法商初字第 361 号。
② 参见应世昌著：《新编海上保险学》，同济大学出版社，2016 年版，第 92 页。
③ [2013]大海事初字第 207 号。

及其保险经纪人解除保险合同,合同终止函均已被签收。法院对相关的保费催收单、合同终止函及回执等凭证予以确认,根据《合同法》第 93 条第 2 款的规定认定,原被告之间的保险合同合法解除。

(三)海上保险合同解除的限制

1. 法律明确禁止保险人或被保险人解除保险合同

具体包括两种情形。第一种情形是立法明确规定保险双方当事人不享有合同解除的权利,相当于直接剥夺保险人或被保险人的合同解除权。如《海商法》第 227 条第 1 款规定:除合同另有约定外,保险责任开始后,被保险人和保险人均不得解除合同;但第 228 条进一步规定,货物运输和船舶的航次保险,保险责任开始后,被保险人不得要求解除合同。

第二种情形是对于保险人或被保险人的法定合同解除权在一定情况下予以限制、甚至排除。一类情形类似于英美法中的"弃权"或"禁反言"制度。① 例如,《最高人民法院关于审理海上保险纠纷案件若干问题的规定》第 4 条规定:当保险人知道被保险人未履行如实告知义务的重要情况,仍然收取保险费或者支付保险赔偿的,保险人不得再以被保险人未如实告知重要情况为由请求解除合同;第 7 条规定:保险人在收到被保险人违反合同约定的保证条款书面通知后仍然支付保险赔偿的,不得再以被保险人违反合同约定的保证条款为由请求解除合同。上述规定都是针对保险人的,限制了保险人的合同解除权。另一类则类似于英国《2015 年保险法》所规定的"情势变化"(Change of Circumstances)或法律修改的情况,即如果由于客观情况改变使得对合同约定的保证条款的遵守不再有必要或不再合法,那么即使被保险人未遵守保证,保险责任也不能。

2. 解除权的期限限制

我国《保险法》中对于保险合同当事人解除权的行使设定了期限限制。《保险法》第 16 条第 3 款规定:当被保险人因故意或重大过失,在订立保险合同时,未履行如实告知义务,保险人有权解除合同,该解除权自保险人知道有解除事由之日起,超过三十日不行使而消灭,并且自合同成立之日起超过二年的,保险人不得解除合同。该法第 49 条第 3 款规定:因保险标的转让导致危险程度显著增加的,保险人自收到前款规定的通知之日起三十日内,可以按照合同约定增加保险费或者解除合同。该法第 58 条规定:保险标的发生部分损失的,自保险人赔偿之日起三十日内,投保人可以解除合同,除合同另有约定外,保险人也可以解除合同,但应

---

① 弃权以及禁反言原则都来源于英美法系衡平法。弃权原则,是指任何人以明示或默示方式,故意或自愿抛弃其明知的权利,或实施可以推定其抛弃该等权利的行为后,不得作为或不作为与其权利抛弃相矛盾的行为。禁反言原则,则可以概括为任何人都不得有失公正地否认他先前所承认,且已被他人给予信赖并据此行为的事实或情势原则。

当提前十五日通知投保人。

3. 海上保险合同条款制

在海上保险实务中，在不违反法律强制性规定或公共政策的情况下，当事人可以通过合同条款对保险合同解除的情形或后果予以限制或排除。继续承保条款(Held Covered Clause)就是海上保险合同中典型的此类条款之一。保险合同中还可能有一类条款直接排除保险人的合同解除权，但由于合同解除权是法律赋予保险人的，此类合同条款必须具有非常清楚的措辞，法官在解释这样的条款时也会十分严格。Toomey v. Eagle Star Insurance Co. Ltd. (No. 2)案①即是关于再保险合同约定排除保险合同下的解除权条款效力的纠纷。在该案中，原、被告之间的再保险合同约定排除保险人(被告)以被保险人(原告)虚假陈述和隐瞒重要事实为由解除合同的权利。本案中，被保险人对保险人提出索赔，保险人抗辩称被保险人未告知某些重要事实。但被保险人认为合同排除了在被保险人疏忽(Negligent)未告知和虚假陈述情况下保险人的合同解除权。法院最终支持了保险人，认为约定排除保险人以被保险人虚假陈述和未告知重要事实为由解除合同权利的合同条款，并不足以解释为被保险人由于疏忽而未告知或虚假陈述时，保险人解除合同的权利可以当然被排除，在合同条款约定不明的情况下，仅在被保险人无过错未告知或虚假陈述时，保险人解除合同的权利才能被排除。

(四)海上保险合同解除的法律后果

海上保险合同解除的法律后果，涉及解除的溯及力和保险费退还两个方面的问题。

1. 合同解除的溯及力

在海上保险合同解除之后，虽然合同关系面向将来自然不存在了，但是对于合同解除之前的部分是否也溯及既往的无效，则要区分不同的情况来对待。一般来说，如果在保险责任开始之前，被保险人或保险人解除合同的，合同自然是溯及既往的无效，因为保险责任还未开始，不会涉及赔偿的问题；如果在保险责任开始之后，由于因被保险人未经保险人同意转让船舶而转让船舶保险合同，违反保证，违反防灾减损义务或未尽风险显著增加时的通知义务等，保险人解除合同的，此种解除一般没有溯及既往的效力。但法律有特殊规定的，应当遵照法律的规定或合同约定。根据《海商法》第223条第1款、《保险法》第27条的规定，如果因为被保险人故意未履行如实告知义务，被保险人故意制造保险事故或者虚构保险事故，保险人有权解除合同，并且此种解除具有溯及既往效力，即保险人对合同解除前保险事故所造成的损失，亦不承担赔偿或者给付保险金的责任。

---

① [1995] 2 Lloyd's Rep. 88; [1995] 4 Re. L. R. 314.

2. 保险费的退还

海上保险合同解除后保险费的退还具体包括以下几种情况：

第一，不退还保险费。由于海上保险合同解除是合同效力的提前终止，一般情况下保险人应当按比例退还保险费给被保险人。但是，在合同因被保险人主观恶意而被解除的特殊情形下，保险人有权不退还保险费。根据《海商法》第 223 条、《保险法》第 16 条和第 27 条，如果订立合同时被保险人故意未履行如实告知义务，或者被保险人虚构保险事故、故意制造保险事故，保险人有权解除合同，并且不退还已经缴纳的保险费。

第二，退还部分保险费。根据《海商法》第 227 条的规定，根据合同约定在保险责任开始后可以解除合同的，被保险人要求解除合同，保险人有权收取自保险责任开始之日起至合同解除之日止的保险费，剩余部分予以退还；保险人要求解除合同，应当将自合同解除之日起至保险期间届满之日止的保险费退还给被保险人。这是法律对约定解除合同的情形下保险费退还问题的一般性规定，即在没有特殊规定或约定时，保险人都应按比例退还部分保险费给被保险人。此外，《海商法》第 230 条规定：未经保险人同意因船舶转让而转让船舶保险合同使得合同解除的，保险人应当将自合同解除之日起至保险期间届满之日止的保险费退还给被保险人。

第三，全额退还保险费。这主要是指被保险人在保险责任开始之前解除保险合同的情况。

当然，我国立法对于很多合同解除的情形并没有明确规定应当如何退还保险费。例如，由于被保险人非故意违反告知义务或违反保证条款，保险人解除合同的，或者因转让船舶而导致保险合同自动解除的，保险人是否要退还保费以及如何退还？对此，《海商法》并未做出规定，可以参照《保险法》或者按照合同约定处理。① 在合同没有特别约定的情况下，对于不溯及既往的合同解除，保险费应当按比例退还保险费，即扣除自保险责任开始之日起至合同解除之日止应收的部分后，退还被保险人。

英国法下保险费的退还也实行约定优先于法定原则，其中法定退还的情形主要规定于英国《1906 年海上保险法》第 82 条至第 84 条，概括起来主要有：

第一，保险费的对价完全落空时，保险费应予退还。保险费的对价是保险人承担的风险，如果风险落空，则保险费需要退还。正如 Mansfield 勋爵所指出的："风

---

① 《保险法》第 16 条第 5 款规定，投保人因重大过失未履行如实告知义务，对保险事故的发生有严重影响的，保险人对于合同解除前发生的保险事故，不承担赔偿或者给付保险金的责任，但应当退还保险费。人保《2009 年船舶保险条款》第七条规定，被保险船舶退保或保险终止时，保险费应自保险终止日起，按净保费的日比例计算退还给被保险人。

险如果尚未开始，无论此种未开始是由于被保险人的过错、意愿、故意抑或其他原因，保险费应当退还，因为保险合同是一个补偿性的合同，保险人取得保险费，从而对被保险人因承保风险而导致的损失予以赔偿。无论何种原因，如果保险人承保的风险并不存在或尚未发生，则其取得的保险费不存在对价，因而需要返还。”第二，被保险人及其代理人欺诈，保险费不予退还。为了构建良好的交易秩序，英国法对欺诈一直采用比较严厉的态度，因此即使是在风险完全落空的情况下，如果被保险人及其代理人存在欺诈行为，保险费也不予退还。另外，在非赌博保险并且被保险人及其代理人无欺诈和非法行为的情况下，如果被保险人在整个保险期间均无保险利益的话，保险费可以退还，如果在保险期间被保险人曾经有过保险利益，则保险费不予退还。

二、海上保险合同中的保证制度

(一)保证制度的内涵与起源

1. 保证制度的内涵

保证制度起源于英国海上保险实践，形成于英国海上保险立法。其内涵与特点集中体现在英国《1906 年海上保险法》的第 33 条到第 41 条，包括保证的含义、性质、免于承担违反保证责任的情形、明示保证、中立保证、完好安全保证、船舶适航保证、合法性保证等内容。但是，《2015 年保险法》第 3 部分对于《1906 年海上保险法》的保证制度进行了重大修正，其最重要变化是废除了后者关于违反保证导致保险责任自动解除(第 33 条第 3 款)以及保证一旦违反其后果就不可补救(第 34 条)的规定。除此以外的《1906 年海上保险法》关于保证的其他规定仍然有效。

英国海上保险法中的保证，被定义为一种“承诺性保证”(Promissory Warranty)，是指被保险人承诺做或不做某特定事项，或者满足某项条件，或者被保险人肯定或否定一种特定事实状态的存在。① 本着最大程度尊重当事人意思自治的原则，除三种默示保证，即中立保证②、船舶适航保证③和合法性保证④以外，英国《1906 年海上保险法》规定当事人之间可以明确约定保证事项，⑤而不论该事项对承保风险是否重要。⑥ 明示保证条款可以使用能够体现订立保证意图的任何语

① 英国《1906 年海上保险法》Section 33 (1).
② 英国《1906 年海上保险法》Section 36 .
③ 英国《1906 年海上保险法》Section 39 .
④ 英国《1906 年海上保险法》Section 41.
⑤ 英国《1906 年海上保险法》Section 33 (2).
⑥ 英国《1906 年海上保险法》Section 33 (3).

言，而不一定出现“保证”字样；但保证条款应该记载于保险单（Policy）中，或者记载于并入保险单的某一文件中。

2. 保证制度的起源

保证最早出现于17世纪，当时通信技术不发达，在投保人和保险人商定保险合同时，被保险的船舶或货物往往在千里之外，保险人对保险标的的了解和对承保风险的评估基本上取决于投保人的告知；在合同成立后，保险人亦无法直接控制船舶和货物的活动，也不可能完全掌握保险标的的实际情况，因此，为将风险限定在合同订立时可预期的范围内，不改变合同订立及履行的基础，保险人要求被保险人对某些事项做出承诺，即承诺某事项存在或不存在或承诺将来做或不做某事项，而且这些承诺必须严格遵守。保险人以此来确保对保险标的的良好管理，防止投保人或被保险人未经保险人同意而进行某些风险较大的活动。这些被订进保险合同中的承诺性条款被称为保证。

英国的海上保险人为了控制风险，在保险合同中加入要求或禁止被保险人做某事的条款，这是海上保险中保证制度的雏形。在司法实践中，法官逐渐在判决中认定，只要被保险人违反这种条款，保险人即解除保险责任。于是，关于保证的判例逐渐出现。[①] 通过吸收18世纪中后期Mansfield大法官做出的确立保证制度的重要判例，谢尔曼爵士在于1894年完成起草的《海上保险法》中对保证做出了系统完整的规定。随着《1906年海上保险法》由议会通过成为法律，保证法律制度最终被纳入成文立法。

（二）传统保证制度的缺陷

保证制度出现后以其高度严格性为保险人提供了极大的保护，但是某些情况下也沦为了保险人进行技术性抗辩（technical defence）的工具。[②] 特别是随着航运业抵抗海上风险能力的逐步提高以及保险人实力的愈发雄厚，这种严格僵硬性越来越招致理论界和实务界的广泛质疑。[③] 甚至有观点主张该制度寿终正寝，代之以“风险改变”制度，以缓和保险人与被保险人之间的紧张对立。英国法律委员会早于1980年便尝试调整相关规定，但因种种原因，最终未能修改相关规定。自2006年起，英格兰和苏格兰法律委员会联袂进行保险法的改革，保证制度便是其中意欲重点修改的制度之一。

英国《1906年海上保险法》规定多项被保险人必须严格遵守的保证内容系源于当时航运业和海上保险业的实际经营状况。然而，现代的情况对比谢尔曼时代

---

① 参见李玉泉：“论海上保险法中的‘保证’制度”，载于《中国海商法年刊》，2004年，第1页。

② Glicksman v. Lancashire and General Assurance Co. [1927] AC 139, p. 144-5.

③ Baris Soyer, Reforming Marine & Commercial Insurance Law, Informa Law from Routledge, 2008, p. 127.

已经有了巨大变化。信息沟通技术的快速发展使得在保单生效的任何时候同保险船舶保持联系都是可能的,因此,保险人能够及时掌握船舶的状态,如果有违反保证的必要,保险人和被保险人之间可以协商修改保险条款。因此,被保险人的保证在保险人确定承保风险的时候虽然仍然起到很重要的作用,但已经不像在18世纪那么重要。当经营环境发生巨大变化时,这些保证规定显示出其明显不合理的一面。虽然海上保险实务中保险人有时会放弃法定救济仍然对违反保证的被保险人做出赔付,但这种基于商业利益的自我约束并不能消除修改不合理法律规定的必要性。①

另外,现代海上保险保险人经常处于强势地位,特别是保险人具有能够获得复杂数据和信息的巨大优势。因此,双方看似平等的洽谈磋商议价的权利便很快发生变化并且对保险人一方有利,如果因为发生轻微的,没有严重后果的或与损失没有关系的违反保证的情况,保险人便可以免除其保险赔偿义务,这对被保险人会造成进一步的不公平。《1906年海上保险法》所规定的违反保证将导致保险人自动解除责任这一严厉后果使保证制度成为被保险人和学者们批评的对象。

(三)普通法对保证制度的修正

1. 判例修正

普通法对保证制度的修正首先体现在判例法中。普通法系国家法院对保险合同中保证条款特别是承诺性保证的认定日趋严格。多年来,英国法院一直通过创造性的解释方法缓和保证制度的严苛性,从而在个案中秉持公正。保证可能被解释为风险界定条款(Suspensory Provisions),即存在违反保证情形的期间内,保单的效力暂时中止。② 在英国《2015年保险法》颁布之前,英国学者就认为,"最近的一系列判例表明,即使保险人在海上保险合同中明确写明某一条款是保证条款,英国法院也很难轻易就将其认定为保证,除非违反保证对保险人有严重影响"。③ 在加拿大,限制承诺性保证的范围已经成为法院的取向,只有在极少数情况下海上保险合同中规定的保证条款才被视为保证,如果保险人以保险单中的保证条款进行抗辩,则该条款除应明确标明"保证"字样外,其保证的事项必须对风险是重要的,而且违反保证应对保险标的损失有影响。在美国,法院轻易不将保险单中的保证条款认定为"持续条件"(Continuing Condition)而是把它视为保险单的"中止条件"(Suspensory Condition or Suspensive Condition),这就意味着如果被保险人在损失发

① John Birds, Modern Insurance Law, Sweet & Maxwell, 1993, p. 4131.

② Baris Soyer, Warranties in Marine Insurance, Routledge-Cavendish, 2005, p. 49.

③ J. Miller, Continuing Warranties - Court Reviews Nature of Contract Terms, Insurance Day, 18 May 2000, p. 6.

生前已经对违反保证的行为做了补救，保险人仍要对保险标的损失承担赔付责任。①

2. 立法修正

案件的处理结果过于依赖法院的个案解释可能会产生法律适用不一致的问题，保险当事人难以寄希望于法院适用一致的法律规则和技术方式来处理保证纠纷。鉴于保险合同条款内容复杂多样，修正制定法更符合社会实践对法的稳定性和可预见性的需求。

2016 年 8 月生效的英国《2015 年保险法》在合同基础条款、违反保证的后果、违反保证与损失发生的关联性等方面对保证法律制度进行了重大修订。

(1)合同基础条款

首先受到调整的是投保单中常见的“合同基础”(Basis of the Contract)条款。实践中，保险人常在投保单中规定所谓的合同基础条款，规定被保险人在合同订立阶段所做的陈述(Representation)作为该保险合同的基础，从而将被保险人在英国《1906 年海上保险法》第 20 条所规定的如实陈述义务转化为保证义务。根据如实陈述义务，合同磋商期间及合同成立前，被保险人或其代理人向保险人的重要陈述必须真实，否则保险人可宣告合同无效；而如果将陈述转化为保证条款，那么被保险人的任何不真实陈述，不论多么轻微，都足以使保险人的保险责任得以解除。英国《2015 年保险法》明确禁止这种做法：该法第 9 条第 2 款规定，无论非消费者保险合同中的条款(或合同变更条款)或任何其他合同中的条款如何规定(且无论上述条款是否声明某陈述构成合同基础条款或类似情形)，该陈述皆不可被转变为保证。投保或者合同变更过程中的陈述属于公平陈述义务(Duty of Fair Presentation)的调整范围，而不能作为保证条款适用保证及其他条款的规定。

(2)违反保证的法律后果

英国《2015 年保险法》的重大修改之一便是修改了违反保证条款的后果，废除了一切违反保证均导致保险合同责任自动解除的法律规定。根据该法第 10 条，被保险人违反保证义务的，保险合同效力“中止”(Suspension)，直至违反得到改正。在违反保证的行为得到纠正时，保险人的赔偿责任得以恢复。违反行为在损失发生之前得到纠正的，保险人应当支付保险赔偿。当损失发生在违反保证之后直到被纠正之前的期间内，或损失的发生归因于在违反保证之后直到被纠正之前的期间内发生的事件时，保险人无须承担保险责任。

① T. Schoenbaum, Warranties in the Law of Marine Insurance: Some Suggestions for Reform of English and American Law, Tulane Maritime Law Journal, 1999, No. 23, p. 267, 289.

(3)违反保证与事故、损失之间的关系

英国《1906年海上保险法》下的保证与实际损失或风险无关,即保证一旦违反,保险人的赔偿责任即告解除,不考虑被违反的保证的性质或者所遭受损失的类型与保证内容是否相关,即使保证的违反与遭受的损失没有任何关系亦然。例如,船舶保险合同中的保证条款约定船舶需配备一定数量消防器材,被保险人违反该条款,保险人可以对船舶碰撞产生的损失不承担保险责任,尽管违反该保证与损失没有任何关系。同时,英国《2015年保险法》新增了针对“与实际损失无关的条款”(Terms not Relevant to the Actual Loss)的规定。根据该法第11条,若保险合同中的条款系针对特定类型、特定地点或特定时间的风险(区别于针对保险标的整体风险的条款),如果被保险人证明其对相关条款的违反不会导致已实际发生的损失的风险增加(could not have increased the risk of the loss which actually occurred in the circumstances in which it occurred),则保险人不得以被保险人违反该条款为由免除、限制或解除保险赔偿责任。可见,英国法将以被保险人违反保证条款作为保险人行使救济权的前提条件,但例外地允许被保险人通过证明违反该保证条款并没有实际增加(事故发生当时的)风险,阻却保险人救济权的行使。但这并不意味着要求保证被违反与最终的损失之间存在因果关系方可拒赔,只要损失属于保证或其他类似的条件条款中所规定的特定类型,保险人即不承担责任。值得注意的是,因果关系的判定一直令英国保险实务界感到困惑,为此英国法律委员会在进行英国《2015年保险法》立法时尽量使用因果关系的措辞。“对相关条款的违反不会导致已实际发生的损失的风险增加”虽然不能排除因果联系的意思,但仍在一定程度上避免因果关系理论对纷争。

(四)中国海上保险领域的保证制度

1.现行法律规定

《海商法》第235条规定:被保险人违反合同约定的保证条款时,应当立即书面通知保险人。保险人收到通知后,可以解除合同,也可以要求修改承保条件、增加保险费。该条款虽然可能借鉴了英国海上保险法的保证规定,但违反保证的法律后果却与英国法有很大区别。本书认为,仅凭该条规定本身不能说中国海上保险法中已形成完整的保证制度。其中最大的问题是《海商法》缺乏对“保证”或“保证条款”的定义。由于这一立法空白,理论界和司法实务界似乎不得不参考英国《1906年海上保险法》中的规定来理解《海商法》中的保证。最高人民法院曾尝试在《最高人民法院关于审理海上保险纠纷案件若干问题的规定》(法释[2006]10号)中进一步完善保证制度,但囿于司法解释的性质并非立法活动,补充保证的定义并不妥当,最后依然未能就“保证”做概念性解释或定义,而仅仅对违反保证的法律后果做了进一步明确:(1)保险人以被保险人违反合同约定的保证条款未立即书面通知保险人为由,要求从违反保证条款之日起解除保险合同的,人民法院应予支持;(2)保险人收到被保险人违反合同约定的保证条款书面通知后仍支付保险赔偿,又以被保险人违反合同约定的保证条款为由请求解除合同的,人民法院不予支持;(3)保险人收到被保险人违反合同约定的保证条款的书面通知后,就修改承保条件、增加保险费等事项与被保险人协商未能达成一致的,保险合同于违反保证条款之日解除。

2. 司法实践的态度

由于《海商法》对"保证"的有限规定,保证制度在我国的司法实践中操作性较差,法院鲜有直接适用《海商法》第235条及相关司法解释等规定审理海上保险纠纷的判例,而且总体上法院就此问题持谨慎而严格的态度。

首先,法院较少明确认定争议的保险条款属于《海商法》所规定的"保证"条款,如在韶关市曲江佳兴矿产品加工厂与永安财产保险股份有限公司潍坊中心支公司海上保险合同纠纷案①中,保险人作为再审被申请人主张涉案保险合同所约定适用的国内水路、陆路货物运输保险条款中的第五章第7条②和第9条③属于保证条款,被保险人违反保证条款故保险人无须承担赔偿责任,虽然最高人民法院驳回了再审申请人的再审申请,但在其裁定书中并没有认定此条款为保证条款,亦没有相关阐述;另外,在中国太平洋财产保险股份有限公司嵊泗支公司与浙江省舟山天力化纤有限公司的水运货物保险合同纠纷案中,④虽然案涉争议合同条款之一名称为"保证条款",但终审法院依然从条款的约定内容出发,认为该条款并非《海商法》第235条款下的"保证"。

其次,法院就合同条款为法律所规定的"保证"的认定条件非常严格,如"中国大地财产保险股份有限公司等与上海港机重工有限公司"保险纠纷案⑤中,法院认为某一保险合同条款构成海上保险保证条款需要满足一定的形式要件和实质要件,"形式要件"是指合同条款的内容是一项声明或者承诺,且以明确保证的方式表达;"实质要件"是指保证以保险合同当事人的明确合意为基础,条款内容需要明确清楚地反映出保险合同当事人具有将一项声明或者承诺作为保证的意图,而且希望将这项声明或者承诺的成就与否与保险合同的效力相关联起来。

---

① [2012]民申字第1502号。

② 第7条:被保险人应当严格遵守国家及交通运输部门关于安全运输的各项规定,还应当接受并协助保险人对保险货物进行的查验防损工作,货物包装必须符合国家和主管部门规定的标准。

③ 第9条:被保险人如果不履行上述各条规定的义务,保险人有权终止保险责任或拒绝赔偿一部分或全部经济损失。

④ [2009]浙海终字第12号。

⑤ [2010]沪高民四(海)终字第41号。

3. 保险条款中类似保证条款

虽然我国的海上保险保证制度立法并未实现体系化，司法实践中除了少有的肯定判例①外，法院对保证制度在海上保险领域的适用亦持有谨慎而严格的态度，但在习惯使用的保险条款中依然存在诸多“保证”或类似“保证”条款的约定，反映了保证制度对保险人风险防控的重要作用和实际意义。

例如，人保2009年船舶保险条款第6条的规定基本与人保1986年船舶保险条款相同，其中第3款规定：当货物、航程、航行区域、拖带、救助工作或开航日期方面有违背保险单条款规定时，被保险人在接到消息后，应立即通知保险人并同意接受修改后的承保条件及所需加付的保险费，本保险仍继续有效；否则，本保险应自动终止。就此条款的性质，上海海事法院在“美国陈氏公司诉中国太平洋保险公司”船舶保险合同纠纷案②中，明确认定“在合理时间内开航”构成保险合同的保证条款，被保险人违反该条款的，保险人依法享有解除合同或者要求修改承保条件、增加保险费的权利。

再如，人保2009年沿海、内河船舶保险条款第16条规定，被保险人应如实填写投保单并回答保险人提出的询问。在保险期限内，被保险人应对其公司、保险船舶发生变化影响保险人利益的事件如实告知，对于保险船舶出售、光船出租、变更航行区域或保险船舶所有人、管理人、经营人、名称、技术状况和用途的改变、被征购征用，应当事先书面通知保险人，经保险人同意并办理批改手续后，保险合同方为有效；否则上述情况出现时保险合同自动解除。此条款约定较我国《海商法》第235条的规定更为严格，即一经违反保险合同自动解除，且不论被保险人违反有关事项与保险标的发生损失是否有因果联系，接近英国传统式“保证条款”的典型规定。

此外，人保2009年沿海、内河船舶保险条款较1999年版本在形式上有所变更，将原来的三条保证条款合并为两条：第13条：被保险人应如实填写投保单并回答保险人提出的询问。在保险期间内，被保险人应对其公司、保险船舶发生变化影响保险人利益的事件如实告知，对于保险船舶出售、光船出租、变更航行区域或保险船舶所有人、管理人、经营人、名称、技术状况和用途的改变、被征购征用，应事先书面通知保险人，经保险人同意并办理批改手续后，保险合同继续有效；否则自上述情况出现时保险合同自动终止。第14条：被保险人及其代表应当严格遵守港航

---

① 最高人民法院在“最高人民法院关于中国船东互保协会与南京宏油船务有限公司海上保险合同纠纷上诉一案有关适用法律问题的请示的复函”中肯定了中国船东互保协会2000保险条款第7条通则第1款第6项约定属于保证义务，法院应当认定其效力。另外，上海海事法院在美国陈氏公司诉中国太平洋保险公司的（1997）沪海法商字第486号船舶保险合同纠纷案的判决中，认定人保1986船舶保险条款第6条系保证条款。

② ［1997］沪海法商字第486号。

监督部门制定的各项安全航行规则和制度，做好保险船舶的管理、检验和维修，确保保险船舶的适航性。若被保险人及其代表未严格遵守港航监督部门制定的各项安全航行规则和制度，或未做好保险船舶的管理、检验和维修，或未能确保保险船舶的适航性，否则自上述情况出现时，保险人有权解除保险合同。船舶保险条款中将如此多的义务与保险合同的效力关联，对被保险人非常严格。但由于部分船东为追求利润最大化往往疏于船舶的安全管理，使得保险公司面临的风险更大，包括道德风险，因此，将这些被保险人的义务条款列为保证条款当然是保险人的期待。

综上，我国船舶条款中的某些类似于保证的条款由于《海商法》中未对保证条款进行定义而导致中实践中呈现相当的不确定性。

4. 未来保证制度的完善

保证的风险控制功效仍然无法被忽视，因此，当前国际海上保险立法中“一旦违反则保险责任自动终止”的保证法律制度的精神内涵在我国仍有继续存续的合理性。《海商法》第 235 条的不足在于，仅规定了被保险人违反保证条款的法律后果，却未规定保证条款的定义。我国保险立法当然应该借鉴英国保险立法以及保险实践，但同时应注意到，英国法中保证法律制度从诞生到长时间的存续有其深刻的法律文化背景。历史演变中商业惯例、行为以及理念的变化都会反映出法律文化的变革，并促进法律制度的变革。普通法国家与大陆法国家的法律文化有很大的差异，也必然导致有关保证法律制度的不同。此外，我国《保险法》及《海商法》的基础理论与英国法仍有较大的差异。因此，《海商法》中保证条款的定义应立足于我国立法以及保险实践的实际情况，并应尽量简练，无须对保证进行详细的分类。我国《海商法》中的“保证条款”可定义为“海上保险合同中约定被保险人承诺作为或不作为，或者被保险人确保某种事实状态的存在或者不存在的条款。”

我国《海商法》也应明确违反保证的后果，但该后果可参照英国法规定从两个方面进行缓和：一是，保险人的免责期间应从被保险人违反保证之日起至违反保证被纠正之日止。二是，被保险人违反保证条款并未增加保险事故的发生的风险。因此，保证条款的定义之后可增加一款：“如果被保险人不遵守保证，除非保险单另有明确规定，对于从被保险人违反保证之日起至违反保证被纠正之日止保险标的的损失，保险人解除保险赔付责任，除非被保险人违反保证条款并未增加保险事故发生的风险。”

第三节　海上保险合同的转让

由于国际货物买卖实践的需要，特别是像 CIF 术语下的交易方式，海上货运险保单已成为单证流转过程中不可或缺的文件。同时,随着频繁的二手船买卖活动,船壳险保单的转让也变得司空见惯。然而,从法律的视角审视上述活动,会发现海上保险合同的转让过程中存在诸多值得关注的问题。比如,海上保险合同的转让可否运用普通合同转让的概念去界定,海上保险合同转让与保险标的转让的关系如何,以及海上保险合同的有效转让需要具备何种条件等。

一、海上保险合同转让的含义

合同的转让,准确地说是合同权利、义务的转让,是指在不改变合同关系内容的前提下,合同关系的一方当事人依法将其合同的权利、义务全部或者部分地转让给第三人。按照所转让的内容不同,合同的转让可以分为:合同权利的转让、合同义务的移转、合同权利和义务的概括转让。①

海上保险合同作为一种特殊类型的合同,其转让规则本质上应服从于普通合同的转让。然而,由于海上保险理论与实践的特殊性,完全将合同转让的概念强加到海上保险合同转让之上,并不十分恰当。有观点认为,海上保险合同的转让是指保险人或被保险人的变更(Alteration)。② 作者赞同此种观点,即海上保险合同的转让意指被保险人将保单转让给第三人,或者由于特殊原因发生的保险人的更换。如果换用合同转让理论来解释的话,可以认为,海上保险合同的转让不包括债权或者债务的部分转让,仅指合同的概括转让。

二、海上保险合同转让的类型

海上保险合同的转让,根据主体不同,可以划分为两种类型,即保险人变更引起的转让和被保险人变更引起的转让。

保险人变更引起的海上保险合同转让,是指由于保险人合并、分立或者破产等情形带来的保险人主体的改变。从一般民事法律的角度讲,当合同主体发生合并或者分立时,新的主体应当继承原主体的权利和义务。此外,为了保障人身保险合同中消费者的合法权利,我国《保险法》特别规定了当人身保险的保险人被撤销或者宣告破产时,应由有关机构指定的保险人受让保险合同,继续为被保险人提供保险保障。③

被保险人变更引起的海上保险合同转让,通常是指由于保险标的的转让而导

① 参见崔建远著:《合同法》,北京大学出版社,2012 年版,第 234 页。

② 参见汪鹏南著:《海上保险合同法详论》,大连海事大学出版社,2011 年版,第 60 页。

③ 《保险法》第 92 条第 1 款:经营有人寿保险业务的保险公司被依法撤销或者被依法宣告破产的,其持有的人寿保险合同及责任准备金,必须转让给其他经营有人寿保险业务的保险公司;不能同其他保险公司达成转让协议的,由国务院保险监督管理机构指定经营有人寿保险业务的保险公司接受转让。

致的被保险人主体的改变。在海上保险实践中,绝大多数的保险合同转让都属于此种类型的转让。也正是基于这种状况,使得保险标的转让和海上保险合同转让成为一组密不可分的概念。由于保险标的转让的原因不同,海上保险合同转让又区分为法定转让和意定转让。前者主要指被保险人合并、分立或者解散等情形下的保险合同转让,在实践中相对较少出现;较为常见的是后者,意指当事人协议转让保险标的时引发的保险合同转让,比如国际贸易中卖方在转让提单时会同时背书转让保险单,以使买方有权利获得保险合同的保障。

三、海上保险合同转让的条件

由于国际贸易以及船舶融资活动的需要,海上货物运输保险合同和船舶保险合同的转让在实践中日益频繁。《海商法》第 229 条、第 230 条仅是对于海上保险合同的转让做出了原则性规定,而并未界定海上保险合同有效转让的基本条件,由此也带来司法实践的不确定性。本书认为,海上保险合同的有效转让,应当具备以下四个基本条件。

(一)被保险人对于保险标的具有保险利益

对于海上保险合同转让时是否要求转让人即被保险人对保险标的享有保险利益,我国《海商法》及《保险法》均未提及。然而,这一问题在英国《1906 年海上保险法》第 51 条可以找到明确的答案:在被保险人对保险标的已经没有或丧失利益,且在此之前或当时未明示或默示同意转让保险单之情况下,则随后保险单的任何转让均属无效。但本条规定不影响在发生损失之后的保险单转让。本书认为,此种条件的设置是十分必要的。一方面,保险合同是依附于保险标的而存在的,如果被保险人不具有保险利益,甚至与保险标的不具有任何关系,则保险合同的存在便意义不大,相应的保险合同转让可能也不会产生实质性意义。另一方面,如果允许不具有保险利益的被保险人转让保险合同,则可能会诱发投机行为,投机者们争相投保,然后通过出卖保险单来谋取不当利益。另对于受让人而言,具有保险利益并非其有效受让海上保险合同的前提条件。

(二)被保险人做出转让海上保险合同之明确意思表示

我国海上保险立法在保险标的转让与保险合同转让之关系方面,采用了英美法系中的"属人原则"理念。具体而言,欲实现保险合同随保险标的一并转让,需被保险人明确做出转让的意思表示。当然,是否转让保险合同属于被保险人的权利和自由。在中华联合财产保险股份有限公司大连分公司诉大连嘉宏国际货运有限公司海上保险合同纠纷上诉案①中,上诉人上诉理由之一为"保险单受益人为银

① [2009]辽民三终字第 55 号。

行,只有受益人才享有保险赔偿请求权”,但法院最终判定“嘉宏公司是保险合同当事人,有权要求支付保险赔偿”。在本案中,仅凭保单载明“受益人为银行”并不足以实现保险合同转让的目的,甚至不能表明保险赔偿请求权的转让,其仅能表明保险赔偿金的最终受让人变更为银行,此种保险赔偿金的“让渡”(assignment)在没有法律明确规定的情况下,并不一定产生合同转让的法律效果。

另外,海上保险合同转让的意思表示还应采取一定的形式。由于海上保险合同所涉及的标的额往往比较大,通过立法设定形式要求,可以增强意思表示的明确性,减少或者避免不必要的纠纷。对此,我国《海商法》第229条规定了“背书或者以其他方式”。除背书以外,实践中被保险人通常会采取书面协议或者批单等方式约定保险合同的转让。

(三)对于合同权利和义务被保险人不得做出任何保留

被保险人在转让海上保险合同时,必须将其全部的权利和义务一并转让,而不能做出保留否则,便不能构成海上保险合同的有效转让。只有当被保险人转让保险单中的全部时,受让人方有权以自己的名义请求保险赔偿。之所以施加此种限制,即不允许被保险人对保险单下的权益做出保留,是为了避免保险事故发生时保险人面临双重保险赔偿请求的状况。保险赔偿请求权是一种抽象的整体性权利,是不可分割的,它只能归属于被保险人或者保险合同受让人一方。英国《1906年海上保险法》第50条第2款则强调是“为实现保险权的转让而让渡保险单”,此种情况下,受让人有权以自己的名义提出保险索赔。

在实践中,如果转让协议中有关保险合同转让的约定不,或者被保险人对于保单权益有所保留,那么一旦保险事故发生,受让人很可能面临因转让无效而无保险赔偿请求权的困境。在Raiffeisen Zentral Bank Osterreiech AG v. Five Star General Trading Llc and Ors案①中,船舶所有人向作为抵押权人的银行出具了书面的保险单转让协议,尽管其中包含了明确的、无条件的“转让条款”(Assignment Clause),但“保险赔偿支付条款”(Loss Payable Clause)却约定仅向保险合同受让人支付。这种约定,最终被英国上诉法院认定为“没有转让被保险人全部的利益,因此不能产生第50条中规定的保险单转让的效力”。②

(四)船舶保险合同转让需经保险人同意

按照合同法的基本原理,合同转让需要经对方当事人的同意,因为变更后的主体可能具有不同于转让主体的履约能力,可能会影响合同相对方的利益。这一点

① [2001] EWCA Civ 68.

② 但需要注意的是,上诉法院虽然否定了英国《1906年海上保险法》中的转让,但却判定其属于衡平法上的转让(Assignment In Equity)。

同样适用于海上保险合同的转让。对于保险人而言，保险标的面临的风险状况是其比较关心的问题。因此，当保险标的转让引发海上保险合同转让时，如果转让会影响保险标的的风险状况，进而影响保险人的赔偿责任时，则被保险人需事先取得保险人的同意，方可构成有效转让；如果转让行为对于保险人在保险合同下的义务和责任没有任何影响，则转让不需以保险人的同意为前提。

在转让行为是否需经保险人同意方面，我国《海商法》借鉴国际海上保险的立法，采用了区别对待的方法。对于海上货物运输保险合同而言，由于货物通常处于承运人而非被保险人控制之下，故被保险人的变更不会影响到货物的风险状况。因此，对于货运险保险单的转让，并不需要取得保险人的同意，亦不需要履行通知义务，这也符合国际贸易单证迅速流转的需要。① 相反，在船舶保险合同中，被保险人的管理能力对于船舶的风险状况有重要影响。为了保证保险人能够及时掌握保险标的的风险变化，及时调整保费或修改承保条件，船舶保险合同的转让必须取得保险人的同意，否则，保险人有权解除保险合同。②

① 《海商法》第229条：海上货物运输保险合同可以由被保险人背书或者以其他方式转让，合同的权利、义务随之转移。合同转让时尚未支付保险费的，被保险人和合同受让人负连带支付责任。

② 《海商法》第230条第1款：因船舶转让而转让船舶保险合同的，应当取得保险人同意。未经保险人同意，船舶保险合同从船舶转让时起解除；船舶转让发生在航次之中的，船舶保险合同至航次终了时解除。

第五章 海上保险合同的解释

第一节 合同解释的基本理论

一般而言合同缔约双方将对于彼此的权利义务进行明确的约定,但受制于语言本身的局限、实践情况的复杂以及当事人能力有限等原因,合同实际履行过程中当事人会发现彼此权利义务的种种空白,此时一旦产生争议,就需要我们运用合同解释的方法弥补空白,分配双方权利义务。海上保险合同大多采用格式条款,且术语多较为专业,导致许多海上保险合同争议实际是源于对某些条款中的术语理解的分歧。例如人保船舶保险条款中的“碰撞责任”是否包括间接碰撞责任,“海上灾害”(Perils Sea)的含义,“交货不到”“提货不着”和“火灾”的含义等。我国曲折的保险业发展历史,导致了现行的海上保险条款也经历了一系列的演变过程。在借鉴英国的保险法、保险条款的过程中,由于国内立法、财经、航运、商业、市场发展的历程不同,必然导致不同的保险人之间对具体条款理解上的差异。因此,合同解释在海上保险实务中有着重要的意义。王泽鉴教授认为:“契约条款文义明确,无待解释,乃解释的结果……应与法律解释受到同样的重视。”①

从合同解释对合同内容构成的影响出发,可以将合同解释分为三类:一是“单纯的合同解释”,即就当事人具体有合意的内容为解释;二是“补充合同解释”,即

① 参见王泽鉴主编:《债法原理(第1册)》,中国政法大学出版社,2001年版,第210页。

就当事人未明示合意之部分,根据“假设的当事人意思”来补充解释;三是“合同内容之补充”,即由合同之外的法律规范,例如民法中的“任意性规范”,来对合同内容进行填充。[①] 这里讨论的海上保险合同解释,主要针对前两种情况,即通过探寻当事人真意来解释保险合同。

合同解释的主体有广义和狭义之分。广义说认为任何主体都可以对合同用语含义进行解释,而狭义说则把解释主体限制于有权机关——法院以及仲裁机构。司法实践中的合同解释一般指狭义说的观点。

合同解释的客体,即合同解释的对象。两大法系均把探求当事人真意作为合同解释的最终目标,亦即合同解释的对象。这点在代表了两大法系协商一致成果的《国际商事合同通则》中有明显体现,该通则 4.1 条规定:(1)合同应根据当事人各方的共同意思予以解释;(2)如果该种意思不能确定,合同应根据与各方当事人具有同等资格的理智之人在处于相同情况时对该合同所应有的理解来解释。

但两种法系在合同解释对象的外延上却有不同理解。传统上英美法院仅对一份完整合约的“四个角内”(Four Corners of the Contract)的条文(文字)进行解释,不考虑订约背景等内容。这种解释规则逐渐受到批评,因为文本作为解释对象,其含义本身也是不确定的,尚需订约和当事人内心意思等因素来补充解释。[②] 法院或仲裁庭开始全面做出解释,解释的对象除了合同本身,还包括交易的其他因素,例如,订约时的背景(语境)、口头的协议、合约的变更与默示条文等对该合约明示条文(文字)的增加、否定和调整。[③] 大陆法系国家则把相关因素视为“解释的辅助手段”,与合同解释的对象相区别。“解释的对象只能是表示本身……其他一切应当考虑的情形都不是解释的对象,而只是解释的辅助手段。”[④]大陆法认为解释者应该把解释作业集中在解释的对象——表意人的表意上,而非“相关情况证据”上。

将合同解释的客体界定为当事人的真意还引出另一问题,由于意思表示按构成要素分为内心意思和效果意思两部分,当合同双方产生歧义,究竟该采纳当事人的主观意思,还是客观的外在表示,这产生了意思(主观)主义和表示(客观)主义两种观点。

一、意思主义和表示主义

意思主义认为应当探求当事人内心的意思。德国法学家克茨将意思主义概括

① 参见黄立主编:《民法债编总论》,中国政法大学出版社,2002 年版,第 77~80 页。
② 参见梁慧星主编:《民商法论丛(第 8 卷)》,法律出版社,1997 年版,第 36 页。
③ 参见杨良宜主编:《合约的解释——规则与应用》,法律出版社,2015 年版,第 9 页。
④ 参见[德]卡尔·拉伦茨:《德国民法通论(下册)》,王晓晔等译,法律出版社,2004 年版,第 464 页。

为:“根据当事人意思自治的原则,法律义务的产生是由当事人的自由意志决定和判定的,应优先考虑当事人的意思。”①意思主义注意到行为人的内心意思是法律行为的核心,是权利产生、变更、消灭的真正基础,当主观意思与客观表示不符时,以主观意思为准,而不必拘泥于文字。意思主义尽管尊重了当事人的真实意志,但也暴露出了种种弊端:首先,意思主义完全将解释合同的主动权交给了表意人,合同的疑义、模糊的风险完全转移至受领人,这种合同解释上的不平等有违法律的正义价值,构成对契约自由原则的滥用。其次,意思主义重视主观想法,淡化了合同条款的作用。如果仅凭主观意图就可以变更客观表示,会在合同履行过程中产生巨大的不确定性,不利于交易安全。最后,意思主义对信赖合同的第三方也不公平。第三人依赖双方意思的客观表示(主要指合同语言)为或者不为某一行为,这期间难以考察其主观意图,此时采用意思主义改变合同用语含义,构成对第三人合法权益的侵犯。

为弥补意思主义的种种弊端,特别是对契约自由的滥用,到了20世纪,新表示主义在大陆法系国家复苏,因其能够兼顾合同双方利益,再度成为主流观点。事实上表示主义的历史久于意思主义。但早先的表示主义乃严格形式主义的产物,其认为产生法律效果的不是行为人的意志,而是符合法律规定行为的外在表征。这种观点随着合同自由原则的发展而被摒弃。新表示主义的出现意味着传统的合同自由原则受到社会公正观念的挑战,克茨将其概括为:“优先考虑外表标志,即意思表示的外部事实,因为社会和商业交往中要求信赖保护,而信赖体现在人们实际出口的话上,不体现在他们所意指的含义上。”②表示主义认为合同价值的实现,必须依赖社会的承认,确定合同效力以当事人表现于外部的意志为准。③

英美法下合同解释也存在主观主义(相当于意思主义)与客观主义(相当于表示主义)两大流派。主观主义认为合同解释以意思一致为前提,合同解释应该探求当事人的内心意思。适用主观主义解释合同的典型案件是 Raffles v Wichelhaus④ 一案。本案中托运人与承运人订立棉花运输合同,约定由 Peerless 轮运输。但事实上却存在两艘船期不同而船名相同的 Peerless 轮,双方发生争议。最终法官依照主观主义认定双方根本未达合意,合同解除。霍姆斯批评主观主义理论,认为主观主义使合同履行变得很困难,而客观主义更公平,因为表意者总是期望他的

---

① 参见[德]海因·克茨:《欧洲合同法(上卷)》,周忠海等译,法律出版社,2001年版,第155页。
② 参见[德]海因·克茨:《欧洲合同法(上卷)》,周忠海等译,法律出版社,2001年版,第155页。
③ 参见尹田主编:《法国现代合同法》,法律出版社,1995年版,第28页。
④ 159 Eng. Rep. 375 (Ct. of Exchequer 1864).

语言在通常含义上被他人理解。① 自19世纪末,客观主义被法院普遍接受。② 在商业合同解释的经典案例 Investors Compensation Scheme Ltd. v. West Bromwich Building Society 一案中,Hoffmann 勋爵将合同解释表述为"合同解释是确定缔约时的理性第三人所理解的含义"。③

如今,无论是英美法系还是大陆法系都摒弃了极端的主客观主义,采纳以客观主义为主,兼采主观主义的合同解释理论。合同解释的对象是当事人表示于外部的客观意思,而非藏于当事人内心的意思,但是当双方当事人均未赋予该表示意思或另一方应知对方内心意思时,应以内心意思解释合同。④

二、合同解释的属性

合同解释的属性,系指合同解释属于事实问题还是法律问题。这种分类不仅仅具有学理意义,还关系到诉讼法上举证责任归属,是否能以此为理由上诉到二审法院(大陆法系国家),以及英美法系国家将合同解释交由法官决定还是陪审团决定等问题。

合同解释的性质本身就是事实问题和法律问题的相互融合。"事实问题"是实际发生者为何的问题,"法律问题"则是实际发生者,依法秩序的标准应如何安排的问题。一方面,合同解释涉及对合同所载用语含义的诠释,探寻当事人主观意思属于事实问题;另一方面,解释合同需要法官对当事人的意思表示进行法律价值判断,这又是一个法律问题。从实践的角度,将合同解释作为法律问题能够给予当事人更充分的救济。但在解释合同的过程中,我们也应该充分尊重合同双方的意思自治,避免对合同过多干涉,严格以事实为基础进行法律价值判断,防止公权力对意思自治的过度介入。解释合同是根据一些原则诠释合同所载用语含义,而不是草率地拟制一个新合同,Sedley 法官把合同解释比作"第三人仅凭主观臆断解释合同与疏于考察当事人所用合同词句的中间地带"。⑤ 将合同解释视为事实与法律问题的折中的定位,便于法官做出正确合理的合同解释,同时尊重了合同的私法属性。

---

① 参见梁慧星主编:《民商法论丛(第8卷)》,法律出版社,1997年版,第34~35页。

② 参见叶金强:"合同解释:私法自治、信赖保护与衡平考量",载于《中外法学》,2004年第1期,第35页。

③ [1998] 1 W. L. R. 896, 912.

④ 参见梁慧星主编:《民商法论丛(第8卷)》,法律出版社,1997年版,第36页。

⑤ Casson & Anr. v. Ostley P. J. Ltd. & Ors, [2001] EWCA Civ 101, at para. 323. 原文:It is a very reasonable stopping place on the road that runs between second-guessing parties who have simply contracted incautiously and leaving a party at the mercy of unconsidered words.

第二节　海上保险合同解释的原则

海上保险合同的解释可以适用我国《保险法》《合同法》等相关法律确定的解释原则。我国《合同法》第 125 条规定:当事人对合同条款的理解有争议的,应当按照合同所使用的词句、合同的有关条款、合同的目的、交易习惯以及诚实信用原则,确定该条款的真实意思。由此,我国《合同法》确定了文义解释、惯例解释、整体解释和目的解释等几种解释原则。这些原则并没有具体的适用位阶,应留待法官在具体案件中根据案件情况确定。① 根据我国《保险法》第 30 条规定,采用保险人提供的格式条款订立的保险合同,保险人与投保人、被保险人或者受益人对合同条款有争议的,应当按照通常理解予以解释。对合同条款有两种以上解释的,人民法院或者仲裁机构应当做出有利于被保险人和受益人的解释。我国保险法领域认可的不利解释规则同样适用于海上保险合同。

一、符合合同目的原则

符合合同目的原则是指对保险合同的条款或者内容做出的解释应当符合当事人缔约目的。该原则是合同解释的核心原则,目前为各国所奉行。② 由于探求当事人目的与合同解释的客体密切相关,该原则的理论基础、具体适用等问题已在前文合同解释的客体一节涉及,这里不再赘述。

在 Zeus Tradition Marine Ltd. v. Bell(The Zeus V)案③中,保单中要求被保险人在船舶投入运营前必须提供独立的检验报告,双方后来就需要检验的项目产生了争议。Colman 法官根据订约时的语境与保险合同目的,认定检验项目须与船舶的适航性相关,简单的检验不足以满足一个合理保险人的要求。

再如,某船舶保单中规定船舶不允许装运沙子,否则合同自动解除。该船舶在某航次中运输矿砂,最终沉没。沙子是否包括矿砂? 除了从技术角度通过颗粒直径判断,还可以运用符合合同目的原则。保险人订立此条款的目的是控制船舶装运此类货物带来的风险,如果装运矿砂同样能给船舶带来类似危险,就应该认定被保险人违反了特别约定。④ 当然,在我们分析表意人的主观目的过程中要坚持客

① 参见樊启荣、王冠华:“保险格式条款‘通常理解’之解释——以我国《保险法》第 30 条规定为中心”,载于《西部法学评论》,2010 年第 6 期,第 27 页。

② 参见林宝清主编:《保险法原理与案例》,清华大学出版社,2006 年版,第 381 页。

③ [1999] C. L. C. 391.

④ 参见初北平:《船舶保险条款研究》,大连海事大学博士学位论文,2008 年,第 162 页。

观主义兼采主观主义原则，表意人的主观目的如果难以被一个具有背景的理性第三人认识到，这种目的便不能被合同解释采纳。换言之，在本案中控制船舶装运矿砂类货物所带来的风险这一意图必须能够被理性第三人意识到，而不是保险人完全主观的意图，这有待法院根据订约时的背景情况等证据进行判断。

二、文义解释原则

通过解释合同使用的文字词句的含义来确定当事人的真实意思是一种最为常见的解释方法。欲确定合同条款含义，必须先了解其所用词句，确定词句含义。[①] Hoffmann 勋爵在 Investors Compensation Scheme Ltd. v. West Bromwich Building Society 一案中揭示了文义解释具有如此地位的原因："（文义解释）反映了一种普遍的认识，我们不认为人们会轻易在正式文件中犯语言错误。"[②]

但是，文义解释原则也存在一定局限性，该原则只能解释个别文字，无法解释整体合约。[③] Hoffmann 勋爵认为："解释文字的含义需要借助词典以及语法；解释合同的含义则是确定针对一个具有背景的理性受领人在此条件下的理解。"[④]

如何确定合同文字的含义，Elllenborough 勋爵在 Robertson v. French 一案中指出，应当按照（Plain）、普遍（Ordinary）、通用（Popular）的标准理解。[⑤] 台湾学者认为，"海上普通保险约款之解释，应适用契约一般解释原则，除有明示或默示之特别事情外，应依普通客观之意义而为解释。此为英美法诸国乃至法国从来就普通保险约款所确立之解释方法。"[⑥]但也不能因此产生误解，同一词语在专业领域含义并不一定与其在生活中的普遍理解一致。Gibson 法官认为，法官不能仅仅凭借字典去理解文字的含义，而应该试图理解特定合同当事人所赋予合同的含义。[⑦] 因此，当同一用语在海上保险领域含义与生活中不同时，应当根据合同双方的相关知识确定。正如 Bingham 法官所言，"法院不能在真空中解释合同"。[⑧]

三、整体解释原则

整体解释，又称为体系解释，是把全部合同条款看作一个统一整体，从各个合同条款及构成部分的相关关联、所处的地位和总体联系上阐明当事人系争的合同

---

① 参见崔建远主编：《合同法》，法律出版社，2010 年版，第 356 页。

② ［1988］1 WLR 896，913.

③ 参见初北平：《船舶保险条款研究》，大连海事大学博士学位论文，2008 年，第 163 页。

④ 1 WLR 896，913.

⑤ 102 E. R. 779，136.

⑥ 参见杨仁寿主编：《海上保险法论》，三民书局，2000 年版，第 14 页。

⑦ Aqua Design & Play International Ltd. v. Kier Regional Ltd，2002 WL 819907，7.

⑧ Kuwait Airways Corp & Anor v. Kuwait Insurance Co SAK &Ors，［1995］C. L. C. 1396，1398.

用语含义。法国《民法典》第1161条规定：契约的全部条款得互相解释，以确定每一条款从整个行为所获得的意义。美国也有判例认定，单独的某一条款没有完全的约束力，必须将整个文书的所有条款作为一个整体考虑。[①] 海上保险合同相较一般商事合同，专业性更强，更应注重条款的前后联系和整体的协调。经过解释之后的海上保险合同，应前后一致，全文贯通，具有整体性。

因此，法官在合同解释的过程中会尽量避免导致合同内部的不协调。[②] 当合同条款的意义发生冲突，法官会尽量衔接。“如果能够去协调他们之间的矛盾并且给两条或以上不同的条文都赋予一定的解释与存在价值，就应该去这样解释，即使在协调的过程中会去把一些看起来清楚无误的文字意思做出一定的扭曲或限制。”[③]如果某条款的字面意思与合同目的、性质不符，对该条款的解释应有所限制。在 Glynn v. Margetson[④] 一案中，船舶装运橘子从马拉加港驶向利物浦港。提单条款载明船舶为运送货物可在途中驶向或停靠任意港口，托运人表示同意所有条款。后船舶在航行途中绕航导致迟延，货物腐烂。上议院法官认定合同目的是将货物运到指定港，承运人途中只能驶向或停靠与本航次有关的港口，本案中承运人的绕航是不合理的。

根据上文，法官会尽量衔接合同中矛盾的条文，避免忽略或删除某一条文，因为这是在改写（Rewrite）合同，只能作为解释的最后手段。[⑤] 根据相悖理论（Doctrine of Repugnancy），只有在符合合同目的的情况下，才能忽视或者删除某一合同条文。[⑥] 例如，海上保险合同中，双方经常通过补充协议（Addendum）对格式合同的某一事项进行说明，如果两者发生冲突，应当优先考虑补充协议，因为后者更大可能代表当事人的合同目的。在确需权衡条文轻重的情况下，某些能够体现当事人真正缔约目的的文字，应当给予更优先的考虑，而不考虑形式。例如在一份黑色字体的合同中用红色字体标明为“首要条款”（Paramount Clause），或者用明确的措辞说明是“尽管另有相反规定”（Notwithstanding Anything to the Contrary）等显示缔约方缔约意图重点的形式和文字，应当给予较重要的解释地位。

四、惯例解释原则

参照习惯和惯例原则，是指合同文字或条款的含义发生歧义时，按照习惯和惯例的含义予以明确；合同存在漏洞，致使当事人的权利义务不明确时，参照习惯和

---

① Coker v. Coke, 650 S. W. 2d 391, 393.

② See Howard Bennett, The Law of Marine Insurance, Oxford University Press, 2006, p. 271.

③ 参见杨良宜著：《合约的解释——规则与应用》，法律出版社，2015年版，第119页。

④ [1893] A. C. 351, 351.

⑤ 参见初北平：《船舶保险条款研究》，大连海事大学博士学位论文，2008年，第165页。

⑥ Great North Eastern Railway Ltd. v. Avon Insurance Plc, 2001 WL 513179, para34.

惯例加以补充。① 保险立法或保险条款来源于对海上保险惯例的汇编，例如英国《1906 年海上保险法》，而惯例反过来也成为解释条款的重要原则之一。②

英国判例中确认习惯被法律承认的条件有三个：首先习惯必须确定，其次为本行业人员普遍承认，最后习惯必须是合理的。③ 依据合同法应有之义，这种习惯同时亦不能违反法律强制规范，也不能与当事人明示或者默示的意思表示相抵触。④ 与此同时，习惯与惯例也应当是被双方当事人已知或者应知而未被明示排除的。在 Gabay v. Lloyd 案中，法官表示拒绝适用对被保险人不利的习惯解释合同，除非有证据显示被保险人知晓这一习惯并且据此订立合同。

由于合同解释的目的在于探求当事人真意，是否符合商业常识也成为是否符合当事人真意的重要判断标准。一个理性商人的真意不太可能在商业上欠缺合理性。⑤ Diplock 勋爵指出："按照语义做出的解释不能与商业常识不符。"⑥在 Starlight Shipping Co. v. Allianz Marine and Aviation Versicherungs AG 案中，法官再一次确认了这种观点。本案中被保险人与劳埃德等保险公司签署和解书，承诺放弃向"保险人"索赔的权利。后被保险人起诉保险公司的雇员、代理人，原被告围绕"保险人"的范围产生争议。法官认为，把代理人等排除在"保险人"范围外将导致被保险人可以向其索赔，他们再向保险人追偿，这种迂回的索赔路径在商业上是不合理的，因此不能做出这种解释。

五、标准条款的特殊解释规则

保险合同是定式合同的一种。定式合同是一种以标准条款为基础而订立的附从合同，又称格式合同、定型合同或附合合同。一般来说，保险人按照一定的原则和技术要求，拟制出保险合同的基本条款；投保人看到条款时"要么同意，要么离开"，一般没有修改某项条款的权利。倘若确有必要增删或变更内容，通常也只能借助保险人事先准备的附加条款或附属保单，而不能完全遵照投保人的意思来做出改变。为弥补信息不对称和谈判地位差异的弊端，保险实务中开始运用不利解释规则、合理期待规则等对保险双方当事人利益进行平衡。

（一）不利解释规则

不利解释规则，又称为疑义利益解释规则，我国《合同法》第 41 条规定："对格

① 参见崔建远主编：《合同法》，法律出版社，2010 年版，第 364 页。
② 参见初北平：《船舶保险条款研究》，大连海事大学博士学位论文，2008 年，第 182 页。
③ Cunliffe-Owen v. Teather& Greenwood, [1967] 1 WLR 1421,1438.
④ 参见崔远主编：《合同法》，法律出版社，2010 年版，第 365 页。
⑤ [1997] A. C. 749, 771.
⑥ [1985] A. C. 191, 201.

式条款的理解发生争议的,应当按照通常理解予以解释。对格式条款有两种以上解释的,应当做出不利于提供格式条款一方的解释……”保险合同解释中的不利解释规则,系指在保险单用语可以做出两种解释的情况下,保险单用语应当依照最不利于保险人的方式予以解释。① 保险法几乎是不利解释原则最经常适用的领域,②英美法中存在大量的相关案例。根据我国《保险法》第 30 条:采用保险人提供的格式条款订立的保险合同,保险人与投保人、被保险人或者受益人对合同条款有争议的,应当按照通常理解予以解释。对合同条款有两种以上解释的,人民法院或者仲裁机构应当做出有利于被保险人和受益人的解释。由此可见,我国在保险法领域也认可了不利解释规则。

相较于之前列举的合同解释规则,不利解释规则在其适用上有其独特性,在我国海上保险法语境下,归纳为下面三个条件:

1. 根据保险人提供的格式条款订立保险合同

我国 2009 年修订的《保险法》很大的变化就是将不利解释规则的适用对象由之前的“保险合同条款”修改为“采用保险人提供的格式条款订立的保险合同……对合同条款有争议……”也就是说,只有双方对由保险人提供的格式条款产生争议,方可适用不利解释,这实现了与合同法③的统一。

“当投保人参与了保险合同的起草,或者保险公司不单独对合同的语义负责的时候,疑义解释规则很可能会不再适用。”④尽管海上保险合同多根据保险人提供的格式条款制定,但也存在经过双方协商条款或者被保险人提供保险条款的情形。对协商条款适用不利解释规则,违反了合同自由原则,此时只要双方根据自由真实的意愿达成合意,法院在解释时就应处于完全超然的地位,不必做出偏向哪一方的解释,而应努力探求当事人真意。同样,针对被保险人提供的保险条款不适用不利解释,也是该原则的应有之义。

2. 出现疑义

合同条款所载用语出现疑义(Ambiguity)是适用不利解释原则的另一前提。在英美法中,不利解释原则是对合同疑义的一种解决手段,如果合同语言易懂(Plain and Intelligible),将不会适用不利解释原则。疑义不同于争议,在 Federal

---

① See Charles S. Parnell (editor), American Jurisprudence, Vol. XLIII Insurance,: Lawyers Cooperative Publishing, 1991, p. 360.

② See Péter Cserne, Policy Considerations In Contract Interpretation: The Contra Proferentem Rule From A Comparative Law And Economics Perspective, Hungarian Association for Law and Economics working papers, 2007, p. 16.

③ 《合同法》第 41 条:对格式条款的理解发生争议的,应当按照通常理解予以解释。对格式条款有两种以上解释的,应当做出不利于提供格式条款一方的解释……

④ 参见[美]C·小阿瑟·威廉斯、迈克尔·L·史密斯:《风险管理与保险》,马从辉等译,经济科学出版社,2000 年版,第 467 页。

Deposit Ins. Corp. v. W. R. Grace & Co. 案中，Posner 法官认为："合同双方对合同产生争议并不意味着合同存在疑义，倘若如此，书面合同便失去了对双方的拘束力。"①我国原《保险法》由于对此条件规定不清，一度导致滥用不利解释规则。《保险法》明确了适用不利解释规则必须针对有疑义的格式条款。根据该法第 30 条，疑义应理解为按照通常理解对合同条款进行解释，存在两种以上解释。这里的通常理解，应该是综合运用前文介绍的合同解释原则进行的理解。法官在审理海上保险格式条款的争议时，首先应根据个案，综合运用各种解释原则，努力寻求"通常理解"，在得到两种以上合理解释的情况下，再考虑适用不利解释规则。

3. 作为合同解释的最后手段

关于不利解释的适用位阶，一直存在广义说和狭义说两种观点。狭义说将不利解释视为"加时赛"(Tie Breaker)，作为其他合同解释方法失效后的最后手段。广义说伴随着格式合同的兴起而出现，系指对于格式合同的提供方，一旦存在疑义，即做出不利于合同提供者的解释，由于这种解释在某种程度上类似于严格责任，广义不利解释规则也被称为严格责任不利解释规则。根据前文，我国《保险法》立法中采纳了狭义说的观点，不利解释规则处于位阶的最末，有着严格的适用条件，这与英美法中的通说观点是一致的。

不利解释原则在保险司法实践中得到了广泛的应用。在 1987 年 Ingersoll Milling Mach. Co. v. M/V Bodena 案中，美国联邦第二巡回上诉法院确认"保险人提供的保险合同含义如果含糊不清，将做出不利于其的解释，这一规则适用于包括海上保险在内的一切保险"。② 该案中保险单同时记载了舱面货条款以及货舱运输条款，原审法院及再审法院均做出了对保险人不利的解释。法院在判决中表示："针对保险人的不利解释原则多适用于保险人利用除外责任试图免责的情形。"③

2008 年 Pratt v. Aigaion Insurance Co. SA 案中，英国上诉法院也适用了不利解释规则。原告为自己所有拖网渔船投保，保险合同约定"被保险人保证船舶在任何时间均有一名经验丰富的船员以及船东及/或经验丰富的船长在船负责"。投保船舶在港内发生火灾造成损失，当时船上并无相关人员。原审法院认为根据字面意思，至少两人应当时刻在船上负责，而发生火灾时无相关人员在船，被保险人违反保证义务。被保险人不服上诉。上诉法院认为，"任何时间"不能仅做字面理解，还需结合相关情况。本案中只能认定投保船舶至少应在航行时有相关人员在船负责，至于"任何时间"的外延应适用不利解释原则，保险人如想包含在港时，应当表述得更为明确这个案例也再次表明了，鉴于保证条款的严厉性，英美法一直运

---

① Federal Deposit Ins. Corp. v. W. R. Grace & Co., 877 F. 2d 614, 621 (7th Cir. 1989).

② Ingersoll Milling Mach. Co. v. M/V Bodena, 829 F. 2d 293, 295.

③ Ingersoll Milling Mach. Co. v. M/V Bodena, 829 F. 2d 293, 306.

用不利解释原则等方法对其进行较为严格的解释,避免保证责任的滥用。

不利解释规则在我国司法实践中亦多有体现。例如“浮山”船案中,双方所争议的焦点在于被保险人所遭受的损失是否属于人保保险单上记明的承保范围,船舶碰撞责任是否包含间接碰撞,即无接触碰撞。人保 1986 年远洋船舶保险条款虽将船舶“碰撞”造成的损失列入承保范围,却未给出船舶碰撞的明确定义,亦未在免责条款中列明间接碰撞属于免赔范围,以致引发争议。可以看出,本案中“碰撞”用语含义产生了明显的疑义,法院在判决中明确采纳了不利解释原则:“‘浮山船’投保了‘一切险’,船舶保险条款属于格式条款,该条款第 1 条订明的碰撞责任包括因保险船舶与其他船舶碰撞而引起被保险人应负的法律赔偿责任,订立船舶保险合同时保险人并未向被保险人明示船舶碰撞排除无接触碰撞。根据诚信原则和《合同法》第 41 条的规定,对格式条款有两种以上解释的,应当做出不利于提供格式条款一方的解释。因此,本案船舶保险条款所指碰撞应当包括无接触碰撞。”①

“泰白海”船案中,被保险人投保一切险附加战争险,保险条款为人保 1986 年远洋船舶保险条款。“泰白海”船在通过苏伊士运河时发生搁浅事故,破坏了当地海底珊瑚。双方就对珊瑚的赔偿责任是否属于一切险承保范围提交仲裁。保险人主张船舶保险条款中“碰撞责任”项下的“固定物体”并不包括珊瑚等生物,该损失为环境损害赔偿。仲裁庭认为,保险合同的碰撞责任条款明确规定承保保险船舶“触碰任何固定的、浮动的物体或其他物体”所产生的法律责任。“任何……其他物体”没有明确排除自然物体,珊瑚明显地属于“其他物体”。我国原《保险法》第 31 条规定:对于保险合同的条款,保险人与投保人、被保险人或者受益人有争议时,人民法院或者仲裁机构应当做出有利于被保险人和受益人的解释。我国《海商法》关于海上保险合同的规定中并没有相反的规定,这一原则应适用所有保险合同。《合同法》第 41 条规定:“……对格式条款有两种以上解释的,应当做出不利于提供格式条款一方的解释……”保险条款是由保险人提供的格式条款,对其含义的解释应适用这一原则(不利解释规则)。②

(二)合理期待规则

尽管不利解释规则常常用作合同解释的最后手段,但这并不表示面对明显不公正的合同条款该规则就是被保险人所能依赖的最后一个堡垒。由于其必须以存在疑义为适用条件,这就可能导致某些合同条款由于措辞本身十分明确而无法适

---

① 《最高人民法院关于中国人民保险公司青岛市分公司与巴拿马浮山航运有限公司船舶保险合同纠纷一案的复函》,[2002]民四他字第 12 号。

② 案例参见蔡宏达:“船舶保险条款有歧义做出有利于被保险人的解释”,载于《中国远洋航务公告》,2002 年第 5 期,第 74~75 页。

用不利解释规则。而保险合同术语具有很强的专业性技术性，保险人使用冗长的语言，制定繁多的条款，看似消除了歧义，但实际上造成被保险人更难通读和审查保单，某些合同术语明显超出了被保险人的理解范围。[①] 针对这种由于格式合同造成的不公正，美国法院提出了合理期待规则：合同文本应根据一个未经保险或法律等专门训练的人的理性预期来解释；如果一个理性的人预期保单会对某一种损失提供保障，法院就会要求保险人赔付——尽管可能是合同文字已经清楚地排除了的赔付。[②]

合理期待规则关注合同的实质公正，允许法官对于保险合同进行更大程度的介入，是对格式合同下双方悬殊缔约地位的一种再平衡。但也一直受到争议：首先，合理期待规则可以背离合同文本，这是否构成了司法对双方意思自治的不当干预；其次，合理期待规则为保险合同带来了解释的不确定性，而这一直是商事合同主体所试图避免的；再次，如何确定“合理”的标准，合理本身就有强烈的主观色彩，不同主体对合理会有不同的认识，在美国数十年的合理期待司法实践中也一直没有定论。

合理期待规则同样适用于合同生效前。在 Gaunt v. John Hancock Mut. Life Ins. Co. [③]案中，投保人投保了人寿险并支付了保费，保险代理人出具“附条件保费收据”（Conditional Receipt），其中载明“被保险人需通过体检并经保险人核保及批单后，保险合同成立”。被保险人在体检后未经保险人核保批单即去世。保险人主张本案中附条件收据条款清楚无误，保险合同尚未成立。原告却认为出具收据以及当时的交易情形使他合理相信保险人已经承保，从而丧失了寻求其他保险的机会，主张保险合同已经成立保险人应该赔付，最终获得法院支持。

我国保险法并未采纳合理期待规则，发生争议时法院常常援引《保险法》第 17 条保险人的提示说明义务来保护被保险人，从而回避了合同是否有疑义这一问题。认为，合理期待规则作为一项诞生于判例法系国家的合同解释规则，在我国相关立法以及理论研究尚未完善的情况下，还不宜适用，法官应该吸收合理期待原则的有益内核，运用《保险法》规定的提示说明义务、不利解释规则等方法解决类似问题。

---

① 例如在 McHugh v. USAA 案中，约定承保泥石流造成的财产损失，被保险人的房屋在一场暴雨过后遭到土壤、岩石、植被及其混合物的严重破坏，保险人认为事故原因为滑坡而拒绝赔付，但两者对于大多数被保险人都是难以区分的，最终联邦第九巡回法院根据合理期待原则支持了被保险人的主张。参见 164 F. 3d 451（U. S. Ct. App. 9th Cir. 1999）。

② 参见［美］Scott E Harrington，Gregory R. Niehaus：《风险管理与保险》，陈秉正、王珺、周伏平译，清华大学出版社，2005 年版，第 177 页。

③ Gaunt v. John Hancock Mut. Life Ins. Co.，160 F. 2d 599（2d Cir. 1947）.

六、诚实信用及公平原则

诚实信用(Good Faith)是市场经济的道德原则,它要求人们在市场活动中讲求信用、信守诺言、诚实不欺,在不损害他人及社会利益的前提下追求利益。我国《保险法》中第5条明确规定保险活动当事人行使权利、履行义务应当遵循诚实信用原则。我国《合同法》第6条也规定当事人行使权利、履行义务应当遵循诚实信用原则。

公平原则要求合同双方当事人之间的权利义务要公平合理,做到大体上平衡,强调一方给付与对方给付之间的等值性,合同上的负担和风险的合理分配。具体包括:在订立合同时,要根据公平原则确定双方的权利和义务,不得滥用权力,不得欺诈,不得假借订立合同恶意进行磋商;根据公平原则确定风险的合理分配;根据公平原则确定违约责任。

诚实信用和公平原则的适用范围逐步扩大,不仅适用于合同的订立和履行,也适用于合同的解释。例如德国《民法典》第157条规定:解释合同应依诚信原则及交易习惯为之。合同解释的过程中适用诚实信用及公平原则的结果是能够排斥当事人的不合理"意思"。诚实信用及公平原则作为解释、补充、评价合同的准则,它秉承公平思想,倡导应从兼顾当事人双方利益的立场出发,公正合理地确定合同的内容和含义,以一个通情达理的第三人处在合同当事人地位的姿态来理解合同。在英国,适用该原则解释海上保险合同也被认为是发展趋势。在对合同进行解释的时候,人们不再严格局限于文字,而是在商业背景之外,更"最终的公平"。在我国保险合同解释理论中,也有"利益衡量"说,指当事人签订合同的目的是追求一定的经济利益,因此,在解释合同时就不能无视当事人双方的经济利益,不能不进行利益衡量,不但要考虑当事人的利益,而且要考虑社会利益。①

值得注意的是,诚信原则和公平的解释规则虽然被视为合同解释原则的一种,但并不表示其与其他的合同解释规则完全独立。例如,前文提到的关于条款的不利解释规则,其精神内涵与诚信和公平原则是高度一致的。另外,由于诚实信用和公平原则比较抽象,一般只能作为海上保险合同解释的价值判断方法:当其解释方法均不能解决保险合同疑义和漏洞时,方可以参考适用;或者在法官运用前文介绍的各种规则对海上保险合同做出解释之后,运用其来检验所得出的结果。

---

① 参见杨卫平:"论建立我国保险合同解释的标准与原则",载于《中国保险管理干部学院学报》,2003年第1期,第53页。

第六章
海上保险合同下的赔偿

第一节　被保险人的防灾防损义务和通知义务

尽管《海商法》对海上保险被保险人的防灾防损义务没有明文规定，但主流观点认为《保险法》第51条的有关规定可同样适用于海上保险。① 被保险人违反防灾防损义务，将对保险人的赔偿义务产生何种影响值得研究。

一、被保险人的防灾防损义务

《保险法》第51条规定："被保险人应当遵守国家有关消防、安全、生产操作、劳动保护等方面的规定，维护保险标的的安全。……投保人、被保险人未按照约定履行其对保险标的的安全应尽责任的，保险人有权要求增加保险费或者解除合同。……"被保险人的上述义务应为"防灾防损义务"。

(一)防灾防损制度概述

防灾防损义务，是指保险事故发生前，被保险人应遵守相关安全规范，避免事故发生和损失产生的义务。

国外学者对防灾防损制度的认识与国内学者相比存在区别，国外学者多在条款层面讨论防灾防损制度。依条款内容的不同，可分为狭义和广义两种防灾防损

① 参见司玉琢：《海商法专论》，中国人民大学出版社，2015年版，第376页；傅廷中：《保险法论》，清华大学出版社，2011年版，第64页。

条款。狭义的防灾防损条款为“欧洲保险合同法重述”项目组所主张，其认为：预防措施(Precautionary Measures)是指保险合同中要求保单持有人或者被保险人在保险事故发生前实施或者不实施某行为的条款；经当事人约定，该条款可以是保险人承担赔付责任的条件，也可以不是。[①] 也就是说，狭义的防灾防损条款仅限于避免保险事故发生的条款。广义的防灾防损条款则在2014年国际保险法学会关于防灾防损措施(Preventive Measures)的调查问卷中有所体现，其认为防灾防损措施是指规定于法律或保险合同当中的要求投保人或被保险人在保险事故发生之前，或不特定事项，以避免保险事故的发生以及保险标的的危险程度显著增加；或要求投保人或被保险人在保险事故发生之后，采取减损措施的条款。也就是说，广义的防灾防损条款不仅包括避免保险事故发生的，还包括减少损失的。

(二)被保险人防灾防损义务的性质

对于防灾防损义务的性质，学界素有法定义务[②]与约定义务[③]之争。而所谓“义务”是指，设定或隐含在法律规范中、实现于法律关系中的、主体以作为或不作为的方式保障权利主体获得利益的一种约束手段。[④] 那么，判断防灾防损义务的性质，就有必要先判断法律规范的性质。

1.防灾防损义务性质的判断标准

法律规范的性质主要是通过其所调整的利益关系进行判断的。合同所调整的利益关系，“大致可以区分为以下四种：合同当事人之间的利益关系；合同当事人与合同关系以外特定第三人之间的利益关系；合同当事人的利益与国家利益之间的关系以及合同当事人的利益与社会公共利益之间的关系。”[⑤]合同当事人之间的利益关系只在特定当事人之间发生，其应是意思自治得到最为彻底地贯彻的领域。因此，其主要应受任意性规范或倡导性规范所调整。然而，意思自治在私人领域的统治地位早已被动摇。美国学者伯纳德·施瓦茨教授指出：“为了适应20世纪的需要，原先作为合同法支柱的抽象的个人意思自治原则，不再是合同案件中支配一切的要素了。”[⑥]实际上，随着格式合同的泛滥，当今社会中所谓的“自愿”，在更多情况下，只是“无奈的自愿”。[⑦] 有鉴于此，法律还会通过授权一方当事人的规范和

---

① 参见“欧洲保险合同法重述”项目组：《欧洲保险合同法原则(PECIL)》，韩永强译，参见：梁慧星主编：《民商法论丛(第48卷)》，法律出版社，2011年版，第668~691页。

② 参见许崇苗、李利：《中国保险法原理与适用》，法律出版社，2006年版，第405~406页。

③ 参见刘建勋：《典型案例与审判思路》，法律出版社，2010年版，第292页。

④ 参见张文显主编：《法理学》，法律出版社，2007年版，第162页。

⑤ 参见王轶：“论倡导性规范——以合同法为背景的分析”，载于《清华法学》，2007年第1期，第66页。

⑥ 参见[美]伯纳德·施瓦茨：《美国法律史》，王军等译，法律出版社，2011年版，第230页。

⑦ 参见李永军：《合同法》，法律出版社，2010年版，第226页。

半强制性的规范来调整合同当事人之间的利益关系。而第二种利益关系,因牵涉到合同关系以外特定第三人的利益,应受授权特定第三人的规范调整。至于第三与第四种利益关系,因涉及国家利益以及社会公共利益,不应允许当事人通过约定的方式排除相应法律规范的适用。因此,第三与第四种利益关系应受强制性规范调整。

2. 防灾防损义务性质的界定

防灾防损法律规范主要调整合同当事人之间的利益。因此,其显然不属于授权特定第三人的规范。其规定的是被保险人的义务,而非权利。因此,其也不是授权一方当事人的规范。其规定了违反防灾防损义务的法律后果,可作为裁判规范。① 因此,也不属于倡导性规范。此外,由《保险法》第 51 条第 2 款与第 3 款的措辞可知,其并没有禁止当事人扩张或限缩防灾防损义务范围之意,其不应是强制性的规范。但《保险法》第 51 条第 1 款的措辞表明,遵守国家有关消防、安全、生产操作、劳动保护等方面的规范是被保险人在公法上的义务,即使保险合同中未规定防灾防损义务,被保险人也应遵守相关安全规范。可见,《保险法》第 51 条防灾防损法律规范是一个混合性规范。当然,该第 1 款虽有课以被保险人法定义务之意,却没有相应的救济予以支持。该问题也已得到国际保险法学会的关注,其一份报告显示,在包括英国、美国等发达国家在内的二十多个国家中,仅法国、②瑞士、韩国、匈牙利四国规定了法定的防灾防损义务。可见,国际上的主流做法是将防灾防损义务作为一项约定义务。英国著名律师 John Habergham 先生对英国也采此做法的解释是:保险人从不会错过将保证条款并入保险合同的机会。③ 因此,立法者无须担心被保险人防灾防损义务的缺位,相反,更应防范保险人滥用救济权。欧洲保险合同法原则(PEICL: the Principles of European Insurance Contract Law)也已关注到该问题,其第 4:103 条第 1 款规定:保险合同可以规定对预防措施之违反可以使保险人部分或者全部免责,但此规定仅在保单持有人或者被保险人有造成损失之故意或者明知可能会造成损失却置之不顾而违反其义务之情形具有效力。④ 实际上,英国也开始重新审视现代法律背景下保险人与被保险人之间的利益平衡问题。英国上议院在 2015 年 1 月 15 日的保险法草案解释(Explanatory Notes)中

① 倡导性规范尽管确定了合同当事人的行为准则,但仅具倡导性,因而并非裁判者可以运用的裁判规范。参见王铁:“论倡导性规范——以合同法为背景的分析”,载于《清华法学》,2007 年第 1 期,第 73 页。

② 法国法仅在海上保险领域适用法定的防灾防损义务。

③ See Samim Ünan (ed.), Precautionary Measures, Clauses requiring the policyholder or the insured, before the insured event occurs, to perform or not to perform certain acts (PEICL 4:101), Papers submitted to the AIDA Consumer Protection & Dispute Resolution Working Party meeting, Sigorta Hukuku Türk Derneği, December 2012, p. 83.

④ 参见“欧洲保险合同法重述”项目组:《欧洲保险合同法原则(PECIL)》,韩永强译,参见:梁慧星主编:《民商法论丛(第 48 卷)》,法律出版社,2011 年版,第 668~691 页。

便指出，英国的保险法发端于18、19世纪，部分内容被制定成英国《1906年海上保险法》。为了保护当时尚且非常稚嫩的保险业，该法为保险人创设了数项拒绝赔偿的制度。然而，部分制度已明显不符保险市场的良好做法（Best Practice）。[①] 这表明，现代海上保险立法已由传统的保护保险人利益逐渐转变到平衡保险人与被保险人的利益，甚至保护被保险人利益上来。因此，在构建海上保险防灾防损制度时，也应适度限制保险人的权利，并加强对被保险人利益的保障。

（三）防灾防损义务的履行

防灾防损义务的履行主要涉及履行主体、履行时间、履行主体须遵守的安全规范的范围和防灾防损费用的赔偿等问题。对于前两个问题，理论上的认识较为一致，即义务的履行主体既包括被保险人，也包括投保人；[②]义务的履行时间仅限于保险事故发生之前，而后两个问题争议较大。

1. 被保险人所须遵守的安全规范

被保险人所须遵守的安全规范应以约定为限。现有条款通常约定被保险人须遵守国家或有关部门制定的各类安全规范，如沿海内河船舶保险条款第15条规定：被保险人应当遵守国家有关消防、安全、生产操作等方面的其他相关法律、法规及规定，维护保险船舶的安全。通常而言，上述约定已覆盖绝大部分有利于避免损失发生的安全规范，但参考国外的保险条款，海上保险合同的相关约定还可以做进一步完善。如《2013年北欧海上保险方案》关于防灾防损义务的规定较成体系，其第三章第三节分6条专门就被保险人的防灾防损义务做出规定。首先，其明确“安全规章”（Safety Regulations）的含义，即由公共当局颁布的、保险合同中约定的、合同中授权保险人援引的以及船级社制定的旨在避免损失的安全规章。其次，其条文释义进一步指出，上述规定并未要求有关规章的唯一目的是防灾防损，只要防灾防损是该规章的目的之一即可。[③] 此外，船舶根据公共当局或船级社的要求进行的定期检查以及船级社关于船舶冰级（Ice Class）的规定亦属于安全规章。

目前，人保2009年船舶保险条款尚未有防灾防损制度的规定。而《2013年北欧海上保险方案》的条文释义中指出，通常情况下，被保险人应遵守更严格的安全规范，除非被保险人能证明其有合理理由无法执行更严格的安全规章。[④] 实践中

① See INSURANCE BILL [HL] EXPLANATORY NOTES. Accessed 2017. http://www.publications.parliament.uk/pa/bills/cbill/2014-2015/0155/en/15155en.pdf.

② 参见奚晓明主编：《〈中华人民共和国保险法〉保险合同章条文理解与适用》，中国法制出版社，2010年版，第341页。

③ See The Nordic Marine Insurance Plan of 2013 version 2016, section 3: Safety Regulations. Accessed 2017. http://www.nordicplan.org/Commentary/Part-One/Chapter-3/Section-3/#-3-22.

④ See The Nordic Marine Insurance Plan of 2013 version 2016, section 3: Safety Regulations. Accessed 2017. http://www.nordicplan.org/Commentary/Part-One/Chapter-3/Section-3/#-3-22.

也有较为宽容的做法，如《德国 2009 年远洋船舶保险条款》(German Standard Terms Conditions of Insurance for Ocean-Going Vessels 2009)第 33(2. 2. 2)条规定：如果货物在国外的港口装船，被保险人有权选择按照当地的法律规范或德国的法律规范装运危险货物。

2. 防灾防损费用的赔偿

无论是依约或依保险人建议履行防灾防损义务，被保险人都将会产生一定的费用。由于该费用产生于保险事故发生之前，被保险人能否就此费用从保险人处受偿仍有疑问。《海商法》第 240 条第 1 款规定："被保险人为防止或者减少根据合同可以得到赔偿的损失而支出的必要的合理费用，……应当由保险人在保险标的损失赔偿之外另行支付。"似乎只要是防止承保风险造成损失而支出的合理费用，都可从保险人处受偿。然而，《海商法》第 236 条第 1 款规定："一旦保险事故发生，被保险人应当立即通知保险人，并采取必要的合理措施，防止或者减少损失。被保险人收到保险人发出的有关采取防止或者减少损失的合理措施的特别通知的，应当按照保险人通知的要求处理。"也就是说，仅在保险事故发生后，被保险人才负有施救义务。与之相对应的施救费用似乎也应在保险事故后才发生。《海商法》第 240 条是对施救费用的规定。因此，防灾防损费用难依《海商法》第 240 条的规定受偿。实际上，国际上的立法例与保险实践也多持此态度。

a. 防灾防损费用承担的一般规则

研究表明，国际上保险法发达的国家多认为，通常情况下，防灾防损费用应由被保险人承担。如德国法认为，通常情况下，防灾防损费用应由被保险人承担；英国法也认为，通常情况下，为避免可能发生的损失(the mere possibility of loss)所产生的费用并不属于承保范围，即使该费用的支出是明智的且对保险双方都是有益的。

保险实践也多持此态度。无论是英国 1983 年或 1995 年的协会定期船舶保险条款，还是 2003 年的国际船舶保险条款均规定：当发生损失或不幸时(In case of any loss or misfortune)，被保险人及其雇员和代理人有义务采取合理的措施，避免或减轻可自本保险获得赔偿的损失。……保险人将赔偿由被保险人、其雇员及代理人由于此种措施而适当地、合理地产生的费用。也就是说，只有保险事故发生后，所产生的费用才可以从保险人处受偿。台湾地区的"保险法"虽然未就防灾防损费用的赔偿问题做出明确规定，但台湾最高院 1998 年度台上字第 3004 号判决表明：台湾地区并不支持被保险人向保险人索赔防灾防损费用。该案涉及工程保险，要保人珠江公司就所承揽的工程，向富邦保险公司投保"营造工程综合损失险""拆除清理费用损失险""第三人意外责任险"。保险期间，工程因突发不可预料之地下涌砂及涌泉，致隧道本体损坏、正上方道路沉陷等等，然并未造成第三人损害。珠江公司为避免道路持续沉陷危及他人安全,乃进行一系列地盘改良与地下隧道修复工作。嗣后,其向保险公司索赔修复工程的费用。但遭到拒赔,遂成诉。最终,法院还是以“避免或减轻损害之必要行为所生费用之偿还,须以保险事故业已发生为必要”为由,驳回了珠江公司的诉讼请求。① 而台湾学者江朝国教授也认为:“若保险事故发生前,要保人或被保险人所为任何必要减免损失行为皆可请求,保险理赔金额将轻易失去标准,恐将危及危险共同体之运作。”②若被保险人的防灾防损费用均可受偿,似乎被保险人对保险标的的日常维护费用也就可以受偿了。这无疑将极大地增加了保险人的负担,有违对价平衡原则。因此,防灾防损费用原则上不能获得赔偿。

b. 防灾防损费用的例外赔偿

比利时学者指出,之所以防灾防损费原则上得不到赔偿,而施救费用却可以,是因为传统观点认为,保险事故发生之前,风险仍处于被保险人的控制之中(belongs to the domain of the insured);保险事故发生后,才转由保险人承担。③ 也就是说,在保险人尚无须承担赔偿责任的情况下,被保险人所采取的防灾防损措施并不能使保险人受益;在保险人须承担赔偿责任的情况下,被保险人采取的施救措施才会使保险人受益。因此,保险人应赔偿被保险人产生的施救费用,但原则上无须赔偿防灾防损费用。然而,在保险标的面临紧迫危险时,被保险人采取的防灾防损措施也会使保险人受益。因为在此情况下,若被保险人不采取特殊措施,事故将会发生。实际上,绝对地将防灾防损费用排除于赔偿范围之外,也并不合理。因为被保险人知道即使超出通常的努力去履行防灾防损义务,所产生的费用也得不到赔偿,便会待保险事故发生之后,再履行施救义务,这恐怕也不是保险人所期待的,甚至是有违公共政策(Public Policy)的。因此,更为理想的方案应是区分保险事故发生前的具体情况,予以不同对待。在特定情况下,例外地允许被保险人索赔防灾防损费用,以鼓励被保险人尽最大努力避免保险事故的发生。

实际上,英国法也并不绝对否定索赔防灾防损费用的可能性。在英国法下,只要承保风险迫在眉睫,被保险人为避免保险事故的发生所产生的合理费用就可以得到赔偿。如在早期的判例 The knight of St Michael 案中,当发现一船煤炭在运输中过热时,船长立即决定将货物卸下船舶。虽然火灾才是承保风险,但法院最终还是判决:即使火灾没有实际发生,保险人也应当赔付。理由是:如果船长不采取应

① 参见江朝国:《保险法逐条释义(第一卷总则)》,元照出版公司,2012 年版,第 851 页。

② 参见江朝国:《保险法逐条释义(第一卷总则)》,元照出版公司,2012 年版,第 852 页。

③ See Prof. Dr. em. Herman Cousy, Prof. Dr. Caroline Van Schoubroeck, Preventive Measure Belgian Report, AIDA XIV World Congress, 28 July 2013, p. 16.

对措施,火灾很可能会发生。① 但什么情况才能被视为承保风险迫在眉睫?英国的判例尚无明确结论。在 Integrated Container Service Inc. v. British Traders Insurance Co. Ltd. ②一案中,Dillon 法官也没有正面回应此问题,但其指出:“即使涉案的集装箱没有迫在眉睫的危险,也不可避免地得出以下结论:如果被保险人不采取行动,其将无法取回这些箱子。”换言之,防止保险事故的发生不以迫在眉睫为限,只要其发生的盖然性很高即可。而 Eveleigh 法官则进一步指出,被保险人能否获得赔偿,取决于其对当时情况的合理判断以及所采取的行动。保险人不可通过事后的调查,否定被保险人当时所采取的行动的合理性。实际上,只要被保险人证明相关费用是任一谨慎的被保险人均会产生的,就可以获得赔偿。综上所述,判断防灾防损费用能否受偿,应综合考虑危险的紧迫性、保险事故发生的盖然性,且应以当时的情况进行判断。

目前,我国对防灾防损费用的赔偿问题尚持比较审慎的态度。在一起财产保险合同纠纷案件中,涉案保险标的某食品公司的财产,包括固定资产、原料及存货等位于江边,保险人接到防汛指挥部下达的防汛紧急状态的通知后,向被保险人发出了“隐患整改通知书”,要求被保险人尽快转移财产。被保险人接到通知书后,迅速转移财产并因此产生了费用。后来,位于江边保险标的并未受到洪水的影响。汛期过后,被保险人向保险人索赔防灾防损费用,但遭到保险人拒赔。法官认为:“保险理赔应建立在保险事故发生的基础上,属于事后赔偿。因此,在没有发生保险事故时支付转移保险财产的费用,不在保险理赔范围内。但是,如果保险公司对没有发生保险事故时支付的转移财产费用损失不予以补偿,明显有悖于防灾防损精神。”③最终,法院判决保险人补偿被保险人部分防灾防损费用。保险合同作为一种对承保风险所引起的损失进行补偿的合同,是风险管理的重要手段。然而,有限的补偿并不足以鼓励被保险人履行防灾防损义务,同时,在适用法律或解释合同时,应特别尊重当事人在合同中对风险的分配,避免轻易突破合同的一般文义。因此,更理想的方案应是:进一步拓宽承保范围,将保险事故发生前,为避免已处于紧迫危险当中的保险标的遭遇保险事故所支出的合理费用也纳入承保范围之内。

实际上,国际上并不乏直接规定保险人对特定防灾防损费用承担赔偿责任的立法例。在比利时法下,防灾防损费用通常也是由被保险人承担的。但依其

---

① 参见郑睿:《英国海上保险法律与实务》,上海交通大学出版社,2014 年版,第 204 页。

② [1984] 1 Lloyd's Rep. 154, 161. 涉案的集装箱出租后不久,承租人即宣告破产,为了避免这批集装箱被承租人的债权人拍卖或折抵债权,被保险人花了一大笔费用将集装箱从远东取回。然而,承租人破产并非承保风险。因此,案件的争议之一便是这笔费用能否作为施救费用受偿。

③ 参见车新业、陈谦主编:《法官说案保险关系纠纷案例》,中国经济出版社,2009 年版,第 132~134 页。

1992 年《保险合同法》第 52 条的规定：在保险标的处于紧迫(imminent)危险的情况下，被保险人产生的合理的防灾防损费用原则上应由保险人承担。[1] 而我国也日渐具备采此立法例的条件。我国重视保险人防灾防损专用准备金的设立，如《中国保险监督管理委员会关于自保公司监管有关问题的通知》第 5 条规定：除按照中国保监会的有关规定提取责任准备金外，自保公司可以按照国家有关规定，提取防灾防损专门准备金。又如《广东保险业防灾防损工作指引》等地方性规范性文件也要求保险公司设立防预基金。而防预基金的使用范围则包括：防灾防损宣传、为企业购置必要的防灾设备、聘请专家以及设立防灾防损奖励基金等与防灾防损工作有关的用途，[2]似可涵盖对防灾防损费用的赔偿。由于防灾防损对保险人、被保险人和整个社会都具有积极的意义，是社会效益原则在保险活动中的体现，我国相关配套措施需进一步完善，并应通过立法明确保险人对特定防灾防损费用的赔偿义务。

(四)违反防灾防损义务的后果

《保险法》第 51 条第 3 款对违反防灾防损义务后果的规定已较为明确，即：投保人或被保险人违反了防灾防损义务，保险人可要求增加保险费或解除保险合同。然而，被保险人的身份对违反防灾防损义务的认定存在的影响，保险人的法定救济权行使的条件以及保险合同中是否有必要赋予保险人拒绝赔偿被保险人违反防灾防损义务所造成的损失的权利仍存在疑问。

1. 被保险人的身份对违反防灾防损义务认定的影响

通常情况下，被保险人未遵守相关安全规范即构成防灾防损义务的违反。然而在船舶保险条款中，船长、船员的疏忽行为属于承保风险。因此，若被保险人的疏忽行为被识别为船长或船员的行为，由此产生的损失便可获得赔偿。反之，被保险人将被视为未克尽职责，相关的损失便无法得到赔偿。如在 The Brentwood 一案中，被保险人主张损失是由船长的过失所致，保险人应依“殷琪玛瑞”条款(Inchmaree Clause)承担赔偿责任。然而，法院最终没有支持其主张，因为装船前被保险人未向船长提供有关船舶稳性的足够资料。我国远洋船舶保险条款中也存在类似于英国“殷琪玛瑞”条款的内容，其中在列明风险条款中对于“被保险人未克尽职责”的情形下免除保险赔偿责任做了规定。而未遵守相关安全规范被认定为“未克尽职责”。

---

① See Prof. Dr. em. Herman Cousy, Prof. Dr. Caroline Van Schoubroeck, Preventive Measure Belgian Report, AIDA XIV World Congress, 28 July 2013, p. 10.

② 参见中国保险监督管理委员会广东监管局，网址：http://www.circ.gov.cn/web/site15/tab894/i158472.htm，最后访问日期：2016 年 12 月 8 日。

2. 保险人救济权的行使条件

《保险法》第 51 条第 3 款规定:投保人、被保险人未按照约定履行其对保险标的的安全应尽责任的,保险人有权要求增加保险费或者解除合同。在实践中,若对保险人的救济权不加限制,则易诱发权力的滥用。因此,在构建海上保险防灾防损制度时,应为保险人救济权的行使设置前提条件。(1)增加保险费的前提条件:保险费的增加乃是对合同内容的变更,因此其适用应以原有的对价平衡关系被打破为前提。因此,只有在被保险人违反防灾防损义务,导致危险显著增加,进而打破原有对价平衡关系的情况下,保险人才可以要求增加保险费。(2)解除合同的前提条件:从《保险法》第 51 条第 3 款的措辞来看,保险人似乎可自由选择增加保险费或者解除合同。然而,被保险人的防灾防损义务本质上仅是一种附随义务。[①]违反从义务及附随义务一般不得解除合同,但致合同目的落空时可以解除合同。[②]对于保险人而言,订立保险合同的目的是赚取与所承担风险相对应的保险费。因此,只有在保险人无法给风险定价或者即使可以给风险定价,也因保险费与保险赔偿相等或相当而失去意义的情况下,保险人订立合同的目的才会落空。因此,解除合同的前提条件应比增加保险费的更为严格。否则,保险人只需增加保险费,即可再次实现对价平衡,无须也不应当解除保险合同。

但是何种情况下才会导致无法给风险定价或使定价失去意义?国内有学者指出:"至于保险人在何种条件下选择增加保险费,又在何种条件下选择解除合同,我国《保险法》并未明确规定,解释上应以投保人或被保险人有故意或重大过失为限,保险人享有合同解除权,方可免责。"[③]实际上,道德风险本身即是导致保险人无法为风险定价的原因之一。[④] 而被保险人的故意又是保险人须重点防范的道德风险之一,重大过失也在很大程度上可以预防和避免,是道德可责难性较强的过错。"保险法规定保险相对人承担维护保险标的安全的义务,目的并不在于追求保险标的的绝对安全,否则保险将丧失意义。这一法律制度的目的在于防止保险

---

① 债之关系发展过程上的义务群包括:(1)不真正义务;(2)附随义务;(3)给付义务。给付义务又包括:主给付义务和从给付义务。参见王泽鉴:《债法原理》,北京大学出版社,2013 年版,第 90 页。可以肯定的是,防灾防损义务不是主给付义务。因为被保险人的主给付义务是支付保险费,且防灾防损义务也不是不真正义务。因为违反不真正义务的法律后果不应包括解除合同,但违反防灾防损义务的后果包括解除合同。因此,防灾防损义务只能是从给付义务或附随义务。作者更倾向认为其是一种附随义务,理由包括:首先,从给付义务是伴主给付义务而生的。也就是说,即使合同中没有约定,也会因主给付义务的存在,产生从给付义务。然而,防灾防损义务是一项约定义务。若合同没有约定时,并不存在该义务。其次,从给付义务得诉请履行,防灾防损义务恐怕是无法被诉请履行的。

② 参见崔建远:《合同法》,北京大学出版社,2012 年版,第 262 页。

③ 参见樊启荣:《保险法》,高等教育出版社,2010 年版,第 83 页。

④ See Kangoh Lee, "Moral Hazard, Insurance and Public Loss Prevention", *The Journal of Risk and Insurance*, Vol. 59, No. 2, 1992, p. 275.

相对人基于获得保险保障而漠视危险、疏于安全防范的道德危险。”①因此,被保险人因一般过失违反防灾防损义务,并不应招致解除保险合同的惩罚。还有学者进一步指出,“从成本效益角度来看,要求当事人不得有任何过失,是一种成本很高的苛刻要求,因为当事人可能需要采取一切可能的措施,付出极大的精力和资源,这无疑将加重当事人的负担,而对于故意或重大过失行为的预防成本明显会小得多。由此可见,从法经济学的角度分析,保险人主张相应的救济权利以保险相对人的主观故意或重大过失为前提,符合成本效益规律。”②也就是说,只有在被保险人因故意或重大过失违反防灾防损义务的情况下,保险人解除合同才符合成本效益规律。《2013 年北欧海上保险方案》第 3-27 条第 2 款规定:仅在被保险人或其代表故意或重大过失违反重要的安全规范时,保险人方可提前 14 天解除合同。又如《欧洲保险合同法原则》第 4-102 条第 1 款规定:保险合同可以规定如果保单持有人或者被保险人不遵守预防措施则保险人有权终止合同。但是,除非保单持有人或被保险人以造成损失之故意或者明知可能会造成损失却置之不顾而违反其义务,否则前述合同规定并无效力。③

人保财险公司财产一切险条款释义部分第 20 款将重大过失行为定义为:行为人不但没有遵守法律规范对其较高的要求,甚至连人们都应当注意并能注意的一般标准也未能达到的行为。也就是说,被保险人本负有较高注意义务,但却连一般的注意义务也未尽到。此时,被保险人便会被视为存在重大过失。英国也有学者持此观点,并指出:“若被保险人明知保险标的存在被盗窃的风险,但却不采取任何预防措施,或明知其所采取的措施并不足以保护保险标的,但却不采取进一步的措施,便被会视为轻率(reckless)。所产生的损失将得不到保险赔偿。然而,在被保险人误信其已采取足够的措施保护保险标的的情况下,即使发生了损失,该损失也可得到赔偿。”④也就是说,被保险人的知悉是判断是否构成重大过失的重要因素。因此,若被保险人明知存在安全隐患,仍执意不改正,便很可能被认为存在重大过失,甚至故意。

3. 保险人的拒赔权

我国《保险法》历经数次修改,但一直未对保险人能否拒绝赔偿被保险人违反

① 参见刘建勋:《典型案例与审判思路》,法律出版社,2010 年版,第 287 页。

② 参见张虹:“保险相对人安全防范义务研究——以《保险法》第 51 条第 3 款的解释和适用为中心”,载于《法学家》,2014 年第 4 期,第 129 页。

③ “欧洲保险合同法重述”项目组著:《欧洲保险合同法原则(PECIL)》,韩永强译,参见:梁慧星主编:《民商法论丛(第 48 卷)》,法律出版社,2011 年版,第 668~691 页;《欧洲保险合同法原则》第 1:101 条第 1 款规定:“本《原则》一般适用于包括互助保险在内的诸种商业保险。”该条第 2 款规定:“本《原则》不适用于再保险。”因此,《欧洲保险合同法原则》应可适用于海上保险。

④ See Malcolm Clarke, *The Law of Insurance Contracts*, 2009, p. 597.

防灾防损义务所造成的损失这一问题做出回应。保险事故发生前，增加保险费和解除合同这两种法定救济尚能保障保险人的利益，然而保险事故发生后，无论是解除合同，还是增加保险费，都不足以保障保险人的利益，因为保险合同是一种射幸合同，保险事故发生后，保险人是否承担赔偿责任将更成为双方的关注点。

实践中，保险合同中可能对于被保险人违反防灾防损义务所造成的损失，保险人如何承担赔偿责任有约定。如我国远洋船舶保险条款中的列明风险条款中规定"被保险人未克尽职责"的情形下将免除保险赔偿责任，以及沿海内河船舶保险条款第 15 条第 3 款规定：除经保险人同意并加收保费外，被保险人未遵守上述约定而导致保险事故的，保险人不承担赔偿责任；被保险人未遵守上述约定而导致损失扩大的，保险人对扩大部分损失不承担赔偿责任。

首先，立法是否需要对上述约定进行规制，在"保证"条款的效力问题上实际已有答案，即保险法一般对此种促进标的安全的约定态度较为友善，并不轻易否认其效力。其次，是否有必要在立法中做任意性的规定，以便在保险合同或保险条款缺省此种约定时进行补位？如法国 2012 年的船舶一切险条款第 2.5 条规定："被保险人须尽合理照管义务，以确保船舶的安全。其有义务采取一切合理的措施以避免保险事故的发生或损失的扩大。"但该义务的违反后果并不清楚。鉴于被保险人因为故意、重大过失和一般过失而违反防灾防损义务的情形下是否免除保险人的赔偿责任分歧较大，我国保险立法做出规定应有必要。针对一般过失造成的损失，保险法通常并不将其排除在承保范围之外。台湾保险法学者江朝国教授认为："被保险人或要保人之所以订立保险契约，负交付保费之义务，其目的在于避免因不可抗力或不可预料事故或因自己之疏忽引起灾害所致之损失，故原则上要保人或被保险人因'过失'所引起灾害应属保险人承保范围之内，而仅于'故意'之情形例外不包括在内。"①也就是说，被保险人重大过失所导致的损失也应属承保范围之内。但海上保险的实践对于被保险人的疏忽或过失都非常看重，以船舶保险为例，除自然灾害、海上灾害、火灾爆炸、来自船外的暴力盗窃和海盗行为、抛弃货物以及核污染事故对船舶造成损害的风险不去考量被保险人的疏忽外，其他列明风险皆要求被保险人"克尽职责"，且由于被保险人疏忽和故意造成的损失，以及船舶不适航造成的损失也属于保险人的除外责任。可见，海上保险在防灾防损方面对被保险人提出更高的要求一般通过列明风险和除外责任来实现，而且违反防灾防损义务与拒赔权之间的关系在保险条款中通常会有约定。因此，立法层面可以结合保险的功能以及"附随义务"的性质在我国《保险法》中做出原则性的兜底规定：除保险合同另有规定外，因违反防灾防损义务而造成保险标的损失，保险

① 参见江朝国：《保险法基础理论》，瑞兴图书公司，2009 年版，第 362 页。

人有权相应减少赔偿义务。

二、危险增加情况下的通知义务

(一)通知义务的法律性质

《保险法》第52条第1款规定:“在合同有效期内,保险标的的危险程度显著增加的,被保险人应当按照合同约定及时通知保险人,保险人可以按照合同约定增加保险费或者解除合同……。”有学者据此认为:“《保险法》大大限制了保险标的危险增加时被保险人所负有的通知义务,即将其限于保险合同对此通知义务有约定的情况下。”①但也有相反的观点认为:“被保险人的此项义务是一项法定义务而非合同义务,该义务是诚信原则的具体要求。”②那么,危险程度显著增加情况下的通知义务究竟是合同义务,抑或法定义务?要回答这个问题,首先应探寻该义务产生的渊源。

台湾著名学者江朝国教授指出:“虽然保险契约为继续性契约,即保险契约订立之后至契约内所约定之保险事故之发生仍有一段期间,在此期间内若有任何事情发生足以影响原对价平衡关系时,须调整其契约内容以符合公平正义,此亦即‘情事变更原则’真谛之所在。”③保险合同是双务有偿合同,被保险人支付保险费,从而换取保险人在保险事故发生时的赔偿责任。而保险费的数额则取决于保险人在保险合同订立前对承保风险的评估。因此,只有在被保险人支付的保险费与保险人承担的风险相匹配时,才是符合公平正义的。保险合同存续期间,如果风险危险程度显著增加,打破原有的对价平衡,法律确应给予保险人相应的救济,以再次平衡其与被保险人之间的关系。但应当指出的是,危险程度显著增加并不总能适用“情事变更原则”。因为,学理上认为“情事变更原则”的适用条件应包括“情事变更须不可归责于双方当事人”。④ 否则,则应按过错分配风险。并且,危险程度显著增加并不见得总是“作为缔约基础和环境的客观情况发生异常变化”⑤所致,有时还可能会因被保险人的作为或不作为所致。因此,通知义务并不能与“情事变更原则”画上等号,也很难确切地说通知义务源于“情事变更原则”。不可否认的是,二者之间确实存在相似之处,如二者均用于平衡当事人之间的利益。不同的是,保险标的风险发生改变是合同履行过程中的常态而非例外,“通知”是为了维持合同存续过程中的随时改变的对价平衡关系,这也恰恰是保险的价值之所在。

---

① 参见汪鹏南:《海上保险合同法详论》,大连海事大学出版社,2011年版,第72页。

② 参见傅廷中:《保险法论》,清华大学出版社,2011年版,第65页。

③ 参见江朝国:《保险法基础理论》,瑞兴图书公司,2009年版,第294页。

④ 参见李永军:《合同法》,法律出版社,2010年版,第431页。

⑤ 参见李永军:《合同法》,法律出版社,2010年版,第429页。

因此,即使合同并未约定,法律亦应赋予被保险人此种通知义务。

本书认为,《保险法》第52条第1款所谓“被保险人应当按照合同约定及时通知保险人”应指被保险人应当按照合同约定的方式、范围通知保险人,而并不是指只有合同中有约定,被保险人才负有通知义务。实际上,《中华人民共和国保险法(修订)释义》也认为:“由于保险标的的危险程度显著增加直接影响保险人的保险责任,关系到保险人的利益,被保险人在知悉后,都应当及时通知保险人。通知的具体时间、方式和范围可以由保险合同约定。”①

(二)通知义务的履行

通知义务的履行会涉及四个问题,即义务的履行主体、履行条件、履行方式以及履行期限。其中义务的履行主体较为明确,《保险法》第52条明确将被保险人作为义务的履行主体。在非海上保险下,投保人是否亦为义务主体颇具争议。

1. 通知义务的履行条件

(1)法定条件

学理上,履行通知义务的法定条件包括:积极条件和消极条件。② 所谓“积极条件”是指被保险人须履行通知义务的条件;而所谓“消极条件”则是指被保险人可免除通知义务的条件。

就积极条件而言,2009年修订的《保险法》关于通知义务的规定与之前的立法最大的不同是在“危险程度增加”中加入“显著”一词,明确危险程度必须是显著增加,被保险人才负有通知义务,从而使被保险人免于繁重的通知义务,也有助于防范保险人滥用《保险法》第52条赋予的救济权。但危险程度显著增加的判断标准并不统一。主流观点认为,“所谓危险增加,指为保险契约基础之原危险状况改变为严重对保险人不利之状况。据此加以分析,得出其三大特质:(一)重要性;(二)持续性;(三)不可预见性。”③所谓“重要性”是指危险程度增加足以影响任一谨慎的保险人决定是否同意承保或增加保险费。由于通知义务的履行主体是被保险人。因此,其在判断是否“重要”这一问题时,恐怕也会面临与告知义务一样的尴尬局面,即缺乏必要的专业知识来判断增加的危险是否达到“重要”的程度,而不得不“凭空猜测”。而所谓“不可预见性”并不是指合同订立前保险人没有预见,而是指保险人在厘定保险费时未将相关情况纳入考虑范围。而实际上,合同中往往

---

① 参见安建:《中华人民共和国保险法(修订)释义》,法律出版社,2009年版,第88页。

② 参见刘宗荣:《新保险法:保险契约法的理论与实务》,中国人民大学出版社,2009年版,第146~149页。

③ 参见江朝国:《保险法基础理论》,瑞兴图书公司,2009年版,第294页;任自力:《保险法学》,清华大学出版社,2010年版,第116~117页;安建:《中华人民共和国保险法(修订)释义》,法律出版社,2009年版,第88~89页。

会约定被保险人须履行通知义务的情形,此时,显然难谓保险人“未预见”。至于所谓的“持续性”则是指“保险契约订立后,原危险状况因某特定情事之发生而转变至另一新的状况,且此新发生之状况须持续不变地持续一段时间,否则若原危险状况改变之后立即促使保险事故之发生,即属‘保险事故发生之促成’,其效果依有关保险事故发生之规定而定之,而非所谓之危险增加。同理,若危险状况只是一时之改变而后消失,又回复原状,则不属危险增加”。① 诚然,若“某特定情事之发生立即促使保险事故之发生”,此时应如英国著名保险法学者 Ivamy 教授所言,“在一系列前后继起的原因中,如果根据通常情形,后面一项原因是前面一项原因所直接地和自然地导致的合理的和可能的结果,那么,只要承保风险未曾被其他原因打断,该承保风险就是造成保险事故的近因。”②也就是说,在此情况下,该“特定情形”成为损失发生的原因。此时,应依因果判断保险人是否承担赔偿责任,自无通知义务的适用余地。实际上,仅在危险增加的情况持续一段时间时,被保险人才负有通知义务。相反,若危险增加的情况出现后便很快地消失,被保险人无须履行通知义务。然而,多长时间才被视为“持续一段时间”,应根据个案进行判断。如被保险人因过失而闯红灯,虽然闯红灯的行为会增加损失发生的危险,但因该危险很快便会消失,因此,被保险人不负通知义务。相反,于责任保险下,刹车系统具有瑕疵且已持续两三天,被保险人仍继续使用该车,为危险增加。而有学者进一步指出,“于房屋火灾保险,本为家住,后改变为储藏易燃物之场所,为危险增加……反之,只是暂时之寄存,一月之后即时搬出,亦未造成保险事故之发生,亦即非属危险增加,要保人或被保险人对此无通知义务。”③但此观点仍有值得讨论的余地:虽然危险程度回复到增加之前的水平后,被保险人对之前增加的危险无须再履行通知义务。但危险增加之时,被保险人应负通知义务,否则在危险增加的持续时间内发生了保险事故,其恐怕也难逃未尽通知义务的不利后果。实上,德国《保险合同法》也采此态度,其第 24 条第 3 款规定:……保险标的已回复到危险增加前的状态,上述终止权消灭。从反解释可知,在保险标的尚未回复到危险增加前的状态时,发生了保险事故,保险人仍可行使合同终止权。此立法取向值得赞同,因为无论增加的危险事后是否会回复,其持续期间客观上便已打破了原有的对价平衡关系。因此,被保险人不得以危险事后会回复到增加前的状态,而不履行通知义务。

此外,被保险人本人知悉危险程度显著增加也应是通知义务履行的积极条件之一。诚然,危险程度显著增加若是因被保险人行为或其允许第三人实施危险增加行为所致者,通常可推定被保险人知悉该情况。但危险程度显著增加还可能是

① 参见江朝国:《保险法基础理论》,瑞兴图书公司,2009 年版,第 297 页。
② 参见林宝清:《保险法原理与案例》,清华大学出版社,2006 年版,第 101 页。
③ 参见江朝国:《保险法基础理论》,瑞兴图书公司,2009 年版,第 297 页。

由于非基于被保险人的原因所致，此时，被保险人可能不知悉该情况，法律不应苛求被保险人通知其所未曾知悉的情况。因此，被保险人的通知义务应仅以其知道的或者在通常业务中应当知道的情况为限。实际上，国外的判例也持该观点，并进一步将知悉的范围限于被保险人本人，从而更好地平衡被保险人与保险人的利益关系。在Commercial Union Insurance Co. v. Taylor① 一案中，原告Taylor Farm Supply与被告Commercial Union订立火灾保险契约。该案中商店由Larry Taylor经营，Steve Taylor是Larry Taylor的侄子，受雇在该店工作。保险合同约定：保险人对于任何被保险人“所知悉”或“能够控制”之危险所致之损失，保险人不负保险给付之义务。由于该店有洒水设备，因此保险费的费率也获得减少计算。后因Taylor为商业目的出差，Steve见水管漏水，就关闭流往喷洒水管的开关。直到Taylor回来之后，Steve一直没有告诉他，如此持续数周。其后该店发生了火灾，保险人拒绝保险给付的请求，理由是原告的行为使危险性增加，且对于喷洒设备的维护，未尽善良管理人注意义务。原告提起诉讼向保险人请求给付。法院认为：从“知悉”或“能够控制”的目的而言，只有总代理人（General Agent）的行为，才被视为本人的行为。在本案，Steve是商店的伙计，他是数个受雇人之一，他的权限只限于在Taylor外出的时候收受金钱而已。因此Steve关于“知悉”关闭喷洒水管之事，不得视为“被保险人本人知悉”。

而在海上保险下，被保险人的知悉也同样会面临上述问题。因为，海上保险的被保险人通常是法人，在这种情形下，本人则是指其代表（Alter Ego），即能够被视为船东本人的人一般是处于高层管理地位或核心地位的人，不包括公司的雇员和代理人。一般认为能够被视为被保险人本人的人通常是法定代表人、被保险人根据法律需要对其行为负责的人和其高级雇员等，即公司的董事、经理等的行为才能代表公司。②

第二，就“消极条件”而言，虽然，我国法律并没有规定“消极条件”，但从诚信原则、公平原则等原则出发也可得出履行通知义务应同时满足不存在“消极条件”的结论。因为，所谓“消极条件”实质上便是源于上述原则。如台湾地区的“保险法”第62条规定：当事人之一方对左列各款，不负通知之义务：（一）为他方所知者；（二）依通常注意为他方所应知；（三）一方对他方声明不必通知者。该条第1款和第2款的规定不言自明，既然保险人已知道危险程度增加的情况，就无权再以被保险人未尽通知义务而享受救济。因为保险人并未因被保险人未尽通知义务而受有损失。至于第3款的规定亦是如此，保险人既然已经免除了被保险人的通知

---

① Court of Appeal of Georgia, 312, S. E. 177(1983)；转引自刘宗荣：《新保险法：保险契约法的理论与实务》，中国人民大学出版社，2009年版，第148页。

② 参见汪鹏南：《海上保险合同法详论》，大连海事大学出版社，2011年版，第91页。

义务,依“禁止反言”原则应无权要求被保险人履行通知义务。此外,台湾地区的“保险法”第61条还规定:危险增加如有左列情形之一时,不适用第59条之规定(即通知义务的规定,作者注):(一)损害之发生不影响保险人之负担者;(二)为防护保险人之利益者;(三)履行道德之义务者。应当指出的是,“损害之发生不影响保险人之负担者”并不是指增加的危险不足以影响保险人,此情况尚未满足“积极条件”,根本无须考虑“消极条件”。因此,此处“损害之发生”应是指承保风险以外的原因所造成的损害。“危险程度显著增加”仍是指承保风险范围内的危险增加,并不包括新增风险,新增风险不属于承保风险,故不会损害保险人的利益。因此,此情况下被保险人无须履行通知义务。而“为防护保险人之利益”主要是指为了避免或减少承保风险所造成损失而导致的危险增加,为了鼓励被保险人履行施救义务,法律应免除其在此情况下的通知义务。至于“履行道德之义务”也应得到鼓励,法律也应免除其在此情况下的通知义务或至少应使被保险人免于承担不履行通知义务后通常须承担的不利后果。应当承认的是,并非采纳危险增加通知制度的国家均免除被保险人为“履行道德之义务”进行救助时的通知义务。如《2013年北欧海上保险方案》第3-12条第2款规定:航程中,若风险因被保险人救助人命或救助或企图救助遇难船舶或货物而变更,适用前款之规定。而前款则规定:保险人不得援引第3-9与3-10两条规定中的救济措施。也就是说,在“风险因被保险人救助人命或救助或企图救助遇难船舶或货物而变更”的情况下,保险人无权援引第3-9与3-10条的规定,免除赔偿责任。但《2013年北欧海上保险方案》并没有因此而豁免被保险人的通知义务。实际上,被保险人仍须依第3-11条的规定,毫不迟延地将危险增加的情况通知保险人。这是因为,从保险人角度看,通知有关风险变更的义务十分重要。[①] 否则,保险人仍可援引第3-9条的规定对抗被保险人。但应当指出的是,在此情况下,若被保险人履行了通知义务,并不会招致不利的法律后果,因为第3-12条第2款已明确规定,保险人无权援引第3-9与3-10条以对抗被保险人。比较台湾地区与北欧四国的不同做法,后者的做法更甚。因为,被保险人“履行道德之义务”时,危险确已显著增加,若允许被保险人不将此情况通知保险人,保险人将陷于非常不利的境地。一方面是因为其难以及时安排再保险,另一方面则是因为其很可能会错过向被保险人提供出防损防灾建议的最佳时机。我国的《保险法》均未规定被保险人可因“履行道德之义务”而免于履行通知义务的不利后果。实际上,在《海商法》中,被保险人负有不少“道德之义务”。如《海商法》第166条规定:船舶发生碰撞,当事船舶的船长在不严重危及本船和船上人员

① 参见[挪威]威尔姆森、布尔:《船舶保险手册》,汪鹏南等译,大连海事大学出版社,2011年版,第122页。

安全的情况下，对于相碰的船舶和船上人员必须尽力施救。此外，《海商法》第174条还规定：船长在不严重危及本船和船上人员安全的情况下，有义务尽力救助海上人命。实践中，提供救助服务通常会被约定为应当通知的事项。如人保《2009年船舶保险条款》第4条规定：除非事先征得保险人的同意并接受修改后的承保条件和所需加付的保费；否则，本保险对下列情况所造成的损失和责任均不负责：（一）保险船舶从事拖带或救助服务……。此处的“保险船舶从事救助服务”应为被保险人长期从事救助服务，而不包括偶然地为“履行道德之义务”而进行的救助行为。实际上，与船舶保险条款相类似，英国协会2003年版的国际船舶保险条款（International Hull Clauses）同样规定船舶不得根据被保险人、船东、船舶管理人和/或承租人事先安排的合同从事拖带或救助服务但其允许船舶协助、拖带遇难船只。① 虽然船舶保险条款未做类似规定，但考虑到鼓励海上救助的大原则，应作相同的理解。即仅在船舶根据被保险人、船东、船舶管理人和/或承租人事先安排的合同从事拖带或救助服务时，被保险人才须履行通知义务。

（2）约定条件

《保险法》第52条明确了只有在“危险程度显著增加”时，被保险人才负有通知义务。因此，判断危险是否显著增加便显得至关重要。虽然，前文已论及履行通知义务的法定条件，但实践中为了避免法律适用的模糊性，保险合同当事人往往还会约定履行通知义务的条件。如《2013年北欧海上保险方案》所约定的风险变更的主要情形便包括：船舶登记注册国的变更、船舶管理人或船舶经营人的变更、船级的变更、航行区域变更、船舶进行违法目的使用、船舶被征用、船舶被捕获以及船舶所有权变更等。② 通常情况下，合同中所约定的被保险人须通知的事项是“危险程度显著增加”这一标准的。然而，假若合同中所约定的被保险人须通知的事项并未符合“危险程度显著增加”这一标准时，被保险人是否仍须履行通知义务；再者，被保险人违反了此种约定的通知义务，是否会产生法定的不利后果。有学者对此持肯定态度，其认为：“现若当事人以明示约定之方式将危险增加应通知之事项规定于契约中，则不论其是否真正具有重要性可不加讨论。”③但也有学者认为，“保险法关于危险程度显著增加时被保险人方负有通知义务的规定，应属于相对强制性规定，其排除低于对被保险人法定保护程度的约定。因此，如果危险变动事项不属于‘危险程度显著增加’的，即使双方当事人明确约定，被保险人亦不负有

---

① 英国协会2003年版的《国际船舶保险条款》第10.2条规定。原文：“…but shall not …undertake towage or salvage services under a contract previously arranged by the Assured and/or Owners and/or Managers and /or Charters。”

② 《2013年北欧海上保险方案》Section 3（2）。

③ 参见江朝国：《保险法基础理论》，瑞兴图书公司，2009年版，第296页。

危险增加通知义务。”[1]应当指出的是，所谓“相对强制性规定”，其适用的理论前提是被保险人与保险人之间悬殊的谈判能力。因此，否定论在消费者保险下能得到很好的支持，但在海上保险这种商业保险下能否继续适用则仍存在疑问。要解决上述问题必须从通知义务的立法目的着手进行探究。通知义务的设立是为了避免合同存续期间因危险程度显著增加使保险人遭受的显著不公。因此，若约定的事项尚未符合“危险程度显著增加”这一标准，被保险人无须承担违反通知义务的法定不利后果，而只需承担一般的违约责任。

2. 通知义务的履行方式

虽然《保险法》第 52 条并没有予以规定，但理论上一般认为，若合同未做约定，被保险人既可通过书面形式，也可通过口头的形式履行通知义务。但问题是：合同中约定被保险人应以书面的形式履行通知义务，但被保险人仅口头告知保险人或其代理人危险增加事宜是否已履行了通知义务呢？江朝国教授认为，合同约定被保险人应以书面的形式履行通知义务，违反了相对强制规定，该约定无效。这是因为台湾地区的“保险法”第 54 条第 1 款规定：本法之强制规定，不得以契约变更之。但有利于被保险人者不在此限。合同约定被保险人应以书面的形式履行通知义务，无疑将增加被保险人的负担，且违反约定的形式要求，被保险人很可能因被认定为未尽通知义务，而受有损失。因此，该条款显然不属“有利于被保险人者”，故不得变更一般法律对通知义务的形式规定。我国并没有类似的法律规定，此种情况下，应该尊重商业合同的明确规定，除非保险人接受该口头的通知，否则视为被保险人未履行通知义务，最终承担未尽通知义务的法定后果。

3. 通知义务的履行期限

世界各国和地区，对于通知义务的履行期限有两种立法方式，一种是以德国、日本、奥地利为代表的概括式。德国《保险合同法》规定：被保险人于知悉危险增加之事实后，均应立即通知保险人，不得迟延。另一种是以法国、中国台湾地区为代表的明确式。《法国商法典》规定：被保险人在知悉风险增加后 3 日内未通知保险人，保险人可以终止合同。[2] 相较而言，第一种模式更为可取，因为在不同性质的保险，甚至在相同性质的保险的不同个案下，“及时通知”的标准皆有所不同。一个概括的时间标准，更具有普适性。而我国采第一种模式，《保险法》第 52 条即规定被保险人应“及时通知保险人”。但何谓“及时通知”呢？法律没有明确规定，但最高人民法院保险法司法解释起草小组认为，“该‘及时’在合同有约定的情况

① 参见高燕竹：“被保险人危险增加通知义务若干问题探讨”，载于《法律适用》，2010 年第 8 期，第 21 页。

② 参见姜南：“论保险法上的危险通知义务”，载于《河北法学》，2007 年第 8 期，第 128 页。

下,应当按照合同约定判断;合同没有约定的,应当在合理的时间内通知被保险人。"①

应当指出的是,通知义务与续保条款项下的通知并不相同,二者的设立目的有着根本的区别。前者是为了防范对价平衡原则的违反;后者则是为了缓和保证制度严苛的法律后果。② 因此,前者所通知的事项原则上保险人是要承保的;而后者所通知的内容原则是不承保的,只有经被保险人通知,且保险人同意承保,该通知的内容才被纳入承保范围。此外,就性质而言,二者也有很大的区别。通知义务是一种法定义务;而续保条款项下的通知则是合同赋予被保险人的一项权利。因此,两种通知的紧迫性便有着本质的区别。前者无疑将更紧迫,后者则会更宽松一点。实践中,续保条款对通知的时间往往不做规定,如船舶保险条款第 4 条仅规定:除非事先征得保险人的同意并接受修改后的承保条件和所需加付的保费;否则,本保险对下列情况所造成的损失和责任均不负责……虽然,英国法下并没有通知义务,但其亦认为在续保条款下,除条款另有约定,被保险人无须"立即通知",而只需在"合理的时间"内通知即可。而所谓"合理的时间"也较之"及时通知"要宽松很多。Donaldson 法官在 Liberian Insurance Agency Inc. v. Mosse③ 案中指出:"合理期限取决于个案的具体情况,当被保险人知悉风险正在发生,此时的合理期限将短于风险已经结束后的。如果被保险人知悉保险标的正处于危险边缘,且很可能遭受损失,此时合理期限就会很短。"这是因为:损失若在被保险人知悉之前已经发生,此时,即使将此情况通知保险人,保险人已无法采取任何措施。相反,若损失尚未发生,保险人得知该情况后,可及时安排再保险并取得一个合理的价格。因此,此时的合理期限将会很短。

此外,值得探讨的另一问题是:我国是否应根据危险程度增加的原因,赋予被保险人不同的履行期限?我国台湾地区的"保险法"采用此种做法。其"保险法"第 59 条第 2、3 款分别规定:危险增加,由于要保人或被保险人之行为所致,其危险达于应增加保险费或终止契约之程度者,要保人或被保险人应先通知保险人,危险增加,不由于要保人或被保险人之行为所致者,要保人或被保险人应于知悉后十日内通知保险人。但应当指出的是:虽然德国法也同样依危险程度增加的不同原因,赋予保险人不同的救济,但其对通知的期限则不做区分,均规定投保人应在知悉情

---

① 参见奚晓明主编:《〈中华人民共和国保险法〉保险合同章条文理解与适用》,中国法制出版社,2010 年版,第 344~345 页。

② See Howard Bennett, *The Law of Marine Insurance*, Oxford University Press, 2006, p. 556.

③ [1977] 2 Lloyd's Rep. 560,566. 在本案中,原告是被保险人的代理人,其代表被保险人向被告购买货物保险。事后涉案货物发生了灭失,原告迫于当地的司法制裁,而赔偿了被保险人。随后,其转而向被告索赔。但被告以货物与保单所记载的货物并不相符为由拒绝赔偿。而原告则主张该保险中包含了续保条款,且该条款包含了对货物误述的续保。双方就此问题诉至法院。

况后立即通知保险人。相较而言,德国的做法更可取。因为,危险程度的增加无论是否“由于要保人或被保险人之行为所致”,保险人客观上皆因此受有不利。因此,并没有很好的理由允许被保险人迟延通知。因此,我国立法也无须根据危险程度增加的原因,赋予被保险人不同的履行期限。

(三)通知义务的法律后果

1. 履行通知义务的法律后果

《保险法》52 条规定:被保险人履行通知义务后,保险人可以按照合同约定增加保险费或者解除合同。但并没有规定保险人行使救济权利的顺序。有观点认为如果保险人要求增加保险费,而投保人不接受的,保险人还可以要求解除合同,保险人亦可以直接要求解除合同。也就是说,增加保险费并非解除合同的前提,保险人可自由行使救济权。但如果保险人要求增加的保险费过高,对被保险人有失公允,此时诚信原则确定合理的保险费数额应该适用。而英国关于续保条款的做法可资借鉴。续保条款下,经被保险人通知,保险人可依合同约定增加保费或修改承保条款。如果双方就增加保费的数额未达成一致,被保险人可依英国《1906 年海上保险法》第 31 条第 2 款的规定,主张以一个合理的市场价格作为增加的保费,避免保险人故意以较高的保险费作为续保条件,从而逃避合同项下义务的情况发生。只有在双方无法就增加保费的数额达成一致,亦无法寻得合理的市场价格时,续保条款才不适用。如在 Greenock Steamship Co. v. Maritime Insurance Co. Ltd. ①一案中,涉案船舶投保的是航次保险,其中包含了一条续保条款,即“在被保险人违反保证时,其可通过支付额外的保险费而使合同继续有效”。涉案船舶在开航时没有备好足够的燃料,船长在航行中被迫将部分船舶备件和货物作为燃料使用。表面上,似乎发生了“共同海损”,但法院最终还是驳回了被保险人的请求,其原因有二:(一)被保险人违反了适航的默示保证;(二)即使被保险人可依续保条款进行续保,也会因为该续保费用与赔偿相当,而导致续保条款无法适用。该案对我国保险司法有借鉴意义,即原则上,应仅允许保险人增加保险费,若双方未能就保费达成一致,则被保险人只需按合理的市场价格支付保险费即可。只有在极端的情况下,如增加的风险并没有与之相对应的保险费时,保险人才可以解除合同。

此外,德国《保险合同法》还就合同的解除问题,做出了对被保险人更有利的规定,值得借鉴。其第 24 条第 2 款规定:在出现第 23 条第 2、3 款规定的承保风险

---

① [1903] 1 KB367.

增加的事实后,①保险人可以事先通知投保人并在 1 个月后终止保险合同。也就是说,在非因被保险人的原因导致危险程度增加的情况下,法律给予被保险人一个月的宽限期去寻求新的保险,以免出现保险标的无人承保的空档期。

2. 未尽通知义务的法律后果

鉴于履行通知义务后,被保险人可能面临保费的增加或合同的解除,被保险人可能会因此而故意隐瞒危险程度增加之事实。有鉴于此,《保险法》第 52 条第 2 款规定:被保险人未履行前款规定的通知义务的,因保险标的的危险程度显著增加而发生的保险事故,保险人不承担赔偿保险金的责任。也就是说,保险人可直接拒绝赔偿被保险人因此受到的损失。这是因为,若被保险人故意隐瞒危险程度增加之事实,待保险人知悉该情况后,保险事故往往也已发生。此时,仅赋予保险人解除合同的权利,显然不足以维护其权益。因此,法律允许其直接免除保险赔偿责任,但应以危险程度显著增加与保险事故的发生有因果关系为限。

三、保险事故发生时的通知义务

被保险人在事故发生时的通知义务,也称为出险通知义务,其与被保险人的施救义务有着密切联系,故我国《海商法》及海上保险条款将其一并规定。② 规定被保险人的出险通知义务,是保险原理与防灾减损原则相结合的体现:对于保险人,履行出险通知义务有助于迅速掌握事故情况,及时安排检验、展开调查、固定证据,防止损失的进一步扩大,同时保护其代位求偿权;对于被保险人,出险通知义务常常是被保险人索赔的第一步,有助于其尽早得到理赔。

发生海上保险事故后,被保险人应立即通知保险人损失的性质、事故发生的时间、被保险人是否采取可行措施减少损失以及对可能发生的索赔数额做出大致的估计,通知方式应选择联络保险人最佳的通信方式,同时补送书面通知,记录关于保险标的的种类、名称、数量、标号、保险金额、保险条件等内容。

在 Alfred McAlpineplc v. BAI (Run-Off) Ltd. ③一案中,Colman 法官对保险人设置出险通知义务条款的商业考量做出了诠释:设置出险通知条款最主要目的在于使得保险人能够对索赔以及引发索赔的事故及早进行调查,从而降低自身风险。

---

① 德国《保险合同法》(Insurance Contract Act)第 23 条第 2、3 款规定:(2)如果投保人在未得到保险人同意的情况下提升或允许提升承保的风险,必须将此情况无迟延的披露给保险人;(3)在投保人与保险人订立合同后,如果由于非基于投保人的原因导致承保风险增加,投保人必须在其知晓上述事实后立即将上述状况通知保险人。

② 例如:人保 2009 年船舶保险条款第 8 条第 1 款规定:被保险人已经获悉被保险船舶发生事故或遭受损失,应在 48 小时内通知保险人,如船在国外,还应立即通知距离最近的保险代理人,并采取一切合理措施避免承保的损失。

③ [1998] 2 Lloyd's Rep. 694,698-9.

保险人希望对采取减损措施做指示，并在责任保险中熟悉自己的抗辩权并与第三人直接进行谈判。通常责任保险中保险人在索赔提出之前会进行独立调查，越早掌握证据对其越有利，否则可能面临证人消失、记忆模糊等风险，不利于其抗辩。

与前文危险增加时的通知义务类似，被保险人在保险事故发生时的通知义务同样属于法定义务。我国《海商法》第 236 条规定：一旦保险事故发生，被保险人应当立即通知保险人，并采取必要的合理措施，防止或者减少损失。被保险人收到保险人发出的有关采取防止或者减少损失的合理措施的特别通知的，应当按照保险人通知的要求处理。对于被保险人违反前款规定所造成的扩大的损失，保险人不负赔偿责任。另外，我国《保险法》第 21 条规定：投保人、被保险人或者受益人知道保险事故发生后，应当及时通知保险人。故意或者因重大过失未及时通知，致使保险事故的性质、原因、损失程度等难以确定的，保险人对无法确定的部分，不承担赔偿或者给付保险金的责任，但保险人通过其他途径已经及时知道或者应当及时知道保险事故发生的除外。

出险通知义务同样见诸国际上常用的海上保险条款。例如英国协会定期船舶保险条款中，对被保险人事故发生后的通知义务做出了规定；①《2013 年北欧海上保险方案》规定发生意外事故时被保险人有义务通知保险人；②保赔保险条款中同样有相关规定。③

（一）出险通知义务的履行期限

我国《海商法》和《保险法》虽然都规定了出险通知义务，但对通知义务履行期限的规定并不一致：《海商法》规定被保险人应立即通知保险人，而《保险法》则规定被保险人应及时通知保险人。两者规定的履行期限，与危险程度显著增加后的通知义务类似，即概括性的期限标准。相比较而言，“立即”这一措辞要比“及时”严格，但二者的具体判断标准仍需要根据事故发生后的具体背景来判断。

在英美法下，保险合同中的“立即”同样不能做字面理解。在某些案例中尽管保险合同约定了出险通知义务应“立即”（immediate）或者“尽快”（as soon as possible）发出通知，但义务人在保险事故发生一年后才通知保险人的，仍然被法院认为通知有效。④

我国《海商法》和《保险法》针对通知时间的不同规定，体现了因风险不同所导致的对保险合同当事人权利义务配置的微妙差异。出险通知在很大程度上与保险

---

① 1983 年协会定期船舶保险条款 Clouse 10 (1)，Clouse 13 (1)，2003 年国际船舶保险条款 Clouse 43 (1)。

② 《2013 年北欧海上保险方案》§ 3-29。

③ 参见布列塔尼亚互保协会规则（Britannia Rules- P&I（Class 3）-2016）Rule 30 (1)。

④ 参见温世扬：《保险法》，法律出版社，2007 年版，第 113 页。

人对损害安排早期检验有关,这种检验是得到有关意外事故的大部分证据的一个真正机会。[①] 在普通保险中,立法者出于对被保险人(有时是消费者)利益的保护,认为不宜对其课以过于严格的出险通知义务,故不设置具体的通知期限而仅要求"及时",同样的考量也体现在《保险法》对违反出险通知义务后果的规定要轻于《海商法》,详见后文论述。但在《海商法》立法时,立法者则认为海上保险中由于保险标的常处于海上或国外,保险人安排检验更为困难,损失扩大的概率更大,法律风险也更高,同时海上保险双方缔约能力相对平衡,因此更需要加强对保险人利益的保护,所以强调被保险人进行"立即"通知。

另外,《海商法》对出险通知的规定由于仅涉及合同当事人,与国家、社会、第三人利益无关,不属于强制性规定。为了避免"立即""及时"等概括性措辞的模糊性以及由此给举证带来的困难,当事人常常在海上保险合同中对通知义务的履行期限做出更具体的约定。例如,人保 2009 年船舶保险条款第 8 条第 1 款就规定被保险人在获悉保险船舶发生事故或遭受损失后 48 小时内应通知保险人。本条款虽然将被保险人的事故通知义务明确地限定为 48 小时,但在司法实践中,法院往往并不拘泥于时间上的限定,而是重点考量未及时向保险人报案是否对理赔有实质性的影响,是否与其后产生的损失与费用具有因果关系。在浙江润欣港航工程有限公司诉大众保险股份有限公司宁波分公司船舶保险合同纠纷案[②]中,争议焦点之一是严重超时报案的后果。从原告的书面报案时间看,距保险事故发生确实较长。但从被告拒赔的理由看,其依据主要是保险条款第 18 条与第 20 条。第 18 条约定:发生保险事故时,被保险人应及时采取合理的施救保护措施,并须在到达第一港后 48 小时内向港航监督部门、保险人报告。被保险人有义务对保险事故进行举证并对举证的真实性负责。第 20 条约定:被保险人不履行第 16 至第 19 条规定的义务,保险人有权终止合同或拒绝赔偿。从该两条约定看,保险人有权终止合同或拒赔的,一般不应拘泥于是否在 48 小时内报案,而更应着重审查被保险人是否及时采取合理施救保护措施,或者超过 48 小时报案对于保险人采取合理施救措施或决定是否理赔有实质性的因果关系上的影响。本案中,鉴于被告未能举证说明 48 小时后报案对其理赔所产生的影响,法院认为保险人不能以被保险人未按约定时间报案而拒绝赔偿。

最后,《海商法》规定的出险通知义务起算点为保险事故发生时,而《保险法》则规定从被保险人知道开始起算。无疑《保险法》的规定更为准确,法律不可能要求被保险人在未得知事故发生的情况下进行通知,除非其怠于了解有关情况,因此

---

① 参见杨良宜、汪鹏南:《英国海上保险条款详论》,大连海事大学出版社,2009 年版,第 80 页。
② [2008]甬海法商初字第 391 号。

出险通知义务的通知时间从被保险人知道或应当知道事故发生之时开始是比较合理的。

(二)出险通知义务的履行方式

与危险显著增加时的通知义务类似,出险通知的履行方式同样应该尊重当事人的商业安排,如无特别约定则书面口头方式通知皆可。通知方式不符合约定的,理论上对于因不符合约定造成的扩大损失保险人不承担责任,但保险人需举证证明。同时,通知义务的履行应该是连续的,换言之,被保险人不仅要通知保险事故或损失的发生,也有义务通知其之后的发展。①

(三)违反出险通知的法律后果

被保险人违反通知义务的法律后果较为复杂,需要综合考虑未及时向保险人报案对理赔的影响、与之后产生的损失费用因果关系等问题。

英美法下违反出险通知义务的后果主要取决于对出险通知条款性质的认定,这实际是一个保险合同条款解释问题。总体上,出险通知条款可能构成以下几种条款:②

1. 先决条件(Condition Precedent)③

某些出险通知条款可能因其重要性而构成保险人赔付的先决条件,违反先决条件,保险人对该项索赔的赔付义务解除,但不影响保险人对其他索赔的赔付。例如在 Re Williams④ 案中,保险合同含有"应该立即发出(出险)通知""时间被视为本合同条件的基础"等措辞,Bigham 法官毫不犹豫地将出险通知解释为保险人对该损失承担责任的先决条件。但是,该先决条件很难构成英国《1906 年海上保险法》所规定的保证,因为其仅仅与某次索赔有关而与整个合同无关,不能因被保险人违反出险通知义务而整体解除保险人的赔付义务。⑤

2. 中止条件(Suspensive Condition)

如果将出险通知解释为中止条件,那么违反该条款将导致保险人赔付义务中止,直至该违反被正。例如合同做出"直到被保险人发出通知保险人方可赔付"等表述,便可以将其解释为中止条件。随着英国《2015 年保险法》的出台,保证条款

---

① 参见杨良宜、汪鹏南:《英国海上保险条款详论》,大连海事大学出版社,2009 年版,第 80 页。

② See Howard Bennett, *The Law of Marine Insurance*, Oxford University Press, 2006, pp. 685-689.

③ See Bryan A. Garner, *Black's Law Dictionary*, Thomson West Press, 2004, p. 887. 英美法下的先决条件(Condition Precedent),系指某一不确定事件、行为作为合同或约定义务的生效和履行的先决条件,如果条件未能成就,则义务无须履行。

④ [1902] 19 TLR 82.

⑤ Waller LJ in Alfred McAlpineplc v. BAI (Run Off) Lt [2000] 1 Lloyd's Rep. 437. 本案中涉及再保险合同中对出险通知条款的解释,法官认为出险通知条款不能构成中间条款(因而更不可能构成条件条款),不会导致保险人的赔付义务被整体解除。

效力中止条款,可能会被解释为保证条款。

3. 保证条款(Warranty)

这里的保证条款指的是英美合同法语境下的保证条款。① 某些出险通知条款对保险人的理赔影响不大,并不能导致保险人拒赔,但如果保险人能够证明被保险人的违反为其带来不便,例如额外支出了调查费用,则被保险人应该赔偿,并可以抵销一部分保险赔偿。

大陆法下对于出险通知义务的性质有如下理解:

(1)不真正义务,也称间接义务。不真正义务的特征为相对人通常不得请求履行该项义务,而其违反并不发生损害赔偿责任,仅使负担此项义务者,遭受权利减损或丧失的不利益。②

(2)附随义务。"随附义务即依据诚实信用原则,根据合同的性质、目的、交易习惯产生的民事义务。与主合同义务和从合同义务都是约定义务不同,随附义务属于法定义务。"③违反附随义务,债权人原则上不得解除合同,只能要求损害赔偿。

本书认为,由于《保险法》出险通知义务同样约束受益人,而附随义务仅能由合同当事人承担,因此将其解释为不真正义务更为妥当。因此,在被保险人违反出险通知义务的情况下,保险人不得向其请求损害赔偿,但被保险人应承担相应的不利后果,即保险人对无法确定的保险事故不承担保险责任,这也与我国《海商法》《保险法》的规定相同。

具体到我国司法实践中,法院往往采取更为灵活的态度处理与出险通知有关争议,不仅仅因违反出险通知义务而解除保险人的赔付责任。例如:在温州市远航海运有限公司诉中华联合财产保险股份有限公司温州中心支公司海上保险合同纠纷案④中,远航公司在其船舶发生事故后,未能在 24 小时内向保险公司报案,但法院认为,即使远航公司在 24 小时之内通知保险人,本案因共同海损产生的救助费用仍然会发生,未及时报案与费用损失两者之间不具有因果关系。保险人不能因此解除保险赔偿责任。

与《海商法》略有不同,《保险法》对于出险通知义务的法律后果引入了重大过失理论,对一般过失或轻微过失被保险人不承担不利的责任。这是由于原《保险

① 英美法把合同承诺根据重要性的不同区分为条件(Condition)与保证,关乎合同根基的承诺属于条件条款,违反将导致合同解除;而某些内容仅仅是附带补充性的,违反产生损害赔偿责任,称为保证条款。后来英国法院又承认某些条款可能视情况不同产生不同的法律后果,称为中间条款。英美合同法语境下的保证与保险法语境下的保证完全不同,后者类似于前者中的条件条款。

② 参见王泽鉴:《民法概要》,中国政法大学出版社,2003 年版,第 168 页。

③ 参见王泽鉴:《民法概要》,中国政法大学出版社,2003 年版,第 167 页。

④ [2008]甬海法温商初字第 62 号。

法》中未规定没有及时通知的法律后果,保险人多在保险合同中规定"一刀切"式的约定,即没有及时通知造成损失难以确定或事故原因难以确定的,保险公司不承担给付保险金的责任。① 如前文所述,虽然《保险法》的规定对于被保险人更公平,但《海商法》基于海上事故的特点做出更为严格的安排,以督促被保险人更积极地履行通知义务,这体现了立法者在商事合同效率与公平之间做出的权衡。

第二节 救助费用、共同海损、施救费用

船舶和货物在海上运输中,除了会遭受实质的损失或损坏外,还会遭受其他非实质性损失,这种损失基本上就是费用或者金钱的支出。海上保险人赔付的被保险人的费用支出包括四种类型:(1)单独海损下赔偿被保险人修理船舶的合理费用;(2)被保险人应当承担一定比例的共同海损费用支出,包括其应当承担的共同海损分摊;(3)因承保风险引起的救助费用;(4)被保险人为了避免或减少保险标的的损失而支出的施救费用。本节将对海上保险中承保的后三类费用进行分析。

一、救助费用

(一)海难救助的概念和分类

海难救助(Salvage at Sea)是指救助方对在海上或者与海相通的可航水域遭遇危险的船舶、货物以及其他财产进行的救助。海难救助包括三种形式:纯救助、合同救助和雇佣救助。纯救助是指船舶发生海难后,救助方在未接到被救方援助请求的情况下,自行进行救助的行为。在海上通信越来越发达的今天,此种救助方式已很少出现。英国法下传统的合同救助是指根据"无效果,无报酬"为原则的救助协议进行的救助。目前国际上专业救助最广泛使用的是英国劳合社委员会(Council of Lloyd's)制定的救助合同标准格式(LOF),中国国际贸易促进委员会也参照了英国劳合社委员会的救助合同标准格式(LOF)制定了我国的救助合同格式——中国海事仲裁委员会(1994)标准格式(CMAC 1994)。中英两国的救助标准格式条款都秉持了海难救助法律关系中的"无效果,无报酬"的原则,合同中并未规定一个具体的报酬数额,而是规定了一个确定救助报酬高低的依据。在英国劳合社委员会的救助合同标准格式(LOF)下,报酬的计算是由劳合社的仲裁员做出的,被视为有公信力,在绝大部分的情况下被世界上的船舶与货物保险人所接受。② 中

① 参见周玉华:《最新保险法释义与应用》,人民法院出版社,2009年版,第46页。

② 参见杨良宜:《海上货物保险》,法律出版社,2010年版,第252页。

国海事仲裁委员会(1994)标准格式则规定,与合同有关的一切争议,应提交中国海事仲裁委员会仲裁解决。

《1989 年国际救助公约》体现了“最大限度地订约自由”,并在“救助合同”条款中规定了船舶所有人和船东的代理权以及对订约自由的限制,使得雇佣救助(固定费用的救助)合同中没有约定的内容,也将适用公约。《海商法》无必要对“无效果,无报酬”的救助和固定费用的救助进行细分,由此《海商法》各章中的“救助”涵盖“无效果,无报酬”的救助以及固定费用的救助也就具有应然性。

雇佣救助是救助方与被救助方约定固定数额的救助费用,或者根据人力和设备按劳给付报酬的救助方式。雇佣救助符合海难救助的基本特征,从而区别于一般的海上服务。但对于“雇佣救助”法律性质及法律适用一直存在争议。① 与“无效果,无报酬”的救助相比,雇佣救助具有以下特征:救助报酬按照双方的协议的固定数额,或者约定按照救助方提供的人力、物力和时间消耗加利润计算,救助是否成功在所不问。

2016 年 7 月,最高人民法院审理了再审申请人交通运输部南海救助局与被申请人(希腊)阿昌格罗斯投资公司、一审被告香港安达欧森有限公司上海代表处海难救助合同纠纷一案,以司法判决的形式明确了雇佣合同的性质及法律适用。希腊油船“加百利”号,船东为希腊阿昌格罗斯投资公司,船东将船舶委托给香港安达欧森有限公司上海代表处进行管理。船舶吨位为 40682 总吨,在该航次中共装载 54580 吨原油,由香港运送至广西。2011 年 8 月 12 日,“加百利”船途经琼州海峡,由于船长的驾驶失误导致船舶搁浅。事故发生后,船长向南海救助局发出求助信息。由于采取措施较为及时,并未发生任何污染事故。

在进行救助作业之前,船舶代理公司上海代表处与南海救助局签订合同,其中约定:南海救助局将派出“南海救 116”船“南海救 101”船“南海救 201”船提供救助服务,并约定无论是否成功协助出浅,均同意按每马力小时 3.2 的费率计算救助报酬。但是,实际上,仅“南海救 201”船实际参与作业。救助作业完成后,双方就救助报酬的支付发生争议。一审中,广州海事法院认为船东应支付给南海救助局全部的救助费用。而二审法院则支持船东主张。南海救助局不服判决,向最高人民法院申请再审。最高人民法院合议庭在综合审查一审、二审认定事实的基础上,做出最终判决。判决认为,根据案件查明的事实,该案救助报酬的计算,是以救助船舶每马力小时,以及人工投入等事先约定的固定费率和费用作为依据,与获救财

① 参见李海:“关于‘加百利’轮救助案若干问题的思考”,载于《中国海商法研究》,2016 年第 3 期,第 24 页。

产的价值并无关联①从涉案合同性质上来看,属于雇佣救助合同。雇佣救助属于《海商法》下救助行为的一种,但雇佣救助合同不同于《救助公约》和《海商法》中规定的救助合同,不适用“无效果,无报酬”原则确定救助报酬。因《救助公约》和《海商法》中均未规定雇佣救助合同项下救助报酬的确定,应适用《海商法》的一般法——《合同法》中的相关规定进行判定。

(二)救助费用的概念

我国《海商法》海上保险合同一章没有明确规定承保“救助费用”。但人保2009年船舶保险条款以及人保2009年海洋运输货物保险条款中均规定保险人对“救助费用”予以承保。然而,对于“救助费用”的定义,保险条款并未予回答。

事实上,上述人保的保险条款参考了英国协会货物保险条款的措辞“salvage and salvage charges”。“salvage”在普通法下有两个含义,一是指救助人提供的救助服务或救助作业,二是指救助人获得的报酬(the “eward” earned by salvors)。② 显然,协会保险条款中的“salvage”是取后者救助报酬之含义。英国《1906年海上保险法》第65条第2款将“salvage charges”界定为救助人根据《海商法》可主张的费用③实践中存在的争议是非根据LOF这类“无效果,无报酬”的救助协议进行救助所产生的费用是否属于“salvage charges”。英国有权威学者认为第65条的关键不在于救助人与遇险方是否成立合同关系,而在于救助报酬请求的性质和数额是否是根据合同确定的。④ 在“无效果,无报酬”的救助合同下,救助报酬在签订合同时尚未确定,救助人需在救助作业完成后申请由仲裁员或法院根据海商法确定,因而符合“the charges ... independently of contract”。基于此观点,纯救助下的救助报酬和基于“无效果,无报酬”原则签订的救助合同下产生的救助报酬均可归入保险单中的“救助费用”从而得到保险人的赔偿。那些符合共同海损行为之构成要件但不适用“无效果,无报酬”原则的雇佣救助所产生的救助报酬则作为“共同海损”得到保险人的赔偿。

---

① 参见张文广:“‘加百利’轮海难救助合同纠纷再审案评析”,载于《法律适用》,2016年第8期,第42~45页。

② See Susan Hodges, Law of Marine Insurance, Cavendish Publishing Limited, 1996, p. 426.

③ 英国《1906年海上保险法》原文:Section 65 (2): “Salvage charges” means the charges recoverable under maritime law by a salvor independently of contract. They do not include the expenses of services in the nature of salvage rendered by the assured or his agents, or any person employed for hire by them, for the purpose of averting a peril insured against. Such expenses, where properly incurred, may be recovered as particular charges or as a general average loss, according to the circumstances under which they were incurred.

④ See Jonathan Gilman, Robert M Merkin, Claire Blanchard, Mark Templeman, Arnould's Law of Marine Insurance and Average, Sweett & Maxwell, 2013, p. 1275. 原文:It has been suggested that the distinction drawn in s. 65 (2) relates merely to the quantification of the claim, so that, if the amount of the salvor's reward is determined by arbitration on the principles of maritime law, it is immaterial that the liability may arise under contract.

（三）海上保险中承保的救助费用

保险人并非对被保险人承担的所有救助费用都予以赔偿。首先，引起救助费用的危险必须是海上保险所承保的风险；其次，对于救助中因涉及环境因素而给予的特别补偿，保险人是不予以赔偿的。但是对于考虑人命救助的救助费用却逐渐为保险人所承认，纳入其赔偿范围。

1. 引起救助费用的危险必须是海上保险所承保的海上风险

英国《1906 年海上保险法》第 65 条第 1 款规定必须是为了防止承保危险所造成的损失而支出的救助费用才可以像承保危险所造成的损失一样得到赔偿。而我国人保 2009 年船舶保险条款和人保 2009 年海洋运输货物保险条款。

2. 救助中因涉及环境因素而给予的特别补偿

在国际海难救助发展历程中，一个不得不提的重大发展是，救助人可以因在救助过程中对环境的保护获得特别补偿。这得益于 20 世纪 60 年代起，国际社会对环境保护问题的关注，特别是 1978 年的“阿莫柯·卡迪兹”（AMDCO CADIZ）的重大漏油事故促使了《1989 年国际救助公约》的产生。该公约一个重大的变化就是将救助人避免或减少对环境破坏的技术与努力也作为核算救助报酬的一个考虑因素；①如果因为环境会受到污染而被迫放弃救助，因此得不到救助报酬，救助人有权从船东处取得特别补偿。但是船壳险的保险人对该特别补偿不负赔偿责任，如英国协会船舶保险条款第 10.5.2 条规定对于“环境损害或其威胁引起的，或者由于从保险船舶溢出或排出污染物质或者威胁导致的费用或责任”的索赔，保险人不予赔偿。我国人保 2009 年船舶保险条款第 8 条第 3 款规定：保险人不负责任何污染、防止污染或清理污染的损失、责任和费用。这些保险条款表明，保险人不愿意承担因环境问题引起的任何费用。对于参加了互保协会的船舶，因环境污染而产生的责任和费用一般都由船东互保协会承保。

3. 救助费用的确定考虑人命救助

对于考虑人命救助的救助报酬，在越来越注重保护人权的国际环境下，逐步为保险人所承认。如英国 The Bossworth（No. 3）②一案中法院即承认救助费用的确定应考虑人命救助的救助报酬，保险人也应对此予以赔偿。

该案中，原告是汽船 Bossworth 的船东，该船在案发时正由瑞典的格兰顿驶往挪威，船上装载着煤炭。船舶、货物以及运费都由劳氏保单承保，同时船舶也加入了互保协会。1957 年 12 月 21 日，船舶在航行中因恶劣天气而遭遇危险，船长发

---

① 《1989 年国际救助公约》原文：13（1b）：the skill and efforts of the salvors in preventing or minimizing damage to the environment.

② Grand Union Shipping Ltd. v. London SS Owners' Mutual Insurance Association Ltd [1962] 1 Lloyd's Rep. 483 p. 490, QBD.

出求救信号。有三艘船舶实施了救援——拖网渔船 Wolverhampton Wanderers(“渔船 WW”)、渔船 Faraday(“渔船 F”)和 Finnmerchant(“商船 F”)。为确保 Bossworth 轮的安全,救援渔船 WW 整夜停航在其附近,后因天气持续恶劣,Bossworth 轮船员的生命安全受到威胁,船长决定弃船。渔船 WW 在实施救援时与 Bossworth 轮相撞受损,但最终全部船员成功登上渔船 WW 并被送往英国阿伯丁,商船 F 为协助渔船 WW 救助船员而将其燃油排放到海中。拖网渔船 F 将 Bosworth 轮同样拖至阿伯丁,且渔船 WW 全程护航;商船 F 因此获得 1250 英镑的救助报酬,渔船 WW 和渔船 F 分别获得 5000 英镑和 4000 英镑的报酬。

在本案中,原告主张船东互保协会承担支付给商船 F 的全部报酬 1250 英镑以及支付给渔船 WW 的部分救助报酬(有关人命救助的部分),因为其对渔船 WW 支付救助报酬的责任不能在劳氏保单下得到赔偿,劳氏保单是针对船舶的保险,并不包括救助人命的责任。但被告船东互保协会抗辩认为渔船 WW 的全部救助报酬均应当由劳氏保单承保,被告承担的责任范围限于只因救助人命产生的报酬。

在该案中 McNair 法官认为,对于英国《1906 年海上保险法》第 65 条第 2 款的规定应做更宽泛的解释,即一项反映了人命救助因素的救助报酬,其实质上是增加了一部分为防止承保危险造成损失而支出的费用,这部分费用可以在劳氏保单下得到赔偿。

二、共同海损

根据本书第一章第一节的论述,有学者认为共同海损是海上保险的萌芽或起源。因为海上保险与共同海损制度有着非常紧密的联系,共同海损“一人为众,众人为一”(ONE FOR ALL, ALL FOR ONE)的损失分摊理念与海上保险损失补偿、分散风险的精神相契合,两者均对航运业的发展起到了积极的作用。然而,共同海损制度只能使损失由同一海上航程中各受益方予以分摊,但对于海上航程的参与方整体来讲,共同海损损失并未真正的转移出去并得到补偿,其仍是海上运输中客观存在的一种经济损失风险。因此,在现代海上保险条款中无不把共同海损列为承保责任。但是,在对外贸易实务中,海上保险人出于保护自身利益的目的,在保险条款中,对共同海损责任认定及共同海损赔偿计算都有特别规定。

(一)共同海损定义和构成要件

共同海损是指在同一海上航程中,当船舶、货物或其他财产遭遇共同危险时,为了共同安全,有意而合理的采取的措施所直接造成的特殊牺牲、支付的特殊费用,由各受益方按比例分摊的法律制度。一般认为共同海损必须要满足以下要件:(1)在同一海上航程中,船舶、货物或其他财产面临着共同的危险;(2)船长或船员所采取的措施必须是为了避免船货的共同危险而有意和合理的;(3)由于共同海损行为所产生的牺牲和费用必须是特殊的,即在通常运营的情况下,此种牺牲和费用不会发生。

共同海损包括共同海损牺牲和共同海损费用两部分,且两者都是海上保险的承保范围,如英国《1906 年海上保险法》第 66 条对此予以明确规定①英国协会保险条款以及前述的人保条款也有相应的规定,②但是保险人对共同海损牺牲和共同海损费用的赔偿却有明显的不同。

(二)保险人的共同海损赔偿责任

1. 共同海损牺牲

共同海损牺牲是指由于共同海损措施直接造成的船舶、货物或其他财产在形态上的灭失或损坏。③ 各国的法律和保险条款通常规定,对于共同海损牺牲,被保险人无须等待理算结束,而是可以直接要求保险人对其保险财产遭受的全部共同海损牺牲承担保险赔偿责任。被保险人因共同海损牺牲可以从其他受益方获得赔偿的权利相应的转移给保险人。换言之,保险人将共同海损损失按单独海损处理,先赔付给被保险人,再行使代位求偿权从其他共同利益方取得分摊额。

如英国《1906 年海上保险法》第 66 条第 4 款④规定:"被保险人对共同海损牺

① 英国《1906 年海上保险法》原文:Section 66: General average loss. (1) A general average loss is a loss caused by or directly consequential on a general average act. It includes a general average expenditure as well as a general average sacrifice. (2) There is a general average act where any extraordinary sacrifice orexpenditure is voluntarily and reasonably made or incurred in time of peril for the purpose of preserving the property imperiled in the common adventure. (3) Where there is a general average loss, the party on whom it falls is entitled, subject to the conditions imposed by maritime law, to a rateable contribution from the other parties interested, and such contribution is called a general average contribution. (4) Subject to any express provision in the policy, where the assured has incurred a general average expenditure, he may recover from the insurer in respect of the proportion of the loss which falls upon him; and, in the case of a general average sacrifice, he may recover from the insurer in respect of the whole loss without having enforced his right of contribution from the other parties liable to contribute. (5) Subject to any express provision in the policy, where the assured has paid, or is liable to pay, a general average contribution in respect of the subject insured, he may recover therefor fromthe insurer. (6) In the absence of express stipulation, the insurer is not liable for any general average loss or contribution where the loss was not incurred for the purpose of avoiding, or in connexion with the avoidance of, a peril insured against. (7) Where ship, freight, and cargo, or any two of those interests, are owned by the same assured, the liability of the insurer in respect of general average losses or contributions is to be determined as if those subjects were owned by different persons.

② 协会货物保险 A 条款原文:Clouse A (2): Institute Cargo Clause: This insurance covers general average and salvage charges, adjusted or determined according to the contract of affreightment and/or the governing law and practice, incurred to avoid or in connection with the avoidance of loss from any cause except those excluded in Clauses 4, 5, 6 and 7 or elsewhere in this insurance. 另见人保 2009 年海洋运输货物保险条款第 1 条"责任范围"第 1 款"平安险"第 7 项:"本保险负责赔偿:……险负责共同海损的牺牲、分摊和救助费用;……"

③ 参见司玉琢:《海商法专论》,中国人民大学出版社,2007 年版,第 305 页。

④ 英国《1906 年海上保险法》原文:Section 66 (4): Subject to any express provision in the policy, where the assured has incurred a general average expenditure, … and, in the case of a general average sacrifice, he may recover from the insurer in respect of the whole loss without having enforced his right of contribution from the other parties liable to contribute.

牲,无须先请求其他利益方进行分摊,即可从保险人处获得全部损失的赔偿。"1995年协会定期船舶保险条款第10.1条[①]规定:对于保险船舶的共损牺牲,被保险人有权取得所有损失的保险赔偿,而不必先行使向第三方要求分摊的权利。我国《海商法》中没有上述明确的规定,但人保2009年船舶保险条款[②]中明确规定:其负责赔偿保险船舶的共同海损的分摊部分,但对于保险船舶发生的共同海损牺牲,被保险人可获得对这种损失的全部赔偿,而无须先行使向其他各方索取分摊额的权利。虽然人保2009年海洋运输货物保险条款中没有明确规定保险人对保险标的共同海损牺牲应当先行赔偿,但是在实践操作中,保险人会在共同海损理算完成之前先予赔付共同海损牺牲,同时货物共同海损分摊权也相应转移给保险人。但对于共同海损,保险人仅对货物应分摊的共同海损责任承担保险责任,所以保险人并不先行赔付,而是需要先进行理算,待明确被保险人应承担的分摊义务后再赔偿。在英国 Dickenson v Jardine[③] 一案体现了该原则。

该案中船货在遭遇海上危险时,货方为了所有利益方的安全而做出了牺牲。即使货物所有人可以以共同海损损失从其他所有受益方处获得赔偿,货物保险人仍允许货物所有人直接获得等同于保险价值的保险赔偿。

依据英国 Willes 法官的观点,在此类案件中,被保险人对此损失的相应的索赔程序如下:"如果被保险人首先起诉保险人,那么后者不能以被保险人享有对其他第三方的独立的索赔权的事实进行抗辩。保险人必须先行赔偿被保险人的索赔额,然后可以以被保险人的名义起诉对此负有责任的其他方……"

2. 共同海损费用

共同海损费用,是指由于采取共同海损措施而产生的额外开支。[④] 对于共同海损费用,被保险人在提出理算报告之前,保险人无赔偿的义务。这是因为费用不包含任何独立利益方的损失或灭失,都是为了各个利益方的共同安全而做出的,而只有存在独立的损失或灭失时,才能要求与这些利益相关的保险人直接对全部的损失负责。

国外谨慎的被保险人往往会投保共同海损费用保险,我国船东在发生共同海损以后,投保"共同海损费用保险"的需求很少,但实际上投保该保险是很有必要

---

① 1995年协会定期船舶保险条款原文:Clouse10.1: This insurance covers the vessel's proportion of salvage, salvage charges and/or general average, reduced in respect of any under-insurance, but in case of general average sacrifice of the vessel the Assured may recover in respect of the whole loss without first enforcing their right of contribution from other parties.

② 人保《2009年船舶保险条款》第1条"责任范围"第2款"一切险"第2项"共同海损和救助":(1)本保险负责赔偿保险船舶的共同海损、救助、救助费用的分摊部分。保险船舶若发生共同海损牺牲,被保险人可获得对这种损失的全部赔偿,而无须先行使向其他各方索取分摊额的权利。

③ (1868) LR 3 CP 639.

④ 参见司玉琢:《海商法专论》,中国人民大学出版社,2007年版,第306页。

的。因为根据《约克-安特卫普规则》的规定(规则 17 和 G),共同海损分摊应根据财产在航程终止时的价值决定。如果船货在发生第一次海损事故后,航程终止之前又遭遇了第二次事故,导致航程终止时财产价值减少或为零,分摊就减少或不存在,保险人自然也就不负责赔偿,对此种损失的风险,被保险人可以通过投保共同海损费用保险来保护自身利益。

(三)共同海损理算适用的法律

如上文所述,被保险人可以直接向保险人主张共同海损牺牲的损失,但对于共同海损费用的索赔,则必须先取得一个共同海损的理算结果。然而,由于适用不同的共同理算规则,可能造成被纳入共同海损理算的项目存在差异。这可能会导致在适用外国理算规则时,某些保险人所在国的法律不被视为共同海损的项目也被算作共同海损进行理算,无形之中加大了保险人的承保风险。所以保险条款中通常会对共同海损适用的法律做出规定。

根据人保 2009 年船舶保险条款规定,共同海损应首先以运输合同规定或适用的法律或惯例理算,如运输合同无此规定,应按《北京理算规则》或其他类似的规则规定办理。这样的规定对保险人较为不利,因为保险人并非运输合同的一方,其无法对理算结果进行充分的预计,增加了保险人的风险。

相比之下,英国的协会保险条款的规定对保险人则更为有利,英国保险人并不愿意受海上运输合同中规定的外国理算条款(Foreign Adjustment Clause)的约束,①从而使得保险人免于对一些英国法所不接受的共同海损项目承担额外的保险责任。故 1995 年协会定期船舶保险条款第 10.2 条规定:当运输合同中没有特别规定时,共同海损的理算应按照航程终止地的法律和惯例办理。但是,如果运输合同规定按照《约克-安特卫普规则》理算,则应按此规则办理。② 该规定意味着:除运输合同规定按《约克-安特卫普规则》理算外,一律要根据航程终止地的法律和惯例办理。运输合同中约定的其他理算条款,在船货双方之间仍予以适用,但是约束船舶保险人的理算只能依据保险条款的规定确定。例如,某一航次是去中国,理算可根据《北京理算规则》(航程终止地惯例)或《约定-安特卫普规则》(运输合同约定)办理;但是驶往美国的航次中,运输合同注明适用《北京理算规则》,在英国协会船舶保险条款下,该约定不约束船舶保险人。

① Brandeis, Goldschmidt & Co., v. Economic Insurance Co., Ltd (1922) 11 L1. L. Rep. 42. 转引自杨良宜、汪鹏南著:《英国海上保险条款详论》,大连海事大学出版社,2009 年版,第 85 页。

② 1995 年协会定期船舶保险条款原文:Clause 10.2: Adjustment to be according to the law and practice obtaining at the place where the adventure ends, as if the contract of affreightment contained no special terms upon the subject; but where the contract of affreightment so provides the adjustment shall be according to the York-Antwerp Rules.

与船舶保险条款不同,英国协会货物保险条款并没有强制要求共同海损理算必须依照航程终止地的法律和惯例或《约克-安特卫普规则》。英国协会货物运输保险条款规定按照有关运输合同规定或适用法律进行理算。① 这是考虑海上运输合同的货方处于谈判的劣势地位,特别是在班轮运输下,提单是航运公司提前印制好的格式合同,被保险人往往无力改变。为了更好地保护货方,协会货物保险条款不要求必须以《约克-安特卫普规则》理算。

(四)保险人的共同海损赔偿数额

在不足额保险的情况下,海上保险人共同海损赔偿数额并不一定完全等同于经海损理算的共同海损分摊金额。我国《海商法》第241条规定:保险金额低于共同海损分摊价值的,保险人按照保险金额同分摊价值的比例赔偿共同海损分摊。关于保险人对共同海损分摊金额的赔偿,我国《海商法》的规定与英国《1906年海上保险法》的规定不同。根据后者第73条第1款:除保单另有规定外,如果被保险人已经给付或者有责任给付任何共同海损分摊,其赔偿限额为:若负责分摊的标的物是按分摊价值足额投保,应按共同海损分摊全额赔付;如果该标的物未按分摊价值足额投保,保险人应支付的赔偿额须按比例原则确定,而且如果发生了应从分摊价值内扣掉的单独海损损失,且保险人对此负有赔偿责任,则应从保险价值中先予扣除,以便确定保险人应承担的分摊额。② 虽然我国《海商法》与英国《1906年海上保险法》表面上的计算方式不同,但由于我国《海商法》下的货物和船舶的"分摊价值"计算中已经减掉了"不属于共同海损的损失金额"部分,③所以二者并无实质区别。

被保险人可以向保险人索赔其自己应承担的那部分共同海损分摊,但对于被保险人无法向其他相关方拿回的本应由对方分摊的共同海损费用是否可以向保险人索赔呢?该问题在英国 The Abt Rasha④ 案中得到体现。

该案中,船舶由于机器故障挂靠避难港 Durban 和 Elizabeth,最终船东决定将

---

① 2009年协会货物保险A条款原文:Clause A (2): This insurance covers general average and salvage charges, adjusted or determined according to the contract of affreightment and/or the governing law and practice, incurred to avoid or in connection with the avoidance of loss from any cause except those excluded in Clauses 4, 5, 6 and 7 or elsewhere in this insurance.

② 英国《1906年海上保险法》原文:Section 73 (1): Subject to any express provision in the policy, where the assured has paid, or is liable for, any general average contribution, the measure of indemnity is the full amount of such contribution, if the subject-matter liable to contribution is insured for its full contributory value; but, if such subject-matter be not insured for its full contributory value, or if only part of it be insured, the indemnity payable by the insurer must be reduced in proportion to the under insurance, and where there has been a particular average loss which constitutes a deduction from the contributory value, and for which the insurer is liable, that amount must be deducted from the insured value in order to ascertain what the insurer is liable to contribute.

③ 《海商法》第199条。

④ [2000] 2 Lloyd's Rep. 575.

货物转船运至鹿特丹。船东与货主因此签订了不可分离协议,①即在货物与原载货船分离,由另一船舶或其他运输工具运至目的港的情况下,船东的在共同海损上的权利和义务可以不因转运而受到影响。同时船货双方还订立了 Bigham 条款,②根据该条款,货物所有人因共同海损而应支付的款项不得超过若货方自己在避难港接收货物并将它们运至目的港的费用。

在该事故中,货方根据共同海损理算结果需要分摊 3601776.22 美元。但如果货方在避难港就安排货物转运,费用只需 2814349.94 美元。依据 Bigham 条款的规定,船东在共同海损理算时会有 787426.28 美元没办法获得分摊。船东因此向船壳险的保险人要求赔偿其无法从货方那里拿到的 787426.28 美元的损失(ExcessBigham Amount),但是保险人拒绝赔偿。理由是依据英国《1906 年海上保险法》第 66 条第 4 款规定,对于被保险人遭受的共同海损费用,其仅有权按其承担的损失比例从保险人处获得赔偿,而剩下的 787426.28 美元根据理算,并不是被保险人应承担的比例。但是,上诉法院对保险人的诉讼理由不予支持,法院认为保险人的责任范围是保险船舶应承担的全部比例的共同海损分摊,包括根据不可分割协议中的 Bigham 条款所应承担的部分。

同样,在 Green Star Shipping Co Ltd. v. London Assurance and Others(The Andree)③一案中,Andree 轮投保航次保险,在航程中先后发生火灾和碰撞事故,并因此产生了两项共同海损费用。在进行共同海损分摊时,扣除船东应承担部分的分摊(以船舶的获救价值为基础)以及货物所有人应承担部分的分摊(以货物的获救价值为基础)后,船东发现还有一部分其为此所支出的费用仍未能得到补偿。(这部分不足额的产生,是因为获救货物的价值因碰撞而大大贬值。)在该案中,所争议的问题是,这部分未获得补偿的费用是否能从原告的船壳险保险人处得到赔偿。

Roche 法官在审理该案时,主要援引了英国《1906 年海上保险法》第 66 条第 4 款的规定,认定保险人应当对这一部分损失承担赔偿责任。其理由如下:"……一个船东,作为现行保险条款中的被保险人,如果其支出了共同海损费用,但货物价值在到达目的地前减少或灭失,导致货物应承担的分摊额而比预期的少时,那么我认为这一损失就属于保险人承担的损失比例部分,其满足英国《1906 年海上保险法》第 66 条第 4 款的规定。"

---

① 原文:It is agreed that in the event of the vessel's cargo or part thereof being forwarded to original destination by other vessel, vessels or conveyance, rights and liabilities in general average shall not be affected by such forwarding…

② 原文:It is understood that the amount payable by cargo under this agreement shall not exceed what it would have cost the cargo-owners if cargo had been delivered to them at [*name of the refuge port where cargo was discharged*] and forwarded by them to destination.

③ [1933] 1 KB 378.

从上述两个案例中可以看出在英国法下对于英国《1906 年海上保险法》第 66 条第 4 款中所规定的“被保险人承担比例部分”解释的足够宽泛，以使被保险人为了船货或其他利益方的共同安全所支付的共同海损费用能够尽量得到赔偿。

（五）共同海损吸收条款的兴起

共同海损理算耗时耗力，有时理算结束以后加上理算费用，船东可能还要分摊更多的共同海损费用。在这种背景下，英美保险市场上开始出现了一种“小额共同海损条款”（Small GA Clause），特别约定共同海损的损失必须达到规定额度时，才可进行共同海损理算；对于没有达到规定额度则不按共同海损进行分摊，保险公司除了免赔额外全部赔偿给船东，而不要求船东必须先向货方提出分摊请求。此外，世界重要的水险市场还都特别增加一个条款，即“共同海损吸收条款”（General Average Absorption Clauses），典型的是《2013 年北欧海上保险计划》第 4-8 条第 3 款，核心内容是船舶保险人把船东在约定金额内的共同海损风险全部“吸收”过来，立即全部赔付船东遭受的共损牺牲和费用，无须等待共同海损理算。[①] 其中，约定金额为船东与保险人在签订保险合同时所约定的最高限额。此条款赋予船东一项法律上有利的选择权，即如果被保险人不向其他共同海损利益方请求分摊，保险人应根据被保险人的选择赔偿可以作为共同海损的任何损失、损害、责任或费用，但以保险单所规定的金额为限；或者被保险人选择要求保险人赔偿共同海损分摊。

此种做法可以节省共同海损理算及收集共同海损担保的费用，实际上对各方都有好处，船舶保险费率也不一定就因此而增加或有较大幅度的增加。[②] 但是该条款在我国保险市场上还很少见，因此，有学者建议我国海上保险制度也引入“共同海损吸收条款”，可以使被保险人免受共损担保，完成共损理算和向其他利益方要求分摊之耗时、劳苦和花费。

（六）船舶空载航行的共同海损问题

依据我国《海商法》第 193 条规定，共同海损的成立条件之一是在同一海上航程中，船舶货物和其他财产遭遇了共同危险。所以，在“同一海上航程”期间，必须有多个不同的财产利益存在，才有可能成立共同海损及出现共同海损分摊的问题。换句话说，我国法律不承认只涉及船舶一个财产利益时可构成共同海损。英国《1906 年海上保险法》和《约克-安特卫普规则》及其他大多数国家的法律也有相同

---

① 《2013 年北欧海上保险计划》原文：Clause 4-8（3）：General average… If the assured chooses not to claim contributions from the other interests in the general average, the insurer is, at the assured's option, liable either：a. for any loss, damage, liability or costs which would have been recoverable in the general average up to the amount stipulated in the insurance contract, or; b. for the ship's general average contributions.

② 参见汪鹏南：《海上保险合同法详论》，大连海事大学出版社，2003 年版，第 206 页。

的规定。按照此种规定,发生海难事故时,船舶如果是空载航行(无货物利益方)且未出租(无运费利益方),受到损失的只有船舶一个财产利益,不能按照共同海损进行索赔。

为了鼓励船舶所有人在船舶发生危险时积极采取措施(如进入避难港修理),①避免更大的损失甚至全损的发生,保护船舶安全,维护保险人的利益,在海上保险实践中出现了一种变通做法,人保 2009 年船舶保险条款和 1983 年协会定期船舶保险条款都规定了空船共同海损条款,②即在船舶空载航行无其他分摊利益方而无法成立共同海损时,保险人仍将保险船舶在避难港期间产生的船员工资,燃料、物料消耗人为地视为共同海损费用,如同存在多个分摊方一样进行共同海损理算,从而使船舶所有人为了船舶安全而支付的额外费用,可以从保险人处获得赔偿。空船共同海损的理算与普通的共同海损理算相比要简单得多,海损理算人无须计算收益财产的分摊价值,而只需确定哪些损失属于共同海损,从而由保险人赔付。③ 空船共同海损条款的精神与美国普通法下传统做法的效果一致。美国普通法下也认为在存在船舶保险人的情况下,保险人也被视为财产利益方,此时同样成立共同海损。结合法律规定与实践当中的做法,总体来看,不承认在只存在船舶一个保险利益方时可承认共同海损,但在某些特殊情况下,即便发生共同海损时,只有一个财产利益存在,也可将其视为发生共同海损,关于其赔偿规则参照有关共同海损赔偿的规定。

在太安船务有限公司诉中国人民保险公司大连分公司共同海损保险索赔纠纷④一案中,保险船舶"金路"船在保险期内由仁川空载起航去青岛受载途中,发生海难事故,拖往大连锚地并进入船厂修理,产生了包括修船人员工资、港口费、燃料物料消耗等大量的费用。争议在于这些费用是否能够构成共同海损,从保险人处得到赔付。该案一直上诉到最高人民法院,最终维持原判,即船舶空载航行,根据保险合同中的空船共同海损条款构成约定的共同海损,在避难港大连港产生的有关费用,原告要求列入共同海损由被告赔偿的请求应予支持。

此外,几乎所有的保险条款中均对"空载航程"的定义予以严格限制,以限缩

---

① 避难港产生的船员工资和给养只有在作为共同海损时才能得到保险人的赔偿,否则,这些费用属于延迟或间接费用,既不可能由其他利益方分摊,通常又不能根据保险合同获得赔偿。因此在船舶空载航行时,船东可能会选择不去避难港修理而冒险驶往目的港,从而使保险人的利益得不到有效的维护。

② 人保 2009 年船舶保险条款第 1 条"责任范围"第 2 款"一切险"第 2 项"共同海损和救助":……(3)当所有分摊方均为被保险人或当保险船舶空载航行并无其他分摊利益方时,共损理算应按《北京理算规则》(第 5 条除外)或明文同意的类似规则办理,如同各分摊方不属同一人一样。该航程应自起运港或起运地至保险船舶抵达除避难港或加油港外的第一个港口为止,若在上述中途港放弃原定航次,则该航次即行终止。

③ 参见胡正良主编:《海事法》北京大学出版社,2012 年版,第 352 页。

④ 参见步玉春:"一起被保险人船舶空载航行共同海损保险索赔纠纷案",载于《中国海商法年刊》,1998 年,第 335 页。

空船共同海损条款的适用。前述之人保2009年船舶保险条款规定的"空载航程"是指,[①]自起运港或起运地至保险船舶抵达除避难港或加油港外的第一个港口为止。同时,若在上述中途港放弃原定航次,则该航次立即终止。此后产生的任何费用和损失,不满足共同海损中"同一海上航程"的条件,不再作为本航程发生的共同海损。在"金路"船一案中,船舶在大连港修竣后,原告船东联系去青岛履行原定航次,被拒绝后,于9月28日与他人签订新的海上货物运输合同。法院认定,9月28日是该航次终止之日,有关共同海损的费用计算到此为止,其后的损失和费用为单独海损。

三、施救费用

施救费用是指保险标的发生保险事故以后,被保险人采取必要且合理的防止或减少保险标的损失的措施所产生的费用。施救费用与被保险人的施救义务相对,要求被保险人必须积极履行施救义务,尽量采取合理措施救助保险标的。施救费用(Sue and Labor Expenditure)又被称为特别费用(Particular Expenses),被保险人花费的施救费用可以从保险人处获得赔偿。不同于共同海损和救助费用,保险人在赔偿保险标的的损失之外对施救费用另行支付,且以一个保险金额为限。

(一)被保险人的施救义务

1. 施救是被保险人的法定义务

我国《海商法》第236条规定:一旦保险事故发生,被保险人应立即通知保险人,并采取必要合理措施,防止或者减少损失。被保险人收到保险人发出的有关采取防止或者减少损失的合理措施的特别通知的,应当按照保险人通知的要求处理。对于被保险人违反前款规定所造成的扩大的损失,保险人不负赔偿责任。人保2009年船舶保险条款也针对被保险人的施救义务做了相应的规定。因此,在保险标的发生危险时,被保险人应当像没有对船舶进行投保的谨慎船东一样,采取所有可能的合理措施,避免损失的进一步扩大,从而维护保险合同双方当事人的权益。此外,作为一项法定义务,即使在合同没有约定的情况下,施救义务仍然存在,不容当事人约定排除或抗辩。英国《1906年海上保险法》[②]和英国协会保险条款中也明确了被保险人的施救义务。

---

① 参见人保2009年船舶保险条款:2. 共同海损和救助,(3)当所有分摊方均为被保险人或当保险船舶空载航行并无其他分摊利益方时,共损理算应按《北京理算规则》(第5条除外)或明文同意的类似规则办理,如同各分摊方不属同一人一样。该航程应自起运港或起运地至保险船舶抵达除避难港或加油港外的第一个港口为止,若在上述中途港放弃原定航次,则该航次即行终止。

② 《1906年海上保险法》第78条第4款规定:被保险人或其代理人在任何情况下,都应采取一切合理措施防止或减少损失。原文:Section 78 (4): It is the duty of the assured and his agents, in all cases, to take such measures as may be reasonable for the purpose of averting or minimising a loss.

我国《海商法》中除要求被保险人根据自己的判断采取合理的施救措施外，还要求被保险人在收到保险人发出的有关采取防止损失发生或者减少损失的合理措施的特别通知时，应当按照保险人通知的要求处理。①《1964 年北欧海上保险计划》也曾采用与我国《海商法》236 条相同的规定，然而，在实践中该规定可能引起保险人与保险人之间的利益冲突。例如，实践中船舶时常会遭受损坏，虽然由于这些损坏较小，不足以达到构成不适航的程度，但是仍需修理。对于承保船期损失的保险人来说，可能会要求船东取得船级社签发的适航证书，然后继续航行，他的这种要求在日赔偿金额较高时更加迫切。然而，对于船壳保险人来说，如果这些小的损坏存在扩大并造成导致承保风险发生的可能，出于自身利益考虑，其会要求被保险人立即进行修理。② 可见，不同保险人的要求相互冲突，这使被保险人处于两难境地。出于上述考虑，现行的《2013 年北欧海上保险计划》中已将上述规定删除。

人保 2009 年船舶保险条款并未将《海商法》的这一规定并入条款，可视为保险人通过合同的约定放弃了法律赋予其的权利，被保险人未按保险人要求或建议的方式采取措施不能必然被视为违反施救义务。在我国司法实践中，对被保险人是否按照保险人的要求采取相应措施的判定也较为宽松，并不要求被保险人必须完全遵照保险人的指示。在青岛海事法院审理的烟台市威盛国际船舶管理有限公司诉中国大地财产保险股份有限公司威海中心支公司船舶保险合同纠纷③一案中，保险人要求被保险人在韩国就地修理船舶，但原告仍将其拖回国内修理，法院并未因此判决原告违反了施救义务，而是比较了在国内修理所花费的费用以及若在同等条件下在韩国修理需要花费的费用后，认为其施救措施满足施救义务下要求的“必要”“合理”的构成要件，应当得到保险赔偿。但是如果保险人明确建议被保险人采取某一措施，而被保险人选择采取了相反的行动，但此后证明该行为并不合理，被保险人则将承担未履行施救义务的法律后果。

2. 施救义务产生的

我国《海商法》、协会定期船舶保险条款和《2013 年北欧海上保险计划》分别规定被保险人的施救义务产生于“保险事故发生时”“当发生损失或灾难时”(In case of any loss or misfortune)“某一意外事故可能发生或已发生”(If a casualty threatens to occur or has occurred)，明确被保险人施救义务产生的前提是保险事故已经发生，即危险已经实际存在，虽不要求保险标的正处于或已经处于危险所引起的灾难之中，但最起码需达到情况紧迫、灾难即将发生的程度。英国普通法判例中

① 《海商法》第 236 条。

② See Nordic Marine Insurance Plan 2013-Commentary Part I, §3-30，网址：http://www.nordicplan.org/Commentary/Part-One/Chapter-3/Section-4/#-3-30，最后访问日期：2016 年 12 月 18 日。

③ (2009)青海法海商初字第 353 号。

也认同此观点。Rix 法官在 State of the Netherlands v. Youell[①] 一案中指出，施救义务只有在灾难的发生已达到紧迫的程度时才会产生。Cooke 法官在 The Nore Challenger[②] 一案中对此再次予以明确。在我国法律下，危险发生前的灾害预防和防范属于《保险法》第 51 条规定的防灾防损义务的范围，[③]所产生的费用不能得到保险人的赔付。

3. 违反施救义务的后果

我国《海商法》第 236 条第 1 款规定了被保险人的通知义务和施救义务，第 2 款规定了违反施救义务的法律后果：对于被保险人违反前款规定所造成的扩大的损失，保险人不负赔偿责任。该条赋予被保险人因未履行施救义务而需承担的不利后果在一定程度上的免责，且免责的程度仅限于因被保险人违反施救义务而造成的扩大的损失，而保险人对于原本遭受的全损和部分损失仍应予以赔付的，不能以此为由拒赔。此外，该条第 2 款中"违反前款规定所造成"的措辞意味着施救义务的违反与损失发生和扩大之间必须存在因果关系，这一点在司法实践当中得到确认，具体可参见上文引用的温州市远航海运有限公司诉中华联合财产保险股份有限公司温州中心支公司海上保险合同纠纷案[④]与浙江润欣港航工程有限公司诉大众保险股份有限公司宁波分公司船舶保险合同[⑤]一案当中的相关论述。

英国《1906 年海上保险法》没有规定被保险人未履行施救义务时的法律后果。根据保险条款的措辞，被保险人的减损义务虽是一项法定义务，但是英国法与协会船舶定期保险条款并未将其作为被保险人的一项"保证"（Warranty）。因此，未履行该义务不能导致保险合同的解除。同时，英国法的权威观点认为，保险人不能求被保险人履行施救义务（The duty is not actionable），[⑥]而是在被保险人违反施救义务造成损失时，有权通过向被保险人行使抗辩，从而抵消或减小保险赔偿数额。

（二）被保险人索赔施救费用的权利

1. 被保险人索赔施救费用的条件

被保险人向保险人索赔施救费用必须满足如下条件：

（1）施救行为必须是针对承保风险所造成的损失。这在实践中争议不大，已

---

① [1997] 2 Lloyd's Rep. 440.

② [2005] 2 Lloyd's Rep. 534.

③ 《保险法》第 51 条第 1 款：被保险人应当遵守国家有关消防、安全、生产操作、劳动保护等方面的规定，维护保险标的的安全。

④ [2008] 甬海法温商初字第 62 号。

⑤ [2008] 甬海法商初字第 391 号。

⑥ See Jonathan Gilman, Robert M Merkin, Claire Blanchard, Mark Templeman, Arnould's Law of Marine Insurance and Average, Sweett & Maxwell, 2013, pp. 1012-1013.

被普遍承认。[①] 因此,假使一艘船舶投保的险种仅是战争险,被保险人对因海上灾难而导致的船舶损失没有施救义务,被保险人在此情况下为施救行为,保险人对该笔费用不负赔偿责任。

(2)施救措施防止或减少的损失是保险合同承保的损失。在当前我国人保2009年船舶保险条款和人保2009年货物运输保险条款中,无论是在全损险或一切险项下,无论发生的是全部损失还是部分损失,施救费用都在其承保范围之列。

(3)施救措施的目的是为了避免或减少损失,仅仅为了确定损失而发生的检验费用或为了减少施救措施本身的费用不属于施救费用。[②] 但是我国《海商法》第240条规定:被保险人为防止或者减少根据合同可以得到赔偿的损失而支出的必要的合理费用,为确定保险事故的性质、程度而支出的检验、估价的合理费用,以及为执行保险人的特别通知而支出的费用,应当由保险人在保险标的损失赔偿之外另行支付。首先,该条应视为是保险人对施救费用补偿义务的强制性规定。此外,这两项费用支出实际上是被保险人先为保险人垫付的费用,严格来说并非施救费用。因为在保险事故发生以后,保险人须确定保险事故的性质和损失程度,以此判断是否应当赔偿以及赔偿。但是保险人可能难以迅速到达事故现场,所以会通知被保险人,要求其先去做出相应的检验与估价。保险人对被保险人的垫付费用需应另行支付。然而,《海商法》将其与被保险人的减损费用规定在一起,适用一个保险金额的限制,这样的安排实际确立了一个特殊的施救费用制度。此外,在我国《保险法》下,被保险人的减损费用与确定损失性质、程度的费用是分别在第57条和第64条做出规定,即被保险人定损费用不仅独立于保险合同的保险金额,还独立于第57条规定的施救费用,保险人须在上述两项赔偿支付外,单独对这项费用进行补偿。《保险法》的规定与《海商法》中上述规定存在明显的不同之处。

(4)施救措施应合理。施救费用合理与否属于事实问题。被保险人应当全面考虑当时的情况进而判断是否采取施救措施以及采取怎样的施救措施来避免或减小损失。“合理”的含义体现在两个方面:

一是指施救行为在性质和程度上均应以“合理”为限,即被保险人或其代理人应做到合理谨慎,尽可能以最少的费用挽救船舶、货物或其他财产。在货物保险中,英国司法判例中将下列情况认定为典型的不合理施救行为:延迟处置货物,产

---

① The Mandarin Star [1969] 2 Q. B. 449 一案涉及的是施救费用的赔偿请求纠纷,案件的争议都集中在判断被保险人采取的施救措施是否针对承保风险。

② Irvin v. Hine [1950] 1 KB 555 一案中,被保险人拒绝在干坞中对船舶进行检查,法官认为这并不构成对施救义务的违反,因为该等检查只能起到确定损失范围的作用,而不能避免或减小保险人承保的损失。

生了大量额外仓储费;①货物本可以通过重新装船运输的方式运抵目的港,但被保险人却选择更加昂贵的铁路运输转运该货物,铁路运输的费用与重新装船运输费用的差额是不合理的施救费用;②因延迟转运货物而支付了更高的运费金额。③结合上文论述,从我国司法实践中的做法可知,我国判断施救行为合理与否一般采取比较合理行为与实际行为之间费用多少的方式,若实际行为花费的费用显著高于合理行为所应花费的费用则构成不合理的施救行为。

二是应以理性人为标准判断被保险人或其代理人是否采取合理施救措施,不应苛以被保险人更高的注意义务,被保险人亦无须像专家一样判断损失发生的可能性和损失的程度。如在英国判例 Sringer and Others v. The English and Scottish Marine Insurance Co., Ltd. ④一案中,原告本可以向捕获法庭(Prize Court)交付与货物价值相等的金额,从而使货物免于被法庭出售。法庭认为,如果要求被保险人采取上述措施,尤其是在外国的法院,则以被保险人的义务过重,不甚合理,因此判决被保险人未向法庭付款的行为不构成对施救义务的违反。

(5)施救费用是被保险人在航程中非正常支出的、额外(Additional)、特殊的(Extraordinary)费用。如果被保险人所支出的费用只是为了履行其在运输合同下的通常的义务,那么对于此项费用就没有风险的存在,保险人当然不予以赔偿。

在大多数案件中,区分费用是否为"额外的""特殊的"并不难,但是在涉及船舶扣押期间船员工资、给养以及船舶的日常经营费用时容易引起争议。如船舶在航行中被某个国家扣押,那么在扣押期间船员的工资是否可以作为施救费用得到保险人的赔偿?

英国权威保险法著作 Law of Marine Insurance and Average 的第十五版曾指出可通过运输合同是否受阻来判断产生的上述费用是否是额外、特殊的:如果合同因船舶的扣押、留置已经受阻,则其后产生的船员工资、给养和营运费用是"额外、特殊的"费用,符合施救费用的构成要件;否则,便是正常或通常的费用,不能通过施救费用得到赔偿。但该书第十八版修正了上述观点,为不能简单地以合同是否受阻来判断该问题,如果上述费用产生时,存在有效的运输合同,通常的营运费用不能得到保险赔偿,因为该等费用是船东履行合同义务而发生的正常费用;当合同因船舶被扣留而受阻时,"船舶不再负担合同义务"本身尚不足以使船员工资、给养、

---

① Meyer v. Ralli (1876) CPD 358. 保险标的为黑麦,保险单中明确约定了单独海损不赔。该批货物在运输途中因遭受海上风险而受损,其中一部分货物被卖掉,剩余货物原本也可以处理掉,但却被放置在仓库中长达1年多时间,结果产生了大量的仓储费用。法官在该案的判决中判定,被保险人所采取的措施不具有合理性,保险人对于此项仓储费不承担赔偿责任。

② Lee v Southern Insurance Co., (1870) LR. 5 C. P. 397.

③ Wilson Bros. Bobbin Co v. Green [1879] 4 C. P. D. 371.

④ [1869] LR 4 QB 691; [1870] LR QB 599, CA.

船舶日常经营费用在施救条款下得以承保。被保险人还必须证明,船员继续履行雇佣合同或派人员上船的主要目的是促进船舶解除扣押,得以恢复运营,或避免船舶进一步受损。①

(6)施救行为的行为人必须为保险人所承认。我国法律和保险条款均规定履行施救义务的主体为被保险人,此种规定过于模糊,关于施救义务的主体是否包括其代理人、船长船员等雇员这一问题,容易在实践中产生纠纷。英国法规定的施救义务主体则较宽泛,除被保险人外还包括其代理人。英国协会保险条款为解决实践中关于船长、船员是否可以认定为被保险人的代理人的争议,明确地将雇员也规定为施救义务的主体。

在 Uzielli v. Boston Marine Insurance Co. ②一案中,A 保险公司向 B 保险公司办理再保险,B 又向 C 办理了再保险,B 与 C 的合同中订有"施救费用"条款。本案的原告与被告是 B 保险公司与 C 保险公司。A 保险人为挽救保险船舶支付了一些费用,B 在赔偿 A 后要求其再保险公司 C 予以赔偿。法院判决认为 C 保险公司仅负责 B 保险公司的施救行为产生的费用,而不负担 A 支付的施救费用,因为 A 既非 B 的代理人亦非其雇人。英国法下,对"被保险人的代理人"的类型不应做严格限制。

在 Melinda Holdings SA v Hellenic Mutual War Risks Assn (Bernuda) Ltd (The Silva)③一案中,船舶被苏伊士港口法院扣押并构成推定全损。保险人认为被保险人的律师应当同时采取一切可能的措施释放船舶,包括(i)提供担保;(ii)启动放弃权利(Launching of a quit claim);(iii)主张错误扣船的损害赔偿;(iv)证明对方证据文件造假;(v)提出更多的上诉理由;(vi)时效问题;(vii)申请对 Hegazi 法官调查并取消其资格。而被保险人的律师并未采取上述措施,是怠于履职的行为,违反了施救义务条款。原告主张代理人仅限于船东委托从事海上航程的人,主要是船长和船员。因此被保险人的律师并非是被保险人的代理人,律师的怠职不能被视为被保险人违反施救义务。Burton 法官支持被保险人未违反施救义务的主张,但其提出的理由,认为被保险人的律师也是施救条款中的"代理人",但是律师并不存在怠职行为,法官以此判决被保险人未违反施救义务。

同样,保险人采取的施救行为所引起的费用,也无权向被保险人请求返还。因为对保险标的遭受的承保范围内的损失进行赔偿本来就是保险人的义务。被保险人的施救行为是为了维护保险人的利益,因此法律和保险条款中规定保险人需对

① See Jonathan Gilman, Robert M Merkin, Claire Blanchard, Mark Templeman, Arnould's Law of Marine Insurance and Average, Sweett & Maxwell, 2013, p. 1289-1290.

② [1884] 15 Q. B. D. 11, p 3.

③ [2011] 2 Lloyd's Rep. 141.

被保险人的施救费用予以赔偿。因为被保险人已经通过保险合同将保险标的因承保风险而产生的损失和费用转移给了保险人,所以保险人无权再向被保险人反索赔其施救行为引起的费用。

在人保《2009 年船舶保险条款》下,“合理费用”是否包括“损失”并不明确。但是英国案例表明,施救费用不仅仅限于被保险人和其代理人支付的费用,也包括被保险人和其代理人为防止或减少保险承保的损失而遭受的确定金额的损失。

在 Royal Boskalis① 一案中,原告荷兰公司与伊拉克的政府机构“GEIP”签订工程疏浚合同,地点在伊拉克-科威特边境。原告的挖泥船船队向被告投保了战争险。1990 年,伊拉克攻打科威特,同年 9 月伊拉克政府颁布法律,对所有制裁过伊拉克国家的公司财产予以扣押。原告因此与伊拉克政府协商释放被扣押的挖泥船船队。双方最终达成协议,荷兰公司放弃对疏浚合同下的所有款项的主张,同时归还 GEIP 支付给荷兰公司的保证金,伊拉克政府释放船队。法院判决认为这笔为释放船舶而放弃的合同款项可以构成施救费用,只是由于原告的放弃款项是基于胁迫行为,不能得到执行,因此才不能基于施救条款而获得保险人的赔偿。

2. 施救费用是强制性规定还是任意性规定

施救费用在我国法律下属于任意性规定,关于该问题请参见本书第三章的相关论述。

(三)被保险人可以请求施救费用的期间

并非被保险人在保险期间采取的施救行为引起的费用都可以要求保险人赔偿。被保险人索赔施救费用还需受下列条件的限制。

首先,保险标的仍处于承保风险的威胁下,或者根据当时的情况不采取施救措施保险标的将遭受进一步的损坏。一旦承保风险的威胁消失,被保险人采取的后续措施即不能以施救费用向保险人主张赔偿。

其次,在有些情况下,虽然承保风险没有消失,但是被保险人因采取施救行为而向保险人索要施救费用的权利也已经消灭。典型的情形是,如果被保险人发出委付通知且保险人接受,或者虽然委付被拒绝但是保险人已按全损赔偿,则在这之后被保险人实施的施救行为,保险人将不再支付施救费用。

在 Kuwait Airways Corp v. Kuwait Insurance Co SAK② 一案中,被保险人的 15 架飞机在科威特机场被扣留,因为当时伊拉克正遭受外国侵略。战争险保险条款中责任限额条款规定,飞机在一次事故中的损失限额为 3 亿美元。保险单中也列有施救费用条款。在伊拉克遭受侵略后不久,保险人就承认保险标的全损并支

① [1997] C. L. C. 816.

② [1996] 1 Lloyd's Rep. 664.

付给了保险人最高限额3亿美元的赔偿。被保险人之后又采取各种努力措施，最后使15架飞机中的8架飞机获救。为此被保险人花费了3千万美元，被保险人根据保险单中的施救费用条款以施救费用的名义要求保险人支付这3千万美元的损失。法院最终没有支持被保险人的请求。在一审判决中，RIX法官认为被保险人采取施救行为的日期是一个分水岭，当保险合同双方均明确承认实际全损后，被保险人将再没有权利要求任何施救费用。被保险人不服，上诉到上诉法院，在上诉法院，Staughton L. Jr法官认为当保险人承认责任并开始赔偿时，保险人要求施救费用的权利即终止。他做出这个结论的根本原因是当保险人已经赔付了全损赔偿以后，剩下的3亿美元价值的财产已经转移给了保险人。之后保险人是否采取施救措施以及采取何种施救措施都由保险人自己决定。

四、救助费用、共同海损和施救费用的区别

（一）救助费用与共同海损的区别

通常情况下，救助费用属于在船货各方遭遇共同危险时，为了共同安全而由救助人进行救助而支付的费用，可以作为共同海损。上文提到救助包括三种形式：纯救助、"无效果，无报酬"的救助和雇佣救助。以下将根据三种不同的救助形式，将救助费用与共同海损的区别一一进行分析。

一方面，纯救助是救助人在未收到救助请求的情况下主动采取的救助行为，这与共同海损中船长为了船货的共同利益或安全所主动有选择性地采取的特殊牺牲或花费有本质的差异。另一方面，救助把被救船舶运到安全的地点，就可以要求船舶与货物支付救助报酬，无须等到了目的港之后再理算。更重要的是救助费用本应是船方和货方分别支付的，不能算作为了大家共同利益所做的花费。因此因纯救助行为而发生的费用不能根据共同海损获得赔偿。

"无效果，无报酬"的救助中的各个被救助方虽然处于同一航程中，但他们之间是相互独立的利益个体，他们认为合同救助下产生的救助报酬不构成共同海损，救助人必须向船方和货方分别要求支付救助报酬。此种情况在英国案例The Raisby① 案中得到了充分的体现。在该案中，救助人成功实施了救助作业后，救助已经从船舶所有人那里拿到了救助船舶和运费的救助报酬，但救助人在与货方进行的索赔货物救助报酬的诉讼中却败诉，无法从货方那里拿到该部分救助报酬。于是救助人向法院提起诉讼，要求船舶所有人支付救助货物的救助报酬或者其未获得补偿部分救助报酬，救助人依据的理由是船舶所有人有义务先行支付运费和货物利益方所应支付的救助报酬，而后再向货物利益方进行追偿。法庭认为救助

---

① [1885] 10 PD 114；5 ASP MLC 473.

人应向因救助行为而获益的货物利益方主张货物的救助报酬,而不应向船舶利益方主张该救助报酬。船舶和货物对于救助报酬的责任是相互独立的,而不是一种共同责任。不像共同海损各个受益方共同分摊费用或牺牲,救助中每一个利益方都是独立地对救助人的救助工作进行救助补偿。对于每一个获得救助的利益方,都应直接地向救助人支付他应负责的那一部分救助报酬。

同时,在海上保险中,被保险人以救助报酬索赔可能更有利。因为有可能在船舶遇难获救后,在其后驶往目的港途中又遇难发生全损,先产生的救助或救助费用中应由船舶保险分摊的部分,保险人可能借口最终不构成共同海损而拒绝赔偿。因此一般小心的船东还会为在半途花费的共同海损费用投保该笔费用最终因事故收不回的风险。而不把救助费用视为共同海损,救助人在救助成功后还可以立即要求救助报酬,不用等待到了最终目的港后漫长的海损理算过程。

《约克-安特卫普规则》1974 年与 1994 年版本曾试图将救助报酬当作共同海损一起理算。在 Rule VI 中规定:Expenditure incurred by the parties to the adventure in the nature of salvage, whether under contract or otherwise, shall be allowed in general average provided that the salvage operations were carried out for the purpose of preserving from peril the property involved in the common maritime adventure. 但到了《约克-安特卫普规则》2004 年版就发生了变化,规定除非船东为船上的货物一并支付救助报酬才能被例外视为共同海损,即 Rule VI (a):salvage, payments, including interests thereon and legal fees associated with such payments, shall lie where they fall and shall not be allowed in General Average, save only if one party to the salvage shall have paid all or any of the proportion of salvage (including interest and legal fees) due from another party (calculated on the basis of salved values and not General Average contributory values), the unpaid contribution to salvage due from that other party shall be credited in the adjustment to the party that has paid it ,and debited to the party on whose behalf the payment was made.

救助费用在英国的协会船舶和货物保险条款中都有承保,为了避免共同海损与救助费用出现混淆,协会保险条款明确说明是“承保共同海损与救助费用”。我国人保海洋运输货物保险条款和人保船舶保险条款中也是将共同海损与救助费用放在一起规定的。[①]

在雇佣救助下,双方当事人也存在一个以救助为目的的合同,其与共同海损的区分参见上文救助部分的论述。值得特别注意的是,在沿海船舶保险实践中,非经

① 人保 2009 年海洋运输货物保险条款的“一切险”、人保 2009 年船舶保险条款和 2009 年沿海船舶保险条款中的“全损险”均将“共同海损与救助费用”列入列明的承保范围中。

过保险人与第三方救助人约定的救助费用数额,可能得不到保险人的认可,最终仍需按照共同海损理算的程序通过理算确定。①

(二)救助费用与施救费用的区别

其一,救助费用是部分损失,而施救费用属于"特别费用"。因此在"单独海损不赔"的保险单中,保险人不承担救助费用的损失,但保险人在赔偿保险标的的部分损失以后,还应当对被保险人支出的施救费用进行补偿。

其二,二者的赔偿条件不同。在保险标的发生全损的情况下,保险人在赔付被保险人保险标的的全损损失外,就不再另外赔偿救助费用的损失;或者在不足额保险的情况下,只要保险人已经赔偿了保险金额承保范围内的所有损失,就无须再另外支付救助费用。而对于保险标的的施救费用则在保险人赔偿保险标的损失外还需要另外赔付。

其三,二者的计费方式不同。从事施救行为的是被保险人本人、其雇佣人和代理人,都是按劳计酬的,而不是像救助报酬一样是根据协议或者"无效果,无报酬"(No Cure, No Pay)的原则计费。除了救助合同以外,救助人没有任何义务救助遇险船舶,而船东本人及其代理人或雇佣人却有救助船舶的义务。所以海难救助,救助人的行为是自愿性的,与作为被保险的雇员或者代理人对遇险的船舶或货物有施救的法定和合同义务不同。

在英国 Aitchison v. Lohre② 案中,上诉法院判决海商法中的救助费用可以根据"施救费用"条款获得赔偿,但是该案上诉到上议院以后,上议院推翻了原判。Blackburn 勋爵虽然没有明确的赞成或者不赞成救助费用通过施救费用条款获得赔偿,但是他认为海上保险中施救费用制度的目的是在发生保险事故的情况下,鼓励被保险人自己努力尽量地避免或者减少损失。在这里他强调了被保险人自己结合上议院最后的判决,可以认为该案中上议院的法官认为以"无效果,无报酬"为原则的救助是救助人的自愿行为,救助人没有法定的义务必须对其进行救助,所以无法算作施救费用。该原则在英国《1906 年海上保险法》第 65 条得到了肯定,第 65 条规定:(1)除保险单另有明确规定外,为防止承保危险发生以致造成损失而产生的费用可以像承保危险造成的损失一样得到赔偿;(2)"救助费用"系指非合同救助人根据海商法可主张的费用。救助费用不包括被保险人或其代理人或其雇佣的其他人为避免承保危险而提供具有救助性质的服务所支出的费用。此种费用的支出如属正当,则应根据提供服务的具体情况而将其作为特别费用或共同海损损

① 与人保 2009 年船舶保险条款不同,人保 2009 年沿海船舶保险条款将救助费用与共同海损和施救并列规定在一起并受一个保险金额的限制。

② [1878] 3 Q. B. D. 558,566.

失得到补偿。[①] 同样英国1983年协会船壳保险条款中也明确将施救费用从共同海损和救助费用中排除。

我国海上保险实践中,施救费用主要针对为防止保险标的损失扩大而由被保险人本人、雇佣人或代理人所产生的燃油费和代理费等,也可能涉及委请第三方所发生的费用。但如果委托第三人时签订海难救助合同,则该费用也可能转入海难救助费用处理。

(三)施救费用与共同海损的区别

施救费用与共同海损的区别包括以下几个方面:

其一,如果费用是为了船货共同利益而产生,并且不属于"无效果,无报酬"的救助报酬,则归于共同海损的范畴;而如果费用是为了一方的利益,既不属于救助报酬,也不属于共同海损,则归于施救费用的范畴。当然,保险合同双方也可以通过合同或保险条款的约定来改变费用的性质与赔偿方法。

其二,共同海损必须获得成功,即在航程结束以后必须要有可以分摊的价值。而施救费用则不要求一定有效果,只要是为了避免或者减少保险标的的损失,而支出的合理的费用就可以获得赔偿。

其三,共同海损属于保险标的的部分损失,而施救费用是属于特别费用,对于施救费用保险人需在保险标的损失赔偿之外另行支付,而共同海损只能以部分损失索赔。救助报酬以及共同海损被视为保险标的的"部分损失",因此,除非另有不同约定,如果保险单承保的险别是"全损险",则由承保危险引起的救助报酬与共同海损不属于保险赔付范围,例如,人保2009年船舶保险条款的"全损险"条款;而施救费用源自独立于主保险合同的施救条款,即使是"全损险",也不影响该费用的索赔。

其四,如果被保险人已经得到了关于保险标的的全损赔付,或者被保险人在部分损失的基础上已经得到了全部保险金额的赔付,就不能再额外索赔救助报酬以及共同海损,而施救费用的索赔则不会受到任何影响。

---

① 英国《1906年海上保险法》原文:Section 65: Salvage charges. (1) Subject to any express provision in the policy, salvage charges incurred in preventing a loss by perils insured against may be recovered as a loss by those perils. (2) "Salvage charges" means the charges recoverable under maritime law by a salvor independently of contract. They do not include the expenses of services in the nature of salvage rendered by the assured or his agents, or any person employed for hire by them, for the purpose of averting a peril insured against. Such expenses, where properly incurred, may be recovered as particular charges or as a general average loss, according to the circumstances under which they were incurred.

第三节 海上保险理赔与追偿

海上保险理赔程序自保险事故发生，被保险人向保险人做出出险通知时起，至保险人向被保险人完全履行保险赔偿义务并行使代位求偿权时止，涵盖出险通知与施救、保险事故核查、保险金支付以及追偿四个阶段。

一、海上保险赔偿的责任确定

(一)海上货物运输保险

1. 出险通知

我国《海商法》第236条、《保险法》第21条均规定了被保险人在发生保险事故后的通知义务，这是被保险人的一项法定义务。出险通知是保险理赔中重要的一步，也是保险理赔的开始。

及时、准确的出险通知对保险人有着重要的意义。首先，这能使保险人第一时间了解到保险事故的发生，及时展开调查、安排检验，查明事故发生的原因和损害程度，以及收集证据。其次，保险人可以根据其所了解到的情况，协助或者通知被保险人采取合理措施以防止损害的扩大。再次，如果存在第三者责任，保险人也可以及时采取法律行动保护自己的代位求偿权。最后，这有助于保险人评估本保险期间被保险人的赔付率①，以及决定续约时对保险费率的调整。从被保险人的角度来看，保险人及时了解事故情况后可以更迅速地做出反应，有利于尽快对被保险人进行赔偿，并可以更准确地确定未决赔款准备金。②

因此，及时、准确地出险通知能够保证接下来理赔工作的顺利进行。必须强调的是，被保险人向保险人及其代理人发出保险事故发生的通知，不等于其向保险人提出索赔。被保险人一般是在损失已经确定之后才会向保险人发出索赔的通知。

出险通知可以采用电话、电报、传真等方式，但应该选择在当时情况下最为迅速的传达方式。我国《海商法》第236条规定，一旦保险事故发生，被保险人应当"立即"通知保险人。也就是说，被保险人不但应该在保险事故发生后不拖延地将情况通知保险人，还应选择最快捷的传达方式，让信息在最短的时间内传达到保险人。若采取口头通知的方式，一般应再补充一份书面通知，以便日后陷入纠纷时进

① 赔付率是指一定会计期间赔款支出与保费收入的百分比。

② 未决赔款准备金是指保险公司在会计年度决算以前发生保险责任而未赔偿或未给付保险金，在当年收入的保险费中提取的资金，也称作赔款准备金。

行调查取证。被保险人在通知保险人事故发生的时间和地点、损害的性质、损害发生的大体程度、是否已经采取过措施等内容时应使用通常的术语。此外,被保险人不仅应该在保险事故发生时通知保险人,还应该及时告知后续发展情况,使保险人全面掌握事故进展情况并及时调整应对措施。

2. 勘查检验

实践中,被保险人在向保险人通知其发生了保险事故的同时,一般也会向保险人或其代理人提出货损检验申请。在海上货物运输保险中,如果是出口货物受损,国外进口方应立即通知保险单所载明的国外理赔代理人,并向其申请检验。人保公司在国外主要港口和城市均设有委托国外检验代理人和理赔代理人两种机构。如果是进口货物受损,我国进口方应立即通知当地保险公司,会同当地国家商检部门联合进行检验。如果是属于国外发货人的有关质量、规格的责任问题,保险公司根据保险条款不负赔偿责任,应由收货人向国家商检机构申请出具公证检验书,然后由收货单位通过外贸公司向发货人提出索赔。

即使被保险人没有向保险人申验,保险人在收到被保险人关于保险事故的通知后,也需要立即对保险事故的性质、原因、损失程度、第三人责任、救助措施等进行勘查检验,并制作勘查报告和检验报告。这一环节的目的在于辨明保险事故是否属于保险合同所载明的保险责任以及确定施救措施的合理性。延迟检验不但会使保险人难以确定货损是否发生在保险有效期限内,而且很可能导致损因由于货损现场变动而无法查明,从而引起双方争议,影响索赔。这项工作应在必要和合理的条件下进行,可以直接或聘请他人对受损标的进行查证和鉴定。如果海上保险事故或损失发生在国外,勘查检验常由保险人的代理人或委托人进行。

在海上货物运输保险中,发生货损后,收货人必须及时向承保的保险公司申请进行联合检验。货物抵达目的港后发现货损时,收货人应及时通知保险公司,向商检部门申请联检,共同查明致损原因、损坏数量和程度,并编制港口联检报告或情况记录。当货运转运至内陆收货人时,无论货物在港口卸货是否发现损坏,只要货物运抵目的地,发现有保险责任范围内短缺残损时,收货人可通过当地保险公司进行联合检验并编制联检报告。

通过货物检验后,理赔人员应据此确定货损责任的归属。货物“原残”是发货人的责任,属于保险条款的险外责任,保险人不负责赔偿。我国《海商法》第 243 条规定:除合同另有约定外,因下列原因之一造成货物损失的,保险人不负赔偿责任:(1)航行迟延、交货迟延或者行市变化;(2)货物的自然耗损、本身的缺陷和自然特性;(3)包装不当。现行人保海洋运输货物保险条款中的除外责任则包括了 5 项内容:(1)被保险人的故意行为或过失造成的损失;(2)属于发货人责任所引起的损失;(3)在责任保险开始前,被保险货物已存在的品质不良或数量短差所造成的损失(实务中称为原残);(4)被保险货物的自然耗损、本质缺陷、特性以及市价跌落、运输迟延引起的损失;(5)中国人民保险公司海洋运输货物战争险条款和罢工险条款规定的责任范围和除外责任。货物“船残”“工残”或其他外来原因造成的损失,只要在承保期间内发生均属保险责任,保险人应予赔偿。

中保财产保险有限公司上海分公司诉宁波市粮油食品进出口公司海上货物合同纠纷①上诉案中,原判依据投保单、购货合同、进口发票、提单、商检证书、火灾技术鉴定书等证据,认定“宁波粮油”与“中保财产”之间有长期的保险业务关系,并有货到目的港后支付保险费的习惯做法。1997 年 9 月 30 日,“宁波粮油”进口秘鲁鱼粉 2000 吨,约定 1997 年 11 月装船,但并未约定具体的承运船舶。“宁波粮油”于 1997 年 11 月 18 日向“中保财产”投保,投保险别为一切险、火烧、霉变、结块,装载运输工具、航次、开航日期均依据提单规定。“中保财产”在投保单上加注“接受上述投保”,加盖公司业务专用章,但该投保单对保险费率没有约定。在“宁波粮油”投保时,“中保财产”声称,待运输船舶确定后,根据船龄最终确定费率。1998 年 1 月 17 日,巴哈马籍的 Lady Bella 轮第 13 航次装载着保险合同项下的 2000 吨鱼粉从秘鲁钦伯特港出发,于 3 月 19 日抵达上海。3 月 20 日,鱼粉自燃出险。经鉴定,结论为自燃原因系货物积载时间较长、通风散热不良、积热不散所致。此外,投保自非洲和中南美洲海运进口一般货物一切险的固定费率为 2.5%,投保鱼粉(自燃险,一切险)的附加费费率为 3.5%,使用老船可以参照老船加费费率表适用老船附加费率。

一审判决认为,海上货物运输保险合同属诺成性合同,投保人提出投保要求,并与保险人就保险合同主要条款达成协议,经保险人在投保单上盖章承保,保险合同便告成立,而投保单就成为保险合同的一种书面形式。至于保险费条款中的具体金额,原、被告之间明确约定留待运输船舶确定后,根据船龄等确定保险费率后再计算。本案各方当事人在订立合同时,有意将一项合同内容或条款留待进一步商定,该项条款没有明确并不妨碍合同的有效成立,被告没有出具保险单并不能否认保险合同法律关系的存在。在保险单出具前保险标的发生保险事故,保险人应当根据保险合同承担赔偿责任。被告关于“承运船舶为老龄船,增加了风险责任,原告未尽告知义务”以及火烧险不包括自燃的抗辩不能成立。

“中保财产”上诉认为,涉讼货物的货损不属于上诉人的承保责任范围。自燃是本案涉讼货物鱼粉的自燃特性,被上诉人在投保单中所填写投保险别为“一切险、火烧、霉变、结块”,并未明示投保自燃风险,故上诉人无须承担鱼粉自燃造成损失的赔付责任。此外,造成涉讼鱼粉自燃的原因是运输延误,根据我国《海商

① 〔1998〕沪海法商初字第 539 号;〔1999〕沪高经终字第 612 号。

法》的规定，由于运输延误所造成的货损，上诉人有权拒绝赔偿。被上诉人“宁波粮油”答辩认为，《海商法》中“航行迟延、交货迟延或者行市变化，保险人不负赔偿责任”的规定，旨在限制保险人对无法控制的市场价格变化而引起的赔偿责任，不包括货损，并且鱼粉“自燃”（即“火烧”）这是不争的事实，据此认为上诉人提出的本案货损不属上诉人的承保责任范围的理由不能成立。法院认为被上诉人已经投保了“一切险、火烧、霉变、结块”，上诉人称自燃是鱼粉的自然属性、火烧不包括自燃的主张没有依据，法院不予采信。最终判决驳回上诉，维持原判。

对货物损失的检验报告，国际上经常使用劳合社的检验报告格式，各国货物损失检验报告的内容基本相同。检验申请人向保险人或其指定检验代理人申请检验时应提供填写如下单证：申请检验表、海运提单、货物发票、海事报告、保险单证、装箱单、理货单、货物的重量单等。

我国《海商法》第 251 条规定：保险事故发生后，保险人向被保险人支付保险赔偿前，可以要求被保险人提供与确认保险事故性质和损失程度有关的证明和资料。因此，被保险人根据海上保险合同向保险人提供保险赔偿请求时，必须提供证据证明其索赔属于保险人的赔偿责任范围。如果被保险人没有提供或所提供的证据不齐全，保险人有权拒绝赔偿或只赔偿可以确定的部分，此时被保险人无权主张保险人迟延给付的责任。现行人保海洋运输货物保险条款规定了以下必须提交的单证：①(1)保险单正本，初步确认索赔人已经取得保险单所证明的权益，有权向保险人提出保险索赔；(2)提单，确认航程，以便与保险单核对，同时便于保险人向承运人索赔；(3)发票，确定货物损失金额；(4)装箱单，确定箱内货物内容；(5)磅码单，确定货物重量损失；(6)货损货差证明，包括理货单、残损单、交接单等，确认事故发生和第三责任方；(7)检验报告，定损和向第三责任方索赔的依据；(8)索赔清单，便于保险人审核；(9)如果涉及第三方责任，还应向保险人提供向责任方追偿的有关函电，责任方对延长时效的认可书，以及已经采取的法律行动的文件等。

3. 责任确定及赔偿计算

为确定保险人的责任，保险人通常需判断货损原因是否属于保险责任、货损是否发生在保险期限内、索赔人是否具有可保利益，并审查有关单证，如保险单证、事故检验报告、保险事故证明、保险标的施救和修理等方面的文件。保险人通常依据索赔清单计算保险赔偿。保险赔偿的计算可以由保险人进行，也可由其代理人计算或委托海损理赔人理算。

(1)全损

a. 定值保险

---

① 参见应世昌：《新编海上保险学》，同济大学出版社，2010 年版，第 273~274 页。

定值保险情况,保险赔款按保险金额计算,保险金额通常等于约定的保险价值。在国际货物买卖的实践中,海上货物运输保险合同中的保险金额通常为 CIF 价格的 110%。《2010 年国际贸易术语解释通则》中 CIF 项下(b)保险合同:“卖方必须按照合同规定,自付费用取得货物保险,并向买方提供保险单或其他保险证据,以使买方或任何其他对货物具有保险利益的人有权直接向保险人索赔。……应买方要求,并由买方负担费用,卖方应加投战争险、罢工、暴乱和民变险,如果能投保的话。最低保险金额应包括合同规定价款另加 10%(即 110%),并应采用合同货币。”另外,《跟单信用证统一惯例》(UCP600)第 28 条:保险单据及保险范围规定,信用证对于投保金额为货物价值、发票金额或类似金额的某一比例的要求,将被视为最低保额的要求。如果信用证对投保金额未作规定,投保金额须至少为货物的 CIF 或 CIP 的价格的 110%。因此保险人应按照货物运输保险合同中约定的保险金额,即 CIF 价格的 110%进行赔偿,除非保险人有证据证明被保险人有欺诈行为,否则不得以保险标的的实际价值与约定价值不符为由拒绝赔偿。

b. 不定值保险

不定值保险情况下,保险赔偿的数额按保险金额计算,但不能超过货物的保险价值。不定值保险是与定值保险相对应的概念,指双方当事人在订立保险时只列明保险金额,不预先确定保险标的的价值。我国《海商法》第 219 条第 2 款第 2 项规定:货物的保险价值,是保险责任开始时货物在起运地的发票价格或者非贸易商品在起运地的实际价值以及运费和保险费的总和。在保险事故发生后,再行估计其保险价值。此种情况下,保险价值以保险责任开始时保险标的的实际价值为计算依据,通常以市场价格为标准确定其价值。在不宜用市场价格确定保险价值的情况下,也可以采用重置成本减折旧的方法或其他的估价方法来确定保险价值。

(2)部分损失

a. 部分货物损失

此种情况下,保险赔款的计算公式为:保险赔款=(受损货物件数或重量/承保货物总件数或总重量)×保险金额

b. 质量损失

如果涉及贬值,保险赔款的计算公式为:保险赔款=保险金额×贬值率

贬值率=(货物完好价值—受损后的价值)/货物完好价值

c. 修理费用

修理费用或更换费用小于贬值时,保险人可选择赔偿修理费用或更换受损部分的费用。

(二)船舶保险合同

1. 出险通知

保险船舶发生保险事故后,被保险人应立即通知保险人或其代理人,以免耽误保险人或其代理人对海损事故进行立案、勘查、检验、估损、定责和核赔等。保险事故的发生是被保险人提出索赔的前提条件,出险通知是被保险人应履行的义务。被保险人要采取合理的措施减少保险事故的损失,要配合保险人及其代理人做好勘查、检验工作,并依据检验报告确定损失金额,而后以此为基础向保险人提出索赔。此处被保险人向保险人或其代理人发出保险事故发生的通知,同货损中的出险通知一样,也不等于其向保险人提出索赔。英国伦敦保险协会船舶定期条款对于索赔通知,要求当保险船舶遭遇意外事故造成灭失或损坏时,被保险人、船东或管理人必须在他们"知道或应该知道事故发生之日以后,船舶检验之前"迅速通知保险人,以便让保险人及时指定检验人进行检验;如果被保险人未在事故发生之日起的12个月内履行索赔通知义务,除非经保险人书面同意,保险人对该事故损失有权拒赔,但不会使合同终止。在我国,人保1986年船舶保险条款规定应在48小时内通知保险人。

船舶保险的索赔单证通常包括:①(1)船舶保险单正本:保险人确定保险责任和核定赔偿金额的依据。(2)理算书:船舶受损,船东或船舶管理人应委托海损理算师对海损所引起的各项损失和费用进行审核,并按有关规定划分各有关方所负担的金额。(3)海事声明:船舶发生海损,船长必须签署一份旨在概要说明海损事故发生原因、经过和损失情况的报告,这份报告就是海事声明。(4)航海日志和机舱日志:是了解海损事故发生地点和时间,以及确定责任的原始资料。(5)检验报告:由验船师在对受损船舶进行检验后出具的检验报告,是帮助保险人掌握船舶受损原因、范围和程度等的第一手材料并据以理赔的重要文件。(6)修理招标书:是反映船舶修理费用高低和合理与否的依据。(7)修理费用账单:包括已修理的费用账单和验船师对尚未修理的损坏合理估算的修理费用账单。保险人根据其委托的验船师和理算人员的意见来确定自己应该承担的金额。(8)拖带费用账单和引航费用账单:受损船舶被拖船拖带到有修理能力的港口修理所支出的拖带费用,或是在引水员的引领下驶入有修理能力的港口修理所支出的引航费用属于船舶修理费用。(9)港使费账单:受损船舶在修理港口内停泊修理期间需要支出的各种费用。(10)燃料和机舱物料账单:受损船舶进行修理所需要消耗的燃料和机舱物料。(11)船员服务费账单:支付给船员的与受损船舶的修理有关的工资和给养费用。(12)向第三责任方索赔的往来函电及其他单证:是保险人履行了对被保险人

① 参见应世昌:《新编海上保险学》,同济大学出版社,2010年版,第390~393页。

的保险责任后向第三者责任方进行追偿的重要依据。(13)与仲裁和法院诉讼有关的文件:受损船舶是因为第三者责任所造成时,被保险人经保险人同意,通过仲裁或诉讼程序向第三者责任方索赔的情况下,有义务将有关的法院或仲裁机构做出的仲裁书等文件提交给保险人,供保险人在对第三者责任方追偿时使用。(14)委付通知书:保险标的发生推定全损,被保险人要求保险人按照全部损失赔偿的,应当向保险人委付保险标的,除非保险人不要求被保险人提供。(15)船舶出售凭证(也称卖船单):被保险人在保险人接受委付并按推定全损支付赔偿后或放弃提交委付通知的要求并按照推定全损赔付以后,应当向保险人出具船舶出售凭证,表明船舶所有权转移给后者。

2. 勘查定损

保险人接到被保险人或其代表人的报案后,将立即受理并将出险情况进行登记。受理报案人员要详细记录出险时间、地点、船名等内容。同时要核对报案时间是否超过保险赔偿条款中约定的报案时间,如果确有超出,保险人应要求被保险人对报案时间晚于保险条款中约定的报案时间的事实签字确认,若因此导致保险人没有及时处理而造成损失扩大,对于扩大的损失保险人不负责赔偿。受理报案后,保险人应立即查核保险标的的保单副本、批单和投保时的记录等文件,确定保险船舶的保险金额、险别,初步分析索赔是否属于承保责任。如果确定属于承保责任,要将所有文件放入卷宗立案。

立案后,保险人要立即对出险船舶勘查定损。这决定着保险人能否收集到有关保险事故的第一手资料,能否准确地分析和确定损失原因,对于后续的理赔程序的顺利进行有着十分重要的意义。及时地进行勘查定损,还便于保险人积极参与施救,与被保险人共同采取措施,控制事态,减轻损失。

勘查后需要写出检查报告并载明损失原因,对于复杂的检验,应聘请有资格的检验人员或公估人员进行公证检验。勘查结束后,应做出事故原因是否属于保险事故的判断,确定损失范围和程度,并可以向被保险人做出保险船舶修理地点和施救措施的建议。

太平财产保险有限公司福建分公司与南京强泉运输贸易有限公司船舶纠纷申请再审案①中,申请再审人太平财产保险有限公司福建分公司(以下简称太平福建公司)称,钦州海事局出具的《"顺强 1"船水上交通事故调查结论书》(以下简称《事故调查结论书》)认定事故海域沉船前后有八级以上大风,没有事实和法律依据。海事局并非气象专业部门,其《事故调查结论书》所认定的风力大小在证据力上并不具有优先性。太平福建公司提交的证据可以认定事故海域沉船前后没有

① [2012]民申字第 712 号;[2011]闽民终字第 278 号;[2010]厦海法商初字第 261 号。

八级以上大风。二审判决回避确认货物水分是否超标、船舶是否超载、强泉公司是否履行安全保障义务等基本事实,回避上述事实作为沉船根本原因的分析,错误认定“顺强1”船沉没的原因。法院认为,首先,关于海事局《事故调查结论书》是否可以作为定案依据问题,本案中太平福建公司提交了广西气象科技服务中心、北海气象台、北海水警司令部航海保证科等气象专业部门出具的气象资料,用以证明本案船舶发生沉没时并无八级大风,但是由于上述资料所体现的内容与其他气象部门出具的证明存在冲突,且没有实测气象数据予以作证,因此不具有推翻《事故调查结论书》的证明力。其次,太平福建公司以上海天衡保险公估有限公司《公估报告》和华南海事司法鉴定中心《鉴定报告》认定为由,主张涉案船舶超载,但是由于该《公估报告》《司法鉴定意见书》系太平福建公司单方委托,不足以推翻海事局做出的《事故调查结论书》,且“顺强1”船持有海事部门签发的准予开航的签证,因此二审判决认定是“顺强1”船开航时没有超载,并无明显不当。据此,在没有相反证据证明《事故调查结论书》结论错误的情况下,二审判决确认《事故调查结论书》的结论意见作为定案依据,并无不当。鉴于《事故调查结论书》认定“顺强1”船因遭遇八级大风大浪而导致船舶严重倾斜进水沉没,二审判决根据海上保险“近因原则”认定八级大风是造成船舶沉没全损的主要原因,判定太平福建公司作为保险人应当承担赔偿责任,符合事实和法律规定。太平福建公司认为《事故调查结论书》有关船舶沉没原因是建立在错误事实的基础之上的主张,缺乏充分的事实依据,不予支持。

保险事故成立后,被保险人应根据保险合同的约定向保险人提供各种索赔文件,保险人要对这些文件进行详细的审查。审查结束后,对于不属于保险责任的案件,应当及时向被保险人发出书面的拒赔通知,说明拒赔的理由。保险人在进行了对船舶的勘查检验,并收到了被保险人提交的索赔必要的单据之后,应当立即进行核赔工作:(1)查明被保险人是否缴付了保险费以及是否履行了保险合同规定的其他义务,保险船舶发生海损事故的时间是否在保险期间之内,被保险人是否在索赔时效内提出索赔等。(2)将船长签署的海事声明及船舶的航海日志和机舱日志等资料所列出的出险原因和事故经过,对照验船师出具的检验报告所说明的损失原因、范围和程度加以分析,确定是否属于承保范围。(3)在确定保险责任以后,应对损坏修理项目和费用逐项仔细审核,以防止混入不属于保险损失的修理项目和费用。(4)对于保险事故损失所引起的施救费用和救助费用,既要审核它们的支出是否合理,又要将两者加以区别。施救费用是被保险人为避免或减轻应由保险人赔偿的损失,而且通常事先经过保险人同意的所采取的措施和支出的费用。(5)拖带费用、进出避难港费用、船员的工资和给养费用等,同样需要逐项审核,以确定哪些应由保险人负责赔偿,哪些应由被保险人自己负担。(6)如果保险船舶与他船发生碰撞,应当清楚双方船东的协议,或是通过仲裁机构裁决或法院判决所确定的双方船舶所负的过失责任比例,了解船货损失详情,特别要对保险船舶能否依法享有责任限制等提出意见。(7)如果保险船舶发生共同海损,详细审核共同海损行为的过程,确定其能否构成共同海损事实。(8)如果对船舶损失的修理是按照保险条款的规定采用了招标或重新招标方式进行的,应审核给被保险人在招标期间的补偿金额是否超过船舶当年保险价值的30%。

英国伦敦保险协会船舶定期条款中的招标条款与我国存在显著区别:①(1)协会船舶定期保险条款要求被保险人在保险人指定的港口修理受损船舶,并规定保险人有权否决被保险人在该指定港口所选择的修理地点或修船厂,但未提及被保险人应采用招标的方式合理选择修船厂这一点。与之相比,我国条款对通过招标方式却规定得十分明确,也提到了保险人有权对被保险人选择的修船厂做出否决,但没有关于由保险人指定修理船舶的港口的规定。(2)协会船舶定期保险条款强调保险人自己也可对船舶的修理直接采用招标方式做出决定,或在否决被保险人的选择以后要求后者再次招标。而且规定不论在哪一种情况下,只要投标经保险人同意而被接受,保险人就应该补偿被保险人的时间损失,但以船舶当年保险价值的30%和收到保险人认可后毫不迟疑地接受招标为限。我国条款同样有补偿时间损失的规定,即保险人补偿被保险人按保险人要求发出招标通知日起,至接受投标时止所支付的燃料、物料及船长、船员的工资和给养。但此种补偿不得超过船舶当年保险价值的30%。(3)协会船舶定期保险条款在规定补偿的计算方法时指出,应对此项补偿做适当扣除,具体包括:在燃油、物料及船长、高级船员和船员的工资和给养方面得到的赔偿,包括作为共同海损的金额,以及有关延迟损害赔偿和/或利润损失和/或营运费用从第三方得到的赔偿。此外,如果船舶受损的修理中有一部分是不属于保险责任范围的,在计算补偿额时也应该按相当比例扣减。我国条款中没有这些内容。对不遵守索赔通知和招标条款各项规定的被保险人,协会船舶保险定期条款规定的惩罚手段是在已确定支付的赔款中扣除15%。我国条款规定保险人对被保险人不合理的招标选择可以采取两种惩罚办法,行使否决权或从赔款中把因不合理选择而增加的费用扣除。

3. 保险损失的确定

(1)全损赔偿

保险船舶遭受全损,保险人按保险金额赔偿。

a. 实际全损赔偿

当被保险人向保险人提出船舶实际全损的索赔以后,保险人一旦按实际全损

① 参见应世昌:《新编海上保险学》,同济大学出版社,2010年版,第378~379页。

做出了赔偿,保险船舶的所有权应转移给保险人,该船留下的任何残值归于保险人。如果被保险人在未办理实际全损索赔手续之前已把残值出售,保险人就可把残值从全损赔偿金额中扣除。保险人也有权放弃对保险标的的权利,全额支付合同约定的保险赔偿,以解除对保险标的的义务。

b. 推定全损赔偿

在船舶发生推定全损的情况下,被保险人应向保险人提交委付通知。如果保险人接受委付,就按推定全损支付赔款,同时取得船舶的一切权利并承担有关义务。如果保险人拒绝接受委付,将在全额支付合同约定的保险赔偿后,解除对保险标的的义务。如果被保险人不提出委付而选择按部分损失索赔,保险人在对这种部分损失所支付的赔款中应扣除免赔额,赔偿后也不能取得受损船舶剩余部分和其他权利。

c. 船舶失踪

我国《海商法》第 248 条规定:船舶在合理时间内未从被获知最后消息的地点抵达目的地,除合同另有约定外,满两个月后仍没有获知其消息的,为船舶失踪。船舶失踪视为实际全损,被保险人无须向保险人委付保险船舶。现行人保公司船舶保险条款与此规定相同,船舶失踪两个月即视为实际全损,这有利于保护船舶所有人的利益。在审判实务中,此条规定曾被类推适用于货物运输保险。如在黄春发有限公司诉中国太平洋保险公司广州分公司海上运输货物保险合同纠纷上诉案①中,法院认为:"《海商法》第 248 条规定:船舶在合理时间内未从被获知最后消息的地点抵达目的地,除合同另有约定外,满两个月后仍没有获知其消息的,为船舶失踪。船舶失踪视为实际全损。参照上述法律规定,应推定承运提单项下货物的船舶自 1994 年 11 月 16 日起失踪。据此,应推定装载于该轮的货物已经于 1994 年 11 月 16 日失踪。"但国内后来又有不同的判决。在康地华美饲料(武汉)有限公司与中国人民财产保险股份有限公司江西省分公司海上货物运输保险合同赔偿纠纷案②中,法院认为:"《海商法》第 248 条是有关船舶失踪的规定,该条'船舶在合理时间内未从被获知最后消息的地点抵达目的地'的规定中的'被获知'应该为船舶保险中的被保险人获知,即宣布船舶失踪的当事人只能是船舶的被保险人,而不是货物保险中的被保险人,只有当船舶保险中的被保险人宣布了船舶失踪,船上所载货物的被保险人才能根据货物保险合同主张货物失踪的赔偿,也就是说,货物的被保险人不能因不知道船舶的行踪而推定船舶失踪进而推定货物全损。原告关于涉案船舶已经失踪、被保险货物视为实际全损的上诉理由没有法律依据,法院不

---

① [2001]粤高法经二终字第 147 号。

② [2004]沪高民四(海)终字第 151 号。

予支持。”

(2)部分损失赔偿

保险船舶遭受部分损失,保险人在保险金额限度内,按照对损失进行修理所实际支付的费用赔偿,但是在赔款中应扣除保险单所规定的免赔额。如果船舶受损后未经修理即已出售,保险人赔偿的金额应以验船师估计的合理修理费用为限。

二、补偿原则

海上保险合同是补偿性的合同,该特性在保险赔偿中的体现则是补偿原则。补偿原则是指在补偿性的保险合同中,当保险事故的发生造成保险标的毁损致使被保险人遭受经济损失时,保险人给予被保险人的经济补偿应当恰好能弥补被保险人所受损失的原则。

(一)补偿原则的立法渊源

1. 英国的保险立法

补偿原则与保险合同的补偿性一样,起源于“冒险借贷”,此后也都为英国《1906 年海上保险法》所确认。保险的起源地虽不在英国,但在传入英国后得到了进一步的繁荣和发展,并逐步走向现代意义上的保险。在经历了由商人和航海人士依据商业习惯和航海惯例对保险纠纷进行审判以及海事法院依据先例审判之后,《1601 年商人保险法案》(An Act Concerning Matters of Assurance Amongst Merchants 1601)拉开了英国通过立法对保险活动进行干预的序幕,但真正对补偿原则产生重要影响的却是《1745 年海上保险法》(Marine Insurance Act 1745)。针对之前大量存在的缺乏保险利益①的赌博保单(Wager Policy),②英国《1745 年海上保险法》宣布以英国船舶及其载运货物为保险标的的此类保单为非法(Illegal)保单,保险合同再次回归到补偿性合同。

有人认为,英国《1745 年海上保险法》是补偿原则得以确立的标志,但仔细分析就会发现这种说法并不准确,因为在该法颁布之前补偿原则就已存在。第一,英国《1745 年海上保险法》禁止的是以保单明示条款的形式约定不对保险利益做出任何要求的行为,可见在该法颁布前,大量的保单中已经出现“保险利益”的字样,

---

① 传统的严格的保险利益,是指投保人或被保险人对保险标的具有的法律上承认的利益。现代的宽松的保险利益,是指投保人或被保险人与保险标的之间的经济联系。不管是哪种保险利益学说,都是在补偿原则的基础上产生的,是补偿原则的直接体现。

② 当时的赌博保单,大多通过保单上“interest or no interest”“without further proof of interest than the policy”“without benefit of salvage to the insurer”等条款以约定方式排除普通法对保险利益的要求。此类缺乏保险利益的保单在查理二世(1630—1685)时期广泛存在,更糟糕的是在安妮女王(1665—1714)时期此类保单的有效性得到了法律的认可。See Jonathan Gilman et al., *Law of Marine Insurance and Average*, Sweett & Maxwell, 2013, p. 353-354.

这就说明那时的人们已经对保险合同的补偿性本质有了清晰的认识。第二,英国《1745 年海上保险法》颁布前大量的赌博保单以明示条款的形式说明不对保险利益做出任何要求的原因在于,如果不作此种说明,不具有保险利益的保单就会被认定为无效。[①] 也就是说,英国《1745 年海上保险法》颁布之前的法律已经开始对保险利益做出要求了。所以,英国《1745 年海上保险法》颁布之前,原则上不具有保险利益的保单因为不符合补偿原将在普通法下被认定为无效。但有一种例外,那就是以明示条款说明不对保险利益做出任何要求的保单,也就是我们所说的赌博保单将被认定为有效。英国《1745 年海上保险法》颁布后,补偿原则唯一的例外,即以明示条款说明不对保险利益做出任何要求的赌博保单也被禁止,保险合同再一次完整地回归到了补偿性合同。由此可见,其实在英国《1745 年海上保险法》颁布以前,补偿原则就已经在英国通过判例法得以确立,而并非如很多人认为的直至英国《1745 年海上保险法》颁布才确立。此外,虽然英国《1745 年海上保险法》禁止的仅是以英国船货为保险标的的赌博保单,并不及于与外国船货有关的保险,但这是基于对外国船货保险利益调查的不便利所做的一种让步。

英国《1906 年海上保险法》开篇就对保险合同的补偿性做出了明示。该法第 1 条规定:海上保险合同,是保险人按照约定的方式和范围,对与航海有关的海上损失向被保险人承担赔偿责任的合同。[②] 除此以外,英国《1906 年海上保险法》还建立起了包括保险利益、代位求偿、委付等在内的一系列具体的制度来确保补偿原则能够在保险活动中得以贯彻。可以说,与英国《1745 年海上保险法》相比,英国《1906 年海上保险法》不仅明确了赌博保险无效,而且揭示了保险合同的补偿性,并通过一系列的具体制度全面确立了现代保险法意义上的补偿原则。

2. 国际继承和发展

在英美法系国家,海上保险大多由一部单独的法律进行规制,特别是英国《1906 年海上保险法》颁布后,得到了世界范围的广泛好评和认可。很多英美法系国家的海上保险法都是直接移植自该法,比如澳大利亚《1909 年海上保险法》(Marine Insurance Act 1909)、加拿大《1993 年联邦海上保险法》(Federal Marine Insurance Act 1993)。在此种情况下,英国《1906 年海上保险法》的补偿原则自然也被这些英美法系国家所继承。大陆法系国家的海上保险法则稍有不同,很多国家的海上保险除了要受一部单独的法律调整外,还要受到其他诸如民法、保险法等一

---

① See Jonathan Gilman et al., *Law of Marine Insurance and Average*, Sweett & Maxwell,2013,pp. 353-354.

② 英国《1906 年海上保险法》原文:Section 1: A contract of marine insurance is a contract whereby the insurer undertakes to indemnify the assured, in manner and to the extent thereby by agreed, against marine losses, that is to say, the losses incident to marine adventure. 与中文译文相比,原文的"indemnify"更能体现出保险合同的补偿性本质。

般法律的调整。虽然大陆法系国家的海上保险法与英国《1906年海上保险法》不尽相同,但也都无一例外地对海上保险合同的补偿性或保险利益等补偿原则的核心制度做出了规定。①

通过分析对比可以看到,虽然大陆法系和英美法系,或者说各个国家关于海上保险法的规定不完全一致,但隐藏在其后的补偿原则都是一致的,即被保险人只有在遭受了损失之时才能获得补偿。补偿原则之所以能够在世界范围内成为保险法的首要基本原则,其根本原因是保险分散风险、补偿损失等目的属性的基本要求,同时也与保险人利益保护倾向及禁止赌博保险、防止诱发被保险人道德风险等社会价值取向有一定关系。

(二)补偿原则的本质与限度

1.补偿原则的"补偿"与民法"赔偿"之区别

对于保险法中的"补偿",我国长久以来一直存在与民法"赔偿"概念混用的现象,如我国不少学者习惯将保险法"补偿原则"称为"赔偿原则"。我国《保险法》在定义财产保险概念的时候都使用了"保险人承担'赔偿'保险金责任"的说法。②其主要原因是对保险法补偿原则的本质的认识尚有不足,虽然保险法属于民法的下位法,但通过研究可以发现,保险法下的"补偿"与民法通常意义上所说的"赔偿"存在较大差异。

(1)性质与功能不同

通常民法的"赔偿"要以侵权法下的侵权或合同法下的违约为前提,以违法或违约为必要条件的"赔偿"本质上来说是一种法律救济措施。"救济"必然要以实现公平正义为主要目标,尽量使相关损失完全恢复到受损前的状态。与作为法律救济方式的民法"赔偿"不同,保险法的"补偿"是在保险事故发生后保险人理应承担的一项合同义务,其在本质上来说是一种正当的履约行为,是对法律的遵守而非破坏,更不是破坏后的救济。保险本质上来说是一种商业行为,虽然商业行为也要求公平正义,但在公平正义之外对经济和效率的追求也不容忽视,补偿原则的"不完美性"正是其社会功能中的经济和效率原则对公平正义原则的修正所致。③

(2)损失衡量的标准不同

关于"赔偿"数额的确定,不管是侵权法还是合同法原则上均以侵权或违约行

① 如希腊依据《海事私法典》(The Code of Private Maritime Law)第257条和《商法典》(Commercial Code)第189条共同确立了补偿原则,包括挪威在内的北欧各国适用的《2013年北欧海上保险方案》(The Nordic Marine Insurance Plan 2013)第2-1条对保险利益做出了规定。

② 《保险法》第2条。

③ 参见樊启荣:"保险损害补偿原则研究——兼论我国保险合同立法分类之重构",载于《中国法学》,2005年第1期,第63~64页。

为发生前后相对方财产数量总额的差额为准。而保险法关于损失的计算则必须以被保险人因保险事故致使其在保险标的之上的利益损失为准,不及于被保险人的其他财产损失。

(3)损失弥补的程度不同

这一点在与侵权法的比较中体现得尤为明显,侵权法下"致害人对其侵权行为所造成的损害,须承担全部赔偿的责任,即赔偿受害人的所有实际损失,这叫全部赔偿原则。"①合同法下虽然允许双方通过合同约定违约后损失赔偿的计算方法,但通常来说此种约定仅是基于商业效率的考虑,合同方不会也不可能使其偏离实际损失太多。比较之下,保险法下的"补偿原则"理论上虽为一种完全补偿,事实上却因定值保险、不足额保险、免赔额等制度的存在导致被保险人的损失可能不能完全得到弥补。

(4)实现的法律依据不同

民法下的"赔偿"作为一种事后的法律救济,在实践中主要以有关法律法规的具体规定为依据产生,虽然侵权法和合同法都允许就损失的赔偿达成事前或事后的合意,但如不能达成合意,也完全可以依据有关法律规定确定具体的赔偿范围和数额。比较之下,虽然保险法基于"补偿原则"设计了一系列的具体制度,但实践中损失补偿的范围仍然要通过当事人的约定产生。保险价值、保险金额等关系到"补偿原则"实现的核心问题如果没有在保险合同中明确约定,可能会因内容不明确导致合同不成立。

2. 补偿原则的非绝对性

补偿原则设立的初衷是保险事故发生时被保险人能够就其所遭受的损失在保险人处得到补偿,从而使被保险人的财产和经济能力恢复到保险事故发生之前的状态。该补偿在数额上既不能多也不能少,应该正好能够填补被保险人所遭受的损失,因此补偿原则在台湾地区也被称为"损失填平原则"。② 但是,"既不能多也不能少"的描述只是一种理想状态,在海上保险的实际业务中,保险补偿在"量"上一般都会与被保险人的实际损失发生一定程度的"偏离"(Deviation),而这种偏离也为海上保险法律所认可。因此,学者总结出这样一个结论:海上保险合同并不是绝对的补偿合同(not a perfect contract of indemnity)。③ 海上保险合同的这种"非绝对性"主要体现于以下制度对补偿原则的突破。

---

① 参见彭万林主编:《民法学》,中国政法大学出版社,2007年版,第523页。

② 参见任自力主编:《保险法学》,清华大学出版社,2010年版,第59页。

③ 参见司玉琢、李志文主编:《中国海商法基本理论专题研究》,北京大学出版社,2009年版,第664~665页。

(1)定值保险(Valued Policy)

与非海上保险相比,海上保险大多为定值保险。约定的保险价值对双方有约束力,除非是欺诈性的,①故保险的补偿限度实际上常常偏离损失发生时的实际价值。② 即使是不定值保险,也与非海上保险"保险事故发生时保险标的的实际价值即为保险价值"的模式不同。③ 海上保险采用的是"保险开始时的价值加保险费的总和等于保险价值"的计算模式,④而依据该方法计算出的保险价值在多数情况下并不完全等于被保险人的真实损失。

(2)不足额保险(Under Insurance)

在不足额保险中,不足额部分应视为被保险人的自保。在发生保险事故时,除保险合同另有约定外,保险人按照保险金额与保险价值的比例承担赔偿责任。⑤不足额保险有时是被保险人的自我选择,这是因为按照现代风险管理的理论,保险只是风险控制的方式之一,而且并非总是对被保险人经济上最有利的方式。通过不足额保险,被保险人可以节省保险费的支出。不足额保险有时则是保险人方面的要求,目的是通过被保险人自身承担一定比例风险的方法督促其加强安全管理,从而减少保险事故的发生。⑥

(3)免赔额(Deductible)

船舶保险中通常有免赔额的规定,⑦若损失未达到免赔额的数额,保险人免于赔付,超过免赔额的数额,保险人扣除免赔额部分再行赔付。"Deductible"又被称为"绝对免赔额",与"相对免赔额"(Franchtise)相对应。所谓"相对免赔额"是指损失在规定的免赔额以下时,保险人不赔,但一旦超过它,保险人就全部赔偿,不做扣减。20世纪70年代后,绝对免赔额迅速成为普遍的现象,而相对免赔额在船舶保险中已经十分罕见。⑧

除上述制度外,海上保险中常见的对补偿原则的突破还有在保险金额之外单独支付的施救费用(Sue and Labour)、货物险按发票价格110%投保的习惯做法等。理论上来说,基于"补偿性"是海上保险合同的根本属性,作为海上保险法基本原

---

① 英国《1906年海上保险法》原文:Section 27 (3): Subject to the provisions of this Act, and in the absence of fraud, the value fixed by the policy is, as between the insurer and assured, conclusive of the insurable value of the subject intended to be insured, whether the loss be total or partial.

② 参见汪鹏南:《现代海上保险法的理论与实践》,大连海事大学出版社,2004年版,第6页。

③ 《保险法》第55条第2款。

④ 《海商法》第219条第2款。

⑤ 参见李玉泉主编:《保险法学——理论与实务》,高等教育出版社,2010年版,第180页。

⑥ 参见朱作贤:"海上保险法补偿原则研究",大连海事大学博士学位论文,2008年,第22~23页。

⑦ 如人保2009年船舶保险条款第3条、英国2003年国际船舶保险条款(International Hull Clauses, 2003)第16条。

⑧ 参见司玉琢、李志文主编:《中国海商法基本理论专题研究》,北京大学出版社,2009年版,第665页。

则的“补偿原则”应尽量得到维持，但事实上海上保险在许多方面都体现出了对补偿原则的突破，并且这种突破往往较之非海上保险要显著得多，产生这一现象的原因主要是：

第一，效率原则的制约。效率一直都是法律所追求的价值之一，此种价值追求在极具商法性质的海上保险中体现得尤为明显。以船舶险为例，从事海上运输的船舶通常都具有复杂的构造和较大的价值，一旦发生保险事故，船体机器的毁损、维修及折旧的计算将成为一项庞大的工程且需要专业人士来完成，这无疑将耗费大量的时间和金钱。定值保险对补偿原则的突破正是基于对效率原则的维护。

第二，合同自由原则的遵循。作为商业行为的一种，如今的海上保险几乎无一例外地都要借助合同的形式来实现其分担风险的最终目的。合同自由是合同法的基本理念，本质上就是要给予当事人通过协商决定相互间权利义务关系的自由。海上保险虽然以保险事故发生后给予被保险人充分补偿为理想目标，但却不能以此为由完全无视合同自由原则的存在，只要合同双方能够达成合意，在一定范围内偏离理想化的补偿原应该被允许。

第三，商业化经济利益的考虑。海上保险本质上是一种商业行为，被保险人在获得保险人会在保险事故发生后对其损失进行补偿的承诺的同时，需要支付相应数额的保险费作为对价（Consideration），这也是保险合同作为双务合同的自然结果。实践中保险事故带来的损失金额往往是巨大的，保险费的支出则相对较低，但损失的发生具有不确定性，保险费的支出却是必然。被保险人需要在这种高额与低额、可能性与必然性之间做出衡量，但不管被保险人是选择投保全部风险、部分风险还是根本不投保，都是在追求一种他认为的经济上的最优化。

需要指出的是，虽然海上保险认可对补偿原则有一定程度上的偏离，但此种偏离不能过度，不能违反海上保险合同作为补偿性合同的根本属性，否则极易诱发道德风险，这也是海上保险需要依照保险利益原则等制度的原因。

（三）补偿原则在我国立法中的体现

在我国，海上保险法基本原则应该包含哪些可能尚有争议，但补偿原则是被普遍接受的，这与我国海上保险理论及实践深受英国海上保险法的影响有关。英国保险法界一直认为“海上保险合同是补偿性合同，所以补偿原则是海上保险法的原则”。①

但是，我国作为大陆法系国家，对海上保险的研究必须以我国民商法体系为背景，并基本符合大陆法系民商法研究的内在逻辑和方法。如果以大陆法系民商法的视角重新对“补偿原则是否是基本原则”这一命题进行考察，需解答的首要问题

---

① See Howard Bennett, *The Law of Marine Insurance*, Oxford University Press, 2007, p. 22.

就是:何谓基本原则?为此,徐国栋教授关于民法基本原则的阐述可资借鉴。徐国栋教授认为:"民法基本原则是其效力贯穿民法始终的民法根本规则,是对立法者在民事领域所行政策的集中反映,是克服法律局限性的工具。"其进一步认为:"民法基本原则的根本规则属性有两层来源:(1)来自它内容的根本性;(2)来自它效力的贯穿始终性。"①也就是说,某个原则或制度如果想要成为一部法律的基本原则,首先要具备内容的根本性。海上保险在诞生之初就以分担风险、补偿损失为目的。在漫长的发展岁月中,其"补偿性"的属性并未受到丝毫弱化,反而成为海上保险蓬勃发展的源动力,"海上保险合同是补偿性合同"的观点也逐渐被包括我国在内的世界各国所认可。可以说,补偿原则能够反映海上保险法所调整的社会关系的根本属性,具有内容上的根本性。其次,效力的贯穿始终性。我国没有单独的海上保险法,与海上保险有关的内容都规定于《海商法》第十二章"海上保险合同"中。该章以"海上保险合同"命名,其中大多数实质内容都或直接或间接地与补偿原则有关,②可以说补偿原则的效力贯穿了我国海上保险法的始终。

通过以上分析会发现,补偿原则完全能够满足大陆法系民商法标准下对一部法律基本原则的全部要求,它是我国海上保险法的基本原则。但应该注意到的是,不同于《民法总则》对我国民法基本原则所做的明确规定,补偿原则并没有得到我国《海商法》或《保险法》的明示,不过这并不影响补偿原则作为我国海上保险法基本原则的地位。因为从法理上讲,法律原则作为本源性的法律原理,其并不是法律规定本身,而是隐藏在法律条文背后的价值判断或法律思想,但它往往会借助立法不断具体化,最终演化成为承载该法律原则的若干具体制度。因此,虽然部分法律原则明白地规定于宪法或其他法律中,但法律原则不一定由法条直接宣示,有些是从法律规定中借助"整体类推"或回归法律理由的办法推求出来的。③ 因此,补偿原则虽然未被我国法律所明示,但不影响其成为海上保险法的基本原则。实际上,国际上还没有任何一个国家的保险法或海上保险法将该原则直接"条文化"。补偿原则的确是隐藏在法律条文背后的法律思想。④

也应该看到,法律原则通常比较模糊、笼统,即使是以法律条文形式体现的法律原则,也不会预先设定违反它的法律后果,在实践中的可操作性不强,而诸如补

① 参见徐国栋:《民法基本原则解释——诚信原则的历史、实务、法理研究》,北京大学出版社,2013 年版,第 10~11 页。

② 《中华人民共和国海商法》第十二章"海上保险合同"共六节,其中第四节"保险人的责任"、第五节"保险标的的损失和委付"以及第六节"保险赔偿的支付"几乎都是以补偿原则为中心围绕展开的,前三节的规定中也多处涉及或体现出海上保险合同的"补偿性",如第 219 条对保险价值的规定、第 220 条对保险金额的规定。

③ 参见[德]卡尔·拉伦茨:《法学方法论》,陈爱娥译,商务印书馆 2003 年版,第 258~267 页。

④ 参见朱作贤:"海上保险法补偿原则研究",大连海事大学博士学位论文,2008 年,第 13 页。

偿原则此类根本未在法律条文中得到体现的隐藏式法律原则更是如此。因此通常需要借助法律规则将其具体化为某种制度,并使之与一定的法律后果相联系,从而间接地实现其法律上的强制性。在海上保险法的各部分中,补偿原则主要体现于以下制度:(1)代位求偿权;(2)委付;(3)重复保险。下文将详细论述上述制度。

三、代位求偿权

(一)概述

1. 代位求偿权的内涵

代位求偿是现代民商事法律体系中十分重要的制度之一,它适用在很多不同的领域。海上保险中的代位求偿制度规定在我国《海商法》第 252 条,保险标的发生保险责任范围内的损失是由第三人造成的,被保险人向第三人要求赔偿的权利,自保险人支付赔偿之日起,相应地转移给保险人。被保险人应当向保险人提供必要的文件和其所需要知道的情况,并尽力协助保险人向第三人追偿。另有《海事诉讼特别程序法》第 93 条规定,因第三人造成保险事故,保险人向被保险人支付保险赔偿后,在保险赔偿的范围内可以代位行使被保险人对第三人请求赔偿的权利。

代位求偿权的理念起源于 1750—1850 年,英国 Mansfield 勋爵与其他的普通大法官通过一连串的先例建立了原始的"委付/抛弃权利"(Abandonment)的说法,即保险人在赔付了全损之后,有权把保险标的的剩余价值从被保险人那里接管过来。① 在英国 1877 年的先例 Simpson v. Thompson 中,上议院(House of Lords)首次以判例的形式将"委付/抛弃权利"与"代位求偿权"做出了区分,将它们视为两种不同但又十分接近的大原则。② 有关先例对于代位求偿权理论的分析与梳理最终表现在英国《1906 年海上保险法》的立法之中,其中第 79 条被认为是最早以成文法形式对代位权做出的明确规定。

从英国《1906 年海上保险法》第 79 条的规定可以看出,本条第 1 款规定的是全损的情况,保险人在赔付全损后,在法律上可以获得全部的委付/抛弃的权利(即物上代位权)和代位求偿的权利(即代位求偿权);第 2 款规定的则是部分损失的情况,保险人在赔付部分损失后,在法律上仅有代位求偿的权利。值得注意的是,在这里对全损与部分损失的情况做出了区分性的规定,却并没有从保险人是否应该全额赔付以及全额赔付与否的不同法律后果的角度做出区分。

---

① 参见杨良宜:《海上货物保险》,法律出版社,2010 年版,第 447~448 页;Roux v. Salvador [1835] 1 Bing (NC) 526, 539.

② Simpson v. Thompson [1877] LR 3 App Cas 279 at 284. Blackburn 勋爵的论述。类似的可见先例 Glen Line v. Attorney-General [1930] 37 Lloyd's Rep 55 at 61. Atkin 勋爵的论述。

大陆法系下，代位权包括狭义的对债权的代位求偿权（Subrogation）和物上代位权[①]两个部分。英美法则认为，保险人针对全损支付了全损赔偿之后，所谓的代位求偿（Subrogate）的权利也相应地扩张到使保险人有权接管保险标的可能余留的一切权利[②]，大陆法系中的所谓"物上代位"的权利此时也属于英美法广义的代位权（Right of Subrogation）中的一部分，英国《1906 年海上保险法》第 79 条的立法安排即是此思想的明确体现。

这一权威条文成为世界各国现行海上保险立法所参照的范本，很多国家在本国的海上保险法成文立法中都有类似或者雷同的表述（特别是英联邦的成员国），如加拿大[③]、印度[④]等。

关于英美法的代位求偿权，英国学者另有如下论述[⑤]：代位权，是指保险人支付保险赔偿后，享有的被保险人对造成损害发生负有全部或部分责任的第三人可行使的救济性权利。在代位求偿权制度下，保险人有权享有被保险人能够获得的赔偿以及他可以被保险人的名义获得的全部赔偿。保险人能够获得的最高赔偿不得超出其向被保险人支付的保险赔偿的范围，但该规则并不影响全损的条件下，保险人获得除代位求偿权外的保险标的的剩余价值和权利。

代位求偿权的内涵可以概括为：首先，代位求偿权产生于保险代位权中的救济性权利，是保险人赔付后享有的权利；其次，代位求偿权的实现有两种不同的情形，一是保险人有权获得被保险人从第三人处得到的补偿，二是保险人可以向第三方追偿以得到补偿；最后，保险人获得的补偿不应该超过其赔偿的范围，全损赔付的

---

① 参见司玉琢：《海商法专论》，中国人民大学出版社，2015 年版，第 383 页。

② 参见［英］Donald O′may，Juliam Hill：《OMAY〈海上保险法律与保险单〉》，郭国汀等译，法律出版社，2002 年版，第 567 页。

③ 加拿大《海上保险法》（Marine Insurance Act（1993，c. 22））原文：Section 81.（1）：On payment by an insurer for a total loss of the whole of the subject-matter insured or，if the subject-matter insured is goods，for any apportionable part of the subject-matter insured，the insurer becomes entitled to assume the interest of the insured in the whole or part of the subject-matter and is subrogated to all the rights and remedies of the insured in respect of that whole or part from the time of the casualty causing the loss.（2）On payment by an insurer for a partial loss of the subject-matter insured，the insurer acquires no title to the subject-matter but is subrogated to all the rights and remedies of the insured in respect of the subject-matter from the time of the casualty causing the loss to the extent that the insured is indemnified，in accordance with this Act，by the payment for the loss.

④ 印度《海上保险法》（The Marine Insurance Act，1963）原文：Section 79：Right of subrogation.（1）Where the insurer pays for a total loss，either of the whole，or in the case of goods of any apportionable part，of the subject-matter insured，he thereupon becomes entitled to take over the interest of the assured in whatever may remain of the subject-matter so paid for，and he is thereby subrogated to all the rights and remedies of the assured in and in respect of that subject-matter as from the time of the casualty causing the loss.（2）Subject to the foregoing provisions，where the insurer pays for a partial loss，he acquires no title to the subject-matter insured，or such part of it as may remain，but he is thereupon subrogated to all rights and remedies of the assured in and in respect of the subject-matter insured as from the time of the casualty causing the loss，in so far as the assured has been indemnified，according to this Act，by such payment for the loss.

⑤ See H. Brown，Dictionary of Marine Insurance Terms，Witherby，1975，term subrogation.

情形下除外。

2. 代位求偿的制度核心

保险合同是补偿合同,损失补偿作为其基本的原则,能确保被保险人就其投保的损失获得充分补偿,但该补偿不应超过其所遭受的实际损失,从而防止被保险人在受到超额补偿的不当激励而可能产生的道德风险。代位求偿正是基于这个原则而产生的。也就是说,代位求偿权只能适用于补偿性的保险(Indemnity Insurance)之中,对于那些固定金额的保险(Sum Insurance,如寿险、意外伤亡保险等),则没有代位求偿权。从制度的层面上讲,普遍认为,保险法中的代位求偿与不当得利(Unjust Enrichment)有着密切的关系。在某种程度上我们甚至可以说,防止(被保险人的)不当得利既是保险代位权制度的现实制度基础,又是它的核心价值目标。

在英国《1906 年海上保险法》产生之前的 Castellain v. Preston 案中,Bowen 大法官有如下经典表述:"那么,必须适用什么原则呢? ……它是伟大的赔偿法则的必然结果,并且将产生下列效果:期望自其保险人获得全额赔偿的人不能两者兼得。如果他有办法减少损失,采取这些损失所取得的结果归属于保险人。如果他确实减少了损失,他必须将该减少的损失的利益返还给保险人。"①类似的观点 Black 勋爵在 Burnand v. Rodocanachi② 案的论述以及 Hoffmann 勋爵和 Steyn 勋爵在 Banque Financiere de la Cite v. Parc Battersea Ltd. ③案的论述都可以看到。在英国判例法上相对明确的"不当得利"的说法是在近二十年左右从无到有发展起来的,现已成为一个与合同法和侵权法并列的法律。④

与英美法系相近,大陆法系同样认为保险代位权的主要目的在于实现以防止被保险人的不当得利为核心的救济价值。德国保险法学界结合保险法的语境对"保险法利得禁止原则"(Versicherungsrechtliches Bereicherungsverbot)给予了显著的强调,⑤认为这一原则的重心在于防范被保险人获得超额补偿的不当得利。日本保险法学界对于保险代位权制度存在三种学说,它们同样将保险代位权制度的核心价值确立为防止被保险人的不当得利。⑥

我国保险法学界对代位求偿的现有研究也同样强调代位求偿权制度在防止被

---

① [1883] 11 Q. B. 380, 401. 转引自[英]Donald O´may, Juliam Hill:《OMAY〈海上保险法律与保险单〉》,郭国汀等译,法律出版社,2002 年版,第 567 页。

② [1882] 7 App. Cas. 333 at 339.

③ [1999] 1 AC. 221.

④ 参见杨良宜:《海上货物保险》,法律出版社,2010 年版,第 444~445 页。

⑤ 参见李政达:"从民法上'多数债务人间之求偿关系'论保险法上的'保险代位'",台湾高雄大学 2004 年硕士学位论文,第 121 页。转引自黄丽娟:"保险代位权制度的文献述评——以法定的债权移转与权利法定代位之安排的比较为中心",载于中国法学会商法学研究会 2010 年年会论文集(下册),第 420 页。

⑥ 参见黄丽娟:"保险代位权制度的文献述评——以法定的债权移转与权利法定代位之安排的比较为中心",载于中国法学会商法学研究会 2010 年年会论文集(下册),第 420 页。

保险人不当得利方面的核心作用，认为代位求偿制度是损失补偿原则的派生产物，它建立在保险的补偿原则基础之上，目的在于防止被保险人获得超额补偿，防范道德风险。①

除此之外，代位求偿权所依赖和表现的最根本的核心原则是法律认为应当做出赔偿的一方不是保险人，而是在违约和/或侵权行为中应当负责的责任方和/或过失方(Wrongdoer)。虽然我们理应尊重保险合同本身的严肃性与被保险人在保险事故发生之后所享有的选择权，但代位求偿权的存在并不意味着有责任的一方终局性责任的免除。在考虑代位求偿权制度实行的实际后果时，我们应当将处于不同层次的主体的法律关系加以综合考虑。否则，代位求偿权作为救济制度的意义也就不复存在。这同样也是由保险合同本身的特性决定的。②

在代位求偿权理论之中，保险人与被保险人之间的关系和被保险人与第三人之间的合同和/或侵权关系是两个不同质的法律关系，只不过通过代位求偿权将两者"桥接"在了一起。根据代位求偿内在的被保险人优先受偿原则，在两对法律关系中，被保险人都应当是核心的一方，主导法律进程的选择和发展。在通过代位求偿权连接保险人与第三人之时，保险人就取代了被保险人的位置。

反过来讲，对于保险人而言，代位求偿权则更不可能是其寻求免责的挡箭牌，毕竟，代位求偿的前提是保险人已经支付了保险合同下的赔偿，而保险人或违约方和责任人的求偿选择权一直都处于被保险人手中。保险人主张的其赔偿与第三人的赔偿具有任何先后顺序的抗辩，面对无辜的被保险人都是站不住脚的。对于有责任的第三方而言就更不可能享有这样的抗辩。

这样的原则推导出的必然结果即是所谓的扣除权理论。首先，如果被保险人在保险人赔付之前已经从有责任的第三人处取得有关该损失的一笔金钱，保险人有权向被保险人取回或者直接在保险赔付时予以扣减；其次，如果被保险人在保险人赔付之后从有责任的第三人处取得有关该损失的一笔金钱，保险人有权向被保险人取回。

3. 代位求偿权的性质

在近乎同一的防止被保险人不当得利的价值目标指引下，关于代位求偿权的性质认定，英美法系与大陆法系分别采取不同的观点，从而产生了两种截然不同的制度安排，即权利法定代位与法定的债权转移，我国台湾地区亦有保险法学者区分

① 参见陈欣、王国军：《保险法原理》，北京大学出版社，2007年版，第177页；参见许良根：《保险代位求偿权制度研究》，法律出版社，2008年版，第23页。

② Somersall v. Friedman [2002] 3 SCR 109.

其为"程序代位"与"实体代位"①。

英美法系理论认为,权利的代位(Subrogation)与权利的让与(Assignment)长期处于相区分的状态,进而推论得出保险代位权制度的根本性质在于其代位性而非让与性。即保险代位制度只是赋予了保险人以被保险人的地位而向第三人主张请求的权利,保险人必须以被保险人的名义行使代位求偿权。在整个保险代位权实现的进程中,保险人只是直接"踏进被保险人的鞋子"②,被保险人始终是诉讼程序中的原告。对于第三人的请求权始终保持其原有的独立完整的状态,其权利、义务以及时效、存续等要素不发生任何变化,同时也制约着代位之后的保险人。因此,在一般情况下,保险人享有的权利不应超过被保险人固有的权利,保险代位权不会发生权利让与下权利移转的效果。③

从理论上讲,现有的权利法定代位制度安排的基础是分摊原则(Principle of Contribution)、推定信托(Constructive Trust)理论和扣除权(Recoupment)理论。三者相互补充构成了现有完整的英美法体系下的保险代位权制度的核心,推动并促进保险代位权制度的进一步发展。

大陆法系理论则认为应当将保险代位权制度定位为法定的债权移转,保险人履行完对被保险人的保险赔付义务后,保险人取得自被保险人处移转来的对第三人的请求权,保险人进而可在保险赔付的范围内以自己的名义独立地向第三人主张请求权。法定的债权移转构造理论的核心依赖于不真正连带债务(Unechte Gesamtschulden)理论与保证关系的清偿代位理论④。这与英美法体系中代位求偿权制度的核心存在着本质的不同,两者不能够混为一谈。国内很多理论研究以法定债权移转理论作为基础分析英美法下的保险代位权制度,必然遇到障碍。

我国立法对于代位求偿权的制度定性与建构一直遵循大陆法系的传统与思路,将代位求偿权制度定性为法定的债权移转,并以此作为具体法律规则展开的基础。我国大陆以及台湾地区的保险法学者的主流观点也倾向于认为保险代位权属于法定的债权移转。我国的《保险法》⑤虽然没有明确使用"债权移转"或"债权转

---

① 参见尹章华:"保险代位制度改进刍议——兼论英美法制'程序代位'之社会功能",载于《保险专刊》,1993年第32辑,第121页。转引自陈俊元:"再论我国保险人请求权代位之性质",载于《政大法学评论》,1995年第90期,第253页。

② See Keeneth S. Abraham, *Insurance Law and Regulation*, The Foundation Press Inc, 1990, p. 201.

③ See Catriona Simpson, "Cargo Insurer´s Choice between Subrogation, Equitable Assignment and Legal Assignment in Proceedings in Hong Kong", *Lloyd's Maritime and Commercial law Quarterly*, Part 1997, p. 134.

④ 参见黄丽娟:"保险代位权制度的文献述评——以法定的债权移转与权利法定代位之安排的比较为中心",载于中国法学会商法学研究会2010年年会论文集(下册),第415~419页。

⑤ 《保险法》第60条第1款:因第三者对保险标的的损害而造成保险事故的,保险人自向被保险人赔偿保险金之日起,在赔偿金额范围内代位行使被保险人对第三者请求赔偿的权利。

移”的用词,但最高院相关的司法解释一般都认定其性质为法定的债权移转。① 在我国《海商法》第 252 条第 1 款更是以“转移”一词明文规定海上保险中保险代位权制度的性质为法定的债权移转。② 我国的司法实践中,也多依据最高院对代位求偿权性质的解释进行判决。如阳光财产保险股份有限公司上海市分公司诉武汉火箭物流有限公司保险人代位求偿权一案中,③法官在判决中明确“……保险代位求偿权是法定的债权转移,被保险人对第三者债权发生的原因如何不能影响保险代位求偿权的行使。只要该保险事故的方式使得被保险人享有对第三者赔偿请求权,则保险人均可向第三人行使代位权。”

另外,《最高人民法院关于审理海上保险纠纷案件若干问题的规定》第 14 条规定:受理保险人行使代位请求赔偿权利纠纷案件的人民法院应当仅就造成保险事故的第三人与被保险人之间的法律关系进行审理。该项规定实质是为了明确债权转移的法律效果不必受到质疑,只要债权转移的通知到达了债务人,则该债权转移就是有效的。尽管债权转移是否符合“法定”要求具有可质疑性,但此种质疑的权利理应由被保险人行使更为合理。当然,对债权转移质疑的动机还来自诉讼主体以及索赔数额随着保险赔付的发生而做出的调整以及此种变化给第三方被告所带来的疑虑。此外,即使被告不提出异议,法院也往往认为从程序上有必要审查债权转让的真实性或者合法性。这是法定债权转移学说本身的特性所致,故有必要通过司法解释确认法院审查的范围。

权利法定代位与法定的债权转移作为两种各有特色的制度安排,对于代位求偿权制度本身及其发展有着十分重要且深刻的影响,它们都是根源于自身法律传统和习惯所形成的产物。在其发展变革的过程中,两者也在积极地相互影响,④但显然英美法系的关于权利法定代位的制度更为灵活,更能适应并不断紧靠保险代位求偿权的核心目标,即防止被保险人不当得利。两者的差异不仅仅是请求权在表面上采用代位或者是移转的不同方向性问题这么简单,究其根本是两者在理论构造上存在质的差别。法定债权移转的两个理论基础无论是单独的还是作为一个整体,都无法有效地实现防止被保险人不当得利的目标。这才是现有理论和研究的根本困境所在。

从历史的角度上看,英美法系保险代位权制度的建立源自英国的海上保险制

---

① 参见周玉华:《最新保险法条文释义与案例解析》,人民法院出版社,2009 年版,第 324 页。

② 《海商法》第 252 条第 1 款:保险标的发生保险责任范围内的损失是由第三人造成的,被保险人向第三人要求赔偿的权利,自保险人支付赔偿之日起,相应的转移给被保险人。

③ [2014]鄂东西湖民商初字第 00491 号。

④ 如现在美国法律中保险人并不需要在任何情形下都必须以被保险人的名义进行诉讼等。参见黄丽娟:“保险代位权制度的文献述评——以法定的债权移转与权利法定代位之安排的比较为中心”,载于中国法学会商法学研究会 2010 年年会论文集(下册),第 419 页。

度，然后才进入其他保险领域，它有浓厚的商业色彩和实践背景作为依托；而大陆法系国家的代位权制度则是由民商法理论体系推演得出，其代位权的内涵来自罗马法的“诉权移转”(Cessio Actionum)制度①，进而推广到保险和海上保险的领域。两种理论下代位求偿权特征的差异常常导致不同法域之间诉讼权利或者法律适用的争议。

4. 代位求偿权的特征

(1)权利产生于保险赔偿之后。通常意义上来讲，保险人赔付给被保险人后才能享有相应数额的代位求偿权。在保险人赔偿被保险人之前，代位求偿权并不存在，被保险人对于保险人的代位求偿权只有善意与合理的保护义务，②如在保险合同订立前向保险人披露其与第三人对保险代位求偿权的约定事项，被保险人在未被保险人赔付之前应当采取适当的行为保护他可能的对承运人、托管人以及其他第三人的诉讼权利等。③ 这同时也是保险条款中明示或的默示要求。④ 在保险人全额赔偿被保险人以后，被保险人对于保险人的代位求偿权保护义务变得严格，他将不得损害保险人的代位权，否则被保险人将有可能面临保险人的索赔请求。

(2)行使名义的差异。保险人赔付后，无须被保险人有任何的意思表示，保险人对保险标的的代位权，包括物上代位权和代位求偿权即时自动取得，除非保险人放弃这种权利。在权利法定代位理论下，以被保险人名义或者保险人名义行使权利似乎都无障碍。英国法原则上采被保险人的名义，相同的还有意大利、加拿大、泰国、马来西亚等国家。美国则是根据个案的具体情况，或以被保险人名义行使，或以保险人名义行使。在保险人只是赔付了部分应赔付金额的情况下，也可以保险人与被保险人共同的名义向第三人求偿或提出索赔。⑤ 此即美国所谓的“真正利益当事人”名义。也有的国家既可以被保险人的名义，也可以被保险人名义，如日本。⑥ 在适用法定的债权转移理论的大陆法系国家，则多以保险人的名义行使。法定的债权转移理论认为保险代位求偿权是保险人独立享有的法定权利，债权内容来源于被保险人将其享有的对第三者的赔偿请求权向保险人的转移。

(3)与代位权不同。物上代位权的存在和行使与物本身有着紧密的联系。在英国法下，如果无法完整地取得物之所有权，则物上代位权就无法行使。但不论是

---

① See M. L. Marasinghe, “An Historical Introduction to the Doctrine of Subrogation: the Early History of the Doctrine”, *Valparaiso University Law Review*, Vol. 10, 1976, p. 48.

② Sola Basic Australia Ltd. v. Morganite Ceramic Pty Ltd. (Unreported, 11 May 1989, CA NSW).

③ Cargo Institute Clause (A) 1/1/82, Section 16. 2, Cargo Institute Clause (A) 1/1/09, Section 16. 2.

④ ITC-Hulls 1983, Section 13, ITC-Hulls 1995, Section 11, International Hull Clauses 01/11/03, Section 9;人保海洋运输货物保险条款(2009)第四条;人保船舶保险条款(2009)第八条。

⑤ 参见杨良宜:《海上货物保险》,法律出版社,2010 年版,第 458 页。Liberty Mutual Fire Insurance Co. v. Auto Spring Supply Co., 59 Cal App 3d 860, 864, [1976]

⑥ 《日本保险法》(2008)第 25 条第一款。

全损还是部分损失,保险人都可以获得代位权。区别只是在部分损失的情况下,保险人不能够取得保险标的的所有权与该保险标的出售的剩余价值。① 若保险人行使了物上代位权,通过委付/抛弃的形式取得了物之所有权,则保险人就此取得了该保险标的,即使客观上保险人有获利的行为,此时已与原被保险人无关。而在代位求偿权的限制语境下,保险人是不能够通过代位求偿权获利的,若其从有责任的第三人处追偿的金额超出了已赔付的金额,超出部分应当退还给被保险人。

(二)我国的代位求偿制度

1. 我国海上保险中代位求偿权制度概述

代位求偿权在我国现行的法律中被认为是债权的法定移转(Statutory Assignment),具体而言,保险人根据保险合同对被保险人的损失予以赔偿之后,如果第三方根据合同或法律须对该损失承担损害赔偿责任,被保险人享有的对第三方的债权请求权立即自动转移给保险人。不管保险人赔偿的损失是全损还是部分损失,保险人都具有法定的基于债权代位的代位求偿权。此种债权的转让无须被保险人的让与意思表示,也无须第三人的同意。保险人取得代位求偿权的时间是他赔付被保险人之日,从此时起,保险人可以且应该以自己的名义独立向第三人要求赔偿,保险人也无须通知第三人,不受我国《合同法》第 80 条②关于债权约定转移的制约。③ 当然法律也没有禁止保险人在法定的代位求偿权之外,通过约定以自己的名义向第三人请求赔偿,提起诉讼或者仲裁。《海商法》第 252~254 条对保险人的代位求偿权有详细的规定。④

在《海商法》中,代位求偿权自动产生于保险人向被保险人支付全部保险赔偿之时。保险人根据保险合同向被保险人支付了全部保险赔偿之后,保险人得以自己的名义直接向第三人请求或提起诉讼或仲裁。⑤ 在《海事诉讼特别程序法》中,第 94 条和第 95 条规定,保险人支付保险赔偿时,如果被保险人尚未开始诉讼程

---

① 英国《1906 年海上保险法》第 79 条。

② 《合同法》第 80 条:债权人转让权利的,应当通知债务人。未经通知,该转让对债务人不发生效力。债权人转让权利的通知不得撤销,但经受让人同意的除外。

③ 我国保险实践中保险人取得代位求偿权的时间与英国《1906 年海上保险法》的规定有所不同,英国《1906 年海上保险法》第 79 条规定:……从造成保险标的损失的事故发生之时起,受让被保险人在该保险标的上的一切权利和救济。

④ 《海商法》第 252 条:保险标的发生保险责任范围内的损失是由第三人造成的,被保险人向第三人要求赔偿的权利,自保险人支付赔偿之日起,相应的转移刚给保险人;被保险人应当向保险人提供必要的文件和其所需要知道的情况,并尽力协助保险人向第三人追偿。第 253 条:被保险人未经保险人统一放弃向第三人要求赔偿的权利,或者由于过失致使保险人不能行使追偿权利的,保险人可以相应扣减保险赔偿。第 254 条:保险人支付保险赔偿时,可以从应支付的赔偿额中相应扣减被保险人已经从第三人取得的赔偿;保险人从第三人取得的赔偿,超过其支付的保险赔偿的,超过部分应当退还给被保险人。

⑤ 参见 1992 年大连海事法院审理的“东方雄鹰”船倒签提单纠纷案。转引自徐孝先:“倒签提单索赔纠纷案”,载于《中国海商法年刊》,1992 年,第 359~364 页。

序,保险人就只能以自己的名义起诉第三人;如果被保险人已开始诉讼程序,保险人就可适时申请加入或替代被保险人作为诉讼主体,且无时间上的严格限制。在宏基燃料公司诉太保财险公司①一案中,被保险人宏基燃料主张,其在船舶碰撞纠纷案中承担过高责任的原因是保险人不参加船舶碰撞纠纷案的审理,未及时提供鉴定结论,因此保险人的行为构成违约。法院认为,保险人只有在赔付了四分之三碰撞责任的损失后,才能取得代位求偿权,才有权提起或加入船舶碰撞纠纷案件的诉讼中去。可见,本案被告作为船舶保险人,在尚未对原告进行前并未取得代位求偿权,也没有被碰撞案件的原告添列为当事人,因而其无权亦无义务参加到船舶碰撞纠纷案件中去。

2. 保险人代位求偿权的行使

(1)代位求偿权所受的约束和行使的范围

保险人的代位求偿权是传来取得的权利,即受让于被保险人的债权。代位求偿权由此便严格地限于被保险人原有的对第三人的权利,不能由于代位求偿而得到被保险人本没有的权利。代位求偿权也会受到第三人对被保险人抗辩权(包括权利的瑕疵)的约束,如类似于诉讼时效的起算并不受到保险人的代位求偿权的影响,第三人可同样主张责任限制等等。保险人的代位求偿权的行使也不会导致保险人通过代位取得被保险人在法律上没有的权利。保险人也不能对同一被保险人②或者共同被保险人行使代位求偿权。既然是基于保险人对被保险人的赔偿,保险人的代位求偿权便只限于第三人对被保险人在保险单中所享有的保险标的的保险利益产生的损害赔偿责任,也只限于与保险标的有关的权利,而不包括对保险船舶丧失租船运费的请求权。

依据我国《海事诉讼特别程序法》第 93 条和我国《保险法》第 60 条第 1 款的规定,保险人代位求偿权的行使以其保险赔偿范围为限。即保险人代位行使损害赔偿请求权的范围须以其实际向被保险人支付的保险金金额为限。但在被保险人对损害的发生亦存在过错的情况下,保险人向第三人请求赔偿的范围是以其实际支付的保险金金额为限全部追偿,还是以第三人对保险标的造成损害的过错程度为限而部分追偿,这一问题不能从现有的法律规定中找到答案。本书认为,在这种情况下,保险人追偿权的行使应以第三人造成损害的过错程度为限进行部分追偿。第一,如前所述,我国保险人代位权的立法基础是将其定性为法定的债权转移,保险人代位求偿权的本质是被保险人对第三人的损害赔偿请求权,因此在被保险人对损害的发生亦具有过错的情况下,第三人基于受害人有过错的抗辩也可对抗保

① [2004]广海法商初字第 205 号。

② Simpson v. Thomson [1877] 3 App. Cas. 279.

险人,主张相应免除自己的赔偿责任;第二,保险的功能在于补偿被保险人的损失,被保险人仅能就自己实际遭受的损害获得保险赔偿,对于其自己过错造成的损失,被保险人是要自己承担责任的,无权要求保险人或第三人赔偿;第三,若以保险人实际支付的保险赔偿为限进行全部追偿,必然会导致本来应由被保险人承担的责任转由第三人承担,这与侵权责任法中的混合过错责任原则是相违背的。

同时,需要注意的一个问题是,在保险人向被保险人赔偿之后,不知情的第三人又向被保险人进行了赔偿,此时第三人的赔偿效力如何?保险人能否向被保险人主张返还保险赔偿?有观点认为被保险人应当向第三人而非保险人返还该笔款项,保险人一旦赔付即法定地获得了代位求偿权,第三人的赔付行为无效,保险人在没有丧失向第三人请求赔偿的权利的情况下,应当向第三人请求赔偿。另有观点认为,人保条款和海商法规定的仅仅是代位求偿权的内部效力,而其外部效力应是代位事实在第三人知情的情况才能生效,否则对善意的第三人而言是不公平的,他不仅要因保险合同的存在额外负担一个返还之诉,还可能承担因被保险人破产等而无法返还的风险。①

(2)行使代位求偿权需要的文件

如前所述,代位求偿权在我国是因清偿而发生的一种债权转让,当保险人给付赔偿金之后,自动转移给保险人。而在实际业务中,为避免异议,保险人在行使代位求偿权时,一般都采用由被保险人签发一份保险人拟定的“权益转让书”(ubrogation form)作为保险人已经完成保险赔付,并取得代位求偿权的证明。但权益转让书仅有保险人取得保险代位权的证据效力,保险人是否取得及何时取得代位求偿权,应以保险人给付保险金作为判断依据。保险人支付保险赔偿金后,即使被保险人拒绝签署权益转让书,保险人也享有代位求偿权;反之,如果保险人未给付保险赔偿金,在我国的司法实践中,法院也无法仅凭一份权益转让书就确认保险人享有代位求偿权。

对此,《最高人民法院关于审理海上保险纠纷案件若干问题的规定》第13条指出:保险人在行使代位请求赔偿权利时,未依照海事诉讼特别程序法的规定,向人民法院提交其已经向被保险人实际支付保险赔偿凭证的,人民法院不予受理;已经受理的,裁定驳回起诉。在中国平安财产保险股份有限公司大连分公司与深圳市华运国际物流有限公司保险代位求偿权纠纷②一案中,法院认为根据《最高人民法院关于审理海上保险纠纷案件若干问题的规定》第13条的规定,平安保险公司应当提交赔偿凭证,但本案中平安保险公司一审时仅仅提交了银行保险赔偿凭证

① 参见朱作贤:“海上保险补偿原则研究”,大连海事大学博士学位论文,2009年,第175页。

② [2010]浙海终字第146号。

和被保险人闻达公司出具的《赔款收据和权益转让书》等证据的复印件，显然违反了上述规定，因此不予支持平安保险公司的上诉请求。再如中国人民财产保险股份有限公司大连市分公司与大连程远国际物流有限公司、新东船务有限公司海上货物运输合同保险代位求偿纠纷案①和中国平安财产保险股份有限公司北京分公司与万轮航运有限公司保险人代位求偿权纠纷案②中，法院也均以权益转让书不足以证明保险人已全额支付保险赔偿而否定了保险人代位权的存在。

由此可知，在我国的海上保险实践中，即使被保险人签署了权利转让书，其保险代位权仍不成立，保险人还需要其他的证据证明，如汇款凭证或者收据，来证明保险人已经做出了赔付，从而证明其代位求偿权的存在。

(3)被保险人协助保险人追偿的义务

在保险人向第三人进行保险代位请求的过程中，被保险人有义务协助保险人实施其对于第三人所享有的任何有助于减少投保损失的请求权。正如 Denman J 法官在 Dufourcet & Co. v. Bishop③ 一案中指出："只要保险公司有权代位行使被保险人对于被告的权利……被保险人必须提供一切保险人所要求的协助……"

被保险人有义务为保险人提供有助于减少投保损失的必要的信息与资料。提供必要的信息意味着凡与保险事故的发生以及被保险人对于第三人之请求有关的一切情况，只要其有助于减少投保损失，被保险人都应当提供。事实上，协助保险人向第三人追偿义务与后文提到的不侵害保险人的代位权益分别是被保险人义务的两个面向，前者是积极义务，要求被保险人为积极行为予以协助，后者为消极义务，要求被保险人在一定的限度内不作为以防护保险人的代位求偿权。

(4)被保险人不得侵害保险人的代位权

被保险人享有赔偿请求权是保险人获得代位求偿权的前提，一个已经被放弃的权利自然无法转移给保险人。因此，被保险人单方放弃向第三人索赔的权利实质上是对保险人代位求偿权的侵害，使保险人无法行使代位求偿权。需注意的是，被保险人对保险人的义务通常是指不能放弃向第三人行使请求赔偿的权利，以保障保险人可以行使权利。简言之，被保险人的义务为保障保险人的权利得以行使，而非得以实现。④

人保 2009 年海洋运输货物保险条款规定，未经保险人同意放弃向第三人要求赔偿的权利或者由于被保险人的过失而造成保险人代位求偿权受到损害的法律后

---

① [2010]辽民三终字第 35 号。
② [2014]鲁民四终字第 183 号。
③ Dufourcet & Co. v. Bishop, 18 QBD 373.
④ 中国渔船船东互保协会与林亚伟船舶保险合同纠纷上诉案((2006)桂民四终字第 5 号)。

果是，保险人可相应扣减赔款。这与我国《海商法》的第 253 条的规定①是一致的。但是法律和条款将“未经保险人同意放弃向第三人要求赔偿”和“过失致使保险人不能行使追偿权利”这两种情况进行单一地“保险人可以相应扣减保险赔偿”处理，似有不妥之处。

就被保险人的故意弃权行为而言，应当认定其与第三方的协议无效。因为实践中被保险人与第三人合意欺诈保险人或者被保险人受欺诈而不慎免除第三人责任的情况屡屡发生，如果将法律后果规定为保险人相应扣减保险赔偿就会使恶意第三人逃脱责任；如果将其后果规定为无效，由保险人继续行使求偿权就能合理地对恶意第三人进行惩罚，当然保险人可以通过保险合同追究被保险人的违约责任，比如扣减赔偿金。对于“过失致使保险人不能行使追偿权利”的情形，被保险人应当承担不利的法律责任。但问题在于，保险人做出实际赔付之后，即使由于被保险人的过错不能行使代位求偿权，也常常无法对已经做出的实际赔付进行相应扣减。因此有必要借鉴《保险法》第 61 条第 3 款，规定“保险人可以扣减或者要求返还相应的保险金”。②

在中国大地财产保险股份有限公司浙江分公司诉邬成路等船舶保险合同违约纠纷案③中，被告邬成路就其所有的“成路 19”船向原告投保远洋船舶一切险。2008 年 5 月 5 日，“成路 19”船航行于台湾以西洋面时发生舵轴断裂事故。邬成路委托被告晨洲公司就该事故向原告进行保险索赔。被告方向原告承诺就上述事故没有与他人签订过有损保险人权益的任何协议，保留了向包括船厂在内的任何第三方追偿损失的权利。原告据此对被告予以保险赔偿，被告方将上述事故的追偿权利转让给了原告。

然而在原告向“成路 19”船的建造方提起的保险追偿之诉中（以下简称“42 号案”），原告得知被告已与成路公司就“成路 19”船舵轴断裂事故达成了赔偿协议，成路公司明确确认责任与厂方无关，放弃了索赔权。且原告催告被告方提供必要的文件和告知有关情况时，被告方始终拒绝向原告提供，是导致原告在 42 号案中败诉的原因之一。法院认为，被告方未经保险人同意放弃向第三人要求赔偿的权利，且在 42 号案中未按要求向保险人提供必要的文件和所知道的有关情况，已经违反了海商法及保险法的相关规定，被告应当返还保险公司已支付的保险理赔款及其他费用。

---

① 《海商法》第 253 条：被保险人未经保险人同意放弃向第三人要求赔偿的权利，或由于过失致使保险人不能行使追偿的权利的，保险人可以相应扣减保险赔偿。

② 参见林新华、方阁：“海上保险中被保险人对保险人代位求偿权所负之义务”，载于《中国海商法研究》，2012 年第 3 期，第 66 页。

③ [2009]甬海法台商初字第 135 号。

(三)保险代位求偿权的放弃

代位求偿权在中国法及英美法下的理论基础不同,其法律表现形式也不尽相同。就保险代位求偿权的放弃来说,中国法下属于法定权利的放弃,而英国法下属于当事人自由意志的表达。

1. 放弃的条件

中国法下保险代位求偿权是从被保险人处转让取得的债权,对于保险人而言,本质上即是一种债权的请求权,又是一种法定权利,因此保险人的放弃属于有条件的放弃,即保险人在不违背法律和社会公共利益的前提下,可对代位求偿权进行自由处分。[①] 代位求偿权放弃的条件有以下几个要求:首先,保险人放弃代位求偿权的行为不能违反法律规定,不能损害公共利益。其次,保险人必须是自愿放弃行使代位求偿权。弃权行为是保险人对自己所享有权利的自由处分,保险人的意思表示需要真实。最后,保险人需要无保留地放弃代位求偿权。如果保险人在放弃代位求偿权时做出保留,则其仍可能对第三者行使代位求偿权。

由于在英国法下放弃是当事人的意思自由,因此往往在保险合同中存在明示或者默示的保险代位求偿权放弃条款(Waiver of Subrogation Clauses),该条款为:保险人同意不对特定人或者某类人援引保险代位求偿权。[②]

就明示的保险代位求偿权的放弃条款来说,除非另有约定,其可以适用于保险合同下的共同被保险人。对于共同被保险人而言,在其各自的承保范围内,可以援引保险人的代位求偿放弃条款。但是如果超过了承保范围或者基于某些原因不能提起保险金请求的情况下,共同被保险人不能援引保险人的代位求偿权的放弃条款。

对于默示的保险代位求偿权的放弃条款,在 The Yasin 案[③]中,船东以承租人代理人的身份取得承保货物全损的保单,保险人赔偿之后试图以船舶不适航为由向船东予以追偿。Lloyd 法官认为,对于确定援引该条款的一方(船东)是否是本条款的当事方已存在困难;另外,该默示条款与明示条款相冲突。因此,法官认为船东不能援引保险代位求偿权的默示的放弃条款。

2. 保险人放弃代位求偿权的原因

第一,因利益冲突而放弃。在责任保险市场发达的国家,追偿责任最终都由保险公司承担,因此追偿也变为主要是在保险公司之间进行。保险公司不能只考虑追偿收益而不考虑追偿责任,追偿收益和追偿责任相互抵消后,只是在原地打了个

---

① 参见王林清、杨心忠:“保险代位求偿权行使限制理论问题研究”,载于《法律适用》,2011 年第 5 期,第 16 页。

② See F. D. ROSE, *Marine Insurance Law and Practice*, Informa Law from Routledge, 2012, p. 584.

③ [1979] 2 Lloyd's Rep. 45.

转。正是基于这种情况，许多国家的保险公司通过协议约定互相不进行追偿，比如英国和加拿大汽车保险人之间达成的“碰撞协议”，指保险人之间达成协议：不管依各自的保单各自的被保险人是否有权获得保险金，保险人都予以理赔，并尽力劝阻各自的被保险人不要向对方提出索赔。

第二，因利害关系的影响而放弃。比如追偿成本支出较大，追偿产生的费用可能超过可得利益，为了避免“赢了官司赔了钱”的尴尬局面，或考虑到应保持与有关方面的良好关系等等，保险人往往会放弃代位求偿权。

第三，因保险人法律观念淡薄而放弃（也称不合理的放弃）。目前在国内保险业务中代位求偿尚不受重视，有保险公司尚未成立专门的代位追偿部门，也未把代位求偿结果列入保险业经营考核指标，这都不利于代位求偿权的行使。

第四，因被保险人与第三人可能存在重合的情况而放弃。如前文所述，实践中常有承运人投保货物险的情况发生，若发生承运人不能免责的货损，则被保险人与第三人重合。为避免这种情况发生，承运人在投保货物险时会与保险人约定一个放弃代位求偿权的条款。在南京傲江货运代理有限公司诉中国平安财产保险股份有限公司江苏分公司海上、通海水域保险合同纠纷①一案中，保险公司即自愿放弃了向被保险人的代位追偿权，但却保留向负有责任的第三方进行追偿的权利。（因为实践中，被保险人可能并不亲自从事货物的运输，而由实际承运人从事运输。）该第三人有时与被保险人是关联公司，被保险人在订立合同时，往往要求保险人同意免除对其关联公司的代位求偿权。

（四）保险代位求偿权的诉讼时效

代位求偿权诉讼时效与保险金给付请求权的时效不能混为一谈。我国《保险法》第26条②和《海商法》第264条③的规定针对的都是被保险人对保险人的保险赔偿请求权，其性质与保险人的代位求偿权完全不同。

1. 诉讼时效的起算点

关于海上保险合同下保险人代位求偿权诉讼时效的起算点，理论和实务界的认识可以《最高人民法院关于适用〈中华人民共和国保险法〉若干问题的解释（二）》和《最高人民法院关于海上保险合同的保险人行使代位请求赔偿权利的诉讼时效期间起算日的批复》（以下简称“批复”）为界分成三个阶段。

在《最高人民法院关于适用〈中华人民共和国保险法〉若干问题的解释（二）》

---

① ［2014］武海法商字第00450号。

② 《保险法》第26条：人寿保险以外的其他保险的被保险人或受益人，对保险人请求赔偿或者给付保险金的权利，自其知道保险事故发生之日起二年内不行使而消灭。

③ 《海商法》第264条：根据海上保险合同向保险人要求保险赔偿的请求权，时效期间为二年，自保险事故发生之日起计算。

颁布之前，由于并无明确的法律或司法解释对保险人代位求偿权诉讼时效的起算问题做出规定，理论和实务界对于这一问题的认识很不统一，代表性的观点有三种。一是认为基于大陆法系下代位求偿权债权法定转移的本质和继受人的权利不应大于原权利人的法理常识，代位求偿权的诉讼时效应当依附于被保险人与第三人的诉讼时效，自被保险人知道或应当知道其权利被侵害时开始计算。① 二是认为从诉讼时效制度敦促权利人及时行使权利的立法目的以及保险人的利益应当优先于加害人利益的价值选择出发，代位求偿权的诉讼时效应自保险人，而非被保险人可以行使权利之时开始计算，即依据《保险法》第 60 条 1 款的规定，从保险人承担保险责任之时开始计算。② 三是认为保险代位求偿权诉讼时效的起算时间应从保险事故发生之日起计算。③

上述争议也引起了最高人民法院的注意，因此最高人民法院于 2013 年 5 月 31 日公布并于 2013 年 6 月 8 日开始实施的《最高人民法院关于适用〈中华人民共和国保险法〉若干问题的解释（二）》第 16 条中明确规定：保险人代位求偿权的诉讼时效期间应自其取得代位求偿权之日起算。对于这一规定，最高人民法院在之后出版的《最高人民法院关于保险法司法解释（二）理解与适用》一书中做出了解释。在该书中，最高人民法院阐述了两点考虑：一是在我国保险理赔可能会因为鉴定、诉讼等事由拖延很长时间，而保险人对此往往不具有可归责性；二是由于保险代位权属于法定债权转让。故根据《最高人民法院关于审理民事案件适用诉讼时效制度若干问题的规定》第 19 条的规定，在保险人取得代位求偿权后，保险人或被保险人通知第三者的，诉讼时效从通知到达第三者之日起中断，这两种观点的实际执行效果差异不大。④

然而这一解释在海上保险语境下的合理性却值得质疑。首先，对于第一个考虑因素，根据《最高人民法院关于审理海上保险纠纷案件若干问题的规定》第 15

---

① 该种观点为《最高院关于适用〈中华人民共和国保险法〉若干问题的解释（二）（征求意见稿）》第 17 条所采取。

② 参见马宁、郁琳："保险法诉讼时效起算点法律漏洞的弥补——以《保险法》第 26 条第 1 款和第 60 条第 1 款为分析对象"，载于《保险研究》，2011 年第 2 期，第 119 页。

③ 江苏法院网有关案例认为，该案由于原告保险人没有诉讼时效中断的理由，其提起诉讼的时间距事故发生之日已经超过诉讼时效期间，因此丧失胜诉权，依法应当驳回其诉讼请求。参见江苏法院网，资料来源：http://www.jsfy.gov.cn/alpx/msal/2010/05/28162945887.html，最后访问时间 2016 年 12 月 10 日。

④ 参见最高人民法院民事审判第二庭：《最高人民法院关于保险法司法解释（二）理解与适用》，人民法院出版社，2015 年版，第 375 页。《人民法院关于审理民事案件适用诉讼时效制度若干问题的规定》第 19 条：债权转让的，应当认定诉讼时效从债权转让通知到达债务人之日起中断。债务承担情形下，构成原债务人对债务承认的，应当认定诉讼时效从债务承担意思表示到达债权人之日起中断。

条①的规定，保险人完全可以通过要求被保险人及时提起诉讼来加以解决。事实上，无论是海上保险立法还是实务操作，都对被保险人保护代位求偿权的义务做出了规定。例如《海商法》第 253 条就规定由于被保险人的过失致使保险人不能行使追偿权利的，保险人可以相应扣减保险赔偿，而且目前市场上常用的海上保险条款中也大都明确规定被保险人有义务为了保护保险人的代位求偿权对承运人开始诉讼程序。② 因此，最高人民法院的第一个立法考虑在海上保险下实属不必要。其次，对于第二个考虑因素，其完全没有考虑海事诉讼时效中断制度的特殊性。《最高人民法院关于审理民事案件适用诉讼时效制度若干问题的规定》第 19 条关于保险人或被保险人通知第三者即可达到诉讼时效中断效果的规定是对《民法通则》第 140 条“当事人一方提出要求”就可中断时效的规定在保险领域的延伸。但是如果这一规定进一步延伸到海上保险领域则存在问题，因为海商法第 267 条关于时效中断事由的规定中没有“一方当事人提出要求”这一项。因此，《最高人民法院关于审理民事案件适用诉讼时效制度若干问题的规定》第 19 条本身因保险法的特殊规定而不能适用于海上保险领域，最高人民法院的第二个考虑因素也就不能成立。

更为重要的是，从诉讼时效的角度来看，根据《最高人民法院关于适用〈中华人民共和国保险法〉若干问题的解释（二）》的规定，保险人的代位求偿权实际上已经独立于被保险人对第三人的赔偿请求权，成为一个新的权利。这不仅在一定程度架空了被保险人与第三人之间的诉讼时效，延长了被保险人与第三人之间法律关系的存续期间（海商法下被保险人与第三人之间的诉讼时效可能是 1 年的短时效，如货主就海上货物运输向承运人要求赔偿的请求权），还不利于督促保险人积极行使其代位求偿权（或督促保险人为保护其时效促使被保险人积极行使对第三人的赔偿请求权），与海上保险合同中诉讼时效制度关于提高效益、促使权利人尽快行使权利以促进交易关系尽快稳定的价值取向格格不入。③

---

① 《最高人民法院关于审理海上保险纠纷案件若干问题的规定》第 15 条：保险人取得代位请求赔偿权利后，以被保险人向第三人提起诉讼、提交仲裁、申请扣押船舶或者第三人同意履行义务为由主张诉讼时效中断的，人民法院应予支持。

② 例如 2009 年协会货物 A 条款第 16 条第 2 款：（被保险人）应确保对于一切对抗运送人、受托人或其他第三人权利之适当保留行使。被保险人因为履行上述之义务而适当及合理发生之费用，保险人得予补偿之。人保 2009 年海洋运输货物保险条款第 4 条第 1 款：如果货损货差是由于承运人、受托人或其他有关方面的责任所造成，应以书面方式向他们提出索赔，必要时还须取得延长时效的认证。如未履行上述规定义务，保险人对有关损失不负赔偿责任。人保 2009 年船舶保险条款第 8 条：保险船舶发生保险责任范围内的损失应由第三者负责赔偿的，被保险人应向第三者索赔。如果第三者不予支付，被保险人应采取必要措施保护诉讼时效。

③ 初北平、曹兴国，“变革中的海上保险合同诉讼时效再审视”，《法学杂志》，2014 年第 11 期，第 90～97 页。

鉴于《最高人民法院关于适用〈中华人民共和国保险法〉若干问题的解释（二）》第16条对海上保险的不适用性，最高人民法院于2014年12月25日对上海市高级人民法院《关于海事诉讼中保险人代位求偿的诉讼时效期间起算日相关法律问题的请示》做出批复，确认“海上保险合同的保险人行使代位请求赔偿权利的诉讼时效期间起算日，应按照《中华人民共和国海商法》第十三章规定的相关请求权之诉讼时效起算时间确定。”应当认为，最高人民法院的“批复”充分考虑了海上保险立法及其实务的特殊性，并与长期以来我国对保险人代位求偿权属于债权法定转移的认识和“继受人的权利不应大于原权利人”以及“加害人依法所享受之时效利益，不因保险人代位行使而剥夺”①的基本法理相符，具有合理性。

2. 诉讼时效的期间

依据前述“批复”所确立的原则，海上保险人代位求偿权的诉讼时效期间也应适用海商法第十三章的规定，与被保险人在海商法下享有的对第三人的时效期间保持一致。

3. 诉讼时效的中断

首先，根据我国《海商法》第267条的规定，时效因请求人提起诉讼、提交仲裁或者被请求人同意履行义务而中断。但是，请求人撤回起诉、撤回仲裁或者起诉被裁定驳回的，时效不中断。因此，如果保险人在获得代位求偿权之后向第三人提起诉讼、提交仲裁或者第三人同意向保险人履行赔偿义务的，保险人代位求偿权的诉讼时效自然中断。其次，根据最高人民法院《关于审理海上保险纠纷案件若干问题的规定》第15条的规定，保险人取得代位请求赔偿权利后，以被保险人向第三人提起诉讼、提交仲裁、申请扣押船舶或者第三人同意履行义务为由主张诉讼时效中断的，人民法院应予支持。也就说，保险人代位求偿权的诉讼时效也可因被保险人对第三人的时效中断事由而中断，而且本条中被保险人申请扣押船舶也构成时效中断的事由，其范围大于前述《海商法》第267条。

还有一点需要注意的是最高人民法院《关于审理民事案件适用诉讼时效制度若干问题的规定》第19条有关“保险人取得保险代位求偿权后，保险人或被保险人通知第三者的，诉讼时效从通知到达第三者之日起中断”的规定不应在海上保险中适用。因为正如前文所提到的，该司法解释规定的逻辑基础是《民法通则》中“当事人一方提出要求”即可中断诉讼时效的规定，而这并非《海商法》下的诉讼时效中断事由。

① 参见江朝国：《保险法基础理论》，瑞兴图书公司，2005年版，第402页。

(五)关于代位求偿制度的几个特殊问题

1. 超出保险赔偿的追偿所得的处理

从补偿原则的角度出发,被保险人已经从第三人取得的赔偿,视为被保险人为保险人的利益而保存,保险人支付保险赔偿时,可以从应支付的赔偿额中相应扣减被保险人已经从第三人处取得的赔偿。保险人从第三人取得的赔偿,超过其支付的保险赔偿的,超过部分应当退还给被保险人。① 在英国法下存在着类似规定,认为这样的超额的赔偿(Windfalls)应当归属于被保险人。②

另外,我国《海事诉讼特别程序法》第 93 条至第 97 条对海上保险人行使代位请求赔偿权的具体程序做了规定。

2. 被保险人剩余赔偿请求权的优先性

在第三人对损失的发生负有责任的情况下,若被保险人未从保险人处获得充分赔偿,其针对剩余的损失仍有权向第三人主张损害赔偿。但若第三人的清偿能力不足,无法完全满足被保险人和保险人的全部赔偿请求,则被保险人针对第三人的剩余赔偿请求权与保险人代位权之间的优先顺位应如何处理,我国相关法律并未有明确规定,学界也存在争议。

被保险人就其所遭受损失的剩余赔偿请求权应优先于保险人对第三人的代位求偿权,否则,在第三人偿付能力不足时,被保险人就会因保险人代位求偿权的存在而无法获得充分补偿。这与代位求偿制度防止被保险人获得双重赔偿,并进而保护保险人的利益的初衷也是不相符的。

3. 承运人投保货运险的性质认定对代位权的影响

虽然保险公司纷纷推出了承运人责任险,但由于责任险保费较高,出于对经营成本的考虑,很多承运人选择购买保费较低的货运险,因此在海上保险实践中,承运人为自己承运的货物投保货运险的情况非常普遍。承运人为承运的货物投保货运险通常存在两种情形:一是根据运输合同约定代货主投保货运险;二是以自己的名义投保货运险。在第一种情况下,承运人只是作为货主的代理人订立了货物保险,保险合同中的被保险人依然是货主,此时保险人的代位权不会受到影响。承运人以自己的名义与保险人签订保险合同,投保货运险,对于保险合同的性质界定,实务界有两种观点:一种观点认为其仍是货物保险合同,另一种观点则认为其具有责任保险合同的性质。

---

① 《海商法》第 254 条:保险人支付保险赔偿时,可以从应支付的赔偿额中相应扣减被保险人已经从第三人取得的赔偿,保险人从第三人取得的赔偿,超过其支付的保险赔偿的,超过部分应当退还给被保险人。

② Yorkshire Insurance Co. v. Nisbet Shipping [1962] 2 QB 330; North of England Iron Steamship Insurance Association v. Armstrong [1870] LR 5 QB 244; Goole & Hull Steam Towing Co. v. Ocean Marine Insurance Co. [1928] 1 KB 589.

我国的海上保险实践中也时有承运人投保货物运输险的情况发生。货物运输途中发生承运人不能免责的货损,承运人即要向货主承担违约责任。

肯定承运人对其运输的货物享有保险利益,可以投保货物运输险,则在保险责任期间内发生承运人不能免责的货损,保险人即应向承运人承担保险金赔偿责任。根据代位求偿权理论,当第三人对保险标的的损失负有过错责任时,保险人赔偿被保险人后即可代被保险人之位向第三人追偿。而在前述情况下,保险合同中的被保险人与对保险事故发生负有责任的第三人是重合的,二者均为货物运输合同中的承运人。此时,若保险人行使代位求偿权,其代位之人与代位权行使的对象是同一人,即承运人。为避免这种情况的发生,实践中承运人在投保货物运输险时都会与保险人在保险合同中订立一个放弃代位权的条款,即保险人在进行保险赔偿后,不再向被保险人追偿。但若认为承运人对其运输的货物并不享有保险利益,无权投保货物运输险,则其订立的保险合同性质为责任保险。那么在保险人向被保险人即承运人支付保险赔偿后,便不能再向被保险人追偿,因为责任保险与财产保险不同,并非是补偿性质的,更多是风险分担的一种方式。责任保险中,保险人是不能向被保险人代位追偿的。法院对南京傲江货运代理有限公司诉中国平安财产保险股份有限公司江苏分公司海上、通海水域保险合同纠纷一案①的判决即明确了此种观点。但应注意的是,责任保险的承保条件比货物保险要严格得多,承保费率也比货物保险要高,因此认定此类保险是否为承运人责任保险还应根据双方的订约意图来判断。

四、损失、委付与提前解约权

(一)概述

如果发生了保险事故,并且被保险人宣称该保险事故的损失属于保险范围,就应当解决如何进行保险赔偿的问题。在解决保险赔偿问题时,首先要确定的是保险标的因为保险事故而遭受的损失的程度和范围。依照该标准来划分,损失可分为全部损失和部分损失两种,全部损失又可分为实际全损(Actual Total Loss)和推定全损(Constructive Total Loss)。部分损失按造成损失的原因来区分,可以区分为单独海损、共同海损、救助费用和特别费用。②

---

① [2014]武海法商字第00450号。法院在判决中指出:在责任保险中,保险人不能向被保险人进行代位追偿,而被告平安公司明确表示放弃对宁腾公司的代位追偿权,从合同目的分析,宁腾公司与被告平安公司之间并非责任保险合同关系,而系货物保险合同。

② 在《2013年北欧海上保险方案》的C1-1中认为损失是指任何类型的经济损失,包括全损、损害(Damage/Average)、收入损失、费用与责任。原文:loss (tap) means financial loss of any kind, including total loss, damage, loss of income, costs and liability.

作为损失类型的划分核心,全损是海上保险中保险标的损失的中心概念。在主要的保险法律与条款中,一般都会将除了全损之外的损失定义为部分损失。即海上保险中不属于全损的损失,为部分损失。被保险人要么向保险人索赔全损,要么索赔部分损失。

将保险标的的损失区分为全损和部分损失的意义在于:第一,在有的海上保险合同中,保险人只承保保险标的的全损风险,如全损险(Total Loss Only)以及不保单独(Free of Average),如果保险事故造成的保险标的的损失没有构成全损,被保险人就无权获得任何的保险赔偿;第二,即使是依据海上保险合同,保险人同时也承保保险标的的部分损失风险,对保险事故造成的损失,被保险人只能向保险人索赔部分损失,除非被保险人能够证明已经发生了全损;第三,在保险标的发生全损的情况下,保险人按照全损赔付之后,取得保险标的物的物上代位权;第四,保险人按照全损赔付被保险人后,海上保险合同就此终止;第五,除非保险合同有特别约定,一般情况下全损不得扣除免赔额。

(二)实际全损

《海商法》第245条规定认为,保险标的发生保险事故后灭失,或者受到严重损坏完全失去原有形体、效用,或者不能再归被保险人所拥有的,为实际全损。英国《1906年海上保险法》的规定与《海商法》的规定类似。根据英国《1906年海上保险法》第57条的规定,实际全损包括三种情况。第一,保险标的完全灭失或者损坏;第二,保险标的遭到严重损坏而失去了原有的形体和效用;第三,被保险人永久性的和无法挽回的被剥夺了使用或者占有保险标的的权利。《2013年北欧海上保险方案》的规定也非常类似,在船舶保险中,根据C11-1,如果船舶灭失,或者船舶受损严重以至不能修理,被保险人可以提出全损赔偿的请求。因此全损索赔权因为“实际全损”和所谓的“无法修复”而产生。《2013年北欧海上保险方案》认为,如果船舶的形体遭到损毁,以至不再是一条船,即使一些部件完好无损或者可以修复,则仍然构成全损。作为一项原则,对船舶进行修理和使用部分旧部件建造一艘新船是有区别的。绝对灭失与基于经济估价的考虑确定是否实施救助和修理这类情形之间是渐进演变的。船舶“无法修复”的表述暗示该船舶必须被认定是毁损的船舶,致使该船从技术角度看进行修理已毫无意义。

第一种情况非常明显,保险标的在海上风险的作用下发生完全的灭失。区别于后两种情况的是,这里的情形主要是指保险标的绝对灭失,如船舶被摧毁(Destruction),或者虽然没有被摧毁但是仅剩残骸,抑或者虽然船舶依然完整,但是不能被救助或者移泊到修船地点。如货物随船沉入深海、被抛弃、被没收、货物被完全烧毁等,这都是典型的保险标的完全灭失或者毁坏的情况。但同样也应当注意到货物的沉没并不一定认为就一定构成实际全损。①

第二种情况主要是指货物失去原有的形体和效用,针对不同种类的货物特性,包括由于海上风险带来的货物的外观与实际用途的改变。保险标的是否因为承保风险而失去了原有的形体或者效用取决于对其原有形体和效用的判定。在对于形体与效用的解释严格限制于词义本身的基础上②,同时考虑形体与效用的变化带来的经济价值的变化。在实践中主要是指货物在抵达目的地之前失去其“商销性”(Merchantability/in an unmerchantable condition),如水泥进水结块③、化肥被水溶解、食品被有毒物质沾污、水果腐烂无法出售、冷冻物品解冻变质、牲畜死亡,等等。

在中国法下,判定货物是否构成实际全损的标准相对比较严格。例如,在莫斯科考兰特有限公司诉中国平安保险股份有限公司绍兴支公司、中国平安保险股份有限公司海上货物险合同纠纷案④中,就可以看出中国司法实践中对实际全损的严格态度。1998 年绍兴外贸与考兰特公司签订皮鞋买卖合同,并向中国平安保险股份有限公司绍兴支公司投保。在货物经海运到达莫斯科考兰特有限公司后,收货人申请检验后发现“该批鞋子内、外部均布满白绿色的霉菌菌落,致使鞋子严重受损。”根据观察该菌菌落的发展可以得出结论:该霉菌成长已经一至一个半月,且系在长时间的高湿度情况下产生的,长时间的霉变作用下产生的皮上营生的菌落使皮鞋及皮革制品的高分子化合物原料组织受到严重破坏、缝线脱落。此外,俄罗斯国家公共传染病监督中心函告考兰特公司,该批鞋子不符合俄罗斯联邦公共卫生的检疫要求,不得签发卫生证书。双方就争议诉诸法院。虽然通过描述可知,鞋子的毁损程度已经使其无法再继续发挥其本身的作用,然而法院仍然认为这种情况不足以构成货物的实际全损,而只能视为构成推定全损。如果货物在运输途中发生损坏,必须在中途港口卸下,卸下之后发现由于已经完全腐败,货物已经不能被安全的重新装船,而需要立即被丢弃;或者由于正在发生的快速腐败过程,货物必须在中途港卖出,因为重新装船运输之后抵达目的地必然会使得货物失去原有的形体和效用,被抛弃的货物或被出卖的货物都属于实际全损,被保险人有权向保险人索赔实际全损。当然,中途处理货物所得,扣除处理费用之后,应当归保险人所有。但在海上保险实务当中,实际上是由被保险人保留变卖所得,保险人负责

① Captain JA Cates Tug and Wahrfage Co. v. Franklin Ins Co. [1927] AC 698.

② 如果一艘以拆卸为目的的破旧船舶在拖船的拖带下遭遇海难而搁浅并且如果不依靠救助或者一定程度的修理就无法继续前行,在这种情况下不能被认定为搁浅船舶失去了原有的形体或效用而构成实际全损。See Fraser Shipping Ltd. v. Colton [1997] 1 Lloyd's Rep. 586, 591.

③ Asfar v. Blundell [1896] 1 QB.

④ 参见中国商事海事审判网,资料来源 http://www.ccmt.org.cn/shownews.php? id=30,最后访问时间 2015 年 11 月 2 日。

赔偿保险价值与变卖所得之间的差额，即救助损失（Salvage Loss）。另一方面，如果货物在中途受损严重，但可以合理预期运到目的地而不致改变其货物“种类”（Specie），被保险人没有安排续运或者在中途将货物出售时，被保险人则无权向保险人索赔实际全损，保险人则只需要赔偿货物的保险价值与变卖所得之间的差额。[①] 被保险人只有委付保险货物，向保险人索赔推定全损。

另外这种情况同时也可以发生在非货物保险之中，保险标的遭到严重损坏而无法修理时也可以构成实际全损。[②] 在美国加利福尼亚州适用英国法判决的 The Gatto[③] 一案中，保险标的的钻井平台严重损坏，毁坏之后的残余部分已经不可能被修理甚至被用于重新建造，或者说重新拼装参与部分的行为已经不能被合理地认为是一种修理行为。法院认定，保险标的的损失构成实际全损。

在 Fraser Shipping Ltd. v. Colton[④] 一案中，保险船舶被拖带前往拆解，其投保了全损险。在被拖带的时候，保险船舶与拖船分离，最后搁浅在一个中国的小岛上。船舶几乎破损成两截，大部分的船舱破损。被保险人向保险人主张全损赔偿。法院判决驳回了被保险人的请求，认为船舶尚不构成全损，理由在于：(1)保险船舶是一艘无动力船舶，为拆解目的而拖带，船舶并未因搁浅而丧失其本质属性；尽管船舶在搁浅后，如不进行救助或一定程度的修理将无法继续航行，但是作为无动力船舶，其必要的船舶组成部分尚未损毁到完全不适拖的程度。(2)根据实际全损的定义，是否发生实际全损将根据原告是否已经无可挽回地丧失了该船的占有，即该船是否已经不被原告或其保险人占有处置。具体到本案，即该船是否能被救助。在此，无异议的证据表明：综合考虑可行性和费用，船舶是可以获救的。因此船舶尚不构成实际全损。所以，在船舶遇难而破损的情形，往往涉及船舶的修理、恢复问题。如果从技术上考虑，证明船舶已不能修复，才构成实际全损；如果客观上可以修复，但从商业上考虑，证明修复费用总额达到或高于保险金额，不值得修复，则构成的是推定全损，而非实际全损。

第三种情况的典型例子是保险标的沉入深海无法救助和打捞，或者保险标的在被扣押之后被拥有合格管辖权的法院下令拍卖，或者被捕获（Capture），导致被保险人永久性的和无法挽回的被剥夺了使用或者占有保险标的的权利。对于在实际全损中无法挽回的被剥夺的解释，英国法下通常非常严格。根据 Arnould 的论述，保险人对船舶的丧失占有和控制必须达到“永久地、无可挽回”的程度，且复原和获救的可能性和希望也完全落空。这与被保险人选择如何对待保险标的无关。

---

① Anderson v. Wallis [1813] 2 M. & S. 240; Roux v. Salvador [1836] 3 Bing & N. C. 266.

② Barker v. Janson [1868] LR 3 CP 303.

③ Edinburgh Ass Co. v. Burns [1980] AMC 1261; [1982] AMC 2532.

④ [1997] 1 Lloyd's Rep 586.

在 Dean v. Hornby 一案中,Lord Blackburn 又提出了以“等等看”(Wait and See)的方式判断实际全损的问题,其指出“将丧失占有绝对地视为全损的原因是很危险的,因为之后的恢复占有会将全损变为部分损失。在涉及占有被剥夺时,‘Wait and See’在一定程度上是判定全损的必要因素,除非在被剥夺的当时有明确的意图表明这种所有权的丧失是永久的。”①在 G Cohen, Sons & Co. v. Standard Mar Ins Co. Ltd. ②案件中,法院判决认为“如果被保险人在物理层面和法律层面都有可能修复保险标的所发生的损害,那么就没有构成法律当中所称的不可避免地被剥夺,即使要想修复保险标的要付出相当大的努力和资金。”考虑到英国《1906 年海上保险法》在条文用语解释上的严苛性,实际全损往往很难成立。③

在英国法下对于船舶被海盗捕获后被保险人是否可以船舶全损为理由索赔损失,新案 The Bunga Melati Dua④ 有全面的阐述。2008 年 8 月 19 日,油轮 Bunga Melati Dua 被索马里海盗捕获,船舶、船员和货物一起被带到索马里海域。原告是船上运载的柴油的货主,被告是为货物承保的保险公司,其签发的保单承保海盗和偷盗损失。在船舶被捕获后不久,船东(一家马来西亚的国有公司 MISC)和海盗展开了谈判,希望在支付赎金后海盗能够释放船舶、船员和货物。上诉法院对船舶被海盗劫持之后,何为“无法挽回的被剥夺”做出了解释。在向海盗支付赎金有可能换回船舶被赎回的情况下,被保险人索赔实际全损的请求不能成立,因为这是典型的“Wait and See”的情况。在本案中,“无法挽回的被剥夺”的标准是否成立是判断船舶是否构成实际全损的条件。在没有任何成文法律或者判例明确规定海盗捕获并扣押一定就构成实际全损的前提下,被保险人永久性的和无法挽回的被剥夺了使用或者占有保险标的的权利是一个事实问题,海盗捕获可能构成实际全损,也可能不构成实际全损。⑤ 可见,只有在被保险人丧失对船舶的占有或控制,船舶找到和赎回无望的情况下,才可能构成实际全损,但如果有找到并重新夺回船舶的可能性,在被保险人恢复占有后,其只能就船舶的部分损失索赔。

运费的实际全损,一般是指在发生保险事故导致的被保险人无法赚取运费时,根据保险合同的约定由保险人赔偿被保险人遭受的运费损失。运费发生实际全损与运费本身的性质、运费保险的种类和运输合同的性质等有关。实际全损是否发生取决于赚取运费所依赖的条件是否发生以及影响正常运费赚取事件的发生与运费损失之间的关系。

---

① [1854] 3 E & B 180 at p 190.

② G Cohen, Sons & Co. v. Standard Mar Ins Co. Ltd. [1925] 30 Com. Cas. 139.

③ The “Shakir III” [1997] 1 Lloyd’s Rep. 163.

④ [2011] 1 Lloyd’s Rep. 630.

⑤ 如果存在赎回或者夺回船舶的可能性,则可能不会构成实际全损。See Dean v. Hornby [1854] 3 EL&Bl 180.

在 Wilson v. Forster① 案中,船舶和运费都投保,运输合同约定运费只有货物抵达卸货港交付时才会支付。后来,货物在交付前因柏林政令在卸货港遭扣留、征用并出售,这就构成英国出口运费的实际全损,尽管运货船舶也被扣押,后被船长赎回,并最终回国挣得进口运费。在这种情况下如果保险单是针对租船合同下英国进口运费的话,那么尽管在外国港口原先装船出口的货物已被扣押并出售,只要船舶为赚取运费装载其他货物最终抵达其国内港,在此保险单下就不存在运费的全损。

在发生全损之前,如果因为保险人承保的风险导致保险标的发生了部分损失,被保险人未采取措施修复的,保险标的的损失在构成实际全损时被保险人向保险人索赔全损,或者在构成推定全损时被保险人向保险人索赔全损或者部分损失的,按照保险法中的吸收原则,保险人应当只向被保险人赔偿全部损失。无论在任何情况下,被保险人都不应当获得超过保险价值的保险赔偿,这也是海上保险法补偿原则在全损赔偿中的体现。

(三)推定全损

1. 推定全损概述

我国《海商法》仅规定了海上保险标的中的船舶和货物的推定全损制度。第 246 条第 1 款规定:船舶发生保险事故后,认为实际全损已经不可避免,或者为避免发生实际全损所需支付的费用超过保险价值的,为推定全损。同条第 2 款规定:货物发生保险事故后,认为实际全损已经不可避免,或者为避免发生实际全损所需支付的费用与继续将货物运抵目的地的费用之和超过保险价值的,为推定全损。无论是船舶还是货物推定全损,从定义上看都应当包括两种不同的情形,一是实际全损已经不可避免,二是为避免发生实际全损所需支付的费用(以及包括继续将货物运抵目的地的费用)超过保险价值。

对于以上的"不可避免"(Unavoidable),国内有学者认为"如果说不可避免是指必然会发生,那么在推定全损和实际全损之间就没有任何界限……在实务中,实际全损不可避免,主要是指被保险人丧失对保险标的的自由使用,不大可能在合理的时间内重新获得该保险标的的情况。"②需要注意,我国《海商法》将保险标的的保险价值作为判断船舶或货物遭受承保风险带来的损害是否构成推定全损的标准,而不考虑保险标的的实际价值,这和英国海上保险实务的做法不同。

英国《1906 年海上保险法》第 60 条对推定全损的规定如下:(1)除保单另有明确约定之外,保险标的被认为实际全损将不可避免,或者为避免发生实际全损所需

---

① Wilson v. Forster [1868] LR 3CP 427.

② 参见汪鹏南:《海上保险合同法详论》,大连海事大学出版社,2011 年版,第 101~102 页。

支付的费用将会超过其本身价值而被合理放弃的，为推定全损。（2）特别在以下情况下成立推定全损：a. 由于承保风险使被保险人丧失对其船舶或货物的占有，而且按实际情况被保险人不可能恢复其占有的；或恢复对船舶或货物的占有所产生的费用，按实际情况将超过恢复时价值的。b. 由于承保风险使船舶受到损坏，而修理船舶损坏的费用将超过修理后船舶价值的，在估算修理费用时，不应扣除其他利益方对这些修理而支付的共同海损分摊金额，但是，如果船舶要进行修理，则今后有可能支付的救助费用以及船舶有可能承担的共同海损分摊金额应考虑在内。c. 货物受到损坏，修理受损货物和继续将货物运至目的地的费用之和将超过到达时的价值。

英国法在诸多的判例之中对这两款之间的关系与内容做出了解释，其中最具代表性的就是 1939 年的 Robertson. v. Petros Nomikos, Ltd. ①案。Poter 勋爵在此案中指出“一个可以称为定义性的条款，必须概括了所有的情况，然而，就第 60 条而言，第 2 款第 2、3 项中的内容似乎并未被第 1 款的内容所包括。这样说来，第 60 条第 2 款并不是单纯对第 60 条第 1 款进行具体的举例说明，而是增添了新的内容。”换言之，该两款的内容应当是独立分开的，其中第 1 款是以实际全损与推定全损的关系角度界定的推定全损，第 2 款则是通过列举式方法明确规定了成立推定全损的其他情形，包括基于丧失对保险标的的占有以及保险标的遭受损坏情形下无法恢复占有和可能支付高额费用（Super Expense）时的推定全损。另外，第 60 条第 1 款规定的一般适用范围是实际全损不可避免的或者已被合理放弃的保险标的（包括运费）；而第 2 款则仅适用于保险标的为船舶和/或货物，这一款与我国《海商法》规定的推定全损的适用范围类似。

根据以上规定，结合英国法下对实际全损的认定标准，推定全损的类型在英国法下可以被分为以下六种：（1）由于实际全损不可避免，保险标的合理的被抛弃；（2）为避免实际全损而支出的费用超过保险标的本身的价值；（3）被保险人被剥夺了对船舶或者货物的占有，而根据具体的情形，不可能在合理时间内重新占有船舶或者货物；（4）被保险人被剥夺了对船舶或者货物的占有，而被保险人为取回船舶或者货物原有的占有状态而支付的费用，超过了船舶或者货物取回后的价值；（5）在船舶受损的情况下，修理船舶的费用超过了船舶修理之后的价值；（6）在货物受损的情况下，修理受损货物和续运货物到目的地的费用超过了货物到达目的地时的价值。

如果保险标的的损失构成了推定全损，被保险人有权选择向保险人委付保险标的，索赔全损的赔偿。当然被保险人也有选择不委付的权利，同时选择恢复和修

---

① Robertson v. Petros [1939] AC 371.

理保险标的①,并向保险人索赔部分损失,就合理的恢复和修理费用也可以通过“Sue and Labor”向保险人索赔。我国《海商法》第255条还规定了保险人通过全额支付保险合同约定的赔偿,放弃对保险标的的权利,解除对保险标的的义务。

2.船舶的推定全损

(1)船舶的实际全损已经不可避免,船舶因此被合理的抛弃。

此种情形中,船舶被抛弃的合理性是认定推定全损的关键。如果存在不合理抛弃的情形,那么损失将被认定是由于不合理抛弃而并非承保风险造成的,进而被保险人也就不能据此索赔推定全损。这种情况下的推定全损认定中,在船舶实际全损不可避免与合理抛弃之间应当存在一种合理的联系,不可避免应当是抛弃船舶的前提条件。

有人认为,“不能避免”的含义模糊。如果说“不能避免”是指必然会发生,那么在推定全损和实际全损之间就没有任何界限。这显然站不住脚。人保2009年条款以及英国《1906年海上保险法》第60条第1款均附加了“看似”一词,《海商法》中也附加了“认为”一词,这就是考虑到损失的发展及其结果不确定、不能预见。其损失仍然只能被描述成“看似”不能避免。因此,“看似”或“认为”“不能避免”,与实际损失必然发生具有本质差别,更非实际损失已经发生。它们都恰如其分地划清了推定全损与实际全损的界限。②

英国学者认为,“全损看似已不能避免”并不能仅以被保险人的主观状态为标准。如果推定全损的事实状态并不存在,仅仅是被保险人诚实、合理地相信全损不能避免,尚不构成推定全损。③ 换言之,推定全损必须是“根据已知的确切事实”看似不能避免,而非“根据被保险人知道的事实”判断。

根据英国普通法上的要求,在委付发出时全损不能避免的可能性必须达到最高程度(highest degree of probable at the time of abandonment)④或者具有很强的可能性(a very strong probability)⑤。

在Lind v. Mitchell⑥案中,一只纵帆船被冰山撞坏开始渗水。弃船之前,船长放了火。后来,该船被一艘轮船发现。当时,该船已经着火,但仍高高地浮在水面上。上诉法院认定,该船不构成推定全损。Scrutton大法官评论道:被保险人是否

① 在有法律强制性确认被保险人有施救义务的情况下,这里认为,如果被保险人在可以索赔推定全损而未索赔时,应当负有合理救助保险标的的义务。

② 参见推定全损和保险委付,资料来源 http://www.doc88.com/p-29896940832.html,最后访问时间2016年12月18日。

③ See Jonathan Gilman et al., *Law of Marine Insurance and Average*, Sweett & Maxwell, 2013, p. 1489.

④ Anderson v. Wallis [1813] 2 M. & S. 240, as per Lord Ellenborough.

⑤ Masefield v. Amlin Corporate Member Ltd. [2010] 1 Lloyd's Rep. 509.

⑥ 45 T. L. R. 54 [1928].

可以这样推论,从出现漏水开始全损就有了可能,并可判断全损不能避免,从而对该船的委付是合理的？不。这一委付并不合理。这艘船距离港口 15 海里以内。证据表明,船员乘坐的救生船能够顺东北风划行。救生船可以航行,则该帆船同样也可在东北风向中航行。该帆船在被委付后的七、八个小时后仍高高地浮在水面上。所以,委付是不合理的。

人保 2009 年条款的措辞与英国《1906 年海上保险法》的措辞相同,在理解本款时可借鉴英国法的解释。

与人保 2009 年条款以及英国《1906 年海上保险法》的规定不同,我国《海商法》第 246 条对推定全损界定时使用的措辞是“认为”而非“看似”,且主体为“被保险人”或“保险人”并不清晰。一般认为,《海商法》采用的是主观标准,即如果保险事故发生后,一个理性的被保险人根据当时的情形合理地推断船舶实际全损将不能避免的发生即可以主张推定全损。

(2)为避免船舶的实际全损而支出的费用超过船舶的保险价值。

在这种情形下,船舶的实际全损尚未发生,在尚有拯救的可能时,为了避免船舶的实际全损而支出的费用将要超过船舶的保险价值,推定全损即成立。中国“建功 515”案件①就体现了这一原理。“建功 515”船为钢质船舶,向中华财产保险公司投保船舶保险。在保险期间内,该船与“顺强 7”船发生碰撞,“建功 515”船船东主张该船沉没,打捞费用巨大,构成推定全损而向保险公司索赔,保险公司拒绝索赔,认为船舶发生损坏但并未达到实际全损的程度。浙江省高级人民法院判决认为“据探摸报告……事故造成‘建功 515’船沉没,根据探摸报告,‘建功 515’船艉楼向前 4~5 米处折断,舱内装载的沙子还留在船舱内,沉船周围泥质较软。据此,船舶进行整体打捞,打捞费用很高,采取整体打捞不符合各方利益。”经过评估,法院认为打捞船舶所需要的费用将超过船舶的保险价值而认定船舶成立推定全损。

(3)被保险人被剥夺了对船舶的占有,船舶不可能在合理的时间内重归被保险人自由使用和处分。

此种情形中,关于所谓被保险人“不可能”重新占有船舶以及“合理时间”这两个标准的判断决定了推定全损的认定。“不可能”重新占有船舶要求被保险人不再具备重新获得船舶的可能性,而不是“不确定”。Richards v. Forestal Land Timber& Railways Co. ②案件中,1939 年德国政府要求所有进出德国港口的船舶必须载运一定数量的难民并搭载一定的德国货物,否则会将船舶击沉。Minden 号和

① [2014]浙海终字第 122 号。

② Richards v. Forestal Land Timber& Railways Co. [1942] AC 50, 86.

Halle 轮应德国政府的要求搭载了难民和货物,然而仍旧遭到德国战船击沉,只有 Wangoni 号船舶顺利到达目的地。对于是否构成推定全损的问题,法院认为,考虑到种种原因,货物已经被毁损,货主不可能再次获得原本的货物,构成推定全损。然而,对于船舶来说,还可以被打捞上来进行价值估计,所以对于船舶是否构成全损具有"不确定性"。因为这种"不确定性"的存在,不能简单地认为船舶构成推定全损。而"合理时间"则是一个相对灵活的问题,首先关于"合理时间"的长度的具体认定应当依据个案中船舶所面临的风险类型和具体情况分析;其次,该"合理时间"的起算点究竟是从在该案中保险事故发生之日起起算,还是被保险人提交委付通知之日起起算,目前仍没有定论。

(4)被保险人被剥夺了对船舶的占有,为取回船舶支付的费用超过了船舶取回后的价值。

在此种情况下,只要被保险人为取回船舶可能支付的费用与花费数额超过了船舶取回后的价值(在中国法下是船舶的保险价值),被保险人都可以向保险人索赔推定全损。支付相关费用的目的在于取回船舶,船舶最终取回与否决定了是否成立全损。除非被保险人支付相关费用有明显的针对保险人的恶意,否则并不在推定全损的范围内考虑可以取回船舶的情况下被保险人支出费用的合理性。

(5)在船舶受损的情况下,修理船舶的费用超过了船舶修理之后的价值。

在此种情况下,首先应当以将船舶恢复到风险事故发生之前未被损坏的状态为修复的标准,以便计算相关的修理费用①。其次,在前一种标准的前提下,船舶的修理应当指船舶的完全修理。在 1942 年发生的 Irvin v. Hine② 案件中,船舶触礁,在计算船舶修理费用时,将受损船舶维持航行以进行移泊的费用、移泊至修理港口的费用以及临时修理的费用计算在内,对老旧船舶进行额外修理的费用也应计算在内。并且在我国《海商法》下,船舶的保险价值是判断推定全损是否成立的重要标准,但国内司法实践仍有以保险事故发生时的价值为判断标准。以 2009 年在广州海事法院审理的"吴来洪诉海南中海鸿兴盛船务有限公司等船舶碰撞损害赔偿案"③为例,"鸿兴 988"船系钢质干货船与木质捕捞船"徐闻 12091"相撞,"鸿兴 988"船因在碰撞发生时船长没有安排船员在驾驶台进行瞭望而承担完全过失责任。之后渔船船东拖带渔船离开事故发生地,并进行修理。广海事法院在审理中认为"本案最值得考量的情节是渔船的价值,其 1997 年 11 月 20 日的全新价值为 2 万元,按渔船船东自己的陈述也不过 35 000 元,按每年最低的折旧 4%、并依渔船船东所述的价值计算,11 年又 3 个月折旧 15 750 元,即事故发生时渔船价值

---

① Sailing Ship ("Blairmor") Co. v. Macredie [1898] AC 593, 602.

② Irvin v. Hine [1950] 1 KB 555.

③ [2009]广海法初字第 317 号。

为19 250元。渔船船东主张的修理费和拖航费共20 460元,与渔船事故时的价值相比超过了1 210元。显然,按照渔船船东的主张,其渔船构成了推定全损。”该案的判断标准与我国《海商法》以及英国法的规定皆不同。

根据英国《1906年海上保险法》第60条第2项规定,由于承保风险使船舶受到损坏,而修理船舶损坏的费用将超过修理后船舶价值的,构成推定全损。那么这里的问题是“修理后船舶价值”的确定标准是船舶修理时的市场价值还是船舶的保险价值。在不定值保险中,显然指的是船舶修复后的真实价值。学界曾对这一问题存在争议,直到1847年的Irving v. Manning① 案件中,上议院在判决中确定提到,为确定船舶是否构成推定全损时,以船舶修理之后的价值为准。上议院认为“每一个谨慎的船舶所有人都应当在发生承保风险的情况下,对修理船舶的费用与修理后船舶的预期价值进行比较”。而在定值保险中,根据英国《1906年海上保险法》第27条第4款的规定,除保单另有约定之外,保单约定的价值不具有确定是否构成推定全损的最终效力。因此用以比较的并非是保险单中约定的船舶保险价值,与非定值保险相同,这里比较的同样是船舶在修复后的真实价值。但是考虑到这条规定的非强制性,伦敦保险市场一般通过标准保险条款的约定明确,在确定船舶是否构成推定全损的判断时,以保险船舶价值的80%作为船舶修理后的价值。②这在一定程度上修正了英国《1906年海上保险法》的法律地位,③同时也明确排除了船舶残骸的价值在推定全损计算中的适用。④

英国海上保险中的上述规定类似于《2013年北欧海上保险方案》中的“判定船舶无价值”程序。该判定程序整体上与英国标准条款类似,仅在计算上存在较细微的差别。首先,英国标准条款中以2003年国际船舶保险条款为例,C21. 2认为判断船舶价值的要件以单次事故为基础(同一承保风险产生的一系列损坏也构成一次事故),仅应考虑与单一事故或同一事故引起的后续损害赔偿有关的费用。而《2013年北欧海上保险方案》中C11-3(4)则认为事故所致损害应当“认定为只包括在引发船舶无价值判断请求的事故发生之前3年内已向所涉保险人报告,并由该保险人进行了保险检验的那些损害”。其次,在计算修理费用时,英国《1906年海上保险法》第60条第2款第2项继续规定,不应扣除其他利益方对这些修理而支付的共同海损分摊金额。这一规则在Kemp v. Halliday⑤ 案中得以展现。在该案件中,船舶在英国法尔茅斯进行修理,修理的时候还有一批货在船上。在进行

① Irvingv. Manning [1847] 1 HL Cas 287, 304.

② 如ITCH(83/95) C19(1),IVCH(95) C17(1),IHC(2003) C21.

③ Robertson v. Petros [1939] AC 219.

④ Angel v. Merchants Marine Insurance Co. [1903] 1 KB 811 CA; Macbeth & Co. v. Maritime Insurance Co. [1908] AC 144.

⑤ Kemp v. Halliday [1866] LR 1 QB 520; 6 B & S 723.

修理期间,船舶遭受承保范围内的风险,为避免船舶沉没,船上人员有意地将部分货物抛入水中。法院判决中称:"……在确定船舶是否构成推定全损时,因为本案中存在共同海损,应将共同海损的费用计入船舶的修理费用……"由此,船舶今后有可能支付的救助费用以及船舶有可能承担的共同海损分摊金额应考虑在内。但是根据《2013 年北欧海上保险方案》中 C11-3(4)规定,即使可以预见到在船舶移至修理船坞之前将会发生救助报酬,也不得将救助报酬计算在内。

3. 货物的推定全损

货物的推定全损中的具体情形与船舶保险类似,主要包括以下情形:

(1)货物的实际全损已经不可避免,货物因此被合理的抛弃。

与之前船舶推定全损的第一种情形类似,同样要求实际全损不可避免与抛弃之间的联系。2009 年协会货物保险条款第 13 条规定:保险标的除非由于不可避免要发生实际全损或保险标的的修复、重整和续运至承保目的地的费用超过其抵达时的价值的,本保险对任何推定全损的索赔,不负赔偿责任。

(2)货物发生损坏,为了避免货物的实际全损而支出的费用将超过货物本身的价值。

对于那些由承保风险引发的保险事故中,货物遭到具体的损坏,而这些损坏不能进行及时的修理,即使是货物在某些时刻依然保留着原有的属性和价值,但是为了避免货物的实际全损的发生所支出的费用将超过货物本身的价值(保险价值),即成立本情形下货物的推定全损。

(3)被保险人被剥夺了对货物的占有,货物不可能在合理的时间内重归被保险人自由使用和处分。

与之前船舶推定全损的第三种情形类似。针对货物保险,"合理时间"的标准同样也是一个不确定的问题,需要针对个案做出具体的分析和判断。①

(4)被保险人被剥夺了对货物的占有,为取回货物支付的费用超过了货物取回后的价值。

与船舶推定全损的第四种情况相类似。如果被保险人在支付该相关款项时有可能超过货物取回后的价值(保险价值),那么被保险人有权不支付该款项并选择向保险人索赔推定全损。②

(5)在货物受损的情况下,修理受损货物和续运货物到达目的地的费用超过了货物到达目的地时的价值。

---

① Rickards v. Forestal Land Timber & Railways Co. Ltd. (The Minden)[1942] A. C. 50., [1941] 70 Ll. L. Rep. 173; Bayview Motors Ltd. v. Mitsui Marine and Fire Insurance [2003] 1 Lloyd's Rep. 131; Clothing Management Technology Ltd. v. Beazley Solutions Ltd. [2012] EWHC 727.

② Stringer v. English and Scottish Marine Insurance Co. [1870] LR 5 QB 599.

这种情形下注意续运费用应当与修理受损货物的费用一起计算。在 Farnworth v. Hyde① 案的判决中,法官提到"当货物在非目的港遭受承保范围内的风险被损毁,但是在负担一些费用的情况下可以被运到目的地,这时为了确定货物是否构成推定全损,需要考虑到一切因此而花费的费用,包括烘干、卸货、仓储、重装的费用,而在运费到付的情况下,计算转运费用时不应当包括到付的运费"。在人保 2009 年的条款之中,货物受损的拯救费用除了恢复、修复受损货物以及运送货物到原定目的地的费用之外,还应当包括检查和检验受损货物的特别费用。

考虑到海上货物保险标的的复杂性,货物的推定全损还有自己鲜明的特点。在 Rodocanachi v. Elliot② 案件中,一批货物将要从上海运到伦敦,途径法国北部沿海途中,有一批货要送到法国布伦,当时正值德法交战之际,德国军队封锁了北部沿海地区造成货物无法运到布伦港。法院认为,根据当时军事封锁的客观情况,造成货物无法到达布伦港,虽然货物本身没有发生有形的损失,或者货物没有脱离被保险人的占有和控制,也可认为货物构成了推定全损,被保险人也有权向保险人请求赔偿全损。这主要表现在除了货物本身之外,海上货物保险的保险标的也包括货物的运送航程(Voyage),即海上货物保险人承保的是保险货物抵达保险单所载明的目的地的约定风险。对于因为航程失利(Loss of Voyage)或者航程受阻(Frustration)导致的货物不能抵达保险单所载明的目的地的,也可认为构成推定全损。在英国《1906 年海上保险法》通过之际,劳合社货物运输保险单所规定的承保范围,按照惯例是从一个港口到另一个港口,预定航程构成了保险标的的组成部分,如果承保风险造成预定航程受阻,保险人就应当根据保险单赔偿保险人。在 The "Sunday"③案件中,英国公司装了两船货,准备从阿根廷运到汉堡,在船舶到达汉堡前,德国和英国之间发生敌对行为,货物无法到达汉堡,货主只好指示船东将货物在英国订舱储存起来,转而向保险公司以推定全损索赔。英国上议院认为保险公司的赔偿并不仅仅限于对承保货物的赔偿,还包括完成这一航程所需要的费用,要将劳合社货物运输保险单下既承保货物损失又承保航程损失的情况与单纯的货物保险相区分。

参考英国《1906 年海上保险法》第 55 条第 2 款第 2 项的规定,船舶或货物的保险人对迟延直接造成的损失不负赔偿责任,即使迟延是由于承保的风险所引起的。《海商法》第 243 条第 1 款也有类似的规定,"除了合同另有约定外,保险人不负责赔偿因为航行延迟、交货延迟造成的损失。"但是在航程受阻的情况下,如果这样的迟延足以导致整个风险活动受阻或者受到破坏,则被保险人同样可以主张

---

① Farnworth v. Hyde [1866] LR 2 CP 204.

② Rodocanachi v. Elliot [1874] LR 9 CP 518.

③ The "Sunday" [1916] 1 AC 650.

因航程受阻引起的损失赔偿。

该原则仅适用于货物保险，主要的情形包括三种。一是因为法律或者如卫生检疫、海关等行政法规的规定限制货物的运输，航程由于被迫的原因提前终止、受阻或者遭到破坏。一般此情况下被保险人都可以向保险人请求推定全损赔偿。二是因为战争风险，如捕获、扣押、因港口封锁导致的滞留、扣留、禁运和没收等风险的发生，导致航程失利，被保险人在合理的时间内也无法重新取得对货物的占有。这种风险一般都会被战争险保险单规定为除外责任，没有相应的承保。三是由于货物的性质，如易腐烂和易吸水，在航行途中受损之后，如果安排继续运输，货物到达目的地时则会因为失去商销性而全损；如果在中途港变卖货物，保存货物的部分价值，则保险人只需要赔偿保险价值与变卖所得之间的差额。对于因续运产生的费用（Forwarding Charges），保险人应当负责赔偿。因为这种情况下往往货物不会因为海上风险构成全损，则在部分损失下被保险人可以以救助费用要求保险人赔偿，在保险单中也有相应的续运费用条款。

（四）委付与委付通知

1. 保险标的的委付

委付是指被保险人自愿将保险标的以及其中的物权和债权让与保险人①，是海上保险中特有的理赔处理方式。被保险人对于发生推定全损的情形下是否向保险人委付保险标的具有选择权。《海商法》第 249 条规定：保险标的发生推定全损，被保险人要求保险人按照全部损失赔偿的，应当向保险人委付保险标的。保险人可以接受委付，也可以不接受委付，但是应当在合理的时间内将接受委付或者不接受委付的决定通知被保险人。委付不得附带任何条件。委付一经保险人接受，不得撤回。

值得注意的是，是否接受委付、是否发送委付通知与推定全损成立与否无关。在上海申大（集团）公司浦东进出口分公司诉湖北晴川轮船有限公司海上货物运输提单纠纷案②法院的判决中就有相关的论述。1995 年 9 月 30 日，被告所属“晴川 7 号”船在广西防城港装载 2 384.3 吨石灰石和 1 045.9 吨散装滑石颗粒运往日本 TAGONOURA 港和 ISHINOMAKI 港，并向日本住友株式会社投保，船长分别针对这两批货物签发了该两票货物的清洁提单。在目的港卸货时，并未发现任何异常。然而，在日本住友株式会社向检测公司申请的检测中发现，滑石颗粒中掺杂进了石灰石，清理费用将高于货物价值。收货人索赔货物推定全损，收货人并未向保险人发送有效的委付通知，也没有将货物的所有权转移给保险人。法院判决认为：

① 参见汪鹏南：《海上保险合同法详论》，大连海事大学出版社，2011 年版，第 105 页。
② 〔1999〕武海法商字第 65 号。

本案是货物保险人赔偿被保险人的货物损失后，行使代位求偿权，依据海上货物运输合同向承运人提出的索赔。被保险货物在运输过程中发生灭失或损坏，被保险人(收货人)既可以依据运输合同向承运人提出索赔，也可以依据保险合同向保险人索赔而后将向承运人的索赔权转让给保险人。保险人确认货损属于保险责任范围内，并依据保险合同给予被保险人赔偿后取得代位求偿权，有权代替被保险人向承运人提出索赔。本案中，滑石颗粒经检验受到石灰石的污染，因清除污染的费用超过货物本身的价值而推定全损，收货人要求被告按照全部损失赔偿的，应当向保险人委付保险标的，但是，保险人可以选择接受委付或不接受委付。保险人没有接受委付而赔偿收货人的全部损失，并不影响推定全损的成立。关于委付的法律后果，我国《海商法》第250条规定：保险人接受委付的，被保险人对委付财产的全部权利和义务转移给保险人。

英国《1906年海上保险法》有三个条文来规定委付的内容。第61条规定了委付与推定全损之间的关系，即在判断损失构成推定全损之后，被保险人可以通过向保险人委付保险标的，而索取全损的赔偿；被保险人选择不委付保险标的，而选择修复或者恢复保险标的的，可以向保险人索赔部分损失。第62条规定了委付通知的发出与效力。第63条则规定了委付的效果。

2. 委付与委付通知的含义

委付制度由保险法中的补偿原则派生而来，当被保险人向保险人请求全损的保险赔偿时，被保险人都必须放弃对于保险标的的权利，将保险标的转让给保险人。[①] 在 Kalenbach v. Mackenzie[②] 案件中，布莱特勋爵阐述了委付的含义，他认为："委付并不是海上保险中的特有制度，所有带有赔偿性质的合同中普遍存在着委付制度。在要求赔偿全部损失的情况下，索赔方应将标的物委付给赔偿方，以使其在标的物的残值中受偿。在推定全损的情况下，被保险人应当向保险人发送委付通知。"在没有发送委付通知的情况下，并不影响保险标的推定全损的成立，但被保险人不得向保险人请求赔偿全损损失，只能转而索赔部分损失。

在被保险人向保险人发送委付通知之后，保险人有选择是否接受委付的权利。如果保险人同意/接受委付，则应向被保险人支付全部赔偿，同时取得保险标的的所有权。如果保险人不同意/不接受委付，被保险人只能向保险人索赔保险标的的部分损失。当因承保风险最终导致保险标的的推定全损发展到实际全损时，未索赔的被保险人可以继续向保险人请求赔偿实际全损。从委付和全损的效果上来看，在推定全损的情况下，保险人对以全损赔偿被保险人有选择权(Wait and See)，

① 《海商法》第256条，英国《1906年海上保险法》第61条。

② Kalenbach v. Mackenzie [1878] 3 CPD467, 480.

而被保险人并不拥有这种权利。但保险人有权等待的时间,保险立法很难做出一个明确的规定。

委付和委付通知并不是一个概念。委付通知是指在推定全损的情况下由被保险人向保险人发出的委付请求,在实际全损的情况下也存在委付,只是被保险人无须发出委付通知。委付则是指保险标的及其一切权利由被保险人向保险人的转移。无论是在推定全损还是在实际全损的情况下,保险人提出相应的索赔并得到保险人的赔付之后,保险标的都应当委付给被保险人。但无论在什么情况下,委付成立与否以及委付通知的有效性均不影响推定全损的成立。无论是在中国法还是在英国法下,委付通知与推定全损都是两个相对独立的制度。①

委付制度在英国法下一个更重要的意义,即便是保险人同意支付全损以完成委付,保险人对于是否接受保险标的的权利仍然具有选择权。虽然从效果上这样的规定与我国《海商法》有关保险人的提前解约权类似,但是两者实际上还是存在本质不同。

3. 委付通知的性质与有效性

各国的海上保险法都未对委付及委付通知的性质做出明确的规定。但英国判例显示,从保险合同的角度,委付通知是保险标的发生推定全损时,被保险人向保险人发出的转让(Assign)其享有的保险标的的一切权益的一个要约(Offer);②保险人接受委付的意思表示是一个承诺(Acceptance)。那么结合有关法律委付通知的有效性将从以下几个方面得到判断:

(1)作为海上保险中的特有制度,委付通知发送的前提是保险单载明的保险标的的损失必须构成推定全损。委付通知应当针对该保险标的的推定全损提出,否则即使保险人接受委付通知,或者在委付通知发出时保险标的的损失并未构成推定全损的,或者保险标的的损失之后又发展为推定全损的,之前的委付通知也是无效的。

(2)所谓的委付保险标的,就是指保险人将本保险承保的被保险人对保险标的的全部利益转让给保险人。相应的,委付通知有关委付的内容就应当限于保险单中承保的被保险人的保险利益的转让。委付通知中超出的部分,无论保险人是否接受委付,都应当无效。

在不足额保险的情况下,委付通知的内容与委付的结果都应当是保险人按照保险金额与保险价值的比例取得对保险标的的部分权利。另外,只有在保险合同是可分合同的情况下,被保险人才可以通过委付通知转让部分利益,使得不同的保

① See Jonathan Gilman et al., *Law of Marine Insurance and Average*, Sweett & Maxwell, 2013, p. 1516.
② The Kastor Too [2004] 2 Lloyd's Rep. 119 at [77].

险利益分别得到委付。[1]

对于被保险人向保险人发送委付通知时,保险人已经没有获得委付利益的可能的,委付通知无须提交。根据英国《1906 年海上保险法》第 62 条第 9 款的规定,在保险人将其风险再保险的情况下,该保险人不必再发送委付通知。

(3)考虑到只有被保险人有权转让保险单下承保的保险标的的保险利益,那么委付通知也必须由被保险人或者其事先特别授权的人提交。对于同一保险标的,可能存在有数个保险利益,每一个保险利益的所有人只能委付其对保险标的所具有的保险利益,同时还应当考虑委付利益的可分性。

(4)从内容上,委付通知中请求委付的意图应当是明确的,被保险人应当针对一个已经存在的保险标的构成推定全损的事实发出明确的请求索赔全损的委付通知。仅将处理船货的情况通报给保险人并没有委付的意图的,不构成一个正当的委付通知[2]。在 The "Catariba"[3]案件中,游艇 Catariba 第一次触礁被拖带靠岸,但未进行修理,在岸边存放期间遭遇台风,几乎被损毁。游艇投保《游艇协会保险》,船东(被保险人)向保险人发送通知询问其是否接受委付。法院判决认为:"被保险人在委付通知中对是否委付采用选择性的措辞,很难说被保险人存在一个明确的委付意图,也不足以被视为委付通知有效存在。""仅仅请求保险人指示如何处置保险标的的内容并不被认为构成有效的委付,但请求保险人按全损赔付则可能构成有效的委付"。[4] 从被保险人的角度,如果在保险人接受委付之前,被保险人清楚的表示将放弃全损索赔,那么委付通知将无效。从保险人的角度,保险人可以明示或默示地放弃接受委付通知的权利,这种放弃在英美法下构成弃权,这种情况下无须发出委付通知。另外,保险合同中也会明确约定保险人的某些特定行为不构成放弃委付,如 2003 年国际船舶保险条款 CL9. 3 规定,被保险人为拯救、保护和恢复保险标的物而采取施救措施,不得视为放弃委付或者接受。

在保险人针对某个委付通知做出接受委付的决定之前,被保险人都有权收回

---

① Fabrique de Produits Chimiques v. Large [1923] 1 KB 303.

② Parmeter v. Todhunter [1808] 1 Camp. 541.

③ The "Catariba" [1997] 2 Lloyd's Rep. 749.

④ See Edward Richard, Hardy Ivamy, *Marine Insurance*, Butterworths, 1969, p. 418-419; G Cohen, Sons & Co. v. Standard Mar Ins Co. Ltd. [1925] 30 Com. Cas., 107.

或者撤销该委付通知,[①]或者发出新的委付通知以代替原委付通知。[②] 如果保险人未能在合理的期限内做出接受委付的承诺,被保险人也有权收回或者撤销原委付通知。但是委付一旦被保险人接受,被保险人不得撤回。

(5)从委付后保险人将会取得与保险标的有关的一切保险利益为角度分析,《海商法》所规定的"委付不得附带任何条件"是指委付通知中不得规定任何限制保险人在接受委付后正当取得保险标的有关利益的条件。委付通知作为在推定全损中委付达成的先决条件,应当明确体现被保险人愿意将保险标的的所有利益无条件的转移给保险人的意思。委付的意思表示不能与其他由被保险人做出的是否完全转移保险标的的利益的意思表示相冲突,也不能通过委付通知的表述以任何形式限制保险标的的全部或者部分利益的转移。委付通知所表达的意图应当在时间上具有连续性。当然,被保险人为委付通知的有效性在时间上设立合理的限制不应当被认为是附条件的委付。例如,在上文提及考兰特有限公司诉中国平安保险股份有限公司绍兴支公司、中国平安保险股份有限公司海上货物险合同纠纷案中,收货人在向保险人主张推定全损,发出委付通知后,又委托 TOCT 公司将货物销毁。法院认为,收货人既然主张全损,依照保险法的规定,原告应当向保险人委付保险标的,可原告不待保险人赴现场处理,急于委托 TOCT 公司将货物销毁,与将保险标的的所有权转移给保险人的行为相冲突。故主张认定原告应承担委付过错责任,即原告承担部分货损款项。

(6)委付是一种非要式的法律行为,委付通知也没有严格的固定格式。所以委付通知也不一定要求书面性,口头通知做出的被保险人无条件的放弃并转让保险单中保险利益的意思也可以构成一种委付通知。不过英美法中有判例认为最好避免口头的委付通知。[③]

(7)委付通知应当在"合理的时间"内合理而谨慎的尽快发出。《海商法》对于委付通知应当发出的时间并没有做出规定。可以明确的是,委付通知基于被保险人对保险标的的损失构成推定全损的判断做出,委付通知越早到达保险人处,就越有利于保险人做出是否接受委付的决定,但保险人拥有是否选择赔偿推定全损的权利。英国《1906 年海上保险法》第 62 条第 3 款规定:被保险人在获得损失的

---

① Pesquerias y Secaderos de Bacalao de Espana SA v. Beer [1946] 79 Ll L Rep. 147.

② 从委付通知的效力上而言,实践中往往对于发出多个委付通知时,后发出的委付通知的效力是否依赖之前发出的委付通知的效力存在争议,考虑到法律并不禁止发出多个委付通知,同时委付通知的发出取决于被保险人对推定全损条件成就的判断,这在实践当中往往缺乏一个明确的标准。被保险人直接的解决办法就是连续的提交委付通知,并且在后发出的委付通知中明确说明不影响之前发出的委付通知的有效性。The "Bamburi" [1982] 1 Lloyd's Rep. 312; The "Anita" [1971] 1 Lloyd's Rep. 487; Royal Boskalis Westminister NV v. Mountain [1997] LRLR 523.

③ Rodocanachi v. Elliot [1874] LR 9 CP 518.

可靠消息后就应当尽快合理而谨慎的发出委付通知，但如果尚不能肯定损失的情况，被保险人有权在合理的时间内进行查询，以便选择是否委付保险标的。

如果被保险人没能在合理的时间内做出索赔推定全损的选择并提交委付通知，那么他将很可能失去索赔推定全损的权利。Anderson v. Royal Exch Ass Co.①案件对这一规定有所体现。一艘名为 Fanny 的船舶载运整船麦子，搁浅，船体被浸泡在水下长达四周时间，货物被打捞上岸后发现大部分已经损毁。货主在出售了一部分未完全毁损的麦子后，将剩余部分抛入水中，继而向保险人发出委付通知。法院认为："在此案中发出委付通知的时间过晚，他没有在第一时间发出通知，而是做出了一系列挽救的行为，发现没有效果之后才通知保险人，不利于保险人采取进一步的措施。""合理的时间"在个案中应当做不同的判断，但被保险人不能在已经获得损失的可靠消息之后还观望市场变化，看委付是否对其有利而选择发送委付通知。② 在保险事故处在一个发展的过程中，保险标的的损失仍不能确定时，被保险人如果想选择索赔推定全损，那么就应当在合适的时间连续发出多份委付通知以避免可能的风险。③

如果一个之前发出的无效委付通知在经过一段时间后，其上所载明的推定全损的条件已经成就，无效的委付通知也不会因此而变得有效。

4. 保险人接受委付及其法律效力

在推定全损中，被保险人向保险人提交了合适的委付通知之后，保险人对是否接受委付有选择权。我国《海商法》第 249 条规定，保险人"应当在合理的时间内将接受委付或者不接受委付的决定通知被保险人"。所以在中国法下，保险人应当以明示的方式表示接受或者不接受委付。但根据英国《1906 年海上保险法》第 62 条第 5、6 款的规定，英国法下保险人表示接受委付的方式可以是明示，也可以是默示。

在接受委付的效果上，尽管法律的措辞上有细微的差别，中英两国的法律都认为，保险人有效接受委付之后，被保险人对委付财产的全部权利和义务都转移给保险人。这里无论是权利还是义务，都来自保险单所承保的保险标的本身。考虑到委付之后转移的是保险标的以及与之相关联的保险利益，在保险人与被保险人之间，保险人不因为接受委付而承担对本次保险事故发生之前，或者非因为承保风险造成的基于船舶物权所承担的责任。货物保险人接受委付，也不承担被保险人本应当向承运人支付的运费。

同样，在推定全损的语境下，保险人不接受委付也并不影响被保险人索赔全损

① Anderson v. Royal Exch Ass Co. [1805] 7 East 38.

② Gernon v. Royal Exchange Assurance Co. [1815] 6 Taunt 383, 387.

③ Kalenbach v. Mackenzie [1878] 3 CPD467, 480.

的权利,也不影响保险人在做全损赔付之后主张对保险标的的权利。我国《海商法》第256条规定,除本法第255条的规定外,保险标的发生全损,保险人支付全部保险金额的,取得对保险标的的全部权利。尽管保险人此处取得的仅是“权利”而非“义务”,但如果支付保险赔偿后保险人自动获得保险标的剩余利益的所有权而成为所有权人,也可能给保险人带来强制打捞责任或油污责任。因此,该条文可以修改为:保险标的发生全损,保险人支付全部保险金额的,“有权”取得对保险标的的全部权利。由此保险人获得的是保险标的的剩余利益的选择权。

(五)保险人的提前解约权

根据《海商法》第255条第1款,海上保险的保险人在保险期间届满之前,可以通知被保险人并支付全额保险赔偿的办法,单方面合法解除对保险标的义务,实践中被称为保险人的提前解约权。

我国80年代的“莲花城”船案与“惠泉”船案是我国海上保险实践中最早涉及保险人提前解约权的案例。两案中都是因船舶发生火灾,而还没等到被保险人宣布船舶推定全损进行保险委付,保险人就立即通知被保险人按照实际全损进行赔偿,同时解除保险合同。被保险人虽然提出异议,但保险人仍然坚持按照全损赔付并对合同解除后产生的各项费用不再负赔偿责任。① 当时我国的1976年船舶保险条款并无此种规定,1986年修订的中国人民保险公司船舶保险条款最终加入了该内容,其第6条第1款规定:一旦保险船舶按全损赔付后,本保险自动终止。海商法第255条很大程度上受到此条款影响。

这种权利在英美国家的海上保险法律中并未出现,但大陆法系的德国、希腊在法律中提及了提前解约权。《德国商法典》第841条规定:保险人在保险事故发生后赔付全部保险金,则免除根据保险合同产生的任何其他责任,尤其不承担救助、保管和修理保险标的必要费用。希腊《海事私法典》第287条规定:保险人只要无条件支付全部赔偿就可以立即向保险人宣布拒绝取得委付财产的所有权。

一般情况下,保险人不会主动做出全损赔付,也不会完全不顾保险标的的剩余价值完全放弃与保险标的相关的权利。但是当出现一些特殊的情形时,保险人就会为了保护自己的利益而在被保险人选择索赔推定全损之前,选择行使提前解约权,而将之后发生的费用留给被保险人或其他保险人承担。这种特殊的情况主要有两种,一是,保险标的的损害严重,委付之后保险人将会承担保险标的物上较重的义务(主要是较高的核赔和管理费用)以及相应的法律责任。二是,保险标的的损害严重,导致保险人预计救助将难以进行,而且施救费用可能较高。

依《海商法》的规定,保险人行使提前解约权应当满足如下的条件:

---

① 参见陈林、郑小峰:“论委付的法律特征”,载于《大连海运学院学报》,1988年第4期,第12页。

(1)保险人应当自收到被保险人有关赔偿损失的通知之日起的7日内通知被保险人。我国《海商法》第255条第2款规定:保险人行使前款规定的权利,应当自收到被保险人有关赔偿损失的通知之日起的七日内通知被保险人;被保险人在收到通知之前,为避免或者减少损失而支付的必要的合理费用,仍然应当由保险人偿还。“有关赔偿的通知”(receipt of the notice from the insured regarding the indemnity)应当出现在保险事故发生之后。该通知是指“被保险人有关发生保险事故的通知”抑或是“被保险人的损失索赔通知”?应该认为是指保险事故的通知。因为该通知一般较早到达保险人,而损失索赔通知到达较晚且其形式也并不统一。保险人的提前解约权更重要的是保护了保险人的权利,在行使该权利之后与保险标的的相关的费用与责任将由被保险人承担。规定通知期限的目的就在于通过7天的除斥期间敦促保险人尽快行使权利,防止对被保险人权利的损害,同时也有利于在保险标的尚有救助可能时促使利益相关方尽快地选择并采取相应的措施。

(2)保险人承诺全额支付合同约定的保险赔偿。首先,保险人是“承诺”全额支付保险赔偿,并非是“实际”支付保险赔偿保险人才可以行使提前解约权。第二,保险人应当按照全损支付合同约定的保险赔偿金额,对于在被保险人收到保险人有关解约通知前发生的合理的救助费用,保险人仍然应当予以补偿。

(3)保险人放弃的权利限于“对保险标的的权利”。保险人在行使提前解约权支付全部保险赔偿的同时,有权放弃对保险标的的权利。这里的“保险标的的权利”应当与《海商法》第249条和第250条的同一术语的含义相同,即指保险单所承保的被保险人对保险标的所具有的保险利益,一般情况下意指保险标的的财产所有权。我国《海商法》第256条中规定,除本法第255条的规定外,保险标的发生全损,保险人支付全部保险金额的,取得对保险标的的全部权利。由该条文也可以解释出,《海商法》第255条中保险人行使提前解约权,带来的是保险人不得再取得对保险标的的全部权利。这种权利从本质上看是一种物上代位权。在保险人行使提前解约权的情况下,保险人因为赔付被保险人而取得的代位求偿权并不会受到影响。

五、重复保险及赔付

重复保险(Double Insurance)又称复保险。我国《海商法》第225条对于重复保险的定义为,被保险人对同一保险标的就同一保险事故向几个保险人重复订立合同,而使该保险标的的保险金额总和超过保险标的的价值的保险。

学者一般认为“重复保险”一词的阐述最早源于1758年的英国 Godin v. London Assurance Co. 一案。曼斯菲尔德伯爵(英国大法官1705-1793)将其论述为“如果相同一个人由于他对相同的货物或船舶有两个保险,而对相同的损失就可以获得两笔赔偿而不是一笔赔偿，或者一笔两倍于损失的赔偿"的情况。① 此定义揭示了重复保险的最本质特征，对此后各国立法皆有影响。

（一）重复保险之立法例及学说分析

英国《1906 年海上保险法》第 32 条第 1 款规定：被保险人为同一风险和利益或其中一部分，取得两个或以上保险单，而保险金额总和超过本法所准许之赔偿数额时，被保险人被认定构成重复投保超额保险。② 可见，在英国法下，重复保险只是构成超额保险的形式之一。德国《保险合同法》第 59 条第 1 款规定：为同一利益，对于同一危险，投保数个保险，而其保险金额总计超过保险价值，或基于其他理由，每一独立的保险人在无其他保险存在时所应为给付的补偿超过损害总额时（复保险），多数保险人就每一保险人依照其契约对要保人应进行给付金额负连带债务人的责任，但要保人全部的请求不可以超过损害的总额。③ 日本《商法典》第 632 条规定："（一）就同一标的同时订立数个保险契约，其保险金额超过保险价额时，各保险人的负担额按照各自保险金额的比例确定。（二）数个保险契约的日期相同时，推定其为同时订立的契约④。"我国台湾地区"保险法"第 35 条规定：复保险，谓投保人对于同一保险利益、同一保险事故，与数保险人分别订立数个保险之合同行为。⑤

从以上国家或地区的立法例可以看出，对重复保险的概念界定存在差异，可以分为广义说和狭义说。广义说认为，重复保险是指投保人对同一保险标的、同一保险利益、同一保险事故分别向两个以上保险人订立数份保险合同的保险，例如英国《1906 年海上保险法》第 32 条第 1 款的核心在于"超额保险"的界定。在重复保险的情况下，如果保险金额总和小于或等于保险价值，则该条文的第 2 款并不适用。⑥ 狭义说则认为，重复保险指投保人就同一保险标的、同一保险利益、同一保

① 参见陈欣主编：《保险法》，北京大学出版社，2000 年版，第 217 页。

② 英国《1906 年海上保险法》原文：Section. 32 (1): Where two or more policies are effected by or on behalf of the assured on the same adventure and interest or any part thereof, and the sums insured exceed the indemnity allowed by this Act, the assured is said to be over-insured by double insurance.

③ 参见李玉泉：《保险法》，法律出版社，2004 年版，第 107 页。

④ 参见王书江、殷建平译：《日本商法典》，中国法制出版社，2000 年版，第 175 页。

⑤ 参见施文森：《保险法总论》，三民书局，1994 年版，第 218 页。

⑥ 英国《1906 年海上保险法》原文：Section. 32 (1): Where the assured is over-insured by double insurance (a) The assured, unless the policy otherwise provides, may claim payment from the insurers in such order as he may think fit, provided that he is not entitled to receive any sum in excess of the indemnity allowed by this Act; (b) Where the policy under which the assured claims is a valued policy, the assured must give credit as against the valuation for any sum received by him under any other policy without regard to the actual value of the subject-matter insured; (c) Where the policy under which the assured claims is an unvalued policy he must give credit, as against the full insurable value, for any sum received by him under any other policy: (d) Where the assured receives any sum in excess of the indemnity allowed by this Act, he is deemed to hold such sum in trust for the insurers, according to their right of contribution among themselves.

险事故向两个以上保险人订立数份保险合同,且该数份保险合同约定的保险金额总和超过保险标的保险价值的保险。二者最根本的区别就在于对合同中约定的保险金额总和是否超过保险标的价值的规定不同。我国《保险法》第56条规定:重复保险的投保人应当将重复保险的有关情况通知各保险人。重复保险的各保险人赔偿金额的总和不得超过保险价值。除合同另有约定外,各保险人按照其保险金额与保险金额总和的比例承担赔偿保险金的责任。重复保险的投保人可以就保险金额总和超过保险价值的部分,请求各保险人按比例返还保险费。重复保险是指投保人对同一保险标的、同一保险利益、同一保险事故分别与两个以上保险人订立保险合同,且保险金额总和超过保险价值的保险。可见我国《保险法》对重复保险采取了狭义说。

(二)重复保险的构成要件

《保险法》关于规制重复保险关系的立法意旨应体现四个方面的目标:(1)禁止不当得利。重复保险制度力求避免超额保险,因为保险制度的目的和本质是损害填补,而非以侥幸的冒险心理去射幸获利。如果不加以规制,则等同于鼓励人们去进行重复保险谋取不正当利益,把投保当成赌博。(2)防止道德危险。道德危险是指"因保险而引起之幸灾乐祸的心理,即受有保险契约上利益者或被保险者在其内心深处所潜伏期望危险发生或扩大之私愿。"①此种道德危险如果滋生,必然会导致投保人对事故漠不关心,放任甚至故意造成事故发生,这显然与民法的诚实信用原则相违背。(3)保护善意投保。重复保险既然是不可规避的法律现象,所以立法上对重复保险的评价并非全盘否定,投保人可能是恶意的,也可能纯粹是出于多一分安全保障的考虑。如出现保险人破产或偿付能力下降之情势,合理设置重复保险的效力,投保人或被保险人则可以减少或避免因保险人资信不足所承担的风险,达到填补损失的目的,使其利益不至于落空,从而增强保险对投保人或被保险人的安全保障,起到稳定社会保障安全的功用。(4)平衡利益冲突。重复保险一旦发生,便牵涉到数个保险人、数份保险合同,在此之中有多重法律关系需要规制,保险人、投保人、被保险人等多方利益间的冲突需要有效地平衡。

从我国《保险法》第56条的规定来看,构成重复保险应需具备"同一保险标的、同一保险利益、同一保险事故和与两个以上保险人分别订立保险合同、投保的保险金额总和大于保险标的的价值"五要素。(1)保险标的须同一。"同一"的含义有别于"同一个",其并不要求重复投保的所有保险合同所承保的保险标的完全一致,仅要求保险合同中存在相同的标的。表现为两种情况:一是数个保险合同承保同一标的;二是在数个保险合同中部分合同虽然只承保了其他保险合同所承保

① 参见桂裕主编:《保险法论》,台湾三民书局,1981年版,第11页。

范围的一部分,但有一定范围存在重复。(2)保险利益相同。保险标的上可能存在不同的保险利益,此种情况称为保险利益的复合。投保人针对同一保险标的的不同保险利益投保,即投保人对同一保险标的、同一保险事故与数个保险人订立数个保险合同,每份保险合同针对的是不同的保险利益,此时不构成重复保险;若针对相同保险利益而订立,则属于重复保险。我国《海商法》第 225 条存在未规定同一保险利益的缺陷。在中国太平洋财产保险股份有限公司苏州分公司诉上海海联运输有限公司等通海水域货物运输合同纠纷案①中,上海权亚船务有限公司(以下简称权亚公司)签发的水路货物运单载明:托运人为上海海联运输有限公司(以下简称海联公司),承运人为权亚公司,收货人为金华盛纸业(苏州工业园区)有限公司(以下简称金华盛公司)。2010 年 10 月 31 日,装载涉案货物的"皖淮河 888"船在上海市宝山区冷冻五厂码头装货过程中船体发生倾斜,最终倾覆沉没。原告中国太平洋财产保险股份有限公司苏州分公司向金华盛公司做出了保险赔偿,并取得代位求偿权。海联公司在庭审中主张,其已就所承运的货物向华泰保险股份有限公司上海分公司投保了货物运输险,存在重复保险,原告仅应就涉案货物承担 50%的赔偿责任,其全部赔付不合理。但上海海事法院则认为:"即使海联公司确已投保,在本案中,金华盛公司为其所有的货物向原告投保,而海联公司为其所承运的货物向华泰保险投保,两份保险合同之间投保人既非同一,保险利益亦不相同,并不构成重复保险,本院对海联公司关于涉案货物存在重复保险,原告仅应对涉案货损承担 50%赔偿责任的抗辩主张不予采信。"(3)同一保险事故。被保险人即使将同一标的向多个保险人投保,但就不同的事故分别向单一的被保险人索赔保险赔偿,这并不会使被保险人获得超过其实际损失的保险赔偿,因此并不符合重复保险的基本特征。(4)与两个以上保险人分别订立保险合同。此要件是指两个以上保险人与订立数份保险合同两者应同时具备。尽管实务中被保险人或投保人就同一保险标的、同一保险利益、同一保险事故向同一保险人订立多份保险合同的情形并不多见,但如果此种情形确实发生亦并不构成重复保险,因为即使保险金额总和超过保险价值时,也仅归类于超额保险而已。若投保人与数个保险人订立的是一个保险合同,保险金额总和未超过保险价值时,则属于共同保险。(5)投保的保险金额总和超过保险标的的保险价值。此要素是重复保险的重要构成要件,如前述,当投保的保险金额总和小于或者等于保险标的的价值时,只能构成共同保险,而不构成重复保险。

关于此要件《保险法》与《海商法》有所差异,后者规定的是保险标的的价值而非保险价值,而保险标的的价值在《海商法》下并无明确的定义。此外,在船舶责

① [2011]沪海法商初字第 1187 号。

任保险中，无法适用超额保险规则，是否构成重复保险的判断也就不应依据保险金额的总和与保险价值的比较，而应根据承保责任限额与保险标的依法承担的侵权责任额以及保险合同当事方定约意图综合判断。从本质上看该判断方法实际与财产险中“超额保险”的判断方法相一致。

在郑国寿、刘妃、郭敏与太平财产保险有限公司福建分公司海上保险合同纠纷案①中，原告郑国寿、刘妃、郭敏诉称其为“闽宁德货 0651”船实际共有人，并于2012 年 4 月向被告太平财产保险有限公司福建分公司投保了雇主责任险，保险金额为 900 000 元人民币。2012 年 5 月，保险船舶在宁德大唐火电厂码头附近海域因发生保险事故导致船舶倾覆，有三人溺水身亡。在当地政府的主持下，原告与死者家属达成和解，共赔偿死者家属 2 096 000 元人民币。不过，厦门海事法院另查明，原告还向中国人民财产保险股份有限公司赛岐经济开发区支公司（以下简称中国人保）就同一保险标的投保金额为 900 000 元人民币的雇主责任险，并以中国人保拒不履行雇主责任险赔付义务为由向厦门海事法院起诉。案件经一、二审审理，福建省高院在（2013）闽民终字第 966 号判决书中判决中国人保就该起事故依据雇主责任险赔付原告 900 000 元人民币。厦门海事法院认定，原告同时向本案被告及中国人民财产保险股份有限公司赛岐经济开发区支公司重复投保，本案投保的雇主责任险保险标的是雇主责任，法律性质上属于财产险而非人身险，在确定保险人赔偿数额时应适用《保险法》第 56 条关于重复保险的规定。

（三）海上重复保险的效力

海上重复保险制度的核心是其效力，主要解决的是在发生重复保险时，投保人或被保险人与各保险人之间以及各保险人之间的权利义务关系，其内容有三：（1）重复保险所涉各保险合同的效力；（2）保险人的赔偿责任及追偿权；（3）违反重复保险通知义务的后果

1. 海上重复保险的合同效力

从各国立法来看，重复保险的合同效力取决于投保人或被保险人的投保意图和通知义务两个因素。根据投保人投保意图的不同，重复保险有善意和恶意之分。在恶意重复保险中，由于投保人企图谋取不法利益，破坏了保险制度分散风险、填补损失的宗旨及功能，因此多数立法例规定恶意重复保险的各保险合同均为无效。典型如 2008 年德国《保险合同法》第 78 条第 3 款规定：投保人为获得非法利益而订立复保时，基于此意图的合同均无效……②对于善意重复保险，立法例多在保险

---

① ［2014］厦海法商初字第 31 号。

② 德国《保险合同法》原文：Section 78 (3): If the policyholder has taken out multiple insurance with the intention of thereby gaining an illegal pecuniary benefit, each contract made with that intention shall be void;

价值范围内肯定合同的效力,例如我国台湾地区"保险法"第 38 条规定:"除另有约定外,各保险人就其所保金额比例承担保险责任;但赔偿总额不得超过保险标的之价值。"

重复保险中,投保人或被保险人负有法定的通知义务。该义务的不履行不但在有些立法例中被推定为恶意,甚至还会因此影响到保险合同的效力。例如我国台湾地区"保险法"第 37 条明文规定:投保人故意不履行通知义务的,保险契约无效。有些立法例尽管没有出现合同无效的字眼,但以保险人不承担责任的措辞表达了同样的内容。意大利《民法典》第 1910 条第 1、2 款规定:就同一个风险分别与数个保险人缔结契约的,被保险人应当将所有的保险通知每一个保险人。被保险人对发出通知有故意懈怠的,诸保险人不承担支付保险金的责任。① 上述恶意重复保险的效力否定,藉以意图非法获利或者故意不为通知义务为判断准则,认定契约全部无效,各保险人不承担任何责任,显然较为严苛。因为无论投保人或被保险人以骗取保险赔偿金为目的签订数份保险合同也好,还是保险事故发生后被保险人获取超额保险赔偿金也好,保险人都可以依照其他相关法律法规及保险法之相关规定寻求相应的救济,例如主张被保险人承担侵权责任或者不当得利返还责任。重复保险设立的目的是为了禁止被保险人通过化整为零的方式获得超额利益,主要调整的是数个保险人与被保险人之间的权利义务关系,就单独的保险合同之无效的理由等,不宜纳入重复保险法律制度范畴。其次,从实践中看,在未发生保险事故的情况下,投保人或被保险人以恶意重复保险为由解除合同或主张合同无效而请求退还保费的情形,发生的概率甚微,而且尽管未发生保险事故,但保险合同为射幸合同,保险人已经承担了相应的风险,投保人需对此支付相应的对价。退一步讲,即使合同被认定为无效,其过错在于投保人而非保险人,因此投保人需承担不利的法律后果。而该不利的法律后果,主要表现为保险人有权保留保险费。② 值得注意的是,我国保险市场尚不成熟,导致保险人在保险合同效力方面相对具有优势。倘若保险人为了承揽业务,明知重复保险而承保,一旦发生保险事故又以恶意投保为由主张无效,这种做法也与保险的初衷背道而驰。

重复保险仅是因为数份保险合同中保险利益、保险事故具有同一性,而使得原本互不相干的数份保险合同有了"重复保险"之称谓。既然《海商法》和《保险法》赋予被保险人向各个重复保险人索赔的权利,意味着法律允许投保人或被保险人有安排重复保险的合同自由。基于合同相对性原则,各保险人对被保险人的责任

---

① 意大利《民法典》第 1910 条;参见费安玲、丁玫、张密译:《意大利民法典》,中国政法大学出版社,2004 年版,第 450 页。

② 《德国保险合同法》第 78 条第 3 款后半段,原文:the insurer shall be entitled to the insurance premium up until such time as he learned of the circumstances establishing the nullity.

具有相对独立性，合同各方权利义务完全是由各自的保险合同确定的。因此，各保险合同是独立生效的。只要各保险合同的保险金额不超过保险价值，并且不存在其他导致保险合同无效或者可撤销的情形，合同一经合法成立就具有法律效力。因此，在重复保险情形下，除非存在其他导致保险合同无效或者可撤销的情形，数份保险合同均应被赋予法律效力。

2. 保险人的赔偿责任

基于权利与义务平等、利益与风险共担的原则，各保险人已收取保险费，亦应承担相应的保险合同义务。但为平衡保险人之间的权利，应赋予已支付保险金的保险人向其他保险人追偿的权利，此谓重复保险下保险人之间的分摊权。当然，重复保险人之间的按比例分摊保险金责任的关系原则上不应对抗它们分别与投保人、被保险人之间的法律关系。我国《海商法》第 225 条规定：……除合同另有约定外，被保险人可以向任何保险人提出赔偿请求。被保险人获得的赔偿金额总和不得超过保险标的的受损价值。各保险人按照其承保的保险金额同保险金额总和的比例承担赔偿责任。任何一个保险人支付的赔偿金额超过其应当承担的赔偿责任的，有权向未按照其应当承担的赔偿责任支付赔偿金额的保险人追偿。与《保险法》第 56 条的规定相比，《海商法》的规定显然更为周延。[①] 英国《1906 年海上保险法》第 32 条第 2 款(a)规定：除非保险单另有规定，被保险人可根据自己认为合适的顺序，依次向其保险人索赔，但他所得金额不得超过本法允许的赔偿限额；第 2 款(d)进一步规定，若被保险人得到的金额超过本法所允许的赔偿额，则此种超出金额即被视为由被保险人代各保险人托管，由保险人按他们之间的分摊权利摊回。

上述规定中被保险人向任何保险人行使的索赔权，性质上属于不真正连带赔偿，而非连带赔偿责任。因为不真正连带债务是一个债权人针对多个债务人的关系，而在连带债务中，债权人对债务人仅享有一个请求权。重复保险合同之债的债权人为被保险人，债务人为数个人的保险人，符合不真正连带赔偿的特征。当然，此种不真正连带赔偿责任制在保险费方面存在一定矛盾。因为所有保险合同均为有效，对投保人和被保险人来说仍然需要缴纳全部保险费，而其在理赔中由于受到赔偿金额不得超过保险价值的限制，无法得到全部保险金额，这有失公平。而对于保险人来说，当其他保险人发生给付不能时，其所负责任过于重大。为弥补这些缺憾，采用不连带赔偿责任制国家的保险立法设计了相应的保费返还制度，以最大限

① 《保险法》第 56 条：……除合同另有约定外，各保险人按照其保险金额与保险金额总和的比例承担赔偿保险金的责任。重复保险的投保人可以就保险金额总和超过保险价值的部分，请求各保险人按比例返还保险费。

度地平衡被保险人、保险人的利益,如英国《1906 年海上保险法》第 84 条、①我国《保险法》第 56 条第 3 款亦采用该模式。如此既避免了被保险人因部分保险人给付不能所承担的风险,也减轻了被保险人的成本支出和讼累,同时赋予被保险人保费返还请求权,平衡了各方的利益。如果保险合同对重复保险责任的承担方式另有约定的,应从其约定。② 不过,在保险人之间的追偿实践中可能面对两个问题:一是应否考量追偿保险人向被保险人已做出的赔付的合理性;二是如何平衡代位求偿权与追偿权之间的关系。

在前述郑国寿、刘妃、郭敏为与太平财产保险有限公司福建分公司海上保险合同纠纷案③中,原告投保的雇主责任险保险金额为 900 000 元人民币。厦门海事法院另查明,原告向中国人保就同一保险标的投保的雇主责任险金额也为 900 000 元人民币,并经过诉讼程序获得全额保险赔付 900 000 元人民币。另外,就人身伤亡赔偿数额方面,根据宁德海事局的事故责任认定,厦门海事法院酌定原告所有的保险船舶"闽宁德货 0651"船承担 80%的责任。因此,原告赔偿支付给死者家属 2 096 000 元中,"闽宁德货 0651"船应承担的雇主责任为:2 096 000 元×80% = 1 676 800 元人民币。在认定构成重复保险的前提下,厦门海事法院判决本案被告应赔付三原告:1 676 800 元-900 000 元=776 800 元人民币。在本案中,中国人保可以根据《海商法》第 225 条的规定向太平洋保险追偿超过其应当承担的责任比例的部分。此外,本案中如果"闽宁德货 0651"船依法应承担的雇主责任超过 1 800 000 元人民币,则不应当认定构成重复保险。

在葡萄牙忠诚保险有限公司诉史带财产保险股份有限公司(曾用名:大众保险股份有限公司)案中,④承保中国新港运至安哥拉罗安达港的一批螺旋焊管货物,被保险人为阿萨伊实业公司(以下简称阿萨伊公司)。就同一保险标的,被保险人阿萨伊公司向原告再次投保,与前述保险的保险金额相同。涉案货物在承保航次下出险,原告按照保险单全额赔付后,以涉案货物系重复投保为由要求被告与原告按比例分摊保险赔偿金和检验费。被告的抗辩包括:(1)原告未证明其对被保险人赔付行为的合理性;(2)原告应当证明其是否已经行使了代位求偿权,如原告已经从责任人处获得赔偿,则不能要求被告分摊;如原告未行使代位求偿权,则是由于其故意或过失而未行使,并导致所有重复保险人都丧失了代位求偿权,故无

① 参见[英]Donald O' may, Juliam Hill:《OMAY〈海上保险法律与保险单〉》,郭国汀等译,法律出版社,2002 年版,第 674~675 页。

② 主要涉及重复保险中"其他保险条款"的约定。国外的保险单上经常标明"Other insurance clause"(其他保险条款)字样,以约定本保险人与其他保险人分摊责任与禁止他保。

③ [2014]厦海法商初字第 31 号。

④ [2015]沪海法商初字第 3049 号。

权要求被告分摊。此外,如果原告在获得分摊以后再行使代位求偿权,会在本次保险事故中获利。

问题(1)涉及后续的追偿程序是否需要重新审查保险合同下的权利义务关系。本案中法院进行了审查,并认为原告与被保险人阿萨伊公司之间存在保险合同关系,且涉案货物因承保风险发生了货损,原告根据保险公估的结果,依据保险合同约定向被保险人进行了赔付。根据上述在案证据,可以认定原告向被保险人的赔付是合理和谨慎的。针对问题(2),法院认为,在分摊保险人未向第一赔付保险人支付保险赔偿金前,代位求偿权仅属于第一赔付保险人,第一赔付保险人可以自己名义就其全部赔偿向第三人行使代位求偿权,但其行使权利不能损害分摊保险人的代位求偿权益。在本案中,原告尚未提起代位求偿权之诉并不说明其已经放弃了代位求偿权益,并且被告及时获知保险事故发生,如果其积极查勘理赔,本可及时行使代位求偿权,在该过程中也应当可以发现重复保险的存在;即使最迟于原告通知时知道重复保险的存在,如果被告及时依法履行分摊义务,也可以及时行使代位求偿权。因此,被告并未举证证明其代位求偿权益已经受损,亦未证明被告自身行为合理,系因原告过错导致其权益受损。

3. 重复保险通知义务及法律后果

《海商法》对于重复保险的通知义务未作规定。《保险法》第 56 条第 1 款规定:重复保险的投保人应当将重复保险的有关情况通知各保险人。为被保险人设置重复保险通知义务的根本目的在于对保险人超额给付及被保险人的不当得利的防范,降低投保人超额投保的道德风险。也就是说,重复保险通知义务的设置是为了防止被保险人恶意重复受偿,而非禁止重复保险。从保险实践来看,违反该通知义务并不直接导致保险标的的风险增加,但有可能导致保险人所承担的赔偿责任增加。为此,重复保险的通知义务与被保险人订约前的告知义务和出险通知义务皆有所不同,就其特征而言更符合附随义务。

当前的立法和实践尚未将附随义务作为一独立的责任形态对待,违反附随义务后总体上应承担违约责任。我国《合同法》对于承担违约责任的方式有很多种,如实际履行、支付违约金、损害赔偿等。但附随义务不是一种独立的义务,该义务被违反时,权利人不享有请求履行权。因此,若该义务被违反,义务人不负实际履行的民事责任。其次,违约金责任只适用于对合同约定之给付义务的违反,无论有无实际损害,有违约事实之存在即可构成违约金责任之负担。而附随义务非约定义务,而且违反这种义务只有在造成损害时才要求行为人承担民事责任,因此违约金也不应作为违反附随义务的民事责任方式。再次,附随义务在义务体系中只是一种附属的、次要的义务,其目的在于辅助给付义务之履行,保护相对人的合法权益。对附随义务的违反不构成根本违约,因而该义务被违反时,权利人不得解除合同。

由此,违反附随义务的民事责任方式只有一种,即损害赔偿。王泽鉴先生也认为:"债务人违反此项义务者,就所生之损害应负赔偿责任,并适用债务人违反给付义务的原则。"①又如张广兴先生认为:"附随义务虽不可单独请求履行,但其如被违反而给对方当事人造成伤害,也应承担损害赔偿责任。"②又如林诚二先生所言:"对于契约目的之达成并非不可或缺之给付,为附随义务……原则上,附随债务不履行,并不发生解除权,但亦有认为,附随债务不履行致契约目的无法达成而生解除权者,亦有之。其实,在此场合,既然发生契约目的无法达成,即应解释其为要素债务而非附随债务。"③总之,解除合同不宜作为违反附随义务的救济措施。

直接将故意违反重复保险通知义务的法律后果规定为合同无效或保险人均不承担保险赔偿责任都显得过于严厉,同时也有悖于合同附随义务的基本原理。有的国家保险立法授权保险行业自行制定一般条款的做法,又有导致保险人滥用合同解除权或免除赔偿义务的权利的风险。由于重复保险通知义务不能独立诉请,且在保险人得知被保险人违反该附随义务后,其实际已经得知重复保险的事实,因此根本无请求债务人履行的必要。如果因被保险人未履行通知义务而导致保险人对重复保险的情形并不知情,则仅当被保险人获得超额赔偿从而使保险人利益遭受相应损失时,保险人有权要求被保险人返还超额保险赔偿金份额。

在前述葡萄牙忠诚保险有限公司诉史带财产保险股份有限公司(曾用名:大众保险股份有限公司)案中,④被告主张投保人及被保险人故意隐瞒重复保险的行为,未如实履行法律所规定的"通知"义务,属于"恶意的重复保险",违反了《保险法》及《海商法》所规定的如实告知义务及诚实信用原则,造成极大的"道德风险",因此被告拒绝支付保险金以及原告的分摊要求。但上海海事法院认为,根据诚实信用原则,《保险法》第 56 条第 1 款的规定可以理解为,投保人或被保险人应当在知道存在重复保险的合理时间内履行通知义务,如果违反,应承担因违反该义务而给保险人造成损失的赔偿责任。但本案中,首先,被告确认投保人是船方代表,并非被保险人阿萨伊公司,没有证据证明该投保人在投保当时知道涉案重复保险的存在,因此不能认定其违反了重复保险通知义务。其次,虽然被保险人阿萨伊公司在向被告要求理赔时未告知存在重复保险,但本案中并未因此发生被保险人双重受偿的结果,保险人并未因此遭受损失。第三,重复保险不应属于《保险法》第 16 条影响保险人决定是否同意承保或者提高保险费率的重要情况,因为它并不会造

① 参见王泽鉴:《民法学说与判例研究(第1册)》,中国政法大学出版社,1998 年版,第 102 页。
② 参见张广兴:《债法总论》,法律出版社,1997 年版,第 168 页。
③ 参见林诚二:《民法理论与问题研究》,中国政法大学出版社,2000 年版,第 362 页。
④ [2015]沪海法商初字第 3049 号

成保险标的的风险增加,反而使重复保险法律关系中的各保险人在全额收取保险费对价的情况下仅需分摊损失风险,降低了保险人的经营成本。即使认为本案属于"投保人故意或者因重大过失"未告知重要情况的情形,被告据此享有的合同解除权也因"自保险人知道有解除事由之日起,超过三十日不行使而消灭"。当然,如果被保险人确实存在故意隐瞒重复保险,意图获得多重赔偿,以合法形式掩盖非法目的的,依据《中华人民共和国合同法》的相关规定,两份保险合同均应无效,但被告未提供任何证据对此加以证明,应承担举证不能的不利后果。①

① 《民法总则》第146条:行为人与相对人以虚假的意思表示实施的民事法律行为无效。

以虚假的意思表示隐藏的民事法律行为的效力,依照有关法律规定处理。该条文在功能上基本可取代《合同法》中以合法形式掩盖非法目的规定。

第七章 船舶保险合同条款

第一节 船舶保险合同概述

一、船舶保险合同的概念

船舶保险合同是指保险人对于依据船舶保险合同所承保的各类船舶的物质损失,及其有关的利益或责任,承担保险赔偿责任的一种保险合同。

根据《海商法大辞典》的定义,船舶保险是指在海上保险中,投保人或被保险人以船舶作为保险标的而与保险人订立保险合同的保险。这里的船舶包括船壳、船机和船舶属具。① 船舶保险在英美法中被称为"船壳保险"(Hull Insurance)或"船壳及机器保险"(Hull & Machinery Insurance),并被定义为"对船壳、船具、设备等因自然灾害、意外事故及船长船员疏忽造成的损失,或引起的碰撞责任的保险。"②"船壳"(Hull)是指船舶的外壳(Outer Skin),是由木头、钢铁或者其他材料而制成的船舶整体构造,和诸如船用滑车、船吊以及操舵装置等设备的总和。"机器"(Machinery)是指为船舶行进提供动力的设备,和为船舶照明和温度系统(如锅炉、发动机、冷却器以及发电机)提供动力的设备。

船舶保险合同是为船东的各类船舶针对在海上或其他可航水域遭受的财产损

① 参见司玉琢主编:《海商法大辞典》,人民交通出版社,1998年版,第807页。
② 参见薛波主编:《元照英美法辞典》,法律出版社,2003年版,第652页。

失提供保障的保险合同，其所承保的典型的风险为搁浅、沉没、火灾和碰撞等。此外，船舶保险合同还承保一些非常规的风险，即保险人对与保险船舶碰撞的他船的灭失或损害及该船所载的货物的损失承担赔偿责任。船舶保险采用定期保险单或航程保险单。

二、船舶保险合同的内容

船舶保险合同的内容主要由载明于保险单中的特别约定以及船舶保险条款构成。中国船舶保险市场经常将特别约定称为“特约条款”。

(一)特约条款的内容

我国学者一般将特约条款区分为保证条款、协会条款、共保条款和附加条款四种形式。① 其中保证条款是指保险合同中以书面文字或通过法律规定的形式使投保人或被保险人承诺某一事实状态存在或不存在、持续存在或不存在，以及承担履行某种行为或不行为义务的条款；协会条款是指保险业中同业者，因实际需要而共同商定的条款，如伦敦保险人协会条款或美国保险人协会条款；共保条款，即保险人与投保人约定就保险标的物的一部分，由投保人自行负担因危险而产生的损失；附加条款通常指为适应特殊情况，对保险合同的基本条款内容有所修订时，在正式保险单后添加的条款。应该说，上述区分方法是针对普通财产险而言，其对船舶保险并非一定适宜。

我国《海商法》及《保险法》对特约条款的内容未做具体规定。可以认为，不论是何种财产险，特约条款是相对于基本条款而言的。在中国船舶保险实务中，投保单和保险单上皆有注明“特别约定”的一栏。如果投保人(或被保险人)与保险人在订约时要求对方承诺履行某种义务，则可以在该栏目进行约定。特约条款可以约定基本条款以外的事项，也可以对基本条款的某些内容予以变更。其结果是可能扩大或限制保险人的责任，比如扩大或缩小保险人承保的范围，或者规定保险合同特别成立或生效的要件等。

船舶保险和货物保险中的特约条款内容有很大的区别。例如：中国的海洋货物运输保险单中的特约条款往往有协会保险条款存在，但船舶保险单条款则很少存在。中国保险市场中的船舶保险单与国外的船舶保险单的格式及有关特约条款的内容和形式也有很大的区别。例如：在中国船舶保险实务中，船舶保险条款中的特约条款内容通常包括：(1)免赔额的特别约定，如每次事故任何损失都扣除免赔额；(2)不支付保险费的法律后果，如及时缴纳保险费是保险人承担保险赔偿责任

---

① 参见孙宏涛、曹智：“保险合同的特约条款及其法律规制”，载于《广西金融研究》，2007年第4期，第54~55页；欧世龙、刘小丽：“试论保险合同之特约条款”，载于《行政与法》，2005年第8期，第101页。

的前提条件;(3)承保附加险;(4)特殊除外责任等;(5)其他对基本保险条款的说明或补充,如不承保非接触的间接碰撞所导致的责任。而在英国船舶保险市场中,特约条款是以承保条件(Terms and Conditions)的形式出现,内容可能会涉及:(1)将其他格式条款并入(Incorporated)的条款;①(2)碰撞责任条款的特别除外或约定;(3)对基本条款的删除或替换;(4)保证;(5)被保险人行为的法律后果,如迟延缴纳保费可能导致保险合同解除;(6)承保份额及共保保险人的不连带保险赔偿责任;②(7)法律适用条款。

从特约条款的内容可知,船舶保险单中的特约条款是承保条件的组成部分,是基本保险条款之外的重要补充或变更。特约条款的内容是多元化的,只要是保险合同双方权利与义务的内容,皆可以在保险单中做出约定。

(二)船舶(标准)保险条款的定位

1. 对惯例的归纳与总结

惯例早已成为海上保险法的渊源。海上保险法起源于海事习惯法,在海上保险法形成初期,习惯(Usage)发挥了重要的作用,因为习惯是人们在行业中自然形成的,施行现有的习惯要比制定和施行全新的法律容易得多。在今天,习惯的重要性已经大为下降,因为大量习惯已经被制定法和法院判例所接受,成为制定法或普通法规则,但习惯仍被视为是海上保险法的渊源之一。③ 当然,不是所有的海上保险习惯都具有强制力,一项习惯要被法院接受,必须具备一定的条件:首先,习惯必须在一定范围内得到普遍公认;其次,习惯必须具有确定性;再次,习惯必须合理,符合公正的要求;最后,习惯不得与制定法的规定相冲突,除非制定法规定其条文可以协议排除或变更。

习惯或惯例是人们从事某种行为而得出的一般规律,是基于行为反复性所产生的经验总结。法官总结的习惯可能慢慢上升成为法律,保险从业者所总结的习惯则形成了保险条款。标准保险条款大多是格式条款,为了方便重复使用,一个重

---

① 并入条款的范围很广泛,除基本条款伦敦协会船壳险条款之外,还包括某一行业协会、保险组织或保险公司所签发的仲裁条款、船队条款(Fleet Clause)、索赔领头条款(Claims Lead Clause)、招标条款(Tender Clause)、状况检验条款(Condition Survey Clause)、时效条款(Time Bar Clause)、保费支付及解约条款(premium payment and Cancellation Clause)等。也可能并入除外责任条款,如放射污染、化学、生物和电磁武器除外责任条款(Radioactive Contamination, Chemical, Biological and Electromagnetic Weapons Exclusion Clause)、网络袭击除外责任条款(Cyber Attack Exclusion Clause)。

② 英国保险单关于分保人的不连带责任通常有明确的规定:The subscribing insurer's obligations under contracts of insurance to which they subscribe are several and not joint.

③ 习惯的渊源效力在国际公约中也得到认可,如《1982 年联合国国际货物买卖合同公约》第 9 条规定:当事人各方应受其业已同意的任何惯例和其相互之间业已建立的任何习惯做法的约束,《国际商事合同通则》第 1.8 条做了同样规定,即当事人各方应受其业已同意的任何惯例和其相互之间业已建立的任何习惯做法的约束。

复使用的合同条款必然要对该合同领域的习惯进行总结,否则不会具有普遍的适用性,也就实现不了重复使用的目的。此外,标准保险条款关于保险责任(即承保风险)的规定是对习惯产生的风险的总结;新保险条款的制定要对之前形成的保险习惯进行总结;标准保险条款的国际化也要求对国际习惯进行更广范围的总结。标准保险条款即使未上升到法律的层次,大多数也反映保险实务中人们的交易习惯或者是对保险作用的通常期待。

2. 国际保险法协调统一的先驱者

追求立法的国际协调与统一似乎已成趋势。当代的海上保险业务已呈现出国际化的特点。通过海上保险法的国际协调来消除法律适用中的不确定性以此减少法律障碍、促进商事交易和保障交易安全必然成为需求。但是保险立法的国际统一似乎障碍重重,普通法系和大陆法系两大法系在海上保险法律制度上存在较大差异。虽然在形式上,普通法系国家受英国的影响也制定有单独的海上保险法,但其海上保险法内容多以原则性规定为主,且任意性规定多,法官在审判实践中所创立的判例法仍起到很大作用。而大陆法系国家中则较少对海上保险进行专门立法,通常是在保险合同法或商法典中作为一个章节进行规定。由于各国法律制度的不同和对公约的不同期望,公约的起草过程将成为各国利益的平衡的过程,因此最终文本的很多内容成为各国观点的折中和妥协,这将在一定程度上直接影响业已成熟的公约调整范围之内的商事活动的习惯做法,也使得公约的协调作用受到限制。而各国观点的折中和妥协,直至最终批准生效的过程,显然需要很长的时间。

然而,船舶标准保险条款在国际上被接受程度恐怕要比法律容易得多。以英国伦敦 1983 年协会定期船舶保险条款为例,很多国家在制定船舶保险条款时充分借鉴,有的则直接移植作为本国的船舶保险条款。在国际间船舶保险实务中,保险单中可能会约定适用英国伦敦 1983 年协会定期船舶保险条款。由此,标准保险条款所代表的商业惯例甚至是法律理念都会逐渐被其他国家所接受、吸纳。这是一种潜移默化的国际协调。可以说,能够充分反映保险业界人士交易习惯的公平的标准保险条款在保险法的国际协调中的作用是不可估量的,这是一种主动的吸纳的过程:当保险条款产生争议的时候,往往适用保险单或条款中所选择的法律,于是,先进的保险法中所创设的制度,自然就在全球范围内得到认可。国际再保险市场中,对同一保险标的的投保或者分保客观上需要其所使用的保险条款一致,避免出现缝隙(Gap)。例如:英国船舶保险条款中将海盗险作为海上风险予以承保(战争险则不予承保)。而挪威船舶保险将海盗险视为战争险需额外投保。如果在再保险中船壳险使用挪威的保险条款,而战争险使用英国的保险条款就会出现两个条款都不予承保的情形。因此,标准保险条款最大限度的国际统一不仅是保险法国际统一与协调的先驱,也是国际保险市场稳健发展的需求。

第二节 船舶保险条款的主要内容

国内常见的船舶保险条款主要由以下部分构成,具体包括:责任范围(全损险或一切险的损失类型与费用、碰撞责任、共同海损和救助、施救费用、附加险)、除外责任、免赔额、海运条款、保险期限(定期保险或航次保险)、保险终止、保险费和退费、被保险人的义务、招标条款、损失的索赔和追偿。本节以下的内容将以我国人保2009年船舶保险条款为出发点,结合其他国际上常见的船舶保险条款,对其中的重要内容从理论与实践的角度做出详细分析。

一、船舶的定义

船舶是复杂的保险标的,保险合同中的"船舶"含义可能存在争议。因此人保2009年远洋船舶保险条款首先对保险标的进行了规定。该规定将船舶视为一个整体,方便船舶保险的投保人将船舶的船壳、船机、船舶属具作为一个标的物进行投保。燃料和物料作为船舶的添加物,也属于保险标的的范围。但给养、淡水等财产并不在保险标的之列。严格说来,本保险的保险标的还应包括船东承担的责任,主要是碰撞责任。有关船舶保险下船舶的界定,可参见第二章第二节的相关论述。

不过,应特别注意的是,人保2009年船舶保险条款对"船舶"的界定与《海商法》中"船舶"的定义不同。这种概念的差异导致司法实践中船舶碰撞案件中保险人代位求偿的范围的困惑。理赔实例如下:

A、B两船发生碰撞事故造成A船全损。A轮船舶所有人在碰撞事故发生后不久在中国海事法院对B船提起诉讼,案件适用中国法。索赔损失的范围包括船舶损失人民币8 000万元、燃油损失人民币200万元、备件损失人民币120万元以及其他因碰撞造成的经济损失。此三项损失的实际数额最终被法院认定且碰撞责任比例为50%。A轮船舶保险单中载明保险金额及保险价值为人民币6 000万元。A轮保险人依据保险单对A轮所有人做了全损赔付后,以行使代位求偿权为由向法院提出申请参加诉讼,请求代位的数额为A轮船舶损失人民币6 000万元按照碰撞责任比例应由B船承担的部分。则A轮所有人是否有权在A轮保险人代位求偿的范围之外向B船行使索赔权?

在本案当中,根据我国有关代位求偿的相关法律规定,保险人有权就船舶的损失在其支付保险赔偿的数额范围内行使代位求偿权。当然,A轮的所有人向B轮索赔的范围是由侵权法律关系所决定的,依据保险单对"船舶"所做的赔付并不影响侵权等法律关系下对船舶包括其所载燃油或备件的索赔。从保险合同法律关系而言,A轮保险人已经赔偿的船舶损失实际包含船壳损失、燃油损失和备件损失。在船舶碰撞案件中,如果法院认定的船壳、燃油和备件(或保险单中"船舶"所包含其他的项目)的总价值超过保险金额,则超额的部分应该由船舶所有人来行使索赔权。A轮船舶保险单中所定义的"船舶"不包含的船舶损失项目也由A轮船舶所有人行使索赔权。在本案中,如果B轮并无船舶损失进行冲抵,则A轮保险人能够代位求偿索赔的数额为3 000万元,船壳和燃油剩余部分的损失共1 100万元(即[8 000万-6 000万+200万]×50%)以及备件部分损失的60万元(即120万×50%)皆由A轮所有人行使索赔权。

二、承保范围

我国人保2009年船舶保险条款仅承保全损险和一切险这两个险别,全损险是指保险船舶发生全损损失时,保险人才承担赔偿责任,发生部分损失时不承担赔偿责任。一切险承保由列明风险造成的全部或部分损失,并承保碰撞责任、共同海损、救助和施救费用。

英国协会船舶保险条款承保的也是列明风险。《2013年北欧海上保险方案》[①]则有所不同,是以全部风险原则为基础,采用"一切险"减去除外的格式。北欧海上保险方案规定的除外风险仅有四大项:战争险、主权政府的干预、破产及核能释放。但是除了除外风险,北欧海上保险方案尚有许多免责条款规定保险人得拒赔全部或部分损失。

(一)全损险

人保2009年船舶保险条款规定的列明风险可以分为两类:1~6项为第一类承保风险,即传统的海上风险,包括自然灾害与意外事故;第二类是第7项列出的5种承保风险,最早起源于英国的"殷琪玛瑞"条款,也称为"过失条款",主要是基于船员疏忽或者过失而造成的灭失或者损害。第二类承保风险受到但书的限制,即保险人承担保险责任受到被保险人、船东或管理人克尽职责的限制。

1. 地震、火山爆发、闪电或其他自然灾害

对于地震、闪电的释义,可以参考《沿海内河船舶保险条款的解释》[②]:地震是

---

① 英文名称为 The Nordic Marine Insurance Plan of 2013,是在2010版的挪威1996年海上(船舶)保险标准条款基础上拟订的,主要在北欧船舶保险市场适用的船舶标准保险条款,最新版本为2016版。参见http://www.nordicplan.org/The-Plan/

② 该规范性文件于1996年由中国人民银行关于印发《沿海内河船舶保险条款解释》的通知(银发[1996]459号)发布。尽管作为规范性文件,其已被2010年9月29日中国人民银行/中国保险监督管理委员会公告([2010]第12号)废止,但对于理解相关保险条款术语的含义仍有参考价值。

指因地壳发生急剧的自然变化,而使海底或地面发生的震动造成船舶的损失。雷击(闪电):指雷电在瞬间释放强大电流直接击中保险船舶引起的损失。“其他自然灾害”的范围很广,应采用“同类解释”原则(ejusdem generis rule)对其含义进行解释,一般意义上讲,是指不以人的意志为转移的自然界的力量所引起的灾害,它是客观存在的人力不可抗拒的灾害事故,是保险人承保的主要风险。如台风、海啸以及季风、巨浪、巨潮、洪水、冰雹、急流等非人力干预所产生的自然现象。

地震、火山爆发或闪电不同于海上灾难,岸上也可以发生。不同于人保 2009 年船舶保险条款,英国 1983 年协会定期船舶保险条款和 1995 年协会定期船舶保险条款并未将承保风险扩大到所有类似的自然灾害,仅仅限制在地震、火山爆发或闪电这三类已获全球范围适用的自然灾害。被保险人若希望其他自然灾害被予以承保,则需特别将对风险做出特别约定,而不是以标准条款的形式并入保单中。

2. 搁浅、碰撞、触碰任何固定或浮动物体或其他物体或其他海上灾害

(1)船舶保险条款中的搁浅

搁浅作为一种典型的海上风险,自然应当属承保范围。参考 1996 年的《沿海内河船舶保险条款的解释》,船舶在航行或锚泊中遭受意外造成船舶底部与海底、河床或浅滩紧密接触,使之无法航行,处于静止或摇摆状态,并造成船舶损坏或停航十二小时以上即构成搁浅。

搁浅事故必须是意外的、无法事先预料的事故;不可归于通常航行中,河流和港口的正常潮汐作用,①这一点应与座浅相区分:座浅是指“船舶在浅水区停泊或作业时,因潮汐或装载而引起的船舶吸底现象使船坐落在水底造成的损失以及船底与水底摩擦而又未搁浅所造成的损失”。②

赵典藏等与中国人民财产保险股份有限公司温州市分公司船舶保险合同纠纷上诉案③便涉及了关于“座浅”和“搁浅”的区分问题。该案中,保险船舶“浙乐油 18”船锚泊于港池,因受大风、高潮位影响及水域限制,搁浅在离主航道 160 米处的沙质浅滩上。被保险人与保险公司就该事故是座浅还是搁浅存在争议。宁波海事法院与浙江省高院均认为“搁浅”与“座浅”的区别在于前者是意外的,而后者可以被事先预料,不属于意外事故,保险人不承保。而本案中,就主观意识而言,“浙乐油 18”船因大风走锚而致搁浅,系意外事故,既非故意,也非事先可以预料;就客观环境而言,船舶系空载,从事故发生之日的潮位与事后始终不能脱浅的事实也可以判断,不可能座浅,应当认定为“搁浅”。

① Heame v Edmunds (1819) 1 Brod. & B. 388; Magnus v Buttemer (1852) 11 C. B. 876.

② 中国人民银行银发(1996)459 号文件。

③ [2007]浙民三终字第 110 号。

相反，在“正祥”船船舶保险合同纠纷案[①]中，法院判决认为涉案事故因船舶吃水超过港口水深限制导致船舶底部触碰海底，该事故可以通过港口水深和船舶吃水进行预测并加以避免，不具有海上风险的一般特征，属于“座浅”而非“搁浅”。

但是，如果船舶在潮汐港故意座浅，但是由于意外情况，港池底部与预期的情况不同，可以构成“搁浅”。

在英国的 Letchford v. Oldham[②] 一案中，涉案船舶只有在涨潮的时候才能靠码头卸货。引水员判断此时的水位可以使该船舶浮于水中，如果在驶往码头的途中水位不够，则将船舶座浅等待下一次涨潮时再靠泊。船舶在驶往港口过程中，水深不足，船舶按计划座浅，但是座浅时，船头进入了一个凹陷区域，导致船舶倾斜，进而进水损坏了货物。事后证明在港池底部有凸起部分，其旁边有一区域凹陷，是蒸汽机船在低潮时借助船桨离港而造成的，在该案发生前，没有人知道港池底部存在这样的情形。法院判决该事故属于“搁浅”，因为事故的发生是意外的，不可预见的，并非是正常航行中会发生的。

某事故若构成搁浅，则必须使得船舶的航行受阻。如《沿海内河船舶保险条款的解释》即要求：“搁浅”必须造成船舶无法航行，处于静止或摇摆状态，并要求造成船舶损坏或停航十二小时以上。就船舶与海底的短暂接触而造成的船体损失（所谓“擦浅”），可以归于船舶“触碰”风险进行理赔。

英国法也有同样的要求，如在 M’Dougle v. Royal Exchange Assurance[③] 这一古老的先例中，船舶触碰到了岩石，并在岩石上静止了 1 分 30 秒左右，然后继续驶往目的港。到达目的港后发现船舶大量进水，船底与岩石接触的部分破损。船舶所有人主张“搁浅”，向保险人索赔。法官判决认为“搁浅”的法律意义是船舶静止或固定在某处，即搁浅造成了航行受阻，此时的船舶可以被视为是暂时的损毁。因此如果船舶仅仅与物体接触，然后继续航行，不能构成“搁浅”。

（2）碰撞

关于“碰撞”的含义，理论与司法实践中尚存在争议，在后文的“碰撞责任”条款中将对此进行详细的分析。此处需强调的是，保险人在此承保的只是保险船舶因碰撞而遭受的损失，并不包括因此而承担的对他船的责任。

英国 1983 年协会定期船舶保险条款和 1995 年协会定期船舶保险条款并未将碰撞列明在危险条款中，但是一般说来，碰撞造成的损失即属于 6. 1. 1 条规定的海

---

① 参见“‘正祥’轮船舶保险合同纠纷案——搁浅/座浅/被保险人疏忽/索赔权转让”，广东敬海律师事务所，网址：http://www.wjnco.com/cn/articles_show.asp? Articles_id = 19，最后访问日期：2016 年 12 月 16 日。

② [1880] 5 Q. B. D. 538.

③ [1816] 4 Camp. 283.

上灾害造成的损失。或者说，船舶碰撞，包括上文中的搁浅和下文中的触碰，都应当是海上灾害的典型表现形式，例如人保2009年船舶保险条款第一条责任范围的规定就将“搁浅、碰撞、触碰任何固定或浮动物体或其他物体”与“其他海上灾害”并列。但即便如此，保险人与被保险人在保险条款中仍然常常明确约定对碰撞危险予以承保。

(3)触碰

船舶在可航水域内与船舶以外的任何固定的、浮动的物体直接接触或撞击而致损害的事实称为触碰。“任何”一词对固定的、浮动的物体未做特殊的限制。固定的物体可以包括岸壁、码头、航标、桥墩、海上固定钻井平台等水上水下建筑物。浮动物体包括灯船、浮动设施、海上养殖台筏、网浮、还可以是漂浮的集装箱等。其他物体包括空中飞行物体或其他各种不能列在“固定物体”或“浮动物体”之列的物体。

英国1983年协会定期船舶保险条款的6.1.7条规定了类似的承保风险，即承保“与航空器及类似装置及其上坠落的物体和与陆上传输工具、码头或港口设备或设施的触碰”。英国协会定期船舶保险条款承保的触碰风险仅限于与航空器以及陆上传输工具、码头和港口设备设施等具体几类物体的触碰，而人保2009年船舶保险条款所承保的触碰风险则包括与任何固定的、浮动的物体的直接接触或撞击。在Phillips v. Barber①一案中，Susannah轮在进干坞修理过程中，被强风吹翻，与地面相撞，导致舱底破裂，受损严重。法院判决认为：虽然船舶的损害并非因海上危险所致，但是被保险人仍然可以将此种灭失作为与码头或港口设备或设施触碰造成的损害而获得赔偿。但若依据人保2009年船舶保险条款，则恐怕会被认为是非海上灾害，而难以获得赔付，除非可以证明此种强风构成“其他自然灾害”。

另需说明的是，无论是人保2009年船舶保险条款还是英国协会船舶保险条款，这种承保风险涉及的是由于碰撞和触碰而使船舶本身造成了全损，对于由碰撞引发的被保险人对第三人的损害赔偿责任，则并非全损险的承保范围。

(4)其他海上灾害

对于“海上灾害”含义的理解，在参见本书第一章第二节相关论述的基础上，还应注意下列问题：

首先，“海上灾害”发生的水域。比较人保2009年船舶保险条款与英国协会船舶保险条款可以发现，后者中明确规定，保险人承保因“海、江河、湖泊以及其他可航水域的灾害”而造成的保险标的的灭失与损坏。明确地将“江河、湖以及其他可航水域的灾害”纳入“海上灾害险”承保风险的范围，从而消除了任何有关水域

① Phillips v. Barber (1821) 106 E. R. 1151; 5 B. & Ald. 161.

方面的疑虑,对被保险人是有利的。中国人保公司分别针对远洋船舶与沿海内河船舶设计了不同的船舶保险条款。而本条款为远洋船舶保险条款,又称涉外业务船舶保险条款。即承保的标的一般为"远洋船舶"。因此,人保 2009 年船舶保险条款所提到的"海上灾害"的发生水域仅指海上或其他与海相通的可航水域。

其次,船舶进水是否构成"海上灾害"。正如 Howard Bennett 在其 The Law of Marine Insurance 一书中写到的:在考虑船舶进水作为损失发生的原因是否为海上灾害时,关键是看船舶进水是否是意外的。①

再次,自沉事故是否可以被认定为其他海上灾难而得到赔偿也是一个存在争议的问题。自沉事故是指船舶因超载、积载或装载不当、操作不当、船体漏水等原因或者不明原因造成船舶沉没、倾覆、全损的事故;其他事故造成的船舶沉没不属于"自沉事故"。船舶自沉仅是某种原因所造成的后果,它其实并不能算是一种风险,真正的风险应当是那些造成船舶自沉的原因。因此,要想探究船舶自沉这种现象是否可以从保险人处得到赔偿,应当研究造成船舶自沉的原因是否在承保范围之内。

根据我国《水上交通事故统计办法》中的定义,导致船舶自沉的原因主要有以下几点:(1)船舶超载、积载或装载不当;(2)操作不当;(3)船体漏水;(4)不明原因。

船舶超载、积载或装载不当是大部分船舶自沉事故发生的原因,它一般与船舶的适航性有关,因为船舶的积载或装载情况会直接影响船舶的稳性,而一艘适航的船舶应当稳性良好。根据船舶保险条款的规定,船舶的不适航是在船舶保险的除外责任之列的,不过保险人的这种除外责任需要以被保险人在船舶开航时知道或应该知道此种不适航为限。

船上人员操作不当是构成船舶自沉的又一个重要原因。船上人员的操作不当具体可能表现为几个方面,如:(1)船舶驾驶人员安全意识不强,违反海上安全管理规定,违法航行;(2)船舶配员不足,导致疲劳驾驶等状况;(3)船员业务技能差、操作不当;(4)船员对水势流态认识不足,操作失误。

船体漏水也容易导致船舶自沉。船体漏水的发生可能是由于船舶本身存在潜在缺陷,在这种情况下,只要该潜在缺陷不是被保险人、船东或管理人未克尽职责而造成的,那么船舶自沉的损失应当由保险人承担。另外,船体漏水也可能是因为船舶在开航之前并没有达到适航船舶的标准而致,如此所致的船舶自沉则在保险的除外责任之列。

---

① Howard Bennett, The Law of Marine Insurance, 2nd ed., 2006, Oxford University Press, para. 10.26, at p341.

另外,在船舶自沉,所有船员丧生的情况下,其沉没的原因可能无法知悉,即不明原因(unascertainable cause)所致的船舶自沉。根据我国船舶保险条款的规定以及船舶保险原理,我国对船舶所承保的风险事实上是列明风险,并不存在所谓的“不明原因”这种风险。被保险人如果想从保险人处获得赔偿,其必须证明船舶自沉是由于某种承保风险所致,否则,被保险人不能完成举证义务,将承担举证不能的不利后果,即保险人不承担保险赔偿责任。但英国法对此的态度有所不同,法官在 Lamb Head Shipping Co., Ltd. v. Jennings (The Marel)①一案中明确,在自沉原因不明时将适用“推定规则”,即在被保险人证明船舶开航时适航的前提条件下,法官可能会推定海上灾害是船舶自沉发生的原因。但 Howard Bennett 指出,在船舶自沉原因不明的情况下,被保险人不能仅仅依赖于排除船舶不适航或故意沉船等可能性而获得赔偿,其还必须对船舶意外进水的具体过程(mechanism)做出说明,而对船舶不适航或故意沉船可能的排除则强化了此种说明的证明力。② 另一方面,如果存在有关船舶自沉原因的直接证据时,“推定规则”并不适用,此时被保险人必须证明沉没是意外事件,同时明确意外事件的性质。

1983 年协会定期船舶保险条款中关于“海上灾害”的规定为:“海上、江河、湖泊或其他可航水域的灾害”。可见,英国保险条款未将搁浅、触礁和碰撞单独列出,而以“海上、江河和湖泊的灾害”概括之,显然,此处的灾害应包括船舶在任何航行水域中因自然力而带来的灾害,其中包括因恶劣气候、风或者海水导致船舶损坏、故障及沉没。人保 2009 年船舶保险条款中的“其他海上灾害”也应包括意外事故的沉船,只是条款的措辞反而使得“海上灾害”的范围不明确。

3.“火灾和爆炸”风险

火灾和爆炸对船舶造成的损害往往非常严重,损失金额巨大。2002 年在日本名古屋一船厂发生的 Diamond Princess 火灾案中,损失金额达 4 亿美元。而我国的“团结”“金平”“大庆 243”等船舶也都是由于发生火灾而造成全损。此外岸上火灾对船舶的威胁也很大,如果港口码头仓库起火,加之风力的作用,很可能使正在进行港口装卸作业的船舶遭受严重损失。

(1)火灾

无论是人保 2009 年船舶保险条款还是英国协会船舶保险条款,火灾和爆炸都是重要的承保风险,其不属于海上特有的风险,而成为一个单独的承保风险。

“宜昌”船 1991 年 1 月 29 日在马尾港,由于船长卧室天花板的照明线路老化引起火灾,估计修理费高达 600 万人民币。该船由平安保险公司承保,但只自留

---

① [1992] 1 Lloyd's Rep. 402.

② Howard Bennett, The Law of Marine Insurance, 2nd ed., 2006, Oxford University Press, para. 10.42, at p348.

25%,75%分给了人保,后来平安、人保与广远同意按协议全损赔付,由平安和人保赔付广远102万美元,估计残值48万美元由广远自行处理。①

虽然在理赔实践中,不乏对火灾和爆炸风险的承保案例,但在中国司法实践中,很少涉及保险船舶因火灾受损要求保险公司赔付而最终成讼的案例。法院对火灾这一承保风险的诠释和分析较少,理解该条款时,可以借鉴国外的司法判例。

a. 火灾的含义

火灾在英国《1906年海上保险法》中并无定义。美国的The Buckeye State②一案认为,火灾是由"点燃或燃烧造成的,有可见的光和热。"在Tempus Shipping Co., Ltd. v. Drefus & Co., Ltd.一案中,Wright J认为"仅仅是发热,尚未达到炽热或点燃的阶段,并不是其所指的'火灾'"。加拿大的Young v. Waterloo Mutual Fire Insurance Co.③一案中,法官又提出观点认为,火在该烧的地方燃烧尚不构成火灾,但烧到不该烧的地方就是火灾了。比如,被保险人因未控制好供热烟囱里的火而导致糖因温度升高受损,保险人对该损害不予赔付。④ 而在Busk v. Royal Exchange Assurance Co.⑤一案中,法官认为,大副在其船舱中点火取暖,火在该烧的地方燃烧,但是离开时没能将其完全熄灭,导致火势扩大损毁船舶,即火烧到了不该烧的地方,保险人需承保因此而造成的船舶毁损。

b. 引起火灾的原因不做限制

火灾本身即是独立的承保风险,对引起火灾的原因并不做限制。在Gordon v. Rimmington⑥一案中,船长为避免船舶被敌方的武装民船捕获,故意对船舶放火。Ellenborough勋爵认为:"如果船舶是因火灾而受损,那么火灾发生的原因是常见的事故还是点燃抑或是国家行为无关紧要。火灾是由第三人造成还是国王的指令造成,或是由善意的船长船员引起的并无区别。火灾仍然是损失发生的近因,保险人须承保因此而造成的损失。"换言之,火灾并不因其发生的原因而有所区别。在The Alexion Hope⑦一案中,上诉法庭法官也认为如果损失的近因是火灾,那么不论火灾的发生的原因是意外事故还是故意为之,保险人都需对因此而造成的损失

① 参见汪鹏南:《海上保险合同法详论》,第3版,大连海事大学出版社,2011年,第204页。

② [1941] 39 F Supp 344, 347 per District Judge Knight (District Court, New York).

③ [1995] 5 DLR 35 (County Court, Ontario).

④ Austin v. Drewe [1816] 6 Taunt 436.

⑤ [1818] 2 B & Ald. 73.

⑥ [1807] 1 Camp 123 (hull).

⑦ [1988] 1 Lloyd's Rep. 311 at p 317.

承担赔付责任,即因疏忽而放火是火灾;①第三人或船长船员故意放火也是火灾②。当然,火灾若是被保险人的私谋或纵容所致,则不在承保的火灾险之列,但证明被保险人存在私谋纵容等恶意行为的举证责任由保险人承担,而被保险人只需证明损失是由火灾造成的即可。③

c. 火灾造成的损失

一旦火灾发生,保险人所承保的船舶损失不限于由火焰造成的,④还包括浓烟造成的损害⑤以及因采取灭火措施而遭受的损失。

(2)爆炸

参考《沿海内河船舶保险条款解释》对爆炸的释义,爆炸是指物体在瞬间分解或燃烧时放出大量的热量和气体,并以很大的压力向四周扩散的现象造成船舶的损失。爆炸分为物理性爆炸和化学反应性爆炸。物理性爆炸是指由于容器内部压力急剧增加并在瞬间超过容器所能承受的极限强度而产生的爆炸造成船舶的损失。但船舶主机、辅机内缸、轴等爆裂不属于保险责任。而化学性爆炸是指物质在瞬间引起高速化学分解反应,形成大量高温气体并以巨大的压力向四周扩散的现象造成船舶的损失。英国普通法也通过判例中对爆炸的含义予以阐释,在 Commonwealth Smelting Ltd. v. Guardian Royal Exchange Assurance Ltd. ⑥一案中,Staughton 法官将爆炸界定为:“猛烈的,响亮的并且……由极速的化学或核反应,或在压力的作用下气体或蒸汽喷出而引起的事件”,并表示该案中损失发生的原因是离心式的崩裂,而非爆炸。

英国 1983 年协会定期船舶保险条款将“锅炉破裂”规定在“殷琪玛瑞”条款中,受被保险人“克尽职责”但书的制约,这与保险人赔付爆炸与火灾造成损失的条件存在区别。

4. 来自船外的暴力盗窃或海盗行为

(1)来自船外的暴力盗窃

暴力盗窃行为是指船上人员以外的不法分子在港内及锚地对停靠或在航船舶及其设备、索具、燃料、物料进行暴力窃取、抢夺的行为,也包括船员无能为力,眼睁

---

① [1818] 2 B & Ald. 73.

② Continental Illinois National Bank &Trust Co. of Chicago v. Alliance Assurance Co. Ltd. (No 2) [1986] 1 Lloyd's Rep 470, 510-11; Kiriacoulis Lines SA v. Compagnie d' Assurances Maritimes Ariennes et Terrestres (CAMAT) (The Denetra K) [2002] EWCA Civ 1070, [2002] 2 Lloyd's Rep 581, para 19.

③ National Justice Compania Naviena SA v. Prudential Assurance Co. Ltd. (The Ikarian Reefer) [1993] 2 Lloyd's Rep 68, 71.

④ Tempus Shipping Co Ltd. v. Drefus & Co. Ltd. [1930] 1 KB 699, 709.

⑤ The Diamond [1906] p. 282.

⑥ [1984] 2 Lloyd's Rep. 608, [1986] 1 Lloyd's Rep 121.

睁地让窃贼将一些索具抢走。

对于本条款,应当分别从“来自船外的”“暴力”和“盗窃”这三个方面加以理解。

一是“来自船外的”。“来自船外”的一词意味着本船的监守自盗不在此范围,即排除任何船员及乘客实施的盗窃。在 Taylor v. Liverpool and Great Western Steam Co,①一案中,原告货主将五盒钻石装载于被告的船上,由利物浦运至纽约。提单上载有“海盗、抢劫、盗窃、虫害、船长和船员的欺诈恶行的”除外条款。在运输途中或在船舶到港后交付之前,一盒钻石被盗。但并无证据证明偷盗钻石的行为是由船员、乘客还是岸上人员所为。法院判决认为,海上货物运输法中的盗窃与保险单中的盗窃应做同样的解释,即仅指来自船外的盗窃。如果钻石是由船员所盗,则不能构成“盗窃”除外,而可能构成“船长船员的欺诈恶行”除外,但应当由被告,即船东承担举证责任,即证明盗窃行为实施的确切主体。鉴于船东并未完成举证责任,因此其应当对货主承担损失赔偿责任。

二是暴力。偷盗不能是暗中、秘密实施的,必须存在暴力因素。对“暴力”的理解包括以下两个方面。一方面,暴力可以是对人身施加的,亦可以仅针对财产而实施。在 La Fabrique De Produits② 一案中,被保险人对三箱货物投保“平安险”。保险期间是从仓库到仓库。货物在代理人的仓库中等待装船运输时,盗贼破门而入带走两箱货物。法官认为这是“暴力盗窃”造成的损失。“盗贼用铁锹打碎了两重门锁,在我看来这明显是暴力盗窃。暴力盗窃无须对人实施暴力。”另一方面,暴力行为应当发生在实施盗窃的过程中,盗窃完成后为逃险而实施暴力的并不构成暴力盗窃。The Andreas Lemos③ 一案即指出,实施暴力的时间对于认定暴力盗窃是非常关键的。该案中,持刀的犯罪团伙夜间登上船舶,偷走船上的缆绳等设备,在携带船舶缆绳和部分设备逃走时被发现,盗贼为逃脱而向前来制止的船员投掷刀具,即在实施暴力或暴力威胁时,盗贼挪走船上设备的行为已经完成。因此该犯罪团伙并非在实施盗窃的过程中采取暴力,其行为本质上被认为是秘密偷窃,并不构成作为承保风险的“盗窃”“骚乱”或“海盗行为”。

三是盗窃。对于“盗窃”含义的界定,英国判例经历了由“刑法标准”到“商业标准”的转变。法官目前倾向的观点是:在理解保单中“盗窃”的含义时可以参考1968 年《盗窃法案》中的界定,即盗窃者意图永久性剥夺被保险人对其财产的占有。但是保单中“盗窃”的含义并非严格意义上的刑法概念,如果从一个理性商人

① [1874] LR 9 QB 546.

② [1923] 1 KB203.

③ Athens Maritime Enterprises Corpn v Hellenic Mutual War Risks Association (Bermuda) Ltd. [1982] 2 Lloyd's Rep 483.

的角度来看,某行为是盗窃,则该行为即为“盗窃”。① 在 The “Bunga Melati Dua”② 一案中,Rix 法官即采纳了上述的“商业标准”,但是对于为索要赎金而掠夺财产的行为(理论上看,属于英国 1986 年《盗窃法案》中的“盗窃”)是否符合理性商人的标准,能否认定为暴力盗窃,并未给出确定的结论。Arnould 一书的作者认为,以理性商人的标准判断行为是否构成盗窃较为合适,而理性商人很难将劫持船货索要赎金的行为看作是盗窃。③

对于船舶保险中“暴力盗窃”的含义,应当对其进行整体理解:一方面其显然并不能与刑法中的“盗窃”的概念相对应,“暴力盗窃”并不要求秘密性和以平和的手段获取财产,其内涵与外延更为丰富,其他违背他人意志夺取占有财产的行为,如“抢夺”“抢劫”也可能是其应有之意。另一方面,也并没有必要以刑法上标准严格解读保险法中的相关概念。刑法具有复杂精细的犯罪构成理论和严格的犯罪构成要件,针对侵犯财产类犯罪设置了诸多的具体罪名,某一情形细微的变化都可能导致罪与非罪、此罪与彼罪的区别。而保险条款并无意图也并无必要对作为承保风险的“暴力盗窃”做如此精细的界定,以英国法院普遍采纳的“商业标准”作为判断依据更为恰当。

(2)海盗行为

参考英国《1906 年海上保险法》附件一第 8 条对“海盗”这一术语的释义,“海盗行为”包括叛乱的乘客和暴徒自岸上攻击船舶的行为。参考英国大量案例对海盗风险的理解与诠释,一般认为,某一行为若要构成海盗行为应具备以下要素:

首先,存在暴力或暴力威胁,而不能仅仅是秘密的行为。这一要件在上述的 The Andreas Lemos④ 一案中已经提及。但是,不同于暴力盗窃,若构成海盗行为,仅对财产实施暴力行为尚不足够,还必须对船长船员等船上人员实施暴力。

其次,就海上保险来说,“海盗”一词的含义不同于国际公法语境下的海盗,而是被赋予了通常的或商务意义上的含义。因此,海上保险中的海盗行为要求以个人利益为动机,为个人目的而抢掠,而并非针对政府或公共财产或为了其他政治目的。

在 Republic of Bolivia v. Indemnity Mutual Marine Assurance Co. , Ltd. ⑤一案中,玻利维亚政府在亚马逊河口将军需品装船,并将其运往据该河口 1000 海里的

---

① See Jonathan Gilman, Robert M Merkin, Claire Blanchard, Mark Templeman, Arnould' s Law of Marine Insurance and Average, Sweet & Maxwell, 2013, p. 1114.

② Masefield AG v Amlin Corporate Member Ltd. [2011] 1 Lloyd' s Rep. 630.

③ See Jonathan Gilman, Robert M Merkin, Claire Blanchard, Mark Templeman, Arnould' s Law of Marine Insurance and Average, Sweet & Maxwell, 2013, p. 1114,.

④ [1982] 2 Lloyd' s Rep. 483.

⑤ [1909] 1 KB 785.

上游处所。军需品被反玻利维亚当局的有组织的游击队截获。法院判定这并非海盗行为,海盗应该是为了私利而任意的掠夺,并非是为了政治上的目的而专抢某一国家的财产。

但应注意,“个人目的”不等同于“经济目的”,前者的范围更加广泛。在 Palmer v. Naylor① 一案中,保险船舶投保了海盗险,保险期间内船舶将一批中国移民运往秘鲁,该批移民可能是被强迫登船的,在航行途中,移民谋杀了船长和部分船员,占领船舶后将船舶开往最近的陆地登岸,之后又将船舶归还给剩下的船员。被保险人以船舶遭受海盗风险为由,要求保险人赔偿船舶因此偏离航向而遭受的一切损失。该案中,移民谋杀船长船员、占领船舶的行为并非出于经济目的,但其满足为个人目的抢夺的要求。法院因此认定移民的行为构成海盗行为,支持了被保险人的诉求。本案也同时说明,船上乘客的行为可能构成海盗行为,这与上文提到的暴力盗窃不同,后者只能由船上之外的人实施。

最后,保险条款中的海盗行为并不限制其一定发生于领海以外,只要发生的水域可以使其称得上是“海上攻击行为”(Maritime Offence)即可,包括公海、有潮水域或港口,但不能仅仅发生在内水。

在 2005 年新加坡高等法院审理的 Bayswater Carriers Pte Ltd. v.. QBE Insurance (International) Pte Ltd② 一案中,对“海盗行为”发生的水域有详细的论述。船舶所有人以 1983 年英国协会定期船舶保险条款为其所属的拖船投保,承保风险包括海盗行为。2003 年,拖船在 Batam 港口停靠时,武装入侵者威胁船员,并用绳索捆绑了船员,被保险人主张保险人赔偿船舶因海盗风险而造成的全损。保险人拒赔,理由之一是船舶损失并非发生在“海上”,尚不构成“海盗行为”。最终法院判决支持了被保险人的主张,认为没有必要区分船舶遭遇海盗行为时是在海上航行还是在港口停泊,只要海盗掠夺行为发生的水域可以被认为是通常意义上的“海上”即可。“公海”和“领海”的划分意义仅仅在于管辖权的基础不同,对认定是否构成海盗行为并无影响。

(3)海盗赎金的保险赔偿问题

就海盗赎金所涉的保险法律问题,可从两方面进行梳理。一是如果支付了海盗赎金,海盗赎金能否根据保单得到赔付?二是如果未支付海盗赎金,导致船舶或者货物灭失,此时损失是否能够得到保险赔付?

a. 支付赎金时的保险赔偿问题

首先是赎金支付的合法性与公共政策问题。

---

① [1854] 10 Ex 382.

② Bayswater Carriers Pte. Ltd. v. QBE Insurance (International) Pte. Ltd. [2005] 1 SLR 69-port.

法官在2011年的Masefield v. Amlin① 一案再次明确:"在英国法下,并没有明确和急迫的理由认定支付赎金的行为是非法的。"虽然在英国一般认可海盗赎金的合法性,但在其他国家可能并非如此,②若赎金支付地法律或者船旗国法律认为其为非法行为,那么赎金是否仍然能够得到保险赔偿呢? Regazzoni v. KC Sethia③ 一案表明,如果一个合同表面上是合法的,但实际上却是以非法为目的,或者以违反其他国家法律为目的,则英国法院并不会执行这样的合同。

除了对海盗赎金合法性的考量外,也可能存在公共政策上的考量。上述的Masefield v. Amlin 一案讨论了赎金的支付是否有违公共政策的问题。David Steel法官表示,他"完全不同意(Wholly Unpersuaded)"支付赎金会违反公共政策的主张,"支付赎金的确鼓励了海盗行为的一再发生,索马里海盗的历史对此可以充分证明。但是,若保证船员免受伤害,唯一可能的解决之道即支付赎金。外交和军事的干预并非总是行之有效,不支付赎金可能使船员处于危险之中。"上诉法院的Rix 法官对此持相同的观点。

其次是船货赎金的保险赔付问题。

在认可支付赎金合法性的基础上,赎金属何种损失是另一个值得研究的问题。对此,可从以下三方面来考虑。

第一,海盗赎金与共同海损问题。海盗赎金一般由两部分构成,即船货赎金和人员赎金,本部分探讨保险对船货赎金的赔偿依据。当船货被劫持时,船舶与货物所有人丧失了对船货的占有,一旦未支付赎金,可能存在丧失船舶和货物所有权的风险。共同海损构成要件之"共同危险"不仅限于船货存在物理上的真实危险,对于被保险人而言,丧失船货所有权的风险与船货遭受物理损失的风险并无本质上的区别。

第二,海盗赎金与施救费用问题。为释放船舶而支付的赎金如果是合法的、合理的并且是为了防止或减少"保险合同承保的损失",则赎金还可以通过施救费用得到保险赔偿。有关赎金和施救费用的权威案例是Royal Boskalis v Mountain。④ 1990年,伊拉克攻打科威特,同年9月伊拉克政府颁布法律,对所有制裁过伊拉克的国家的公司财产予以扣押,也包括原告的挖泥船。原告因此与伊拉克政府达成协议,放弃工程价款和担保金以释放被扣押的挖泥船。挖泥船船东试图将该价款

---

① [2010] 1 Lloyd's Rep. 509.

② 在美国支付海盗赎金属于刑事犯罪。奥巴马总统在2010年签署的关于索马里的行政命令规定,不允许任何美国人士资助一些会直接或间接影响索马里和平、安全与稳定的活动(其中即包括索马里海盗行为),否则可能面临美国的刑事制裁。

③ Regazzoni v. KC Sethia (1944) Ltd. [1958] AC 301, 317 (Viscount Simonds).

④ Royal Boskalis Westminster N. v. and Others v. Trevor Rex Mountain And Others [1997] EWCA Civ 1140 (28th February, 1997), 简称Royal Boskalis v. Mountain, [1999] Q. B. 674.

作为施救费用得到赔偿。上诉法院判决认为，这笔钱可以通过施救费用条款获得保险人的赔偿。该案的判决同样可以扩大适用于船舶被劫持后被保险人支付海盗赎金的案件。在 Masefield v. Amlin 一案中，法院再次确定海盗赎金的性质可以被认定为施救费用。

值得注意的是，无论是英国《1906 年海上保险法》还是人保 2009 年船舶保险条款均规定：共同海损损失和分摊以及救助费用不属于施救条款的承保范围，换言之，如果损失或者费用构成共同海损或救助，则不能根据施救条款予以赔偿。因此，只有当船舶空载且不存在租约、不满足共同海损构成要件时，赎金才可能通过施救费用条款来获得保险人的赔偿。

第三，船员赎金的保险赔付问题。如果船员被海盗劫持，赎金的支付仅仅为了释放船员，或者在极少的情况下，对船员的赎金单独协商确定金额，该等赎金的支付既不能被视为共同海损费用，也不能根据施救费用条款得到赔偿，但此时可以由通过"绑架赎金险(Kidnap and Ransom Insurance)"单独承保。

在绝大多数的海盗赎金案例中，船员、船舶和货物共同处于危险之中，海盗往往以威胁船员的人身安全作为筹码，抬高赎金金额。前述 Royal Boskalis v. Mountain 一案即涉及上述情形，一审 Rix 法官认为被保险人支付赎金不仅仅是为了保证保险船舶的释放，也是为了保证船员的安全，而后一目的所减少的损失并非本船舶保险的承保范围，Rix 法官因此将船舶保险赔偿减至 50%。但上诉法院的 Phillips 法官提出不同观点。他认为"除非分别就释放船员和船货的赎金进行谈判协商，否则很难确定为释放船员所支付的赎金比例……支付赎金的目的有两个：保护人身和保护财产，两者不能等同……但是赎金可以合理地被认为是为了保护财产而支付的，在我看来，如果被保险人充分地关注了处于危险中的人身安全，不仅考虑挽救财产而且考虑到救助人命，但被保险人反而遭受不利，这在原则上不通，在情理上也不妥"。因此，任何赎金的支付可以全部得到船舶保险的赔偿，即使一定比例的赎金是为了船员的安全返回。① Arnould 一书也持同样的观点：赎金金额因释放船员而被抬高，这并不影响共同海损下船货根据分摊价值进行理算的一般原则。②

b. 不支付赎金而致船货受损时的保险赔偿问题

第一个问题，在赎金没有支付或者赎金谈判失败，致使船货受损的情况下，保险人是否应当对损坏承担赔付义务呢？应当认为，对于海盗劫持索要赎金的情形，

---

① Robert Soady, A Critical Analysis of piracy, Hijacking, Ransom Payments, and whether Modern London Insurance Market Clauses Provide Sufficient Protection for Parties Involved in Piracy for Ransom, Journal of Maritime Law & Commerce, Vol. 44, No. 1, January, 2013, p. 21.

② Royal Boskalis v. Mountain (CA) [1999] Q. B. 674 at 736.

被保险人支付赎金或者不支付赎金均可以获得保险赔偿,即使被保险人不支付赎金也不应当被认为违反了法定的减损义务。因为被保险人可以合理地拒绝与犯罪分子进行任何的交易,但是如果赎金事实上已经支付,则应当肯定其合法性,可以将其作为施救费用或者共同海损而获得保险赔偿。

第二个问题,海盗劫持下的财产是否构成全损?在 Masefield v. Amlin 案中船舶及其所载的柴油均被索马里海盗劫持。船舶被保险人得知了这一事件并在积极与劫持者们协商赎金金额以营救船舶。货物所有人向保险人提交了弃货委付通知书但是被保险人拒绝接受。该案的核心问题是此次劫持是否能使货物构成实际全损。Rix 法官认为,本案并未构成实际全损,因为原告并未无可挽回地丧失货物。海上保险中,构成实际全损的条件非常严格,被保险人很有可能通过支付相比船舶和货物价值较小的赎金,就能使船舶与货物获救,这是典型的"等等看"(Wait and See)的情形,即海盗的劫持不会立即造成船舶的实际全损。

5. 抛弃货物

"抛弃"往往是在海难发生时,船长及船员为减轻船舶的重量,防止船舶下沉或为船舶搁浅后起浮,采取抛弃船上的货物及船舶属具,确保船舶或其他所载货物的共同利益和共同安全而采取的一种行为。①

抛弃与共同海损联系紧密,是共同海损牺牲的典型例子。但是抛弃作为一项列明的承保风险无须扩大到共同海损的行为。因为无论是人保 2009 年船舶保险条款还是英国的协会船舶保险条款都在后文中对共同海损问题另有规定。如果抛弃的是货物,保险人承保的并非是抛弃货物本身的损害,而是因抛弃货物而造成的船舶的损害,并且不以构成可进行分摊的共同海损为要件。若抛弃的是船舶属具,那么该被抛弃的属具本身的损害以及因抛弃行为而给船舶造成的额外损害,保险人均应当承担赔付责任。同时在构成共同海损牺牲的情况下,被保险人无须行使向其他受益方索取分摊额的权利,便可依据本条款自他的船壳保险人全额索赔,然后被保险人将代为向货物受益方追索共同海损分摊。这有别于共同海损费用,被保险人仅能就他按比例应分摊的部分向他的船壳保险人索赔。② 这在后面的共同海损与救助条款中也做了明确的规定。

6. 核装置或核反应堆发生的故障或意外事故

由于核动力的船舶的出现,这种风险被列入船舶保险承保的风险中。保险人

---

① 参见王海明:《船舶保险》,首都经济贸易大学出版社,2012 年版,第 63 页。

② 英国《1906 年海上保险法》原文:Section 66 (4): Subject to any express provision in the policy, where the assured has incurred a general average expenditure, he may recover from the insurer in respect of the proportion of the loss which falls upon him; in the case of a general average sacrifice, he may recover from the insurer in respect of the whole loss without having enforced his right of contribution from the other parties liable to contribute.

所承保的是因核装置发生故障或意外事故所造成的船壳的灭失或损害,而非核装置或反应物本身的灭失或损害,但损害如不是因为设计缺陷而是由保险单规定的其他承保风险造成的不受此限制。同时,本条规定的核装置或核反应堆不仅限于船上的,保险人承保的风险范围还包括岸上的核装置或反应堆发生故障或意外事故造成的船舶损失。比如岸上的核电站燃料意外泄漏造成核辐射物质污染的情况下,清除污染的费用可以作为修理费用向保险人索赔。如果污染严重无法清除,则可能索赔全损。[①]

1983 年协会定期船舶保险条款也将此列为承保风险。但是因为迄今为止,核动力商船仍然寥寥无几,1995 年协会定期船舶保险条款将该风险从主条款中删除,不再是承保风险,并在第 27 条辐射玷污除外条款中予以明确。事实上,自 1990 年 10 月 1 日起,伦敦保险市场上已经普遍使用辐射玷污除外条款,1995 年协会定期船舶保险条款只是将其变为一个标准条款。

7. 其他原因所造成的保险船舶的全损

本条源于英国的"殷琪玛瑞"条款。在 1887 年的 The Inchmaree[②] 一案中,船员疏忽导致了船舶机械故障和机器损坏,法院判决保险人有权拒赔,因为故障损坏在陆地上同样可以发生,因此不属于保险承保的海上风险。判决一出,引起了被保险人的极大不满,市场随后推出了"殷琪玛瑞"条款,承保此类船舶机械故障机器损坏等导致的保险标的的损失,但有一个前提条件,即被保险人船东或管理人必须尽到谨慎处理的义务。另外,本条所承保的是下列事项所造成的船舶损失,而非所列事项本身的修复或更换费用。

(1)装卸或移动货物或燃料时发生的意外事故

装卸或移动货物或燃料时意外事故时有发生,例如因货物脱落而造成的船舶损害,或在装卸过程中忽视船舶重心的移动而导致船舶侧翻,或者装卸时不慎引起火灾等。需要注意的是,保险人只承保货物或燃料在装卸或移动过程中对船舶造成的损害,不包括已装船的货物或燃料对船舶造成的灭失与损害。如有腐蚀性的货物造成的船舱锈蚀,甚至货物形成自由液面进而导致船舶倾覆。[③]

理赔实践:"泰白海"船 1988 年 7 月 7 日在蛇口港卸货时,装卸工损坏了船上 3 号克令吊,中国人保赔付克令吊修理费 5 446.52 美元。[④]

在英国,"装卸货物发生的意外事故"这一风险是最早加入"殷琪玛瑞"条款

① 参见杨良宜、汪鹏南:《英国海上保险条款详论》,大连海事大学出版社,2009 年版,第 56 页。
② [1887] 12 App Cas 484.
③ 参见杨良宜、汪鹏南:《英国海上保险条款详论》,大连海事大学出版社,2009 年版,第 57 页。
④ 参见汪鹏南:《海上保险合同法详论》,大连海事大学出版社,2011 年版,第 205 页。

的,这得益于 1914 年的 Scott(Baltic) Steamers v. Marten① 一案。该案中,在用浮吊将锅炉装载到船舱的过程中,缆索断裂损坏导致货物坠落在舱面,法院判定船舶的损失并非由所承保的海上或类似风险造成,岸上也可能发生这种风险。因此,"装卸货物发生的意外事故"于 1952 年加入"殷琪玛瑞"条款,成为保险人的承保风险。

也有英国的判例认为这种装卸中的意外事件也可能构成"海上灾难"。比如在 The Stranna② 一案中,在将木材装上甲板的过程中,由于打压舱水不当,船舶突然倾斜,导致部分装载在甲板的大木掉在海里。Scott 大法官认为该事故与海和船舶的作用有关,只可能发生在受到重力和浮力双重作用的船舶上,属于海上特有的风险。

随着油船与货船的不断大型化,一些船舶无法进入某些港口进行装卸作业,从而导致港外甚至海上直接装卸作业的现象越来越多,但是这种作业对船舶来说风险较大。虽然在此过程中发生的事故可以归属于"海上风险"或是本条所承保的"装卸或移动货物或燃料时发生的意外事故",但是无论是人保 2009 年船舶保险条款还是英国协会船舶保险条款都在其"海运"条款中对船舶进行此种作业进行了必要的限制,但是如果被保险人确有对此种风险的投保需求,可以与保险人协商加付保险费修改承保条件对此予以承保。

(2)船舶机件或船壳的潜在缺陷

a."潜在缺陷"之构成要件

潜在缺陷条款索赔需满足三个构成要件:一是船舶损失发生的原因是"缺陷";二是该缺陷为"潜在的";三是潜在缺陷发生在"船舶机件或船壳"上。

"缺陷"区别于作为除外风险的自然磨损。缺陷和自然磨损导致的损害结果可能都是逐渐出现的,因此,不能仅仅因为损害是逐渐发生的就将其归因于自然磨损。③ 两者不同之处在于前者是人力的积极作为所致,使得船舶机件或船壳使用寿命缩短;而后者则是使用过程中的常见磨损的累积且未去修正的结果。④

"潜在的"一词在中英司法实践中争议较小。普遍认为,潜在缺陷是指具有熟练技术的人员以通常的注意以及周到的检查仍不能发现的瑕疵,如果该瑕疵显而易见,即不能称为潜在缺陷。

---

① [1914] 19 Com. Cas 93.

② [1938] 60 Ll. L. Rep. 51.

③ Prudent Tankers Ltd SA v. Dominion Assurance Co. Ltd. (The Caribbean Sea) [1980] 1 Lloyd's Rep. 338.

④ See Jonathan Gilman, Robert M Merkin, Claire Blanchard, Mark Templeman, Arnould's Law of Marine Insurance and Average, Sweet & Maxwell, 2013, p. 1152.

在2008年天津海事法院审理的怡信有限公司与中国平安财产保险股份有限公司北京分公司等船舶保险合同纠纷案①中，被保险人为新购置的无动力船舶投保全损险，保险船舶在拖运过程中发生沉没。事故报告中称“事故发生时天气恶劣且保险船舶甲板上有裂口，船舷有相当大的腐蚀，而且甲板上并未配备橡胶封垫，以至于在颠簸中水进入船体”。被保险人主张损害是由潜在缺陷造成的，由于恶劣的气候，使原本不是缺陷的瑕疵部分成为缺陷，最终致使被拖船的沉没全损。法院判决认为该报告所记载的船舶缺陷是通过通常合理的检验即可发现的表面缺陷，并非船体、船舶设备的潜在缺陷……因此，该事故不属于“船舶机件或船壳的潜在缺陷”造成的。

美国法院在判断“潜在的”这一问题上标准有所不同，相比我国和英国来说更加严格。在 Parenteral v. Bayville 一案中，Hopkins 法官在判决中指出，并非在通常的使用和维护中不能发现的缺陷就是潜在缺陷……潜在缺陷应该是用任何已知的和习惯的检查均无法发现的缺陷。②

b. 设计缺陷（Defect Design）是否属于潜在缺陷

关于缺陷是否包括设计缺陷这一问题，我国尚无相关司法案例专门针对，但英国的许多案例对此有所论及。

Kennedy 法官在 Jackson v. Mumford③ 一案中指出如果机器和工艺毫无瑕疵且按照设计者的意图精确地制造，不应属于潜在缺陷。一个理性的商人在阅读船舶保险条款这一商业性文件时，并不会将潜在缺陷与“设计缺陷”联系在一起。但是其后的 The Caribbean Sea④ 一案中，Robert Goff 法官进一步对潜在缺陷进行了阐释。该案中，保险船舶 Caribbean Sea 轮进水沉没，船东主张因船壳潜在缺陷造成损失，即连接管嘴与船壳板的环形焊接处发生疲劳裂纹。Robert Goff 法官认为，设计缺陷直接导致的损失保险人不予赔付，但是如果设计缺陷造成了构成船壳或机器的材料的缺陷，进而导致了损失的发生，保险人需对损失负责。⑤

如上文所述，在美国，潜在缺陷构成标准更加严格。大量案例均表明，设计缺陷中，只有造船材料存在固有缺陷才能构成潜在缺陷，而正常磨损、逐渐损坏、设计错误及组装错误都不构成潜在缺陷。⑥ 相比之下，挪威对设计缺陷的态度更为明

---

① [2008]津高民四终字第58号。

② [1975] 1 Lloyd's Rep 333.

③ [1902] 8 Com Cas 61.

④ Prudent Tankers Ltd. SA v. Dominion Assurance Co. Ltd. (The Caribbean Sea) [1980] 1 Lloyd's Rep. 338.

⑤ See Howard Bennett, Law of Maine Insurance. Oxford Univesity Press, 2006, p. 368.

⑥ Brown v. Nitrate Producer's SS Co [1937] 58 Lloyd's Rep. 188. Parente v, Bayville Marine Inc. and General Insurance Co. of America. [1975] 1 Lloyd's Rep. 333; 1974 A. M. C. 1399;

确。《2013 年北欧海上保险方案》中将错误设计与缺陷材料相并列,意味着错误设计虽不能归于潜在缺陷,但二者适用同样的规则。

c. 潜在缺陷的明显化与潜在缺陷造成的损失

当船壳或船机的潜在缺陷已经被发现或已经变得显而易见时,保险人对被保险人为换修潜在缺陷的机件所支付的费用是不予赔付的。因此有必要区分“潜在缺陷的明显化”(即潜在缺陷本身)和“潜在缺陷所造成的损失”。下面通过对 Promet Engineering (Singapore) Pte. Ltd. v. Sturge and Others (The Nukila)①案例的分析来理解普通法下“潜在缺陷的明显化”与“潜在缺陷”的界分。

Nukila 是一个可移浮动式海上钻井平台,1983 年 9 月在海上就位。该平台由三条圆柱体钢体管腿支撑,每条管腿底部穿过并环形焊接在水密底座上;在底座内,管腿底部由支撑壁板焊接到底座的顶板和底板上以增加其强度。该平台于 1986 年 9 月 9 日按 1983 年协会定期船舶保险条款投保 12 个月,并加保了协会附加危险条款。1987 年 2 月在本保险期间,潜水员在对管腿和底座进行例行检查时,在全部三个底座的顶板上发现严重的裂纹。经进一步检查发现,管腿的钢体材料和底座内的壁板也存在严重的裂纹。这已危及平台的安全。平台被拖到新加坡修理,并做了详细的检验,共产生修理费 903 148 新币。被保险人根据“殷琪玛瑞”条款(Cl. 6. 2. 2)向保险人索赔。保险人拒赔,理由是保险标的未发生损害,所发生的仅是三条管腿本身变得明显的潜在缺陷。

一审 Tuckey 法官判被保险人败诉,被保险人提起上诉,上诉法院推翻了一审判决,改判被保险人胜诉。上诉法院的重要判决理由如下:将“殷琪玛瑞”条款的文字适用于案件事实是直截了当的;在本保险责任开始时,将底座顶板的下表面与管腿连到一起的焊接处有潜在缺陷,而在保险责任开始之前该缺陷使得管腿表面沿着焊缝产生了微小的裂缝,这些微小的裂缝也可称之为潜在缺陷。在本保险期间,这些缺陷导致底座和管腿内外产生大范围的严重裂纹;这在任何通常语言文字表达上,都应算是对 Nukila 的船壳和船机造成了损害;该损害是由本保险期间开始时存在的潜在缺陷造成的。如果认为本案的情形只是管腿和底座上存在缺陷,那就是对语言的滥用。在任何通常语言文字表达上,管腿和底座已受到了损害,因潜在缺陷的存在,使得管腿和底座承受不住所受到的压力而受损。②

不难看出,Nukila 案的判决精神与以往案例的根本不同之处在于:

(1)潜在缺陷本身指的应是“原始”的潜在缺陷,包括材料缺陷或工艺缺陷。

(2)潜在缺陷造成的损失应作较为宽松的解释,在保险期限内“原始”的潜在

---

① [1997] 2 Ll. L. Rep. 146.

② Ibid, p. 147.

缺陷所导致的该缺陷所在的或相邻接的部位的损坏属于潜在缺陷造成的损失。

(3)并不要求保险标的受到损害的部件与存在潜在缺陷的部件必须是实际上可分开的或是有不同的功能。

(4)潜在缺陷是否存在损失应由法官根据常识来判断:如果潜在缺陷使得船舶或机器的使用性能或价值降低,就可以认为造成了损失。

因此,潜在缺陷索赔成功的前提条件应是:首先是船壳或机器存在某种潜在缺陷;其次是该潜在缺陷在保险期间内造成了某种损失。

最后需要提及的是国内司法实践对“潜在缺陷的明显化”与“潜在缺陷”的界分问题。我国在司法实践中判断潜在缺陷本身和潜在缺陷造成的损失时,采用的标准也是判断缺陷是否已经达到了影响船舶价值和使用状况的程度,如果是,那么已超出潜在缺陷,成为潜在缺陷所造成的损失。

厦门海事法院在 2008 年审理的福州中大航运有限公司诉中国平安财产保险股份有限公司福建分公司海上保险合同纠纷①一案中即持此种观点。该案中的保险船舶“中大 9 号”船发生曲轴断裂损坏事故。经检测,事故原因是曲轴存在细小裂纹,随着柴油机长时间的运转,裂纹逐渐扩大,最后发生断裂。厦门海事法院承认潜在缺陷本身的损失并非保险责任范围,但同时指出该案的潜在缺陷仅为细小裂纹,曲轴的断裂已经超出了潜在缺陷本身,使案涉船舶的状况和价值发生了变化,故不应认为曲轴的断裂仍属于潜在缺陷本身而被排除于保险责任之外。福建省高院对该观点予以认可。

从上述案件可见,两审法院的观点似乎是:潜在缺陷(或至少本案中的潜在缺陷),并不影响船舶的使用或导致船舶价值和状况发生明显变化,否则便超出了潜在缺陷本身,而成为因潜在缺陷而造成的损失。

d.“锅炉破裂”“艉轴断裂”与潜在缺陷

英国联合船舶险委员会(Joint Hull Committee, JHC)推出的 2003 年国际船舶保险条款规定:“锅炉破裂”或“艉轴断裂”所造成的损失属于承保风险,还进一步明确“修理或更换锅炉或艉轴的费用不属于保险承保范围。”至于潜在缺陷条款,也进一步明确“校正潜在缺陷的费用不属于保险承保范围。”人保 2009 年船舶保险条款和《2013 年北欧海上保险方案》也对潜在损失的赔偿问题进行了规定。在人保 2009 年条款下,锅炉破裂与艉轴断裂也应是一种承保损失,与其他船舶机件或船壳的损失一样。如果被保险人能够证明该损失是由作为承保风险的潜在缺陷所造成的,保险公司应当予以赔付。在《2013 年北欧海上保险方案》条款下,锅炉破裂或艉轴断裂本身也是承保的损害,属于保险人的责任。如果锅炉或艉轴的损

① [2008]厦海法商初字第 39 号。

害是船级社认可的设计错误或材料缺陷所致的，那么锅炉和艉轴本身的裂纹或开裂，就可能触发北欧海上保险方案下保险人的责任，而无须等到保险标的发生了有形变化。①

(3)有意疏忽行为

根据人保 2009 年船舶保险条款的规定，船长船员有意损害被保险人利益的行为以及船长、船员和引水员、修船人员及租船人的疏忽行为均属于保险责任范围。

a. 有意行为

一般认为，“有意损害被保险人利益的行为”是指明知其行为将造成保险船舶的损坏而作为或不作为的行为。包括船长船员恶意弃船或纵火焚烧或将船凿沉；船长、船员未经船东同意将船诈售或抵押给他人、或从事走私活动、或故意违反封锁禁令而冲过封锁线以致船舶遭受扣押或没收等等。

无论是人保 2009 年船舶保险条款还是英国协会保险条款，保险公司对该风险造成的损失进行赔付的前提都是被保险人、船东、管理人尽到了谨慎处理的义务，没有纵容、共谋或授意船长、船员这样做，或者在知悉他们的有意损害行为后立即加以阻止。在 Pipon v Cope② 一案中，法院确定船员多次实施走私行为，船东不能以此从保险公司得到损失赔偿，因为船东有义务阻止船员多次的走私行为，但是船东并未尽到合理谨慎的义务，极大地提高了风险，保险人对因此造成的损失不予赔付。

国际上已经有人表达了对保险人承保该风险的惊讶，认为保险人承保该风险非同寻常，由船东自己选任的船长的不法行为造成的损失竟然还能持续成为保险标的并不合理，但事实上，船东虽然任命船长，并通过各种高科技的通信手段向船长发出指示，但是如果船长有意违背、对抗船东的意愿，损害船东的利益，船东是难以控制的。尤其是在航运企业大型化的今天，对船长与船员的管理更加不易，如果船长或船员因为对船东的意见没有得到满意的答复与解决而有意的凿沉船舶、撞击礁石或为其他损害船东利益的行为，船东对此往往难以控制，甚至是无法阻止。因此有必要由保险人对该风险予以承保。

b. 疏忽行为

疏忽行为(Act of Negligence)是指本款所列的负有注意义务的人员操纵船舶或在船舶上作业时，由于粗心大意，未按各种有关规章制度履行职责，导致船舶发生意外事故遭受损失的行为。

理解此承保风险时应当注意，该项中的人员范围限于船长、船员、引水员、修船

---

① See The Nordic Marine Insurance Plan of 2013 Commentary, Part 2, Chapters 10-13, Page 44，网址：http://www.nordicplan.org/Commentary/Part-Two/Chapter-12/#Clause-12-4，最后访问日期：2016 年 12 月 16 日。

② [1808] 1 Camp 434.

人员及租船人,不包括船东的其他雇佣人或代理人;保险人承保的风险限于"疏忽行为",不包括"行为不端、不适任",如需对此承保,可投保额外保险条款;保险人的责任仅限于因疏忽造成的保险船舶的损失,并不包括完成这些人员本应已经做好的工作所产生的费用,亦不能扩大到因疏忽引起的法律责任。此外,被保险人得以援引本条向保险人索赔的前提是:疏忽行为是损失的近因。如果船长或船员存在疏忽行为,但并非是损害发生的近因,则被保险人不能根据本条获得保险赔偿;但如果损失是由承保风险引起的,保险人仍然需要承担保险责任,并不能以船长或船员存在疏忽行为为由进行抗辩。在 2013 年英国法院审理的 Irene EM① 一案中,原告为 Irene EM 轮投保了船壳和设备险,保险合同中约定承保风险包括船长船员的疏忽行为。2009 年,保险船舶在肯帕德湾搁浅,而在船舶存在搁浅危险时,三副严重疏忽,并未采取措施防止船舶顺流漂移。法院判决认为损失发生的近因是搁浅,属于承保风险,保险公司应当承担赔偿责任,同时将船员的疏忽行为作为支持其判决的补充性理由。

我国司法实践中,被保险人以船长、船员的疏忽行为为由主张保险人承担保险责任的情形并不少见。例如山东省高级人民法院审理的一起船舶保险合同纠纷案②中,船员在值班时离开操舵岗位,失足落海,导致船舶在无人驾驶的状态下,失控撞到岸边而造成船体破损事故。触礁后,船长不当倒车,直接导致并加速了船舶的全部船体下沉。法院判决认为沉船事故是由于船长、船员的疏忽行为造成的保险船舶的全损,属于保险公司的保险责任范围。在另一起广东省高级人民法院审理的船舶保险合同纠纷上诉案③中,被保险人提供的证据证明损害的原因是船长在天气恶劣条件下继续坚持航行,引发主机及其他运动部件因润滑不良而相继损坏。法院因此判决被保险人有权依据本项从保险公司处得到赔偿。

有关修船人疏忽行为的典型案例还可参考英国法院审理的 Lydia Flag④ 一案,该案中,原告为其船舶 Lydia Flag 投保,保险合同中并入了协会定期船舶保险条款。之后船舶因为丧失了船舵而遭受损失。丧失船舵的原因是修船人为了检查艉轴拆除了船舵,但在重新组装的过程中存在疏忽,未将其固定。修船人的这一疏忽行为属于承保风险,保险人应当承担保险责任。

常见的租船人的疏忽包括指定不安全港口/泊位、装运租约不允许或不该装运的危险货物等。此外,租约下,货物装卸作业往往由承租人自己负责。当由承租人安排货物装卸、码头停靠时,可能因其疏忽行为使船舶遭受损失,如由于码头工人

① [2013] EWHC 3644 (Comm).
② [2007]鲁民四终字第 65 号。
③ [2004]粤高法民四终字第 16 号。
④ Martin Maritime ltd v. Provident Capital Indemnity Fund Ltd. [1998] 2 Lloyd's Rep. 652.

在装卸作业中的意外事故、船舶停靠的泊位不良、货舱内货物配载的不当给船舶造成的损坏。保险人承保这一项风险时,应当负责赔偿保险船舶因此而遭受的损失,在保险人承担赔偿责任后,可代位向承租人追偿。

(4)任何政府当局,为防止或减轻因承保风险造成保险船舶损坏引起的污染,所采取的行动

理解本条需注意三个问题:

a. 本项不承保保险船舶造成污染的损害赔偿责任,而是承保保险船舶在因上述情形而发生的全损损失。

b. 污染事故必须是由本保险所承保的列明风险导致的船舶损害所引发的。换句话说,是保险人本来要负责赔付的特定风险所引起的。

c. 船舶的全损损失必须是由政府当局采取的防止或减轻污染的行为造成的。

从 20 世纪 50 年代起,海上石油和石油制品运输量的不断增长,同时油船也日趋巨型化,重大的海洋油污事故时有发生。1967 年 Torrey Canyon 号油轮在英格兰附近海域因触礁而造成的油污事故,为减轻油污污染,英国经美国船东同意,用燃烧弹摧毁船舶,从而使燃油燃烧掉。面对新的形势及由此产生的新问题,联合国通过了 1969 年《国际干预公海油污事故公约》,使得国家在受公海油污威胁时,采取摧毁船舶以避免或减少污染的行为有了依据。

(5)上述损失不是由于被保险人船东或管理人未克尽职责所致

本条将恪尽职守的义务苛以被保险人、船东和管理人,这与 1983 年协会定期船舶保险条款的规定相同,1995 年协会定期船舶保险条款将上述负有恪尽职守义务的人扩大到船技主管(superintendent)和岸上的管理人员(onshore management)。但是该但书适用范围的扩大在实务中不被接受,保险公司根据 1995 年协会定期船舶保险条款承保时,往往将其删除。①

但书中的"克尽职责"一词的含义在最近发生的两个英国案例中均有所涉及。在 The Tosia Pisces② 一案中,Blair 法官认为未恪尽职守意味着被保险人没有尽到合理注意。Popplewell 法官在 the DC Merwestone③ 案的判决中支持了上述观点,并进一步指出,判断被保险人是否恪尽职守的标准是看其在相关方面是否存在疏忽。保险人承担两方面的证明责任,一是被保险人存在疏忽,二是该疏忽与损失之间具有因果关系。Popplewell 法官还进一步指出,但书中的未克尽职责应是导致损失发生的近因。在理解人保 2009 年船舶保险条款时,上述判决的论述值得参考。

---

① See Howard Bennett, The Law of Maine Insurance, 2nd ed., Oxford Univesity Press, 2006, p. 389.

② [2012] EWHC 50 (Comm), [2012] 1 Lloyd's Rep. 252.

③ [2013] EWHC 1666 (Comm).

(二)一切险

人保2009年船舶保险条款中的“一切险”的含义是保险人对全损和部分损失都予以承保,并承保碰撞责任、共同海损、救助和施救费用,承保的风险类型与“全损险”相同,均为列明风险,详见上文。对于船舶保险下被保险人遭受的共同海损、救助和施救费用问题,参见本书第六章第二节的相关论述。以下仅对“一切险”所承保的碰撞责任进行详细介绍。

若保险船舶碰撞其他船舶或触碰任何物体,碰撞或触碰的双方一般都会遭受损失。从保险船舶的角度看,一方面碰撞会使得其自身的船壳、机器、属具或其他部分受损,另一方面保险船舶的船东还需对与其碰撞的另一艘船舶承担碰撞责任(如果保险船舶有过失)。这两方面应当区分对待。如上文全损险条款中所述,碰撞和触碰作为海上风险的一种表现形式,船舶保险人对由该风险造成的船舶全损应当予以赔付,但是对于碰撞或触碰责任,只有在船舶投保了一切险时,船舶保险人才会予以赔付。

中英两国的船舶保险条款虽然均规定了碰撞责任条款,但存在较大区别,概括来说:第一,承保范围不同。人保2009年船舶保险条款从反面列举了作为除外责任不予赔付的碰撞责任类型,除列举之外的碰撞责任类型均应予以赔付;而1983年协会定期船舶保险条款是正面列举予以赔付的碰撞责任事项,又在8.4条规定了除外责任。第二,承保金额不同。1983年协会定期船舶保险条款中保险人承担的是3/4碰撞责任,而人保2009年船舶保险条款下的保险人承担的是100%碰撞责任。第三,赔偿限额不同。1983年协会定期船舶保险条款中保险人对被保险人3/4碰撞责任的赔偿以船舶保险价值的3/4为限,而人保2009年船舶保险条款中保险人对被保险人100%碰撞责任的赔偿以船舶的保险金额为限。

1. 碰撞责任条款中船舶碰撞的含义

首先是“船舶碰撞”之“船舶”的含义。

根据我国《海商法》第165条的规定,碰撞事故的双方船舶,只要一方是《海商法》意义上的船舶,另一方是非用于军事或政府公务的船艇,则构成《海商法》意义上的船舶碰撞。① “用于”一词指的是正在从事的活动的目的,而不是指其设计和建造的目的和用途。此处将“船舶”的范围扩大为不仅包括海船和其他海上移动式装置,还包括内河船和20总吨以下的小型船艇。人保2009年船舶保险条款明确界定了船舶保险标的“船舶”的范围:包括船壳、救生艇、机器、设备、仪器、索具、燃料和物料共八部分;与这些部分发生的碰撞都属于海上保险法意义上的船舶间

① 不包括与已被放弃救助的沉船,及从未计划对其进行救助的沉船,也可称之为弃船。

的碰撞。[①] 例如,保险船舶与他船的锚、救生艇等部分碰撞而引发的赔偿责任,皆在保险人的保险赔偿责任范围内。

《2013 年北欧海上保险方案》明确指出,保险船舶、属具、设备或货物或该船使用的拖船与第三人的船舶或海上浮动物体发生碰撞或触碰而承担的责任,保险人均需负责,只要属具、设备和货物与他船或他物的碰撞和触碰是因保险船舶移动而非其自身单独的移动的结果。[②]

其次是“船舶碰撞”之“碰撞”的界定。

a.“碰撞”含义存在争议

关于“碰撞”是否包括无接触碰撞的争议由来已久。一般认为,无接触碰撞包括:(1)浪损,如一大船在狭水道违章航行速度过快,掀起的波浪导致附近航行或者停泊的他船沉没、搁浅或者与他船相碰;(2)间接碰撞,如 A 船在狭水道航行,违章船舶从狭水道右侧转向左侧行驶,对面靠狭水道右侧正常行驶的 B 船为避免与 A 船相碰,采取右转措施,碰撞了在 B 船右侧行驶或者锚泊的 C 船。此时,B 船与 C 船之间发生接触,属于直接碰撞,A 船与 B 船、A 船与 C 船之间属于间接碰撞;(3)为避免直接碰撞而搁浅或者触碰等,如在上述 A 船违章航行的情况下,如果 B 船为避免直接碰撞而搁浅或者触碰,A 与 B 之间也属于间接碰撞的情形。[③]

实践中,关于船舶碰撞是否包括无接触碰撞的观点并不统一。在“振兴”船间接碰撞保险赔偿争议案[④]中,仲裁庭认为人保船舶保险条款中的“船舶碰撞”仅限于直接接触碰撞而不包括间接碰撞。但在之后的“浮山”船间接碰撞保险赔偿争议案[⑤]这一经典案例中,针对山东省高级人民法院的请示,最高人民法院答复认为:根据最高人民法院法发〔1995〕17 号《关于审理船舶碰撞和触碰案件财产损害赔偿的规定》第十六条的规定,船舶碰撞包括两艘或者两艘以上船舶之间发生接触或者无接触的碰撞。“浮山”船投保了“一切险”,船舶保险条款属于格式条款,该条款第一条订明的碰撞责任包括因保险船舶与其他船舶碰撞而引起被保险人应负的赔偿责任,订立船舶保险合同时保险人并未向被保险人明示船舶碰撞排除无接触碰撞。根据诚信原则和《中华人民共和国合同法》第 41 条的规定,对格式条款有两种以上解释的,应当做出不利于提供格式条款一方的解释。因此,本案船

① 在期租下,船舶上的燃料和部分物料属于期租人,船东对此无投保利益,应该由期租人另行投保,或者与船东约定由同一个保险人承保。

② See Cl. 13-1 at Chapter 13 of the Nordic Marine Insurance Plan of 2013 and The Nordic Marine Insurance Plan of 2013 - Commenary, at p305.

③ 参见胡正良主编:《海事法》,北京大学出版社,2012 年版,第 39、44 页。

④ 参见中国海事仲裁委员会:《“振兴”船船舶碰撞责任保险赔偿争议案裁决书》,2002 年 6 月 4 日。

⑤ 〔1999〕青海法海商初字第 180 号。

舶保险条款所指碰撞应当包括无接触碰撞。①

如何界定"船舶碰撞",这涉及合同的解释问题,《中华人民共和国合同法》第125条第1款规定:当事人对合同条款的理解有争议的,应当按照合同所使用的词句、合同的有关条款、合同的目的、交易习惯以及诚实信用原则,确定该条款的真实意思。因此,当保险合同内容含义不明确,解释时应当探求缔约当事人的真实意图。这就要审视双方当事人之间的有效约定,而不仅看船舶保险条款本身。

2. 拖带中的"船舶碰撞"

在保险船舶事先征得保险人同意或加付了保险费之后而从事的拖带作业中,由于保险船舶的过失导致拖带作业中的另一方与第三船发生碰撞产生的责任,是否属于保险人承保的船舶碰撞责任呢?对于该问题中英两国司法实践中的观点截然相反。

在英国法院所审理的The Niobe轮案中,保险船舶是驳船,而与他船发生碰撞的是其拖船Flying Serpent。争议问题仍然是此种情形是否构成"船舶碰撞"的问题。英国上议院的多数法官认为,此情形构成"船舶碰撞",其将拖船与被拖船应当看作是一个整体,视为拖带组同第三方发生碰撞,拖带组中的拖船与第三船碰撞视为驳船本身与他船的碰撞。驳船保险人须对此承担碰撞责任条款下的保险赔偿责任。

但中国司法实践的立场有所不同。在与The Niobe案情相似的"德跃"船保险纠纷案②中,广东省高级人民法院的审理做出了与英国法院完全相反的判决。在该案中,"德跃"船投保了一切险,并且删除了第4条"海运条款"下关于违反拖带的有关规定。广东省救助与打捞局所属的"德跃"船拖带"滨海三八"驳船驶离香港水域途中,驳船与锚泊的"澜沧江"船发生碰撞,致使"澜沧江"船受损。"澜沧江"船的所有人因此向救捞局提出书面索赔。救捞局向海事法院起诉"德跃"船的保险公司,要求保险公司应就"德跃"船拖带"滨海三八"驳船过程中碰撞"澜沧江"船一事承担保险责任。一审海事法院驳回救捞局的请求,救捞局上诉并在二审中主张,拖船"德跃"船是拖航运输的中枢,它控制和指挥着自身和被拖船"滨海三八"驳船的行为,"滨海三八"驳船仅仅是被动接受中枢指令的肢体,是货舱的延伸,两者通过拖缆连为一体,整体应视为拖带一体物。但是法院并未支持救捞局的主张,其在判决中指出,在拖带作业中,拖船和驳船的控制和被控制的地位,是拖带作业的性质所决定的,与保险合同没有联系。被拖船与拖船也仅是基于商业关系

① [2002]民四他字第12号,最高人民法院关于中国人民保险公司青岛市分公司与巴拿马浮山航运有限公司船舶保险合同纠纷一案的复函。

② 参见郑美琴:《保险案例评析》,中国经济出版社,2004年版,第222页。

的暂时结合，被拖船并不能看作是保险船舶的一部分。因此，不能将驳船与他船发生碰撞视为“德跃”船本身与他船发生碰撞。

可见，在中国法下，被保险人欲将拖驳船组中被拖船与他船的碰撞责任纳入保险责任范围，应当另行与保险人作特别的约定。

3. 碰撞责任条款中的除外责任

人保 2009 年船舶保险条款中的碰撞责任条款规定了五类除外责任。

第一，人身伤亡或疾病。《海商法》第 169 条第 4 款规定：互有过失的船舶，对造成的第三人的人身伤亡，负连带赔偿责任。即在这类案件中，索赔方可以向两船中的任意一船主张全部损害赔偿，支付全部赔偿之后，相撞两船之间再根据双方的过错程度予以分摊。英国 1995 年《商船航运法》也有同样的规定。① 该责任被明确地排除在了船壳险的承保范围，一般是由互保协会来予以补偿的，互保协会条款中有单独的一条人身伤亡条款，概括地承保人身伤亡责任，不限于由碰撞所引起的。

第二，保险船舶所载的货物或财物或其所承诺的责任。人保 2009 年船舶保险条款并不承保对本保险船舶上的货物或财产的任何责任（如根据租船或货运合同对碰撞后本船的货损责任，或者本船船员的个人物品的损害赔偿责任）。“所承诺的责任”是指被保险人并非是因为法律上负有责任而向对方赔偿，而是基于违反合同约定的义务而予以赔偿的情形。典型的例子即上文提到的拖带问题和与此类似的引航问题。如在拖带和引航合同中约定：“拖船或引航船遭受损害，即使损害完全是其自身的过错所导致的，也应由被拖船或被引航船负赔偿责任。”保险船舶基于该约定而负赔偿责任的，保险人不予补偿，因为损失是由违反合同义务而非法定碰撞责任产生的。

第三，清除障碍物、残骸、货物或任何其他物品。一般而言，这些清除费用是船坞、港口或其他管理机构根据其被授予的法定权力，强制要求船东照明、设置浮标及移走其船舶产生的。② 本条款并未对清除物做任何限制，不仅包括对船舶残骸的清除，还包括对货物或任何其他物体的清除，保险人对此均不予承保。人保沿海内河船舶保险条款也有类似的清除费用除外规定，但对清除对象做了有限的列举，其规定：清理航道、污染和防止或清除污染、水产养殖及设施、捕捞设施、水下设施、桥的损失和费用和因保险事故引起本船及第三者的间接损失和费用以及人员伤亡

---

① 原文：Merchant Shipping Act. 1995c. 21 Schedule 14 Extra-territorial provisions Section 1：Where loss of life or personal injuries are suffered by any person on board a ship owing to the fault of that ship and of any other ship or ships, the liability of the owners of the ships shall be joint and several.

② 参见［英］Donald O’may, Juliam Hill：《OMAY〈海上保险法律与保险单〉》，郭国汀等译，法律出版社，2002 年版，第 282 页。

或由此引起的责任及费用作为除外责任。

此外,碰撞条款既不承保清除被保险沉船的费用,也不承保清除对方船舶的费用。虽然根据《沿海内河船舶保险条款解释》(已失效)的规定,清理航道费用所针对的对象是“沉没的保险船舶”,然而,其后保监会的批复中规定,清理航道的费用,是指由于发生保险事故,导致保险船舶自身、其他船舶或其他任何物体阻碍航道而产生的清理或处置费用。即保险人对清理航道、打捞保险船舶和被撞船舶的费用均属于保险人的除外责任。相关的司法实践也确定了同样的规则。

在舟山市海运公司诉中保财产保险有限公司舟山市分公司船舶保险合同案①中,保险船舶“瀛昌”船向被告舟山人保投保了沿海内河船舶一切险。在保险期间内,“瀛昌”船与“林海 5 号”船发生碰撞,“林海 5 号”船沉没在主航道上,本案争议的问题之一是,打捞“林海 5 号”船而产生的费用是否是保险人的除外责任。

二审法院最终认为:保险人对清理打捞“林海 5 号”船的费用不应承担赔偿责任。理由在于:(1)保险条款规定的除外责任,包括清理航道的费用。本案打捞“林海 5 号”船的费用属于清理航道的费用,故保险人不予赔偿。可见,法院对保险条款进行了文义解释,从措辞上看,保险条款并未对“清除障碍物”予以任何的限制。(2)根据中国人民银行对“沿海内河船舶保险条款”的解释,清理航道指强行清理航道打捞保险船舶,并规定保险人对由此产生的一切费用不负赔偿责任。该解释虽未明确,清理航道打捞保险船舶撞沉的其他船舶的费用是否应予赔偿,鉴于该解释已明确,清理航道打捞保险船舶的费用不予赔偿。根据该解释的逻辑关系,可以认定清理航道打捞未投保船舶的费用更不予赔偿。(3)“保监会”系监督、管理保险行业的职能部门,其对中国人民银行制定的船舶保险条款的适用问题所做的批复具有法律效力。该批复中明确,“为清理航道而产生的打捞保险船舶、其他船舶等费用,保险人不予赔偿”。尽管“保监会”的批复在本案保险事故之后,鉴于“保监会”系对已施行的船舶保险条款的适用做出批复,而不是颁布新的法律、法规,故不存在溯及力的问题。

第四,任何财产或物体的污染或玷污(包括预防措施或清除)的费用,但与保险船舶发生碰撞的他船或其所载财产的污染或玷污不在此限。普遍认为,条款中的“污染或玷污”指的是污染损失而非污染责任。

第五,任何固定的、浮动的物体以及其他物体的延迟或丧失使用的间接费用。间接费用是指保险船舶触碰这些物体后,造成这些物体不能正常使用而产生的非直接发生的费用及非物质上的损失。应从三方面对这一条款予以解读。

首先,保险船舶因碰撞而导致自身的延迟损失或间接费用,无论是根据碰撞责

① 〔2000〕沪高经终字第 367 号。

任条款还是条款中所列明的保险责任范围,都无法作为碰撞损失而要求保险人补偿。其次,就碰撞和触碰所造成的对方船舶和其他物体的间接损失,人保 2009 年碰撞责任条款的覆盖范围不尽相同。对于与保险船舶相撞的船舶或其上财产的延误损失或间接费用,保险人仍应承担保险责任。最后,与保险船舶发生触碰的其他物体的延迟损失或间接费用,不属于保险人的承保范围。

在"宁安 9"号船船舶保险争议案①一案中,保险船舶"宁安 9"号船因电击故障失控而触碰了船厂的船台,造成船台滑道损坏。被保险人向船厂赔偿了修复船台的费用以及延误船期费用共计 1 050 万元后,提起仲裁,要求保险人承担保险赔偿责任。双方的争议是保险人对于被保险人承担的船台延误船期的费用是否负责。仲裁庭裁决认为:根据"船舶保险单"所依据的人保 1986 年船舶保险条款"一切险"条款的规定,在"碰撞责任"条款下,该保险"对下列责任概不负责:……d. 任何固定的、浮动的物体以及其他物体的迟延或丧失使用的间接费用"。因此,对于船台滑道的"迟延或丧失使用的间接费用"不在保险公司的承保范围之内。而"修复前由于船台滑道不能正常使用所产生的合理的收益损失"正属于"迟延或丧失使用的间接费用"的范畴,因此依照约定不应属于保险人的责任范围,保险人在本案中的保险赔付责任仅为对船台损坏的修理费用。

4. 船舶碰撞责任条款的"交叉责任原则"

中国船舶保险市场所通用的人保 2009 年船舶保险条款以及英国船舶保险市场广泛使用的 1983 年协会定期船舶保险条款的碰撞责任条款皆规定,在没有援引责任限制的情况下,实行交叉责任原则(Cross Liability Principle)。那么交叉责任原则的具体含义如何?在保险合同关系中又将如何予以适用呢?

a."交叉责任原则"在海事法中的含义

传统观点认为,碰撞损害赔偿的计算有两种方法:交叉责任和单一责任。② 交叉责任原则是指在两船发生互有过失碰撞时,双方就对方的过失提起损害赔偿请求,即同时存在两个相互的赔偿请求。而"单一责任原则"是指,在上述情况下,双方在法律上只产生一个海事请求权。首先计算碰撞造成的两船损失的总额,然后按自己的过错比例计算各自对全部损失应承担的损失金额,得到的数额高于本身损失的一方,应向对方支付该差额。③ 以表 7-1 为例,A 船承担 20%的碰撞责任;B 船承担 80%的碰撞责任。

---

① 参见:《海事仲裁(上海)通讯》2007 年第 6 期(总第 36 期),第 7~8 页。

② See Susan Hodges, Law of Marine Insurance, Cavendish Publishing Limited, 1996, p. 326.

③ See Nordic Marine Inurance Plan 2013-Commentary Part I, §4-14 网址:http://www.nordicplan.org/Commentary/Part-One/Chapter-4/Section-3/#-4-14,最后访问日期:2016 年 12 月 16 日。

表 7-1 （单位:万元）

	船舶损失	船期损失	油污损失	共计
A 船	a	b	c	a + b + c
B 船	a′	b′	c′	a′+ b′+ c′
A B 两船损失总计	a + b + c + a′ + b′ + c′			

按照交叉责任原则,A 船向 B 船索赔 0.8(a+b+c),B 船同时向 A 船索赔 0.2(a′+b′+c′)。

按照单一责任原则,A 船承担两船全部损失的 0.2 (a+b+c+a′+b′+c′), B 船承担两船全部损失的 0.8 (a+b+c+a′+b′+c′),若 B 船对全部损失应承担的金额 0.8(a+b+c+a′+b′+c′)大于其自身的损失金额 a′+b′+c′,最终只需 B 向 A 支付 0.8 (a+b+c+a′+b′+c′)−a′+b′+c′=0.8(a+b+c)−0.2(a′+b′+c′),即 A、B 互负债务的差额。

从上述的计算结果来看,根据单一责任原则确定的赔偿金额等于根据交叉责任原则计算出的各自赔偿数额相互抵销,最终由承担赔偿责任金额较高的一方向对方赔付抵销后的差额。在船舶碰撞侵权法律关系下,如果不考虑海事赔偿责任限制的话,“交叉责任原则”与“单一责任原则”在适用结果上并无实质差别。但是在涉及海事赔偿责任限制时,若碰撞双方的海事请求均为限制性海事请求时,是按照“交叉责任原则”,碰撞双方各自以抵销前的赔偿责任适用海事赔偿责任限制,之后再相互抵销(即“先限制,后抵销”),还是按照“单一责任原则”,以抵销后的金额适用海事赔偿责任限制(即“先抵销,后限制”),将存在较大的不同。《1976 年责任限制公约》第 5 条、《1957 年责任限制公约》第 1 条第 1 款以及我国《海商法》第 215 条,都做了以“单一责任原则”为基础,“先抵销、后限制”的规定。英国上议院在 The Stoomvaart Maatschappij Nederland v. Peninsular and Oriental S. N. Co (The Khedive)①一案推翻了 Chapman v. Royal Netherlands Steam Navig Co② 一案的判决,也确定了海事法中“单一责任原则”的适用。近期的 MIOM Ltd. v. Sea Echo ENE (No. 2)③一案再次明确了“单一责任原则”。

b.“交叉责任原则”在保险法中的含义

在船舶保险中,若保险人承担的船舶碰撞责任仍以“单一责任”(即抵销后的责任)为依据,则会出现与保险合同约定相背离的现象。原因在于“单一责任”在两船各自承担的碰撞责任相互抵销时,不考虑各种损失的性质如何,保险船舶承担

---

① [1882] 7 App. Cas. 795. HL.
② [1879] 4 P. D. 157.
③ [2012] 1 Lloyd's Rep. 140.

的所有责任都参与冲抵,这意味着最终冲抵后的数额已经无法确定是否为船壳保险人应当承担的责任。而以其作为保险人承担船舶碰撞保险责任的基础,一方面可能使得保险人赔付了本来并非其承保范围的碰撞责任,如根据人保2009年船舶保险条款,保险人对保险船舶向对方船舶承担的人身伤亡责任、油污责任不负责赔偿,而单一责任原则使得保险人实质上承担了该类责任。另一方面,单一责任原则的适用也可能使保险人获得了本应由被保险人获得的赔偿金,其原因在于代位求偿权的存在。例如,保险人对于保险船舶本身的船期损失不承担保险责任,其代位求偿权也就自然不应及于被保险人向对方主张船期损失赔偿的债权。而单一责任原则的适用使得船期损失用以冲抵本需赔偿对方的碰撞责任,保险人相当于代替被保险人行使了代位求偿权,最终减轻相应保险赔偿而额外获利。可见,保险合同关系下,适用单一责任原则有悖于保险合同的约定。

正是基于这样的原因,无论是人保2009年船舶保险条款还是1983年协会定期船舶保险条款都在碰撞责任条款中引入了“交叉责任”原则,是指在确定保险人的赔偿责任时将两艘船舶的各自碰撞责任按“交叉责任原则”一一列明,“如同各船东不得不按各自的责任相互赔偿一样”。需强调的是,“交叉责任原则”仅仅在保险人与被保险人之间适用,以确定保险赔偿责任,而在发生碰撞的两船船东之间仍然以“单一责任原则”确定碰撞侵权责任,并判断是否有权享受海事赔偿责任限制。

以上文为例,A船承担20%的碰撞责任;B船承担80%的碰撞责任。在采用交叉责任原则计算保险人的保险赔偿责任时,各主体承担损失的金额如表7-2所列:

表7-2 (单位:万元)

	A 船壳保险人承担	A 船东承担	A 船东互保协会承担	B 船壳保险人承担	B 船东互保协会承担	B 船东承担
A船船壳损失 a	0.2a			0.8a		
A船船期损失 b		0.2 b		0.8b		
A船油污损失 c			0.2c		0.8c	
B船船壳损失 a′	0.2a′			0.8a′		
B船船期损失 b′	0.2b′					0.8b′
B船油污损失 c′			0.2c′		0.8c′	

以B船为例,根据“交叉责任原则”计算见表7-3所示:

表 7-3 （单位：万元）

B 船保险人承担	B 船保险人首先承担 B 船的全部船壳损失 a′，然后向 A 船代位求偿 0.2a′
B 船互保协会	0.8c+0.8c′
B 船自负损失	0.8b′

根据“单一责任原则”，如前所述，只需 B 船向 A 船承担 0.8(a+b+c)-0.2(a′+b′+c′)的碰撞责任，A 船无须向 B 船赔偿，结果如表 7-4 所示：

表 7-4 （单位：万元）

B 船保险人承担	a′+0.8(a+b+c)-0.2(a′+b′+c′)=0.8(a+b+a′)-0.2b′+0.8c-0.2c′
B 船互保协会	c′
B 船自负损失	b′

比较两种计算方法得出的数据可知，用“单一责任原则”计算保险人的赔偿责任并不合理，在上述实例中，采用“单一责任原则”时，B 船保险人多承担了本应由船东互保协会负责的油污责任 0.8c，同时，B 船保险人的代位求偿权扩大到了 B 船的船期损失 0.2b′和油污损失 0.2c′，侵占了原本属于被保险人的收益。

c.“责任受法律限制”时“交叉责任”的适用

人保 2009 年船舶保险条款规定，“交叉责任原则”适用的条件是不存在海事赔偿责任限制。原因在于海事赔偿责任限制普遍采用“单一责任原则”进行计算，如果仍适用“交叉责任原则”计算保险赔偿，则会使得保险赔偿的计算基础与保险船舶实际承担的碰撞责任不一致，这显然不妥。然而，如上文所述，适用“单一责任原则”计算保险赔偿具有先天的不合理性，且该种缺陷不会因为存在责任限制而自动消失。在这种两难的境地下，需要第三种方案提供更合理的解决办法。

丹麦和挪威在实践中采用了“修正的交叉责任原则”的做法：即便碰撞中的一方或双方可以享受海事赔偿责任限制，仍然可以适用交叉责任原则计算保险赔偿，但是做出必要的修正以避免保险赔偿计算基础与保险船舶实际承担碰撞责任不一致的问题。这种“修正的交叉责任原则”的具体做法是：如果被保险人与受害方之间责任抵销后的余额适用责任限制，在处理被保险人与保险人之间的保险索赔时，未经抵销的较大责任应予以扣减，扣减额是因适用责任限制而减少的余额部分。① 以《2013 年北欧海上保险方案》所举数字为例，保险船舶 A 与 B 相撞，两者各承担 50%的责任。A 船船壳损失为 300 万元，船期损失为 120 万元，共计为 420 万元。

① See Nordic Marine Insurance Plan 2013-Commentary Part I，§4-14 网址：http://www.nordicplan.org/Commentary/Part-One/Chapter-4/Section-3/#-4-14，最后访问日期：2016 年 12 月 16 日。

B船船壳损失为200万元,船期损失为150万元,共计为350万元。在船舶碰撞责任法律关系中,若不考虑海事赔偿责任限制,B船需向A船承担净责任为35万元。因责任限制的适用,该赔偿额减少为21万元,余额减少了14万元,根据《2013年北欧海上保险方案》的规定,B轮承担的赔偿额从原来420万元×50%=210万元修正为210万元-14万元=196万元。事实上,此种计算方法将海事赔偿金额的限制转化为了对B轮承担责任比例的限制,即由原来的50%降到了7/15(196/420),然后再根据一般的交叉责任原则予以计算,即:

A船保险人承担的保险赔偿责任为:300(A船本身的损失)+350×50%(A船承担的碰撞责任)-300×7/15(从B船处取得的代位求偿部分)=335(万元)

B船保险人承担的保险赔偿责任为:200(B船本身的损失)+420×7/15(B船承担的碰撞责任)-200×50%(从A船处取得的代位求偿权)=296(万元)

通过适用"修正的交叉责任原则",使得在存在海事赔偿责任限制时,保险赔偿的计算基础也可以与保险船舶实际承担的碰撞责任相一致,克服了适用传统"交叉责任原则"的弊端。

人保2009年船舶保险条款中的碰撞责任条款中规定,"当保险船舶与其他船舶碰撞双方均有过失时,除一方或双方船东责任受法律限制外,本条项下的赔偿应按交叉责任的原则计算。"该条款并未明确规定在一船援引责任限制时将按照单一责任原则来计算保险人的保险责任。因此,对该保险条款的解释应根据《合同法》中的公平原则,可以将其解释为保险人的保险赔偿责任应依据"修正的交叉责任原则"。如果保险人在该条款下无意提供此种承保范围的保险保障,其应该在保险条款中或在其保险条款的解释中做出明确的说明。

5. 保险人对碰撞责任的赔偿限额

本条项下保险人的责任(包括法律费用)是本保险其他条款项下责任的增加部分,但对每次碰撞所负的责任不得超过船舶的保险金额。

a. 碰撞责任具有一个单独的保险金额

碰撞责任是增加承保的一种独立责任风险,与本保险其他条款下的责任(如对保险船舶的碰撞损失赔偿责任)相互独立。根据人保2009年船舶保险条款,保险人对每次碰撞所负的保险责任具有一个单独的保险金额,即最高赔偿限额不能超过一个保险金额。换言之,一场严重的船舶碰撞事故可能导致保险人赔付至少两个保险金额,一个是保险船舶碰撞损失限额,另一个是碰撞责任赔偿限额。① 该规定不同于1983年协会定期船舶保险条款,后者以3/4保险价值为限。对于多出限额的"超额责任"由互保协会负担。

---

① 在存在施救费用时,施救费用还会单独占一个保险金额。

人保2009年船舶保险条款中规定“……责任不超过船舶的‘保险金额’”,“保险金额”是一般财产保险中的概念,而责任保险中相对的概念是“责任限额”,责任限额通过承保时保险双方约定赔偿限额的方式来确定。可见,此处保险双方约定的碰撞责任限额等于保险金额。

b.“每次碰撞所负的责任”

“每次碰撞所负的责任不超过船舶的保险金额”,这意味着在保险期间,船舶每发生一次碰撞事故,保险人的保险补偿上限是一个船舶保险金额。在通常的定期保险12个月期间内,如果保险船舶发生了多次碰撞,每一次碰撞都有独立的限额,而并非是保险期间内不论实际发生了几次碰撞,适用一个赔偿限额。一次碰撞可能会进而导致更多的碰撞发生,但如上文提到的,人保2009年船舶保险条款中的碰撞责任条款不承保非接触性的碰撞,但是在1983年协会定期船舶保险条款下,如果保险船舶与一船发生碰撞,碰撞又导致了该船与第三船碰撞,保险人对第三船的损失也予以承保,但只能适用一个赔偿限额。

c.法律费用

碰撞发生后,被保险人不可避免地会承担法律费用,而对于被保险人为防止或者减少根据合同可以得到赔偿的损失而支出的合理部分,保险人应当予以负责。我国《海商法》第240条做了类似的规定。法律费用一般包括两类“抗辩费用”(Costs of Defence)和“追偿费用”(Costs of Recovery)。前者包括被保险人为辩驳碰撞责任、提起限制责任的程序等而支出的费用,此处的碰撞责任应理解为保险人承保责任范围内的赔偿责任。后者是指保险人为索赔保险船舶碰撞损失而支付的法律费用。通常追偿费用要在保险人和被保险人之间分摊,属于保险人代位求偿部分才由保险人承担,如与船壳保险人要赔偿的单独海损或其他的损失或损害有关,则可以获得船壳保险人全额补偿;对于被保险人就油污损失、船期损失向对方船舶提起诉讼请求而分摊的费用,则无法从船壳保险人出得到赔偿。①

值得注意的是,保险人对法律费用的补偿义务不同于其对被保险人应对第三人承担的赔偿责任的赔付义务。对于后一类义务,通常只有在当事人和解或法院认定被保险人对第三人负有赔偿责任后才会发生;而前一类义务,是因被保险人对第三人提出属于保险范围内的索赔抗辩或对第三人追偿而产生的,无论该抗辩和追偿能否成功。②

---

① 参见[英]Donald O'may, Juliam Hill:《OMAY〈海上保险法律与保险单〉》,郭国汀等译,法律出版社,2002年版,第280~281页。

② 参见周学峰:“侵权诉讼与责任保险的纠结——从两方对抗到三方博弈”,载于《清华法学》,2012年第2期,第83页。

三、除外责任

我国人保 2009 年船舶保险条款第 2 条明确列举了四类除外责任：不适航；被保险人及其代表的疏忽或故意行为；被保险人克尽职责应予发现的正常磨损、锈蚀、腐烂或保养不周，或材料缺陷包括不良状态部件的更换或修理；以及战争和罢工险条款承保和除外的责任范围。只要除外责任条款所列明的事项发生，不论是在“全损险”还是“一切险”下，保险人都不负赔偿责任。以下将对船舶保险实务中常见的前三项除外责任予以说明。

（一）不适航的除外责任

船舶保险条款对不适航除外责任的规定如下：本保险不负责下列原因所致的损失、责任或费用：（一）不适航，包括人员配备不当、装备或装载不妥，但以被保险人在船舶开航时，知道或应该知道此种不适航为限；……可见，保险人根据本款规定免除赔偿责任时，必须证明以下三点：一是客观上，船舶存在不适航的事实；二是主观上，在船舶开航时，被保险人实际知道或应该知道不适航；三是不适航与被保险人索赔的损失之间具有因果关系。但值得注意的是，该条款并没有做定期保险和航次保险的区分。

1. 船舶不适航的认定

根据本款规定，保险人免除赔偿责任的前提是船舶存在不适航的事实，此处的船舶适航是广义的概念，包括配备船员、装备船舶以及装载货物这三方面，任何一方面的不当或不妥，都将构成船舶的不适航。

船舶适航证书是船舶适航的表面证据。船舶适航与否是一个事实问题，船舶通过法定检验和船级社检验后，检验机构将给船舶颁发船舶法定检验证书和船舶适航证书，该证书是船舶适航的书面证明之一，构成海商法下船舶适航的形式要件。实践中，海事法院会首先核定船舶的各类证书，如果船舶缺少法定证书、超越证书限定的航区航行，证书无合理原因过期又未及时提出延长，则会被认定为不适航。①

船舶适航证书并非船舶适航的绝对证据。船舶证书体现的是船舶检验当时技术状态满足技术标准和管理标准的静态情况，而船舶保险中的船舶适航是针对船舶开始某一个具体航次的风险动态情况，因此船舶所载的法定证书符合要求只能说明船舶满足了适航的最基本的形式要求，并不能作为司法实践中判断船舶是否适航的唯一依据。

---

① 注：“扬帆 27”船案（案号：（2017）浙民终 788 号）和“天利 69”船案（案号：（2018）琼民终 354 号），均涉及被保险船舶在中国南海海域发生事故后，保险人认为船舶超出航区。

(1)船上人员配备不当

船上人员配备不当是指船员在数量上或资质上配备不当。数量上的配备不当是指船舶配备的船员数量不能满足船舶正常航行值班或作业的需要,违反《船舶最低安全配员证书》的规定。

如在泰州市振陵运输有限公司与安信农业保险股份有限公司海上保险合同纠纷上诉案①中,振陵公司为其所属的"振陵机 369"船向安信农业保险股份有限公司投保了沿海内河船舶一切险,"振陵机 369"船在曹妃甸海域装砂后船体倾覆下沉。保险船舶在出险时,船上仅有 4 名船员,不符合该船最低配员 7 人的要求,影响了船舶排水和施救,构成了船舶不适航,且与船舶沉没具有因果关系,因此法院最终以此认定该保险事故属于保险人的除外责任,保险人不负保险赔偿责任。

资质上的配备不当是指船长或船员不能胜任本职工作,表现为不满足相应的职能和责任级别所要求的知识和技能,未持有相应的适任证书。如果船员持有相应的适任证书,但是在船期间经常酗酒而影响履行职责,工作责任心不强或玩忽职守,亦构成船上人员配备不当。②

在"浙普渔油 31"船③一案中,保险船舶发生保险事故的所在地是渤海湾海域。"浙普渔油 31"船的二副持有 200~1600 总吨近岸航区船长证书(即 C 类船长证书)。二审法院认为,该证书不是渤海湾沿岸各省港监签发的,其在渤海湾海域航行,违反了国家交通部的有关规定,属超区航行,船员的配备不合格导致船舶不适航,因而保险人不负保险赔偿责任。

(2)装备不妥

装备不妥主要指:(1)船舶技术性能不符合船级规范的要求和不具备其航程所需的技术性能要求;(2)助航设备、系泊设备装备不妥;海图、航路指南等航行资料以及相关法定证书等不齐全或存在效力问题;(3)开航前未能准备充足的燃料、物料、淡水和食品等物品,供船舶在下一停靠港添加之前使用。在配备燃料上,除应正确计算航程与船舶耗油量外,需考虑燃料的质量、航次中风浪、洋流等情况,确定安全系数。④

(3)装载不妥

装载不妥主要是指没有按船舶的不同类型进行合理的装载、配载和绑扎货物。在中国太平洋保险公司杭州分公司、陆安平诉应芝龙船舶保险合同纠纷案⑤中,

---

① 见[2011]沪高民四(海)终字第 204 号。

② 司玉琢主编:《海商法》,法律出版社,2007 年版,第 100 页。

③ 汪鹏南主编:《中国海上保险案例摘要及评论(第一辑)》,大连海事大学出版社,2003 年版,第 7 页。

④ 司玉琢主编:《海商法》,法律出版社,2007 年版,第 101 页。

⑤ 见[2001]浙经二终字第 105 号。

"浙绍海3"船装载货物时，由于积载不当，甲板上装载货物，使重心提高，导致稳性不满足法规要求，法院认定此时船舶处于不适航状态。当搁浅后在受横向水流作用下，该船的复原力矩已不足以抵抗水流倾覆力矩，致使该船向顺流方向倾覆，即不适航与事故造成的损失具有因果关系，法院最终判决认为装载不妥造成的不适航确系保单约定的免责事项之一。

2. 被保险人知道或应当知道

在存在保险船舶不适航这一客观事实的基础上，保险合同又通过"主观标准"将不适航限定在一定范围内，即"以被保险人在船舶开航时，知道或应该知道此种不适航为限"。该限制条件可以从以下三方面解读：

(1)知道或应当知道的主体限于被保险人，当被保险人是一个公司法人时，知道或应当知道的主体为公司的股东、董事等。实践中，船东往往把对船舶和船员的基础管理委托给船舶管理人或者公司里董事以外的负责人。这些人知道船舶不适航相当于被保险人知道，但被保险人本人不包括船长和船员等被保险人的雇佣人员。因此，如果船长和船员在开航时知道船舶存在不适航的情形，但并未告诉被保险人时，属于承保风险中的"船长、船员的疏忽行为"，而非"不适航"除外责任，保险人对因此造成的损失应承担赔偿责任。

(2)知道是指被保险人对船舶不适航的状态实然上的知晓和了解，但却对此听而不闻、视而不见或明知故犯。例如，被保险人明知船上的一些船员不合格，仍然录用；明知保险船舶技术性能达不到应去水域的要求，仍然派往。

(3)"应当知道"以一般的谨慎被保险人的行为作为标准。在同样的情形下，如果谨慎的被保险人会对船舶不适航状态有所知晓，则认为实际被保险人也应当知道。该规定降低了保险人的证明难度。

上文提到的中国太平洋保险公司杭州分公司诉应芝龙船舶保险合同纠纷案①中，诠释了"应当知道"在上述情形的适用情况。法院认为被保险人对"浙绍海3"船在开航时不适航状态是应当知道的，理由在于：a. 保险船舶装有23件甲板货，而装载甲板货会影响船舶的稳性进而可能导致船舶不适航是一个普通常识，因此作为该轮二副且就在船上的被保险人应当是明知的。b. 事发后船员对装载甲板货数量所做的虚假陈述，该行为也证明了船长船员对装载甲板货足以影响船舶稳性是明知的，因此，很难说被保险人对船舶不适航完全不知情。

人保2009年船舶保险条款的规定与我国《海商法》的规定存在不同，根据《海商法》第244条第1款规定，不适航构成除外责任的限制条件是："船舶定期保险中被保险人不知道的除外"。可见，《海商法》对船舶定期保险与航次保险做了不

---

① 见[2001]浙经二终字第105号。

同的处理。船舶定期保险中,被保险人在开航时对船舶的不适航不知道的,不丧失从保险人处获得赔偿的权利;而在船舶航次保险中,被保险人无论在开航时是否知道船舶不适航,保险人均可依据不适航免于承担保险赔偿责任。《海商法》第244条允许合同另做约定,且人保2009年船舶保险条款的规定是有利于被保险人的,因此应当承认人保2009年船舶保险条款的效力。

3. 不适航与被保险人索赔的损失之间具有因果关系

无论是《海商法》第244条还是人保2009年船舶保险条款,都使用了"下列原因所致的"这一措辞,这意味着保险人免于赔偿的损失、责任或费用必须是由除外风险"所致的",即除外事项的存在或发生本身尚不足以构成保险人免于赔偿的理由,还要求损失与除外事项之间存在保险法上的因果关系。例如,船上消防设备的故障可能使船舶处于不适航状态,但是保险人若因此主张免于赔偿责任,还需证明:如果该消防设备正常,使用该设备本可以成功灭火,控制火情。

浙江省高级人民法院审理的林文杰诉中国人民保险集团股份有限公司宁波分公司船舶保险合同赔偿责任案①中,保险船舶发生事故当时船上有8名船员,低于10人的最低配员要求,但法院认为,事发当时值班的均为职务船员,所缺少的两名船员不是船上职务船员,故不能据此认定本案船舶在开航前或当时不适航。同时,缺少船员须与保险事故存在因果关系,该案船舶触礁并非因船员配备不当,所以认为此次事故并不构成保险合同所约定的除外责任。

4. 与英国法的不同

英国《1906年海上保险法》第39条对船舶航次保险和船舶定期保险下的不适航处理机制不同:在航次保险中,适航被规定为被保险人的一项默示的保证义务;②而在定期保险中,被保险人没有此项默示保证,而是将不适航列为除外责任的事项,但以被保险人的明知为限。③

(1)船舶定期保险适航制度的比较

根据英国《1906年海上保险法》第39(5)条的规定,不适航在船舶定期保险中

---

① 注:该案在浙江省高级人民法院于2002年12月4日调解结案。见《人民法院案例选(2003年第3辑)(总第45辑)》,人民法院出版社,2004年版,第378—386页。

② 注:英国《1906年海上保险法》第39(1)条:在航次保险单中有一项默示保证,即在为承保的特定海上冒险之目的而开始其航次当时,船舶应适航。原文:Section 39 (1): In a voyage policy there is an implied warranty that at the commencement of the voyage the ship shall be seaworthy for the purpose of the particular adventure insured。

③ 注:英国《1906年海上保险法》第39(5)条:在船舶定期保险单中,不存在船舶在海上冒险的任何阶段应当适航的默示保证,但若被保险人明知,却将处于不适航状态下的船舶派出海,保险人对可归因于不适航的任何损失不负责任。原文:Section 39 (5): In a time policy there is no implied warranty that the ship shall be seaworthy at any stage of the adventure, but where, with the private of the assured, the ship is sent to sea in an unseaworthy state, the insurer is not liable for any loss attributable to unseaworthiness。

是一种除外责任，这与“不适航”在我国《海商法》和保险条款中的性质相同，并且都要求不适航与损失之间具有因果关系。

中英两国关于船舶定期保险下不适航除外责任的区别，主要表现在对被保险人主观方面的要求。英国《1906 年海上保险法》第 39 条要求被保险人对船舶不适航的状态是“被保险人明知的(Privity of the Assured)”。“明知(Privity)”有两层含义：一是被保险人事实上知道并同意；二是被保险人“蓄意不查明(Blind-Eye Knowledge)”，即被保险人怀疑存在不适航的情形，但是因害怕自己的怀疑变为事实而故意不去确认查明。需注意的是，如果被保险人不去查明的原因是其态度的消极懒惰或存在疏忽过失，尚不构成“蓄意不查明”，不满足“被保险人明知”这一主观要件的要求。①

在 Manifest Shipping & Co. , Ltd. , v. Uni-Polaris Shipping Co. , Ltd. 一案中，Star Sea 轮在由科林托港驶往泽布吕赫港口时，轮机室突发大火造成船舶推定全损。损失发生的原因包括三个方面：一是紧急消防泵在船舶满载时存在故障；二是轮机舱密封性不良；三是在火情通过其他方式无法控制的情况下，船长并未立即意识到需使用二氧化碳灭火装置，亦未意识到需要将所有的二氧化碳释放出来才能起到效果。保险人据此认为被保险人在明知船舶处于不适航的状态而使之航行，其依据英国《1906 年海上保险法》第 39 条第 5 款的规定，无须承担赔偿责任。一审法院支持了保险人的主张，但上议院推翻了上述判决，认为并不能证明被保险人对船长的任职能力以及船舶的缺陷存有任何怀疑。Hobhouse of Woodborough 大法官同时指出，因疏忽而不知道船舶不适航并不等于知情，被保险人因疏忽而未能查实证明情况也不等同于“蓄意不查明”。

与英国法不同，我国人保 2009 年船舶保险条款要求被保险人知道或应当知道，“应当知道”不仅包括英国法下“蓄意不查明”的情况，还包括被保险人因疏忽大意的过失而未能发现船舶不适航的情形，在范围上相比英国保险条款更加宽泛，对“主观要件”的要求相对较低。

(2)船舶航次保险不适航制度的比较

英国法下，船舶不适航在航次保险中被规定为一种默示保证义务，英国《1906 年海上保险法》第 39 条第 1 款即明确规定：航次保险单中含有默示保证，即船舶在开航时必须具有经受承担特定航程的适航能力。而中国法将船舶不适航作为航次保险的除外责任，两者的区别具体表现在以下几个方面：

首先，被保险人的主观标准不同。根据英国《1906 年海上保险法》，在航次保险中，被保险人对船舶开航时不适航是否明知在所不问，只要存在不适航的客观事

---

① Manifest Shipping & Co. , Ltd. v. Uni-Polaris Shipping Co. , Ltd. , [2001] Lloyd's Rep IR 247.

实,保险人即不负赔偿责任。① 《海商法》下并无“适航保证”的概念,但该法以及人保船舶保险保条款中不适航除外责任的适用,也区别于定期船舶保险,即不以被保险人对船舶不适航是明知的为前提。

其次,英国法并不要求适航义务的违反与损失之间具有因果关系,即无须考虑违反适航义务是否实际促成了损失的发生,只要其与特定种类、特定时间或特定地点的损失有关,保险人即对损失的发生不负赔偿责任,相比因果关系标准,保险人拥有更加广泛的救济权利,但是在中国法下,作为除外责任的船舶不适航与发生的损失必须具有因果关系,才能成为保险人免责的依据。

最后,违反适航义务的法律后果不同。根据英国《2015 年保险法》的规定,被保险人如违反适航保证,保险合同的效力“中止(suspension)”,直到该违反被改正(或情况已发生变化而不需要改正),保险人对合同中止期间发生的事故或责任没有保险赔偿责任。在中国法下,不适航作为保险除外责任,在满足上述各条件的情况下,其效果是免除保险人的赔偿责任。

(二)疏忽或故意除外责任

《海商法》第 242 条规定:“对于被保险人故意造成的损失,保险人不负赔偿责任。”不同于船舶不适航、自然磨损或者锈蚀除外责任的规定,该条并没有“除合同另有约定外”的措辞,意味着保险合同双方不能通过合同约定改变本条款的规定,性质上是保险人的法定除外责任。《保险法》第 27 条规定:“……投保人、被保险人故意制造保险事故的,保险人有权解除合同,不承担赔偿或者给付保险金的责任;除本法第 43 条规定外,不退还保险费……”第 176 条规定:如果投保人、被保险人故意造成保险事故,骗取保险金的,属于保险诈骗活动,将受到刑事或行政处罚。此外,英国《1906 年海上保险法》第 55 条第(2)款也有类似规定,即“保险人不承担由被保险人故意恶行(Willful Misconduct)所导致的任何损失”。

将被保险人故意行为作为除外责任的合理性在于:(1)这是“任何人不得从自己的错误行为中获益”这一古老法律原则的必然要求;(2)保险的目的是保护被保险人免受风险、意外灾难带来的损失,而被保险人的故意行为不具有意外性和偶然性,其故意行为必然会导致保险标的的灭失或损害;②(3)被保险人的疏忽或故意行为与保险合同中的最大诚信原则相悖;③(4)保险在分散其“承保风险”的同时,同时也带来了“道德风险”,后者是指因保险而引发的幸灾乐祸的心理状态,即具

① Jonathan Gilman et al., *Law of Marine Insurance and Average*, Sweett & Maxwell, 2013, p. 917; Douglas v. Scougall [1816] 4 Dow at 276.

② Susan Hodges, *Law of Marine Insurance*, Cavendish Publishing Limited, 1996, p. 221.

③ 注:“最大诚信”乃英国海上保险法中确定的原则。我国是否存在独立的“最大诚信原则”尚存在争议,但是可以确定的是,我国保险合同也要求诚信,且比一般合同对的诚信要求程度更高。

有保险合同下利益的人或者被保险人在内心深处可能希望危险发生或者危险扩大。① 为了抑制被保险人内心深处潜伏的私愿因受利益的驱动而激发,各国保险立法均将被保险人的故意行为规定为保险责任的法定除外事项。由于我国船舶保险条款中经常将故意与疏忽一并做出规定,以下将分别就故意和疏忽的主体问题以及故意和疏忽各自的含义予以分析讨论。

1. 主体——被保险人及其代表

被保险人是指被保险本人,如果被保险人是公司法人,则是指其代表(Alter Ego)。一般认为能够被视为被保险人本人的人通常是法定代表人、被保险人根据法律需要对其行为负责的人和其高级雇员等,即公司的董事、经理等的行为才能代表公司。具体的规定各国法律可能略有不同,但究其实质则大同小异,即能够被视为船东本人的人一般是处于高层管理地位或核心地位的人,不包括公司的雇员和代理人。② 后者的疏忽或故意行为一般是船舶保险的承保风险。

但是随着公司规模不断扩大,公司内部职能划分越来越细,并非公司事无巨细都要董事和经理亲力亲为,而是交由有权行使管理职能的各部门。因此,判断作为公司的被保险人是否有疏忽和故意行为主要是看作为保险人的船公司及公司内直接管理船舶的经营或技术管理职能部门(包括商务、调度、航运、海监、船技等)的负责人,以及被授权代表公司处理事件的人所做的代表该部门或公司的决定和指示是否是造成损失后果的实质原因。在 The lady Gwendolen 一案③中,公司的中层管理人员被法院认定为被保险人本人。Williams 法官指出:在当前案件中,涉案公司拥有一个独立的负责交通运输事务的部门,该部门的职责之一是运营公司船舶。我认为,对于船舶运营有关的事务而言,该部门的负责人的行为没有理由不能被视为公司的行为,即使该负责人不是公司的管理层组成人员。在 Meridian Global Funds Management Asia Ltd. v. The Securities Commision 一案④中,英国枢密院将判定是否为公司“第二自我”的归属原则(Rules of Attribution)分为三类:首要归属规则、一般归属规则和特别归属原则。首要归属原则由公司章程或者公司法规定,一般指董事会的决议或股东大会的一致决定的法律效力应该归属于公司,但是首要归属原则还需要有一般归属规则加以补充。一般归属原则遵循代理法的一般原则,包括表见代理和替代责任。特别归属原则是指,涉案相关事项的决策人和参与

① 桂裕著:《保险法论》,台湾三民书局 1981 年版,第 11 页。转引自樊启荣:“保险事故与被保险人过错注意关系及其法律调整模式——兼评我国《保险法》第 27 条第 2 款及相关规定”,载于《法学评论》,2012 年第 5 期,第 46 页。

② 汪鹏南著:《海上保险合同法详论》,大连海事大学出版社,2011 年版,第 91 页。

③ The lady Gwendolen,[1965] 1 Lloyd's Rep. 335.

④ Meridian Global Funds Management Asia Ltd. v. The Securities Commision,[1995] 2 AC 500, at 506.

人的故意或过失行为将被视为公司的故意或过失行为，而没有参与到该相关事项的经理、董事或高层管理人员的行为就不能归属于公司。

船舶保险的被保险人往往是船东，那么船长是否可以被视为船东本人地位的代表呢？认为对此不能一概而论，应在具体案件中对船长的行为和身份做具体的分析。在 The Padre Island 船①案中，名为 Padre Island 的油轮在巴哈马岛附近搁浅，船东以船舶构成推定全损向船舶保险人提起索赔。法庭经调查后确认，Padre Island 船的沉没是由于船长 Soulas 的故意行为所致，而非海上风险致损。那么接下来的问题就是，船长的这种故意搁浅的行为究竟是船长个人的故意行为，还是视为原告船东的行为？如果搁浅是船长个人恶意损害被保险人利益的行为，那么船东就可以从保险人处获得赔偿；但如果船长的这种故意搁浅的行为船东是知道的，那么船东是无法获得保险赔偿的。法庭在对有关证据调查分析之后，认为 Soulas 船长的故意搁浅行为是在船东知晓并且获得船东授权的情况下进行的，理由主要是：(1)如果 Soulas 船长完全是处于个人恶意而为，那么这种行为对其没有任何好处，也就是说 Soulas 船长缺乏这样做的动机；(2) Soulas 船长无缘无故收取了 20 000 美元；(3)当时本案的被保险人正遭受严重的财政危机。在综合分析了上述情况之后，法院认为 Soulas 船长是遵从被保险人（船东）的指示而使船舶搁浅的。即使没有证据证明被保险人对该事件认知或知晓程度，至少还有事实很清楚地表明，驻港船长(Port Captain) Stratakis 知晓该有意搁浅事件，并且 Stratakis 也事先将该状况报告给了船东。所以，无论从何种角度来分析，都说明船东（被保险人）对于 Padre Island 轮的搁浅是知晓的并且也对其进行指示过的，船长使得船舶搁浅的行为事实上就是船东故意使船舶搁浅的行为，船舶的损失是由船东的故意行为所致，因此法院判定船东不得从保险人处获得保险赔偿金。从上述案例中可以看出，究竟船长是否可以被认为是船东代表以及其行为是否可以被认作是船东的行为，要看具体案件中船长的故意行为究竟是在何种情况下做出的。

如上文所分析，船舶在海上航行期间完全由船长操控，并且船上所有人员也都听从船长的指示。然而，本书认为，这并不等于说可以直接将船长视为船东本人，主要原因有以下几点：

(1)船长只是船东的高级雇员，其一切权利只限于在船上行使。船长虽然享有很大的权利，但这些权利的行使完全局限于船上的事务，除此之外，船长并没有任何重大决策权，可以说，船长只是船东在船上的高级雇员。另一方面，作为船东本身来说，其需要选择或者决定的事情是很多的，绝不仅仅限于船舶航行中所涉及的事务，因此作为船东，他所承担的责任要相对更大，而所享有的权利自然也会更

---

① The Padre Island, [1971] 2 Lloyd's Rep. p. 431.

多一些。由这种比较来看,船长应该算是船东的一个职能部门,并且是专门管理船舶航行期间事务的职能部门,船长所享有的决策权是船东所享有的众多决策权中的一个方面,因此,船长并不能完全代表船东本身。

(2)虽然船长对于船上大部分事务是有自主决定权的,但是现代发达的通信科技使得船长同船东的沟通交流日益方便,很多情况下,船长的决策会先请示船东,尤其是在某些重大的情况下,船长无权也不敢擅自代表船东做出任何决定,他可能必须先得到船东的特别授权或者指示之后才能为某些行为。这样一来,在现代航海中,船长对于船上事务的决策权又受到了一层限制。

因此,船长的行为不能必然地等同于船东的行为,船长并不能被默认为船东本人。有时候,船长是以其个人身份在行事;但有时候,船长就是代表船东在行事,他就是船东代表。而究竟应当如何判定船长的身份就需要在具体案件中具体分析。在 Holm v. Rice 案中,被保险人同时是保险游艇的船长和所有人。在一次航行中,游艇损坏,被保险人被迫在避难港抛锚,但因其上岸前疏忽未把排气孔堵上,致使大量海水涌入船舱并最终导致船舶沉没。对此损失,法院认为:虽然被保险人是在以船长的身份管理船舶时,因疏忽未把排气孔堵上。但是被保险人作为船舶所有人应在上岸后一段合理的时间内请相关专业人士检验船舶。若进行了该检验,就可以避免本次事故。因此,被保险人未及时检验船舶的行为应被视为未克尽职责。① 法院主要通过被保险人从事的具体工作来识别其身份,若船舶在航行当中,被保险人驾驶船舶或者管理船舶的行为通常应视为船长的行为;相反,若船舶已停航,被保险人对船舶的维护管理行为则通常应视为船舶所有人的行为。《2013 年北欧海上保险方案》即采此标准,第 3-25 条规定:……当被保险人是船长或船员,且其过失行为是在其以海员的身份提供相关服务时发生的,保险人不得援引前文的规定拒绝承担赔偿责任。实践中,为了避免对被保险人身份识别的困惑,《2013 年北欧海上保险方案》还规定:若船长、高级船员、船员或引航员对船舶拥有股权,不被视为本第 2 条意义上的船东。而我国远洋船舶保险条款尚未有类似规定。

在同一保险船舶上存在多个被保险人的情况下,这里的“被保险人”是否包括其他共同“被保险人”呢?换言之,被保险人之一存在疏忽或故意行为,保险人对该方的抗辩是否及于其他共同被保险人呢?英国有学者认为此时应当区分联合保险(Joint Insurance)和共同保险(Composite Insurance)的不同情形。所谓共同保险是指两个或两个以上被保险人享有一个或相同的保险利益,为其共同利益而投保,典型的类型是财产的共有人为了共同的利益投保。而联合保险是对某一财产具有

---

① [1981] 124 DLR(3d) 463(Supreme Court of British Columbia);See Howard Bennett, *The Law of Marine Insurance*, Oxford University Press, 2006, p. 390.

不同保险利益的主体为了方便，在同一保险中予以共同承保，但是各自的保险基础不同，常见的联合保险包括船舶所有人与船舶经营人联合保险、船舶所有人与作为融资人的银行之间的联合保险、集团下不同公司之间以及主合同方与分合同方的联合保险。共同保险下，一个被保险人的故意行为会使得另一被保险人丧失索赔权，但是在联合保险下，被保险人之一的故意疏忽行为不会影响到其他被保险人的索赔权。[①] 在我国光船租赁或者融资租赁下的船舶保险，船舶所有人与承租人作为共同被保险人的情形也很常见，此种情形下，两个被保险人的保险利益并不完全一致，因此被保险人应作区别对待。

2. 故意

一般认为"民法上故意和过失原则同其价值"，[②]区分两者并无实际意义，因此民法乃至保险法对"故意"的含义未做明文规定。通说借用刑法上的定义，认为故意乃行为人意识到了某一行为结果的发生而希望或放任该结果的发生。[③] 英国判例法赋予了"故意恶行"三个本质要素：

(1)被保险人对灭失或损坏有意而为。

(2)被保险人对上述的损失或损坏放任发生、漠不关心。这意味着故意行为不仅仅包括积极作为，也包括消极的不作为。如明知系船用索具，已然锈蚀，不堪再用，仍于飓风警报后，不采应变措施，反有使船舶受损之意思，不加闻问，卒使船舶搁浅沉没，即可认为被保险人有使保险事故反生之故意。[④]

(3)被保险人行为的直接目的是从保险人处取得保险赔偿。[⑤] 但对于这一点，我国台湾地区有学者提出相反观点，认为所谓故意制造保险事故，无须有意诱致契约上事故发生，亦无须具有诈取保险金之意思，只要被保险人有意使发生该等保险事故之事实，而为该行为，即可认为故意。[⑥] 换言之，对损失的发生这一结果存在故意即可，但无须考察被保险人的意图或动机。《2013 年北欧海上保险方案》也持相同观点：故意不仅包括被保险人故意造成损失以获得保险赔偿，即欺诈故意，也

---

① Howard Bennett, *Law of Maine Insurance*, Oxford Univesity Press, 2006, pp. 54-55. Samuel v. Dumas, [1924] A. C. 431.

② 郑玉波著：《民法债编总论》，中国政法大学出版社，2004 年版，第 479 页。转引自岳卫、周馨："保险契约故意免责条款之故意对象研究——基于比较法的视角"，载于《南开学报（哲学社会科学版）》，2012 年第 3 期，第 127 页。

③ 王利明著：《侵权行为法研究（上卷）》，中国人民大学出版社，2004 年版，第 479 页。转引自岳卫、周馨："保险契约故意免责条款之故意对象研究——基于比较法的视角"，载于《南开学报（哲学社会科学版）》，2012 年第 3 期，第 127 页。

④ 杨仁寿著：《海上保险法论》，台湾三民书局，2000 年版，第 277 页。

⑤ Howard Bennett, *Law of Maine Insurance*, Oxford Univesity Press, 2006, p. 455.

⑥ 杨仁寿著：《海上保险法论》，台湾三民书局，2000 年版，第 276 页。

包括被保险人意识到他的行为可能导致损失的结果的事实。① 人保2009年船舶保险条款将被保险人的故意与疏忽行为并列,作为保险人的除外责任。本书认为,该规定本身存在一定的逻辑问题(后文"疏忽"部分有所述及),但若暂且不论其条款自身的逻辑缺陷,单从条款本身的规定来看,在人保2009年船舶保险条款下讨论"故意"这一措辞是否考虑被保险人的意图或动机意义不大,无论有无诈取保险费之动机或意图,都可以涵盖在"故意"或"疏忽"之下,成为保险人的除外责任。

3. 疏忽

人保2009年船舶保险条款在《海商法》第242条的基础上,还增加了被保险人的疏忽行为,将其与被保险人的故意行为同作为保险人的除外责任,但这样的规定使条款缺乏内在的一致性和逻辑性。因为在保险条款第1条责任范围中规定,只有第7款规定的5项承保风险受被保险人未克尽职责这一但书的限制,换言之,在第1款至第6款规定的承保风险下,如果被保险人未做到克尽职责,仅仅是疏忽行为,尚不构成故意,此时保险人也应当承担保险赔偿责任,而不能以此为由进行抗辩。

1983年协会定期船舶保险条款的除外责任条款中并未规定"疏忽",英国《1906年海上保险法》第55条第(2)款规定保险人免责事项仅限于被保险人恶意的错误行为造成的损失责任,并不包括被保险人轻率的一时冲动行为,也不包括过失甚至重大过失。除1983年协会定期船舶保险条款第6.2条,在装卸、卸载、移泊燃油或货物时发生的意外事故;锅炉爆炸,管道泄漏和潜在缺陷;船长、船员、引航员的疏忽;修船人或承租人的过失;船长和船员的有意恶行,仅在当"此种灭失或损害并非由于被保险人、船东或管理人缺乏谨慎处理所致"时,才予承保。对于除此之外的其他承保风险,保险人并不能仅仅因被保险人存在过失或疏忽而免于承担保险赔偿责任。但是在1998年ISM Code生效后,被保险人的疏忽很可能构成"不适航"除外责任,因为该法规定船长、船员需及时报告船舶的不良状况,而且详细规定了船东指定的监管人员的职责,被保险人的代表人可能是被保险人指定的船技主管、管理公司或驻船代表等。②

《2013年北欧海上保险方案》条款中,如果被保险人因一般过失导致意外事故,也不构成保险人的除外责任,保险人仍将负责全部赔偿。但与中英保险条款不同的是,《2013年北欧海上保险方案》对于"重大过失"导致意外事故的情形做了明确规定:根据第3-33条,如果被保险人因重大过失导致意外事故,保险人的赔偿

① *The Nordic Marine Insurance Plan of* 2013 *Commentary*, Part 1, Chapters 2, Clause 2-11, Accessed 16 December 2016. http://www. nordicplan. org/The-Plan/Part-One/Chapter-2/Section-21/#-2-11-Causation-Incidence-of-los.

② 汪鹏南著:《海上保险合同法详论》,大连海事大学出版社,2011年版,第214页。

责任一般将根据过错程度及事实情况确定。《2013 年北欧海上保险方案》对“重大过失”的含义未做界定,一般认为“重大过失”的程度介于故意和疏忽之间。在重大过失的情况下,保险人除全部或部分地免责外,保险人还可以提前 14 天通知后终止保险合同。

(三)被保险人克尽职责应予发现的正常磨损、锈蚀、腐烂、保养不周,或材料缺陷包括不良状态部件的更换或修理

1. 正常磨损、锈蚀、腐烂或保养不周

正常磨损、锈蚀、腐烂是因其使用方法或受自然界的影响而必然会遭受的损害,与保险的本质——承保风险的偶然性、不可预料性相违背,其并非是风险而是一种不可避免的现象,保险人自然不予承保;但是正常磨损、锈蚀、腐烂或保养不周仅限于被保险人克尽职责应予发现的,且保险人对此需承担举证责任,否则,保险人不能因此而免除赔偿责任。

例如,在“中国平安财产保险公司与烟台大海国际船舶管理公司”船舶保险合同纠纷上诉案①中,“盛海”船的管理人大海船舶公司向平安保险公司投保一切险,适用人保 1986 年船舶保险条款。“盛海”船抵达日本鹿岛锚地后,发现主机 6 个缸套出现不同程度的拉缸磨损,于是将该船拖至鹿岛北公共码头靠泊检修并向保险人主张产生修理费等其他费用。

平安保险公司主张拉缸事故是由于正常磨损或滑油总碱值降低造成的,但法院判决认为,平安公司未提交证据证明其事故原因是正常磨损,更未证明上述正常磨损和材料缺陷是被保险人克尽职责应予发现的,因此对该主张本院不予支持。同时,法院根据鉴定公司的鉴定报告,认为:缸套不属于过度磨损;缸套的拉缸损坏应该是在航行途中发生滑油压力大幅度降低、甚至接近其报警压力、或已经报警的情况下(船员未能及时发现)而未及时采取合理措施恢复正常压力,使柴油机在该状态下长时间运行而导致的机损事故。按照人保 1986 年船舶保险条款一切险条款,船长、船员的疏忽行为所造成的船舶部分损失属于承保范围,平安保险公司应当承担保险赔偿责任。

关于本款规定的除外责任,实践中存在的问题是:如何区分和辨别正常磨损、海上灾难以及潜在缺陷。

2. 正常磨损与海上灾难

两者区分的关键在于判断损失发生的原因是否是“意外”的,即该事件是“经常的、正常的、自然渐进的结果”还是“异常的,不能避免、不可预测”②的(见保险

---

① [2007]鲁民四终字第 123 号。

② Popham and Willett v. St Petersburg Insurance Co. ,[1904] 10 Com Cas 31, p. 34.

条款——其他海上灾难部分)。压载水舱由于硫酸盐还原菌(广泛存在于海水河水中)而受到腐蚀,损害原因即为正常磨损,而非海上灾难。① 但是,船舶在黄埔长时间等待卸货,以致船底附着一层厚厚的软体动物,这被认为是“意外的”,因为黄埔是微咸——淡水环境,而软体动物喜咸水,所以船底产生附着物并非是“通常”事件。②

3. 正常磨损与潜在缺陷

区别“正常磨损”和“潜在缺陷”是极其重要的,因为前者属于除外风险,而后者是承保风险。缺陷和自然磨损导致的损害结果可能都是逐渐出现的,因此,不能仅仅因为损害是逐渐导致发生的就将其归因于自然磨损。③ 两者不同之处在于前者是人力的积极作为所致,使得船舶机件或船壳使用寿命缩短;而后者则是贸易中的常见磨损的累积且未去修正的结果。④ 事实上,损失的发生往往是两者共同作用的结果,判断事故造成的损失是否可以得到保险赔偿的关键则在于判断两者中哪一个是损失发生的原因。如在“The Caribbean Sea”⑤一案中,海上钻井平台的管道设计存在缺陷,设计缺陷造成所使用的填角焊缝(Fillet Welding)型号有缺陷,即材料方面的缺陷,这构成了船舶的潜在缺陷,同时在自然磨损的作用下逐渐引起管道金属疲劳、产生裂缝,即潜在缺陷与自然磨损共同作用导致了损失的发生。法院根据近因原则判决认为,潜在缺陷是损失发生的近因,保险人应当承担保险责任。

但是,如果潜在缺陷和自然磨损是损失发生的共同近因的情况下,鉴于除外责任条款的适用优先于承保范围条款,此时不能依据承保范围条款予以承保。⑥

4. 材料缺陷包括不良状态部件的更换或修理

材料缺陷包括不良状态部件的更换或修理,本身就并非损失风险,另外,此条中的缺陷是指被保险人克尽职责应予发现的缺陷,因此不包括“潜在缺陷”,后者根据承保范围条款是承保的风险,但也仅限于潜在缺陷所造成的损失,对于潜在缺陷本身仍然不负保险责任。

---

① Navalight Shipping Ltd. v. Schwarzmeer Ostsee Versicherungs AG (Sovag), March 16, 2011, LJN BP 7829. 海牙上诉法院审理,保险合同适用英国法。

② Cosmos Bulk Transport Inc. v. China National Foreign Trade Transportation Corp. (The Apollonius) [1978] 1 Lloyd's Rep. 53. 该案是期租合同纠纷,法院认为此种情况下的船壳受损属于意外事件,可以适用停租条款。

③ Prudent Tankers Ltd. SA v. Dominion Assurance Co. Ltd., [1980] 1 Lloyd's Rep. 338.

④ Jonathan Gilman et al., *Law of Marine Insurance and Average*, Sweett & Maxwell, 2013, p. 1152.

⑤ The Caribbean Sea, [1980] 1 Lloyd's Rep 338, QBD.

⑥ 注:Justice Goff 依据 Mr. Justice Scrutton 在 CJ Wills and Sons v. The World Marine Insurance Co. Ltd. ((1911) The Times, 14 March; (Note) in [1980] 1 Lloyd's Rep 350.). 一案中的判决理由也指出:根据先例,缺陷的产生如果可归因与自然磨损,则不能根据殷琪玛瑞条款获得保险赔偿。

四、免赔额条款

免赔额是指保险船舶发生承保风险事故时，保险人按照约定对于保险索赔金额不负责赔偿的额度。免赔额使得被保险人自己承担一部分风险。如本书前文所述，免赔额又被称为“绝对免赔额”与“相对免赔额”对应。自 20 世纪 70 年代后，保险条款中普遍使用的是“绝对免赔额”，已很少使用“相对免赔额”，但英国协会船舶运费保险条款中仍然规定了相对免赔额：本保险不承保共同海损之外的低于3%的部分损失……①。

免赔额条款的功能表现在三个方面：一是减少保险理赔费用，免赔额的规定避免了保险人和被保险人之间频繁支付的小额赔款。二是对保险费率有相应的制约作用，免赔额的高低一般是保险双方协商一致的结果，免赔额高，被保险人自己承担的风险损失大，保险费率也会相对减少。免赔额在制约保险费率方面的作用在市场竞争中越发明显，尤其是在航运市场低迷的情况下，保险人通过高免赔额，低保费的方式争揽业务。三是免赔额是对被保险人某种激励，通过该激励作用，可以提高被保险人防风险的意识、加强对船舶的管理。

(一)免赔额的适用范围

人保 2009 年船舶保险条款第 3 条免赔额条款的第 1 款与第 2 款第 2 项规定了免赔额的适用范围，即“承保风险所致的部分损失赔偿，每次事故要扣除保险单规定的免赔额(不包括碰撞责任、救助、共损、施救的索赔)……本条不适用于船舶的全损索赔以及船舶搁浅后专为检验船底引起的合理费用。”

根据上述规定，免赔额只适用于保险船舶遭遇部分损失中的单独海损赔偿，对于下列情况则不予扣减免赔额：

1. 船舶全损索赔。

2. 船舶搁浅后专为检验船底引起的合理费用，即进干坞看船底必须专为检查搁浅情况时才不扣免赔额，这样的规定一方面为避免被保险人钻空子，借机对船舶进行免费船级检验；②另一方面则鼓励船东在船舶发生搁浅并怀疑船底有不妥时，尽快进行检查，以免发生更严重的事故。

3. 碰撞责任、共同海损、救助费用或施救费用。但是在实务中，保险公司为了控制风险，可能针对免赔额在保险条款中做出特别的约定，如“免赔额为 5 万元人

---

① Institute Time Clauses Freight (1/8/89 and 1/11/95), Clause12; Institute Voyage Clauses Freight (1/8/89 and 1/11/95), Clause 10. 原文：This insurance does not cover partial loss, other than general average loss, under 3% unless caused by fire, sinking, stranding or collision with another vessel. Each craft and/or lighter to be deemed a separate insurance if required by the Assured.

② 参见杨良宜、汪鹏南：《英国海上保险条款详论》，大连海事大学出版社，2009 年版，第 91 页。

民币或损失数额的 10%，以较高者为准。免赔额将适用于所有的损失和损害”。有的保险单承保条件一栏中特别规定“任何事故任何损失都扣除免赔额”。此种情况下，特别规定将优先格式条款的规定而适用。

在中国大地财产保险股份有限公司诉南京连润运输贸易有限公司等海上保险合同纠纷案①中，南京连润运输贸易有限公司为其所属的“连润 6”船投保沿海内河船舶一切险。保险期间内，保险船舶与他船发生碰撞，保险船舶“连润 6”船船首破裂，产生的修理费 113 万余元；被撞船舶损失为 625 万余元，其中船期损失为 93 万元。

该保险单的特别约定清单中规定：主险下，每次事故绝对免赔额为 5 万元或损失金额 10%，两者以高者为准。该免赔额（率）同时适用于碰撞、触碰责任及螺旋桨等单独损失险。但该保险单所附的中国大地财产保险股份有限公司沿海内河船舶保险条款记载：保险人对每次赔款均按保险单中的约定扣除免赔额（全损、碰撞、触碰责任除外）。

本案涉及免赔额的争议之一，即保险单中关于免赔额的两处规定相互矛盾，适用时应当以何为准？法院判决认为，保险单中关于免赔额的两个约定相互矛盾，根据有关法律规定，格式条款与非格式条款不一致的，应当采用非格式条款，即保险单特别约定清单中的规定。

相比人保 2009 年船舶保险条款中免赔额条款的规定，1983 年协会定期船舶保险条款中免赔额的适用范围更大，第 12.1 规定：……当船舶搁浅后，专为检验船底而引起的合理费用，即使检验结果未发现任何损坏，本保险仍予负责。本条不适用于船舶的全损或推定全损的索赔，也不适用于根据第 11 条，由同一事故产生的全损索赔以外的施救费用。可见，1983 年协会定期船舶保险条款规定的免赔额只在下列情况不适用：

（1）船舶全损以及由同一事故产生的全损相关的施救费用；

（2）船舶搁浅后专门为检验船底而产生的合理费用。

除此之外，当保险船舶发生碰撞责任、共同海损、救助费用、单独海损所致部分损失及在遭遇部分损失时采取抢救措施而引起的施救费用，保险人在计算赔偿额时，须将同一事故引起的上述各项索赔相加，扣除一个免赔额后，由保险人赔付。

（二）免赔额的扣减基于“事故原则”

人保 2009 年船舶保险条款规定免赔额的扣减基于“事故原则”，而非“航次原则”，这与 1983 年协会定期船舶保险条款规定相同。实践中可能存在的问题是：在发生连续或相继损害的时候，如何判断这些损害是同一事故造成的还是数个事故

① ［2013］沪高民四（海）终字第 86 号。

造成的,进而决定扣减一个免赔额还是数个免赔额。

英国海损理算协会(AAA)成立了专门的工作组来研究这一问题,工作组认为,在下列情形时,应扣减一个免赔额:(1)损失发生的原因是基于一次事故或意外事件,或者(2)尽管发生了多次的事故或意外事件,这些事故或事件并非彼此分离,而是形成了一个互相联系的一系列事件。相反,如果导致损失的事件或事故是新的、与之前的事故并无直接联系的,可以构成新的介入原因时,则需要扣减多个免赔额。① 可见,该工作组的建议从因果关系的角度进入手,判断随后发生损害的原因是否是不能预见的不应发生的事件,从而打破原事故与随后损失之间的因果联系。例如,船舶发生搁浅后,需进入干坞修理,在驶往干坞时发生碰撞,进干坞与碰撞不能必然地联系起来,后者作为不可预见的事件,构成新的介入原因,打破原来的因果联系,因此应该扣减两个免赔额;但是如果船舶是因为碰撞而失去动力,须进港口修理,但由于航道窄、水流急,对于无动力船舶来说危险程度高。被保险人因此雇佣拖船予以拖带入港,但拖带用力过大导致船壳板开裂,此时则应扣减一个免赔额。因为碰撞导致船舶失去动力与之后船舶进港时的事故之间具有直接联系,拖船拖带并未打破因果关系。②

(三)恶劣气候所造成两个连续港口之间单独航程的损失索赔应视为一次意外事故

恶劣天气造成的损失,就更难确定发生连续或相继损害时应扣减一个免赔额还是多个免赔额。因此为避免争议,人保 2009 年船舶保险条款与 1983 年协会定期船舶保险条款均对此做了直接明确的规定:在两个连续港口之间的航程中,如果损失是由于恶劣气候造成的,视为一次意外事故,仅扣除一个免赔额。

人保 2009 年船舶保险条款中关于恶劣气候造成事故的免赔额规定相对简单,对于恶劣气候持续时间跨越两份保险合同期间的问题未做规定,但是 1983 年协会定期船舶保险条款对此有详细的规定,③以《海上保险条款》(Marine Insurance

① N. Geoffrey Hudson and Tim Madge, *Marine Insurance Clauses*, Informa Law, 2005, pp. 133-134.

② 杨良宜、汪鹏南著:《英国海上保险条款详论》,大连海事大学出版社,2009 年版,第 91 页。

③ 1983 年英国协会定期船舶保险条款第 12. 2 条:如果这种恶劣气候持续时间超过本保险承保的期限,就应按照本保险单有效期间内的恶劣气候天数与该次单独航程中的恶劣气候天数之比例乘以保险单规定的免赔额,以如此求得的免赔额作为在计算损失赔偿时实际应扣除的免赔额。本条的恶劣气候包括与浮冰的触碰。原文:Clause 12. 2: Claims for damage by heavy weather occurring during a single sea passage between two successive ports shall be treated as being due to one accident. In the case of such heavy weather extending over a period not wholly covered by this insurance the deductible to be applied to the claim recoverable hereunder shall be the proportion of the above deductible that the number of days of such heavy weather falling within the period of this insurance bears to the number of days of heavy weather during the single sea passage.
The expression "heavy weather" in this Clause 12. 2 shall be deemed to include contact with floating ice.

Clauses)①一书中引用的案例为例:船舶在航程中遭遇浮冰,在 2010 年 12 月 20 日到 2011 年 1 月 10 日之间,12 个月的定期保单分别于 2010 年 1 月 1 日(免赔额是 60 000 磅)和 2011 年 1 月 1 日(免赔额是 120 000 磅)开始,船舶的航海日志上记载船舶遭遇浮冰共计 5 天,其中 2 次发生在 2010 年,3 次发生在 2011 年。修理船舶的总花费为 100 000 磅。根据第 12 条免赔额的规定,第 12 条应按如下方式适用:

2010 年保单

修理费用:	100 000 磅
该保单分摊的修理费用占 2/5:	40 000 磅
扣减的免赔额 2/5 ×60 000 磅:	-24 000 磅
保险人赔偿:	16 000 磅

2011 年保单

修理费用:	100 000 磅
该保单分摊的修理费用占 3/5:	60 000 磅
扣减的免赔额 3/5 ×120 000 磅:	-72 000 磅

保险人赔偿:无须赔偿

人保 2009 年船舶保险条款对上述问题未做规定,在出现上述情形时易引发争议,有必要在之后对条款进行修订时予以补充。

五、海运条款

根据人保 2009 年船舶保险条款第 4 条的规定,在未经保险人同意的情况下,被保险人不能从事非正常的、增加额外风险的航行,具体包括:

1. 保险船舶从事拖带或救助服务;

2. 保险船舶与他船(非港口或沿海使用的小船)在海上直接装卸货物,包括驶近、靠拢和离开;

3. 保险船舶为拆船或为拆船出售的目的的航行。

海运条款有利于保险人将风险控制在其可接受的范围内。作者将分别就海运条款的性质以及其规定的三种情形予以阐释。

(一)海运条款的性质

海运条款是免责性质的条款还是仅仅明确被保险人告知义务内容的条款?对于这一问题曾存在争议。怡信有限公司与中国平安财产保险股份有限公司北京分

① N. Geoffrey Hudson and Tim Madge, *Marine Insurance Clauses*, Informa Law, 2005, p. 136.

公司等船舶保险合同纠纷上诉案[①]中就该争议进行了讨论。

该案中,涉案保险航程实际是怡信有限公司为拆船出售目的所做的航行,但怡信有限公司并未告知保险人或取得保险人的同意,因此天津海事法院以被保险人违反了保险合同中的海运条款为由,判决保险人不负赔偿责任。怡信有限公司不服,提起上诉。

该案的争议之处在于,被保险人怡信有限公司认为海运条款的性质是免责格式条款,根据《最高人民法院关于适用〈中华人民共和国保险法〉若干问题的解释(二)》第 9 条[②]的规定,以及《保险法》第 17 条第 2 款[③]的规定,保险人对保险合同中免责条款有明确说明义务,未做提示或者明确说明的,该条款不产生效力。因此,原告怡信有限公司主张,应当以保险人未履行说明义务为由,认定保险条款中的海运条款不产生效力。而法院则认为,第 4 条"海运条款"强调了海运中影响船舶保险费率和承保条件的特殊事项,规定了被保险人应当履行的告知义务的内容。第 4 条中的"否则,本保险对下列情况所造成的损失和责任均不负责",并不是对免除保险人赔偿责任的特别约定,而仅是一种法律后果的强调性告知。根据《海商法》[④]和《保险法》[⑤]的规定,即使第 4 条中没有"否则,本保险对下列情况所造成的损失和责任均不负责"的表述,也丝毫不影响保险人的这一法定免责权利。人保 2009 年船舶保险条款中的第 4 条并非免责性质的条款。

法院将"海运条款"认定为非免责条款是正确的,"海运条款"应当是明确"告知义务"或"危险增加通知义务"内容的条款,如果"海运条款"所列事项的发生在保险合同成立前,则是明确"告知义务"内容的条款;如果"海运条款"所列事项发生在保险期间内,则应当是明确"危险增加通知义务"内容的条款,未履行此等义务的后果是法定的。如我国《保险法》第 52 条规定:在合同有效期内,保险标的危险程度显著增加的,被保险人应当按照合同约定及时通知保险人,保险人可以按照合同约定增加保险费或者解除合同。海运条款不会因为保险人未尽说明义务而

---

① 见[2007]津海法商初字第 269 号;[2008]津高民四终字第 58 号。

② 《最高人民法院关于适用〈中华人民共和国保险法〉若干问题的解释(二)》第 9 条"保险人提供的格式合同文本中的责任免除条款、免赔额、免赔率、比例赔付或者给付等免除或者减轻保险人责任的条款,可以认定为《保险法》第 17 条第 2 款规定的"免除保险人责任的条款"。保险人因投保人、被保险人违反法定或者约定义务,享有解除合同权利的条款,不属于保险法第 17 条第 2 款规定的"免除保险人责任的条款"。

③ 《保险法》第 17 条第 2 款"对保险合同中免除保险人责任的条款,保险人在订立合同时应当在投保单、保险单或者其他保险凭证上做出足以引起投保人注意的提示,并对该条款的内容以书面或者口头形式向投保人做出明确说明;未做提示或者明确说明的,该条款不产生效力。"

④ 《海商法》第 223 条第 1 款"由于被保险人的故意,未将本法第 222 条第 1 款规定的重要情况如实告知保险人的,保险人有权解除合同,并不退还保险费。合同解除前发生保险事故造成损失的,保险人不负赔偿责任。"

⑤ 《保险法》第 16 条第 4 款"投保人故意不履行如实告知义务的,保险人对于合同解除前发生的保险事故,不承担赔偿或者给付保险金的责任,并不退还保险费。"

无效。

（二）保险船舶从事拖带或救助服务

1. 对“保险船舶从事拖带或救助服务”含义的理解

海上拖带和救助时，拖带船舶受被拖物或被救物的影响，其操纵性和抗风险能力受到了较大的限制，增加了海上危险程度，而且保险船舶主要是从事远洋运输业务的商船，不具备从事专业拖带和救助的能力。实际上，海上拖船和专业救助船的保险须另行拟定保险条款，保险费与普通船舶保险不同。因此保险人在海运条款中对保险船舶从事拖带或救助服务予以了限制。但是该限制也存在例外，根据《1989年国际救助公约》第10条的规定，“只要不至于对其船舶及船上人员造成严重危险，每个船长都有义务援救在海上有丧生危险的任何人员”，因此，遇难船舶进行救助或拖带是商船的国际法义务，保险船舶对遇难船舶的拖带和救助不受海运条款的限制。理解本条还需注意以下几个方面：

（1）本款的措辞仅限于保险船舶被用作拖船使用，不包括保险船舶被他船拖带。但是事实上，被他船拖带，没有动力、船速和舵效，可能相比保险船舶从事拖带作业更加危险。1983年协会定期船舶保险条款中“航海”（navigation）条款①则规定保险船舶不能拖带他船，也不能被他船拖带，但该条款同时规定了例外情形，即习惯性的拖带行为以及需要协助时被拖带至第一个安全港口或地点这两种情况不适用“海运条款”。习惯性拖带常见于船舶进出港靠离码头以及在运河航行的过程中，有助于船舶的安全航行；后者是指保险船舶在海上航行中偶然失去自身动力或自身动力受到限制时，若禁止或限制船舶被他船拖带，明显不利于及时救助或协助保险船舶，故1983年协会定期船舶保险条款将保险船舶在需要协助时拖到第一个安全港口或地点作为保证的例外。1995年协会定期船舶保险条款增加了一项例外规定，即被保险人根据当地法律和惯例有义务签订拖带或引航服务合同时，不受海运条款的约束，即使订立的拖带或引航条款对被保险人不利，例如条款规定免除拖船、引航船以及其船东的责任。

（2）本款要求保险人无须承担保险责任的前提是被保险人遭受的损失和承担

---

① 1983年协会定期船舶保险条款第1条第1款：保险船舶在所有时间根据本保险的各项规定承保，并许可在有或没有引航员的情况下开航或航行，试航及协助、拖带遇险船舶或驳船，但保证保险船舶不得被拖带，除非是习惯性的，或当需要协助时被拖带至第一个安全港口或地点，也不得根据被保险人、船舶所有人、管理人和/或承租人事先安排的合同从事拖带或救助服务。但本1.1款不排除与装卸有关的习惯拖带。原文：Clause 1.1：The vessel is covered subject to the provisions of this insurance at all times and has leave to sail or navigate with or without pilots, to go on trial trips and to assist and tow vessels or craft in distress, but it is warranted that the vessel shall not be towed, except as is customary or to the first safe port or place when in need of assistance, or undertake towage or salvage services under a contract previously arranged by the Assured and/or Owners and/or Managers and/or Charterers. This Clause 1.1 shall not exclude customary towage in connection with loading and discharging.

的责任与保险船舶从事拖带服务之间存在“因果关系”。但是根据人保2009年船舶保险条款第6条第3款有关保险条款解除的规定，如果禁止拖带、救助作业方面的规定属于保险单特款规定，即在基本条款之外，投保单和保险单的“特别约定”一栏另对禁止拖带和救助作业予以约定时，则无须强调因果关系，只要违反保险约定进行拖带作业，保险合同自动解除，保险人自然不承担此后的任何保险赔偿责任，无论该损失或责任是否因为拖带而产生。在英国法下，1983年协会定期船舶保险条款第3条“违反保证”条款明确列明了拖带保证，一旦违反，不问因果，保险人即可免责。

2. 未经保险人同意，从事拖船或救助服务的法律后果

本条规定违反该海运条款的法律后果是保险人免责，免责范围仅限于该海运条款中的列明的情形所造成的损失和责任，保险合同的效力不受影响。但同时，人保2009年船舶保险条款第6条第3款又规定：当货物、航程、航行区域、拖带、救助工作或开航日期方面有违背保险单特款规定时，被保险人在接到消息后，应立即通知保险人并同意接受修改后的承保条件及所需加付的保险费，本保险仍继续有效，否则，本保险自动解除。

有学者认为，第4条与第6条第3款的规定不同，适用上存在矛盾。但实际上，可以将第4条解释为是对违反海运条款的三种情形的一般规定，而第6条是针对拖带和救助作业所做的特殊规定，在保险合同规定了有关拖带或救助方面的保证时，第6条的规定应当优先适用，即无须损害与违反本款规定之间具有因果关系，保险合同即可自动解除。

（三）保险船舶与他船（非港口或沿海使用的小船）在海上直接装卸货物，包括驶近、靠拢和离开

随着油船与货船的不断大型化，一些船舶受港口吃水的限制，无法进入某些港口进行装卸作业，从而导致港外甚至海上直接装卸作业的现象越来越多。正常情况下，保险船舶是在码头装卸货物，或者在港区由一些小型船舶装卸。由于码头固定且船型小，两船发生碰撞事故对保险船舶造成损失的风险小。但是海上直接装卸货物面临的是动荡不停的海面和海上作业的大型船舶，尤其在两船驶近、靠拢或驶离时，发生碰撞造成损失的风险很大。因此保险条款中对保险船舶进行此种作业做了必要的限制，但如果被保险人对此种风险有投保要求，也可以通过订立附加险条款的方式加以承保。理解本条款需要注意以下三个方面：

1. 本款不适用于保险船舶与港口或近岸的小船进行的直接装卸货物作业，因为港内小船进行的此种作业更加常见而且相对安全。值得注意的是，某小型船舶是指设计用于港口或近岸作业的小型船舶，即使实际装卸货作业是在港外（海上）

完成,此装卸过程中造成的保险船舶的损失或损害,保险人仍然需要承担保险责任。另一方面,如果与保险船舶进行直接装卸作业的船舶不是上述用于港口或近岸作业的小型船舶,即使其在港内进行装卸作业,本款亦予以适用。①

2. 本款适用的期间不仅限于直接装卸作业过程中,还包括两船为进行装卸作业而驶近、靠拢,以及装卸结束后的离开过程。在此期间造成的保险船舶的损失或责任,保险人亦不负赔偿责任。

3. 与保险船舶违反保单特款规定而从事拖带或救助作业不同,违反本款的法律后果是,保险人对保险船舶因此造成的损失或责任不负责,但不影响保险合同的效力。同时,要求损失或责任必须与海上直接装卸作业具有因果关系,且由保险人承担举证责任。

实践中,保险人收到关于保险船舶将与其他海船在海上进行直接装卸作业的通知时,保险人通常要求修改保险合同,就整个货物装卸过程中发生的所有损失、费用和责任的索赔,适用更高的免赔额,并在必要时增加保费。因此,每个船东在将船舶出租时,都应当考虑是否存在这种货物装卸方式的可能。如果存在,应当在租船确认书或租船合同中明确约定,由承租人补偿船东因此而额外承担的增加的免赔额和保险费。② 在 JIN BI (1995)伦敦仲裁案中,仲裁员一致认为,如果船东未在期租租约中限制海上船靠船装卸作业,或没有规定如此作业而增加的保费由承租人负责,承租人有权进行此种作业,且不承担加收的保险费。③

1983 年协会定期船舶保险条款中的"航海条款(navigation)",也对海上直接装卸作业的行为进行了限制,④与人保 2009 年船舶保险条款的区别之处在于:1983 年协会定期船舶保险条款强调"船舶在营运作业中(trading operations)",即本款仅适用于保险船舶在海上与其他船舶进行装卸的商业行为,应该具有定期性、规律性。不包括偶然性的一次装卸行为或事故发生后的应急行为。但人保 2009 年船舶保险条款并未做类似的除外规定,从措辞上看,即便是因船舶发生搁浅而需进行的抛货、转运或减载,也需先征得保险人的同意,显然,人保的规定不利于被保

---

① 杨良宜、汪鹏南著:《英国海上保险条款详论》,大连海事大学出版社,2009 年版,第 31 页。

② N. Geoffrey Hudson and Tim Madge, *Marine Insurance Clauses*, Informa Law, 2005, p. 74.

③ 杨良宜、汪鹏南著:《英国海上保险条款详论》,大连海事大学出版社,2009 年版,第 31 页.

④ 1983 年协会定期船舶保险条款第 1 条第 2 款:如果船舶在营运作业中,需要与他船(非港口或沿海使用的小船)在海上装卸货物,那么由于这种装卸作业,包括,造成被保险船舶的灭失或损坏,或者对他船的责任,本保险不负责赔偿。除非船舶在从事这种作业之前事先通知了保险人,并且双方就修改承保条件和增加保险费达成协议。原文:Clause 1. 2: In the event of the vessel being employed in trading operations which entail cargo loading or discharging at sea from or into another vessel (not being a harbour or inshore craft) no claim shall be recoverable under this insurance for loss of or damage to the vessel or liability to any other vessel arising from such loading or discharging operations, including whilst approaching, lying alongside and leaving, unless previous notice that the vessel is to be employed in such operations has been given to the Underwriters and any amended terms of cover and any additional premium required by them have been agreed.

险人及时采取措施,减少损失的发生。

(四)保险船舶为拆船或为拆船出售的目的的航行

保险人对此行为予以限制的原因在于:一是为拆船或以拆船出售为意图而航行的船舶一般都是老旧船,老旧船的设备陈旧,机器老化,抗风险能力弱,船东船员都可能放松对船技状况的监管,使得保险人承担的风险比一般船舶航行时的风险大得多。二是即将被拆解的船舶的市价往往很低,有的几乎与市场上的废钢价格一样。而船舶的保险金额一般是以投保时船舶的市场价格为基础确定的,远远高于即将拆解的船舶的市场价,易引发被保险人的道德风险。此时,若保险船舶发生全损,保险金额又未做及时调整,保险人按保险金额进行全损赔偿,这对保险人是极其不公平的。若保险船舶发生部分损失,修船费也不会因保险船舶是老旧船而有所降低,反而因为保险赔偿不扣减"以新换旧"的支出,而使保险人增加无谓的赔款支出。① 实践中,被保险人将此情形通知保险人后,保险人往往增加两种限制条件:一是限定保险人的最高赔偿限额为船舶灭失或损坏是报废船舶的市场价值;二是仅承保全损险,并重新厘定费率。

六、保险期间

"保险期间"是指从保险人有义务承担保险赔偿责任开始至终止的一段时间。保险期间的开始即保险责任的开始,其与保险合同生效的时间未必一致,保险期间可能晚于保险合同的生效,也可能追溯至保险合同成立或生效之前。船舶保险中一般都会对保险期间做出明确的规定。

根据保险期间的不同,船舶保险可分为定期保险和航次保险。定期保险是以明确约定的时间点作为保险期间的起止期限;航次保险是以船舶到达起始港的时间和到达目的港的时间作为起止期限。Erle 法官对航次保险和定期保险做过这样经典的描述:"航次保险以船舶的运动确定保险期限,定期保险则以日月的更迭为度量标准(the duration of the insurance… in voyage policies, is measured by the motion of the ship; in time policies, by the motion of the earth)。"②

船舶适航在航次保险和定期保险中的适用有所区别,因此区分船舶保险是航次保险还是定期保险具有实践意义。在一般情况下两者容易区分,但是当保险合同双方既约定了保险期间的具体的起止日期,又同时约定保险人承保特定航程风险时,则容易引发争议。例如在由新加坡上诉法院审理的 The Marina Iris③ 一案

① 王海明著:《船舶保险》,首都经济贸易大学出版社,2012 年版,第 74 页。

② Gibson v. Small [1853] 4 HLC 353, 384.

③ Marina Offshore Pte. Ltd. v. China Insurance Co. (Singapore) Pte. Ltd. [2006] SGCA 28; [2007] 1 Lloyd's Rep. 66

中,双方的争议之一即保险合同是定期保险还是混合保险(兼有定期保险和航次保险的特征)。

该案中,保险合同约定保险责任期间为2003年12月24日到2004年12月23日,但另有航区范围条款规定保险承保从日本神户到新加坡的"航次风险"。高等法院认为(新加坡一审法院)本保险存在两段不同的保险阶段,从神户到新加坡,保险人承保航程风险,在新加坡修理入级后,保险人承保船舶在新加坡国内及印尼水域的风险,此时为定期保险合同。综上,该保险合同为混合性质保险,兼具定期保险和航次保险的特征,因此被保险人对船舶开行前适航存在默示保证。但新加坡上诉法院推翻了一审判决,认为该保险合同明确规定了保险责任起止的特定日期,其应当是一个纯粹的定期保险合同。本保险承保从日本神户到新加坡的"航次风险"的规定只是修改或扩展了航区范围,并没有改变本合同是定期保险合同的性质。再者,"航程风险"的表述也不能改变定期保险合同的性质,因为航程风险既可以通过航次保险承保,也可以通过定期保险承保。因此,法院认为在船舶离开神户时,不存在适航的默示保证。

应按照定期保险合同还是航次保险合同来界定保险期间,实际应根据具体合同进行解释。以前述案例为例,该保险合同只规定保险责任期间为2003年12月24日到2004年12月23日,并未将保险责任期间与航程挂钩。因此,依文义解释应认为该保险合同是定期保险合同,而不是混合保险。其次,保险单中明确并入了1983年协会定期船舶保险条款,但未提及协会船舶保险航程条款,依目的解释可知,合同当事人在订约时,无意通过航次保险单独承保船舶从日本到新加坡这段航程的风险。再者,保险合同通过保证条款约定,开航前,保险船舶应通过适航检验。该约定也从侧面印证了该保险合同是定期保险合同,因为航次保险合同项下,被保险人负有默示的适航义务,保险人无须顾虑船舶在开航前是否适航。相反,只有在定期保险下,保险人才会有此顾虑。最后,依整体解释,也可得出该保险是定期保险的结论。因为该保险合同中约定了航行区域,通常情况下,航次保险只承保特定航次,无须限制航行区域。相反,只有在定期保险下,保险合同才会限制航区。

此外有关保险期间的问题,可参见本文第二章第四节的论述。

七、保险合同的解除

人保2009年船舶保险条款第6条规定了三种保险合同解除的情形,一是保险合同因保险船舶按全损赔付,保险合同中约定的保险双方的权利义务和责任均行使或履行完毕,保险合同自动解除;二是被保险人未经保险人的同意,变更了与船舶船级或船舶管理相关的事宜,保险合同因此自动解除;三是被保险人违背了某些保单特款规定,未能及时通知保险人并按要求加付保费时,保险合同自动解除。作者将侧重分析后两种保险合同解除的情形。

（一）保险船舶按全损赔付

有关保险人在选择全额支付合同约定的保险赔偿金后提前解除保险合同的权利，参见本书第四章第二节的相关论述。

（二）船舶船级和船舶管理方面的变更

人保 2009 年船舶保险条款第 6 条第 2 款规定：当船舶的船级社变更、或船舶等级变动、注销或撤回、或船舶所有权或船旗改变、或转让给新的管理部门、或光船出租或被征购或被征用，除非事先书面征得保险人的同意，本保险自动解除。但船舶有货载或正在海上时，经要求，可延迟到船舶抵达下一个港口或最后卸货港或目的港。本款的规定主要涉及两方面的内容，一类是船舶船级问题，一类是船舶管理问题。

1. 船舶船级方面的变更

船级问题包括船舶的船级社变更，船级变动、注销或撤回。船级社（或船级）的地位对保险人来说非常重要，船舶的安全和适航性很大程度上取决于船舶的船级及其所在船级社的声誉。不同的船级社对入级的规范要求不同，尤其是有些船级社为了竞争盈利的需要，放松船舶入级的规范要求。有难以维持原船级社技术标准的保险船舶可能采取更改船级社的办法，降低船舶的技术要求。船级的变动、注销或撤销则更加直接反映了船舶质量、物理状态的变化，因此保险人要求被保险人对船舶船级的变化予以特别关注。

1983 年协会定期船舶保险条款第 4 条终止条款中也规定了船级保证的内容，除了人保 2009 年船舶保险条款所列事项外，还包括船级暂停（suspension of class）、船级中断（discontinuance of class）以及船级届满（expiry of class）。对于这三种情形是否属于人保 2009 年船舶保险条款下的保险合同终止事由可能产生争议。司法实践中，有法院对此持否定态度但似乎尚无定论。如在海南昌信船务有限公司诉中国太平洋保险公司海南分公司船舶保险合同纠纷上诉案①中，争议的焦点之一，即船级暂停是否是保险合同终止的事由。

该案中，海南昌信船务有限公司为其光船租赁的船舶“万利达”船投保一切险，船舶在保险期间发生保险事故，向保险公司索赔，保险人拒绝理赔，原因之一是保险船舶“万利达”船为中国船级社船级，持有多项法定证书以及检验项目已过期，且展期 3 个月亦届满，对上述项目均未检验。被保险人曾在展期 3 个月内向中国船级社提交申请检验报告，船级社批注称：待该船抵达本港，需与船东代表或船长确认所需检验项目后，再进行申请评审和标识。因该船沉没，故未做检验。

① 〔1999〕琼经终字第 87 号。

原审认为,“万利达”船虽未对多个船级证书和检验项目过期未检负有过错,但依保险合同的约定,船级暂停不属于保险终止的事由。因此,保险合同并未终止,保险人应当负保险赔偿责任。但保险人不服原判,其认为:(一)“万利达”船在事故发生前,已因船级暂停而导致船级证书失效,该轮已失去船级。由于该轮船级变动和失去船级,船舶保险合同早已自动终止,中国太平洋保险公司海南分公司不承担赔偿责任。一审法院认定船级暂停不属于船舶保险合同中保险终止的事由存有错误。

二审法院判决认为:中国船级社《钢质海船入级与建造规范》规定:船舶没有按照本规范规定的期限进行或完成有关检验,且未按规定进行展期时,应通知船东船级证书到期或无效,船级将自动暂停。中国船级社亦未正式通知“万利达”船证书到期或无效,故“万利达”船保持了船级,其船级未自动暂停。中国太平洋保险公司海南分公司不承担赔偿责任的理由,无法律依据,不予支持。

虽然二审法院的判决最终以“船舶保持了船级,未自动暂停”为由,认为保险合同并未终止,并未对“船舶暂停”是否属于保险合同终止事由做出认定,但从一审法院的判决中可见,司法实践中对是否能将“船舶暂停”认定为合同终止事由仍存有疑问。

2. 船舶管理方面的变更

船舶所有权或船期改变、转让给新的管理部门、光船出租、被征购或被征用往往会引起船舶的管理和人员配备方面的变动。转让后的管理者或船舶所有人水平不及前者,经验不如前者丰富,将导致船舶所面临的风险随之增大。保险船舶被有关当局或政府征用或收购,也相当于船舶所有权的变更,同时船舶的营运性质发生改变,不再属于《海商法》的调整范围,船舶所面临的损失和责任风险也自然发生变化。因此,如上述情形的发生未事先获得保险人的同意,则保险合同自动解除。

3. 被保险人的义务和违反义务的法律后果

根据人保 2009 年船舶保险条款规定,如果保险船舶发生上述船级方面或管理方面的变化,必须事先通知保险人,且取得保险人的书面同意,若被保险人事先未通知而为上述行为,则不问损失与行为之间的因果关系,保险合同自动解除,没有其他补救机会。解除自被保险人违反上述规定之日起发生效力。有的船级社的规则中规定了船级的“回溯(retrospective)”取消,在这种情况下,保险自动终止也回溯到船级如此停止那一天。[①] 本款的法律后果非常严苛,与英国法下违反保证义务的后果相同。被保险人不能通过修改承保条件并加付保险费的方式使保险合同的效力得以延续。

① 汪鹏南著:《海上保险合同法详论》,大连海事大学出版社,2011 年版,第 40 页。

对于保险合同解除后保险费的退还问题,人保 2009 年船舶保险条款并未涉及。我国《海商法》第 230 条针对船舶所有权发生变更时,保险合同的效力问题做了相同的规定,同时明确了保费的处理问题:“因船舶转让而转让船舶保险合同的,应当取得保险人同意。未经保险人同意,船舶保险合同从船舶转让时起解除;船舶转让发生在航次之中的,船舶保险合同至航次终了时解除。合同解除后,保险人应当将自合同解除之日起至保险期间届满之日止的保险费退还被保险人。”保险合同因本条规定的其他情形而自动解除时,保险费也应做与同样的处理。此处的保险费应当指“净保险费”,即从“总保险费”中扣除经纪人的佣金以及给被保险人的折扣等扣减后保险人实际收入的保险费。

1983 年协会定期船舶保险条款中对此做了规定,由于上述原因导致保险合同自动终止的,自合同解除之日至保险期满之日的净保险费,须按日比例退换。

4. 修正性的缓和规定

人保 2009 年船舶保险条款对船级变化和船舶管理方面的变化,不加区分地规定了一种缓和情形,即如果船舶有货载或在海上,在被保险人提出要求后,保险合同并不立即解除,其效力可以延迟到船舶抵达下一个港口或最后卸货港(载货船)或目的港(空船),保险人不能拒绝。然而,“下一个港口”与“最后卸货港”或“目的港”可能并不一致,在适用该条时易产生争议,保险合同的效力具体延续至哪一个港口,是应当根据被保险人的选择最终决定;还是说只能延续至下一个港口。因此,后一种解释更加合理,因为船舶在抵达下一个港口时,即有机会对船舶进行修理以恢复船级。

1983 年协会定期船舶保险条款的终止条款针对船级变动和船舶管理方面的变化,规定了不同的缓和情形。对于前者来说,如果船舶在海上,该自动终止应延迟至船舶到达下一港口时,而不存在最后卸货港或目的港的争议。此外还规定,如果船级状态发生变化是 1983 年协会定期船舶保险条款第 6 条或协会战争险和罢工险保险条款所承保的损害造成的,在下一个港口开航前保险并不当然终止,只有保险船舶未经船级社事先同意而从下一港口私自开航时,本保险才自动终止。即保险合同的效力扩展到船舶在下一港的在港期间。规定该缓和情形是因为有些船级社的规则中规定海上发生搁浅、碰撞或失去动力,船级就无效或停止了,而搁浅、碰撞本是保险人承保的海上风险,但仅仅因为船级社规则的规定就使得保险合同立即终止,这对被保险人不公平。

对于船舶管理方面的变化,自然终止的后果在两种情况下亦有一定的缓和,即:(1)已经开航并按其“预定航程”航行的船舶,经被保险人请求,自动终止可推迟到该船抵达其最后卸货港(载货船)或目的港(空船)。“预定航程”的措辞意味着如果被保险人要求推迟终止后,船舶改港,脱离了“预定航程”,保险则自动终止。(2)如果保险船舶被征购或征用,事先未经被保险人书面同意,自动终止推迟到被征购或被征用后的第15天。

(三)违反某些特款规定

当货物、航程、航行区域、拖带、救助工作或开航日期方面有违背保险单特款规定时,被保险人在接到消息后,应立即通知保险人并同意接受修改后的承保条件及所需加付的保险费,本保险仍继续有效,否则,本保险自动解除。

本条款一般被称为续保条款,保险船舶在运营过程中,有些情况是船东很难或者无法有效地加以控制的;虽然被保险人违反了合同中约定的某些"特款"规定,但对保险人承保风险并无大的影响。鉴于此种情形,保险条款规定被保险人及时通知保险人,被保险人在同意保险人修改的承保条件及所需加付的保险费后,保险人将继续承保。

1. 保险单特款规定

我国《海商法》及《保险法》对特约条款的内容未做具体规定。可以认为,不论是何种财产险,特约条款是相对于基本条款而言的。在中国船舶保险实务中,投保单和保险单上皆有注明"特别约定"一栏。如果投保人(或被保险人)与保险人在订约时要求对方承诺履行某种义务,则可以在该栏目进行约定。特约条款可以约定基本条款以外的事项,也可以对基本条款的某些内容予以变更。其结果是可能扩大或限制保险人的责任,比如扩大或缩小保险人承保的范围,或者规定保险合同特别成立或生效的要件等等。如保单格式中航行范围项下注明:"保险船舶不得于×年×月×日至×年×月×日进入×××冰区"即属于特款规定。

本条适用于保单对货物、航程、航行区域、开航日期等方面所做的特别约定,以及第四条海运条款中对拖带、救助工作的限制。

2. 违反保单特款规定的法律后果

人保2009年船舶保险条款规定:被保险人在接到消息后,应立即通知保险人并同意接受修改后的承保条件及所需加付的保险费,本保险仍继续有效。否则,本保险自动终止。人保2009年船舶保险条款的措辞意味着,保险人在接到通知后,不可以解除合同,而必须提出修改后的承保条件以及所需加付的保险费,最终决定是否接受的是被保险人,被保险人同意,保险合同则继续有效,被保险人不同意,保险合同则终止。

然而,我国《海商法》第235条对违反保证条款的法律后果的规定则有所不同:被保险人违反合同约定的保证条款时,应当立即书面通知保险人。保险人收到通知后,可以解除合同,也可以要求修改承保条件、增加保险费。这意味着,即使被保险人立即通知了保险人,保险人仍然有权选择解除保险合同。

如果《海商法》第235条的规定是强制性的法律规范,则该规定不能通过约定而改变，人保 2009 年船舶保险条款的规定应为无效的规定。认为，人保 2009 年船舶保险条款的效力应当被予以认可，该条款的目的是为了缓和违反保证的法律后果，在货物、航程、航行区域、拖带、救助工作或开航日期这几个方面违反了保单的特款约定，应当按照人保 2009 年船舶保险条款的规定处理，但是如果被保险人违反了其他方面的特款约定，法律后果则不能得到缓和，被保险人在及时通知了保险人并接受保险人可能提出的附加条件，保险人也有权解除合同。这与 1983 年协会定期船舶保险条款第 3 条“延续条款”的规定相一致。

3. 保险合同自动延续的条件

根据该款的规定，只有当被保险人通知了保险人，并且双方修改承保条件并就增加的保险费或其他条件达成了一致，被保险人才有机会延展保险期间。

(1)接到消息后立即通知

保险合同自动延续所需的条件之一是被保险人知悉上述事项时，应立即通知保险人，这样的规定是基于如下两个方面的考虑。首先，如不做此规定，被保险人自然不愿立即通知，而是倾向在事故实际发生之后，再向保险人发出通知，保险人可能因此丧失了额外的保费收入；第二，被保险人如果在知悉风险改变后的一段时间再向保险人发出通知，在该段期间可能又出现新的情况或发生风险改变，新的情况或风险会使保险人无法或很难对改变的风险进行再保险。因此现代大多数的保险延续条款不仅要求给予通知，还要求应当立即通知或尽快通知。在条款中没有对通知时间进行规定的情况下，则默示地认为被保险人应当在合理时间内进行通知。

在 Shipping Corp. and Wayang (Panama) S. A. v. Mark Tanald Massic 一案①中，油船 Litsion Pride 去波斯湾，保单中并入了战争险航行区域保证条款：1(a)本保险承保范围应当扩展，但是本保险承保的船舶若航行于除外条款中所列的国家或地区的领水时，须按保险人的要求额外支付保险费；(b)如果可行，应当尽快将航程信息通知给保险人，未提前通知不影响合同效力。

在 1982 年 5 月 25 日，Litsion Pride 从事由欧洲至波斯湾港口(现在的霍梅尼港)的航次出租。众所周知，当时的霍梅尼港是波斯湾最危险的港口之一，航行到该区域需要加付一大笔保费。1982 年 8 月 2 日，该船越过了北纬 24 度的霍尔木兹海峡。船舶管理公司 Macedonia 于 8 月 2 日写信邮寄给出租人，信上说：“我们在此通知您，船舶从法国敦刻尔克港驶往波斯湾，于今日 1600 进入战区。请投保战争风险，并相应地通知保险人。”直到 8 月 12 日，经纪人才收到该信。而 1982 年 8 月 9 日，船舶被伊拉克的飞机投下的导弹击中，造成全损。保险人拒绝赔偿，理

① [1985] 1 Lloyd's Rep 437.

由是，保险人与船公司的业务往来中一直用传真，但在通知保险人船舶进入战区时，却使用平邮寄给保险人，保险人认为 8 月 2 日的信件可能是倒签，在知晓船舶被击沉后才寄出的，不过信上的日期还是写 8 月 2 日，法官也不相信船东，判定保险人不予要赔偿。总而言之，一旦违反或可能违反保单的特款规定，船东若想延续保险条款，必须马上通知保险公司，这是保险合同得以延续的先决条件。

需注意，通知保险人的时间并非保险船舶违反上述条款时，而是当被保险人接到船舶违反上述特保条款消息，即知悉之后。丹宁勋爵(Lord Denning)在 The Euryshenes① 一案中，对“知悉”予以阐释：“如果一个人，对某一事实心存疑虑但充耳不闻，而且没有进行合理的询问以至于他对这一事实并不确定，那么就应当认定他对该事实的真相是知晓的。”

(2)被保险人同意修改承保条件或加付保险费

如上文所述，人保 2009 年船舶保险条款的规定意味着，保险人在接到通知后，不可以解除合同，而必须提出修改后的承保条件以及所需加付的保险费。这似乎是对被保险人有利的条款。然而本条款并未规定加付保险费的确定标准，导致本款的规定事实上对被保险人来说是不利的，因为保险人若意图从保险合同中解脱出来，完全可能要求被保险人加付极高的不合理数额的保险费，被保险人如果不同意，保险人即不再继续承保，这背离了本款规定的初衷。

相比人保 2009 年船舶保险条款的规定，英国的规定更加合理、完善。英国《1906 年海上保险法》第 31 条第 2 款规定：在某一事件发生时，如果保险继续有效以某一待安排的附加保险费为条件，若事件发生时，尚未商定该附加保费，则被保险人应支付合理的附加保费。而合理标准应当如何确定呢？根据普通法的案例，额外的保费的数额应当根据保险人所接受的额外的风险程度予以确定。

在 Greenock Steamship Co.，Ltd. v. Maritime Insurance Co.，Ltd.②一案中，保险船舶在开航时没有备足燃料，在这种不适航的情况开航。这显然违反了保证义务，保险合同本应当终止。但是该保险合同中规定了续保条款，在违反该类保证的情况下，保险船舶的风险仍是可以继续被承保的。但是双方当事人未能就加付保费的数额达成一致，于是将争议提交至法院。Bigham 法官认为，保险人应当考虑以下两个因素来确定合理的加付保费。第一，可能遭受的损失。保险船舶未备足燃料，需要寻找替代燃料，如船舶的设备或者是桅杆，抑或是船载货物。船舶或货物因此而遭受损失可被认定为共同海损，所以保险人在确定保险费的时候应当考虑这一因素。第二，由于船舶缺乏足够的燃料而可能遭受全损的风险。基于以上两

① [1977] Q. B. 49.
② [1903] 1 KB 367.

个因素以及本案的具体情况,法官的判决是,被保险人加付的保费至少与由于保险船舶所有人对船舶设备和桅杆烧毁而主张的单独海损,以及支付当作燃料烧毁的货物的索赔相对等。

可见,本案是以改变的风险可能造成保险船舶额外遭受的损失为标准,确定额外的保险费。更直观的标准是以改变的风险在保险市场上得以承保的费率来确定额外需支付的保费,如果市场上没有对此类风险的保险费率,即市场上根本不会对改变的风险予以承保,则续保条款不发生法律效力,不会得以适用。典型的案例是关于货物保险的 Liberian Insurance Agency Inc. v. Mosse① 案以及 Nam Kwong Medicines & Health Products Co. ,Ltd. v. China Insurance Co. ,Ltd. ②案。

在 Liberian Insurance Agency Inc. v. Mosse 案中,Donaldson 法官的结论是:"该(续保)条款只有在如下情况才适用:被保险人准确告知了所有可能影响风险的事实,但是对即将发生的事实并不知晓的情况下,才有可能主张援引市场费率,这样的费率可以被认为是'合理的市场费率'。"也就是说,只有要续保的风险可以在保险市场上以合理的费率获得承保时,这种费率标准才是合理的市场费率。

香港的 Nam Kwong Medicines & Health Products Co. ,Ltd. v. China Insurance Co. ,Ltd. 一案中,保险船舶不符合任何一个船级社的入级要求,远没有达到标准的适航条件。法院认为,这样一艘船舶是根本不可能以合理的保费在保险市场上获得承保的。所以在这种情况下,根本就不存在合理的保险费,续保条款也因此未能生效。

八、保险费和退费(Premium and Returns)

有关船舶保险合同下的保险费和退费问题,除本书第二章第五节的相关论述外,还有两个问题值得述及:

(一)定期保险:停泊退费

船舶停泊于港内的风险相比航行中的风险要小得多,因此如果船舶长期停泊在港,船东会希望改投保险费更低的港口险或停泊保险,为了避免船东取消保单,或到期不在续保,保险人同意在船舶连续停泊时间达到了规定的天数时,可以在保险到期时退还一定比例的净保费给被保险人船东,只收取港口险或停泊保险应付的保费。③ 人保 2009 年船舶保险条款以及英国协会船舶保险条款都有对停泊退费的规定。

---

① [1977] 2 Lloyd's Rep 560.
② [2002] 2 Lloyd's Rep 591.
③ 杨良宜、汪鹏南著:《英国海上保险条款详论》,大连海事大学出版社,2009 年版,第 123 页。

首先关于停泊退费条件。根据人保2009年船舶保险条款的规定,被保险人欲主张停泊退费必须满足如下条件:

1. 保险船舶必须"停泊"在港口或其他区域。港内停泊是指保险船舶抵达港口检疫锚地等待检疫开始到起航时止,"停泊"并非要求船舶完全停在港口不动,船舶在港内、通常的装卸货作业、进坞修理,尽管可能进行移泊、进出船坞,其仍满足"停泊"状态的要求,但是不包括在潮锚地的停泊时间。英国曾有过案例,对"停泊"一词的含义予以解释,对理解人保2009年船舶保险条款具有参考价值。

North Shipping Co. v. Union Marine Insurance Co.①一案中,虽然船舶在海军港口航行受限长达两个月,但其蒸汽机一直运转,并且不时地作为英国舰队的装煤船移动,Bray法官判决认为,涉案船舶并非处于"停泊"状态。根据"停泊在港"(laid up in port)一词的传统含义,当船舶装货、卸载,进坞修理,装载时,尽管船舶可能需要去两三个地点进行装卸,其均可认定为处于"停泊"状态,保险人应当退还保险费。但是Bray法官认为,"停泊"一词的含义不包括船舶在战时被用来作为装煤船使用,因为此等使用要比通常方式的装货作业更加危险。因此判决,船东无权退还保险费,其判决得到了上诉法院的支持。

理解"停泊"一词的含义,还需结合其所在的特定语境。

在Hunter v. Wright②一案中,船舶定期保险合同中规定:"如果船舶出售或停泊港口,则退还尚未开始的余下保险期间的保险费"被保险人被判决无权退还保费,因为船舶在1年的有效保险期间虽停泊了数月,但是其在一年内又重新航行使用。法官认为,保险合同中"停泊"的措辞与"出售"并列使用,因此"停泊"的含义与"出售"相关,应被认为是永久的停泊,如同船舶被出售一样,从而导致保险合同的终止。

2. 保险船舶的停泊地点必须是"保险人同意的"港口或区域内。人保2009年船舶保险条款并未对港口或区域的自然情况有其他的限制,但通常要求处于港内或有遮蔽的水域。船东不能一方面索赔恶劣天气造成的损失,一方面要求办理停泊退费。③ 1995年协会定期船舶保险条款则明确规定,保险船舶停泊的港口或区域除必须经保险人认可外,还同时要求其不可以是暴露的或无防护的水域,否则不允许退费。1983年协会定期船舶保险条款和国际船舶保险条款对船舶停泊在非保险人同意的港口或区域做了让步,如果船舶停泊的水域未经保险人认可,但该水域在认可的港口或停航区附近,同时停泊是连续的,被保险人可将未被认可的水域内的停航时间加在认可的港口或区域内停泊的天数上,以凑足连续停泊30天。但

① [1918-1919] 24 Com. Cas. 83.

② [1938] 2 All ER 621.

③ 汪鹏南著:《海上保险合同法详论》,大连海事大学出版社,2009年版,第220页。

退费仍限于在认可的港口或区域内停泊天数所占的比例部分。

3. 保险船舶必须停泊达 30 天以上。人保 2009 年船舶保险条款根据停泊的天数决定是否退还保险费,如果停泊天数超过 30 天,对于停泊的所有时间,被保险人均有权享受退费。在停泊时间的计算方法上,采用前后日期相减加一天,得到的结果如果达到 31 天或更多,保险人则准予办理退费。停泊天数的计算,采取计天不计时的方式,如果停泊天数是 30 天零几个小时,也不能给予退费。英国协会保险条款的规定所有区别,协会条款将 30 天作为一个单位,整个停泊的期间,满几个 30 天即可就 30 天的停泊进行几次退费。余下的天数如果不满 30 天,则不能予以扣减。如一艘船舶在港口连续停泊 75 天,根据人保 2009 年船舶保险条款,被保险人可以享受 75 天的停泊退费,但是根据英国协会船舶保险条款,船舶的停泊期满两个 30 天,可以就这 60 天退换保费,但对于余下的 15 天,则不能退还保险费。

4. 本款不适用船舶发生全损,全损不退费的理由上文已经提及。人保 2009 年船舶保险条款的规定较为简单,对于船舶发生全损的时间、造成全损的原因均未做限制。而英国协会船舶保险条款则强调:无论全损发生在承保期间还是保险扩展期间,无论造成船舶全损的原因是承保风险还是非承保风险,一律不予以停泊退费。所以船舶在保险期间内的某一时间发生了连续 30 日以上的停航,船东不能马上要求保险人办理停航退费,只能在保险到期后,在没有发生全损的情况下主张予以办理。如果发生全损,就没有退费问题了。针对这种因船舶发生全损而丧失停泊退费的风险,船东可以额外投保附加险。

其次关于停泊期间的退费计算。根据人保 2009 年船舶保险条款规定,停泊期间的保费按净保费日比例的 50%计算,即无论保险船舶停泊的目的和原因,应退保险费的计算方式均相同,即应退保险费=(保险金额×保险费率-经纪人手续费或回扣)×剩余天数÷365 天×50%,这种不问船舶停泊原因而适用统一比例进行停泊退费的计算方法虽然简便,但是可能存在不尽合理之处,因为船舶因不同原因而停泊所面临的风险是不同的,保险费自然也应当差异化处理。英国协会船舶保险条款以船舶是否为了修理而停泊这一标准,规定不同退还保险费比例。如果保险船舶停泊港口既为了修理又有其他非修理方面的原因,保费应分别按照修理日数和非修理日数的比例计算。条款界定了"修理"一词的含义,将"船舶因正常磨损或根据船级社的建议而进行的修理活动"排除在外。

最后关于两张连续保单下停泊退费的计算。人保 2009 年船舶保险条款规定:"如果本款超过 30 天的停泊期分属两张同一保险人的连续保单,停泊退费应按两张保单所承保的天数分别计算。"即如果船舶在承保期届满后继续在该保险公司投保,且停泊期恰好跨越了两张保险单,则在判断被保险人能否享受停泊退费时,将两个保险单下的连续停泊期间累积相加,超过 30 天即可停泊退费,但是在计算退费金额时，仍需按两个保单项下的费率条件分别计算后予以相加。

英国协会船舶保险条款的规定有所不同，其规定，每张保单按一个停泊期30天与本保单下的停泊天数的比例计算各自负责的退费。这种分属两张保单的停泊期可以从船舶停泊的第一天起算，也可以从连续30天停泊期开始的第一天起算，由被保险人自行选择，在两张保险单的费率不同的情况下，被保险人可以选择对自己更加有利的计算方式。例如：被保险人两张连续的保险单的保险期间分别是2013年1月1日~2013年12月31日，2014年1月1~2014年12月31日，船舶与2013年12月10日到2014年1月20日连续停航共计41天，被保险人可以请求从停泊期开始的第一天2013年12月10日起算，即在2013年度主张退费22天，退费金额为月保费的22/30，2014年度主张8天，退费金额为月保费的8/30。或者，被保险人可以选择从连续30天停泊期开始的第一天起算，即主张从2013年12月21日起算停泊期，2013年度退费10天，退费金额为月保费的10/30，2014年度退费20天，退费金额为月保费的20/30。

（二）航次保险：自保险责任开始一律不办理退保和退费。

风险整体一旦开始，之后就不能再按比例退还保险费。因为虽然保险费是估计的数额，风险是根据航程的长度和性质予以确定的，然而，航程一旦开始，保险责任开始，即使尚不足24小时，风险也就开始了。[①] 航次保险合同所承保的航程中的风险是一个整体，不具有可分性，相应地，保险费亦不具有可分性，船舶一旦开航，保险费便已经赚取。即使保险船舶可能立即返还，放弃整个航程，亦不能退还部分保费。《海商法》第228条也规定：货物运输和船舶的航次保险，保险责任开始后，被保险人不能要求解除合同。航次保险不办理退保退费，这与国际上任何保险市场一样。

在Annen v. Woodman[②]一案中，保险船舶的保险期间始于“在和从苏里南（船舶开始航程的港口）”，船舶在航行途中搁浅灭失。保险人以船舶在开航时人员配备不足，处于不适航状态进行抗辩，拒绝赔偿。原告承认船舶处于不适航状态，同时主张因其违反了适航保证，导致承保的风险未曾开始，因此请求判决保险人退还保险费。法院判决认为，保险期间为“在和从苏里南港口”，船舶在开航时虽然不适航，但是对于停泊在港期间来说，保险船舶是适航的，因此风险已经开始，且航次保险中的风险是整体不可分的，一旦承保风险已经开始，则不能主张退费。

---

① See Jonathan Gilman et al., Arnould's Law of Marine Insurance and Average, Sweett & Maxwell, 2013, p. 182.

② [1810] 3 Taunt. 299.

九、被保险人的义务

（一）被保险人已经获悉保险船舶发生事故或遭受损失，应在48小时内通知保险人，如船在国外，还应立即通知距离最近的保险代理人，并采取一切合理措施避免承保的损失。

有关被保险人的出险通知义务和施救义务，在本书第六章第一节和第二节中已经进行了较为详尽的分析，此处不再赘述。

（二）被保险人提供相关单证的义务

1. 被保险人向保险人请求赔偿时，应及时提交保险单正本、港监签证、航海（行）日志，轮机日志、海事报告、船舶法定检验证书、船舶入籍证书、船舶营运证书、船员证书（副本）、运输合同载货记录、事故责任调解书、裁决书、损失清单以及其他被保险人所能提供的与确认保险事故的性质、原因、损失程度等有关的证明和资料。

《海商法》第251条规定：保险事故发生后，保险人向被保险人支付赔款前，可以要求被保险人提供与确认保险事故性质和损失程度有关的证明和资料。本款对此规定中的证明和资料予以具体的明确和列举。根据该条款，保险人虽然有权要求被保险人于保险事故发生后提供相关证明和资料，但是其范围应当受到相应的限制。

一方面，证明和资料不应当超过保险人为确定保险事故发生，及赔偿范围或为行使代位求偿权所必需。① 事实上，船舶发生保险事故时，并不一定需要所有上述列举的证书和文件，保险事故发生后，保险人会主动参与到事故的调查、勘验、处理以及调解和裁决程序中，因此事故责任调解书、裁决书等资料，保险人本身就有，无须被保险人提供。此款的要求对远洋船东来讲似乎有些严格和多余。

另一方面，被保险人有义务提供的证明和资料必须以被保险人依一般情形的获得者为限，避免被保险人因无法达成保险人的要求而遭不利。② 因此，人保2009年船舶保险条款规定，被保险人有义务提供的证明和资料仅限于“被保险人所能提供的”，然而被保险人“能”与“不能”往往只凭被保险人的一面之词，并未引入客观的标准，法院又难以在所有的案件中，都事先认定相关的资料与证明是否是被保险人事实上“能够提供”的。因此，这样的措辞在实务中易产生纠纷与争议，容易被被保险人用来开脱义务，对于实务中有些不属保险范围的损失，被保险人往往都以无法提供为由不提供证明和资料，并对该等损失进行索赔。

---

① 江朝国著：《保险法基础理论》，中国政法大学出版社，2009年版，第330页。

② 同上。

2. 被保险人向本公司请求赔偿并提供理赔所需资料后，本公司在60天内进行核定。对属于保险责任的，本公司在与被保险人达成赔偿或给付保险金的协议后10天内，履行赔偿义务。

本规定是保险人对索赔进行核定的期限以及核定后赔偿期限所做的承诺，根据《保险法》第23条第1款的规定：保险人收到被保险人或者受益人的赔偿或者给付保险金的请求后，应当及时做出核定；情形复杂的，应当在30日内做出核定，但合同另有约定的除外。保险人应当将核定结果通知被保险人或者受益人；对属于保险责任的，在与被保险人或者受益人达成赔偿或者给付保险金的协议后10日内，履行赔偿或者给付保险金义务。保险合同对赔偿或者给付保险金的期限有约定的保险人应当按照约定履行赔偿或者给付保险金义务。法律规定保险人对索赔请求核定期限是30日，但是允许合同另作约定。考虑到海上保险案件的复杂性，本款将索赔核定期限延长至60天。

3. 被保险人未履行前款约定的单证提供义务，导致保险人无法核实损失情况的，保险人对无法核实的部分不承担赔偿责任。

本款规定旨在保护保险人的利益。如果被保险人不履行提供单证的义务，导致保险人无法核实情况的，保险人便无法做出是否赔偿的决定。保险人对无法核实的损失部分可以拒付。可见，本条要求不提供单证与保险人无法核实损失之间具有因果关系。但是对于同一份单证，由于理赔人员的水平不同，不同的理赔人员可能得出的结论也不尽相同。这在实务上会可能存在潜在的争议。

（三）被保险人或保险人为避免或减少本保险承保的损失而采取措施，不应视为对委付的放弃或接受、或对双方任何其他权利的损害。

（四）被保险人与有关方面确定保险船舶应负的责任和费用时，应事先征得本公司的同意。

被保险人与有关方面确定保险船舶应负的责任和费用时，事先需要取得保险人的同意，这与保险人所付的保险赔偿责任和享有的代位求偿权密切相关，否则，保险人得以在合理的范围内拒赔或扣减保险赔偿。另外，被保险人除应当事先征得保险公司的同意，还应当积极参与诉讼，使得保险船舶应负的责任和费用控制在合理公允的数额。

在“佛山市顺德区宏基燃料有限公司诉中国太平洋财产股份有限公司广州分公司”船舶保险合同纠纷案①中，原告所属的油船“顺港168”船向被告投保沿海、内河船舶一切险。保险期间内，保险船舶与两艘案外船舶发生碰撞。在另案即船舶碰撞纠纷案中，本案原告宏基燃料公司主张被撞船舶的修复费用有失合理公允，

① 见[2004]广海法商初字第205号。

但其未提供证据予以证明，又未在法定期限内申请鉴定，其逾期向法院申请鉴定，因此法院对其主张未予支持。因此在本案船舶保险合同纠纷案中，法院判决认为，原告认可了碰撞事故造成的有关船舶损失的数额，且未在举证期限内申请对修船费等损失进行鉴定，此乃原告对自身权利的处分，并不违反法律规定。但是，原告在该案中对损失数额的认可是过高的，同时原告又存有行使诉讼权利不及时的失误，因而该案判决所确认的有关船舶损失数额仅对该案当事人有效，不能约束本案被告；有关案件受理费分担的判决亦不得作为向保险人索赔的依据。

（五）保险船舶发生保险责任范围内的损失应由第三者负责赔偿的，被保险人应向第三者索赔。如果第三者不予支付，被保险人应采取必要措施保护诉讼时效；保险人根据被保险人提出的书面赔偿请求，按照保险合同予以赔偿，同时被保险人必须依法将向第三者追偿的权利转让给保险人，并协助保险人向第三者追偿。未经保险人同意放弃向第三人要求赔偿的权利，或者由于被保险人的过失造成保险人代位求偿权益受到损害，保险人可相应扣减赔款。

本条规定了被保险人向第三人索赔及保护诉讼时效、转让赔偿请求权、协助保险人向第三人追偿及不得侵害保险人的代位权益的义务。

有关这部分的论述，可参见本书第六章第四节以及第八章第二节有关货物保险条款下被保险人义务部分的相关论述。

十、招标

（一）当保险船舶受损并要进行修理时，被保险人要像一个精打细算未投保的船东，对受损船的修理进行招标以接受最有利的报价。

船舶的修理费用与修理时间往往成反比，修理费用越高，所需要的时间越少，船期损失就越少。船舶保险人负责赔偿船舶修理费用，但对于船期损失，保险人不负责赔偿，而由被保险人自行承担。可见，保险人与被保险人对招标后果可能会有不同的利益需求，在修船期与价格之间的平衡问题上易产生矛盾。例如：

A 船厂修船价格是 20 万美元，修船期需要 40 天，B 船厂修船价格是 30 万美元，修船期需要 25 天，该船的船期损失为 5 000 美元/天。对于保险人，自然倾向选择 A 船厂，保险人承担的保险赔偿为 20 万美元，相比选择 B 船厂节省了 10 万美元；但是被保险人更愿意选择 B 船厂，因为这样会节省 15 天的船期损失 7.5 万美元。保险人和被保险人的利益出现了冲突。根据条款的规定，被保险人要像一个精打细算的未投保的船东一样做出选择，即如果所有的费用和损失均由被保险人承担时，一个理性的、精打细算的船东会做何选择。

仍以上述数据为例，一个未投保的船东，其选择 A 船厂修理意味着要承担修船费与船期损失共计：20 万美元+40 天×5 000 美元=40 万美元，选择 B 船厂修理需要承担修船费和船期损失共计:30 万美元+25 天×5 000 美元=37.5 万美元,被保险人若像一个精打细算的未投保的船东,则应当选择 B 船厂。

(二)保险人也可对船舶的修理进行招标或要求再次招标,此类投标经保险人同意而被接受时,保险人补偿被保险人按保险人要求而发出招标通知日起至接受投标时止所支付的燃料、物料及船长、船员的工资和给养。但此种赔偿不得超过船舶当年保险价值的 30%。

被保险人习惯上应招标修理,但是根据本款,保险人有自行进行招标或在对第一次招标不满意时,要求进行第二次招标的权利。同时保险人补偿被保险人招标期间而遭受的滞期损失,但此种补偿必须满足下列条件:

该等招标是保险人所要求的,包括保险人自行招标以及保险人对被保险人的第一次招标不满意而要求进行的第二次招标。

补偿的期间仅限于被保险人按保险人要求发出招标通知之日起至接受投标期间,虽然未做明确规定,但是很明显,被保险人于收到保险人的同意后,在接受投标时不能有不合理的延迟。补偿项目限于被保险人支付的燃料、物料及船长、船员的工资和给养。

招标期间的滞期费补偿金额不能超过船舶当年保险价值的 30%。

英国协会保险条款也规定了招标条款,但在具体规定上,与人保 2009 年船舶保险条款存在不同。以 1983 年协会定期船舶保险条款的规定①为例,两者的区别在于:

(1)人保 2009 年船舶保险条款规定保险人补偿的招标期间的滞期费以船舶当年的保险价值的 30%为上限,即招标期间的滞期费如果小于保险价值的 30%,

---

① 1983 年协会定期船舶保险条款第 10 条第 3 款规定:保险人也可对船舶的修理招标或要求再次招标。一旦保险人同意接受投标,对自发出招标通知日起至接受投标时止的时间损失,他应按照船舶当年保险价值的 30%给予补偿,这种时间损失必须是完全由于等待投标所引起的,并要求在保险人同意后立即接受投标。上述有关燃料,物料和船长、高级船员、船员以及其他人员的工资和给养的补偿必须作适当扣除,扣除款项中包括共同海损和招标期间由于滞期而可从第三方那儿得到的利润和营运费用损失赔偿。除订定的免赔额以外,如果损坏修理费用的一部分是保险人不负责赔偿的话,那么上述补偿应按相应比例扣减。原文:Clause 10.3: The Underwriters may also take tenders or may require further tenders to be taken for the repair of the vessel. Where such a tender has been taken and a tender is accepted with the approval of the Underwriters, an allowance shall be made at the rate of 30% per annum on the insured value for time lost between the despatch of the invitations to tender required by Underwriters and the acceptance of a tender to the extent that such time is lost solely as the result of tenders having been taken and provided that the tender is accepted without delay after receipt of the Underwriters' approval.

Due credit shall be given against the allowance as above for any amounts recovered in respect of fuel and stores and wages and maintenance of the Master Officers and Crew or any member thereof, including amounts allowed in general average, and for any amounts recovered from third parties in respect of damages for detention and/or loss of profit and/or running expenses, for the period covered by the tender allowance or any part thereof.

Where a part of the cost of the repair of damage other than a fixed deductible is not recoverable from the Underwriters the allowance shall be reduced by a similar proportion.

则补偿实际的滞期费,如果实际的滞期费高于保险价值的30%,则仅补偿船舶保险价值的30%。而在1983年协会定期船舶保险条款下,补偿数额与被保险人的实际损失无关,年滞期费按保险价值30%的比例计算,等待决标所损失的时间,按一年365天比例计算。例如,船舶保险价值为3 650 000英镑,保险人认为被保险人原来的投标皆不能接受,而要求被保险人再行招标,等待再行招标的决标期间是20天,船期损失2 500英镑/天。

保险人根据1983年协会定期船舶保险条款,补偿额计算如下:365 000 000英镑×30%÷365天×20天=6 000英镑。

根据人保2009年船舶保险条款,补偿额的计算如下:实际船期损失为20天×2 500英镑/天=5 000英镑,5 000英镑<6 000英镑,所以保险人只需补偿5 000英镑。

(2)根据1983年协会定期船舶保险条款的规定,补偿额中应当扣除被保险人所得到的金额,包括被保险人可以作为共同海损而得到赔偿的金额,如船舶的燃料、物料以及船员工资和给养;以及被保险人能从第三方得到赔偿额,如延迟和/或利润损失和/或营运费用方面的赔偿。人保2009年船舶保险条款未在这方面做细致的规定,但是根据保险的补偿原则,被保险人已经得到赔偿的部分,保险人不再根据招标条款予以补偿。

(3)1983年协会定期船舶保险条款规定了被保险人未能遵照本条的规定行为时的法律后果,即在确定的赔款中扣除15%罚金,确定的赔款是指扣除免赔额后的净保险赔偿。① 但人保2009年船舶保险条款未做类似的规定。

一般情况下,保险人是不会自行单独进行招标工作或要求重新招标的,一方面原因在于绝大多数情况下,保险人对于被保险人对船舶修理的招标是满意的。另一方面,保险船舶的保险价值如果是1千万美元,招标期间滞期费的补偿金额可能达到每日8 000余美元,保险人因此很少主张重新招标。② 本款事实上是对前一款的补充,明确保险人在招标过程中有上述权利。

(三)被保险人可以决定受损船舶的修理地点,如被保险人未像一个精打细算未投保的船东那样行事,保险人有权对被保险人决定的修理地点或修理厂商行使否决权或从赔款中扣除由此而增加的任何费用。

本款赋予了保险人决定受损船舶修理地点的权利。在保险人未对修理做出安排的情况下,保险人如果对被保险人选择的修船地点和修船厂商不满意,有两种措施可供其选择,一是对修船地点或修理厂商行使否决权,二是承认该修船地点或修

① 杨良宜、汪鹏南著:《英国海上保险条款详论》,大连海事大学出版社,2009年版,第82页。
② N. Geoffrey Hudson and Tim Madge, *Marine Insurance Clauses*, Informa Law, p. 166.

理厂商,但是从赔款中扣除因被保险人未尽一个未投保船东的精打细算之责而导致的额外支付的任何费用。

保险事故发生后,按合同约定的程序进行招标,从而确定修理费和打捞费用是非常重要的,如未进行合理招标,法院可能对评估的费用数额不予采信。

十一、索赔和赔偿

(一)保险事故发生时,被保险人对保险标的不具有保险利益的,不得向保险人请求赔偿保险金

1. 船舶保险中享有保险利益的主体范围

根据《保险法》第 12 条规定,保险利益是指投保人或者被保险人对保险标的具有的法律上承认的利益。英国《1906 年海上保险法》将保险利益限定为:被保险人与保险标的必须具有“普通法或衡平法上的关系”。中英两国对保险利益的规定在本质上是一致的,均要求被保险人与可保财产之间存在某种法律关系,这种关系可以根据法律的直接规定而产生,亦可根据合法有效的合同而产生。总结中英两国司法实践,下列主体被认定为对保险船舶具有保险利益:

第一,船舶所有权人。

船舶所有权人包括登记所有权人和实际所有权人,在船舶所有人自己经营船舶的情况下,其无疑对船舶有直接的、明确的利害关系,因而也具有保险利益。但是实践中,船舶往往会有特殊经营模式,出现登记所有权人与实际所有权人不一致、船舶所有权与船舶经营管理权分离的情形,如船舶挂靠关系。在此情形下,船舶登记所有人与实际所有人哪一个具有保险利益呢?

严格根据我国法律下的“法律联系说”解释保险利益原则,保险公司一般只会接受船舶登记所有人作为被保险人,实际所有权人为了将来能优先于被保险人获取保险理赔金,在投保时则会要求保险公司将自己列为第一受益人;更常见的情况是,登记所有权人与实际所有权人签订船舶经营管理合同,实际所有权人则以船舶经营人和管理人的身份取得保险利益,为船舶予以投保。

船舶即使出租后,船舶所有人依然对船舶具有保险利益。但是,在租船合同中可能会约定,一旦船舶发生损失,租船人要负责赔偿。但这只是对租船人的责任的规定,船东并不会因此而丧失了对船舶的保险利益。在此种情形下,船舶所有人完全有权对船舶进行投保。在损害发生时,他可以要求承租人赔偿,也可以选择向保险人求偿,再由保险人向承租人代位求偿。

在 1811 年的“Hobbs v. Hannam”[①]一案中,租船合同中约定承租人在船舶发生灭失时要赔付船价给船东,法院判决认为船东具有保险利益。即使是船长按承租人的指示进行非法交易而把船卖了,尽管这不属于船员不法行为(barratry),船东还是可以从保险人那里得到赔偿。

第二,船舶的经营人与管理人。

如上文所述,在海上保险实践中,往往出现船舶所有权与船舶经营管理权相分离的情形。将管理人与船舶登记所有人一并列为保单下的被保险人是一种很普遍的做法。船舶经营人与管理人自身是否具有保险利益取决于经营管理协议的内容。

如果根据经营管理协议,经营管理人有权直接占有、使用船舶,并可独立安排船舶的营运,与船舶所有人分享营运收入,甚至可有条件的处分船舶等,船舶经营管理人对船舶就享有保险利益。占有无论是事实还是权利,都给予占有人一种有利的地位,占有人不仅可以对物进行使用或获取收益,也会因占有而承担责任。这种情况往往管理人是实际所有人,而登记所有人则仅仅是为了设立单船公司和船舶挂旗考虑而设立。

如在海南和宇运贸有限公司诉中国人民财产保险有限公司九江市八里湖支公司海上运输保险合同[②]一案中,海南和宇运贸有限公司为“星光 66”船投保了沿海内河船舶一切险及螺旋桨等单独损失险,后保险船舶因发生保险事故而产生大量的修理打捞费用和损失,被保险人向保险人索赔。双方争议的焦点之一是海南和宇运贸有限公司对“星光 66”船是否具有保险利益。《事故报告》载明海南和宇运贸有限公司为“星光 66”船的经营人,尽管海南和宇运贸有限公司不是“星光 66”船登记的所有权人,但经营人要对船舶状况及盈利情况负责,即船舶运营采取所有权与经营权分离的经营模式,且海南和宇运贸有限公司实际交纳了保险费 24 200 元,根据《保险法》第 12 条规定的“保险利益是指投保人或者被保险人对保险标的具有的法律上承认的利益”,可以认定海南和宇运贸有限公司对“星光 66”船具有保险利益。

在中港集团上海港口工程装备有限公司诉中国人民财产保险股份有限公司上海市浦东支公司船舶保险合同赔偿纠纷案[③]中,被保险人与案外人共同出资从日本中和物产株式会社处购买了“幸运港”船,并在巴拿马设立了长和船务有限公司,长和船务有限公司作为该轮的登记船东将“幸运港”船在巴拿马登记注册。原告与案外人约定由原告负责“幸运港”船的日常管理和营运。保险公司以原告不

① [1811] 3 Campbell 93.
② 见[2013]琼民三终字第 7 号。
③ 见[2006]沪海法商初字第 405 号。

是船舶的登记所有人,不具有保险利益为由抗辩。法院判决认为:原告系购买和改建涉案船舶的出资人之一,船舶安全营运与原告具有经济利害关系。同时,原告负责船舶的日常经营管理,实际控制船舶,在涉案事故中作为侵权行为人与受损养殖户达成赔偿协议,并实际支付赔款。据此,应认定原告对涉案船舶具有法律上的利益关系,法院对被告以原告不是船舶的登记所有人而否认其具有保险利益的意见不予采纳。

事实上,该案判决被保险人具有保险利益理由之一:“原告系购买和改建涉案船舶的出资人之一,船舶安全营运与原告具有经济利害关系”,该判决理由一定程度上反应的是经济联系说的观点。

烟台市威盛国际船舶管理有限公司诉中国大地财产保险股份有限公司威海中心支公司船舶保险合同纠纷案①,被保险人是保险船舶“润祥”船《代管协议书》和《经营管理协议书》项下的船舶经营管理人。保险人以被保险人既不是船东也不是光船承租人为由,主张被保险人不具有保险利益。法院认为被保险人为“润祥”船的船舶经营管理公司,负责对该船的全部经营管理工作,包括投保。原告依法对保险标的具有法律上承认的利益,因此,原告依法享有保险利益。

但是,如果根据协议,船舶的经营开支、收入归船舶所有人承担或享有,船舶产生的责任由船舶所有人负责,而经营管理人只需负责船舶的日常管理和营运计划,从而有权向船舶所有人索取报酬,其对船舶不具有保险利益,而只对其报酬具有保险利益。在双方约定由船舶经营人、管理人负责投保时,在满足一定条件的情况下,船舶经营人和管理人可能会被认定为船舶所有人的代理人,代其办理保险手续。这样,船舶所有人成为保险合同的一方,且具有保险利益,有权从保险人处取得保险赔偿。

如在福州金帆船务有限公司、周某某与中国人保船舶保险合同理赔纠纷案②中,保险船舶“金山泉78”船船舶所有权人为周某某,周某某与福州金帆船务有限公司签订了船舶经营管理合同,约定由福州金帆船务有限公司协助周某某办理船舶保险手续,保险费由周某某负担。保险单表面记载被保险人为福州金帆船务有限公司。保险船舶发生保险事故后,周某某与福州金帆船务有限公司均请求保险人承担保险赔偿责任,保险人抗辩:周某某与被告不存在任何保险合同关系,其并非本案适格的原告。而福州金帆船务有限公司在涉案的碰撞事故中没有承担任何赔偿责任,并无实际损失,无保险利益,其无权向被告主张权利。一审与二审法院均判决认为,根据双方船舶委托经营管理合同,周某某系“金山泉78”船的所有权

---

① 见[2009]青海法海商初字第353号。
② 见[2005]甬海法商初字第336号。

人，其作为实际船东和实际被保险人对涉案保险标的具有保险利益。而福州金帆船务有限公司仅系“金山泉78”船挂靠经营人，而非船东和实际经营人，且在船舶碰撞纠纷中未对外承担赔偿责任，周某某根据船舶委托经营管理合同委托福州金帆船务有限公司代办保险业务。人保作为专业保险人，在办理船舶保险时，应审查并了解相关船舶的所有权及实际经营情况，对上述情况应当是明知的。根据《合同法》第402条关于隐名代理的规定，周某某委托福州金帆船务有限公司代办保险业务，是保险合同的隐名被保险人，其与人保之间构成保险合同关系，是本案适格的原告。人保依约收取了保费，在保险事故发生后，拒绝支付保险赔偿，应承担相应的违约责任。

第三，船舶承租人。

光船承租人由于实际占有、使用和营运船舶，在租赁期间因对船舶的占有、使用和营运的原因致使出租人的利益受到影响或遭受损失的，要负责消除影响或赔偿损失，因此具有保险利益。关于认定承租人具有保险利益的案例，可以参考潍坊鸿达海运有限公司诉中国太平洋保险公司潍坊分公司损失理赔案①。

该案中，原告是“保险船舶”承租人。被告主张原告没有海上运输经营许可证，对“潍洋”船没有合法的保险利益。法院判决认为，原告作为“潍洋”船的光船承租人，对该船具有占有、使用、经营收益权，原告会因该船作为保险标的的灭失和损害而遭受损失，或因其安全到达而实现期待利益，因此，原告对该船具有经营管理利益、责任或费用利益等，即具有法律上承认的利益。原告是否具有海上运输经营许可证，与能否出险没有必然联系。原、被告之间的保险合同合法有效。

第四，同意购买船舶的人（无论所有权是否转移）或者承担风险之人。

怡信有限公司与中国平安财产保险股份有限公司船舶保险合同纠纷案②中，被保险人怡信公司购买无动力船舶“ROYAL ALEUTIAN”，并将其自美国阿拉斯加荷兰港拖航至中国张家港，被保险人为该船投保全损险。拖带途中保险船舶遭遇保险事故而沉没。保险人以船舶未进行船舶所有人的变更登记主张怡信公司不是船舶所有人，不具保险利益。法院判决认为，怡信公司是保险船舶的合法买受人，支付了船款，并依据购船合同在接收船舶后承担风险，怡信公司对保险标的具有保险利益。

但是，如果在购买船舶一方尚不承担风险的情况下，买受人难以被认定为存在保险利益。

如在 Piper v. Royal Exchange Assurance③ 一案中，原告在挪威买了一艘船并为

---

① 见〔1998〕鲁经终字第639号。
② 见［2008］津高民四终字第58号。
③ ［1932］ 44 Ll. L. Rep. 103.

船舶投保，但买卖合同中约定在船到达英国前都由卖方承担风险，保险船舶于航行期间搁浅。原告因此向保险人请求保险赔偿。保险人以原告没有保险利益进行抗辩，并提起反诉，要求原告应归还保险人曾支付给原告的船舶修理费。法官认为，保险人承保原告的风险以原告有保险利益为前提，支付给原告船舶修理费也是基于原告有保险利益。然而，被保险人没有保险利益，因此不仅不能得到赔偿，还要归还已得到的修理费。在这种情况下，原告怎样才能获得保险利益呢？法官在判决中进一步指出，如果原告投保的不是船舶，而是船舶安全到达伦敦，那么他就可以获得偶然保险利益。

第五，对船舶具有担保权利的一方。

对船舶具有担保权利的一方包括船舶抵押权人、留置权人和船舶优先权人，其保险利益是基于船舶担保物权所带来的优先受偿的担保权益。船舶因保险事故发生灭失或损坏时，担保权利人可以基于这种优先受偿权先于普通债权人从保险船舶的交换价值（主要是保险赔偿）中实现自己的债权。

担保权利是一种物权，虽然船舶担保物权人不占有船舶，但是其对船舶仍然享有物权属性的权利。例如，担保权利人可以在一定情况下申请将船舶扣押、拍卖等。这就意味着当船舶发生灭失或损害时，对船舶享有担保物权人的部分权益将受到损害。从这个角度看，担保物权人对保险船舶具有保险利益。我国《海商法》第15条规定：除合同另有约定外，抵押人应当对抵押船舶进行保险；未保险的，抵押权人有权对该船舶进行保险，保险费由抵押人负担。该规定也从侧面反映，抵押权人对被抵押船舶具有保险利益，可以以自己的名义对船舶进行保险。但是，我国法律对船舶担保物权人是否具有保险利益未做明确规定，实践中极少有船舶担保物权人为其担保权益而单独投保。担保物权人，尤其是作为抵押权人的融资银行，为保障自身的权利，往往要求船舶所有人在保险合同中特别将其约定为第一受益人，但第一受益人条款的效力存在争议。我国司法实践中一般倾向于肯定其效力，但是对此条款中“受益人”的含义以及法律地位的理解应当区别于人身保险中的受益人。

例如，在北海华洋海运有限责任公司诉中国人民财产保险股份有限公司北海市分公司船舶保险合同纠纷案①中，涉案船舶保险合同中特别约定了农村信用社为第一受益人。保险船舶“鑫源顺6”船沉没，被保险人请求保险人承担保险赔偿责任。同时，农村信用社依据保单中第一受益人的特别约定，要求以有独立请求权的第三人身份参加本案诉讼，并请求法院判令被告将包括贷款本金以及利息在内的保险赔偿金支付给第三人。法院判决认为，船舶保险中关于第一受益人的特别

① 见［2013］厦海法商初字第255号。

约定条款应认定为有效,但是,我国《保险法》对“受益人”概念明确界定在人身保险中,因此该第一受益人并非《保险法》中的受益人,而属于《合同法》第 64 条规定的当事人约定由债务人向第三人履行债务的第三人。合同法中的第三人的法律地位决定了第一受益人在保险合同纠纷中的诉讼地位,第一受益人不能以原告或者有独立请求权第三人身份参加保险合同之诉,只能以无独立请求权第三人身份参加诉讼。

2. 不具有保险利益的法律后果

如果被保险人的保险利益已经确定丧失,不可能恢复,则在被保险人丧失保险利益之时起,被保险人不再享有保险赔偿请求权,合同目的已不能实现,即使保险人不主动行使主张解除合同的权利,双方的权利义务也自然终止。

在“中国平安财产保险股份有限公司宁波分公司诉浙江鸿霖船舶工程有限公司”通海水域保险合同纠纷案①中,被告鸿霖公司将其所有的“鸿霖浚 9”船在原告处投保沿海、内河船舶保险一切险,约定保费分四期支付,但被告一直拖欠保险费。保险期间,被告已将“鸿霖浚 9”船出卖,并于 2014 年 2 月 21 日注销所有权登记,转让船舶时由于受让人为外国公司,不需要转让船舶原有保险,被告将船舶出卖的事实已告知原告,但原告称被告未交保险费不能解除保险合同。

原告认为注销船舶所有权的事实不影响原、被告合同的履行及被告支付保险费的义务,原保险合同仍然有效,原告诉请判令被告支付保险费(包括船舶注销登记之后的保险费)。被告鸿霖公司对原、被告之间订立保险合同及原告主张的未支付保险费的事实无异议,但认为保险费应计付至船舶所有权注销登记之日。

法院判决认为:保险标的转让后被保险人的权利和义务依法由受让人承继,被告在丧失保险利益的同时也丧失了保险赔偿请求权,原告对被告不承担赔偿保险金的责任,故在原、被告之间,保险合同不再具有能实现的合同目的,合同权利和义务自然终止,原告关于合同仍在原、被告之间存续的主张缺乏法律依据,法院未予支持。

(二)全损

全损分为两种方式:实际全损和推定全损。前者强调被保险人实际丧失对保险标的的占有或控制,后者着重于经济因素。

1. 实际全损

(1)构成实际全损的情形

《保险法》第 245 条规定:保险标的发生保险事故后灭失,或者受到严重损坏完全失去原有形体,效用,或者不能再归被保险人所拥有的,为实际全损。本条的

① 见[2014]甬海法商初字第 361 号。

规定与《保险法》的规定基本相同,构成实际全损的情况有三种:

第一,实际完全毁损或灭失;如船舶发生爆炸,炸成数段,成为一堆废铁,支离破碎,散落于海上。

第二,保险标的遭到严重损坏导致保险船舶丧失了原有的形体和效用;据此,在衡量是否构成实际全损时,需要对保险船舶原有的形体或效用以及事故后的实际状况进行判定。

第三,被保险人不能避免地丧失该船舶。即尽管知道船舶还在,也知道在什么地方,但船东得不到船舶,失去了对船舶的控制,也做实际全损处理。如船舶在深海沉没或搁浅,依现代技术无法打捞或脱离浅滩;或海盗掠夺,恢复无望。

(2)实际全损时,按照保险金额赔偿

根据本款规定,在船舶发生实际全损时,保险人应当按照保险金额予以赔偿。但事实上,保险人的全损赔偿还需受到保险价值的约束,根据《海商法》第220条的规定:保险金额不得超过保险价值;超过保险价值的,超过部分无效。换言之,保险价值是确定保险人的赔偿限度,即保险人的最高赔偿额。

在定值保险中,定值保险单是该项索赔的基本依据,保险金额往往同约定价值相等或低于约定价值,被保险人此时可以得到足额赔偿,全部赔偿的限度即为保险金额。在不定值保险中,我国《海商法》第219条规定:保险人与被保险人未约定船舶的保险价值时,船舶的保险价值,是保险责任开始时船舶的价值,包括船壳、机器、设备的价值,以及船上燃料、物料、索具、给养、淡水的价值和保险费的总和。虽然该价值需要依据评估来确定,但从理论上说亦产生定值保险之效果。倘若船舶的实际价值高于保险金额,按保险金额计算;若实际价值低于保险金额,则赔偿实际价值。

(3)保险船舶在预计到达目的港日期,超过两个月尚未得到它的行踪消息视为实际全损,按保险金额赔偿

船舶失踪是为船舶在一定期限内下落不明设定的一种法律制度。船舶在海上航行,船舶和被保险人通过无线电通信设备进行联系,或通过船舶代理人互通信息。如果船舶在预计到港时间后的一段时间内尚未到达,船东通过各种渠道与船舶无法取得联系,可推测其保险船舶可能遭遇海上事故而灭失。但事实是否如推测一样,需要时间和证据予以证实,这往往需要花费一定的时间。因此,世界各国都普遍规定,当船舶失踪达到规定期限时,船舶视为实际全损。理解人保2009年船舶保险条款时,应当注意以下几点:

构成船舶失踪的要件之一是保险人仍收不到消息。这种消息不仅包括来自该船舶的消息,还包括来自其他方面的有关消息。此时船舶可能已灭失,也可能存在,无论船舶灭失与否,在未证明该船舶的确切位置或去向前,可认定为失踪。

保险条款将船舶失去行踪的时间设置了一个上限——两个月，起算时间是保险船舶预计到达目的港的时间。如果合同中约定了船舶预计到达目的港的时间，即合同中的约定时间，如果合同中未约定具体时间，则应该为通常情况下，考虑船舶自身及气候条件完成航程所需要的时间。我国《海商法》第 248 条也对船舶失踪规定了两个月的期限，①但与人保 2009 年船舶保险条款规定不同，该两个月的起算时间以船舶合理到达目的港为准，而并不考虑合同中约定的预计到港时间。

被保险人以船舶失踪提出索赔时，按实际全损赔偿，而且不要求被保险人委付保险标的。但是如果保险人赔偿后失踪船舶又出现的，被保险人应将取得的赔偿金额及利息退还给保险人，或者将船舶所有权无偿转移给保险人。

2. 推定全损

当保险船舶实际全损似已不能避免，或者恢复、修理、救助的费用或者这些费用的总和超过保险价值时，在向保险人发出委付通知后，可视为推定全损，不论保险人是否接受委付，按保险金额赔偿。如保险人接受了委付，本保险标的属保险人所有。有关推定全损以及委付的相关内容，参见本书第六章的相关论述。

(三)部分损失

(1)对本保险项下海损的索赔，以新换旧均不扣减。

当船舶旧的部件因保险事故而发生灭失或损坏时，被保险人将使用新的部件予以替换，这将使船舶的状况较保险事故发生前有所改善。海上保险合同是补偿性质的合同，对于船舶以新换旧的增加部分理应予以扣减。然而，实践中，以新换旧扣减的数额通常难以确定，尤其是在钢制船的时代，这种改善往往只是名义上的，因此船舶保险的保险人放弃了扣减的权利，在船舶保险条款中约定“以新换旧不做扣减”。②

但本款规定不影响海上货物运输合同中船东与货主之间共同海损的理算。如果共同海损理算书中对共同海损牺牲的修理已做了新换旧的扣减，而在《1974 年约克-安特卫普规则》中的确仍有广泛的折旧规定，保险人对共同海损牺牲的赔付无须等到共同海损理算的结束，而是将其类同单独海损先予全部赔付，对于无法全部作为共同海损要求货方分摊的折旧部分，由保险人自己承担。③

(2)船东为使船舶适航做必要的修理或通常进入干船坞时，保险船舶也需就所承保的损坏进坞修理，进出船坞和船坞的使用时间费用应平均分摊。

为了使船舶保持适航状态，根据船级社的入级规范的要求，船舶要进行定期的

① 我国《海商法》第 248 条规定：“船舶在合理时间内未从被获知最后消息的地点抵达目的地，除合同另有约定外，满两个月后仍没有获知其消息的，为船舶失踪。船舶失踪视为实际全损。”

② N. Geoffrey Hudson and Tim Madge, *Marine Insurance Clauses*, Informa Law, 2005, p. 139.

③ 杨良宜、汪鹏南著：《英国海上保险条款详论》，大连海事大学出版社，2009 年版，第 99 页。

检验与维修,此等检验维修产生的费用,是船东营运中的正常花费,保险人不负责赔偿。如果船舶发生了轻微的海损事故,造成的损坏不大,尚不影响正常航行,船东往往并不立即入坞修理,而是等到下一次船舶定期修理时一并予以维修,从而减少船期损失。这样,船舶的下一次进坞修理有两个目的,一是根据船级社入级规则要求而进行的正常维修检验,二是修理保险事故造成的船舶损失。保险人对后者需要承担保险赔偿责任,但对前者不负责赔偿。为公平起见,保险人要求船东分摊进出船坞和船坞的使用时间费用,考虑到难以计算清楚为两种目的进坞修理所各自占用船坞的时间,因此,本条规定,不对两者各自占用船坞的时间做详细核算,而由保险人与船东平均分摊费用。

(3)保险人对船底的除锈、或喷漆的索赔不予负责,除非与海损修理直接有关。

"船底"是指保险船舶"空载水线"以下的部分,本条仅仅涉及船底部分,不影响保险人对船舶其他部分损害修理的责任。① 船舶搁浅、碰撞等事故可能造成船底遭受损失,需要进干坞进行修理,与海损修理直接相关的船底除锈或喷漆,保险公司负责赔偿,其余除锈或喷漆的花费应由船东自行负责。

但如果在海损修理期间,由于其他原因导致修理期间被不合理延长,需要重新涂船底防污漆的费用,则保险人不负责。

(四)被保险人的自负费用

被保险人为获取和提供资料和文件所花费的时间和劳务,以及被保险人委派或以其名义行事的任何经理、代理人、管理或代理公司等的佣金或费用,本保险均不给予补偿,除非经保险人同意。

根据人保《2009 年船舶保险条款》第 8 条中对被保险人义务的规定,海损事故发生后,被保险人向保险人请求赔偿时,其有义务提供有关的资料、文件和单证,证明损失发生的事实和船舶损失程度。因此,被保险人在为完成该项义务而花费的时间和劳务,本保险是不予负责的(共同海损理算报告除外)。有时,被保险人并非亲自从事这项工作,而是委派经理、代理人、管理或代理公司处理案件,因此而产生的佣金和费用,保险人也不予负责。但如经保险人同意,保险人对此等佣金和费用需要负责。例如,船舶在一个没有保险代理人的国家发生海难事故,但该案又必须在该国处理,保险人往往会同意该案可由被保险人请其船舶代理人代表被保险人和保险人在该国办理,并支付相关费用。

(五)不足额保险

凡保险金额低于约定价值或低于共同海损或救助费用的分摊金额时,保险人

① 杨良宜、汪鹏南著:《英国海上保险条款详论》,大连海事大学出版社,2009 年版,第 101 页。

对本保险承保损失和费用的赔偿,按保险金额在约定价值或分摊金额所占的比例计算。

本款是对不足额保险的规定。首先,有学者澄清:本条款有一个误写的地方,将“分摊价值”误写为“分摊金额”。[①] 在足额保险的情况下,保险金额等于保险价值。本款中规定的“约定价值”,是保险人与被保险人根据保险标的投保时的市场价格商定出的船舶价值。该约定对双方均具有约束力,在损失发生时,被保险人无须举证证明保险标的在保险事故发生时的实际价值,而是按约定价值作为赔偿计算标准。约定价值可能比船舶的实际价值偏高或偏低,但这一般不影响约定价值的效力,除非被保险人在确定保险价值时有欺诈行为或违反了告知义务。在不足额保险的情况下,被保险人不能从保险人处得到全部赔偿,而是按照保险金额与保险船舶约定价值之间的比例来计算赔偿的数额,计算公式为:保险赔偿=损失额×保险金额/约定价值或分摊价值。[②] 英国法下,将这种按比例分担的规则称为“共同保险(coinsurance)”,即把不足额保险的被保险人视为自己的保险人。[③]

陈某诉永安财产保险股份有限公司某某中心支公司通海水域保险合同纠纷案[④]中,保单上约定,保险船舶的保险价值是200万元,保险金额为120万元。同时约定,对保险船舶救助及施救的两项费用之和的累计最高赔偿额以不超过保险金额8%为限。保险船舶在保险期间发生侧翻沉没,事故发生后,原告与案外人签订沉船打捞合同,并承担了46万元施救费用,根据公估报告,核定船舶修理费468 366.91元,修理中切割下来的废钢材价值8 000元。但由于原告事故后无钱修理,保险船舶一直搁置。原告主张保险人对船舶予以保险赔偿。依照《海商法》第240条第3款规定:保险金额低于保险价值的,除合同另有约定外,保险人应当按照保险金额与保险价值的比例,支付本条规定的费用。因此,本案因碰撞、触碰引起的船舶一切险保险责任下的保险赔款,计算如下:(船舶损失468 366.91-废品价值8 800)元×不足额保险比例60%+船舶打捞费460 000元×不足额保险比例60%=551 740.10元。

(六)姐妹船碰撞或救助

保险船舶由同一船东所有,或由同一管理机构经营的船舶之间发生碰撞或接

---

① 王海明著:《船舶保险》,首都经济贸易大学出版社,2012年版,第85页。

② 本款与《海商法》的规定并不完全一致。《海商法》第241条规定“保险金额低于共同海损分摊价值的,保险人按照保险金额同分摊价值的比例赔偿共同海损分摊。”

③ 英国《1906年海上保险法》第81条:在本保险投保金额少于其可保价值,或在定值保险单中,投保的金额少于保险单价值之场合,就有关该未保险余额,他应视为是他自己的保险人。原文:Section 81: Where the assured is insured for an amount less than the insurable value or, in the case of a valued policy, for an amount less than the policy valuation, he is deemed to be his own insurer in respect of the uninsured balance.

④ [2012]甬海法温商初字第236号。

受救助,应视为第三方船舶一样,本保险予以负责。

该款是所谓的“姐妹船条款”,如果同一船东的两条船相撞,两船之间不存在侵权责任,因为一个人不能对自己提起诉讼。在经典的“Simpson v. Thompson”①案中,A 船与 B 船发生碰撞后沉没,B 船与 A 船属于同一船舶所有人。尽管 B 船在碰撞中存在过错,但保险人对于沉没的 A 船支付全损赔付后,不享有从 B 船所有人处获得赔偿的权利。这对被保险人是不公平的,而且姐妹船的船舶保险人可能各不相同,这也影响了保险人行使代位求偿权。为解决上述问题,条款中采用了姐妹船条款,旨在维护被保险人的利益。根据该款规定,就船舶保险而言,姐妹船被视为所有人不同或者管理人不同,从而保障同一船东拥有的船舶之间相互发生碰撞或进行救助作业而产生的船舶损失和费用能够得到保险赔偿,同时鼓励船东在发生保险事故时,可以毫无顾虑的动用姐妹船对其遇难的船舶进行及时救助。

1983 年协会定期船舶保险条款第 9 条也规定了姐妹船条款,前半段的规定与人保 2009 年船舶保险条款的规定基本相同,不同的是,英国协会定期船舶保险条款还对有关碰撞责任及救助费用金额的确定问题做了特别规定,即确定上述金额时,应呈交给由保险人和被保险人双方同意的一个独任仲裁员进行仲裁。姐妹船中如果有一艘船或两艘船载有货物,则货方不受船舶保险单上该姐妹船条款的限制,船长和船员就其独立的救助报酬请求权而言,也不受该姐妹船条款的制约。但在实践中,货方和运费利益方、提出索赔的船员往往会同意遵循独任仲裁员关于救助报酬的裁决。②

十二、争议的处理

因履行本保险合同发生的争议,由当事人协商解决。协商不成的,提交保险合同载明的仲裁机构仲裁;保险合同未载明仲裁机构且争议发生后未达成仲裁协议的,依法向有管辖权的法院起诉。

本保险合同适用中华人民共和国法律(不包括港澳台地区法律)。

本条修改了人保《1986 年船舶保险条款》的规定,删去了原条款中规定的“被保险人与保险人之间所发生的一切争议,需要仲裁或诉讼时,仲裁或诉讼的地点在被告方所在地。”同时补充规定了一款法律适用条款,明确准据法为中华人民共和国法律。

---

① [1877] 3 App. Cas. 279.

② [英]Donald O'may, Juliam Hill 著:《OMAY〈海上保险法律与保险单〉》,郭国汀等译,法律出版社,2002 年版,第 596 页。

第八章 海洋运输货物保险条款

海洋运输货物保险的险种很多,以人保2009年海洋运输货物保险条款为例,按照是否能单独投保分为基本险和附加险两类。基本险所承保的主要是自然灾害和意外事故所造成的货物损失与费用,分为平安险、水渍险和一切险三种。附加险是对基本险的补充和扩大,承保的是除自然灾害和意外事故以外的各种外来原因所造成的损失。附加险只能在投保某一种基本险的基础上才可加保,分为一般附加险、特别附加险和特殊附加险。以下,本章将分两节对基本险和附加险进行阐述。

第一节 海洋运输货物保险基本险条款

人保2009年海洋运输货物保险条款基本险部分包括责任范围、除外责任、责任起讫、被保险人的义务、赔偿处理、和索赔期限六部分。

货物需要依赖船舶的运送才能到达目的地,海上航程的完成也属于海上货物运输保险的标的。如果海上货物运输的航程终止,即使货物本身在物理意义上并没有受损,仍有可能构成法律意义上的推定全损,即在货物的续运费用超过货物抵达目的地时的价值的情况下,被保险人可以提出货物全损索赔;如果航程终止后货物没有实质损坏且经济上值得续运去目的地,则货物并不能构成全损,但被保险人可以向保险人索赔续运费用。从我国《海商法》第246条对“货物推定全损”的规定以及人保2009年海洋运输货物保险条款对“货物推定全损”和“续运费用”的规定可推知,我国海上保险实务与法律都承认海上货物保险人承保保险单载明的航程的完成。这也是英国普通法早已确定的原则。①

一、责任范围

根据人保 2009 年海洋运输货物保险条款第 1 条的规定,基本险分为"平安险""水渍险"和"一切险"三种。被保险人根据其需求选择投保其中一种。货损发生后,保险人按照保险单上载明险别的承保范围承担赔偿责任。"平安险""水渍险"和"一切险"的称谓源自保险行业的习惯,但是其字面意思和实际承保范围并不完全一致,需要引起注意。

海上货物运输保险合同所承保的风险既有列明风险,如协会货物保险 B、C 条款、"平安险"和"水渍险",又有非列明风险,如协会货物保险 A 条款和"一切险"。是否为列明风险将直接影响到保险人与被保险人的举证责任分配,从而影响到不利诉讼后果的承担。在列明风险情况下,被保险人需要首先证明货物损失是由某种具体的承保风险造成的,被保险人完成此项举证后,保险人才需要抗辩并证明货损是除外责任造成的。而在国际货物运输实务中,货方不控制运输,只是把货物交给承运人或船东,因此举证货损原因属于承保风险对货主来说是很困难的。而在非列明风险情况下,被保险人只需要证明损失是由外来原因造成的即可,不需要证明损失是由哪种具体风险造成的,其举证很容易完成,而保险人需要充分举证损失属于除外责任才可拒赔。② 一般认为,本条款中的"平安险"和"水渍险"是列明风险,"一切险"是非列明风险。

(一)平安险

"平安险"(Free from Particular Average, FPA),英文原意为"单独海损不赔"。最初"平安险"下保险人只赔偿全部损失,所以又称为全损险。但在长期实践中,出现了"FPA 英国条件"和"FPA 美国条件",③对"平安险"的责任范围进行了补充和修订,额外承保部分重大海上事故造成的货物部分损失。所以,平安险发展到现

---

① See Susan Hodges, *Law of Marine Insurance*, Cavendish Publishing Limited, 1996, p. 26.

② British and Foreign Marine Insurance Co v. Gaunt [1921] 2 AC 41, at 47 (per Lord Chancellor): "... the plaintiff discharges his special onus when he has proved that the loss was caused by some event covered by the general expression and he is not bound to go further and prove the exact nature of the accident or casualty which in fact occasioned his loss."

③ 参见[美]吉尔摩(Gilmore. G.)、布莱克(Black. C. L.)著:《海商法(上)》,杨召南等译,中国大百科全书出版社,2000 年版,第 95 页。"FPA 英国条件",又称"F. P. A. English Condition":单独海损不赔,除非船舶搁浅、沉没,或烧毁,或发生碰撞。只要上述海难发生时货物在船上,则保险人对于货物在出事或出事后所发生的一切损失承担保险责任,不考虑其是否存在因果关系。"FPA 美国条件",又称"F. P. A. American Condition":单独海损不赔,除非是由于船舶搁浅、沉没、烧毁,或与另一艘船舶碰撞所引起。损害须与海难有因果关系,即损害确实由上述海上事故引起的才构成保险责任。

在早已突破了其最初的责任范围，逐步扩展为赔偿部分损失，比如人保 2009 年海洋运输货物保险条款承保范围的第 2、3、4 项，均是在意外情形下发生的部分损失。从平安险的承保范围来看，不论是其“平安险”的称谓还是“单独海损不赔”的字面意思都不能反映其实际内涵，所以 1982 年协会货物保险条款将其称谓改成了“C 条款”。① 但是“平安险”作为习惯称呼在我国海上保险行业中一直被使用至今。

“平安险”是三种基本险中承保范围最小的险别，一般仅适用于大宗、低价值、粗糙的无包装货物，如废旧钢材、矿砂、木材等等，因此平安险的保险费率通常也是最低的。投保人在选择平安险时，如果货物还存在特别的性质，或者运输的航线可能会遭遇特别的意外或者人为事故等，需要投保附加险以便保障货物的运输安全。

人保 2009 年海洋运输货物保险条款平安险条款的承保范围是通过列明风险的形式确定的，被保险人索赔时需要举证证明货损是由哪项具体的列明风险造成的，其列明的风险包括如下八项：

1. 货物在运输途中由于恶劣气候、雷电、海啸、地震、洪水自然灾害造成整批货物的全部损失或推定全损。当被保险人要求赔付推定全损时，须将受损货物及其权利委付给保险人。被保险货物用驳船运往或运离海轮的，每一驳船所装的货物可视作一个整批。推定全损是指被保险货物的实际全损已经不可避免，或者恢复、修复受损货物以及运送货物到原定目的地的费用超过该目的地的货物价值。

本项列举了保险人予以承保的五种自然灾害，即恶劣气候、雷电、海啸、地震、洪水。由于平安险承保的是列明风险，因而冰雹、冻雨以及火山爆发等其他自然灾害造成的损失被排除在责任范围之外。其中“恶劣气候”并不是指一般的、常见的、可预测的气候条件，而是船舶在海上偶然遇见的异常气候条件，足以使船舶破裂、倾覆、进水导致货物被浸泡、倒垛、散包等等。在不同的季节、不同的航线，恶劣气候的构成标准各不相同。② “雷电”，又称闪电，是大气的一种放电现象。闪电很容易引起火灾和爆炸。“海啸”是一种气象性水文灾害。“地震”是地壳的震动形成地面的断裂与变形，包括海底地震。“洪水”是一种水文灾害，常常对港内及陆上货物造成损害。③ 因此，投保人在选择平安险时，应该对所投保运输航程可能出现的自然灾害加以预测。对于这五种之外的自然灾害应当与保险人协商附加险别或约定补充条款。

根据第 3 条“责任起讫条款”，“货物运输途中”应该包括海上运输期间以及与海上运输相关的陆运或仓储阶段。因此，此处的“恶劣气候”“雷电”“海啸”“地震”“洪水”不局限于海上发生者，也包括相应的陆上风险。

---

① 因此，2009 年协会货物保险 C 条款对应我国人保 2009 年海洋运输货物保险条款平安险条款。

② 参见曾立新著：《海上保险学》，对外经济贸易大学出版社，2001 年版，第 347 页。

③ 参见汪鹏南著：《海上保险合同法详论》，大连海事大学出版社，2011 年版，第 129 页。

对于"整批货物全损"，并不要求保险合同所承保货物发生全部损失，只要保险合同所承保的货物中可以分割的某一部分发生全部损失，便可以视为"整批货物全损"。[①] 所以，"整批货物全损"可能包含以下五种情况：第一，保险合同承保的货物的全损；第二，保险合同承保的一部分可分割货物的全损；第三，保险合同所承保的分类保额的货物全损；第四保险合同所承保多份提单中的某一份提单货物的全损；第五，保险合同所承保货物使用驳船运往或运离海轮时，每一驳船所装运的货物的全损。

全损包括实际全损和推定全损。根据本项对"推定全损"的界定，判定货物推定全损有两个相互独立的标准：一是实际全损不可避免，二是"恢复、修复受损货物以及运送货物到原定目的地的费用"超过"目的地货物价值"。其中"恢复"货物的费用，包括货物应分担的救助费用和应承担的共同海损分摊。"修复"货物的费用，包括分拣、干燥和重新包装等重整措施的费用。"运送货物到原定目的地的费用"包括在中途港、避难港由于卸货或者存仓所产生的费用，以及将货物转运到目的地的全部运费等。[②]

值得注意的是，本项与我国《海商法》第 246 条第 2 款[③]对"推定全损"的表述并不一致：《海商法》以超过"保险价值"为准，而本项以超过"目的地的货物价值"为准。根据我国《海商法》第 219 条第 2 款，货物的保险价值，是保险责任开始时货物在起运地的发票价格或者非贸易商品在起运地的实际价值以及运费和保险费的总和。因此，目的地的货物价值并不一定是货物的保险价值，而且可能存在足额保险和不足额保险，货物金额和保险价值也会相应存在不一致的情形。鉴于我国《海商法》对推定全损的规定只是任意性规定，在审判实务中，只要保险条款的约定清楚无误，仍应以约定为准。

有关推定全损情况下的委付，可参见本书第六章第三节的相关论述。

2. 由于运输工具遭受搁浅、触礁、沉没、互撞、与流冰或其他物体碰撞以及失火、爆炸意外事故造成货物的全部或部分损失。

"意外事故"，是指行为人不能预见、不能避免，并对其后果不能克服的事件，在保险法中专指人们在正常的生活、生产中难以预料，并且不希望发生的损失或灾难。本项列明了保险人予以承保的七种意外事故造成的货物损失，可以分为两类，一是由于运输工具遭受搁浅、触礁、沉没、互撞、与流冰或其他物体碰撞造成的货物损失；二是火灾、爆炸造成的货物损失。与第 1 项自然灾害情形下只赔偿全部损失

---

① 参见应世昌著：《新编海上保险学》，同济大学出版社，2010 年版，第 191 页。

② 参见汪鹏南著：《海上保险合同法详论》，大连海事大学出版社，2011 年版，第 105 页。

③ 《海商法》第 246 条第 2 款：货物发生保险事故后，认为实际全损已经不可避免，或者为避免发生实际全损所需支付的费用与继续将货物运抵目的地的费用之和超过保险价值的，为推定全损。

相比,本项列明的意外事故造成的货物损失包括全部损失和部分损失,突破了平安险的传统承保范围。

“运输工具”,一般指船舶,但不限于海船,还包括运输过程中使用的驳船、内河船只。有关船舶搁浅、碰撞、触碰以及火灾、爆炸的相关含义,可参见第七章船舶保险条款的相关解释。需要注意的是,“失火”和“爆炸”并不仅限于发生在运输工具上的失火与爆炸,在运输过程中的陆运或仓储阶段发生失火或爆炸事故所造成的货损也在保险人的责任范围内。失火或爆炸的原因可能是偶然的,如闪电造成失火;也可能是故意的,如第三人故意纵火。只要不属于除外责任,保险人就应当负赔偿责任。火灾造成的货物灭失或损坏,除直接被烧坏或烟熏造成外,还包括救火过程中造成的损失,如货物湿损或遭践踏产生的损害。“沉没”是指船舶因任何原因在水中丧失漂浮能力,包括船舶倾覆。本项承保风险不包括货物非因船舶沉没只是由于船舶剧烈摇摆或者上浪导致的落海。

3. 在运输工具已经发生搁浅、触礁、沉没、焚毁意外事故的情况下,货物在此前后又在海上遭受恶劣气候、雷电、海啸等自然灾害所造成的部分损失。

本项规定了本条款承保自然灾害造成货物全部损失的唯一一种情形。当货物发生部分损失的致损原因既有列明的搁浅、触礁、沉没和焚毁意外事故,又有恶劣天气、雷电、海啸等自然灾害时,本条款的保险人对自然灾害造成的部分损失也负责赔偿。如此规定是因为出现这样的情况时,被保险人很难举证哪些损失是意外事故造成的,哪些损失是自然灾害造成的,所以将其作为例外规定,只要损失的有效原因既有意外事故又有自然灾害,保险人就负责赔偿。没有意外事故的作用,单纯由自然灾害造成的损失,如在列明意外事故发生之前,运载货物的船舶因遭受自然灾害而已经造成的货物部分损失;又如在列明意外事故发生之后,载运货物的船舶已经完全脱险,在以后的运输过程中,因遭受自然灾害而造成的货物部分损失,平安险保险人都不负责赔偿。

“焚毁”是指载货船舶发生火灾,以致遭到结构上的严重损害。而货物在发生一般火灾时,不可援引本项进行索赔。[①] 本项中“恶劣气候、雷电、海啸等自然灾害”并不是列明式,应采用“同类解释规则”解释“等自然灾害”,指与“恶劣气候”“雷电”“海啸”同等程度的海上自然灾害。

4. 在装卸或转运时由于一件或数件整件货物落海造成的全部或部分损失。

本项承保的风险又称“吊索损害”,限于货物装卸或转运过程中发生的意外,如吊钩脱落、吊绳断裂或吊杆折断等,造成整件货物掉落海中而造成的损失。本项仅承保装卸或转运过程中的货物落海损失,如果货物坠落到岸上,保险人不予承

① 参见曾立新著:《海上保险学》,对外经济贸易大学出版社,2001 年版,第 348 页。

保。本项承保“吊索损害”造成整件货物落海的全部损失以及部分损失。以前,保险人在对整件落海的损失进行理赔时需认定货物确实发生了全部损失才进行赔偿。后来为了防止被保险人不积极抢救保险标的,只要发生了整件落海的事实,不论该保险标的是否发生了全损,保险人均承担赔偿责任。[①] 因此,此处的“货物落海造成的部分损失”主要是指一件或数件整件货物全部落海后经施救仍遭受的部分损失。“整件货物”并不限于保险合同所承保的全部货物,但要求是“整件”,若是整件货物的一部分分散落入海中造成的部分损失,平安险不予承保。

5. 被保险人对遭受承保责任内危险的货物采取抢救、防止或减少货损的措施而支付的合理费用,但以不超过该批被救货物的保险金额为限。

本项是对“施救费用”的规定。“施救费用”包括抢救费用和保护费用。抢救费用是指在发生保险事故时,被保险人为了防止或减少保险责任范围内的损失而采取相应抢救措施所发生的必要的合理的费用。如沉船后打捞被保险货物的打捞费,或发生火灾时抢救货物的搬运费等。保护费用是指在发生保险事故后,为了减轻保险货物的损失程度,防止损失继续扩大或加重,或为恢复其价值所进行的整理、翻晒、烘干、复制加工等所支付的运杂费、保管费、加工费以及重新包装等费用。根据我国《海商法》第 240 条第 1 款的规定,施救费用包括为确定保险事故的性质、程度而支出的检验、估价的合理费用,以及为执行保险人的特别通知而支出的费用。对于本项的理解,需区分施救费用与救助费用、共同海损之间的区别,相关内容可参见本书第六章的相关论述。

在“上海农工商对外贸易公司诉中国平安保险股份有限公司上海分公司海上运输货物保险理赔”案[②]中,原告向被告投保,保险标的为“孟特”船散装的豆粕,险别为“一切险”。“孟特”船在印度孟买装货完毕启运,抵达中国港口开始卸货,次日原告通知被告有严重货损。原告向被告提出索赔,但被告拒赔,该批货物后被成功拍卖。原告遂向北海海事法院提起诉讼要求法院判令被告赔偿货损及相关检验费用、起诉承运人的诉讼费和扣船申请费、律师费。

一审北海海事法院认为,货损属于被告承保的“一切险”责任范围,被告应予赔偿。原告为防止或者减少因保险事故发生所致之损失而支出的抢险劳务费、抢险疏运费、货物检验费以及在广州海事法院为申请扣船和诉讼所支出的扣船申请费、案件受理费以及为此而支付的律师费用,均符合《海商法》第 240 条施救费用的规定,应由被告承担。

二审广西壮族自治区高级人民法院在维持一审主要判决事项的基础上进行了

① 参见张丽英、赵劲松、赵鹿军著:《中英海上保险法原理及判例比较研究》,大连海事大学出版社,2006 年版,第 55 页。

② 北海海事法院〔2000〕海商初字第 011 号;〔2000〕桂经终字第 207 号。

改判，认为保险事故发生后，被上诉人为了减少保险标的豆粕损失的扩大，采取了一系列抢险措施，为此支出了抢险劳务费、抢险疏运费、扣船费、案件受理费，根据《海商法》第240条第1款，上诉人应对上述费用进行赔偿。但对装卸包干费、保管费、关税、包装袋费等费用，因其不是为防止或减少保险标的豆粕损失的扩大而采取抢险措施所支付的合理的、必要的费用，属被上诉人经营该批豆粕中必然发生的费用，应计入成本；而律师费不是进行诉讼的必然开支，故该部分费用不属保险赔偿的范围。

本书认为，一审予以保护而二审改判为不予保护的原告为追究承运人责任而支付的律师费用，应该属于“被保险人为防止或者减少根据合同可以得到赔偿的损失而支出的必要的合理费用”，因为本案涉及复杂的法律和技术问题，委托律师代理诉讼在市场经济发达国家自不待言，即便在中国也成为惯例，况且该支出不是为本案诉讼而是另案为被告利益进行扣船保全和诉讼支出的费用，因而具有合理和必要性。

6. 运输工具遭遇海难后，在避难港由于卸货所引起的损失以及在中途港、避难港由于卸货、存仓以及运送货物所产生的特别费用。

本项承保运输工具因避难而产生的货物损失和特别费用，其中包括以下两部分：一是运输工具遭遇海难后，货物在避难港因卸货而引起的损失。避难港是非预定卸货港。① 此处仅承保因避难港卸货而引起的货损，若是其后的运送或装卸过程引起的货损则不在其承保范围内。二是货物的“续运费用”，包括在中途港、避难港由于卸货、存仓所产生的费用，以及将货物转运至目的地的全部运费。此处的“海难”指海上固有风险，且仅指海上意外事故如沉没、碰撞、触礁、飓风等一般偶发灾难，而火灾、爆炸、战争、海盗、船长船员不法行为等不是本项的海难。②

海上货物运输保险除了承保货物本身的损失外，还承保保单记载的航程的完成。如果运输在中途终止，承运人不能继续航程，如有可能，被保险人有义务将货物续运至原定目的地，而保险人的责任就是赔偿被保险人的此种特别费用。“续运费用”条款与航程终止时的施救义务有关，③因此，“续运费用”从性质上来说是“施救费用”的一种。④

保险人应该在保险标的的赔偿之外另行支付“续运费用”，并且以被施救货物

---

① 参见汪鹏南著：《海上保险合同法详论》，大连海事大学出版社，2011年版，第156页。

② 参见马鸣家主编：《中国保险条款和费率辞释大全》，中国商业出版社，1995年版，第504页。

③ See John Dunt, *Marine Cargo Insurance*, Informa Law from Routledge Press, 2009, p. 311. 在以前的英国法判例中，续运费用只有在为避免全损的发生或所避免的损失超过相对免赔额的情况下，保险人才作为施救费用予以补偿。由此导致了被保险人可能不愿采取合理的施救措施，使货物的部分损失进一步恶化成全损。后来为杜绝这一现象的发生，保险人最终同意在保险单中加入续运费用条款。

④ Wilson Bros Bobbin Co. Ltd. v. Green (1917) 1 KB 860.

的保险金额为限。在不足额保险下,除合同另有约定外,保险人应该按照保险金额与保险价值的比例对续运费用进行赔付。货物的续运费用也是判断推定全损的一个因素,如果货物的续运费用加上货物的实质损害已超过货物抵达目的地的价值,则构成推定全损。

7. 共同海损的牺牲、分摊和救助费用。

对于共同海损牺牲、分摊和救助费用的保险赔付问题,可参见本书第六章的相关论述。需要说明的是,本项没有对共同海损的牺牲、分摊和救助费用的产生原因进行说明,因此从文字措辞上来看,这些费用具有独立于承保风险的性质。即使是非承保风险(而不是除外责任)造成的共同海损和牺牲费用,也在保险人的承保范围内。

8. 运输契约订有"船舶互撞责任"条款,根据该条款规定应由货方偿还船方的损失。

本项是针对提单或者租约中"船舶互撞责任"条款的特别规定。"船舶互撞责任"条款是往美国运输的运输契约中特有的条款。该条款的出现是由于作为货主大国的美国在船舶碰撞货损赔偿处理上实行"无辜货方规则",①规定互有过失造成碰撞的两船对船上载运货物的损失承担连带责任。因此,货主通常根据连带责任选择向对方船东主张全部赔偿,对方船东在赔偿之后便会依据侵权向本船船东请求偿还本应由本船船东承担的过失比例部分。那么,本船船东就间接赔偿了本船货主,使得船东实际上失去了《海牙规则》中航海过失免责的保护,货主变相得到了全部赔偿。针对美国法的特殊规定,凡是运往美国的货物,船方都会在提单或租约中订入"船舶互撞责任"条款,规定本船船东有权向本船货主追索其本应免责却间接赔付了的那部分货损赔偿。这样,货主无论通过侵权或合同的方式都不能获得全部的货损赔偿。

针对运输合同中的"船舶互撞责任"条款,货物保险人同意在货物保险单中增加一项条款,承保这部分货主无法从本船船方处获得的货损赔偿,使被保险人最终可以就其所遭受的货损得到完全的补偿。

(二)水渍险

"水渍险"的风险承保范围,除包括上列"平安险"的各项损失和费用外,还包括被保险货物由于恶劣气候、雷电、海啸、地震、洪水自然灾害所造成的部分损失。

"水渍险"(With Particular Average, WA),英文原意为"负责单独海损赔偿"。

---

① The "Atlas" (1816) 93 U. S. , 302, 315 建立了"无辜货方规则",但是在 1979 年 Alamo Chemical Transportation Co. v. M/V Valdes 一案中该规则被否认,该案法院判决货主只能向对方船舶按其过失比例索赔货物损失。虽然有这样的先例,但是这样的做法目前并没有被法院普遍接受。See Alamo Chemical Transportation Co. v. M/V Valdes(1979) AMC 2033, 469 F. Supp. 203 (E. D. La.).

水渍险条款的承保范围共有九项，即在平安险条款的八项责任范围再加上“由于恶劣气候、雷电、海啸、地震、洪水自然灾害所造成的部分损失”。由于水渍险承保列明的六种自然灾害造成的部分损失，所以施救费用、续运费用的赔偿范围也会有所扩大。同时，由于水渍险条款不负责货物因某些外部原因所造成的部分损失，因此，该条款比较适合于不容易发生碰损、破碎或容易生锈但不影响使用的货物，如铁钉、铁丝、螺丝等小五金类商品，以及旧汽车、旧机床、旧设备等二手货。① 水渍险条款所承保的仍然是列明风险，被保险人提出保险索赔时仍然需要证明列明风险是货损发生的原因。

（三）一切险

“一切险”的承保范围，除包括上述平安险和水渍险承保的各项外，还包括被保险货物在运输途中由于外来原因所致的全部或部分损失。

“一切险”（All Risks），是三种基本险中承保范围最大的险种。由于一切险提供的保障范围比较全面，所以适用于各类易受损的货物。但是“一切险”的名称很容易让人理解为任何风险造成被保险货物的损失，保险人都予以赔偿。实际上，“一切险”受制于“可保风险”的约束，其承保的外来风险必须是不确定的、非必然发生的（Fortuitous）风险。确定的损失，如货物自然损耗、本身缺陷就不在“一切险”的承保范围内。

对于“一切险”的承保范围，实践中曾存在很大争议。争议的焦点在于对“外来原因”的理解，并主要有“列明风险”和“非列明风险”两种观点。持“列明风险”观点的学者认为，从1997年《中国人民银行关于〈海洋运输货物保险“一切险”条款解释的请示〉的复函》看，“一切险”承保范围仅限于“平安险”“水渍险”及11种附加险，也就是说，“一切险”与“水渍险”“平安险”无根本区别，其承保的仍旧是列明式风险，仅仅是列明的范围大于“水渍险”与“平安险”而已。持“非列明风险”观点的学者认为，法定或者意定除外责任以外的任何风险，只要该风险具有意外的性质，都属于“一切险”的承保范围，即“一切险”承保的是“非列明”风险，与“平安险”和“水渍险”的“列明式”承保范围存在根本区别——其承保范围涵盖而不限于前述11种普通附加险。

实践中各海事法院对此问题的判决也截然不同，例如，在“‘Arktis Sky’船舱面货与一切险争议”案②中，广州海事法院就引用《中国人民银行关于〈海洋运输货物保险“一切险”条款解释的请示〉的复函》将“一切险”定性为列明风险；在“‘Ele-

① 参见应世昌著：《新编海上保险学》，同济大学出版社，2010年版，第198页。

② ［1996］广海法商字第140号。

conora No. 8'船载货船舶失踪一切险与保险利益争议"案[①]中，一审广州海事法院的重审判决和二审广东省高级人民法院的终审判决都认为"一切险"不是列明风险，载货船舶失踪导致货物实际全损是属于"外来原因"造成的损失，保险公司应该赔付；在"'Hagaar'船货物被船舶所有人盗卖一切险争议案"[②]中，一审海口海事法院认为"船舶所有人自盗"的行为属于"一切险"条款中约定的外来原因，属于"一切险"的承保范围，而二审法院则引用《中国人民银行关于〈海洋运输货物保险"一切险"条款解释的请示〉的复函》将"一切险"定性为列明风险，并认定"船舶所有人自盗"行为未被列明，因而保险人无须赔付。

对"一切险"承保范围性质的认定不仅会影响承保范围的大小，还会导致当事人举证责任的不同。如果"一切险"条款中的"外来原因"被认定为是《关于海洋货物运输保险"一切险"的条款的请示的复函》中的"列明原因"，则被保险人首先需要证明造成事故的风险属于承保范围、造成事故的风险与索赔损失之间存在因果关系。若不能证明则被保险人将承担诉讼中的不利后果。相反，如果"外来原因"被认定为"非列明原因"，被保险人只需要证明确有意外事故在保险期间发生即可，无须证明损失具体由哪种风险造成，而保险人需要承担严苛的举证责任证明损失是由除外原因造成的才可以拒赔。因此，"列明风险"的解释有利于保险人，"非列明风险"的解释则有利于被保险人。

原保险业主管机关中国人民银行做出的《中国人民银行关于〈海洋运输货物保险"一切险"条款解释的请示〉的复函》不应作为法院审判的有效依据。人保2009年海洋运输货物保险条款的承保范围应当依据合同解释原则认定为"非列明风险"，即承保的是保险单上列明的除外责任以外的一切风险，只要该风险具有意外的性质。理由如下：

1.《中国人民银行关于〈海洋运输货物保险"一切险"条款解释的请示〉的复函》不具有法定的或约定的约束力。

《中国人民银行关于〈海洋运输货物保险"一切险"条款解释的请示〉的复函》在法律效力上既不是行政法规，也不是部门规章，只是一种行政主管部门的意见，只能对保险公司起指导作用，而非法院判案参考依据。保险合同条款必须是当事人的自由合意，如果保险合同当事人没有将该复函纳入保险单中转化为合同条款，则该复函不能对保险人和被保险人平等民事主体之间的民事合同产生约束力。因此，不能将《中国人民银行关于〈海洋运输货物保险"一切险"条款解释的请示〉的复函》强制性地自动转为保险单中的保险条款从而改变"一切险"的承保风险

---

① [2000]广海法重字第1号。
② [2001]粤高法经二终字第147号。

特征。

2. 根据合同条款解释规则,“一切险”承保范围应该是“非列明风险”。

从合同条款内容解释的角度来看,对“外来原因”的解释也应该是“非列明原因”。《合同法》第125条规定“当事人对合同条款的理解有争议的,应当按照合同所使用的词句、合同的有关条款、合同的目的、交易习惯以及诚实信用原则,确定该条款的真实意思”。首先,从文义解释来看,一般意义上,“外来原因”应当是指政治性、社会性、与货运习惯相抵触原因以外的“普通的风险”。[①] 故“外来原因”不应该只限于前述列明的11种。其次,从合同目的解释的角度,海洋运输货物保险一切险条款是在协会货物保险一切险条款的基础上制定的。为了与国际保险市场接轨,人保1981年海洋运输货物保险条款将人保1972年海洋运输货物保险条款列明式的“综合险”改为现在的“一切险”,与协会货物保险A条款的非列明风险式承保范围保持一致。因此,认为人保2009年海洋运输货物保险条款一切险条款承保“非列明”风险符合人保公司拟定该条款时的真实意思表示。此外,从交易习惯解释的角度,1963年协会货物保险条款创设的相关术语和措辞,及其在海上保险这一特定行业内的特定含义,是人们在长期实践过程中形成的,在行业内的实践操作中普遍采用,符合交易习惯的认定标准。人保公司在拟定一切险条款文本时,参照并援用了这些术语和措辞,根据我国《合同法》“依据交易习惯解释合同条款”的规则,法院理应参照1963年协会货物保险条款一切险条款下的理解,对人保2009年海洋运输货物保险条款一切险条款承保范围认定采取从宽的态度。[②]

3. 在后续的司法实践中,最高人民法院也倾向于认定“一切险”为“非列明风险”。

最高人民法院也倾向于认为一切险承保的外来原因为非列明风险,以下试举几例:

(1)船东非法盗卖货物属于“一切险”承保范围

在“海南丰海粮油工业有限公司诉中国人民财产保险股份有限公司海南省分公司海运货物保险赔偿金利息损害纠纷”案[③]中,海南丰海粮油工业有限公司(以下简称“丰海公司”)向中国人民财产保险股份有限公司海南省分公司(以下简称“海南人保”)投保了近5000吨棕榈油,自印度尼西亚到中国洋浦港。投保险别为“一切险”,由“哈卡”船承运。由于“哈卡”船船东与该船期租人产生了船舶租金纠纷,“哈卡”船终止了提单约定的航程,并将装载的棕榈油运至中国汕尾地区走

① 参见汪鹏南著:《海上保险合同法详论》,大连海事大学出版社,2011年版,第160页。

② 参见黄海:“对海运货物一切险承保范围之界定”,载于《法律适用》,2006年第Z1期,第126页。

③ [1996]海商初字第096号;[1997]琼经终字第44号;[2003]民四监字第35号;[2005]琼民二终字第35号;[2003]民四提字第5号。

私,被中国边防查获、没收。丰海公司向保险人索赔,保险人以船东盗卖不属于“一切险”承保范围为由拒赔。

1996 年一审海口海事法院判决认为,“一切险”保险条款除外责任中并不包括因承运人的非法行为将整船货物盗卖或者走私造成的保险标的的损失,虽然不属于列明的 11 种普通附加险风险,但仍然是被保险人不可预见、不可控制的“外来原因”,海南人保亦不能证明其在签订保险合同时向丰海公司说明因承运人的非法行为将整船货物盗卖或者走私造成的损失不属于保险责任范围。因此,海南人保应当按照合同约定承担赔偿责任。保险人应当对船东自盗行为承担赔偿责任。海南人保不服该一审判决,上诉至海南省高级人民法院。1997 年海南省高级人民法院判决撤销一审海口海事法院的民事判决;驳回被上诉人丰海公司的诉讼请求。丰海公司不服该二审判决,向最高人民法院提出再审申请。最高人民法院指定此案由海南省高级人民法院复查处理。2001 年海南省高级人民法院做出驳回丰海公司再审申请的决定。其后,丰海公司再次向最高人民法院提出再审申请。2003 年最高人民法院做出民事裁定,裁定对此案进行再次审理,并通过审判监督程序对该案提审。2004 年最高人民法院判决撤销海南省高级人民法院的民事判决;最终维持海口海事法院的民事判决。

(2)舱面货掉落的风险属于“一切险”的承保范围

在“大众保险股份有限公司苏州中心支公司、大众保险股份有限公司与苏州浙申实业有限公司海上货物运输保险合同”案①中,浙申公司为其定购的一批白松向大众保险支公司投保了“一切险”。该批白松由“开明先锋(Pioneer Kamchatki)”船承运至中国太仓港,途中因遭遇恶劣天气致使部分货物落海。浙申公司向大众保险索赔,但大众保险辩称浙申公司运输货物,投保海洋运输货物一切险,短量险除外,未投保舱面货物险。原告受损的货物为舱面货,受损原因是被风刮入大海,其损失不在保险责任范围之内。

武汉海事法院基于保险合同并未明确排除舱面货风险,判决舱面货掉落的风险属于一切险的承保范围。对此,在《最高人民法院关于大众保险股份有限公司苏州中心支公司、大众保险股份有限公司与苏州浙申实业有限公司海上货物运输保险合同案适用法律问题的请示的复函》②中,最高人民法院认为“一切险”的承保风险应当为非列明风险,如保险标的的损失系运输途中的外来原因所致,且并无证据证明该损失属于保险条款规定的除外责任之列,则应当认定保险事故属于一切险的责任范围。

① [2005]武海法商字第 229 号。
② [2007]民四他字第 8 号。

当然,值得注意的是,承运人无单放货不属于“一切险”的承保风险。在“中国抽纱公司上海进出口公司诉中国太平洋保险公司上海分公司海上货物运输保险合同纠纷”案①中,抽纱公司把从上海运往圣彼得堡的9127箱玩具向被告投保了“一切险”和“战争险”,责任期间是仓至仓。货物运抵目的地后,由于客户迟迟不付货款,抽纱公司遂持正本提单到圣彼得堡提货,却提货不着。抽纱公司主张这是保险合同约定的“一切险”风险,向中国太平洋保险公司上海分公司索赔,但保险人拒赔。

一审上海海事法院认为承运人无单放货属于“偷窃、提货不着”的范围,因而属于“一切险”的承保范围,保险人应当承担保险责任。二审上海高级人民法院撤销了一审判决,改判保险人不承担保险责任。上海高级人民法院认为,“一切险”的承保风险必须是外来因素造成的,具有不可预见性和责任人不确定性的特征。承运人无单放货造成的提单持有人提货不着,属于承运人违反海上货物运输合同义务,应当承担违约责任,或者承运人侵犯提单持有人对提单项下货物物权应当承担侵权责任的情形,是确定的责任人不正确履行职责而发生的可以预见的事故,并不具备上述海上货物运输承保风险的特征,故不属于保险人可保风险的范围。承运人无单放货是一种商业风险,因为货物本身已经运抵保险单所载明的目的地,所以航程已经完成。

二、除外责任

除外责任,是指保险人不予承保的风险损失范围,是对保险人承保范围的反向限定。除外责任包括法定的除外责任和约定的除外责任。根据我国《海商法》第242条和第243条,保险人法定的除外责任包括被保险人故意造成的损失,航行迟延、交货迟延或者行市变化造成的损失,货物的自然损耗、本身的缺陷和自然特性造成的损失,以及包装不当造成的损失。根据人保2009年海洋运输货物保险条款,保险人约定的除外责任包括被保险人的故意行为或过失所造成的损失,发货人责任所引起的损失,在保险责任开始前被保险货物已存在的品质不良或数量短差所造成的损失,被保险货物的自然损耗、本质缺陷、特性以及市价跌落、运输延迟所引起的损失或费用,战争险条款和罢工险条款规定的责任范围和除外责任。可以看出,该保险条款的约定除外责任包括并且大于法定除外责任。对此,保险人在订立合同时应当在投保单、保险单或者其他保险凭证上做出足以引起投保人注意的提示,并对该条款的内容做出明确说明,否则,该约定的除外责任条款将被认定为

① 〔1998〕沪海法商初字第506号。

无效。① 另外,法律并未明确禁止保险人对我国《海商法》第 243 条所列免责事项予以承保。被保险人可以与保险人自由约定对部分法定的或约定的除外责任予以承保,如实践中,以鱼粉为保险标的的保险合同往往会在一切险之外再附加"自燃险",否则保险人可能会以"货物本质缺陷、特性"为由拒赔。

上述五种约定的除外责任在平安险、水渍险和一切险下都是相同的。但是,在该条款中除外责任的前三项仅规定了除外责任引起的货物损失,没有包括除外责任引起的费用。而且,"责任范围"条款第 6 项和第 7 项仅规定保险人承保续运费用、共同海损牺牲、分摊和救助费用,而没有限定产生这些费用的原因,由此可能产生前三项除外责任情况下,保险人是否只对这些原因造成的损失不承担责任的争论。

（一）被保险人的故意行为或过失所造成的损失

有关"被保险人""故意""过失"（与疏忽同义）的界定,可参见前文船舶保险合同中除外责任相关部分的论述。

（二）属于发货人责任所引起的损失

我国法律并没有对"发货人"进行定义。根据"商业惯例解释"的合同解释规则,发货人应当指将货物交给承运人的人。"发货人责任"是指由于发货人的故意行为或者过失而引起的货损,主要是指货物品质、包装不善、原装短少或者短量、货物标识不清或者错误,或者货物积载不当等原因造成的货物损失。此处"发货人责任"既包括发货人的故意行为,也包括其过失行为,只要是发货人应当对货损承担责任,保险人就可以拒赔。本条可与我国《海商法》第 243 条包装不当的法定除外责任有关。虽然二者措辞不同,但是在实务中货物包装往往由发货人负责,所以这两个除外责任规定存在着交叉。问题在于,在承运人负责货物包装的情况下,保险人可否援引"包装不当"的法定免责事项拒赔？按照文义解释的合同解释规则,我国《海商法》并没有对包装的责任主体进行限制,因此理论上保险人可以以承运人包装不当为由拒绝承担保险责任。同时,对于"包装"的定义,集装箱是否构成包装常常成为实践中的争议焦点。实践中倾向认为应视具体情况而定,如果集装箱是由承运人提供或所有,则应将其理解为承运船舶的舱位,而不能构成货物的包装;如果集装箱是托运人另行租用或所有,则应将其理解为包装。

在"谢肯塔诉 U. M. S. Generali Marine S. P. A. 海上货物运输保险合同纠纷"

---

① 《保险法》第 17 条第 2 款:对保险合同中免除保险人责任的条款,保险人在订立合同时应当在投保单、保险单或者其他保险凭证上做出足以引起投保人注意的提示,并对该条款的内容以书面或者口头形式向投保人做出明确说明;未做提示或者明确说明的,该条款不产生效力。

案①中，原告与卖方C公司签订意大利红色餐酒购销合同，包装为专用新胶囊装入20英尺标准集装箱。被告承保了该批货物并签发了保险单，保险条件为1982年协会货物保险A条款。同年，载运船舶"Zim Singapore I"船将涉案货物运抵中国天津港。原告委托货运代理公司报关，并依法缴纳了相应的关税等费用。但中国商检部门却以该批货物中的2个集装箱外表贴有腐蚀品标识，违反中国食品卫生法为由，将该2个集装箱(的货物)强制销毁。此后，新天国际经贸股份有限公司(下称"新天公司")将被销毁的2个集装箱(的货物)保险索赔权转让给原告，原告向被告索赔货损，被告拒赔。

上海海事法院认为，造成货物损失的原因为集装箱外部附有腐蚀品标识而被中国检验检疫局销毁，因此集装箱是否构成包装成为该案的关键。而理解集装箱是否构成货物的包装，应视具体情况而定，如果集装箱是由承运人提供或所有，则应将其理解为承运船舶的舱位，而不能构成货物的包装；如果集装箱是托运人卖方C公司另行租用或所有，则应将其理解为包装。结合涉案货物由投保人卖方C公司装箱及货物的包装为新胶囊标准集装箱等具体事实，可以认为除了集装箱之外，涉案的货物葡萄酒再无其他包装，且将集装箱本身理解为货物的包装物并不违背贸易当事人或保险合同当事人的原意。据此，本案中的集装箱外部附有腐蚀品标识应理解为属保险标的物的包装不当，由此造成的货物损失应属1982年协会货物保险A条款中保险标的的包装或准备不足或不当造成的灭失、损害或费用的除外条款，不属该条款中"一切险"的保险责任范围，保险人可以不负赔偿责任。

(三)在保险责任开始前，被保险货物已存在的品质不良或数量短差所造成的损失

本项是对货物"原残"的规定。"品质不良"主要是指货物的质量本身在保险责任开始前就不符合质量标准；"数量短差"主要是指货物的数量较合同要求的或者特殊需要的有出入，出现短少或不足。易生锈的钢材、二手机械设备、露天堆放的豆饼等货物常常存在严重的原残。对于保险责任开始之前就已经存在的损失，保险人自然不会予以赔付。保险责任开始后的"短量"是在人保2009年海洋运输货物保险条款一切险条款的承保范围内的，因此本项除外责任适用的关键是对"保险责任期间"的认定。在实务中，货损是由原残还是承保风险造成的很难确定，需要根据专业鉴定意见结合其他证据，如提单上有关货物状况、数量的记载，予以判定。对此，保险人应与被保险人约定装船前进行检验以避免事后争议。

美国Plata American Trading Inc. v. Lancashire案②即涉及本项免责条款。在

① [2001]沪海法商初字第445号。
② 1958 AMC 2329 (NY 1985).

该案中，某船从休斯敦装运油脂到汉堡，保险期间为休斯敦到汉堡。这些油脂是从一个储藏罐通过泵打入船舱。船到卸货港后发现油脂短缺。经调查后发现贮存油脂的储藏罐与另外两个储藏罐相通，货物短量是由于装船时一部分油脂打入了船舱而另一部分却打入了另外两个储藏罐。于是，买方向保险人主张赔偿，认为货物已经离开储藏罐，保险责任期间已经开始。但法院最后判决货物只有离开泵之后，保险责任才开始起算。因此，短缺的那部分油脂并未离开储存处所，那部分油脂的保险期间从未开始，在保险责任开始前，油脂就短量了。由此可知，如果收货人发现货物短量不是运输中风险引起的，而是发货人在保险责任开始前少装造成的，对于这部分短缺，保险人不予承保。①

(四)被保险货物的自然损耗、本质缺陷、特性以及市价跌落、运输延迟所引起的损失或费用

本项规定了四部分除外责任，一是货物的自然损耗引起的损失或费用；二是货物的本质缺陷或本质特性引起的损失或费用；三是市价跌落引起的损失或费用；四是运输迟延引起的损失或费用。与前三项除外责任不同的是，本项除外责任不仅包括“损失”，还包含相关“费用”。

货物的自然损耗是指货物因自身特性导致的在运输途中必然发生的损失。具体表现为水分蒸发、渗漏、扬尘、易碎品破碎、散装货短量、油脂类货物在油舱、油管四壁沾留而造成的短量损失等等。对于这类货物，保险人有权对其部分损失约定扣减一定比例的自然减量，或扣减一定比例的新换旧的修理费。② 通常保险人会采取规定免赔率的做法，对损失率低于免赔率的部分，保险人不予赔偿。若保险单中约定了“免赔率”，则保险人不能再扣减自然损耗。

“货物的本质缺陷”是指货物本身固有的缺陷，如玻璃、陶瓷等制品原有的裂痕等，或者货物发运前已经存在的质量上的瑕疵，如有些谷物在装船前已有虫卵，遇到适当温度而孵化导致货物被虫蛀受损。“货物特性”是指在没有外来原因或事故的情况下，在运输途中，货物自身性能变化引起的损坏，如水果腐烂、面粉发热发霉、砂糖发潮结块、煤炭自燃、氧化发白等。③ 若是货物本质缺陷或特性造成相邻货物受损，则相邻货物所受损失不在除外责任范围内，保险人对货物本身的损失或由此引起的费用不负赔偿责任。

“市价跌落”，是指外界市场因素导致货物价格的跌落。市价跌落属于商业风险而且是投机风险，不在保险人承保范围内。

---

① 参见杨良宜、汪鹏南著:《英国海上保险条款详论》，大连海事大学出版社，2009 年版，第 486 页。

② 参见汪鹏南著:《海上保险合同法详论》，大连海事大学出版社，2011 年版，第 162 页。

③ 参见应世昌著:《新编海上保险学》，同济大学出版社，2010 年版，第 211 页。

"运输迟延"应按照海上保险实践中一般观念来认定,即指承运人因不可抗力、运输调度等原因不能正常发送货物,而推迟、延长运输期限。① 与"运输迟延"免责相对应,我国《海商法》第 243 条规定保险人对"航行迟延、交货迟延"造成的损失免责。但法律没有对"航行迟延""交货迟延"做进一步解释。我国《海商法》第 50 规定:货物未能在明确约定的时间内,在约定的卸货港交付的,为迟延交付。根据立法原意,应坚持"约定迟延交付"论,即该"迟延交付"的认定以明确约定交付时间为前提,若当事人没有约定交付时间,就不应认定存在迟延交付。应当认为,《海商法》第 50 条的"迟延交付"不能等同于第 243 条中的"航行迟延""交货迟延",原因如下:首先,两者词义相似,但措辞并不完全一致。其次,前者是《海商法》第四章"海上货物运输合同"中的术语,而后者是《海商法》第十二章"海上保险合同"中的术语,两者上下文亦有不同。再次,以海上货物运输合同中的双方当事人是否约定交付时间来认定保险合同下是否存在"航行迟延""交货迟延",令人不解。如果运输合同当事人是否约定交付时间会影响保险合同下是否存在"航行迟延""交货迟延",就等同于保险合同当事人的权利义务不能仅凭该合同当事人之间的约定,还要受运输合同当事人约定的制约,这有违"合同相对性"原则。

在"广东富虹油品有限公司诉深圳平安海上货物运输合同货损纠纷"案②中,原告富虹公司为"韩进大马(MV. Hanjin Tacoma)"船从巴西运载进口的大豆向被告中国平安财产保险股份有限公司深圳分公司投保了海运货物一切险。被告向原告签发了保险单。货物到港停泊 56 天后才靠泊卸货,卸货后原告发现该轮所载货物霉变,立即通知了被告。原告向被告提交了索赔申请和相关资料,被告一直不予赔付。

一审广州海事法院认为,法律规定航行与交货迟延所造成的损失为保险除外责任,不意味着航行与交货迟延期间不属于保险期间。法律规定与航行、交货迟延有因果关系的损失,保险人不负责赔偿。迟延期间所发生的损失不等于因迟延所造成的损失,因为在迟延期间可能存在外来原因造成被保险货物损失,也可能因迟延等其他因素或多种因素综合作用造成货损。因运输迟延属保险期间,在运输迟延中因承保风险所造成的损失,保险人仍应负责赔偿;如果在运输迟延中因承保风险与迟延等保险除外风险共同造成被保险货物损失,保险人仅可拒赔因迟延等保险除外风险所造成的损失,即与迟延等保险除外风险有因果关系的部分损失。根据《检验报告》与《检验证书(残损鉴定)》,船舶在航行和等泊期间舱内没有通风或通风不良是货损的主要原因;《最终报告》《评估报告》中认为船舱通风不良、运

① 参见韦松主编:《货物运输保险》,首都经济贸易大学出版社,2012 年版,第 30 页。

② [2005]广海法初字第 211 号;[2005]粤高法民四终字第 304 号。

输迟延(货物在船时间较长)等因素是货损的原因,但仅试图证明运输迟延期间发生的货损,而没有证明运输迟延所造成的损失。被告没有举证证明货损中因航行迟延、交货迟延等法律规定的保险除外风险所造成的部分,应依法承担不利后果。保险人应当承担保险责任。

广东省高院在判决中指出,《海商法》第 243 条所规定的航行、交货迟延是指船舶实际的航行时间以及交货时间晚于运输合同约定的航行时间以及交货时间。而本案提单没有明确约定航行时间以及交付时间。在承托双方没有明确约定航行时间和交付时间的情况下,被告不能主张航行迟延、交货迟延造成的货损免责。最后判决维持一审原判。

针对二审判决理由,本案船舶将货物运抵目的港后停泊 56 天后才靠泊卸货,尽管不构成海上运输合同法规范中的"迟延交付",但是明显属于海上保险合同法规范中的"航行迟延""交货迟延"。而且,本案保险合同双方当事人对"航行迟延""交货迟延"的事实也是一致认可的。故应认定本案保险合同下存在"航行迟延""交货迟延"。比较而言,一审的判决理由更加合理。一审判决中指出,迟延期间所发生的损失不等于因迟延所造成的损失。无论是保险单的约定,还是我国《海商法》的规定,保险人的除外责任之一是迟延所造成的损失,而不是迟延期间所发生的损失,这里特别需要强调损失发生的原因应是迟延。保险人在一审中仅举证证明了运输迟延期间所发生的损失,而没有举证证明迟延所造成的损失,即没有证明在全部损失中迟延所造成的损失的比例,故应承担举证不能的不利后果,其要求免除部分赔偿责任不能成立,须对全部货损承担赔偿责任。

运输迟延既可能导致货物的实质性损失,如水果、蔬菜的腐烂变质,也可能导致货物的经济性损失,如季节性商品在节令后才运到,虽然货物完好无损,但是却已经失去其经济价值,被保险人会因此而遭受市场损失。普通法认为,对于运输迟延造成的实质性损失或是经济性损失,保险人均不承保,即使运输迟延是由于承保风险造成的,如碰撞或恶劣天气等。① 但是,保险人要依据迟延这一除外责任拒赔,就必须举证证明货物损失是由运输迟延造成的,而不是运输迟延期间的承保风险造成的。

(五)本公司海洋运输货物战争险条款和货物运输罢工险条款规定的责任范围和除外责任

战争风险和罢工风险是特殊的政治风险,需要被保险人投保特殊附加险予以保障,不在基本险的承保范围之内。

---

① Federation Insurance Company of Canada v. Coret Accessories Inc. & Hirsch [1968] 2 Lloyd's Rep. 109.

战争险条款和罢工险条款的除外责任排除了危险程度最大的战争风险和罢工风险引起的间接损失，自然这也不属于海上货物运输保险条款的承保范围。

三、责任起讫

有关货物保险条款下的责任起讫，参见本书第二章第四节的相关论述。

四、被保险人的义务

为了控制自身的风险，保险人在保险条款中规定了一系列被保险人的义务。人保 1981 年海洋运输货物保险条款规定了被保险人如下 5 个方面的义务，对于被保险人违反义务所造成的损失，保险人可以拒绝赔偿，但其对有关损失的界定较为模糊，在实践中容易产生争议。因此人保 2009 年海洋运输货物保险条款完善了被保险人违反义务的法律后果，对其进行分情况讨论，使其更加明确而合理。

(一)被保险人及时提货义务及保护保险人代位求偿权义务

当被保险货物运抵保险单所载明的目的港(地)以后，被保险人应及时提货，若发现被保险货物遭受任何损失，应即向保险单上所载明的检验、理赔代理人申请检验，如发现被保险货物整件短少或有明显残损痕迹应即向承运人、受托人或有关当局(海关、港务当局等)索取货损货差证明。如果货损货差是由于承运人、受托人或其他有关方面的责任造成的，应以书面方式向他们提出索赔，必要时还须取得延长时效的认证。如未履行上述规定义务，保险人对有关损失不负赔偿责任。

货物抵达保险单载明的卸货港后，被保险人有义务及时提货。由于人保 2009 年海洋运输货物保险条款的保险期间为“仓至仓”，所以保险人保险期间的长短取决于被保险人是否及时提货，若被保险人不及时提货，保险人还需要承保在临时性运输仓库的货损风险。

如果被保险人在提货时发现已经发生货损，应当立即申请检验，便于及时确定损失的原因及范围，也有利于防止损失扩大和向责任人追偿。同时，为了协助和保护保险人的代位求偿权，被保险人应当即时索取货损货差证明。如果货损货差是由于承运人、受托人或其他有关方面的责任所造成，被保险人应以书面方式及时提出索赔。由于被保险人原因，如单证不齐，保险人不能及时结案，致使向承运人等责任方的索赔时效即将届满时，被保险人应以其名义向责任方提起诉讼，使时效期间中断，保住时效。

本款没有规定被保险人及时通知保险人保险事故的义务。但是，根据《保险法》第 21 条和《海商法》第 236 条，货损发生后，被保险人有及时通知保险人的法定义务。

在“华联粮油贸易公司诉华安财产保险公司海上货物运输保险合同”案①中，原告就黄豆粕货物与被告签订了货物运输保险单，约定承保险别为一切险和战争险。1998 年 1 月 1 日“仁达思”船装载涉案货物抵达目的港，次日开始卸货。卸货过程中，装卸工人发现部分豆粕发红变质。原告及时通知了被告。货物出险后，原、被告对残损货物的处理和赔偿问题进行了协商，1998 年 1 月 23 日，双方达成协议，约定：“甲方（保险公司）确认收到乙方（粮油公司）按照保险单规定提交的包括商检证书在内的索赔文件，在判定有关单证无异议的情况下，根据保险单有关规定做出理赔，具体理赔数额按双方达成的协议约定；甲方应在 1998 年 3 月 10 日前实现对乙方的保险赔偿，如果不在上述时间内实现对乙方的保险赔偿，乙方有权终止对承运人的诉讼，并直接诉请甲方予以赔偿，由此所引起的一切后果及费用应由甲方承担。因甲方在乙方诉前保全必须提起诉讼的期间难以完成理赔手续，无法取得对承运人的代位求偿权，甲方要求乙方以乙方名义起诉承运人，相关风险、费用和收益由甲方承担。”原告遂依据与保险人的协议于 1998 年 1 月 24 日向广州海事法院对承运人提起诉讼，后因一直未收到保险赔偿，被保险人于 1998 年 5 月 20 日撤回了对承运人的诉讼，随后提起对保险人的诉讼，即本案。对此，本案被告保险人辩称：原告撤销对承运人的起诉，构成放弃向第三人要求赔偿的权利。而且在向承运人主张权利的诉讼时效届满前，其仍未对承运人提起诉讼，而使针对承运人的请求超过诉讼时效，因此产生的法律后果应由原告承担。

一审广州海事法院认为，虽然原告撤回了对承运人的起诉，但依照我国法律规定，原告撤诉后仍可就同一争议再次提起诉讼。因此，原告撤回对承运人的起诉，不构成放弃向第三人要求赔偿的权利。向承运人索赔，不是被保险人向保险人索赔的前提条件。保险事故发生后，被保险人可以选择向承运人索赔，也可以依据保险合同径直向保险人索赔，只要在向承运人索赔的诉讼时效届满之前，给保险人保留必要的调查、理赔时间即可。如保险人负有赔偿责任，其应及时赔付，以取得向承运人索赔的代位求偿权，自行向有责任的第三方索赔，维护自己的权益。如保险人拖延不赔，而使得向承运人索赔的诉讼时效届满，因此产生的法律后果应由保险人承担。本案中，原告起诉被告时，其针对承运人的诉讼时效远未届满，有足够的时间可供被告调查和理赔。但被告没有及时做出赔偿，以取得代位求偿权自行向承运人索赔，如因此造成向承运人索赔的诉讼时效届满的法律后果，理应由被告自行承担。二审广东高级人民法院支持了一审判决。

本书认为，上述法院判决保险人承担赔偿责任的结果没有问题，但判决理由可以再探讨。本案投保的是人保 1981 年海洋运输货物保险，其中被保险人维护保险

① 〔1998〕广海法深字第 074 号；〔2000〕粤法经二终字第 48 号。

人代位求偿权的条款与人保 2009 年海洋运输货物保险条款没有区别,也就是说,依据保险条款,被保险人有义务对第三人提起诉讼以保护保险人的代位求偿权。一审法院认为,"本案中,原告起诉被告时,其针对承运人的诉讼时效远未届满,有足够的时间可供被告调查和理赔。但被告没有及时做出赔偿,以取得代位求偿权自行向承运人索赔,如因此造成向承运人索赔的诉讼时效届满的法律后果,理应由被告自行承担。"本书认为,该观点值得推敲。出险后,保险人确实应当及时赔付,但现实情况是复杂的,如果真的没有在一年之内及时完成赔付,依据保险条款,被保险人当然负有向第三方提起诉讼以保护保险人代位求偿权的义务。不能说因为保险人没有及时赔付到位,就要自行承担丧失向第三方索赔时效的后果。截止到这里,似乎相关损失应当由被保险人承担。但本案的特别之处在于,出险后被保险人与保险人之间达成了协议,约定了如果保险人没有在 1998 年 3 月 10 日支付保险赔偿,被保险人有权终止对承运人的诉讼,直接诉请保险人赔偿。但之后保险人一直迟迟没有支付保险赔偿,被保险人因此撤回对承运人的诉讼,改诉保险人,这才是保险人败诉的真正原因。实践中这个问题可能有点复杂,但保险合同当事人需要注意的是:(1)出险后保险人应当及时赔付,且不应以被保险人对第三方提起诉讼作为先决条件,二者是不同的问题;(2)虽然保险人应当尽快赔付,但没有绝对的义务在一年诉讼时效过期之前赔付完毕,所以如果对第三人的诉讼时效即将过期,被保险人应当依据保险条款下被保险人的代位求偿协助义务及时提起诉讼,否则造成的损失保险人有权不负责赔偿。

在"光通公司诉人保钦州分公司水路运输货物保险出险后交付保费及被保险人未及时向承运人索赔致过诉讼时效使保险人丧失代位追偿权"案①中,投保人农垦公司以光通公司为被保险人向保险人投保水路运输货物保险综合险。保单背面第 14 条载明:货物发生保险责任范围内的损失,如果根据法律规定或者有关约定,应当由承运人或其他第三者负责赔偿一部或全部的,被保险人应首先向承运人或其他第三者索赔。后发生保险事故,被保险人向保险人提出索赔,但没有向责任方承运人提起索赔或提起诉讼。保险人以被保险人过失使保险人丧失追偿权利而拒赔。

一审北海海事法院判决,光通公司在向保险人索赔及主张权利期间,忘却了保单背面条款所载明的货物出险后应首先向责任方承运人索赔以保住诉讼时效的义务,致使被告在本案结束后丧失了向第三人及责任方追偿的权利。根据《海商法》第 253 条的有关规定,保险人有权相应扣减保险赔偿。二审广西壮族自治区高级

① 参见"被保险人光通公司诉人保钦州分公司水路运输货物保险出险后交付保费及被保险人未及时向承运人索赔致过诉讼时效使保险人丧失代位追偿权"案,资料来源北大法宝 http://www.pkulaw.cn/Case/pfnl_117462136.html? match=Exact,最后访问时间 2018 年 12 月 3 日。

人民法院支持了一审判决。

本案一、二审法院认为保险条款中被保险人应当对第三人提起诉讼的约定是有效的。但需要注意的是，如果保险条款中对违反此义务的后果做出了明确规定（如人保 2009 年海洋运输货物保险条款），那么应依据合同约定确定违反后果；如条款中未对违反后果做出约定，可依据《海商法》第 253 条确定。该条规定属于被保险人保护保险人代位求偿权的法定义务，人保 2009 年海洋运输货物保险条款相关义务属于约定义务，约定义务优先于法定义务，人保 2009 年海洋运输货物保险条款相关约定的效力并无问题。当然，人保 2009 年海洋运输货物保险条款中关于延长时效措辞也存在有待商榷之处。该条款规定，"……如果货损货差是由于承运人、受托人或其他有关方面的责任所造成，并应以书面方式向他们提出索赔，必要时还须取得延长时效的认证。如未履行上述规定义务，保险人对有关损失不负赔偿责任。"第一，"书面方式向他们提出索赔"。依据我国相关法律，普通民法诉讼时效因起诉、当事人一方提出要求或同意履行义务而中断，而《海商法》则规定，时效因请求起诉、提交仲裁或者被请求人同意履行义务而中断。① 海洋运输货物保险属于海商案件，按规定应当优先适用《海商法》有关规定，也就是说，被保险人向责任方提出非诉讼的书面索赔，并不能产生中断诉讼时效的效果。第二，人保 2009 年海洋运输货物保险条款所说的延长时效，有待进一步考虑。我国《民法总则》第 188 条规定，诉讼时效期间自权利人知道或者应当知道权利受到损害以及义务人之日起计算。法律另有规定的，依照其规定。但是自权利受到损害之日起超过二十年的，人民法院不予保护；有特殊情况的，人民法院可以根据权利人的申请决定延长。该法第 197 条进一步规定，诉讼时效的期间、计算方法以及中止、中断的事由由法律规定，当事人约定无效。可见，诉讼时效的延长发生在诉讼时效期间届满之后，仅适用于二十年的最长诉讼时效，而且必须是权利人有正当理由而且符合规定的条件的，法院才能做出。其他情形下，诉讼时效不得协议延长。因此，人保海洋运输货物保险条款将来可考虑做相应修改，避免争议的发生。

（二）被保险人的"施救义务"

有关被保险人的施救义务，参见第六章第二节的相关论述。

（三）航程变更或运输情况记载错误时被保险人的通知义务

如遇航程变更或发现保险单所载明的货物、船名或航程有遗漏或错误时，被保险人应在获悉后立即通知保险人并在必要时加交保险费，本保险才继续有效。

---

① 《民法总则》第 195 条：有下列情形之一的，诉讼时效中断，从中断、有关程序终结时起，诉讼时效期间重新计算：（一）权利人向义务人提出履行请求；（二）义务人同意履行义务；（三）权利人提起诉讼或者申请仲裁；（四）与提起诉讼或者申请仲裁具有同等效力的其他情形。

根据本款,在航程变更或发现保险单所载明的货物、船名或航程有遗漏或错误两种情况下,被保险人必须在知悉后立即通知保险人并在必要时增加保费,保险人才会予以继续承保。“航程变更”是保险责任开始后,被保险人改变了原定目的地。此处没有对“航程变更”的原因进行限定,因此既可以是合法航程变更,也可以是非法航程变更。要求“及时通知”,是为了让保险人有机会安排再保,如果通知太晚,货物已经发生损失,就会导致保险人无法再保。然而条款却没有解释“及时”的具体含义,简单说就是尽快在合理时间内。要求“必要时增加保费”,是因为如果承保风险发生变化导致原来的保费不够,保险人当然要加收保费。但增加的保费应该按在保险市场能够获得的合理商业费率来确定。①

本项规定类似于《保险法》下保险期间内保险标的危险程度显著增加时被保险人的通知义务。但该义务在性质上属于法定义务,而本款中的“及时通知并在必要时加交保费”更多体现的则是对被保险人的一种保障。

在 Hood v. West End Motor Car Packing Co 案②中,被保险车辆本应该装载在甲板下面,但是却装载在甲板之上。被保险人知道这种情况后并没有马上通知保险人,而是等到损失发生后才向保险人发出通知。法院判决认为被保险人负有在知悉遗漏或错误后的合理时间内通知保险人的默示义务,并且认为被保险人通知的时间太晚,是不合理的。

(四)被保险人提供索赔单证的义务

在向保险人索赔时,必须提供下列单证:保险单正本、提单、发票、装箱单、磅码单、货损货差证明、检验报告及索赔清单。如涉及第三者责任,还须提供向责任方追偿的有关函电及其他必要单证或文件。被保险人未履行前款约定的单证提供义务,导致保险人无法核实损失情况的,保险人对无法核实的部分不承担赔偿责任。

本款对《海商法》第 251 条规定的证明和资料予以明确和列举,但与当前实践中的做法可能有所差异。实践中需要提交的证明文件和资料可参见第六章第三节的相关论述。

(五)被保险人在获悉有关运输契约中“船舶互撞责任”条款的实际责任后,及时通知保险人的义务

根据第 1 条“承保范围”条款,“船舶互撞责任”条款下货方应当赔偿给本船船方的损失属于保险人的承保范围。为维护其自身权益,保险人要求被保险人在得知船舶互撞的实际责任后及时履行通知义务。如果被保险人未尽此项义务而对保险人造成损失的,保险人可以相应扣减保险赔偿。

---

① Liberian Insurance Agency Inc. v. Mosse [1977] 2 Lloyd's Rep. 560.

② [1917] 2 KB 38.

五、赔偿处理

保险人收到被保险人的赔偿请求后，应当及时就是否属于保险责任做出核定，并将核定结果通知被保险人。情况复杂的，保险人在收到被保险人的赔偿请求并提供理赔所需资料后30日内未能核定保险责任的，保险人与被保险人根据实际情形商议合理期间，保险人在商定的期间内做出核定结果并通知被保险人。对属于保险责任的，在与被保险人达成有关赔偿金额的协议后10日内，履行赔偿义务。

为解决保险人不合理拖延核保的问题，2009年《保险法》新增了对保险人核保时限的规定。① 2009年海洋运输货物保险条款也相应增加了本条对保险人理赔程序和时限的规定。对于被保险人提出的赔偿请求，保险人首先应当及时做出核定。情况复杂的，保险人应当在30日内做出核定，但是允许当事人自由约定合理期间。保险人做出核定后需要与被保险人达成有关赔偿金额的协议。在达成协议后的10日内，保险人应当履行赔偿义务。

本条并未规定保险人未及时履行义务的法律后果。对此，可以依照《保险法》第23条第2款的规定，要求保险人除支付保险金外，赔偿被保险人因此受到的损失。虽然法律没有明确这种损失是否包括利息，但理论上说应该包括利息。甚至有学者建议，保险人由于其过错未及时支付保险赔偿的，被保险人可在保险金请求外，按双倍同期银行贷款利率，请求自被保险人向保险人提供全部主要保险索赔单证之日起的利息。②

六、索赔期限

本保险索赔时效，从保险事故发生之日起起算，最多不超过两年。

本条是对被保险人索赔时效的规定，是为了督促被保险人及时行使索赔权而订立。人保2009年海洋运输货物保险条款将索赔时效的起算点由人保1981年海洋运输货物保险条款的“被保险货物在最后卸载港全部卸离海轮时”提前为“保险事故发生之日”，这有利于敦促被保险人及时向保险人通知保险事故，从而使保险人尽早介入到保险事故的处理中，实现保险制度对社会公众提供的保障功能。保险索赔时效，一般指被保险人或者受益人在保险标的因保险事故遭受损失后，依照

---

① 《保险法》第23条第1款：保险人收到被保险人或者受益人的赔偿或者给付保险金的请求后，应当及时做出核定；情形复杂的，应当在三十日内做出核定，但合同另有约定的除外。保险人应当将核定结果通知被保险人或者受益人；对属于保险责任的，在与被保险人或者受益人达成赔偿或者给付保险金的协议后十日内，履行赔偿或者给付保险金义务。保险合同对赔偿或者给付保险金的期限有约定的，保险人应当按照约定履行赔偿或者给付保险金义务。

② 参见司玉琢、胡正良主编：《〈中华人民共和国海商法〉修改建议稿条文、参考立法例、说明》，大连海事大学出版社，2003年版，第597~599页。

保险合同的约定，请求保险人赔偿或者给付保险金的法定时限。实践中对保险索赔时效的性质一直争议不断，《保险法》将索赔时效的性质明确规定为“诉讼时效”。但本书认为，保险索赔时效性质上应属于“除斥期间”。诉讼时效是“权利人持续不行使民事权利而于期间届满时丧失请求法院保护其民事权利的法律制度”。[①] 诉讼时效的适用需要存在一个前提，即“权利人在其权利受到非法侵害时”，[②]方才有权请求法院通过诉讼程序强制义务人履行义务以实现其权利。而用于规范被保险人和受益人行使保险请求权的保险索赔时效却没有此法律前提。归纳我国的保险实务，被保险人或者受益人行使保险请求权，并不是出于该项债权因保险人的违约而遭受侵害，而只是基于发生保险事故而要求保险人依约自觉地向其履行保险责任。显然，其行使保险请求权不是为了寻求法律的强制保护，无须通过诉讼途径。换一个角度讲，只有被保险人或者受益人行使保险请求权以后，保险人予以拒赔的，才会构成被保险人权利受到侵害，才得以向法院提起诉讼来寻求法律强制保护，[③]此时才适用诉讼时效。因此，保险索赔时效应该是除斥期间而非诉讼时效。另外，保险法之所以设计保险索赔时效，目标在于督促被保险人或者受益人作为权利人在发生保险事故后，及时地向保险人行使保险请求权，进而让保险人尽快完成保险理赔程序。将索赔时效定性为可以中断、中止或延长的诉讼时效将与该目标背道而驰，而不可变更的除斥期间则可以很好地实现此目的。

对于以被保险人寻求法律强制保护为前提的诉讼时效，根据我国《海商法》第264条的规定，海上保险合同诉讼时效的起算点也为“保险事故发生之日”。《海商法》采用“保险事故发生之日”作为诉讼时效的起算点事实上使诉讼时效兼具了索赔时效的功能，这是因为我国《海商法》和《保险法》都没有规定索赔时效的问题，而保险合同中通常也不约定索赔时效或即使约定，也不能有损于诉讼时效。但有学者认为《海商法》对诉讼时效的规定是有违法理的，应进行变革。根据其观点，保险事故的发生仅仅意味着保险标的遭受损失，并不直接导致被保险人的保险金求偿权受到侵害。从《民法通则》诉讼时效自“知道或者应当知道权利被侵害时起计算”的原则出发，只有当保险人出具拒赔通知或逾期赔付时被保险人的保险金求偿权才受到侵害，诉权也才随之产生（在此之前并无诉权可行使）。因此，海上保险合同的诉讼时效应起算于“保险人拒绝赔偿、给付，或者逾期赔偿、给付之日”。[④]

---

① 参见张俊浩主编：《民法学原理》，中国政法大学出版社，1991年版，第304页。

② 参见王利民著：《民法本论》，东北财经大学出版社，2001年版，第561页。

③ 参见贾林青：“论保险索赔时效的法律性质——对新《保险法》第26条的质疑”，载于《中国商法年刊》，2010年，第364页。

④ 参见徐猛，茅麟：“论保险合同诉讼时效规定的理解和适用——对《中华人民共和国海商法》第264条的思考”，载于《中国海商法研究》，2012年第3期，第120页。

本书认为,海上保险合同的诉讼时效制度更多地体现商事法律追求效率的价值取向。《海商法》关于海上保险合同诉讼时效从保险事故发生之日起计算的规定具有其合理性。首先,可以将保险事故的发生作为保险赔偿请求权产生的条件,即保险赔偿请求权是附条件的,只有条件成就时,才产生诉讼时效期间起算点。① 其次,将海上保险合同诉讼时效的起算点确定为"保险事故发生之日"可以增加可确定性,提高效益。相比于《保险法》中"被保险人知道或者应当知道保险事故发生之日"和《民法通则》中"权利人知道或者应当知道权利被侵害之日"的时效起算点,"保险事故发生之日"作为一个客观的时间点具有其他两个时间点所无法比拟的确定性,这对于提高海上保险合同诉讼时效制度的效益具有不可忽视的作用。最后,将诉讼时效的起算点规定为保险事故发生之日有利于敦促被保险人及时通知保险事故,从而使保险人尽早介入到保险事故的处理中,这对事故证据的保全和损失扩大的预防都有重要的价值。如果依一些学者的观点采用"保险人拒绝赔偿、给付,或者逾期赔偿、给付之日"为诉讼时效的起算点,则在法律上,无论保险事故发生多久之后,被保险人依然可以向保险人索赔。这显然是不合理的,诉讼时效敦促权利人尽快行使权利的立法目的也将落空。②

第二节 海洋运输货物保险附加险概述

附加险是只能在投保某一种基本险的基础上附加投保的险种,分为一般附加险、特别附加险和特殊附加险。

一、一般附加险

一般附加险承保一般外来原因所引起的货物损失,亦可称普通附加险。根据人保 2009 年普通附加险条款,目前承保的普通附加险包括偷窃、提货不着险,淡水雨淋险,短量险,混杂玷污险,渗漏险,碰损破碎险,串味险,受潮受热险,钩损险,包装破裂险、锈损险共 11 种。人保 2009 年普通附加险条款明确规定,普通附加险条款受主险中的除外责任条款的制约。

(一)偷窃、提货不着险

该附加险承保被保险货物在保险有效期内,被偷窃或整件提货不着所造成的

① 参见李兆良:"海上保险诉讼时效规定的理解和修改",载于《中国海商法研究》,2013 年第 2 期,第 56 页。

② 参见初北平、曹兴国:"变革中的海上保险合同诉讼时效再审视",载于《法学杂志》,2014 年第 11 期,第 97 页。

损失，由保险人按保险价值负责赔偿。被保险人应及时提货，如遇被保险货物遭受偷窃行为所致损失，被保险人必须在提货后 10 日内申请检验，如遇整件提货不着的损失，则被保险人必须向责任方取得整件提货不着的证明，否则，保险公司不负赔偿责任。保险公司给予被保险人赔偿金以后取得向第三人的代位求偿权，但其金额以不超过保险公司支付的保险金为限。

(二)淡水雨淋险

该附加险承保被保险货物直接由于淡水雨淋、冰雪融化所造成的损失。淡水包括船上淡水舱、水管漏水和船舱或舱内其他货物"出汗"等，淡水是与咸水即海水相对而言的。由于平安险和水渍险只对海水所致的各种损失负赔偿责任，因此，淡水雨淋险是在平安险和水渍险基础上的扩展。作为被保险人应按时提货，发现货物遭受淡水雨淋的损失时，必须在提货后 10 天内申请检验，否则，保险人不负赔偿责任。被保险人申请检验货物遭受淡水雨淋损失时，货物的包装外部应有淡水或淡水痕迹，或有其他适当证明。

(三)短量险

该附加险承保货物在运输过程中因外包装破裂、破口、裂缝或散装货物散失而发生的与实际重量短少的损失。对散装货物的重量短缺，则以装船重量和卸船重量的差额作为损失的依据。正常损耗需要先扣除，当事人通常在保险单中约定一个免赔量。

(四)混杂玷污险

该附加险承保被保险货物在运输过程中，因混进杂质或被玷污所造成的损失。例如，砂、矿石等混进了泥土、草屑等而使其质量受到影响；布匹、纸张、食物、服装等被油渍或带色的物质污染而造成的经济上的损失等。

(五)渗漏险

该附加险承保两项风险，一是被保险货物在运输过程中，因容器损坏而引起的渗漏损失，如流质、半流质及油类货物；二是用液体储藏的货物因流体的渗漏而引起的货物腐败等损失，如湿肠衣等。

(六)碰损破碎险

该附加险承保货物在运输途中因震动、碰撞、受压造成的碰损和破碎的损失。所谓碰损主要是对金属或金属制品的货物，如机器、搪瓷钢精器皿等，这类物品在运输途中因受震、受压、受碰击等造成的货物本身的凹痕、脱瓷等损失。破碎主要是指易碎物品如玻璃、玻璃制品、陶瓷、石棉瓦、大理石等在运输过程中因受震动挤压等外来原因造成的货物破碎。

（七）串味险

该附加险承保被保险货物在运输过程中，因受其他物品的影响而引起的串味损失，主要适用于食用物品、中药材、化妆品原料。这种串味损失如果是由于船方配载不当造成，保险公司依合同赔偿后取得向船方的代位求偿权。

（八）受潮受热险

该附加险承保被保险货物在运输过程中，因气温突然变化或由于船上通风设备失灵致使船内水汽凝结、发潮或发热所造成的损失。一些袋装、捆装及易于吸收水分的货物容易遭受这类损失。货物受热通常是指温度增高使货物发生变质损失。不同于其他附加险，该附加险对受潮受热的原因做出了限定，被保险人有举证责任去证明受潮、受热属于两种原因之一。

（九）钩损险

该附加险承保货物在装卸过程中，装卸工人使用手钩或吊货钩对货物包装及内容造成的损失。内容的损失是货物破损或散落短重，包装损失主要是重新整理、修理或更换包装的费用。袋装化肥、水泥等货物在港口装运时容易造成钩损风险，有必要加保钩损险。

（十）包装破裂险

该附加险承保在运输过程中因搬运、装卸不当，使包装破裂造成物品的短少、沾污、受潮等损失。此外，为了保险货物在运输过程中安全续运的需要，对包装进行修补或调换包装所支付的费用，也由保险人负责。

（十一）锈损险

该附加险承保保险货物在运输过程中因为生锈造成的损失。这种生锈只要不是原装时就存在的，属于保险期限内发生的，保险公司都将负责赔偿，因此责任较大。一般来说，对裸装的易生锈的金属板、块、条、管等，由于几乎必然会生锈，保险公司一般不予承保。

二、特别附加险

特别附加险承保一些涉及政治、国家政策法令和行政措施等特殊外来因素所造成的风险损失。如果特别附加险条款与主险条款冲突，优先适用特别附加险条款。根据人保公司的规定，我国的特别附加险主要包括以下 5 种险种：

（一）进口关税险

该附加险承保货物受损但被保险人仍需要按完好价值缴纳进口关税所造成的损失。其保险金额是单独的，并在保险单中与货物本身的保险金额分别注明。

(二)舱面险

海运货物一般都是装于船舱内的,保险人的海运货物险在确定保险责任范围和保险费率时,都是按照舱内货物考虑的。对货物装载于舱面,由此而遭受的损失保险人不予负责,这是国际海上运输惯例,即对活牲畜和舱面货物不视作货物。但在实务中,有些货物因其体积庞大,或是有毒性以及酸性,或是危险品等等只能装于舱面,"舱面险"就是为了满足这些货物的需要而制订的。保险人对于这类货物装于舱面而遭受风险所造成的损失负责赔偿。

(三)拒收险

该附加险承保货物在进口港被进口国的政府或有关当局拒绝进口或没收所造成的损失。损失必须不是由于被保险人故意或过失造成的。若在被保险货物起运后,进口国宣布实行任何禁运或禁止,保险人则负责赔偿运回出口国或转口到其他目的地因而增加的运费,但最多不得超过被拒绝进口货物的保险价值。

(四)黄曲霉素险

黄曲霉素是一种致癌的毒素。各国对黄曲霉素的含量都有严格的限制标准,若进口货物经过化验发现超过规定标准时,进口国就会拒绝进口,或没收或强制改变用途。黄曲霉素险就是承保被保险人由此而受到的损失,按被拒绝进口或被没收部分货物的保险价值或改变用途所造成的损失予以赔偿。

(五)出口货物到香港(包括九龙)或澳门存仓火险责任扩展险

内地出口到港澳的货物,若由我国在港澳的银行办理押汇,货物运抵目的地后,在货主归还贷款前,货物权益属于银行。货物卸离船舶后,若是把货物存放于保单载明的过户银行所指定的仓库时,为了使货物在存仓期内若遭受损失时能获得保险的赔偿,就可加保这种特别附加险。这一保险的责任,始于运输责任终止之时,直到银行收回押款,解除对货物的权益时终止;或始于运输险责任终止时起算满 30 天为止。

三、特殊附加险

特殊附加险,主要指的是战争险与罢工险两种。如果特殊附加险条款与主险条款冲突,优先适用特殊附加险条款。

(一)战争险

战争险并非对所有与战争有关的损失均予以负责,它有一定的责任范围。根据我国人保 2009 年海洋运输货物战争险条款第 1 条的规定,我国的海洋运输货物战争险主要负责的是直接由于战争、类似战争行为和敌对行为、武装冲突或海盗行为所致的损失;因此而引起的捕获、拘留、扣留、禁制、扣押所造成的损失;各种常规武器,包括水雷、鱼雷、炸弹所致的损失;以及由于上述原因所引起的共同海损的牺牲、分摊和救助费用。而由于敌对行为使用原子或热核制造的武器所致的损失和费用以及根据执政者、当权者或其他武装集团的扣押、拘留引起的承保的航程的丧失或挫折而提出的索赔均不属于战争险的承保范围。

(二)罢工险

我国海上货物运输罢工险的承保范围是被保险货物由于罢工者、被迫停工工人或参加工潮暴动、民众斗争的人员之行动,或任何人的恶意行为所造成的直接损失和上述行为或行动所造成的共同海损的牺牲、分摊和救助费用;在罢工期间由于劳动力短缺或劳动力的不能使用所致的保险货物的损失,包括因此而引起的动力或燃料缺乏使冷藏机停止工作所致的冷藏货物的损失,保险人亦负赔偿责任。

被保险货物如已投保战争险,则加保罢工险时,一般不再加收保险费,这是国际上的习惯做法,人保公司亦是如此规定的。

第九章 再保险合同

第一节 再保险概述

一、再保险的概念及作用

再保险(Reinsurance)也称分保,是保险人将其所承保的风险和责任向其他保险人再投保的行为,因此,其又被称为“保险之保险”。我国《保险法》第 28 条规定:保险人将其承担的保险业务,以分保形式部分转移给其他保险人的,为再保险。应再保险接受人的要求,再保险分出人应当将其自负责任及原保险的有关情况书面告知再保险接受人。《再保险业务管理规定》①第 2 条规定:本规定所称再保险,是指保险人将其承担的保险业务,部分转移给其他保险人的经营行为。由此可见,在我国,再保险是保险人在原保险合同的基础上,通过签订分保合同,将其所承保的部分风险和责任向其他保险人进行保险的行为。

在再保险交易中,分出业务的公司称为原保险人(Primary Insurer/Original Insurer)或分出公司(Ceding Company/Cedent),接受业务的公司称为再保险人(Reinsurer)或分保接受人或分入公司(Ceded Company)。再保险转嫁风险责任支付的

① 2010 年 5 月 21 日中国保险监督管理委员会令 2010 年第 8 号发布 根据 2015 年 10 月 19 日中国保险监督管理委员会令 2015 年第 3 号《关于修改〈保险公司设立境外保险类机构管理办法〉等八部规章的决定》修订。

保费被称为分保费或再保险费(Reinsurance Premium);由于分出公司在招揽业务过程中支出了一定的费用,由分入公司支付给分出公司的费用报酬称为分保佣金(Reinsurance Commission)或分保手续费。如果分保接受人又将其接受的业务再分给其他保险人,这种业务活动称为转分保(Retrocession)或再再保险,双方分别称为转分保分出人(Retrocedent)和转分保接受人(Retrocessionaire)。[①]

再保险是保险人为避免自己承保的业务遭受巨额损失,影响正常经营而采取的风险分散方式,再保险制度的出现从根本上是为了分散或转移风险的需要。再保险最早产生于欧洲海上贸易发展时期。据考证最早的一张再保险保单是1370年7月由意大利一名商人Gustav Cruciger签订的。他自己承保的是从热那亚到荷兰斯鲁伊斯(Sluys)的海上运输风险,但他随后把从西班牙加迪斯(Cadiz)到斯鲁伊斯这段风险较大的大西洋航程的责任转移了出去,而把经由地中海的这段较为安全的航程的责任自留了下来。[②] 在1688年劳合社成立前,再保险仅限于海上保险。随后再保险开始向火险、工程险和责任险等一般保险扩展。19世纪出现专门经营再保险业务的再保险公司后,规模庞大的国际再保险市场逐渐形成。20世纪末,再保险已经成为保险行业中不可缺少的重要组成部分。

保险是基于大数法则运作的,而根据大数法则,保险标的的数量越大、同质化程度越高,风险分散就越彻底,保险经营的稳定性就越好。因此,个别保险金额特别高的保险标的将影响保险经营的稳定性,对再保险的需求也由此产生。[③] 而到了现代,再保险的作用已经不仅局限于分散保险经营风险,其在增强保险人的偿付能力,扩大保险公司的承保能力,稳定保险市场乃至整个国民经济上都具有非常重要的作用。[④] 对于海上保险而言,考虑到保险标的(船舶、货物、事故责任)通常金额巨大,且海上风险变幻莫测,再保险的安排尤显重要。

二、再保险的分类

对再保险的分类,根据分类依据的不同而有所不同,最为重要的分类有两种:

(一)按责任承担方式分类

按照原保险人与再保险人之间分出与分入保险金额的计算方式的不同,再保险又可分为比例再保险和非比例再保险。

---

① 根据《再保险业务管理规定》第2条,转分保,是指再保险接受人将其分入的保险业务,转移给其他保险人的经营行为。

② See C. E. Golding, K. V. Louw, Golding: *The Law and Practice of Reinsurance*, Witherby & Co. Ltd., 1987, p. 1-2.

③ 当然,保险人也可以通过与其他保险人共同承保来达到分散风险的目的,但在共同保险下,投保人必须与数个保险人共同协商,手续复杂,不如再保险方式简便。

④ 参见郑云端著:《再保险法》,中国人民公安大学出版社,2004年版,第1页。

1. 比例再保险

比例再保险(Proportional Reinsurance),是指原保险人与再保险人以保险金额为基础按比例计算各自收取的保险费和承担的赔偿责任的再保险方式。① 在比例再保险合同中,约定了保险分出人和再保险分入对每一风险的分出和自留比例的计算方法或者具体的比例,保险人承保的每一笔保险业务,再保险人按计算的比例收取再保保费,发生损失时按着相同比例负责赔偿。比例再保险又按合同约定的计算自留比例和分出比例的方式不同可进一步划分为成数再保险(Quota Share Reinsurance)②、溢额再保险(Surplus Reinsurance)③以及成数和溢额混合再保险(Quota Share &Surplus Reinsurance)。成数再保险合同中约定的自留比例和分出比例是固定的,溢额再保险则在合同中约定每一风险的自留额(Retention),再保险人接受的分出保险金额将被规定为一定的自留额倍数(线数)。保险人承保的业务由于保险金额的不同计算出的自留比例和分出比例会不同。假如保险人承保的船舶是10 000万元,再保合同约定自留额是1 000万元,分出的最高线数是5线,则表示分出最高保险金额为5 000万元。

2. 非比例再保险

非比例再保险(Non-proportional Reinsurance)也称为超赔(Excess of Loss Reinsurance),是以赔款金额确定保险人自留额(也称为免赔额)和再保险人接受的分保金额的再保险方式。④ 在该种再保险方式下,再保合同一般约定一个保险人自己承担的赔偿限额作为自留额,同时约定由再保险人承担的最高赔偿限额,通常再保险人承担的赔偿限额又被分成几个区间段,称为层。超赔再保险合承保的业务发生赔款时由保险人自己承担自留额以内的赔款,超过自留额部分由再保险人承担。再保险人收取的保险费是根据保险人以往赔付统计分析结果和预计保险人将来在再保险合同期间收取的保费规模计算的,保险人的实际赔款与再保险承担的赔款之间无固定的比例关系,所以称为非比例再保险。非比例再保险多用于巨灾风险、保赔保险、货物运输保险等,手续相对简便,日常分出和理赔管理工作量也较少,有利于减少再保成本和管理成本,由于保险费是按保险人的损失定价,保险人

---

① 根据《再保险业务管理规定》第2条,比例再保险,是指以保险金额为基础确定再保险分出人自留额和再保险接受人分保额的再保险方式。

② 成数再保险是指保险人将每一危险单位的保险金额按照约定的比例分保给再保险人的再保险方式。在该种方式下,不论保险人承保的每一危险单位的保险金额大小,只要是属于合同约定范畴内的风险,其都要按照约定的比例分出给再保险人,当然,发生的赔款也应按照该约定的比例进行分摊。

③ 溢额再保险是指保险人以每一危险单位的一定保险金额作为自留额,以自留额的一定倍数(称为线数,Lines)作为分出额分给再保险人的再保险方式。在该种方式下,保险人与再保险人按照自留额和分出额对保险金额的比例来分配保险费用及分摊赔款。

④ 根据《再保险业务管理规定》第2条,非比例再保险,是指以赔款金额为基础确定再保险分出人自负责任和再保险接受人分保责任的再保险方式。

比较容易获得他们认为合适的再保险保障,再保险人也可以通过定价来保证提供的保险保障和保险费相匹配。

(二)按再保险的安排方式分类

按照再保险安排方式的不同,再保险可分为临时再保险、合约再保险及预约再保险三种。

1. 临时再保险

临时再保险(Facultative Reinsurance),亦被称为临时分保、临分业务,是再保险的最初形态。《再保险业务管理规定》第 2 条规定:临时分保,是指保险人临时与其他保险人约定,将其承担的保险业务,部分向其办理再保险的经营行为。在该种再保险安排方式下,原保险人在认为其所承保的业务有必要分保时,临时与再保险人签订再保险合同。临时再保险常用于单个业务的分保安排,保险人可以自由挑选再保险人,而再保险人也可以自由选择是否接受保险人的分保请求。临时再保险的优点在于再保险双方都有较强的自主性,缺点在于手续烦琐,不够迅捷。临分业务通常采用比例再保险方式。

2. 合约再保险

合约再保险(Treaty Reinsurance),又称合约分保,是指原保险人与再保险人先签订再保险合同,约定在一定时期内(一般为一年),保险人有义务将在此期间内承保的所有再保合同约定的保险业务分出给再保险人,而再保险人也有义务接受该部分的分保业务。① 通过合约再保险合同分出的保险业务,通常会包括保险人在一定时期内承保的一系列风险,这些风险会被限制为特定的险种和风险类别,海上保险的保险人通常按船舶保险和货物运输保险分别与再保险人签订再保险合同。并在合同中对风险类别有所限定,例如有的船舶再保险合同约定只限于航行于中国沿海、内河的船舶。但也不排除再保险分入人愿意承保再保险分出人的全部险种的情况,保险人与再保险人就保险人承保的所有保险业务签订一个再保险合同。但即使在该类合同中也有可能对风险类型有所限定,例如船舶拖航、活牲畜运输除外。合约再保险合同的基本功能是增加再保险分出人的承保能力,稳定经营。一般而言,在合约再保险下,对于再保险合同约定内的保险业务,不需要向再保险人单独申报,而自动得到再保保障,对于保险人开展保险业务非常方便,对于再保险人也省去了每笔审核的工作和成本。合约再保险可以是比例再保险也可以是非比例再保险 。

3. 预约再保险

预约再保险(Open Cover Reinsurance/Facultative-obligatory Reinsurance),是介

---

① 根据《再保险业务管理规定》第 2 条,合约分保,是指保险人与其他保险人预先订立合同,约定将一定时期内其承担的保险业务,部分向其他保险人办理再保险的经营行为。

于临时再保险和合约再保险之间的一种再保险方式。在该种再保险安排方式下，原保险人与再保险人之间也事先订立再保险合同，只是原保险人可以选择是否将某一部分保险业务分出给再保险人，而再保险人必须接受原保险人分出的保险业务。预约再保险在海上保险中运用较多。① 但再保险人愿意同原保险人订立预约再保险合同，是建立在其对原保险人有充分信任的基础上。预约再保险一般采用比例再保险方式。

三、再保险与共同保险

共同保险（Co-insurance）是国际保险市场多采用的一种保险形式，又称“共保”，指两个或两个以上保险人在同一保单中约定各自的承保份额，各保险人按承保份额的比例收取保险费和各自按比例承担保险责任的保险形式。参与共保的保险人称为共保人，各共保人与被保险人之间是独立的合同关系，互相不承担连带责任。按洽谈保险业务过程的角色不同，共保人一般又分为首席共保人（主共：Leader）和从共保险人（从共：Follower）。首席共保人一般承保的份额最高，

首席共保人在报价和洽谈保险业务中承担的任务最多，从共保险人决定是否参与共保和参与的份额时，一个重要的参考因素是首席承保人的经验。首席共保人在保险期间处理共保事宜的权利和义务是通过保单中增加首席条款（Leadership Clause）或者共保人之间签订协议的方式予以明确的，主要内容包括首席承保人在办理保险合同变更（批改）、理赔哪些情况下可以先决定后通知其他共保人。除了约定的情况，②尽管在实践中首席保险人可能因其行业地位和商业关系而在具体保险活动中承担更多义务，但其他共同保险人仍然享有保险合同下的全部权利。首席保险人条款并不导致首席保险人自动成为其他保险人的代理人。③

共同保险与再保险均有分散风险、控制损失、充分利用市场承保能力和稳定经营成果的功能，同一个再保险安排下的数个再保险人之间也可能存在着共同保险的关系，其赔偿范围也应当按照共同保险的原则确定。④ 二者的区别在于，首先，共同保险属于原保险，是原保险的特殊形式，是风险的第一次分散，对共同保险承保的风险还可以进行再保险；而再保险则是在原保险的基础上对风险的第二次分散。另外，两者的法律关系不同：在共同保险中，投保人与保险人之间的法律关系是横向的，投保人与每个保险人之间都存在直接的法律关系，保险事故发生后，各

---

① 参见郑睿著：《英国海上保险法律与实务》，上海交通大学出版社，2014 年版，第 306 页。

② Roadworks (1952) Ltd. v. Charman [1994] 2 Lloyd's Rep. 99.

③ San Evans Maritime Inc. & Others v. Aigaion Insurance Co. [2014] EWHC 163. See also Mander v. Commercial Union Assurance [1998] LRR 93.

④ Paul Tudor Jones v. Crowley Colosso [1996] 2 Lloyd's Rep. 619 .

保险人均向被保险人履行自己承担的保险金给付义务；而在再保险中，原保险人与再保险人之间是一种纵向的保险关系，再保险合同的效力仅及于原保险人和再保险人，再保险人的赔偿范围也应当依照再保险合同确定，[①]而不涉及原保险合同的被保险人，因为被保险人不是再保险合同的当事人。

再保险和共保在不同保险市场中的作用有一定的差别。由于通过协议再保险可以自动获得保障、手续便捷，现代保险实务中普遍采用再保险的方式分散风险，特别是在中国市场中绝大部分采取独家承保的方式。国际市场上船舶险由于风险非常集中，采用共保方式非常普遍。中国市场共保一般用于再保合同中除外的风险、保额巨大或者风险特殊的业务，例如拖航风险、LNG 船舶保险、风电船舶的保险、货运运输保险中的散货运输或者钻井平台的运输。我国的相关法律法规中并没有共同保险的相关规定，然而实践中有的保险人为了分散风险，却不乏采用共同保险协议的形式订立再保险合同的做法：如在中国人民财产保险股份有限公司宁夏回族自治区分公司诉民安财产保险有限公司山东分公司再保险合同纠纷案[②]中，原告作为首席承保人，先与被保险人签订了保险合同，承保财产一切险和机器损坏险，随后又与本案被告签订了“共保协议”，约定原告作为首席承保人与被告共同承保，后发生保险事故，原告按照合同约定向被保险人赔付后被拒绝摊赔。虽然涉案协议名为“共保协议”，且法院也并未在判决中明确认定涉案协议的性质，但双方当事人在起诉书和答辩状中均认为其性质应为再保险合同。

再保险除了前述的典型功能外，还被国际保险人用于参与本国公司在外国投资的公司的保险业务。很多国家规定注册在本国的公司的保险业务由在本国取得经营资质或者内资保险公司经营。因此，外国保险公司或者外资保险公司采取委托当地有经营资质的保险公司承保外资公司的保险业务，再通过比例临分再保分入的形式参与这些公司的保险业务。这种做法称为代出单(Fronting)。在分保协议中一般还规定直接索赔条款(Cut Through Clause)，其作用是明确被保险人可以直接向再保险人索赔，这实际上有共保的性质。

四、再保险合同的订立

与一般保险合同的订立一样，再保险合同的订立过程也因订立地点的不同而有所不同。以下以我国和英国[③]为例，介绍再保险合同的订立流程。

---

① Insurance Co. of Africa v. Scor (U.K.) Reinsurance Co., Ltd., [1985] 1 Lloyd's Rep. 312.

② [2014]青民商初字第 162 号。

③ 之所以选择英国，是因为英国是目前世界上最大的海上再保险中心，其再保险业务的操作方式具有代表性。

(一)我国法下再保险合同的订立

在我国,再保险合同与普通保险合同的订立程序基本一样,也要经过要约、承诺两个阶段。其中,再保险合同的要约是指保险人向再保险人发出订立再保险合同的意思表示的法律行为,承诺是指再保险人同意保险人订立再保险合同意思表示的法律行为。在实践中,由于保险人与再保险人往往需要对再保险合同的条款进行反复的磋商,因此,合同订立过程中经常伴有多次的要约与反要约。而在合同订立的过程中,根据我国《保险法》第 28 条第 2 款的规定,应再保险接受人的要求,再保险分出人应当将其自负责任及原保险的有关情况书面告知再保险接受人,也就是说,在再保险合同的订立阶段,保险人对再保险人的告知义务主要包括两个方面,一是有关其自负责任的情况,二是有关原保险合同的情况。但如果再保险接受人未提出要求,则再保险分出人不必主动告知。①

值得注意的是,《保险法》第 28 条第 2 款对保险人告知义务的表述方式既不同于其第 16 条第 1 款中对一般保险投保人所采取的询问告知模式,也不同于《海商法》第 222 条第 1 款中对海上保险投保人所采取的主动告知模式。对此,考虑到再保险合同的性质需要根据定约的具体条件判断,因此,《保险法》或《海商法》下的告知义务的规定是否适用于再保险合同不能简单地给出结论。

SK 海力士再保险合同纠纷案对我国再保险人的赔偿义务有着重要的指导意义。法院根据具体案情认定"反确认"并非双方订立临时分保合同的必要条件,在约定的承诺期限内实际履行合同的行为,被认为是对要约的接受,是承诺行为。该案具体案情如下:

SK 海力士于 2013 年投保财产保险(英国协会保险条款),包含财产一切险及营业中断险。根据承保方案,由 5 家保险公司组成共保体进行承保,其中现代财险承保份额为 50%,原保险合同于 2013 年 8 月 1 日开始生效,保险合同期限为一年。现代财险随后将自身承保份额进行了再保险分出,中华联合财险是接受分保的再保险接受人之一。2013 年 9 月 4 日,SK 海力士下属工厂发生火灾,造成重大损失。中华联合财险与现代财险之间就其再保险合同是否成立展开了旷日持久的纠纷。一审判决中,中华联合财险胜诉,原审原告现代财险上诉。但北京市高级人民法院做出二审判决,中华联合财险败诉。根据判决书的要求,中华联合财险要向现代财险支付 SK 海力士案件再保险赔偿金、公估费及专家费人民币 2.68 亿元及利息 0.19 亿元,合计 2.87 亿元。

中华联合财险与现代财险此前即保持着频繁的业务往来,基于当事方业务人

---

① 安建主编:《中华人民共和国保险法(修订)释义》,法律出版社,2009 年,第 61 页。

员的往来邮件内容,中华联合财险认为,其8月1日邮件中的六个备注条件①属于临时分保合同的主要条款,其对现代财险7月25日的要约内容做出了实质性变更,构成新要约。现代财险未在新要约规定的有效期内做出承诺,再保险合同未能成立。但二审法院认为中华联合财险在现代财险没有进行反确认的情况下,于30日临时分保新要约有效期届满前向现代财险发出核对SK海力士项目净分入保费金额,并要求现代财险限期支付。中华联合财险按照现代财险公司的要约内容确定并行使合同权利,实际履行合同的行为,是实质性地接受了现代财险7月25日的要约。

二审法院也强调认为本案再保险合同双方当事人均系注册登记的专业从事保险业务的公司,纠纷发生前双方当事人之间亦有多笔再保险分出分入业务。在这些业务中,现代财险有按照中华联合财险的反确认要求做出反确认的情形,也有没按要求做出的情形。可见,反确认并非双方订立临时分保合同的必要条件。中华联合财险与现代财险的再保险合同在法律上成立,且被上诉人有违诚信原则。故应承担本案中的赔偿责任。

中华联合财险对二审判决不服,向最高人民法院申请再审。最高人民法院审查认为,原判决认定中华联合财险在现代财险公司就其新要约期限届满之前,即依据现代财险公司的要约计算了涉案海力士项目净分入保费金额,并要求该公司限期支付的行为,是接受了现代财险公司向其发出的要约,涉案再保险合同于2013年8月1日成立并无不当。中华联合财险关于双方之间就涉案海力士项目未成立再保险合同、不应承担赔偿责任的申请再审理由缺乏充分的事实与法律依据,其关于原判决认定事实、适用法律错误的申请再审理由不能成立。②

(二)英国法下再保险合同的订立

与我国实务中再保险合同的订立方式不同,在英国,再保险合同的订立与一般保险一样,是以承保条为基础展开的。总体而言,英国再保险合同的订立过程与本书第四章第一节所介绍的英国海上保险合同的订立流程一致。具体而言,在保险经纪人为订立再保险合同而准备的承保条中,其包含的事项主要为保险人的信息、承保风险的性质、再保险的期间、赔偿限额、保险人的自留额以及支付的保险费等。③

---

① 这些条件包括:(1)全部再保手续费为10%(含税);(2)中华联合财险收到现代财险的确认以前没有已知的或已报案的损失发生;(3)最优的再保险条件,其他与原保单一致;(4)本要约自今日起有效期为30天;(5)60天内交齐保费;(6)在收到对方公司的反确认以前不承担保险责任。

② 中华联合财产保险股份有限公司、现代财产保险(中国)有限公司再保险合同纠纷再审审查(2017)最高法民申34号。

③ See Barlow Lyde and Gilbert, Reinsurance Practice and the Law, Informa Law form Routledge, 2009, p. 12.

在英国法下,再保险合同的订立亦受到诚信原则的制约,保险人对再保险人负有公平陈述义务(the duty of fair presentation)①。在再保险合同订立过程中,保险人应当提示的情况主要包括两方面:一是与原保险合同风险有关的情况,包括原保险合同承保标的的性质、被保险人的索赔经历(Claims Experience)以及任何证明被保险人诚信情况的确凿证据;二是与再保险合同的风险有关的情况,包括原保险合同是定值保险还是不定值保险,保险人承保的风险份额,原保险合同是否是强制性的预约保险合同,原保险合同的免赔额,原保险合同是否存在不寻常条款,原被保险人及其经纪人之前是否有过欺诈行为等。② 不过需要注意的是,再保险合同下公平陈述义务的履行因再保险合同类型的不同而有所区别:对于临时再保险合同,保险人的公平陈述义务与一般保险合同没有本质区别,但对于强制性的预约临分和合约再保险,由于再保险人必须接受保险人分出的业务,因此,对于每一次分出的业务,保险人不必分别履行该义务。而且,对于原保险合同下被保险人提供的有关情况,若保险人不加适当调查直接转移给(Pass On)再保险人,则将来发现该情况存在不实时,原保险人将会被认为违反了公平陈述义务。③

第二节　再保险合同的主要条款

国际再保险市场中并没有标准的再保险合同,海上保险的再保险合同通常是基于缔约自由原则,由双方当事人协商订立的。再保险合同的主要条款根据再保险合同的类型而略有不同。以下主要介绍再保险合同中较富特色的条款:

一、索赔条款

(一)索赔合作条款(Claim Co-operation Clause,CCC)和索赔控制条款(Claim Control Clause)

根据再保险合同,再保险人应当承担的责任是在原保险人依照原保险合同向被保险人支付保险金后,对原保险人做出赔付,故原保险人根据原保险合同做出保险赔付的方式及数额与再保险人的权益密切相关。与下文论述的"索赔共命运条款"相对应,在英国的再保险实践中,再保险合同中通常会订有索赔合作或索赔控

① 参见英国《2015 年保险法》第 2 部分。

② See Jonathan Gilman, et al. Arnould's Law of Marine Insurance and Average, Sweet & Maxwell, 2013, pp. 1712-1714.

③ See Jonathan Gilman, et al. Arnould's Law of Marine Insurance and Average, Sweet & Maxwell, 2013, p. 1712.

制条款，据此再保险人可以介入原保险合同的理赔过程中，以最大限度地维护自己的权利。根据索赔合作条款，对于原保险合同保险范围内的超过约定金额的损失，原保险人均有义务在得知损失通知或诉讼发生后的合理时间内通知再保险人，未经再保险人同意，原保险人不得与被保险人达成和解协议。但在损失的发生与被保险人的诚信义务并无明显关联的情况下，除非再保险合同中有明确约定，否则，对于原保险人根据诚信原则是否拥有针对被保险人的抗辩的事实，原保险人并无必须查明的义务。① 在 Insurance Co. of Africa v. Scor (U. K.) Reinsurance Co., Ltd. 案②中，法院确立了在"索赔共命运条款"(Follow the Setllement Clause)下原保险人能够获得赔偿的原则，即"Scor 限制准则"：首先应当确定的(事实问题)是，原保险人的行为诚实，并且其索赔已经履行了所有适当的符合商业习惯的程序(all proper and business like steps)；其次应当确定的(法律问题)是，该索赔已经被再保险人承认，且该风险被再保险合同承保。之后的案件进一步细化了这一准则，如果能够证明原保险人的行为不符合通常商业上的习惯，则再保险人无需赔偿；③以及对于原保险人的行为不符合通常商业习惯的主张，再保险人应承担举证责任。④当然，这一限制准则也可以通过合同条款予以明示排除。⑤

而索赔控制条款对再保险人的保护则更进一步，被保险人对原保险人提起的任何诉讼都要有再保险人的参与，如在 Eagle Star Insurance Co., Ltd. v. JN Cresswell 案中索赔控制条款的措辞。⑥ 在 Beazley & others v. Al Ahleia Ins Co. and others 案中，⑦法官认为遵守索赔合作条款是再保险人承担理赔责任的先决条件，该条款性质为免责条款，应按公平原则进行解释。再保险人对保险理赔进行控制等权利是再保险人履行赔付义务的先决条件，即如果再保险人没能控制理赔或协商，则再保险人不承担责任。但是由于不存在这种协商，所以法官认为被告未违反保险条款的规定。

客观地说，索赔合作条款与索赔控制条款均在一定程度上弱化了下文中"索赔共命运条款"的效力。正如 Chadwick 法官在 Eagle Star v. Cresswell 案中所说，

---

① See Jonathan Gilman, et al. Arnould's Law of Marine Insurance and Average, Sweet & Maxwell, 2013, p. 1748.

② [1985] 1 Lloyd's Rep. 312.

③ Aegis Electrical and Gas International Services Co., Ltd. v. Continental Casualty Co., [2007] EWHC 1762 (Comm).

④ Tokio Marine Europe Insurance Limited v. Novae Corporate Underwriting Limited [2014] EWHC 2105.

⑤ Assicurazioni Generali SPA v. CGU International Insurance [2004] Lloyd's Rep. IR 457.

⑥ [2004] 2 All ER 244. 具体措辞如下，The (reinsurers) hereon shall control the negotiations and settlements of any claims under this policy. In this event, the (reinsurers) will not be liable to pay any claim not controlled as set out above.

⑦ Beazley & others v. Al Ahleia Ins Co. and others, [2013] EWHC 677(Comm).

索赔共命运条款的效力应当“让位”(yield)于该索赔条款。

(二)索赔共命运条款(Follow the Settlement Clauses)

在各国的再保险合同中,“索赔共命运条款”得到了普遍认可和接受,其含义是,除非双方当事人另有约定,对于再保险合同约定的事项,再保险人在其利害关系范围内与原保险人同一命运,即只要原保险人对被保险人所做的保险赔付符合商业合理原则和诚实信用原则,再保险人就须按原保险人的决定履行再保合同约定的义务。在这一条款的约束下,原保险人与被保险人之间诉讼结果的效力及于再保险人,原保险人依据诚实信用原则对被保险人做出的非诉讼赔偿对再保险人也有约束力。① 但“索赔共命运条款”也须受到一定的限制,即再保险人仅在其责任范围内与原保险人共命运,与再保险合同无关或因原保险人自身过错和为自己的利益而行使权利所产生的费用,再保险人无义务承担。

英国法下,根据“索赔共命运条款”的,在满足特定要求的情况下,再保险人应直接承认保险人与被保险人达成的和解协议的效力,并据以做出保险赔付,但前提是,保险人达成的和解既在原保险合同条款的承保范围内,又未超出再保险合同的承保范围。保险人有义务证明,他已经赔付了被保险人,而且再保险索赔请求属于再保险合同的承保范围。若原保险合同与再保险合同的承保范围并不完全相同,则要证明损失属于再保险合同的承保范围。② 鉴于索赔共命运条款在世界各国的再保险实践中已成为具有普遍约束力的惯例,因此,在再保险合同中,即使没有明确的索赔共命运条款,也不影响其在再保险合同中的适用,原保险人和再保险人均要受其约束。

(三)被保险人的直接索赔权条款(Cut-through Clauses)

再保险合同中,再保险人承保的是保险人根据原保险合同而享有的经济利益,所以当发生原保险人的赔偿或给付责任时,再保险人就应依据再保险合同对原保险人进行赔偿。再保险人的赔偿义务,不以原保险人对被保险人履行保险赔偿义务为前提,再保险人不得以原保险人尚未实际向被保险人支付保险赔偿为由拒绝向原保险人承担赔付责任。实践中,再保险人的赔付责任通常发生于原保险人依原保险合同对被保险人承担的赔偿责任得以确定之时。③

原保险合同与再保险合同是两个独立的保险合同,根据合同相对性原则,除另有明确约定外,被保险人与再保险人之间无直接的权利义务关系。故在一般情况

① 参见杜鹃、陈玲主编:《再保险》,上海财经大学出版社,2009年版,第30页。

② See Peter Hirst and Lee Bacon, Key components of insurance and reinsurance, Clyde & Co., 2013, p. 12.

③ 参见邹海林:“试论再保险合同的基本问题”,载于《中南政法学院学报》,1996年第5期,第60~65页。

下，被保险人无权越过原保险人，直接向再保险人主张权利。[①] 再保险人也无权对被保险人与保险人之间的业务活动及权利义务关系进行不正当干涉。在英国的再保险实践中，再保险人行使索赔控制权或者对原保险合同的保险人和被保险人之间就损失进行协商的过程进行监督，并不能被理解为对被保险人和原保险人合同关系的不正当干涉，也不能因此认为再保险人有支付原保险合同的诉讼费用的义务。[②] 但在美国的再保险实践中，当再保险人直接处理索赔事项以至可以被认定为“等同于”(functioning as)原保险合同下的保险人时，此时被保险人便拥有了对再保险人直接提起诉讼的权利。[③] 这种情形在原保险人进入破产程序时可能出现。[④] 当再保险合同被认定为是为第三方设定权利的合同时，被保险人也可以向再保险人直接提起诉讼。[⑤] 另外，当存在直接索赔权条款时，被保险人也可以直接向再保险人主张权利。[⑥]

为保障被保险人的利益或者实际需要，有的再保险合同中订有“直接索赔条款”，赋予被保险人直诉再保险人的权利，双方当事人既可以特别条款的形式约定也可以补充条款的形式约定这一条款。直接索赔条款通常适用于原保险人丧失保险偿付能力的情况下，但若双方当事人在合同中有明确约定，在特别事项发生时被保险人也可据此行使直接索赔权。该条款的存在，一方面使被保险人在原保险人不能如约履行义务时获得保险赔偿的权利得到保障，另一方面也使再保险人获得了进入不被允许市场的方式，为再保险人的业务发展提供了更多机会。

在英国法下，《1999 年第三人权利(合同)法》(Contracts (Rights of Third Parties) Act 1999)生效前，被保险人基于合同的相对性原则无权直诉再保险人。该法生效以后，被保险人的直接索赔权虽然不再受此限制，但是根据该法，只有在原保险人丧失偿付能力的情况下，被保险人才可以直接向再保险人索赔，其索赔条件也非常严格。而且，在实践中，绝大多数保险合同和再保险合同均排除了该法的适用。在保险特别立法方面，于 2016 年 8 月 1 日生效的《2010 年第三人(对保险人)权利法》(Third Parties (Rights against Insurers) Act 2010)及对其部分内容做出修订的《2015 年保险法》(Insurance Act 2015)取代了英国法下原有的《1930 年第三

---

① U.S. Fid. & Guar. Co. v. S.B. Phillips Co. Inc., 359 F. Supp. 2d 189. See also Executive Risk Indem., Inc. v. Charleston Area Med. Ctr., Inc., 681 F. Supp. 2d 694. 亦参见《海商法》第 218 条，除合同另有约定外，原被保险人不得享有再保险的利益。

② See Jonathan Gilman, et al. Arnould's Law of Marine Insurance and Average, Sweet & Maxwell, 2013, p. 1749.

③ Felman Prod., Inc. v. Industrial Risk Insurers, 2009 WL 3380345.

④ Koken v. Legion Ins. Co., 831 A.2d 1196. See also Ario v. Reliance Ins. Co., 981 A.2d 950.

⑤ J.C. Penney Life Ins. Co., v. Transit Cas. Co. in Receivership, 299 S.W.3d 668.

⑥ Jurupa Valley Spectrum, LLC v. National Indem. Co., 555 F.3d 87 (2d Cir. 2009).

人(对保险人)权利法》(Third Parties (Rights against Insurers) Act 1930),继承了在保险人特定的丧失偿付能力的情形(主要是破产),被保险人对保险人的权利将自动转移给第三方的规定;但同时规定了第三方在此情形下享有的对保险人的直诉权,并且不能通过合同条款排除该权利。但遗憾的是,该法并不适用于再保险合同。

二、错误与遗漏条款(Errors and Omissions)

再保险合同订立的手续烦琐,难免有错误或遗漏的发生,很可能会影响再保险合同的效力,为防止因错误或遗漏引发当事人之间的纠纷,维护原保险人的权益,同时保障合同的效力和稳定性,再保险合同中通常订有错误与遗漏条款。其基本含义是,再保险人不得以原保险人在办理保险分出业务中因过失造成的错误、遗漏或迟延为由而拒绝承担赔付责任或主张解除合同。而原保险人应在发现错误和遗漏时,立即通知再保险人并及时予以更正或补充,否则,要承担不利的法律后果。

三、默示条款(Implied Terms)

虽然《合同法》中规定了实质上的默示条款制度,[①]但并不能适用于再保险合同,因此我国法律并不承认再保险合同中的默示条款。而在英国的再保险实践中,虽然双方当事人并未在合同中明确约定,但根据行业惯例或交易习惯,合同中也可以存在法律所承认的默示条款,再保险合同中的默示条款主要包括以下几种:

(一)检查条款(Inspection Clause)

在再保险合同中,再保险人通常会在保险合同中明确保留对原保险人的业务记录进行检查的权利。但是即使双方当事人在合同中没有明确约定,至少在比例再保险合同中,再保险人的此项权利也可以视为合同的默示条款。[②] 再保险人可以在再保险合同期间内的任何时候行使这项权利,但不得以检查原保险人的义务记录为由拖延或支付保险金。我国再保险合同实践中,合同明确规定的检查条款也赋予再保险人检查原保险人的账单及其他业务文件的权利,但除非双方当事人发生利益冲突并有可能诉诸法律时,再保险人一般不会主动行使该权利。

(二)保险人谨慎经营条款

此条款源于 Hobhouse 大法官对 Phoenix General Insurance Co. of Greece SA v. Halvanon Insurance Co. 案[③]的评述。Hobhouse 大法官认为,在预约再保险合同中,

---

① 例如《合同法》第 150 条关于标的物权利瑕疵担保义务的规定,以及第 168 条关于标的物质量的规定等。

② Baker v. Black Sea and Baltic General Insurance Co., Ltd. [1995] L. R. L. R. 261.

③ [1985] 2 Lloyd's Rep. 599.

不论双方当事人是否在合同中有明确约定,保险人都应当以一个谨慎合理的人的标准,并且和市场惯例保持一致地经营保险业务。这是因为在预约保险合同中,原保险人将保险责任分出时,再保险人即有义务接受,并无选择的权利,而原保险人出于自身利益的考虑,很有可能将良好的风险自留,将较差的风险分出给再保险人。为此,对原保险人接受投保的行为进行规范和约束,对维护再保险人的权益十分重要。但在非比例再保险中,再保险人和原保险人的商业利益并不完全一致,再保险人可以通过原保险人履行如实告知或公平陈述义务获得与承保风险有关的信息,并且可以将其认为必要的条款在合同中予以明确,故该默示条款并不适用于非比例再保险合同。①

四、并入条款(Incorporation)

再保险合同中双方当事人的权利义务是根据保险合同中的条款确定的。基于临时再保险合同的特点,出于商业便捷考虑,英国再保险市场的很多临时再保险合同并未完整详细地拟定所有条款,而是采用并入(Incorporation)的方式,将原保险合同中的条款并入到再保险合同中,并据此确定原保险人与再保险人之间的权利义务。尽管有学者认为,并入条款的效力仅是为了保证原保险人与被保险人订立的合同条款全部为再保险人所知悉,但英国学界的主流观点仍认为并入条款的主要功能是保证再保险人与原保险人承保的范围保持一致。

英国法下,有效的并入条款需要满足如下条件:第一,根据并入条款并入的条款在性质上是允许被并入的。一般在实践中,仲裁条款、法律适用条款和管辖权条款等相对性和个人性较强的条款,非明示不得并入;第二,被并入条款的来源须清楚明确,单纯地在合同中约定"the same terms as original"并不能明确将原保险合同中的条款被并入至再保险合同中;第三,被并入条款须以适合于再保险合同的措辞予以重新阐述,只有被并入条款在再保险合同中用合适的措辞重新表述,才可将其视为再保险合同双方当事人之间的约定,双方的权利义务才受其约束;第四,除非双方当事人在合同中明确约定,原保险合同中在再保险合同生效后新增加的条款不得视为被并入;最后,并入条款本身的含义和范围须明确。

(一)原保险承保风险(Coverage of direct policy)的并入

并入条款的基本目的就是使再保险合同与原保险合同的承保风险保持一致,故一般情况下,与原保险合同承保风险有关的一般条款均可概括性地并入再保险合同中。但特殊条款的并入却颇具争议:在 Maritime Insurance Co. v. Steams 案②

---

① See Jonathan Gilman, et al. Arnould's Law of Marine Insurance and Average, Sweet & Maxwell, 2013, p. 1721.

② [1901] 2 K. B. 912.

中,法院认为与原保险合同承保风险有关的特殊条款非经双方当事人明确约定,不得概括性地并入再保险合同,而 Scrutton 大法官在对 Property Insurance Co. v. National Protector Insurance Co. 案①中的评论中则认为,再保险合同中也可以概括性地并入特殊条款,但若原保险人并未向再保险人如实告知此特殊条款,则再保险人有权以原保险人违反诚实信用原则为由主张解除合同。

(二)附属条款(Ancillary Terms)的并入

虽然并入条款的初衷是保证再保险合同与原保险合同的保险范围相一致,但同时也会将原保险合同中对被保险人施救义务或其他相关的附属条款并入到再保险合同中,故原保险合同的附属条款只有在对再保险合同有意义并且不会与再保险合同中明确约定的条款相冲突时,才可以被并入。

(三)争端解决条款(Dispute Resolution Provision)、法律适用与管辖权条款(Choice of Law and Jurisdiction)的并入

在意思自治原则的基础上,合同的双方当事人有权在平等自愿的前提下协议选择争议的解决方式和所适用的法律,故仲裁条款、管辖权条款以及法律适用条款等争议解决条款一般被认为是独立于合同的其他条款的。再保险合同中,当事人一般不会选择将上述条款并入到再保险合同中,而概括性地并入(the same terms as original)原保险合同条款并不意味着原保险合同下的争议解决条款在再保险合同中同样适用。

与直接保险(Direct Insurance)②类似,伦敦再保险市场的实践同样采用承保条(Slip)的方式承保。实践中通常会并入伦敦市场集团(London Market Group)的标准格式承保协议(General Underwriting Agreement,GUA)③以确定合同当事方的权利义务,除另有明确的约定外,该协议的内容对当事人有约束力。④ 但是,再保险业务具有极强的国际性,在再保险与再保险转分保的过程中,由于不同再保险人主营业地位于不同国家,承保条中法律适用条款或管辖权条款的缺失,或者主承保条(main slip)与其他承保条的相应条款发生冲突都可能会引发对法律适用条款能否并入的争议。综合考虑合同的准据法与案件管辖的国际公约(欧洲地区主要是

① [1913] 18 Com. Cas. 119.

② "直接保险",也称"原保险",是指保险人同投保人直接签订保险合同的保险业务,与再保险相对应。

③ 该协议首次制定与 2001 年 10 月,2002 年 10 月修订后开始适用于超额赔付再保险(Excess of Loss Reinsurance)和合约再保险。至 2017 年 3 月,其最新版本为 General Underwriters Agreement (version 2.0) February 2014。

④ Unum Life Insurance Co. of America v. Israel Phoenix Assurance Co., Ltd., [2002] Lloyd's Rep. IR 374.

《罗马公约》①《布鲁塞尔公约》②和《卢加诺公约》③）、承保条的约定和再保险合同的具体情境将决定管辖权和法律适用条款最终是否被并入。英国法院倾向于认为在伦敦保险市场中适用伦敦市场承保条，并入伦敦市场的标准条款的再保险实践在约定不明的情况下，应当适用英国法并由英国法院管辖。④ 在 Gard Marine & Energy Limited and Others v. Glacier Reinsurance AG and another 案⑤中，法院认为主承保条的英国法律适用条款得以适用，转分保接受人的承保条未明确法律适用条款是一个“错误”。

第三节 再保险合同基本法律问题

再保险合同是明确保险人和再保险人双方权利义务关系的协议，作为保险合同的一种，其具有一般保险合同的共同特点，即也是射幸合同、双务有偿合同、诺成合同和补偿合同。⑥ 但由于再保险合同是在原保险合同基础上订立的，而且再保险往往具有跨境的特点，导致再保险依然具有特殊性。

一、再保险合同与原保险合同的关系

如前所述，原保险合同是再保险合同订立的基础，因此，再保险合同与原保险合同之间必然存在着不可分割的联系，这种联系在学理上被归纳为再保险合同的从属性。再保险合同的从属性主要表现在以下三方面：首先，合同效力上的从属性。由于再保险的目的是对原保险合同下风险的分散，因此，如果原保险合同无效或被撤销，则再保险合同的目的也自然落空，再保险合同随之无效或可撤销。其次，保险事故发生的从属性。由于再保险合同是对原保险合同承保风险的分摊，因此原保险事故的发生就是再保险事故的发生。最后，合同内容的从属性。实务中，再保险合同主要规定一些最基本的条款及事项，其他一些事项通常采用并入的方式加以约定，因此，再保险合同在内容上与原保险合同存在很多相同之处。事实

---

① 《欧共体关于合同义务法律适用的罗马公约》，1980 Rome Convention on the Law Applicable to Contractual Obligations。

② 《关于民商事案件管辖权及判决执行的布鲁塞尔公约》，1968 Brussels Convention on jurisdiction and the enforcement of judgments in civil and commercial matters。

③ 《关于民商事案件管辖权及判决执行的卢加诺公约》，1988 Lugano Convention on jurisdiction and the enforcement of judgments in civil and commercial matters。

④ Stonebridge Underwriting Limited v. Ontario Municipal Insurance Exchange, [2010] EWHC 2279 (Comm).

⑤ [2010] EWCA Civ 1052.

⑥ Fidelity & Deposite Co. v. Pink, 302 U. S. 224 (1937).

上,就合同内容而言,再保险合同的从属性最集中体现于"共命运条款"。

当然,虽然再保险合同与原保险合同之间存在一定的从属关系,但需要明确的是两者在本质上是相互独立的合同,这种独立性具体表现为:第一,赔偿请求权的独立性。再保险合同的独立性意味着原保险合同的被保险人与再保险人之间没有直接的法律关系,在保险事故发生之后,被保险人对再保险人不享有请求支付保险赔偿金的权利。对此,我国《保险法》第 29 条第 2 款明确规定:原保险的被保险人或者受益人不得向再保险接受人提出赔偿或者给付保险金的请求。第二,保险费请求权的独立性。被保险人对再保险人不享有保险赔偿金请求权的同时,再保险人也只能向作为其合同相对方的保险人请求支付保险费,而无权向原保险合同下的投保人请求交付保险费。对此,我国《保险法》第 29 条第 1 款明确规定:再保险接受人不得向原保险的投保人要求支付保险费。第三,赔偿义务的独立性。即原保险合同下被保险人与保险人之间的权利义务关系不受再保险合同的影响,不论是否办理再保险,保险人对被保险人的赔偿义务不会改变。对此,我国《保险法》第 29 条第 3 款也有明确的规定:再保险分出人不得以再保险接受人未履行再保险责任为由,拒绝履行或者迟延履行其原保险责任。这一点在华安财产保险股份有限公司深圳分公司与中国人民财产保险股份有限公司白山市分公司再保险合同纠纷上诉案①中即有所体现。

二、再保险合同的法律性质

关于再保险合同的法律性质,总结来看,主要有以下学说:

(一)合伙合同说

该学说为德、日、法等国早期判例所采用,认为再保险合同是原保险人与再保险人以分担危险为共同目的之合伙合同。② 其理由是:"首先,再保险合同是基于原保险合同将其承担的巨大风险分散出去从而保障自身经营为目的而产生的。再保险合同的双方当事人对于原保险合同的标的具有利害与共的关系,这和合伙中的共收益、共赔偿相似。其次,基于原保险合同的约定,保险事故发生后,被保险人可以直接向原保险人主张赔付保险金,这也和合伙中的债权人可以向合伙中的当事人主张债权相似。再次,在再保险合同中,当事人双方可以根据合同约定以比例再保险方式或非比例再保险方式,划定原保险人和再保险人各自所承担的责任,这也和合伙中根据双方出资的多少而承担与之相应的责任类似。"③不过该学说在现

① [2010]厦民终字第 11 号。

② 参见袁宗蔚:《保险法》,三民书局,1969 年版,第 69 页。转引自覃怡、樊启荣:"再保险合同定位的若干问题探讨",载于《法商研究》,2000 年第 1 期,第 91 页。

③ 参见宋云明、张建梅:"再保险合同的性质探讨",载于《人民司法》,2011 年第 5 期,第 88 页。

代已很少被采纳,因为大多数观点认为“保险人与再保险人之间并无共同出资,且订立再保险合同之目的亦非在经营共同事业,加之再保险人与原保险人系两独立的法人,各为合同之主体,并非两者成为一合伙体,故再保险合同非合伙合同。”① 根据我国《民法通则》和《合伙企业法》的规定,合伙是当事人共同出资、共同经营、共担风险、共负盈亏。而再保险合同中,原保险人只是将自己承担的保险责任中的一部分分保出去,由再保险人承担。当事人之间并没有形成严格的利益共同体,所以将再保险合同定位为合伙合同是不恰当的。

(二)保险合同说

持该学说的学者认为对于再保险合同性质的判断,应以再保险合同的内容为依据。鉴于再保险合同在本质上仍是由保险人给付一定保险费,由再保险人承担风险的双务合同,因此其合同内容与一般保险合同一致,故再保险合同应为保险合同的一种。然而,对于再保险合同究竟属于何种保险合同,学界尚有两种观点:

1. 原保险合同说

该说认为再保险合同是继承原保险合同而来,其实质内容仍以原保险合同为基础。如有学者认为:“如果原保险合同是财产保险合同则再保险合同为财产保险合同。原保险合同是人身保险合同则再保险合同是人身保险合同。因为其保险标的并未改变。”②该种观点也为英国一些法官所支持,例如 Hobhouse 大法官在 Toomey v. Eagle Star Insurance Co., Ltd. 案③中就认为再保险人的保险利益要根据原保险合同来确定,并且被保险人要确保再保险人享有根据原保险合同有权并可能获得的权利,再保险合同与原保险合同承保的风险和保险利益是相同的。类似的,在 Charter Reinsurance Co., Ltd. v. Fagan④ 案中,Hoffmann 勋爵也认为再保险合同并不是一个承保保险人潜在责任或赔偿的保险,它是再保险人和保险人之间一个独立的合同,该合同的保险标的与原保险合同中的保险标的相同。虽然再保险与原保险承保的危险基础是相同的,但再保险合同的保险标的和保险事故乃至双方当事人都与原保险合同不尽相同,将二者等同未免有失偏颇,因此该学说目前鲜少被采用。

2. 责任保险合同说

该说认为再保险合同是以分担保险人对被保险人的赔偿责任而产生的,其承保的风险不是原保险合同保险标的的损坏或灭失,而是原保险人的赔偿或给付责任。原保险合同中约定的保险事故发生时,再保险人的赔偿责任并不成立,只有原

---

① 参见覃怡、樊启荣:“再保险合同定位的若干问题探讨”,载于《法商研究》,2000 年第 1 期,第 92 页。

② 参见陈继尧:《再保险实务研究》,三民书局,1976 年版,第 74 页。

③ [1994] 1 Lloyd's Rep. 516.

④ [1997] A.C. 313.

保险事故发生,原保险人的保险责任成立时,再保险人方需承担保险责任。因此,再保险应为原保险的补充责任的保险,即为责任保险。此学说为很多国家、地区学界的通说,例如我国学者认为“原保险人与再保险人订立合同之目的在于将其所承担的保险责任的一部分转移给再保险人,从而减少其自身所承担的风险,具有责任保险合同的本质特点”;①台湾学者认为“不论原保险契约为财产保险、责任保险抑或人身保险,再保险契约均系基于有效契约而生之利益而成立之保险契约,性质上属于责任保险”;②日本学者认为“再保险在实际运用上,固亦有类似合伙之点,但在法学的观察上,则非属正当。又原保险契约说,若就原保险及再保险之保险利益之不同观之,亦非正当。结果自以责任保险说为正当”。③ 甚至有的国家为避免理论的不确定导致实务上的麻烦,明确规定再保险合同具有责任保险合同的性质,可以适用责任保险的相应规范,如韩国《商法典》第 726 条规定:有关责任保险的规定,准用于再保险合同。④

该学说主要是建立在保险利益原则与损失补偿原则基础之上,将再保险定位为风险和责任的二次分配。但在科技日益发达的今天,保险标的的价值的扩大和风险的增加使得原保险人在承保某些风险时,要首先确保该风险能够成功分保出去,以降低企业的承保风险,在发生保险事故时能够保障正常经营,故而,再保险成为许多原保险合同成立的前提和必要条件,再保险也开始逐渐介入第一次风险分摊之中,参与了直接承保经营的过程。因此,责任保险合同说也开始遭到质疑。

(三)合作保险说

如前文所述,随着再保险人开始参与原保险人直接承保经营的过程,将再保险视为是第二层次的风险分配与责任承担已不再恰当。合作保险合同说即产生在此基础之上,拟通过合作的法律行为说明再保险合同的法律性质。对此,可作如下解释:再保险人将一种经济上的信用给予原保险人,增加其偿付能力,以保证其在面临巨额保险金的支付时依然能够维持正常的经营活动,不至于陷入窘境,并向其收取保险费;同时,依照再保险合同的约定,分担一定比例的保险赔款。因此在某种程度上可以说,再保险人参与了原保险人的盈亏。但该学说主要是从经济学的角度出发,通过阐述原保险合同与再保险合同的关系从而推断再保险合同的性质,却忽略了再保险合同的独立性,过分夸大了再保险合同对原保险合同的影响,虽具有

---

① 参见任自力主编:《保险法学》,清华大学出版社,2010 年版,第 284 页。

② 参见江朝国著:《保险法基础理论》,瑞兴图书公司,1999 年版,第 498 页。

③ 参见[日]田边康平:《保险契约法(中译本)》,廖淑惠译,财团法人保险事业中心,1993 年版,第 115 页。转引自樊启荣:“论再保险合同之法理构造——以我国‘保险法第二次修改’为背景”,载于《中南财经政法大学研究生学报》,2010 年第 3 期,第 12 页。

④ 参见宋云明、张建梅:“再保险合同的性质探讨”,载于《人民司法》,2001 年第 5 期,第 87~89 页。

一定的新颖性和合理性,却也不尽科学。

在英国的再保险实践中,尽管有权威学者将再保险的性质视为类似于责任保险,但主流观点仍认为,再保险是对原保险合同中保险标的的可保利益的保险。[①]在 Wasa International Co., Ltd. and AG Insurance Co., Ltd. v. Lexington Insurance Co. 案[②]中,上诉法院的 Sedley 法官认为,将再保险合同视为针对原保险合同所承保风险的更进一步的保障,是再保险在英国被视为非法时期时的历史遗留观点,[③]经过漫长的时期它已不再具有代表性和合理性。再保险实践和相关立法已表明,再保险所保障的是原保险人的责任。但 Sedley 法官的观点同样遭到了上议院的反对,[④]他们一致认为再保险并非责任保险。并且 Mance 勋爵和 Collins 勋爵都强调,再保险人始终有权利依据再保险合同条款(而非直接保险合同中的条款)行事。Collins 勋爵同时认为,原则上讲,如果再保险合同中的措辞能够确切表明该合同是责任保险合同,那么就不能否定其责任保险的性质。通过一些判例我们可以看出,在英国,部分学者并不主张对再保险合同进行明确的定性,他们认为,再保险合同的具体内容可能通过责任保险合同条款的方式来表达,也可能通过并入原保险合同中的条款来表示,因此,再保险合同的性质应通过合同中的具体措辞来推断。虽然再保险合同与责任保险合同似乎更相似一些,但不容忽视的是,再保险合同在被保险人、保险金的给付条件等方面都与责任保险存在区别,而且再保险业务发展中所出现再保险参与原保险人直接承保经营过程的现象,更会使再保险的性质与责任保险合同相背离。因此实践中应结合再保险合同的具体措辞和具体案情,对再保险合同的性质做灵活认定,以使得案件得到最恰当的处理。

三、再保险人赔偿义务的确定与履行

国际再保险实践中,再保险人承担赔偿责任需要满足三个条件:(1)再保险合同发生效力;(2)再保险人要确定损失属于直接保险合同承保的范围;(3)要确定该损失同样未超出再保险合同的承保范围。在普通法下,原保险人对被保险人进行赔付并不是其获得再保险赔偿的条件之一。其原因在于,如果原保险人因破产而无法赔偿被保险人,那么只要被保险人已向其提出索赔,则原保险人的清算人即可以通过破产程序赔付被保险人。因此,再保险人应依据其与原保险人签订的协议对其进行赔

① See Jonathan Gilman, et al. Arnould's Law of Marine Insurance and Average, Sweet & Maxwell, 2013, p. 1708.

② [2009] 2 Lloyd's Rep. 508; [2009] UKHL 40.

③ 英国最早盛行海上保险领域的再保险业务,但由于当时对重复保险和再保险的定义不明确,二者出现混同现象,并存在利用原保险与再保险费率之间的差额进行投机的现象。英国的再保险业务遭到舆论的非议,并曾经一度出现英国议会颁布法令宣布再保险为非法并禁止再保险业务的情况。

④ [2009] Lloyd's Rep. IR 675.

付,而不得以原保险人尚未对被保险人赔付为借口而推迟或拒绝赔偿。

再保险承保的风险为原保险人对于被保险人承担的赔偿或者给付责任,再保险人仅以原保险人的赔偿或者给付责任为保险事故,所以,当发生原保险人的赔偿或者给付责任时,再保险人应当对原保险人为给付。再保险人的给付义务,不以原保险人对被保险人履行给付或者赔偿义务为要件;至于原保险人对被保险人是否实际为保险金给付,与再保险人的给付义务无关。我国的通说观点认为,再保险人的给付责任,发生于原保险人依照原保险合同被确定应当对被保险人承担给付义务时。因此,原保险人依照原保险合同负有赔偿或者给付义务时,即使尚未对被保险人为保险给付,再保险人亦应当向原保险人履行再保险给付义务。再保险人的赔偿责任以合同约定的数额为限,在再保险有效期间,若原保险人不能履行到期债务或者丧失支付能力时,再保险人是否需要承担超出其责任限额部分的赔偿责任,我国法律并无相关规定。对此,英国上议院在 Charter Reinsurance Co., Ltd. v. Fagan and others 案的判决中认为,若再保险合同没有明确地将"最后实际损失"条款(Ultimate Net Loss,UNT)中规定的超额给付责任约定为除外责任,则在原保险人支付不能或者丧失支付能力时,再保险人应当承担原保险约定的全额给付责任。① 这种做法,对于我国的保险实务具有一定的参考价值。

四、再保险人的代位求偿权

英国再保险人的代位求偿权首先在 Assicurazioni Generali de Trieste v. Empress Assurance Co., Ltd. 案②中获得承认。在美国判例 Glacier General Assurance Co. v. G. Gordon Symons Co., Ltd. 案③中,也肯定了再保险人拥有保险代位求偿权,但认为应当由原保险人就全部损失先行使代位求偿权,之后再将追偿所得的相应数额付给再保险人。由此可见,在英美各国的司法实践中,都有判例承认再保险人代位求偿权的存在。再保险人对原保险人进行赔付后,即有权行使原保险人的代位求偿权,要求第三人履行相应的赔偿责任。比如,若原保险人享有针对被保险人的误述主张损害赔偿的权利,则再保险人对原保险人进行保险赔付后,即有权行使原保险人的此项权利;换言之,如果再保险人依再保险合同向原保险人支付的保险赔偿是基于被保险人的误述做出的,那么再保险人获得救济的途径并不是向原保险人主张权利,而是代位行使原保险人的权利,要求被保险人承担责任。④

---

① Charter Reinsurance Co., Ltd., v. Fagan and others, [1997] AC 313.

② Assicurazioni Generali de Trieste v. Empress Assurance Corporation [1907] 2 K.B. 814.

③ 631 F.2d 131 (9th Cir. 1980).

④ See Jonathan Gilman, et al. Arnould's Law of Marine Insurance and Average, Sweet & Maxwell, 2013, p. 1746.

我国《保险法》和《海商法》虽然都对保险人代位求偿权做出了规定,但对再保险人是否享有代位求偿权并未明确。对此,学界有肯定说和否定说两种观点。

否定说基于再保险合同责任保险的性质以及再保险合同的独立性,认为再保险人不享有代位求偿权。① 理由是:首先,再保险人承担的是补偿原保险人因根据原保险合同向被保险人支付保险赔偿后所遭受的损失的责任,原保险人订立再保险合同初衷是与再保险人分摊风险,而非将原保险合同下的权利义务全部或部分转移给再保险人;其次,再保险合同与原保险合同是相互独立的,原保险人根据原保险合同享有的向第三人追偿的权利并不当然地及于再保险人;再者,再保险具有分散性,原保险人为分散风险可能与多个再保险人订立分保合同,多个再保险人分别行使代位求偿权,实际操作起来是十分困难的,因而从国际再保险实践来看,惯常的做法是由原保险人行使代位求偿权,再与再保险人就追偿所得进行分配。

而肯定说认为,再保险人作为广义的保险人,当然享有代位求偿权。② 再保险中存在两对法律关系,即原保险人与被保险人之间,再保险人与原保险人之间的法律关系。原保险人对被保险人进行赔付后,在其保险赔付的范围内取得对第三人的代位求偿权,可以向第三人主张损害赔偿的权利。而根据再保险合同,原保险人对被保险人做出再保险范围内的赔付,再保险人即有义务对原保险人进行赔付,如此一来,原保险人就获得了双重利益,这显然是有违公平的;抑或者,原保险人根据再保险合同获得补偿后,可能会怠于行使对第三人的代位求偿权,而使第三人免于承担损害赔偿责任,由此不当得利,对再保险人权益的实现造成阻碍;其次,不能以再保险合同独立于原保险合同为由否定再保险人的代位求偿权。代位求偿权制度的存在本身就是对债权相对性的突破,既然原保险人有权介入到被保险人与第三人的法律关系中,那么否定再保险人代位求偿权的存在未免有失偏颇。

虽然我国目前的司法实践中尚未有明确承认或否定再保险人代位求偿权的案例,但无论是依据再保险的性质,还是对再保险进行体系解释,代位求偿制度都可以适用于再保险中。

五、再保险的立法基础及法律适用

再保险业立法可分为主体立法和行为立法。主体立法主要是对再保险公司及再保险公司的高级管理人员进行监管的规定;行为立法则针对再保险公司的业务行为,主要是再保险合同以及对再保险业务进行监管的相关规定。论及再保险,一般都是以原保险为基础对其进行分析定位,认为原保险是第一性的,再保险是第二

---

① 参见吴坤埔、蒙瑞华:“论再保险人代位求偿权”,载于《人民论坛》,2011 年第 2 期,第 106~107 页。

② 参见武亦文:“保险代位权在再保险中的适用”,载于《保险研究》,2012 年第 5 期,第 73~82 页。

性的。的确,再保险的产生即是为分散原保险人的承保风险,在其产生初期,也确实作为原保险的第二层次的保证,发挥着分散风险、保证原保险人承保能力的功能。但随着经济社会的发展,危险的巨型化也使得再保险成为很多保险合同成立的先决条件,原保险人在承保特定类型的风险时,多会事先寻求再保险的支撑。此外,再保险合同作为独立于原保险合同之外的合同,在遵循保险法基本原则,采取措施防止原保险人不当得利的同时,也注重原保险人与再保险人之间的合作配合。因此,再保险立法需站在发展与合作的立场,将再保险对原保险合同订立的影响充分考虑进去。

在再保险合同立法方面,目前各国的保险立法中都没有这方面的专门规定,再保险合同的法律调整主要参照直接保险合同。我国《保险法》虽然未直接明确再保险合同的法律适用,但从其对再保险合同规定的结构编排看,再保险合同的法律调整参照直接保险合同:《保险法》对再保险合同的规定仅有两条(第 28 条、第 29 条),而这两条都规定在第二章“保险合同”的第一节“一般规定”下,由此可见,我国《保险法》将再保险合同视为保险合同的一种,其法律适用可参照直接保险合同适用。另外,《保险公司管理规定》①第 72 条第 2 款规定:再保险公司适用本规定,法律、行政法规和中国保监会另有规定的除外。不过值得注意的是,虽有上述参照适用的原则,但这并不意味着所有《保险法》有关直接保险合同的规定都可适用于再保险合同,例如《保险法》第 30 条所规定的“不利解释规则”。《保险法》第 30 条所确立的“不利解释规则”是以投保人在保险交易中处于弱势地位,有必要在立法政策上对其加以保护为出发点而设立的,但在再保险合同下,投保人也是具有专业保险知识、业务经验的保险人,无论在谈判能力还是对再保险合同的熟悉程度上都难言处于弱势地位,因此,“不利解释规则”在再保险合同中不存在适用的基础。而对于海上保险的再保险合同而言,也应当适用《保险法》的规定。

我国关于再保险的现行法律法规是零散的、非系统性的,重视对再保险实践的适应性,而在一定程度上忽视系统性、规范性和前瞻性。现行法律主要集中于再保险人资格的确定、再保险公司的业务范围、偿付能力以及再保险合同的主要条款的监管等方面,而对再保险公司的监管、再保险赔偿义务的确定与履行、再保险人的代位求偿权等方面的法律规定仍存在空白;另外,随着再保险业务的国际化水平不断提高,再保险业务往往涉及不同法律制度,因此,再保险合同条款以及再保险法律规范的国际统一也是在以后的再保险立法中值得重视的问题。

---

① 2009 年 9 月 25 日中国保险监督管理委员会令 2009 年第 1 号发布,根据 2015 年 10 月 19 日中国保险监督管理委员会令 2015 年第 3 号《关于修改〈保险公司设立境外保险类机构管理办法〉等八部规章的决定》修订。

参考文献

[1]〈中国保险史〉编审委员会. 中国保险史. 北京:中国金融出版社,1998.
[2] 初北平. 船舶保险条款研究. 北京:法律出版社,2009.
[3] 李玉泉. 保险法. 北京:法律出版社,2004.
[4] 司玉琢. 海商法. 北京:法律出版社,2018.
[5] 樊启荣. 保险法. 北京:北京大学出版社,2011.
[6] [美]乔治·E. 瑞达. 风险管理与保险原理. 刘春江,王欢,译. 北京:中国人民大学出版社,2010.
[7] 孙祁祥. 保险学. 北京:北京大学出版社,2013.
[8] 曹兴权. 保险法学. 台北:元照出版社,2015.
[9] 司玉琢. 海商法专论. 北京:中国人民大学出版社,2017.
[10] 汪鹏南. 海上保险合同法详论. 大连;大连海事大学出版社,2011.
[11] 江朝国. 保险法基础理论. 北京:中国政法大学出版社,2002.
[12] 杨良宜. 海上货物保险. 北京:法律出版社,2010.
[13] 李玉泉. 保险法学理论与实务. 北京:高等教育出版社,2010.
[14] 江生忠. 保险学理论研究. 北京:中国金融出版社,2007.
[15] [美]约翰·F·道宾. 保险法. 梁鹏,译. 北京:法律出版社,2001.
[16] 傅廷中. 海商法论. 北京:法律出版社,2007.
[17] 顾寒梅. 涉外保险理论与实务. 上海:复旦大学出版社,2013.
[18] 杨良宜,汪鹏南. 英国海上保险条款详论. 大连:大连海事大学出版社,2009.
[19] 韩世远. 合同法总论. 北京:法律出版社,2011.
[20] 王海明. 船舶保险理论实务与经营人管理. 大连:大连海事大学出版社,2006.
[21] 王海明. 船舶保险. 北京:首都经济贸易大学出版社,2012.
[22] 应世昌. 新编海上保险学. 上海:同济大学出版社,2016.
[23] 杨仁寿. 海上保险法论. 台北:三民书局,2000.
[24] 傅廷中. 保险法论. 北京:清华大学出版社,2011.
[25] 张文显. 法理学. 北京:法律出版社,2007.
[26] [美]伯纳德·施瓦茨. 美国法律史. 王军,等译. 北京:法律出版社,2011.
[27] 郑睿. 英国海上保险法律与实务. 上海:上海交通大学出版社,2014.
[28] 刘建勋. 典型案例与审判思路. 北京:法律出版社,2010.

[29] 傅廷中. 保险法论. 北京:清华大学出版社,2011.
[30] 刘宗荣. 新保险法:保险契约法的理论与实务. 北京:中国人民大学出版社,2009.
[31] 任自力. 保险法学. 北京:清华大学出版社,2010.
[32] 林宝清. 保险法原理与案例. 北京:清华大学出版社,2006.
[33] 温世扬. 保险法. 北京:法律出版社,2007.
[34] 司玉琢,李志文. 中国海商法基本理论专题研究. 北京:北京大学出版社,2009.
[35] [德]卡尔·拉伦茨. 法学方法论. 陈爱娥,译. 北京:商务印书馆,2003.
[36] 陈欣,王国军. 保险法原理. 北京:北京大学出版社,2007.
[37] 许良根. 保险代位求偿权制度研究. 北京:法律出版社,2008.
[38] 陈欣. 保险法. 北京:北京大学出版社,2000.
[39] 应世昌. 新编海上保险学. 上海:同济大学出版社,2010.
[40] 韦松. 货物运输保险. 北京:首都经济贸易大学出版社,2012.
[41] 郑云端. 再保险法. 北京:中国人民公安大学出版社,2004.
[42] 杜鹃,陈玲. 再保险. 上海:上海财经大学出版社,2009.
[43] Howard Bennett. *The law of marine insurance*. Oxford University Press, 2006.
[44] William D. Winter. *Marine Insurance: Its principles and Practice*. Nabu Press, 2010.
[45] Donald O'may, edited by Julian Hill. *Marine Insurance: Law and Policy*. Sweet & Maxwell, London, 1993.
[46] John Duer. *The Law and Practice of Marine Insurance Deduced from a Critical Examination of the Adjudged Cases*. The Lawbook Exchange, 2007.
[47] Malcolm Clarke. *Policies and Perceptions of Insurance Law in* 21 *Century*. Oxford University Press, 2005.
[48] Steven J. Hazelwood, David Semark. P&I Clubs: Law and Practice. Informa, 2010.
[49] Trine-Lise Wilhelmsen, Hans Jacob Bull. Handbook in Hull Insurance. 1st ed.. Oslo, Gyldendal Akademisk, 2007.
[50] Jonathan Gilman et al.. Arnould's Law of Marine Insurance and Average, London. Sweet & Maxwell, 2013.
[51] Susan Hodges. Law of Marine Insurance. London, Routledge-Cavendish, 1996.
[52] Susan Hudges. Cases and Materials on Marine Insurance Law. Routledge-Cavendish, 1999.
[53] John Dunt. Marine Cargo Insurance, Informa Law from Routledge. 2009.
[54] John Birds. Modern Insurance Law, Sweet & Maxwell. 1993.
[55] Malcolm Clarke. The Law of Insurance Contracts. 2009.
[56] N. Geoffrey Hudson and Tim Madge. Marine Insurance Clauses. Informa Law, 2005.